*PRINCÍPIOS GERAIS DE
DIREITO ADMINISTRATIVO*

OSWALDO ARANHA BANDEIRA DE MELLO

PRINCÍPIOS GERAIS DE DIREITO ADMINISTRATIVO

Volume I
Introdução

3ª edição, 2ª tiragem

**PRINCÍPIOS GERAIS DE
DIREITO ADMINISTRATIVO**
Vol. 1: Introdução
© OSWALDO ARANHA BANDEIRA DE MELLO
1ª edição: 1969; 2ª edição: 1979; 3ª edição: 2007

ISBN: 978-85-7420-775-9

Direitos reservados desta edição por
MALHEIROS EDITORES LTDA.
Rua Paes de Araújo, 29, conjunto 171
CEP 04531-940 — São Paulo — SP
Tel.: (11) 3078-7205
Fax: (11) 3168-5495
URL: www.malheiroseditores.com.br
e-mail: malheiroseditores@terra.com.br

Composição
Acqua Estúdio Gráfico Ltda.

Capa
Criação: Vânia L. Amato
Arte: PC Editorial Ltda.

Impresso no Brasil
Printed in Brazil
8.2010

PREFÁCIO À 3ª EDIÇÃO

A MALHEIROS EDITORES manifestou interesse em reeditar o vol. I dos *Princípios Gerais de Direito Administrativo* do Prof. OSWALDO ARANHA BANDEIRA DE MELLO – obra há muitos anos esgotada –, pedindo-me um prefácio para esta nova edição.

De início assaltou-me a dúvida sobre se conviria fazer uma "atualização" do texto ou se era preferível publicá-lo tal como constou de sua última versão em 1979. Acabei por concluir que não faria sentido "retocar" uma obra clássica, para ajustá-la a leis novas, maiormente quando, tal como sugere seu título, a essência do livro reside na enunciação de diretrizes teóricas básicas, cuja atualidade, de resto, é indiscutível, até mesmo pela capacidade do autor em descortinar o que já estava embutido no Direito e em vias de desabrochar mais amplamente, como sucedeu ao largo destes últimos anos.

O que impressiona nestes *Princípios Gerais* é sua aptidão para fornecer critérios seguros para solver os problemas práticos, concretos, com que se defrontam diuturnamente os que tratam com o direito administrativo.

Possuidor de um extraordinário cabedal de conhecimentos, o autor fez de sua obra, mais do que um monumental repositório de lições extraídas da doutrina internacional do direito público, uma meditada e criativa reelaboração delas, sem qualquer servilismo às formulações alienígenas, de sorte a exibir uma visão própria, um pensamento autônomo, firmemente atrelado à índole do direito brasileiro.

Para este prefaciador, os ensinamentos contidos neste livro sempre tiveram uma importância transcendental. Foram primeiramente aprendidos nas aulas de Direito Administrativo ministradas na PUC/ SP, onde fui aluno do Prof. Bandeira de Mello, e em suas apostilas de Curso. Graças ao privilégio de ser filho deste mestre, pude, em conversas ou discussões, incrementar tal aprendizado e esmerilhá-lo com a meditada leitura dos dois volumes dos *Princípios*. Foi assim, abastecido principalmente nesta fonte copiosa, que pude recolher a base de conhecimentos, que, muitos anos mais tarde, haveria de vazar nos *Elementos* e ao depois no *Curso de Direito Administrativo*. Quanto mais passa o tempo, mais me sinto devedor das mencionadas lições e mais vivamente sinto a importância de sempre reemergir nelas para me aperfeiçoar.

Dizem que, certa vez, um jovem, desejoso de aperfeiçoar-se no manejo de nossa formosa língua portuguesa, indagou de Ruy Barbosa – que a conhecia como poucos – o que deveria fazer para tornar-se exímio na matéria. Ruy, reportado ao grande orador sacro Pe. Antonio Vieira, ter-lhe-ia respondido: – Leia Vieira. O jovem, contudo, insistiu: – Mas o que eu quero é dominar a língua como um profundo conhecedor! E Ruy ripostou: – Leia mais Vieira! Já um tanto desconcertado, o jovem ousou ponderar que suas ambições de ilustrar-se no assunto eram vastas – talvez maiores do que as supunha seu eminente interlocutor. A isto, Ruy arrematou com um cometo definitivo: – Pois então, continue a ler Vieira!

Se soubesse de alguém desejoso de conhecer Direito Administrativo e de nele aprofundar-se, caso me coubesse dar um conselho, parafraseando Ruy Barbosa, diria: — Leia Oswaldo Aranha Bandeira de Mello; leia-o sempre mais e continue a lê-lo com habitualidade.

CELSO ANTÔNIO BANDEIRA DE MELLO

*À memória de meu pai,
Everardo Toledo Bandeira de Mello,
meu melhor Mestre, meu maior Amigo.*

SUMÁRIO

Prefácio à 3ª edição – CELSO ANTÔNIO BANDEIRA DE MELLO ...   5
Prefácio   23

Capítulo I – CONCEITO DO DIREITO ADMINISTRATIVO
1. **Objeto do Direito Constitucional**
   1.1 *Conceito do Direito Constitucional*   27
   1.2 *Distinção entre matéria constitucional e extraconstitucional*   28
   1.3 *Distinção entre Constituição material e formal*   30
2. **Ação do Estado-Poder**
   2.1 *Ação normativa do Estado-poder*   30
   2.2 *Ação executiva do Estado-poder*   34
   2.3 *Ação judicial do Estado-poder*   38
3. **Direito Público e Direito Privado. Sua Distinção**
   3.1 *Conceito desses dois ramos jurídicos*   39
   3.2 *Justificação da distinção*   42
4. **Órgãos Fundamentais do Estado-Poder**
   4.1 *Conceito material dos atos jurídicos*   46
   4.2 *Valor formal dos atos jurídicos e sua força*   48
5. **Funções Fundamentais do Estado-Poder**
   5.1 *Classificação proposta: administrativa e jurisdicional*   49
   5.2 *Crítica das concepções tradicionais e defesa da proposta*   53
6. **Objeto do Direito Administrativo e do Direito Judiciário**
   6.1 *Conceito desses ramos jurídicos*   58

6.2 Matérias que devem ser excluídas e incluídas 61
6.3 Precursores da ação de legislar como de Direito Administrativo 64
6.4 A ação de legislar participa do Direito Administrativo, e não do Constitucional 65
7. **Natureza do Direito Administrativo**
7.1 O Direito Administrativo e o Direito Judiciário como direitos adjetivos 66
7.2 Caráter autoritário da ação do Estado-poder e sua sujeição ao direito de terceiros 70
8. **Conclusão** 72

Capítulo II – EVOLUÇÃO CIENTÍFICA
DO DIREITO ADMINISTRATIVO

9. **O Aparecimento do Novo Ramo Jurídico**
9.1 Dos textos no Direito antigo à sistematização no Direito moderno 76
9.2 As primeiras obras sobre a matéria 77
10. **O Método Exegético no seu Estudo**
10.1 A concepção legalista 78
10.2 Os autores filiados à Escola Legalista 79
10.3 O Direito Administrativo e a Ciência da Administração 80
11. **O Método Histórico-Político e a Marcha na sua Sistematização**
11.1 Precursores das Escolas Histórico-Política e Técnico-Jurídica 81
11.2 A Escola Histórico-Política 82
11.3 O Direito Administrativo e a Ciência da Administração 83
11.4 Nova posição a respeito da Ciência da Administração em face do Direito Administrativo 85
12. **O Método Técnico-Jurídico e sua Definitiva Construção**
12.1 A Escola Técnico-Jurídica na Alemanha 88
12.2 A Escola Técnico-Jurídica na França 90
12.3 A Escola Técnico-Jurídica em outros países 91

12.4 O Direito Administrativo e a Ciência da Administração 92
12.5 O Direito Administrativo diante do Direito Civil 94
12.6 A Ciência da Administração como Política da Administração 96
12.7 Conceito da Política
  12.7.1 Divergência sobre o objeto da Política 100
  12.7.2 Política: conjunto de ciências do Estado 102
  12.7.3 Política: filosofia do Estado 105
  12.7.4 Política: ciência do governo da sociedade civil ... 109
  12.7.5 Conclusão 120
13. O Método Lógico-Formal e sua Consideração como Direito Puro
  13.1 A Escola Lógico-Formal 120
  13.2 Crítica à Escola Lógico-Formal 121
14. Justiça Administrativa
  14.1 Sistema jurídico-administrativo francês 122
  14.2 Outros sistemas jurídico-administrativos 126
  14.3 Sistema jurídico-administrativo belga e italiano 126
  14.4 Sistema jurídico-administrativo alemão 127
15. Posição Singular da Inglaterra e da América do Norte
  15.1 Precursores do Direito Administrativo Anglo-Americano 128
  15.2 Movimento anglo-americano em prol do Direito Administrativo 130
  15.3 Apreciação do Direito Administrativo Anglo-Americano 132
16. Bibliografia Internacional do Século XX
  16.1 Desenvolvimento do Direito Administrativo 133
  16.2 Principais obras sistemáticas sobre o Direito Administrativo 134
17. O Direito Administrativo no Brasil
  17.1 Período colonial 138
  17.2 Direito Administrativo como disciplina escolar 139
  17.3 Compêndios de Direito Administrativo na Monarquia.... 141
  17.4 Fases do Direito Administrativo na República 142
  17.5 Obras de Direito Administrativo na 1ª República ... 143
  17.6 Obras de Direito Administrativo na 2ª República ... 144

Capítulo III – TEORIAS SOBRE O CONCEITO
DO DIREITO ADMINISTRATIVO
18. Classificação das Teorias
18.1 Orientação dos autores a respeito 148
18.2 Orientação proposta 149
18.3 Explicação da orientação adotada 150
19. Teorias do Poder Executivo
19.1 Exposição da concepção tradicional da teoria 151
19.2 Crítica a essa concepção 152
19.3 Nova colocação da mesma teoria 153
19.4 Crítica a essa nova colocação 155
*19.5 Ressurgimento da teoria tanto numa como na outra
expressão nominal* 157
19.6 Procedência da crítica 159
20. Teorias Orgânico-Formais
20.1 Diferentes orientações 161
20.2 Posição de Waline 161
20.3 Crítica à posição de Waline 163
20.4 Posição de Merkel 166
20.5 Crítica à posição de Merkel 168
20.6 Posição de Gasparri 172
20.7 Crítica à posição de Gasparri 175
21. Teorias do Serviço Público
21.1 Evolução histórica da teoria do serviço público 177
*21.2 A função administrativa e a classificação dos atos
jurídicos segundo a Escola Realista* 179
21.3 Modernos adeptos da teoria do serviço público 182
21.4 Oposição à doutrina de Duguit na França 183
21.5 Crise da noção de serviço público 185
21.6 Crítica à teoria do serviço público 185
21.7 Real falha da teoria do serviço público 187
21.8 Complemento à classificação de Duguit dos atos jurídicos quanto ao objeto 188
22. Teorias Teleológicas ou da Finalidade do Estado
22.1 Adeptos das teorias teleológicas 193
22.2 Doutrinas psicológicas 194
22.3 Crítica às doutrinas psicológicas 195

22.4 Dupla posição, negativa e positiva, assumida por Jellinek ao definir o Direito Administrativo 197
22.5 Definições dos adeptos da corrente negativa. Doutrina da atividade do Estado 198
22.6 Definições dos adeptos da corrente negativa. Doutritrina da relação jurídica 200
22.7 Crítica às doutrinas em termos negativos 201
22.8 Definições dos adeptos da corrente positiva 205
22.9 Apreciação das doutrinas em termos positivos 206
22.10 Modernos autores que se inscrevem na teoria da finalidade do Estado 207
22.11 Pensamento original de Posada 209
22.12 Conclusão 213

Capítulo IV – FONTES DO DIREITO
23. Conceito e Classificação Fundamental
23.1 Diversos significados do vocábulo "fonte" 219
23.2 Fontes filosóficas do Direito 220
23.3 Fontes formais do Direito 220
24. O Direito e a Justiça
24.1 Sentido análogo do termo "direito" 221
24.2 Conceito e classificação de "justiça" 221
24.3 Direito objetivo e subjetivo 225
24.4 Direito natural e positivo 226
24.5 Concepção neotomista do Direito e da Justiça 228
25. Fontes Objetivas
25.1 Enumeração das fontes formais 229
25.2 Discussão sobre se a jurisprudência é fonte do Direito 230
25.3 Classificação das fontes formais. Supremacia da jurisprudência 232
26. Fontes Subjetivas
26.1 Justificação das fontes subjetivas do Direito 234
26.2 Do direito objetivo ao direito subjetivo 236
26.3 Elementos do direito subjetivo 237
26.4 Fundamento do direito subjetivo 238
26.5 Teorias que negam o direito subjetivo. Crítica 240

26.6 Distinção entre interesse legítimo e direito subjetivo ... 244
27. **Hierarquia das Fontes Jurídicas**
27.1 Pluralidade de ordenamentos jurídicos 247
27.2 Do sistema dedutivo ao indutivo na formação do Direito por graus 248

Capítulo V – FONTES FORMAIS OBJETIVAS DO DIREITO

28. Enunciação das Fontes Formais Objetivas 253
29. **Conceito da Lei**
29.1 Consideração sobre o aspecto filosófico e jurídico ... 254
29.2 Sentido jurídico orgânico-formal da lei 255
29.3 Sentido jurídico-material de lei, ou, melhor, pelo seu conteúdo formal 257
29.4 Teoria da generalidade. Crítica 258
29.5 Teoria da novidade. Crítica 259
29.6 Conciliação em parte entre as duas teorias opostas .. 262
30. **Classificação das Leis Jurídicas**
30.1 Leis programáticas e coercitivas 264
30.2 Leis constitucionais e ordinárias 266
30.3 Leis preceptivas ou positivas e proibitivas ou negativas e leis obrigatórias ou facultativas 266
30.4 Leis imperativas ou cogentes e dispositivas ou supletivas 266
30.5 Leis gerais, especiais e singulares 272
30.6 Leis substantivas, ou materiais, e adjetivas, ou formais ou instrumentais 273
30.7 Leis perfeitas, menos que perfeitas e imperfeitas 273
30.8 Leis rígidas e leis flexíveis 274
30.9 Leis comuns e leis sobre leis 274
30.10 Leis auto-aplicáveis e leis que dependem de regulamento 275
30.11 Leis nacionais e leis locais e leis federais, estaduais e municipais 276
31. **Elaboração da Lei**
31.1 Ação de legislar e matéria legislada 276
31.2 Processo na ação de legislar 277

31.3 Sanção e veto no procedimento legislativo 279
31.4 Promulgação da lei 280
31.5 Publicação da lei 280
31.6 A elaboração da lei no direito pátrio 283
32. Vigência da Lei
32.1 Entrada em vigor da lei 292
32.2 "Vacatio legis" 293
32.3 Desconhecimento da lei 294
33. Partes da Lei
33.1 Ação de legislar e matéria legislada como partes da lei 295
33.2 Preâmbulo 295
33.3 Contexto da lei 297
33.4 Fecho da lei 298
33.5 Disposições preliminares e disposições transitórias... 299
34. Nulidade, Revogação e Suspensão da Eficácia da Lei
34.1 Distinção entre esses institutos jurídicos 300
34.2 Nulidade da lei 300
34.3 Revogação da lei 303
34.4 Regras sobre a revogação da lei 305
34.5 Sustação ou suspensão dos efeitos da lei 306
35. Denominação Especial de Certas Leis
35.1 Distinção das leis de denominação especial 308
35.2 Leis orgânicas 308
35.3 Leis estatutárias 308
35.4 Leis autônomas 309
35.5 Posturas 309
36. Decreto-Lei, Ordenações ou Ordenanças
36.1 Conceito e classificação 310
36.2 Ordenanças de urgência 310
36.3 Ordenanças delegadas 310
36.4 Ordenanças de governo de fato 311
36.5 O decreto-lei no direito pátrio 312
37. Aplicação da Lei no Tempo
37.1 Irretroatividade da lei: hipóteses e teorias 319
37.2 Princípio da irretroatividade: do texto legal ordinário à norma constitucional 321
37.3 Teorias do direito adquirido e do fato realizado 324

37.4 Teoria clássica do direito adquirido 325
37.5 Críticas à teoria clássica do direito adquirido. Apreciação do seu valor 327
37.6 Lassale e Savigny e a teoria do direito adquirido 329
37.7 Gabba e a teoria do direito adquirido 333
37.8 Teoria da situação jurídica. Crítica 337
37.9 Teoria do fato realizado 340
37.10 Crítica à teoria do fato realizado 344
37.11 Insuficiência de ambas as teorias para solver o problema do direito transitório 346
37.12 O Direito Administrativo e o problema da aplicação da lei no tempo 350
38. Aplicação da Lei no Espaço
38.1 Império da lei nacional 352
38.2 Águas e espaço aéreo nacionais 353
38.3 Conversão de normas jurídicas: incorporação e remissão 354
38.4 Diversidade de tratamento entre o nacional e o estrangeiro 357
39. Regulamentos
39.1 Conceito e classificação 359
39.2 Regulamentos independentes ou autônomos 359
39.3 Regulamentos autorizados ou delegados 363
39.4 Regulamentos executivos 368
39.5 Âmbito dos regulamentos 368
39.6 O regulamento no direito pátrio 370
40. Relação entre a Lei e o Regulamento
40.1 Distinção entre lei e regulamento 373
40.2 Natureza jurídica da atividade regulamentar 374
40.3 Limites ao poder regulamentar 376
40.4 Leis que dependem de regulamentos 377
40.5 Atribuição regulamentar 378
40.6 Forma do regulamento 379
40.7 Vigência do regulamento 379
40.8 Nulidade, revogação e suspensão do regulamento 380
40.9 Obediência aos regulamentos 381
40.10 Aplicação do regulamento no tempo e no espaço 381

41. Instruções
41.1 Conceito e atribuição 381
41.2 Natureza jurídica 382
41.3 Distinção dos regulamentos 382
42. Costume
42.1 Conceito e requisitos essenciais 383
42.2 Classificação do costume 385
42.3 Aplicação do costume 387
42.4 Distinção entre lei e costume 389
42.5 Direito legislado ou costumeiro? Há o costumeiro no Direito Administrativo? 390
42.6 Praxe e precedente administrativo 393
42.7 Conflito entre o costume e o regulamento 393
43. Consolidações e Codificações
43.1 Conceito. Problema da possibilidade 394
43.2 Argumentos contra a codificação do Direito Administrativo 396
43.3 Resposta às objeções contra a codificação do Direito Administrativo 397
43.4 Discussão do problema da codificação do Direito Administrativo 398
44. Hermenêutica, Interpretação e Aplicação do Direito
44.1 Distinção entre esses institutos 401
44.2 Escolas de Hermenêutica 403
44.3 Métodos de interpretação e seus efeitos 405
44.4 Intérpretes da lei. Posição proeminente do Judiciário. Coisa julgada 407
44.5 Lacunas da lei e modo de supri-las. O Direito Científico. A jurisprudência como fonte do Direito Administrativo 411
44.6 Analogia 414
44.7 Princípios gerais do Direito 418
44.8 Doutrina 422
44.9 A eqüidade e a aplicação da lei 423
44.10 Dois tipos de eqüidade: a indeterminada e a legislada 425

Capítulo VI – FONTES FORMAIS SUBJETIVAS DO DIREITO
45. Teoria dos Fatos e Atos Jurídicos
45.1 Fato jurídico: conceito e classificação 431
45.2 Ato jurídico: conceito e classificação quanto aos efeitos 434
45.3 Situações jurídicas estatutárias e individuais e os atos ou fatos que lhes são condição ou causa 438
45.4 Características das situações estatutárias e individuais 444
45.5 Classificação dos atos jurídicos quanto ao modo ou manifestação da vontade 447
45.6 Equivalência de prestações no contrato 452
45.7 Teoria da lesão 453
45.8 Teoria da imprevisão 454
46. Fatos Jurídicos Objetivos no Direito Administrativo
46.1 O tempo como fato jurídico 460
46.2 Prescrição aquisitiva ou extintiva de direitos e decadência ou extinção de direitos 463
46.3 Prescrição extintiva 464
46.4 Direitos imprescritíveis 465
46.5 Prescrição de direitos da Administração Pública e de terceiros para com ela 466
46.6 Curso da prescrição: impedimento, suspensão e interrupção 467
46.7 Decadência de direitos 469
46.8 Fatos jurídicos: espaço e medida 473
47. Atos Jurídico-Administrativos
47.1 Ato administrativo. Origem da expressão e do seu sentido 474
47.2 Conceito de ato administrativo 476
47.3 Atos administrativos internos e externos 478
47.4 Atos de governo ou políticos 479
47.5 Atos de império e de gestão 481
47.6 Atos no exercício de poderes vinculados e discricionários 484
47.7 Teoria do abuso de direito como limite ao exercício dos poderes discricionários 489

48. Elementos do Ato Jurídico-Administrativo
48.1 Causa como elemento do ato jurídico 500
48.2 Substituição da expressão "causa" por outra 501
48.3 Causas e não-causa do ato jurídico 503
48.4 Causa agente ou eficiente principal do ato administrativo 505
48.5 Causa agente ou eficiente instrumental do ato administrativo 508
48.6 Causa material do ato administrativo 516
48.7 Causa formal do ato administrativo: essencial e acidental 517
48.8 Causa formal acessória do ato administrativo 524
48.9 Causa final do ato administrativo: subjetiva e objetiva 531
48.10 Causa ocasional do ato administrativo 533
48.11 Causa exemplar 539

49. Classificação dos Atos Administrativos quanto à Causa Eficiente Principal
49.1 Classificação 540
49.2 Ato administrativo simples 540
49.3 Ato administrativo complexo 541
49.4 Ato administrativo composto 542
49.5 Ato administrativo simultâneo 544
49.6 Procedimento administrativo 545

50. Classificação dos Atos Administrativos quanto à Causa Eficiente Instrumental
50.1 Enumeração dos atos administrativos quanto à forma exterior 550
50.2 Decreto 550
50.3 Mensagens, proclamações e manifestos 551
50.4 Portaria 551
50.5 Aviso 551
50.6 Ofício 552
50.7 Circular e ordem interna 552
50.8 Despacho e resolução 552
50.9 Alvará 553
50.10 Edital e pregão 553
50.11 Formalidade dos instrumentos 553

50.12 Instrumentos de assentamento ou documentação 554
50.13 Atos administrativos expressos em fórmulas gerais... 554
51. Classificação dos Atos Jurídicos quanto à Causa Formal
  51.1 Sistema adotado 555
  A) Atos administrativos constitutivos de direito
  51.2 Concessão 556
  51.3 Permissão 559
  51.4 Autorização 560
  51.5 Aprovação 562
  51.6 Dispensa 565
  51.7 Ordem 566
  51.8 Sanção administrativa 569
  51.9 Renúncia 573
  B) Atos administrativos declaratórios de direito
  51.10 Admissão 576
  51.11 Licença 577
  51.12 Homologação 578
  51.13 Isenção 580
  51.14 Recusa 580
  51.15 Decisão 581
  51.16 Habilitação 582
  C) Atos administrativos de conhecimento ou desejo
  51.17 Visto 582
  51.18 Parecer 583
  51.19 Proposta 585
  51.20 Assentamento ou documentação 587
  51.21 Certidão 589
  51.22 Participação, comunicação e publicação 592
  51.23 Citação, intimação e notificação 594
  51.24 Voto 595
  51.25 Denúncia 595
52. Efeitos dos Atos Administrativos
  52.1 Vontade declarada e vontade real 596
  52.2 Vícios na manifestação da vontade 597
  52.3 Interpretação do ato administrativo 604
  52.4 Perfeição, obrigatoriedade e eficácia do ato administrativo 606

52.5 *Efeito imediato e retroativo do ato administrativo* 608
52.6 *Suspensão e cessação dos efeitos dos atos administrativos* 611
53. Exigibilidade e Auto-Executoriedade dos Atos Administrativos
 53.1 *Espécies de atos administrativos e modos diferentes da sua efetivação* 614
 53.2 *Classificação da auto-executoriedade* 618
 53.3 *Casos de aplicação e de não-aplicação* 622
 53.4 *Atuação jurídica e material da auto-executoriedade e os direitos dos particulares* 625
 53.5 *Hipóteses de auto-executoriedade em face dos tipos de obrigação* 629
54. Revogação dos Atos Administrativos
 54.1 *Conceito e fundamento* 632
 54.2 *Distinção de outros institutos jurídicos* 634
 54.3 *Inexiste coisa julgada com referência ao ato administrativo. É, em princípio, revogável* 636
 54.4 *Poder de revogar e seus limites* 637
 54.5 *Hipóteses em que a revogação padece de vício de ilegitimidade* 639
 54.6 *Conciliação de direito adquirido do administrado e do patrimônio de terceiros com a revogação* 641
 54.7 *Doutrina italiana sobre a revogação* 644
 54.8 *Doutrina alemã sobre a revogação* 648
 54.9 *Processo na revogação* 650
55. Nulidade e Anulabilidade do Ato Administrativo
 55.1 *Vícios dos atos administrativos* 651
 55.2 *Do Direito Privado ao Direito Público* 654
 55.3 *Efeitos iguais dos atos nulos e anuláveis* 662
 55.4 *Efeitos diversos dos atos nulos e anuláveis* 664
 55.5 *Atos inexistentes* 666
 55.6 *Declaração ou decretação de ofício de nulidade ou anulabilidade* 668
56. Contrato de Direito Público ou Administrativo
 56.1 *Discussão sobre sua existência* 670
 56.2 *O problema na Alemanha e na Itália* 672
 56.3 *O problema na França* 676

56.4 *A cláusula "rebus sic stantibus" e a teoria do "fait du prince"* 678
56.5 *Diversidade entre o contrato de Direito Público e o administrativo* 681
56.6 *O conceito de "contrato"* 682
56.7 *Inexiste o contrato administrativo ou de Direito Público* 684
56.8 *O Direito pátrio* 690

Bibliografia 695
Índice Onomástico 729
Índice alfabético-remissivo 741

PREFÁCIO

Ao completar, em fins de 1964, quinze anos de exercício efetivo da cátedra de "Direito Administrativo", afigurou-se-me devia divulgar as preleções proferidas nesse longo período de Magistério. Atenderia, assim, aos insistentes pedidos de meus alunos – que de há muito reclamam a publicação de compêndio em conformidade com o programa da Cadeira – e, outrossim, cumpriria o dever da prestação de contas de como essa matéria – ora de tanta atualidade – vem sendo ensinada na Faculdade Paulista de Direito da Pontifícia Universidade Católica de São Paulo, desde a sua instalação.

Tal obrigação se tornara maior ao ser nomeado, no fim do primeiro trimestre de 1964 – Vice-Reitor dessa Universidade –, para exercer o cargo do Reitor, ante a licença do então titular do cargo, Dom Antônio Alves de Siqueira, e, ainda, se acentuou com a minha nomeação, no primeiro trimestre do ano seguinte, para Reitor, após o término do mandato daquele distinto prelado. Inaugurou-se, assim, na Pontifícia Universidade Católica de São Paulo, por iniciativa de Sua Eminência o Cardeal Motta, confirmada por Sua Eminência o Cardeal Rossi, a orientação de nomear leigos para esse cargo – aliás, na conformidade do preconizado no *Concílio Vaticano II*.

Não consiste o presente curso, entretanto, em simples apostilas de aula, revistas pelo professor e sob a sua responsabilidade. Deu-se-lhe desenvolvimento um tanto maior, para interessar aos estudiosos do direito em geral, embora respeitando a ordenação do programa escolar e abordando os mesmos temas objeto de ensino em aula. Os meus antigos alunos, se tiverem a curiosidade do confronto e se julgaram que valia a pena guardar na sua memória as lições do velho mestre, aí encontrarão, com maior desenvolvimento, tudo que, então, em doses homeopáticas, lhes procurei explicar.

Contudo, não se pode qualificá-lo de tratado completo, teórico e prático, sobre a especialidade. Aliás, o que importa em ramo jurídico de legislação multifária, em três órbitas distintas, federal, estadual e municipal, e muito móvel, dada a própria natureza do seu objeto – a ingerência do Estado-poder na vida do Estado-sociedade, a fim de criar utilidade pública –, é a exposição dos princípios que o informam.

Este livro, no entanto, não se limita à mera preocupação teórica, sem visão de qualquer alcance prático, pois quem o escreveu, além de professor, sempre exerceu profissão própria de bacharel em direito e já completou trinta e sete anos a ela dedicados. Durante essa existência em contato com a Ciência Jurídica, merece salientar dezoito anos vividos como Diretor do Departamento Jurídico do Município de São Paulo, a quem cabiam as funções de Consultor-Geral e Procurador-Geral da Prefeitura desta Capital, e, posteriormente, já mais de onze anos como Desembargador do Tribunal de Justiça do Estado de São Paulo, como representante da classe dos advogados.

Compreende o plano da obra quatro volumes. Neste se estuda o conceito do Direito Administrativo, sua evolução metodológica e científica, as diferentes teorias sobre seu objeto – ou, melhor, sobre a função administrativa – e suas fontes, normativas e individuais. Vale como uma introdução. Já, nos outros três cogitar-se-á, com o necessário desenvolvimento, respectivamente, das pessoas, dos bens e das obrigações no Direito Administrativo. Cada volume, entretanto, tem vida autônoma.

Na elaboração do trabalho me socorri das lições dos eminentes Mestres estrangeiros e nacionais, através dos seus tratados e manuais ou de monografias e artigos. Quanto aos tratados e manuais, reporto-me, principalmente, aos publicados no século XX e referidos no Capítulo II deste volume, §§ 16 e 17. E com referência às monografias e aos artigos reporto-me à indicação constante do início do capítulo, parágrafo ou respectiva subdivisão, conforme tenha sido sua utilização.

Em dito rol, entretanto, não estão incluídos todos os estudos que me forneceram reais subsídios. Para não alongar as remissões, mencionei os que me pareceram mais úteis, para conferência dos leitores, na discussão dos problemas cogitados no texto. É possível tenha deixado de indicar algumas monografias de real valor, ao relacioná-las. Aos autores nacionais, entretanto, que isso acaso tenha acontecido, peço escusas pela omissão. Aliás, a falta de citação não afeta seus títulos, nem diminui o muito auxílio que me prestaram. E suas influências, na verdade, ressaltam das folhas da obra, onde cada jurista pátrio descobrirá a parcela da sua contribuição.

Quanto aos artigos, quase que me restringi aos publicados em revistas de direito em língua nacional, por serem mais acessíveis e oferecerem farto material a respeito dos diferentes temas abordados e neles se poder apreciar melhor a adaptação do pensamento dos Mestres estrangeiros à realidade pátria.

No texto chamo à colação somente os Mestres cuja paternidade a certas doutrinas não podia deixar de ser invocada ou, então, aqueles cujas idéias me pareceram não ser as mais acertadas, e, ante seu renome, para defender o meu ponto de vista, cumpria criticá-las.

Terminado este volume no primeiro trimestre de 1966, acordei com a Revista Forense sua publicação em junho desse ano. Entretanto, tendo em vista o projeto e promulgação da Constituição de 1967, a impressão foi retardada, para atualizá-lo conforme os novos preceitos constitucionais. No mais, não sofreu qualquer modificação o texto original.

São Paulo, 2 de fevereiro de 1968
O. A. Bandeira de Mello

Capítulo 1
CONCEITO DO DIREITO ADMINISTRATIVO

1. Objeto do Direito Constitucional: 1.1 Conceito do Direito Constitucional – 1.2 Distinção entre matéria constitucional e extraconstitucional – 1.3 Distinção entre Constituição material e formal. 2. Ação no Estado-poder: 2.1 Ação normativa do Estado-poder – 2.2 Ação executiva do Estado-poder – 2.3 Ação judicial do Estado-poder. 3. Direito Público e Direito Privado. Sua distinção: 3.1 Conceito desses dois ramos jurídicos – 3.2 Justificação da distinção. 4. Órgãos fundamentais do Estado-poder: 4.1 Conceito material dos atos jurídicos – 4.2 Valor formal dos atos jurídicos e sua força. 5. Funções fundamentais do Estado-poder: 5.1 Classificação proposta: administrativa e jurisdicional – 5.2 Crítica das concepções tradicionais e defesa da proposta. 6. Objeto do Direito Administrativo e do Direito Judiciário: 6.1 Conceito desses ramos jurídicos – 6.2 Matérias que devem ser excluídas e incluídas – 6.3 Precursores da ação de legislar como de Direito Administrativo – 6.4 A ação de legislar participa do Direito Administrativo, e não do Constitucional. 7. Natureza do Direito Administrativo: 7.1 O Direito Administrativo e o Direito Judiciário como Direitos adjetivos – 7.2 Caráter autoritário da ação do Estado-poder e sua sujeição ao direito de terceiros. 8. Conclusão.

1. Objeto do Direito Constitucional

1.1 Conceito do Direito Constitucional

O Estado, como organização jurídica de um povo em dado território, sob um Poder supremo, para realização do bem comum dos seus membros, pressupõe, de um lado, a ordenação jurídica do Estado-poder e, de outro, a do Estado-sociedade.

A do Estado-poder diz respeito à sua própria organização jurídica, como meio para consecução do fim do Estado-sociedade, seja nas relações externas, com outros Estados, seja nas relações internas, com sua própria estrutura política. A do Estado-sociedade refere-se à organização jurídica da vida social dos indivíduos que compõem seu povo, tanto nas suas recíprocas relações, envolvidas mediatamente pela autoridade estatal, como nas relações imediatas desses indivíduos, isoladamente ou em sociedades menores por eles constituídas, com o Estado-poder, e vice-versa.

Com referência à ordenação jurídica do Estado-poder sobrelevam as normas relativas à existência dele como autoridade suprema do Estado-sociedade. Dão-lhe estrutura e delimitam suas prerrogativas a fim de atuar. Correspondem à mais elevada das suas próprias funções: a constituinte. Essas normas jurídicas enfeixam o Direito Constitucional.

Ele trata do ordenamento jurídico da organização do Estado nos seus elementos essenciais. Define, assim, o regime político, em face de dada forma que o Estado assume, o sistema de governo da sociedade, que institui, e os limites conseqüentes das respectivas ações, através de direitos reconhecidos e assegurados aos indivíduos, *per se* considerados ou agrupados, formando comunidades, sejam estas impostas mais pelas exigências da natureza humana, sejam frutos prevalentes de atos voluntários. Dá, enfim, personalidade jurídica ao Estado-sociedade, tornando-o pessoa jurídica por excelência.

1.2 Distinção entre matéria constitucional e extraconstitucional

Destarte, ao Direito Constitucional cabe estabelecer os órgãos substanciais do Estado – isto é, as repartições e agentes – para efetivação do governo que lhe compete na vida social, com a determinação das suas respectivas atribuições; isto é, distingue os órgãos a que cabem as funções essenciais do Estado e descreve seu exercício.

Então, dispõe se o Estado é Federal ou Unitário. Prevê se a investidura dos governantes se faz por processo popular – democrático – ou pela imposição deles próprios – autocrático, senhorial. Cogita da maneira de o povo se representar no governo, através de expressão de movimento de opinião político-partidária ou de opinião pública de classe ou profissão. Divide o exercício da função pública entre Poderes distintos, embora harmônicos, no exercício da ação legislativa, executiva e judicante. Regula se o chefe do Estado é eleito pelo povo e temporário, ou hereditário e vitalício, ou, melhor, se o governo é republicano ou monárquico; e, ainda, se o regime é de independência de poderes entre os órgãos legislativos e executivos – Monarquia constitucional e República presidencial – ou de coordenação – Monarquia e República parlamentar ou convencional –, segundo a preponderância dos órgãos executivos ou legislativos; e, afinal, se a chefia do Estado é una ou colegiada.

Assim, o Congresso ou o Parlamento, a Monarquia ou a Presidência, o Conselho de Ministros ou o Ministério, os Tribunais e os Juízos são órgãos essenciais de dado regime constitucional, bem como os respectivos Poderes fundamentais, especificadores das suas ações.

Já, a organização das comissões parlamentares das Assembléias deliberantes, a organização da Presidência ou Monarquia e dos Ministérios e da Magistratura, bem como a enumeração desenvolvida das suas múltiplas atribuições, é de caráter mais secundário, condiz com os órgãos complementares, a serem criados, acidentais ao regime constitucional do Estado, indiferentes à sua estrutura política, à sua própria tipologia. Por conseguinte, essa ordenação já se acha fora do Direito Constitucional. Pertence a outros ramos jurídicos.

Além de disciplinar a organização essencial do Estado e das respectivas atribuições dos seus órgãos fundamentais, como decorrência do sistema político, o Direito Constitucional delimita a ação do Estado, através do governo, de modo negativo – estabelecendo-lhe barreiras, em favor dos direitos proclamados e assegurados aos indivíduos e aos grupos sociais menores, por esses formados – como, ainda, de modo positivo – prescrevendo seu programa ideológico em prol da coletividade. Por conseguinte, assinala a compreensão e extensão da liberdade e igualdade dos indivíduos, fixa os contornos da propriedade e giza a ingerência do Estado no terreno social.

Já, a regulamentação, em complementação, desses direitos assegurados aos particulares, de liberdade, de igualdade e de propriedade, tendo em vista a harmonia do seu exercício por todos – isto é, o bem dos indivíduos coletivamente considerados, de forma a condicionar o âmbito das faculdades de cada um –, diz respeito a outros ramos jurídicos, distintos do Direito Constitucional.

Pela mesma razão, a regulamentação, em minúcias, da efetivação da ingerência do Estado na vida da sociedade política, relegando aos particulares maior soma de poderes nas suas relações recíprocas ou mesmo para com o Estado, ou assumindo este grande número de poderes, restringindo o âmbito de ação dos indivíduos e ampliando o seu, diz também respeito a outros ramos jurídicos, distintos do Direito Constitucional.

1.3 Distinção entre Constituição material e formal

Embora essas matérias pertinentes aos órgãos *acidentais* de dado tipo de Estado e respectivas atribuições bem como as pertinentes ao condicionamento jurídico, em *pormenor*, da liberdade, igualdade e propriedade asseguradas e ao desenvolvimento jurídico *complementar* dos princípios ideológicos do Estado, na consecução do próprio programa de sua ação, sejam estranhas ao Direito Constitucional, podem os constituintes, no exercício das suas funções, incluir algumas delas nos textos constitucionais.

Com isso não passam a constituir matéria de Direito Constitucional, a pertencer a esse ramo jurídico; mas, sob o aspecto formal, integram a constituição de dado Estado, e nesse último sentido são constitucionais.

2. Ação no Estado-poder

2.1 Ação normativa do Estado-poder

Constitucionalmente estruturado, o Estado-poder acha-se em condições de levar a efeito seu fim, razão de ser da sua existência, qual seja: o bem comum do Estado-sociedade. Então, promulga essa legislação orgânica e complementar pormenorizada, supra-referida, dando estrutura aos órgãos acidentais de dado tipo de Estado e regrando o exercício dos poderes dos indivíduos nas suas relações sociais recíprocas, ou deles com o Estado-poder, e vice-versa.

Estabelece normas jurídicas sobre a conduta dos indivíduos, de que se compõe o povo do Estado-sociedade, isoladamente ou em comunidades por ele criadas, facultando-lhes poderes e reconhecendo-lhes direitos, de modo a desfrutarem a melhor vida social, ao mesmo tempo em que lhes veda a prática de determinados atos considerados contrários à ordem social e lhes impõe a consecução de outros havidos como condizentes com ela, que enfeixam deveres e obrigações.

Igualmente, estabelece normas jurídicas sobre a conduta do Estado-poder, segundo a programática constitucional, condicionando o exercício das faculdades e dos direitos dos indivíduos nas suas relações sociais, a fim de propiciar sua harmônica atuação, ou regulando a própria atividade estatal, de ação preventiva ou repressiva, quanto aos atos vedados aos indivíduos e quanto à consecução de outros a eles impostos.

Diz respeito à ingerência do Estado-poder nas relações dos indivíduos. Ela pode se restringir à simples proteção – e, então, deixa largo campo a eles na criação e realização dos respectivos direitos e obrigações; ou pode se estender, de tal modo, a ponto de substituir as atividades particulares pela do Poder Público, através da socialização de ampla área de relações.

Essa diversidade de posições varia em virtude da diretriz político-social do Estado-poder, em função de concepções doutrinárias, desde o Individualismo – que quase reduz sua ação à proteção dos direitos dos particulares, através de normas jurídicas, a fim de deixá-los fazer, ao respectivo sabor, sua vida social – ao Socialismo, na sua forma máxima de coletivismo integral, em que absorve a totalidade das atividades dos particulares de prestação de obras e serviços aos seus semelhantes. Compreende, ainda, posição intermédia, flexível, ora mais ora menos extensa, em que intervém na ordem social para ajudar os particulares, seja através do fomento das suas atividades, seja substituindo-se a eles em diferentes setores da vida social.

Afinal, estabelece normas jurídicas referentes às suas relações na sociedade internacional.

Aí está a ação normativa do Estado-poder, que concerne à sanção de leis jurídicas, isto é, de normas de conduta, gerais, abstratas e impessoais, de utilidade pública, que inovam originariamente na ordem jurídica – portanto, de ordenação normativa da conduta dos componentes do Estado-sociedade, em caráter coercitivo. Ação legislativa, portanto.

Nesse mister, edita normas jurídicas que disciplinam o estado e a capacidade dos indivíduos, isoladamente, como pessoas físicas ou naturais, ou de comunidades por elas formadas, pessoas coletivas ou jurídicas, e suas relações na ordem civil, condizentes com seus interesses privados. Dizem respeito à família e à constituição do seu patrimônio; ao regime da propriedade e de outras figuras jurídicas que constituem desmembramento dela; aos institutos pertinentes aos vínculos recíprocos de direitos e obrigações suscetíveis de serem firmados pelos particulares, relativos às coisas e aos serviços pessoais; enfim, à transmissão, por morte, dos respectivos bens.

Promulga normas jurídicas que regulam as atividades das pessoas, físicas ou naturais e coletivas ou jurídicas, de mediação especulativa, com objetivo imediato de lucro, mediante o ordenamento dos atos de comércio, de produção, circulação e consumo da riqueza; bem como as normas jurídicas que regem as relações de prestação de trabalho em conjunto, nas empresas industriais, e de proteção das marcas, nomes e sinal de propaganda de produtos destas.

Prescreve normas jurídicas sobre os deveres das pessoas, com delimitação das suas ações e conseqüentes sanções pelo seu desrespeito, a fim de manter-se a ordem social. Destarte, emite normas jurídicas chamadas de ordem pública e dos bons costumes, que cumpre ser obedecidas pelos particulares nas suas recíprocas relações civis e cujo desconhecimento acarreta a nulidade dos atos praticados e, muita vez, a composição patrimonial dos danos; e, mais ainda, as normas jurídicas de Direito Penal e Contravencional, para prevenir e reprimir fatos que atentam contra a ordem social, na pessoa e bens dos indivíduos vivendo em sociedade, e cujo desrespeito acarreta a sujeição a penalidades de multa aos infratores, ou mesmo de perda da sua liberdade e, até, da própria vida.

Para que desfrute dado Estado soberano de posição de independência frente aos outros Estados, impõe-se o estabelecimento de normas jurídicas internas condizentes com suas relações internacionais, regidas por esse direito, que cogita do ordenamento do bem da Humanidade. Essas normas jurídicas dizem respeito a regras da sua conduta na defesa externa, de caráter amistoso, de natureza pacífica, a fim de atender aos recíprocos interesses e aos bens dos respectivos povos;

ou, então, bélicas, ocorrendo necessidade de impor militarmente sua independência na ordem internacional.

Já, dispondo sobre as relações internas, há normas jurídicas que cuidam da conduta do Estado-poder relativas à tranqüilidade das relações recíprocas dos indivíduos, de que se compõe sua população, das pessoas privadas, físicas ou naturais, e coletivas ou jurídicas, intervindo nos fatos e atos a elas atinentes, para garanti-los, oferecendo os meios de regularidade dos seus negócios, contribuindo para sua formação, para lhes dar a prova necessária e a publicidade precisa – como sejam as normas que regulam a participação do Estado-poder no casamento ou nas escrituras públicas entre particulares, e respectivo registro.

Outras atentam com a conduta do Estado-poder em limitar o exercício da liberdade e propriedade de cada um, para bitolá-las à liberdade e propriedade de todos os outros, componentes da vida em comunidade, para conservação da coexistência social – como sejam as que regulamentam o exercício da liberdade de locomoção ou de pensamento e o poder de construir em dado imóvel.

Normas jurídicas ainda se preocupam com a conduta do Estado-poder no propiciar meios e regular modos para os particulares melhor atingirem o bem-estar físico, de incremento demográfico, de sanidade do povo, de higiene social; de bem-estar econômico, relativo à produção, circulação e consumo de riqueza, assistência e previdência social dos seus cidadãos em geral e do trabalhador em especial; de bem-estar intelectual, condizente com a instrução e a cultura dos indivíduos e sua formação moral e cívica. Conduta, essa, levada a efeito mediante atividades dos particulares, simplesmente asseguradas e fomentadas pelo Estado-poder, ou através da própria gestão por este de ditos cometimentos, no interesse da coletividade, ante sua transformação em obras e serviços públicos estatais.

Afinal, impõe-se o estabelecimento de normas jurídicas que regulem a aquisição e disposição pelo Estado-poder dos bens necessários para utilizar nas suas atividades e permitir seu próprio custeio.

A ação normativa legislativa é completada por outras normas jurídicas, que dispõem sobre sua execução. São os regulamentos e as instruções.

2.2 Ação executiva do Estado-poder

Pois bem, a realização, em concreto, de todas essas normas jurídicas envolve a ação executiva do Estado-poder.

Essas normas referem-se à conduta do Estado-poder através de atos jurídicos de manifestação de vontade, portanto, para produção de efeitos na ordem do direito, de efetivação da ação pública legislativa, e mediante atos materiais pressupostos ou complementos diretos daqueles, ou mesmo atos materiais com certa autonomia, de oferecimento de comodidades aos particulares, de prestações de coisas ou de serviços de natureza pública, mas informados pelo direito, ou nos limites traçados pelo ordenamento jurídico, isto é, efetuando obras públicas ou executando serviços públicos.

A ação legislativa estabelece o escopo e as balizas da ação executiva, mais ou menos rígidas, e dentro destas, e segundo aquele, ela se move conforme a maior ou menor liberdade que lhe é conferida.

Verifica-se sua ação, na *ordem externa*, fazendo tratados com outros Estados, regulando suas relações diplomáticas, seja de conservação da paz, seja de prevenção, na hipótese de eventual guerra, sobre conciliação de desinteligências ou sobre alianças bélicas, ou, mesmo, de interesse interno com reflexo na ordem internacional, por transcenderem a órbita nacional e beneficiarem vários Estados.

Isso se observa nos acordos relativamente à navegação de rios internacionais, nos consórcios internacionais de correio, de telecomunicações e de medidas; bem como nos entendimentos relativos à polícia dos mares, ao tráfico de mulheres e de drogas entorpecentes; além disso, nos ajustes sobre proteção dos direitos de autor e inventor, de marcas de fábrica, de nome de estabelecimento comercial e de sinal de propaganda.

Ainda desse teor são as concordatas firmadas entre a Igreja e o Estado, pois enquanto este se ocupa com a vida temporal dos indivíduos, que compõem seu povo, aquela se preocupa com a vida espiritual desses mesmos indivíduos, que, concomitantemente, são membros integrantes de uma e de outro, impondo-se, destarte, a colaboração necessária de ambos, para se considerar o ser humano na sua totalidade.

Afinal, são de se mencionar os serviços oferecidos pelas repartições públicas, criadas e organizadas para tanto, embaixadas, legações e consulados, aos nacionais do Estado, através dos diplomatas e cônsules e outros agentes públicos, dando-lhes a assistência necessária, prestando-lhes as informações pedidas, propiciando os meios de ter contato com o país natal, e mesmo pondo vistos em passaportes de estrangeiros que queiram viajar para o Estado a que servem. Há, ainda, a ação executiva com referência aos problemas da emigração e imigração.

Por outro lado, na *ordem interna*, pratica o Estado-poder os atos jurídicos sobre as Forças Armadas, para sua formação, a abertura de inscrição do voluntariado, a convocação de classes para prestação de serviço militar, de mobilização dos cidadãos válidos em caso de guerra ou de ameaça de eclosão, de dispensa dos arrimos de família, de exclusão dos incapazes, de exercício de comando das Forças Armadas pelo chefe do Estado, bem como os atos materiais de preparação dos meios e modos de defesa e mesmo de ataque contra possível agressão, através da obtenção ou fabricação de maquinaria para tanto e do adestramento dos cidadãos e militares que devem manejá-la – atos materiais, esses, informados pelo direito ou segundo seus termos.

Constituem, todos, aspectos da ação executiva do Estado-poder com referência ao Direito Militar, mediante atos jurídicos, ou materiais, em que se concretizam as normas jurídicas relativas a esse ramo do direito.

Igualmente, como pertinentes à ação executiva do Estado-poder devem ser considerados os atos jurídicos por ele praticados ao participar de atos jurídicos dos particulares para assegurar sua efetivação, dando-lhes publicidade e ensejando-lhes elementos probatórios da sua realização, e mesmo fiscalizando-os.

Por exemplo, com referência ao Direito Civil, os atos de registro de nascimento e morte de pessoas físicas ou naturais; os de autorização, constituição ou extinção de pessoas coletivas ou jurídicas; de averbações de alteração do estado civil daquelas e modificação do regime jurídico destas; os atos jurídicos de habilitação de casamento e publicação de proclamas, de realização de casamento perante autoridade competente e respectivo assentamento, com estabelecimento do regime de bens; os atos jurídicos de registro de documentos e de escrituras públicas, para valerem contra terceiros, as próprias escrituras públicas relativas aos diferentes negócios jurídicos da vida civil, pertinentes ao direito das Coisas, das Obrigações e das Sucessões, por vezes da essência mesma dos atos, como os pactos antenupciais e as doações, bem como os contratos constitutivos ou translativos de direitos reais sobre imóveis de valor superior a certa importância. Compreendem não só os atos jurídicos de documentação como, outrossim, os atos jurídicos de certidão a eles relativos; os atos jurídicos de reconhecimento de assinaturas ou de firmas; as escrituras públicas, através das quais se fazem declarações de reconhecimento de filhos ou de sua emancipação, bem como as de instituição de bem de família; os atos jurídicos e mesmo materiais de fiscalização das fundações, pelo Ministério Público, a fim de resguardar a vontade do instituidor e a boa consecução dos objetivos da instituição.

Todos esses atos são levados a efeito em tabelionatos e cartórios ou outras repartições públicas criadas e organizadas para tal fim.

Por sua vez, no Direito Comercial, os registros de comerciantes e dos seus livros e das sociedades comerciais, dos usos e costumes de dada praça nas Juntas Comerciais, os protestos de títulos de crédito não-pagos nos vencimentos, para efeito de cobrança em cartório especializado, a realização dos negócios de títulos, através das Bolsas Oficiais de Valores.

Também no Direito Industrial, o registro de invenção, de marca de fábrica, de nome comercial, de sinal de propaganda, nas repartições públicas próprias, para defesa destes patrimônios.

A participação na execução das normas jurídicas relativas ao Direito Trabalhista, quanto à identificação profissional, à fixação do salário mínimo, à fiscalização das suas normas cogentes, de proteção do trabalhador e dos direitos a ele outorgados, ao reconhecimento dos sindicatos e ao exercício dos seus poderes, através de repartições públicas criadas e organizadas para consecução de tais objetivos.

A ação executiva do Estado ainda se manifesta no exercício do seu chamado *poder de polícia*, pelo qual efetiva as medidas legais a ele pertinentes, de condicionamento da liberdade e da propriedade de cada indivíduo em função do bem-estar coletivo. Corresponde à polícia administrativa propriamente dita. Além dela, há a polícia judiciária, com atuação material na descoberta de crimes e jurídica na elaboração dos inquéritos policiais, para instruir os processos criminais e contravencionais, como início de procedimento da responsabilidade judiciária.

A polícia administrativa enfeixa a *polícia de segurança*, que visa à garantia da ordem pública, ao expedir cartas de habilitação de motorista, de identificação pessoal; a *polícia sanitária*, que se preocupa com a proteção à saúde, em face da obrigatoriedade da vacina, do isolamento dos atacados de certas moléstias, das construções de prédios segundo certas exigências de higiene; a *polícia educacional*, que resguarda a educação relativa à fiscalização do ensino privado, quanto à habilitação dos professores, à matéria lecionada, à seriedade das provas de habilitação dos alunos; a *polícia econômica*, na tutela da economia, ante a fiscalização bancária, quanto ao crédito dos negócios, e no comércio, quanto ao preço, à medida e autenticidade das mercadorias; a *polícia social e moral*, na defesa da vida social e dos princípios morais. Tudo isso através de repartições criadas com ditos objetivos e mediante agentes nelas investidos, para consecução de seus desideratos.

Além dos atos jurídicos de execução das normas jurídicas limitadoras da liberdade, da igualdade e da propriedade das pessoas, para atender aos objetivos de segurança, saúde, educação, economia e moralidade do Estado-sociedade, há os atos materiais de ação direta do Estado-poder de realização de obras e de prestação de serviços para efetivação das condições de bem-estar coletivo e de proteção da incolumidade pública, condizentes com a integridade das pessoas e dos seus patrimônios, levados a cabo nos termos das normas jurídicas.

Isso faz através dos serviços de guardas policiais, de extinção de incêndios, de pronto-socorro contra acidentes e males individuais; dos serviços de assistência médica, dentária, farmacêutica e hospitalar, em atenção à saúde pública, e através de obras de saneamento de zonas insalubres, de combate a animais e plantas transmissores de moléstias; dos serviços de difusão de ensino, mediante sua prestação nas escolas públicas, nos diferentes graus, acessível a todos, de auxílio ao funcionamento das escolas privadas, de defesa do patrimônio histórico, artístico, cultural e paisagístico, mediante constituição de bibliotecas e museus, e de impulso às obras recreativas de caráter instrutivo, como os jardins botânicos e zoológicos, e de desenvolvimento físico, como as competições desportivas, de amparo ao teatro, ao cinema, ao rádio e à televisão, e organização do turismo; dos serviços de intervenção na economia, através do fomento das atividades industriais privadas, por meio de incentivo de feiras de amostras, de exposição de produtos, ou de assunção direta da economia nacional, mediante empresas públicas de transporte, de correios e telecomunicações, de fornecimento de comodidades de energia, de produtos básicos, de empreendimentos agrícolas, de estabelecimentos de crédito, de efetivação de seguros; dos serviços de previdência e assistência social à velhice desamparada, aos desempregados, aos hipossuficientes.

Esses atos materiais de prestação de serviços muitas vezes pressupõem, ainda, a execução material de obras, como se disse. Contudo, tanto aqueles como estas se efetivam condicionados por atos jurídicos concretos, executivos, na conformidade das normas jurídicas gerais e abstratas que regulamentam a execução dos referidos serviços e obras.

Algumas vezes a própria prestação desses serviços realiza-se através de atos jurídicos, tais como o de assistência judiciária aos em situação econômica inferior ou em posição social que necessitam da vigilância jurídica do Estado; de fiscalização de escolas privadas e expedição dos respectivos diplomas para fins de direito; de isenções de tributos, de concessões de terras, de financiamentos e de aberturas de créditos às indústrias.

Afinal, há a execução das normas jurídicas para obtenção de bens necessários para a atividade do Estado-poder, seja em espécie, seja em dinheiro contado, ou mesmo de prestação de atividades dos particulares, às vezes até compulsivamente exigidas.

2.3 Ação judicial do Estado-poder

Afora a ação legislativa e executiva do Estado, há uma outra, chamada *judicante*, através da qual ele aplica a norma jurídica disposta pela ação legislativa aos casos concretos.

Por ela se visa, imediatamente, a assegurar o direito constante da norma que, em virtude de fato ou ato jurídico anterior, se afirmou no interesse de alguma ou algumas pessoas e se acha ameaçado ou foi violado. Então, pretende ou pretendem essa ou essas pessoas a proteção do direito constante da norma. Tal se dá mediante ação judiciária.

Porém, de modo indireto, através dessas partes litigantes, em controvérsia.

Isso ao contrário da ação legislativa, em que se valem dessa norma como parte atuante do Estado, para levar a efeito, de modo direto, o bem comum por ela cogitado, e efetivado pela ação executiva, como participantes da utilidade pública, então prevista no preceito legal.

3. Direito Público e Direito Privado. Sua distinção

3.1 Conceito desses dois ramos jurídicos

As normas jurídicas que organizam o Estado-poder e regulam sua ação – seja em relação com outros Estados, seja em relação com a própria entidade, através dos seus órgãos, ou com outras pessoas, que receberam o encargo de fazer as suas vezes, ou mesmo com terceiros, particulares, no Estado-sociedade, a fim de realizar o *objetivo* deste – são de valor social diferente das normas jurídicas prescritas para reger as relações dos particulares, entre si, ou das comunidades por eles formadas.

Isso se explica porque ordenam institutos jurídicos para o Estado-poder alcançar o bem comum dos indivíduos coletivamente considerados, como elementos do Estado-sociedade, como participantes de um todo político. Não se confundem com os oferecidos aos particulares para alcançarem imediatamente seu bem individual, de cada qual isoladamente considerado, nas suas relações recíprocas.

Fundamentam, destarte, a distinção do direito em dois ramos distintos: público e privado.

O direito, embora uno, vem sendo considerado desde os tempos dos romanos sob esses dois aspectos fundamentais. O primeiro relativo às normas que regulam o Estado-poder, enquanto independente na ordem externa e soberano na ordem interna, e às relações jurídicas conseqüentes por ele formadas; o último relativo às normas que regulam as atividades dos particulares e as relações jurídicas conseqüentes por eles formadas.

A diversidade dos interesses ou bens encerra a razão política da distinção; já, a circunstância de se tratar de normas pertinentes ao Estado, enquanto Poder Público, ou de relações formadas como tais, e de normas pertinentes aos particulares, e de relações formadas como tais, focaliza a natureza jurídica da distinção.

A manifestação da vontade do Estado, na conformidade das normas de direito público, efetiva-se no plano de igualdade quando a outra parte com que se vincula tem posição social equivalente, segundo a finalidade geral dos interesses que visa a amparar, a natureza total do bem que almeja conseguir, dada a independência ou autonomia em que se encontra. É a ordem natural do direito externo na relação com outros Estados, que se formaliza através de tratados. Todavia, se se admitisse uma ordem superior internacional, os Estados ficariam numa posição jurídica de inferioridade e sujeitos à imposição autoritária da vontade dessa entidade pública.

Ao contrário, se leva a efeito em plano diverso, de superioridade, autoritário, quando a outra parte em confronto tem posição social diferente, segundo a finalidade que busca, menos geral ou, mesmo, particular ou individual, que a coloca, então, de certo modo, em situação dependente, ante a prevalência do interesse mais geral sobre o menos geral e, principalmente, sobre o particular ou individual.

A manifestação da vontade do Estado, internamente, faz-se, de regra, de forma unilateral, tendo em vista o interesse estatal, como expressão do interesse do todo social, em contraposição a outra pessoa por ela atingida ou com ela relacionada. E, mesmo quando as situações jurídicas se formam acaso por acordo, entre partes de posição hierárquica diferente – isto é, entre o Estado e outras entidades políticas menores, ou entre ele e os particulares –, o regime jurídico a que se sujeitam, estas e estes, em conseqüência, é de caráter estatutário.

Portanto, a autonomia da vontade só existe na formação do ato jurídico. Porém, os direitos e deveres relativos à situação jurídica dela resultante, sua natureza e extensão, são regulamentados por ato unilateral do Estado, jamais por disposições criadas pelas partes – isto é, através de processos técnicos de imposição autoritária da sua vontade, estabelecendo as normas adequadas e conferindo os poderes próprios para atingir seu fim de realização do bem comum.

Essa é a ordem natural do direito interno nas relações com outras entidades políticas menores ou com os particulares.

Por vezes, entretanto – e excepcionalmente –, o interesse coletivo objetivado pelo Estado e pelas entidades políticas menores é de igual força, e, então, eles se colocam no plano igualitário, do livre acordo de vontades, para afirmá-lo mediante convênios.

Já, a manifestação da vontade dos particulares, na conformidade das normas de direito privado, realiza-se, em princípio, no, plano da igualdade, em que as partes livremente acordam sobre as questões pertinentes aos seus interesses, em que fixam o regime jurídico das suas relações, ou, excepcionalmente, através de atos unilaterais, mas cuja eficácia depende da aquiescência da outra parte.

Ressalvam-se tão-somente as hipóteses em que a manifestação da vontade de uma das partes se prevê como medida de amparo da outra, para gerir interesses em que ambas participam em comum, em que o bem do todo, embora particular, deve prevalecer sobre o de cada um de per si, e, então, ela assume o plano de superioridade, como ocorre no Direito de Família, por exemplo. Mas se sujeita, sempre, ao controle da ordem estatal, a quem cabe modificá-la ou supri-la, em tais hipóteses.

O Estado – ou entidades políticas menores –, por sua vontade, entendendo conveniente, sujeita-se às normas de direito privado e firma relações jurídicas com os particulares, utilizando-se dos institutos jurídicos peculiares desse ramo do direito. Abdica, então, do regime jurídico autoritário, do plano de superioridade, que lhe é próprio, com referência aos particulares, e se coloca em posição igualitária com eles e se subordina a esse regime jurídico.

Assim, o Estado pode adquirir um bem para consecução do seu fim, compulsivamente, através do ato jurídico administrativo expropriatório, em que o declara de utilidade pública e processa, em conseqüência, sua posse e adjudicação da propriedade, mesmo contra a vontade do particular; ou pode adquirir um bem mediante livre acordo de vontades, em que o particular aquiesce na sua venda e o Estado-poder na sua compra, debatendo as condições do negócio e firmando seu preço.

Por vezes há, mesmo, interesse na utilização de institutos de direito privado. Assim, modernamente, ao lado das pessoas jurídicas de direito público – desdobramentos do Estado, órgãos auxiliares indiretos da sua ação –, ele cria, segundo o Direito Comercial, pessoas jurídicas privadas para consecução de vários dos seus cometimentos, sob a forma de sociedade anônima, através das chamadas *pessoas jurídicas de economia mista*, em que participa como acionista, ou segundo modalidade análoga dessa sociedade comercial, sem outro participante do patrimônio que ele próprio, mediante as denominadas *empresas públicas*.

Em conclusão, de direito público são as normas e relações jurídicas que regulam a organização e a ação do Estado-poder, enquanto tal; e de direito privado as que regulam a existência e a atividade dos particulares, no seu recíproco convívio social.

3.2 Justificação da distinção

A posição adotada para distinguir o direito em *público* e *privado* filia-se, em última análise, à assumida pelo Direito Romano em conhecido fragmento de Ulpiano, no *Digesto*, I, 1,1.2, e repetida nas *Institutas* de Justiniano, I, 1.4.

Realmente, lá se declara que o direito público diz respeito ao modo de ser do Estado Romano, e o direito privado aos interesses dos particulares. Portanto, normas e relações jurídicas que regulam a organização e a ação do Estado-poder, enquanto tal, e a existência e atividade dos particulares no seu recíproco convívio social. E, a seguir, prossegue o texto: algumas coisas são úteis à comunidade, enquanto outras aos indivíduos.

Depois de dar a natureza jurídica do instituto, procurou justificá-lo politicamente, explicar o fundamento da diferença das normas e relações jurídicas. Aliás, é de se ponderar, quanto a esse esclarecimento final, há romanistas que sustentam decorreu de interpolação ao texto (cf. Gabio Lombardi, *Sul Concetto di "Jus Gentium"*, pp. 25-26, nota 1). As normas de direito público, embora possam ter por objeto matéria patrimonial, são alheias aos intuitos especulativos, às preocupações de lucro. Regulam, então, questões pecuniárias como meio para atingir imediatamente o interesse geral, o bem comum. Por isso, sujeitam-se ao regime de economia pública, autoritário – por exemplo, ao estabelecerem os tributos a serem requisitados dos particulares.

Outrossim, se, excepcionalmente, as normas de direito público têm caráter derrogável e atuação facultativa, tal decorre exclusivamente da manifestação unilateral autoritária de vontade do próprio Estado ou da pessoa que dele receba o encargo de fazer suas vezes. O regime jurídico é imposto por ele, embora deixe seu desfrute a critério dos particulares e permita sua disposição pelas partes. Porém, esses particulares, ao derrogar a norma, nada mais fazem que escolher outra, também prescrita pelo Estado. Jamais criam ao seu líbito o conteúdo da regra concretizada na relação jurídica.

Tal se dá com a possibilidade de acordo sobre o foro judicial. Além disso, o acordo situa-se no âmbito das relações privadas quanto à sujeição ao foro competente para julgar controvérsias delas resultantes. Não interfere, propriamente, com a função pública de julgar. É verdade, poder-se-á replicar, e a possibilidade de acordo para resolver a controvérsia por juízo arbitral? Contudo, tal juízo não fecha as portas dos Tribunais do Estado se uma das partes com ele se não conformar, a menos que este, através de sua manifestação de vontade autoritária, lhe dê completa validade.

Por outro lado, a facultatividade do exercício de poderes se admite porque se entende sem prejuízo para a realização, pelo Estado, do bem comum e diz respeito a direitos que confere, unilateralmente, aos particulares, como membros do todo social. Isso ocorre quando não vê inconveniência em deixar livre o exercício do direito de voto relegado aos cidadãos, antes reputa mais em consonância com o interesse coletivo. Sempre se exterioriza essa manifestação de vontade tendo em vista o interesse do Estado, como expressão do interesse dos indivíduos coletivamente considerados, como expressão do todo social, superior aos interesses dos indivíduos isoladamente considerados. Então se não coloca no plano horizontal igualitário, de vontades contrapostas.

Ao se afirmar que as instituições de direito público regulam a ação autoritária do Estado, isto é, enquanto Poder Público, não se pretende que todas as manifestações da sua vontade sejam de natureza coercitiva, apresentem caráter coativo. Simplesmente se pretende colocar o Estado num plano superior, de ser independente e soberano, quanto ao regime jurídico da sua atuação.

O objetivo do direito público é o bem comum a ser alcançado pelo Estado, valendo-se para tanto de processos técnicos apropriados, de manifestação de vontade autoritária, de dar a cada um o que lhe é particularmente devido, mas o que lhe é devido como participante do todo social. Já o objeto do direito privado é o bem de cada um, a ser alcançado pelos indivíduos como partes do todo social, utilizando-se de processos técnicos para isso adequados, de livre acordo de vontades, ou ao menos de livre aquiescência de vontades, dentro dos limites impostos pelo Estado, que, assim, de modo mediato, trabalha, ainda, para o bem comum.

A distinção do direito em *público* e *privado* não quebra a unidade da ordem jurídica, pois com ela se não pretende dividir o direito em duas ciências em apartado, mas considerar dois aspectos fundamentais de uma mesma Ciência.

Por outro lado, a circunstância de certas relações jurídicas, em dado momento histórico ou segundo a organização dos povos, se classificarem, diferentemente, ora no direito público, ora no Privado, não prejudica a fixação de um critério diferenciador desses ramos jurídicos.

Em virtude de razões históricas, em determinada oportunidade se pode entender que certas relações jurídicas atendem antes ao bem individual que ao interesse coletivo. Então, em vez de o Estado participar delas, como Poder Público, as normas jurídicas as deixam inteiramente aos particulares, que se colocam numa posição de igualdade, mediante acordo de vontades. Se, em outras ocasiões, se pretende que essas mesmas relações interessam imediatamente à coletividade, dizem respeito ao bem comum, as normas jurídicas fazem o Estado participar delas como Poder Público, e se colocar numa posição de superioridade ante os particulares, impondo autoritariamente sua vontade. Igualmente, em face da organização dos povos, da conjuntura social em que se encontram, tal diversidade de regime existe.

Isso não infirma a distinção entre esses dois ramos jurídicos; apenas permite, conforme as exigências históricas ou tendências do governo, se sujeitem as relações jurídicas a institutos de direito público ou de direito privado, segundo a norma de direito reguladora dessas relações.

Ademais, não se há de confundir *normas de direito público* com *normas de ordem pública*. Ante a intervenção do Estado na ordem social, através do fenômeno chamado de *socialização* ou *humanização do direito*, não se transformam em *públicas* normas de direito privado. Simplesmente se estabelece o caráter obrigatório ou cogente de certas normas de direito privado.

São normas que regulam institutos jurídicos de interesse dos particulares, e o Estado ou as pessoas que fazem as suas vezes não participam nas relações que se formam. Apenas não se permite sejam essas normas derrogadas pelas partes, e lhes são assim obrigatórias, se se subsumem ao regime jurídico por elas regulado.

Em tais casos não ocorre, como se costuma dizer, a publicização do direito. Essas normas continuam a ser de direito privado, regulando institutos desse ramo jurídico e as relações de direito que através deles se perfazem. Estabelece-se, contudo – tendo em vista os princípios informadores do tipo de Estado com referência à vida social, para assegurar a ordem pública, e os bons costumes vigentes, segundo a cultura do povo –, sua inderrogabilidade pelas partes.

Afinal, não só razões pedagógicas e políticas explicam a distinção do direito em público e privado.

Ela se afirma pela finalidade das normas, que fazem participe sempre das relações jurídicas de direito público o Estado, a fim de realizar a razão de sua existência; e, como está em jogo o bem comum, de maior relevo que o bem particular, vale-se de técnica peculiar para assegurá-lo. Esta técnica própria das instituições desse ramo jurídico é, em princípio, desnecessária nas relações entre particulares, de direito privado, cujo bem é individual e igual, e nas relações em que o Estado, equiparando-se aos particulares, vincula-se através de regime próprio das instituições privadas. Tem fundamento não só histórico, já salientado, como científico, pela diversidade dos institutos jurídicos regulados por essas normas.

As prerrogativas especiais do direito público são estranhas a objetivos autocráticos, e se impõem pela natureza das funções do Estado – pessoa independente na ordem internacional e soberana na ordem interna – e dos fins por ele colimados, e elas só excepcionalmente se reconhecem aos particulares nas suas relações recíprocas.

Certo, não se pode, *a priori*, fixar as normas de direito público e de direito privado. Sua matéria oscila em concordância com os princípios sociais, políticos e morais de cada época histórica e a cultura de cada povo.

Mas, embora se não possam prefixar, *a priori*, as normas de direito público ou privado, é impossível adotar-se exclusivamente o regime de coordenação comutativa entre as partes, porque seria impossível a autoridade, elemento de coexistência social. Tampouco seria possível reduzir-se tudo à subordinação, porque seria eliminar a liberdade, elemento definidor do Homem, ser racional e livre, razão da vida social.

Assim, há um mínimo que sempre cabe ao direito público ou privado, segundo a própria natureza das coisas, que diz respeito imediatamente ao bem coletivo ou individual; e o mais se fixa através da consciência popular, mediante o costume, ou pela vontade dos estadistas, por opção legal e interpretação jurisprudencial, conforme os princípios sociais, políticos e morais que inspiram dado momento histórico, ao sabor dos influxos doutrinários e de ação dos governantes, informados ainda pela cultura de cada povo e as exigências peculiares de cada país.

Todos esses fatores fazem com que em determinadas fases da Humanidade, nos diferentes estágios da civilização dos Estados, da sua própria organização, certas matérias se considerem objeto de relações em que o Estado-poder, ou pessoa que receba o encargo de fazer as suas vezes, participa em regime de independência, em posição igualitária no trato com outros seres de idêntica força social, ou de superioridade, com seres que lhe são de alguma maneira dependentes, na realização do bem comum – enfim, que atue como Poder Público.

4. *Órgãos fundamentais do Estado-poder*

4.1 Conceito material dos atos jurídicos

Dentro da ordem jurídica vigente e nos regimes democráticos, o órgão representativo, que espelha as diferentes correntes de opinião pública nacional, denomina-se *Poder Legislativo*, porque se lhe reconhece a prerrogativa principal de fazer as leis, de estabelecer normas de direito, informadoras da ordem jurídica do Estado-sociedade; e o órgão que realiza como especial cometimento, de modo prático, essas normas – efetivando, de moto próprio, como parte, o programa de ação por elas dispostas – denomina-se *Poder Executivo*; e se nomeia de *Poder Judiciário* o órgão que objetiva, em posição eminente, a resolução de controvérsias entre as partes, para assegurar essas normas e firmar situação jurídica definitiva.

Contudo, se não podem confundir os órgãos do Estado-poder com suas funções, nem mesmo com as ações que os especificam.

Assim, tanto o Legislativo como o Judiciário, para consecução dos seus fins precípuos de legislar e julgar, necessitam de organizar repartições denominadas suas *secretarias*, que realizam atividades estranhas àqueles cometimentos, de natureza executiva, concreta. Demais, os próprios órgãos legislativo e judicante desempenham outras atividades meramente executivas.

Aí estão, para comprovação da assertiva, os atos do Legislativo de aprovação do orçamento, autorizando a despesa e receita do Estado-poder, como a aprovação de nomes de candidatos apresentados pelo Executivo para serem por ele nomeados para altos cargos públicos.

Por sua vez, os atos do Judiciário, da chamada *jurisdição voluntária*, que perante ele são processados com a finalidade de dar maior garantia a esses atos, sem que se cogite da resolução de qualquer controvérsia jurídica – como o inventário de bens a serem partilhados e a execução dos testamentos, a arrecadação e a administração de bens de ausentes, a nomeação e remoção de tutores e curadores, os desquites amigáveis por mútuo consentimento –, e mesmo os atos judiciários nos processos contenciosos, e que tenham por objetivo a execução da lei – como quando o juiz, antes da decisão, despacha: "Selados e preparados, voltem os presentes autos conclusos para sentença" –, são atos de caráter meramente executivo.

Por outro lado, o Legislativo tem competência jurisdicional nos chamados processos de *impeachment*, isto é, nos juízos políticos, em que julga os titulares dos órgãos dos Poderes Executivo e Judiciário por crimes funcionais ou má conduta no exercício das suas atividades.

É verdade, na maioria dos países o juízo político se restringe a afastar o agente público do seu cargo e inabilitá-lo para o exercício de funções públicas, cabendo ao Judiciário a aplicação de outras penas, acaso comportáveis.

Afinal, o Executivo decide sobre pretensões das partes, administrativamente, na defesa dos seus direitos, frente ao Estado-poder, e pune, disciplinarmente, seus próprios agentes públicos, mediante processo regular, por faltas funcionais.

Certo, a decisão dos direitos das partes pelo Executivo é suscetível de reapreciação pelo Judiciário, e mesmo os processos administrativos de punição dos seus agentes sujeitam-se ao seu exame, para verificação sobre se foram observadas as formalidades legais e se não ocorreu abuso de direito na aplicação das penalidades. Demais, decidido em juízo não ter existido a falta atribuída ao acusado administrativamente, ou que ela foi praticada por outrem, prevalece a decisão judicial. Não obstante, todas essas atividades têm um aspecto se não plenamente jurisdicional, ao menos quase-judicial.

Por fim, o Executivo, além de participar com o Legislativo na obra de elaboração da lei, também prescreve atos normativos: através dos regulamentos promulgados para dar execução às leis, impondo regras de conduta aos particulares, sem falar nos regulamentos independentes ou autônomos e autorizados ou delegados, de normas inovadoras da ordem jurídica, acolhidos em muitos países; e mesmo através de instruções aos seus agentes para consecução de obras e serviços públicos.

Aliás, o Judiciário, outrossim, baixa regimentos normativos para regular a marcha dos seus respectivos trabalhos.

4.2 Valor formal dos atos jurídicos e sua força

Cada um desses atos jurídicos, correspondentes às diferentes ações do Estado-poder, tem, além do seu conceito, como especificação da respectiva natureza, um valor formal, isto é, seu regime, que lhe empresta particular força e corresponde a elemento da sua eficácia.

Assim, a lei, além de ser matéria da regra jurídica imperativa, geral, abstrata e impessoal, como expressão do Poder Legislativo, tem um *valor formal*, de se impor, imediatamente, de modo superior a qualquer manifestação do Estado-poder, a todas as autoridades estatais e aos componentes do Estado-sociedade e de se impor, ainda, virtualmente, sem necessidade de se apoiar em regra anterior às suas prescrições, limitada no seu poder tão-somente pelos textos constitucionais; e, destarte, sua *força jurídica* consiste no seu caráter de inovar, de maneira absoluta, a ordem jurídica, derrogando a anterior, dentro da estrutura constitucional vigente.

Por sua vez, a sentença, além da sua natureza de resolução, de modo eminente, de controvérsia jurídica entre as partes, para aplicação do direito ao caso concreto, tem um *valor formal*, que consiste no trânsito em julgado da decisão proferida, insuscetível, ao depois, de modificação até pelo próprio julgador, e que traz em conseqüência a *força jurídica* consistente no estabelecimento da coisa julgada.

Afinal, o ato executivo, além da sua natureza de realização concreta da lei, como participante da ação do Estado-poder, tem o *valor formal* de presunção de verdade, e que consiste em independer, em princípio, de prova e poder ser desde logo exigível – que traz como conseqüência a *força jurídica* de autotutela, ou seja, a possibilidade de auto-executoriedade quando não obedecido, isto é, de execução de ofício dos atos, sem prévia decisão do Poder Judiciário, apreciando sua legitimidade e reconhecendo seu direito de coagir terceiros na hipótese, bem como de decretação da sua nulidade ou revogação pelos próprios órgãos executivos.

5. *Funções fundamentais do Estado-poder*

5.1 Classificação proposta: administrativa e jurisdicional

Tanto na ação legislativa como na executiva do Estado-poder verifica-se sua manifestação relativa à consecução da ordem normal do Estado-sociedade, com caráter predominantemente operativo, de atuação na sua órbita presente, tendo em vista o interesse futuro da vida social, pois visam ao estabelecimento, respectivamente, do programa de ação do Estado-poder e dos indivíduos existentes no Estado-sociedade e das respectivas relações entre os indivíduos e deles com o Estado-poder e à efetivação por este do referido programa.

Envolvem, assim, a gerência dos negócios do Estado-sociedade pela exteriorização da vontade do Estado-poder, através de deliberação normativa e sua execução, em atenção ao bem dos indivíduos coletivamente considerados. Constituem, portanto, dois momentos sucessivos de uma mesma função.

A ação legislativa e a executiva, realmente, ante o aspecto acima considerado, correspondem a duas expressões distintas de uma mesma faculdade do Estado-poder – qual seja: de realização ou integração da ordem social. Englobam preocupação similar, de criar novas utilidades sociais e melhorar as existentes, através de normas jurídicas, que as dispõem, ou atos jurídicos, que as concretizam, e atos materiais complementares. Consideram, na verdade, os fins utilitários do Estado-poder, de gerência dos seus negócios, mediante programa de ação e sua efetivação; e, por isso, se pode denominar dita função de *administrativa*, ante o significado desta expressão.

Disso se apercebeu Carré de Malberg ao ponderar que, sob o ponto de vista do objetivo, os atos jurídicos de legislação e de administração (tomada como execução de lei) não tinham fins distintos, ao contrário do afirmado pelos autores que vêm abordando o tema, pois ambos – atos legislativo e administrativo (este em sentido estrito) concorrem para a organização das autoridades públicas e dos serviços estatais e para assegurar a ordem pública e desenvolver o bem-estar coletivo, através de ação de utilidade pública. E observa, ainda, que tal objetivo se acha igualmente especificado como próprio do Poder Legislativo e do Poder Executivo em vários textos constitucionais (Carré de Malberg, *Théorie Générale de l'État*, vol. I, p. 483).

É de se recordar que a Constituição Imperial Brasileira de 1824, no seu art. 179, item 2º, expressamente declara: "Nenhuma lei será estabelecida sem utilidade pública".

A ação judicial distingue-se pela natureza do objeto – portanto, pela sua essência – das outras duas, pois tem preocupação diversa, a de manter a ordem jurídica em vigor, a de assegurar o direito vigente, acaso ameaçado ou desrespeitado, que busca proteger, e a realização efetiva da decisão, sua conseqüência lógica. Tem aspecto predominantemente contemplativo, no sentido de que atua no presente, voltada para o passado, a fim de amparar a ordem jurídica preexistente, aplicando esse direito ao caso concreto, objeto da norma e de relações conseqüentes anteriores. Objetiva resguardar a ordem normal do Estado-sociedade, anteriormente disposta por normas jurídicas ou constante de relações jurídicas, quando ameaçada ou já perturbada. Envolve o exercício de outra função, jurisdicional, de dizer o direito dos litigantes.

Tanto a função administrativa como a jurisdicional do Estado-poder visam, sem dúvida, ao bem comum, à melhor vida do Estado-sociedade, mas o alcançam por processos diferentes, por métodos diversos.

Enquanto a função administrativa, através da ação legislativa e executiva, exterioriza-se de modo direto pela coletividade, na outra, na jurisdicional, isso se dá de modo indireto, pelas partes em controvérsia, na proclamação do direito de uma delas. Todos atuam por repartições públicas, criadas para esse fim, nelas investidos agentes públicos. São os *órgãos estatais*.

Naquelas ações, legislativa e executiva, na função que se denomina *administrativa*, o Estado-poder pratica os atos jurídicos como *parte*, isto é, em obra própria, espontânea, através da função pública que lhe compete; ao passo que nesta ação judicial, na função que se denomina *jurisdicional*, como *terceiro*, substituindo, de maneira eminente, através da função pública, a atividade das próprias partes, que não conseguiram, por si mesmas, harmonizar os respectivos interesses.

Portanto, o Estado-poder age por meio de duas faculdades fundamentais, que correspondem a duas funções típicas: administrativa e jurisdicional.

Na administrativa, o objeto da ação, tanto legislativa como executiva, é a utilidade pública a ser alcançada mediante a promulgação de normas jurídicas e execução de atos jurídicos concretos, com fundamento naquelas, e atividades materiais complementares, que constituem formas de sua realização efetiva em cada caso. Assim, o direito constitui mero instrumento de efetivação da utilidade pública, processo empregado pelo Estado-poder para atingi-la.

A *prudência* é a virtude que preside essa ação. Ela consiste na virtude pela qual se ordena a ação, mediante deliberação normativa e execução concreta, através do uso da reta razão, tendo em vista a natureza humana e a utilidade prática a ser obtida, como mais conveniente e adequada, e em atenção a determinado fim ou bem. Na realidade, condiciona as demais virtudes, ante o bom discernimento da razão de todos os atos relativos à prática.

Na jurisdicional o objeto é o próprio direito, a resolução de controvérsia ou contestação jurídica, para manter a ordem jurídica normativa vigente, declarando ou decretando em definitivo o direito das partes e determinando seu respeito.

A *justiça* é a virtude que preside essa ação. Ela consiste na virtude pela qual se dá a cada um o que lhe é devido – isto é, o bem que lhe pertence –, segundo determinado critério de igualdade, nos termos de regra normativa e de relação formada com outrem, e que se verifica mediante o uso da razão reta. Ela, na verdade, opera a efetivação do devido.

Destarte, na jurisdicional a utilidade pública é conseguida como conseqüência, como razão da ordem jurídica e do direito individual, que faz respeitar. Já, na administrativa a utilidade pública se considera como noção positiva, em torno da qual o direito gravita, como meio técnico para informá-la, na sistematização de uma ordem jurídica e sua efetivação, tanto na ação legislativa como na executiva.

Concluindo, é de se reconhecer que o Poder Público uno se vale de duas faculdades distintas, ou, se se quiser, para empregar expressão tradicional, se exterioriza através de dois poderes fundamentais: o político, de integração da ordem jurídica, mediante seu estabelecimento e sua atuação; e o jurídico, de reintegração dessa ordem jurídica, mediante seu asseguramento e a fixação de um sentido normativo dela. Substituiu-se, assim, a concepção trina por uma dual dos poderes básicos do Estado.

As operações do poder político correspondem à função administrativa de estabelecer a norma jurídica e de executá-la; e as do poder jurídico à função jurisdicional de dizer o direito constante de norma e de relações conseqüentes, vinculando partes em controvérsia, de maneira a resolver o conflito entre elas existente e afirmar o significado do direito vigente.

Os poderes devem distinguir-se pela ordenação diversa dada aos órgãos que integram o organismo estatal, quanto ao desempenho das suas atividades, isto é, quanto à sua função, tendo em vista o respectivo objeto, e não segundo o processo normativo ou executivo pelos quais exteriorizam sua atividade e disciplinam seu objeto. Em o poder político essa atividade se faz em atenção direta e imediata à utilidade pública, que tem em mira realizar; enquanto em o jurídico se faz em atenção à ordem jurídica já existente, que tem em mira resguardar.

Nesses cometimentos distintos, se servem do direito, porém de maneira diversa. Na função administrativa, como instrumento para criar a utilidade pública. Então, o direito apresenta-se como simples forma necessária para tanto. Já, na função jurisdicional ele se manifesta como sua razão de ser, como seu objeto específico. Apresenta-se como a matéria de sua cogitação.

A função administrativa expressa-se através do poder político normativo de estabelecimento da regra jurídica objetiva e do poder político executivo de sua efetivação. Constituem dois momentos sucessivos e necessários, de planos verticalmente superpostos, para realização da utilidade pública, de maneira direta e imediata. Aliás, a cadeia dessa operação inicia-se com a norma jurídica e termina com a execução material do seu preceito em conseqüência do ato executivo que o concretiza.

A função jurisdicional expressa-se através do poder jurídico de julgar. Fixa o direito das partes, resolvendo a controvérsia ocorrida entre elas, e, concomitantemente, no mesmo plano horizontal, ante o fato de repetidas decisões, emprestando igual interpretação à norma aplicada à hipótese, na afirmação do seu real sentido, do seu verdadeiro significado, constrói a norma jurisprudencial.

5.2 Crítica das concepções tradicionais e defesa da proposta

A posição tomada quanto às funções do Estado-poder contraria a acolhida pelos juristas.

A orientação doutrinária dominante sustenta sua tríplice função: legislativa, administrativa e jurisdicional. Embora seus lineamentos se encontrem já em escritores da Antigüidade – como Aristóteles (*La Politique*, Livro VI, Capítulo XI, § 1º) –, ela se afirmou com a concepção liberal de Estado, sob o influxo do pensamento de Montesquieu sobre a conveniência de ser o poder governamental exercido por três Poderes distintos, Legislativo, Executivo e Judiciário, divisão tríplice como meio de se contrabalançarem as prerrogativas das autoridades públicas, e sistema que vislumbrou existir na organização constitucional da Inglaterra (Montesquieu, *De l'Esprit des Lois*, Livro XI, Capítulo VI, pp. 142-152). De arranjo político, pertinente à estrutura governamental, transmudou-se em teoria das funções do Estado. Domina o pensamento dos juristas do século passado e presente.

Ao lado desta, há os que reduzem a duas as funções do Estado-poder: normativa e executiva, envolvendo esta a administrativa e a jurisdicional, como dois modos distintos de execução da lei. Essa posição merecera a simpatia de Henry Berthélémy (*Traité Élémentaire de Droit Administratif*, 12ª ed., pp. 11-15), e modernamente renasce com a Escola de Viena, com a teoria de Hans Kelsen, de graus superpostos das regras jurídicas, de maneira que a inferior é sempre execução da superior, e da qual se tornou grande paladino A. Merkel (*Teoría General del Derecho Administrativo*, pp. 13-62).

Segundo a doutrina da tríplice função estatal, o Poder Público uno exterioriza-se através de três faculdades fundamentais, chamadas *Poderes Legislativo, Executivo* e *Judicial*, por predominarem nas suas atividades e constituírem sua razão de existir, respectivamente, o elaborar as leis do Estado-sociedade, o administrar o Estado-poder e o julgar as controvérsias ou contestações entre as partes. Conforme a da função dual, o Estado-poder não possui outro campo de ação que fazer a lei e executá-la, embora essa execução possa se apresentar no desempenho de duas manifestações sublegais: *administrar* e *julgar*.

Porém, se estas execuções dizem respeito a duas manifestações distintas, uma cogitando da utilidade pública e a outra do império do direito, não podem constituir exteriorização da mesma faculdade – e, por conseguinte, não devem participar do exercício da mesma função. Correspondem, na verdade, a duas funções autônomas. Em uma, de ação executiva, tem a norma jurídica como limite ou condição da sua ação; em outra, de ação judiciária, tem a norma jurídica como seu objeto, pois visa a assegurá-la.

Por outro lado, se o objeto tanto da ação legislativa como da executiva é a utilidade pública – embora se expressem por órgãos distintos, delas encarregados, repartições e agentes diferentes, de fazer a lei e de executá-la – se apresentam como expressão da mesma faculdade, como função una, apesar de manifestada em dois momentos sucessivos: a regra normativa, legal, e o ato jurídico concreto, executivo.

As funções fundamentais do Estado-poder só podem se diversificar pelo objeto essencial distinto delas quanto às manifestações das suas atividades, e, portanto, como expressões das faculdades fundamentais do Estado-poder uno, que pode se subdividir, entretanto, em vários sistemas ou estruturas orgânicas.

Aliás, a função jurisdicional afirma-se não só através de ato jurídico concreto – a decisão da controvérsia –, como também de regra normativa – a jurisprudência –, formada sobre o real entendimento do texto legal ou do costume aplicado à espécie a ele sujeita, ante a uniforme e constante repetição de julgados atribuindo-lhe igual sentido. Então, a jurisprudência constrói regras jurídicas, dando o significado dos textos normativos e dos costumes, e cria mesmo regras jurídicas na falta deles, preenchendo suas lacunas, com a utilização da analogia e dos princípios gerais de direito, através do julgamento reiterado de hipóteses semelhantes em causa. Assim, dela deflui o direito, em última análise, que vige no Estado-sociedade.

Por conseguinte, a função jurisdicional não constitui simples execução da lei, em posição hierárquica inferior à função legislativa. Alteia-se à de elaboração, outrossim, de normas jurídicas, gerais, abstratas e impessoais, ao dizer na espécie qual o direito legal ou extralegal, relativamente à controvérsia submetida à sua resolução.

A vontade do legislador é o fundamento da lei, e a do povo o do costume, ao manifestar certo comportamento. Porém, a compreensão e a extensão das suas vontades são dadas pela decisão judicial, em instância final. Então, tira conseqüências que, muita vez, não estavam nas intenções do legislador e do povo ao manifestarem as suas vontades, ao adaptá-las ao curso dos tempos, na aplicação dessas normas legais e costumeiras.

Certo, se não confunde, quanto à sua natureza, a regra normativa legal de caráter coercitivo para todos com a regra normativa jurisprudencial, de força moral ou mesmo de precedente obrigatório para os Tribunais. Igualmente se não confundem, como salientado, a aplicação da lei pelo ato executivo, como participante da sua execução, e pelo ato jurisdicional, substituindo-se as partes em litígio.

Aliás, há decisões de caráter normativo, como as que têm a força de precedente obrigatório, como no direito anglo-americano; ou as que têm o caráter regulamentar, como nos casos de dissídio coletivo, em que fixa a solução de contrato coletivo de trabalho; ou, ainda, as que têm o alcance de suspender os efeitos da lei, quando se afirmam *erga omnes*, ao decretar sua inconstitucionalidade; e, afinal, as que criam o direito para resolver a espécie em litígio, na falta de texto legal ou regra costumeira.

Portanto, a função administrativa como a jurisdicional exteriorizam-se mediante regras jurídicas normativas e atos jurídicos concretos, apenas com uma diferença: na primeira a regra normativa precede o ato concreto, que a executa; enquanto na segunda a regra normativa é uma conseqüência de vários e constantes atos decisórios concretos, a expressarem a criação de uma norma geral, abstrata e impessoal.

A lei é uma regra normativa fruto da manifestação da vontade do legislador para produzir efeitos de direito. O costume é uma regra normativa oriunda da consciência popular, ante dado comportamento uniforme e constante do povo, que corresponde a um preceito jurídico. A jurisprudência é uma regra normativa decorrente do comportamento uniforme e constante do juiz no interpretar de igual forma um texto legal ou dado costume, ou mesmo no criar o direito, ante a lacuna legislativa ou costumeira, através da analogia e dos princípios gerais do direito, fazendo com que da vontade reiterada do julgador surja, como fato jurídico, obrigando, moralmente ou pela força de precedente, decisão idêntica em casos semelhantes.

Por outro lado, é de se salientar a função jurisdicional, ainda quando o ato decisório, no caso concreto, possa competir a órgãos diversos daqueles a quem caiba fixar a jurisprudência sobre as teses de direito; eles se integram como órgãos da mesma estrutura judiciária, como duas manifestações do mesmo poder ou do mesmo sistema orgânico: o ato jurídico concreto, decisório, e o fato jurídico normativo, jurisprudencial. Ao contrário, a função política efetiva-se mediante os chamados dois Poderes distintos, isto é, dois sistemas orgânicos – o Legislativo e o Executivo –, não obstante tenham as respectivas ações, como visto, o mesmo objeto de criar ou melhorar a utilidade pública prescrita na norma e executada no caso concreto.

Porém, a separação dos órgãos – tanto com referência à ação legislativa e executiva, pressupondo mesmo os chamados dois Poderes independentes, isto é, órgãos de sistemas distintos para as respectivas ações, como relativamente à ação jurisdicional da decisão do fato, na espécie, e da fixação do direito, em tese – constitui simples problema de organização, porquanto se não faz em atenção às funções consideradas de naturezas diversas, e sim por precauções governamentais de freios e contrapesos, ou por exigência do princípio da divisão do trabalho.

Embora ajam por órgãos diferentes, a ação de legislar e a de executar, pela maneira das respectivas atuações, verifica-se que correspondem a uma mesma função, apesar de efetuadas em momentos sucessivos. Tanto isso é exato que a ação de legislar, atividade do Poder Legislativo, processa-se com a colaboração dos órgãos do Poder Executivo e, por outro lado, os atos jurídicos executivos, próprios desse Poder, levam-se a efeito com co-participação, mais ou menos extensa, dos órgãos legislativos, como seja sua interferência na elaboração do orçamento e sua aprovação a atos de nomeação de agentes públicos nos cargos de maior projeção do próprio Executivo.

Na verdade, a conjugação de órgãos desses Poderes em atribuições do outro efetiva-se sem prejuízo para seu bom êxito, e antes constitui elemento para sua melhor eficiência – o que vem demonstrar que ambos, isto é, os chamados Poderes Legislativo e Executivo, na sua essência, correspondem ao desempenho da mesma função, não obstante ela se perfaça por órgãos diferentes e em etapas sucessivas.

Ao contrário, a interferência dos órgãos de ação legislativa ou executiva na função jurisdicional, ou os desta na ação legislativa ou executiva, faz ocorrer deficiências nas suas manifestações, o que mostra a independência das respectivas funções, a comprovar a diversificação das suas essências.

Realmente, no exercício da função jurisdicional não deve haver ingerência dos órgãos legislativo e executivo, sob pena de prejuízo ao bom desempenho dela, periclitando a justiça. Por sua vez, os juízes não devem imiscuir-se nas questões de utilidade pública, de conveniência e oportunidade governamental, por envolverem objeto que refoge das suas cogitações, sob pena de subverterem a vida política do Estado-poder.

Já, as atribuições dos chamados Poderes Legislativo e Executivo só bem se levam a efeito se harmonicamente conjugados.

Daí ser mais acertado dizer que os chamados Poderes Legislativo e Executivo são distintos mas harmônicos, pois constituem estruturas orgânicas autônomas que se entrosam na sua atuação; enquanto o Poder Judiciário é independente deles, forma um sistema orgânico à parte. Isso porque, na realidade, Legislativo e Executivo constituem dois sistemas orgânicos autônomos, por razões formais, constitucionais, porém do mesmo poder, o político; enquanto o Judiciário constitui sistema orgânico deles separado, pela própria natureza do seu objeto, e participante do outro poder, o jurídico.

6. Objeto do Direito Administrativo e do Direito Judiciário

6.1 Conceito desses ramos jurídicos

Conseqüentemente, o Estado-poder tem duas funções essenciais, que correspondem à criação de utilidade pública, através da ação jurídica legislativa e executiva e a preservação da ordem jurídica normativa e o asseguramento dos direitos dos indivíduos, aplicando essas regras, mediante ação judicial. Consiste a primeira no exercício da faculdade integradora da ordem jurídica, na manifestação de função administrativa; e a segunda no exercício de faculdade reintegradora da referida ordem jurídica preestabelecida, quando ameaçada ou perturbada, na manifestação de função jurisdicional.

Ora, se tal ocorre, o ordenamento jurídico de cada uma dessas funções – isto é, dos meios e modos de sua respectiva ação e da forma da própria ação – deve pertencer a um ramo autônomo do direito, ante a natureza distinta delas.

Então, o ordenamento jurídico da atividade do Estado-poder, compreendendo os meios e modos da sua ação e a forma da sua própria ação, efetuada de modo imediato e direto, na consecução do seu fim de criação de utilidade pública, há de informar ramo jurídico autônomo e uno. Qual será esse ramo jurídico? Certamente, o Direito Administrativo, em atenção à respectiva função.

Realmente, a palavra "administrar" significa não só prestar serviço, executá-lo, como, outrossim, dirigir, governar, exercer a vontade com o objetivo de obter um resultado útil. Tal sentido é tradicionalmente reconhecido ao vocábulo, isto é, de atividade de uma pessoa física ou jurídica para gestão dos seus negócios, mesmo aplicada ao

Estado-poder. Até no seu sentido vulgar, *administrar* quer dizer *traçar programa de ação e executá-lo*.

Assim, quando alguém se refere à administração da sua indústria, da sua fazenda, compreende a programática da ação e sua execução, como dois momentos da mesma atividade de administrar. Portanto, legislação e execução.

A palavra "administração", etimologicamente, vem do Latim, segundo uns, da preposição *ad* e do verbo *ministro-as-are*, que significa "servir", "executar"; e, segundo outros, de *ad manus trahere*, que envolve idéia de direção ou gestão. Daí a possibilidade de lhe emprestar sentido amplo, sem restringi-lo a uma compreensão tão-somente de execução subordinada. Lícito também se afigura incluir nela a compreensão de "deliberação", de "comando".

Aliás – é de se observar –, na língua alemã o substantivo *Verwaltung*, que se traduz por "administração", deriva do verbo *walten*, que, por sua vez, se traduz por "reinar", "imperar". Igualmente, na Língua Inglesa o verbo *to manage* corresponde a "administrar", porém abrangendo a atividade de planejar, de organizar, de dirigir.

A administração deve hoje corresponder ao que no século XVIII se denominava *governo*. É o gênero das espécies de ações fundamentais do Estado-poder. Contudo, mesmo nos Estados Absolutistas, em que o poder público se concentrava nas mãos do monarca, a função jurisdicional achava-se separada da função política, ou, melhor, do governo propriamente dito, delegada a órgãos especializados, embora exercida em nome daquele, que podia sempre avocá-la.

Destarte, o ordenamento jurídico da atividade do Estado-poder, compreendendo os meios e modos da sua ação e a forma da sua própria ação, efetuada de modo imediato, mas indireto, na consecução de seu fim de resolver controvérsia entre as partes, aplicando a norma jurídica ao caso concreto, há de informar ramo jurídico autônomo, que se denomina Direito Judiciário, em atenção à sua respectiva função. Por conseguinte, salvo o ordenamento jurídico da atividade contenciosa do Estado-poder já constituído, pertinente ao Direito Judiciário, deve ficar enfeixado no Direito Administrativo o ordenamento jurídico de todas as suas outras atividades, que se unificam na criação de utilidade pública – o que se leva a efeito mediante deliberação normativa, isto é, mediante ação programada, e execução efetiva dessa deliberação, desse programa de ação.

Pertencem ambos, juntamente com o Direito Constitucional, ao direito público, porquanto regulam a organização do Estado-poder e sua ação, e daí o regime autoritário das normas e dos atos jurídicos concretos, que dizem respeito à atuação tanto do Direito Administrativo como do Direito Judiciário.

Rege, portanto, o Direito Administrativo o ordenamento jurídico do Estado-poder, enquanto parte na ação legislativa e executiva.

Compreende atos jurídicos atinentes a dita ação legislativa e executiva, através da chamada *polícia administrativa*, em que condiciona de maneira negativa a liberdade e a propriedade dos particulares; ou através de prescrição e prática de atos jurídicos de caráter positivo, de publicidade, segurança e fiscalização dos atos dos particulares; de fomento das atividades destes; de condicionamento dos atos materiais de execução de obras e de prestação de serviços públicos, para comodidade dos particulares; de exigência de prestações pessoais e de coisas por parte dos particulares.

Compreende, ainda, os modos de efetivação de dita ação legislativa e executiva, quais sejam: a organização jurídica das repartições do Estado-poder e distribuição das suas atribuições, bem como de outras pessoas jurídicas por ele criadas, como desdobramento do Estado-sociedade.

E compreende, afinal, os meios para tanto, relativos à organização jurídica das repartições do Estado-poder, isto é, os agentes providos nos cargos que existem nessas unidades funcionais, no exercício das respectivas competências, como os bens que informam o patrimônio do Estado-sociedade ou de outras pessoas jurídicas menores em que se desdobra – agentes e bens que constituem os elementos da ação do Estado-poder, de que se vale para consecução dos seus fins, deles se utilizando o povo e o próprio Estado-poder, nos termos legais e na conformidade de atos jurídicos concretos complementares.

Acontece, em certas oportunidades, de o Estado se substituir por pessoas que fazem as suas vezes na consecução do seu fim de dizer o direito como, e principalmente, de criação da utilidade pública. São as pessoas jurídicas de direito público menores, desdobramentos do Estado, como os Estados Federados ou Municípios, os institutos de aposentadoria e pensões ou as corporações profissionais. São, ainda, as pessoas naturais e jurídicas de direito privado colaboradoras do Estado, delegadas de suas atividades, que as exercem em nome próprio, como os serventuários, tabeliães ou escrivães, e os concessionários de obras ou serviços públicos ou, então, prestacionistas dessas atividades, que as desempenham em nome do Estado, como contratados ou gestores dos seus negócios.

Ora, o ordenamento jurídico dessas atividades peculiares ao Estado mas desempenhadas por esses terceiros, que fazem as suas vezes, as enfeixa no âmbito das atividades estatais regidas pelo mesmo direito que as regulamenta quando levadas a efeito pelo Estado.

Destarte, o Direito Administrativo, ramo do direito público, define-se como o ordenamento jurídico da atividade do Estado-poder, enquanto tal, ou das pessoas de direito que façam as suas vezes, de criação e realização de utilidade pública, levada a efeito de maneira direta e imediata. Ou, então, ordenamento jurídico dos modos, meios e forma da ação do Estado, como Poder Público, ou de quem faça as suas vezes, na criação e realização da utilidade pública, de maneira direta e imediata.

6.2 Matérias que devem ser excluídas e incluídas

Exclui-se do Direito Administrativo qualquer função jurisdicional, isto é, de dizer o direito das partes em controvérsia, mesma quando uma delas seja o Estado-poder.

Portanto, os Tribunais Administrativos, com jurisdição final em controvérsia entre o Estado e seus órgãos ou os particulares, criados para colocá-lo fora da jurisdição comum dos Tribunais Ordinários, constituindo Cortes especiais para julgamento dos casos em que é parte litigante, são estranhos ao Direito Administrativo e se deve ter como equívoca a posição dos juristas do Continente Europeu incluindo o estudo desses Tribunais, o exercício dessa jurisdição, dentro do seu âmbito. A organização deles e as suas atividades se enquadram no Direito Judiciário.

Só razões históricas ou concepção exagerada da teoria da separação dos Poderes poderão explicar essa atitude. Sendo judicantes a atividade e a respectiva organização, são alheias ao Direito Administrativo. Embora exercida por órgãos especializados e com competência restrita às controvérsias em que o Estado seja parte, informando Tribunais Especiais, prende-se ao Direito Judiciário pelo seu objeto, pela sua função específica de dirimir controvérsias e fixar o direito definitivamente entre as partes litigantes, através da coisa julgada.

Ao mesmo tempo que procuram indevidamente incluir no Direito Administrativo a jurisdição dos Tribunais administrativos, buscam os autores europeus excluir do Direito Administrativo os atos por eles denominados *de governo*. Pretendem que no Poder Executivo se enfeixem duas ordens de atividades: governamental e administrativa; aquela de orientação política do país, e esta de realização de dita atividade e de execução da ação legislativa. Porém, quando se indaga o que sejam esses atos de governo de orientação política, começam as divergências.

Na verdade, esse desdobramento da atividade do Poder Executivo tem sua origem nos regimes monárquicos absolutos. Toda a orientação política do país cabia, sem nenhuma limitação em sua atuação, ao rei, e já os atos complementares de administração cabiam aos seus auxiliares. Com isso eram os atos de governo colocados acima da ordem jurídica vigente, excluídos de qualquer apreciação pelos órgãos a que estivessem afetas as funções jurisdicionais do Estado-poder.

Aliás, o rei enfeixava em suas mãos a prerrogativa de legislar, embora com a participação, por exemplo, dos Estados Gerais na França, das Cortes em Espanha e Portugal, e com as restrições decorrentes das concepções doutrinárias objeto do governo – qual seja, de servir ao bem comum – e do Direito Costumeiro, e das cartas ou pactos, e das leis fundamentais do Reino, distintas das leis do rei. Ficavam os monarcas, em princípio, isentos de contraste judicial, pois os Tribunais cogitavam, de início, tão-somente da realização da justiça entre particulares e, ao depois, excepcionalmente, de julgar as questões em que o Estado era parte, enquanto Fisco, referentes aos atos materiais de administração ou aos atos jurídicos de conservação, disposição e ampliação do seu patrimônio.

Compreendem os chamados *atos de governo*, segundo exemplos oferecidos pelos autores, na falta de critério aceitável, os condizentes às relações externas com os outros Estados, diplomáticas ou bélicas, como os tratados e alianças ou os rompimentos de entendimentos e declaração de guerra; os pertinentes às relações com os outros Poderes do próprio Estado, como sejam a iniciativa de projetos de lei, a sanção ou o veto da lei; a convocação extraordinária do Parlamento, a nomeação de ministros de Estado; ainda, os relativos à ordem interna, tendo em vista a segurança do próprio governo, como a expulsão de estrangeiros, a declaração do estado de guerra e de sítio; a intervenção nos negócios peculiares dos entes locais ou regionais; e os atos de clemência, como a anistia e a graça.

Ora, modernamente, com a substituição do Estado de Polícia pelo Estado de Direito, tal distinção entre atos de governo e de administração afigura-se sem alcance. Isso porque, se no Estado de Polícia os monarcas e os auxiliares, a seu critério, sem limites formais, realizavam a atividade estatal e impunham o que consideravam como o bem-estar do Estado-sociedade, no Estado de Direito toda a atividade dos governantes está subordinada à ordem jurídica, condicionando o exercício das ações dos agentes públicos e assegurando poderes aos cidadãos em face do Estado. Não há mais atividade extrajurídica ou suprajurídica.

Os atos de governo, classificados em apartado, constituem resquício do Absolutismo Monárquico, que a Revolução Francesa e a evolução, em outros países, daquele regime para a Monarquia constitucional ainda conservou. Portanto, devem se enquadrar em um ramo do direito.

Alguns dos pretendidos atos de governo, como os pertinentes às relações dos outros Poderes, são regidos pelo Direito Constitucional, enquanto organização do regime político, e os demais se enfeixam no Direito Administrativo, pois dizem respeito à atividade do Estado-poder como parte, relativa à criação ou afirmação de utilidade pública. Assim os atos jurídicos de declarar a guerra ou o estado de sítio, ou de firmar tratados com outras potências, bem como de participar na ação legislativa do Estado.

Tais atos serão objeto, destarte, de apreciação dos Tribunais se em sua consecução ferirem direitos subjetivos dos indivíduos ou desconhecerem a ordem jurídica normativa vigente, segundo a maior ou menor extensão das atribuições conferidas ao Poder Judiciário.

6.3 Precursores da ação de legislar como de Direito Administrativo

Pelo conceito anteriormente exposto, inclui-se a ação de legislar no Direito Administrativo.

Foi Léon Duguit quem pela primeira vez teve a intuição a respeito, ao afirmar que, se definisse esse ramo do direito pelo fim do Estado, nele envolveria o ato jurídico legislativo (*Traité de Droit Constitutionnel*, 2ª ed., vol. II, § 24, pp. 242-243).

Entretanto, quem realmente o definiu com tal âmbito foi o professor Mário Masagão (*Conceito do Direito Administrativo*, pp. 16-19, em especial nota 6). Sustenta esse seu ponto de vista com base em dois argumentos: (a) a ação de legislar se não confunde com a matéria legislada; assim, o ato de fazer a lei é de Direito Administrativo, enquanto a matéria legislada será de Direito Civil, Comercial, Penal etc.; (b) não correspondem os atos legislativos, executivos e judiciários exclusivamente aos órgãos do Poder Legislativo, Executivo e Judiciário, pois não só o Poder Executivo pratica atos administrativos como, outrossim, os outros Poderes e os órgãos de cada um destes participam em atos dos outros.

Embora acolhendo a orientação desse ilustre Mestre, não parecem aceitáveis os fundamentos em que se assenta. A distinção exata entre o ato de legislar e a matéria legislada não autoriza considerar como de Direito Administrativo aquele, e menos ainda a circunstância de praticarem os Poderes Legislativo e Judiciário atos administrativos.

Isso porque nada tem que ver com a ação de legislar a circunstância de cada um dos Poderes exercer, além da atribuição típica, algumas próprias dos outros. Por igual razão se deveria, então, incluir o ato de julgar no Direito Administrativo. Por outro, lado, a distinção entre a ação de legislar e a matéria legislada só poderia induzir a se distinguir a norma jurídica declarada da norma jurídica que regula sua declaração. Então, aquela seria de Direito Civil, Comercial, Penal etc., e esta de Direito Parlamentar ou Congressional, por exemplo, porque rege a ação dos Parlamentos ou Congressos.

Aliás, não é só a ação de legislar que se distingue da matéria legislada, também a ação de executar se distingue da matéria executada e a ação de julgar da matéria julgada.

Na verdade, a ação legislativa do Estado-poder só deve ser incluída no Direito Administrativo, juntamente com a ação executiva do Estado-poder, tradicionalmente considerada como desse ramo jurídico, se ambas corresponderem ao exercício de uma mesma faculdade jurídica do Estado-poder, como expressão de uma mesma função, ante a identidade da natureza dos respectivos objetos. Foi o que se procurou demonstrar linhas atrás. Do contrário deve corresponder ao Direito Parlamentar ou Congressional, autônomo.

6.4 A ação de legislar participa do Direito Administrativo, e não do Constitucional

Muitos autores colocam a ação de legislar como fazendo parte do Direito Constitucional.

Porém, mesmo nos países de Constituição flexível, em que o Parlamento pode modificar, ao seu sabor, as normas constitucionais, não se pode confundir o campo do Direito Constitucional – o qual diz respeito à organização do Estado-poder, pelo estabelecimento do respectivo regime político, e aos limites e programa da sua ação, como se demonstrou anteriormente – com a atividade de fazer leis, que com isso nada tem de comum.

Sem dúvida, o Poder Legislativo, nos países de Constituição flexível, tem função constituinte, e exerce essa ação; mas, concomitantemente, exerce ação legislativa ordinária. Na ação constituinte sua atividade encaixa-se no Direito Constitucional. Mas a ação legislativa ordinária está fora dele.

Nos países de Constituição rígida, em que se distingue a função constituinte da legislativa, ainda melhor se separa a ação de elaborar a Constituição e a lei ordinária.

O equívoco dessa inclusão provém da circunstância de serem a criação do órgão legislativo e a distribuição das suas atribuições levadas a efeito pelo Direito Constitucional, como próprias do tipo do Estado-poder. Contudo, a regência dessa ação bem como a criação de órgãos complementares dela, como as comissões de que se compõe o órgão legislativo, a regulamentação dos seus trabalhos, constante do Regimento Interno do Parlamento ou mesmo de leis ordinárias, como não afetam a qualquer regime político, correspondem a matérias estranhas ao Direito Constitucional.

Todavia, têm de estar o ordenamento jurídico complementar da ação legislativa e essa própria ação enquadrados em um ramo do direito. Poderiam perfeitamente ser enfeixados em ramo autônomo, no Direito Parlamentar ou Congressional. Tendo em vista, entretanto, como se viu, corresponder à manifestação da faculdade integradora dos fins do Estado-sociedade, juntamente com a ação executiva, constituindo o primeiro momento da gerência dos seus negócios pelo Estado-poder, que se completa com a ação executiva citada, é de se reconhecer enquadrados, ambos, na função administrativa dele – e, portanto, o seu ordenamento jurídico cabe ao Direito Administrativo.

Aliás, os que até então desconheceram essa inclusão jamais negaram a regência pelo Direito Administrativo de certos atos normativos. Realmente, os regulamentos são. considerados como próprios do Direito Administrativo. E tais regulamentos, em alguns países, são verdadeiras leis. Assim, se reconhece ao Executivo competência para baixar regulamentos independentes, com base no costume ou em textos constitucionais, com força de lei, especialmente quanto à matéria de polícia administrativa e de organização administrativa. Outrossim, o Legislativo o habilita a baixar regulamentos autorizados em certa matéria, também com força de lei, dentro dos limites especificados em que se fixam as diretrizes legislativas. Por outro lado, marcha-se para o reconhecimento da competência legislativa do Poder Executivo, mediante delegação a ele, pelo Poder Legislativo, da prerrogativa de legislar em certas matérias delegadas.

7. Natureza do Direito Administrativo

7.1 O Direito Administrativo e o Direito Judiciário como direitos adjetivos

O Direito Judiciário tem por objeto a organização judiciária e o processo judicial, que compreende as duas partes distintas desse ramo jurídico.

Igualmente, o Direito Administrativo enfeixa a organização administrativa e os atos jurídicos pertinentes à ação de administrar. Por isso, a expressão "administração" ou, melhor, "Administração Pública" se emprega em dois sentidos: subjetivo, como se referindo à organização, e objetivo, como manifestação da sua ação.

Na verdade, o ordenamento da atividade estatal compreende normas jurídicas de organização e normas jurídicas de ação e as respectivas relações jurídicas conseqüentes.

A organização do Estado, como visto, é regida pelo Direito Constitucional quanto aos órgãos essenciais de dado regime político, e se inclui no Direito Administrativo e no Judiciário quanto aos órgãos secundários para definição da tipologia estatal – e correspondem, respectivamente, à organização administrativa e judiciária.

Já, a ação do Estado tem seus limites prescritos pelo Direito Constitucional: negativo, condicionando o exercício da liberdade igual e a propriedade dos indivíduos do Estado-sociedade; e positivo, dispondo sobre seu programa de ação, de ingerência na vida do Estado-sociedade. Entretanto, o exercício dessa ação negativa e positiva se leva a efeito principalmente pelo Direito Administrativo, através da ação jurídica de legislar e executar, mediante atos jurídicos normativos e concretos, no exercício de faculdade integradora da ordem estatal, e do Direito Judiciário, através da ação de julgar, mediante os atos jurídicos do chamado *processo judicial*, no exercício da faculdade reintegradora da orcem estatal.

Ora, a parte do Direito Judiciário denominada *Direito Processual* considera-se direito adjetivo, porquanto tem por fim regular a forma para fazer atuar as normas jurídicas e as conseqüentes relações definidas em outros ramos jurídicos de direito substantivo. Daí existir o Direito Processual Civil e Comercial, Penal, Trabalhista e Administrativo, ordenando, juridicamente, o procedimento do Estado-poder no exercício da sua ação de julgar, no desempenho da respectiva função jurisdicional.

Igualmente, de direito adjetivo deve ser havida a parte do Direito Administrativo que ordena a ação de legislar e executar, ou, melhor, as normas e atos relativos à ação administrativa, ao procedimento administrativo, legislativo e executivo, uma vez que constituem formas pelas quais se regulamentam e se executam outras normas jurídicas, e conseqüentes relações, definidas em outros ramos jurídicos, de direito substantivo.

A ação de legislar se não confunde com as normas de Direito Civil, como o ato de realizar o casamento, pela autoridade competente, próprio da ação executiva do Estado-poder, se não confunde com a relação jurídica civil por ele criada. A ação de legislar em matéria comercial não se confunde com as normas de Direito Comercial; outrossim, a ação de executar ditas normas, através do registro dos costumes pela Junta Comercial, se não confunde com essa matéria registrada. A ação de legislar se não confunde com as normas de Direito Penal; também a execução da sentença, em virtude dessas normas, através da administração das penitenciárias, nada tem que ver com a norma de Direito Penal violada que ocasionou a condenação, nem com a norma de Direito Penitenciário aplicada pela ação executiva da Administração. Afinal, a ação de legislar se não confunde com as normas do Direito de Segurança Pública, do Direito Sanitário, Educacional, Econômico e Tributário; como a ação executiva de autorizar o porte de armas, de licenciar uma construção, de expedir um diploma, de subvencionar uma empresa de transporte coletivo, de lançar e arrecadar tributos ou de isentar alguns dos seus pagamentos nada tem que ver com as matérias a eles pertinentes, relativas à segurança pública, à sanidade das construções, ao regime educacional, à economia das empresas e aos impostos e taxas.

Em conclusão, a ação de legislar e executar distinguem-se da matéria legislada e executada.

De Direito Administrativo é a ação de legislar e de executar, e não a matéria legislada e executada; como de Direito Judiciário é a ação de julgar, e não a matéria julgada. Portanto, tanto este como aquele são direitos adjetivos na sua parte procedimental, porque têm por fim regular a forma para fazer atuar as regras jurídicas definidas em outros ramos jurídicos, direitos substantivos.

De há muito se confere ao Direito Judiciário tal natureza. Porém, com referência ao Direito Administrativo esse igual caráter tem sido desapercebido. Isso porque se procura incluir no seu âmbito outros ramos especializados do direito, como o Direito da Segurança Pública, o Econômico, o Sanitário, o Educacional, o Tributário e até o Trabalhista. Estão os juristas ainda imbuídos do pensamento de Lorenz von Stein, que atribuía o mais amplo sentido à expressão "Administração", como envolvendo a atividade total do Estado. Para ele a Constituição era o corpo do Estado-poder e a Administração a sua vida (*La Scienza della Pubblica Amministrazione*, pp. 3-5).

De Direito Administrativo é a ação de legislar sobre a matéria pertinente a esses ramos jurídicos; e igualmente a ação de executar as matérias pertinentes a esses ramos jurídicos, garantindo, fiscalizando, limitando ou fomentando a ação dos particulares no que lhes disser respeito; ou, mesmo, levando diretamente a efeito a atuação das suas normas, através de atos jurídicos de repartições públicas e agentes públicos, cujos poderes e deveres são dispostos pela ação legislativa, e utilizando, para tanto, os bens necessários para isso.

Na verdade, a ação estatal de legislar sobre o Direito Civil, Comercial, Industrial e Trabalhista, bem como a ação estatal de participação na execução dessas normas, garantindo-as, fortalecendo-as e lhes dando publicidade, é de Direito Administrativo. Outrossim, de Direito Administrativo é a ação estatal de legislar sobre o Direito Penal ou Contravencional, o Direito da Segurança Pública, o Direito Econômico, Sanitário, Educacional, Assistencial e Previdencial Trabalhista e Tributário, bem como a ação estatal de executá-las, ao garantir, fiscalizar, fomentar e levar a efeito, diretamente, suas normas.

Porém, a matéria de cada um desses últimos ramos jurídicos, como dos primeiros, é autônoma, distinta do Direito Administrativo, constituindo outros ramos jurídicos, que ora se vêm reconhecendo, ante a ingerência do Estado nesses diferentes setores, e cujo conteúdo nada tem que ver com a ação de legislar e executar a respeito deles.

Assim, já tomaram foros de novos ramos jurídicos o Direito Trabalhista, o Direito Tributário e o Direito de Segurança Pública, e estão caminhando para isso o Direito Econômico, o Educacional, o Sanitário e o Assistencial-Previdencial. De Direito Administrativo são simplesmente a ação jurídica, legislativa e executiva, e a organização jurídica dos modos e meios para ela se realizar.

Portanto, adjetivo é o procedimento jurídico da ação administrativa, envolvendo a ação legislativa e executiva; como adjetivo é o processo judicial, referente à ação de julgar. Porém, as normas jurídicas pertinentes à organização administrativa e judiciária, quanto ao regime jurídico dos funcionários e magistrados, aos seus direitos e deveres, bem como quanto ao regime jurídico dos bens públicos, aos direitos e deveres do Estado-poder, relativos ao seu uso, gozo e disposição, dizem respeito a direito substantivo.

Todavia, mesmo as normas jurídicas pertinentes à organização administrativa e judiciária em si, enquanto meios e modos da ação do Estado na ação de administrar e julgar, condicionando a forma de atuação dos outros ramos jurídicos, mediante as ações administrativas e judiciárias, se apresentam também, de certo modo, como direito adjetivo, tendo em vista sua razão de ser – qual seja, levar a efeito a ação jurídica do direito adjetivo, Administrativo e Judicial.

7.2 Caráter autoritário da ação do Estado-poder e sua sujeição ao direito de terceiros

Não obstante a manifestação de vontade do Estado-poder, relativa à sua organização e à sua ação, se exteriorizar num plano de superioridade com referência aos seus órgãos, às entidades políticas menores e aos particulares, ante o caráter autoritário dela, confere e assegura direitos a todos eles ao mesmo tempo que lhes impõem obrigações. Isso porque regida pelo direito.

Assim, através do Direito Constitucional balizam-se os limites da ação do Estado-poder, de caráter orgânico, ao prever outras entidades políticas menores, em que se desdobra o Estado-sociedade, e as respectivas atribuições do Estado-poder, ao diferenciar as prerrogativas dos seus órgãos em Legislativo, Executivo e Judiciário e ao fixar as respectivas competências, a serem exercidas pelos agentes regularmente investidos, de ordem negativa, ao declarar os direitos subjetivos dos indivíduos e das comunidades de que eles participam, e de ordem positiva, ao prescrever o âmbito da sua ação ideológica-programática.

Destarte, os entes políticos menores têm direito subjetivo público contra o Estado-poder com referência às suas atribuições, os titulares dos órgãos quanto às suas competências, e os particulares relativamente à sua liberdade de ação igual e à sua propriedade, ao gozo e exercício de poderes políticos e ao desfrute de bens e serviços públicos, segundo a ordem constitucional disposta, sendo rígida a Consti-

CONCEITO DO DIREITO ADMINISTRATIVO

tuição, estabelecendo distinção formal entre a ação constituinte e a ação legislativa, executiva e judiciária do Estado-poder.

Para assegurar esse direito nos países em que se eleva o Poder Judiciário a guarda último, definitivo, da Constituição, há o direito subjetivo público de ação contra ele, através desse órgão fundamental, a que cabe função essencial de reintegrar a ordem jurídica ameaçada ou violada. Por outro lado, há o direito subjetivo, em conseqüência, contra o Poder Legislativo se, legislando, exorbita do seu âmbito de ação, demarcado pela Constituição, e o Poder Executivo se, na sua atuação, desrespeita a ordem jurídica normativa vigente, constitucional e legal.

Ao se distinguirem o Poder Constituinte do Estado e os Poderes Legislativo, Executivo e Judiciário, que se exercitam através de órgãos distintos na formação e manifestação da sua vontade – a saber, respectivamente, o Congresso ou Parlamento, o Monarca ou Presidente e os Ministros, os Juízes e os Tribunais –, estabelece-se uma ordem jurídica normativa a cada um desses Poderes e assim se permite que cada qual exerça sua ação no âmbito próprio e um órgão se contraponha ao outro, a fim de obrigá-lo ao respeito da ordem jurídica a que está sujeito.

Daí a possibilidade de o órgão legislativo limitar o âmbito dos órgãos executivo e judiciário, seja dando-lhes organização, seja oferecendo-lhes os meios e prescrevendo a forma de atuação. Por sua vez, o órgão judiciário controla o órgão legislativo, para que se mantenha dentro da ordem constitucional que lhe foi disposta, e o executivo na órbita constitucional e legal que lhe foi fixada, e apura a responsabilidade dos agentes dos órgãos legislativos e executivos e os seus próprios e mesmo do Estado-poder pelos atos daqueles, como elementos da manifestação da sua vontade. Afinal, os órgãos executivos atuam na conformidade desses dois limites: a norma legislativa prescrevendo seu campo de ação e o controle judiciário impedindo que o transgrida.

Se no exercício das respectivas atribuições esses órgãos do Estado-poder lesam direitos de terceiro, assegurados pela ordem jurídica normativa por ele mesmo disposta ou oriundos de relações jurídicas formadas entre ele e terceiros, responde o Estado-poder, através do órgão violador da ordem jurídica normativa ou das relações jurídicas existentes, pelas perdas e danos causados, e compõe, destarte, o prejuízo havido. Assim se configura o problema da responsabilidade do Estado-poder.

8. Conclusão

Ante o exposto, é de se concluir-se: (a) o Direito Constitucional trata da organização jurídica do Estado-poder, como expressão da pessoa jurídica Estado-sociedade. Dá-lhe a estrutura e delimita sua ação; (b) o Direito Administrativo e o Judiciário ordenam a atividade do Estado-poder.

O Direito Administrativo juridicamente ordena a atividade do Estado quanto à organização, ou seja, quanto aos modos e aos meios da sua ação, e quanto à forma da sua própria ação, ou seja, legislativa e executiva, através de atos jurídicos normativos ou concretos, na consecução do seu fim de criação de utilidade pública, em que participa, de maneira direta e imediata, bem como das pessoas de direito que façam as vezes do Estado-poder. Tais atos jurídicos envolvem a ação na disciplina, na fiscalização, na garantia e publicidade dos atos jurídicos dos particulares; no fomento das atividades livres dos particulares; nas limitações à liberdade, à igualdade e à propriedade deles em favor do bem comum; na execução de obras públicas e na efetivação de serviços públicos de oferecimento de comodidades de coisas e prestações; e na exigência de encargos análogos aos particulares, para atender ao interesse do todo social.

Embora os atos de atividade do Estado sejam emanados em caráter autoritário, conferem, muita vez, direitos aos particulares, que são resguardados, quando ameaçados ou violados, pela sua ação jurisdicional, regulada pelo Direito Judiciário, cujo objeto é a organização e ação do Estado na consecução de seu fim de resolver controvérsias entre as partes, aplicando a norma jurídica ao caso concreto, e, destarte, de modo indireto, mas imediatamente, realizando o bem comum da coletividade.

Então, ressalta o esquema do campo do Direito Administrativo.

A ele cumpre conceituar as normas jurídicas, nas quais se manifesta objetivamente o direito e os processos técnicos de sua elaboração, bem como conceituar os atos jurídicos concretos de execução das normas e os processos técnicos de sua elaboração, pertinentes à ação legislativa e executiva do Estado, ou das pessoas que recebem o encargo de fazer as suas vezes. Envolve o estudo da teoria dos atos jurídicos legislativos e executivos e sua aplicação.

Incumbe-lhe, ainda, dar organização complementar ao Estado constituído, para essas atuações, perquirindo juridicamente os diferentes modos em que se apresenta sua organização. Então cogitada estrutura da pessoa jurídica do Estado, já constitucionalmente organizado, e de outros seres a quem o Estado atribui seus próprios encargos, as diferentes pessoas de direito público, e mesmo as de direito privado, que com ele colaboram em tal *desideratum*. Cogita, mais, do regime jurídico a que se sujeitam as pessoas naturais ou físicas e os bens, que constituem os meios da sua ação.

Discute as relações jurídicas em que o Estado participa, fundadas nas normas que as regulamentam. Elas dizem respeito à interferência do Estado-poder nas relações dos particulares para fiscalizá-las, para garanti-las, dar-lhes publicidade ou, mesmo, fomentá-las. Elas se referem, outrossim, à execução de obras públicas ou de serviços públicos, em que o Estado-poder oferece bens e leva a efeito prestações; ou à exigência, pelo Estado-poder, aos particulares, de entrega de bens ou de execução de atividades, ou à sujeição dos particulares a restrições nos seus bens ou nas suas próprias atividades pessoais.

Afinal, nessa ação legislativa e executiva, pode acarretar danos aos particulares; e, então, surgem o problema da responsabilidade do Estado e o estudo das medidas adequadas para a defesa dos particulares. Dentro da organização administrativa, antes de bater às portas dos Tribunais, trata-se de Direito Administrativo. Em se valendo dos últimos, entra-se no Direito Judiciário.

Já, as matérias objeto da ação jurídica administrativa e judicante são de outros ramos especializados do direito, de natureza substantiva, em oposição à ação administrativa e judiciária, de caráter adjetivo. Pertencentes ao direito público são as de Direito Penal, Contravencional, Penitenciário e da Segurança Pública, de Direito Econômico, Educacional, Sanitário e de Assistência e Previdência Social, de Direito Financeiro, Tributário e Internacional, porque pertinentes à ação do Estado-poder, enquanto independente na ordem externa e soberano na ordem interna; e pertencentes ao direito privado são as de

74 PRINCÍPIOS GERAIS DE DIREITO ADMINISTRATIVO

Direito Civil, Comercial, Industrial e Trabalhista, porque regulam a existência e a atividade dos particulares, bem como as relações jurídicas decorrentes, entre eles formadas.

Capítulo II
EVOLUÇÃO CIENTÍFICA
DO DIREITO ADMINISTRATIVO[1]

9. *O aparecimento do novo ramo jurídico: 9.1 Dos textos no Direito antigo à sistematização no Direito moderno – 9.2 As primeiras obras sobre a matéria. 10. O método exegético no seu estudo: 10.1 A concepção legalista – 10.2 Os autores filiados à Escola Legalista – 10.3 O Direito Administrativo e a Ciência da Administração. 11. O método histórico-político e a marcha na sua sistematização: 11.1 Precursores das Escolas Histórico-Política e Técnico-Jurídica – 11.2 A Escola Histórico-Política – 11.3 O Direito Administrativo e a Ciência da Administração – 11.4 Nova posição a respeito da Ciência da Administração em face do Direito Administrativo. 12. O método técnico-jurídico e sua definitiva construção: 12.1 A Escola Técnico-Jurídica na Alemanha – 12.2 A Escola Técnico-Jurídica na França – 12.3 A Escola Técnico-Jurídica em outros países – 12.4 O Direito Administrativo e a Ciência da Administração – 12.5 O Direito Administrativo diante do Direito Civil – 12.6 A Ciência da Administração como Política da Administração – 12.7 Conceito da Política: 12.7.1 Divergência sobre o objeto da Política – 12.7.2 Política: conjunto de ciências do Estado – 12.7.3 Política: filosofia do Estado – 12.7.4 Política: ciência do governo da sociedade civil – 12.7.5 Conclusão. 13. O método lógico-formal e sua consideração como direito puro: 13.1 A Escola Lógico-Formal – 13.2 Crítica à Escola Lógico-Formal. 14. Justiça administrativa: 14.1 Sistema jurídico-administrativo francês – 14.2 Outros sistemas jurídico-administrativos – 14.3 Sistema jurídico-administrativo belga e italiano – 14.4 Sistema jurídico-administrativo alemão. 15. Posição singular da Inglaterra e da América do Norte: 15.1 Precursores do Direito Administrativo An-*

---

1. Cf. José Saldanha da Gama e Silva, "O conceito da moderna Administração Pública", *RDA* 30/1.

glo-Americano – *15.2 Movimento anglo-americano em prol do Direito Administrativo* – *15.3 Apreciação do Direito Administrativo Anglo-Americano. 16. Bibliografia internacional do século XX: 16.1 Desenvolvimento do Direito Administrativo* – *16.2 Principais obras sistemáticas sobre o Direito Administrativo. 17. O Direito Administrativo no Brasil: 17.1 Período colonial* – *17.2 Direito Administrativo como disciplina escolar* – *17.3 Compêndios de Direito Administrativo na Monarquia* – *17.4 Fases do Direito Administrativo na República* – *17.5 Obras de Direito Administrativo na 1ª República* – *17.6 Obras de Direito Administrativo na 2ª República.*

9. O aparecimento do novo ramo jurídico

9.1 Dos textos no Direito antigo à sistematização no Direito moderno

O Direito Administrativo, como ramo autônomo do direito público, é de recente formação. Realmente, como indagação científica só surgiu no século passado, embora sempre tenham existido normas jurídicas ordenando a atividade do Estado-poder, ou seja, sua organização e sua ação de criação de utilidade pública no Estado-sociedade, de modo direto e imediato, na consecução do seu fim.

Por isso, já no *Digesto* e no Código se encontram livros e títulos enfeixando matérias esparsas que, ao depois, viriam a constituir objeto do Direito Administrativo.

Assim, verificam-se textos regulamentando a organização administrativa e as competências dos seus órgãos, dispondo sobre o regime municipal e as prerrogativas de polícia, prescrevendo os poderes do Fisco, ordenando o uso pelo povo dos rios e caminhos públicos, a execução de obras públicas e sua utilização, o regime da servidão pública e, afinal, regendo os encargos e as honras dos cidadãos.

Aliás, Serrigny dedicou um livro a respeito, intitulado *Droit Public et Administratif Romain*.

Constitui disciplina própria do Estado Moderno, ou, melhor, do chamado Estado de Direito, porque só então se cogitou de normas delimitadoras da organização do Estado-poder e da sua ação, estabelecendo balizas às prerrogativas dos governantes, nas suas relações recíprocas e, outrossim, nas relações com os governados. Na verdade, o Direito Administrativo só se plasmou como disciplina autônoma quando se prescreveu processo jurídico para atuação do Estado-poder, através de programas e comportas na realização das suas funções.

Então, ocorreu a sistematização das atribuições dos seus diferentes órgãos e houve a elevação da Justiça à posição de independência, para assegurar o direito dos particulares, não só nas suas relações recíprocas como frente ao próprio Estado-poder, separada dos outros órgãos de governo, diferenciada dos chamados Poder Legislativo e Executivo, aos quais cabe a orientação política do país. Enquanto estes traçam as normas de conduta dos cidadãos e as levam a bom termo, tendo em vista o interesse dos indivíduos coletivamente considerados, como membros do Estado-sociedade, os Tribunais afirmam o direito vigente, sancionado e promulgado pelo Estado-poder, através de normas jurídicas, ou decorrente da consciência popular, através de comportamento uniforme e constante.

Realmente, a implantação do Estado de Direito, com a distinção entre Estado-poder e Estado-sociedade, tornando aquele simples meio para realização do bem deste, permitiu a formação do Direito Administrativo.

Destarte, suplantou ele o Estado de Polícia, que não distinguia as atividades do Estado-poder, segundo a diversidade dos seus objetos e das finalidades que tem em mira alcançar, mas cogitava das prerrogativas majestáticas do governo e das faculdades delegadas aos seus auxiliares. De então, passaram a se reger por contornos jurídicos, e o Direito Administrativo começou a desabrochar.

Menos ainda poderia este, como doutrina científica, defluir da concepção do Estado Patrimonial, que precedeu o Estado de Polícia, pela sua natureza feudal; ou surgir no Império Romano, quando a preocupação do governo se restringia a manter a ordem social e obter arrecadação patrimonial, não obstante a efetivação de importantes obras públicas, executadas no interesse do Estado-poder e seus governantes, em vez de no interesse do Estado-sociedade, isto é, dos governados.

9.2 As primeiras obras sobre a matéria

Talvez o primeiro ensaio de exposição do Direito Administrativo se deva a Giandomenico Romagnosi, com o seu *Principi Fondamenta-*

li di Diritto Amministrativo, publicado em 1814. Afora o Direito do Trabalho e o Direito Tributário, do século presente, é o mais novo ramo jurídico divulgado em obras de doutrina e ensinado nas Faculdades.

Não obstante a Itália possa disputar com a França a primazia quanto à publicação do primeiro tratado sobre o Direito Administrativo, a tentativa inicial de obter dos julgados regras aplicáveis à Administração Pública, tanto no seu sentido subjetivo como objetivo, de pôr a matéria em cátedra de ensino, de coligir as leis que lhe fossem pertinentes e de discutir os problemas jurídicos por ela suscitados coube, sem dúvida, à França.

Assim, em 1818 Macarel editava os seus *Éléments de Jurisprudence Administrative*, e em 1822 De Cormenin as suas *Questions de Droit Administratif*, e neles se apresenta a jurisprudência do Conselho de Estado, a quem, no início do século, se atribuiu a competência jurisdicional em matéria administrativa. Aparece essa instituição como guia para o entendimento desse novo direito, no interpretar as leis e regulamentos administrativos. Traçam os seus membros as suas diretrizes.

Em 1819 inaugurava-se na Faculdade de Direito de Paris a cadeira de "Direito Administrativo", e De Gérando publica seu *Programme du Cours de Droit Public Positif Administratif à la Faculté de Droit de Paris*, em que expõe os princípios gerais da Ciência da Administração, distinta do Direito Administrativo Positivo, e em 1829 divulga suas *Institutes de Droit Administratif Français*, nas quais sistematizou a exposição de mais de 80.000 dispositivos legais e regulamentares.

10. O método exegético no seu estudo

10.1 A concepção legalista

De início os estudos do Direito Administrativo na França mais se voltaram para a compilação das leis e sua exegese, através de comentários e de ordenação de decisões judiciais, como expressão da jurisprudência dos Tribunais Administrativos, que para afirmação de princípios teóricos. Então, situava-se o objeto do Direito Administrativo na simples interpretação das leis havidas como administrativas e atos jurídicos complementares, em seu desenvolvimento.

Segundo orientação pessoal adotada, os autores procuraram sistematizar a exposição dessas leis e atos jurídicos complementares, e os institutos, por eles considerados, emprestando-lhes o significado que lhes parecia mais acertado, socorrendo-se para isso da jurisprudência em formação, ao apreciar os referidos textos.

Seu objeto circunscrevia-se à organização da Administração Pública e à matéria administrativa considerada como própria dela, ou, melhor, ao estudo dos textos a respeito.

Então se expunha a legislação que regulava a organização do Poder Executivo e das pessoas jurídicas públicas, estabelecimentos públicos, com encargos especiais e pessoais, e comunidades regionais, com encargos gerais e territoriais; e a legislação relativa às relações da Administração Pública com os particulares, na limitação da liberdade e propriedade. Ainda se examinavam as leis sobre o domínio público e privado do Estado, sobre o oferecimento de coisas para uso do público em geral.

Afinal, eram objeto de estudo as leis pertinentes à realização de obras públicas ou à prestação de serviços excepcionais, quanto à saúde, instrução e à educação pública, e aos meios de comunicação e de transporte em geral; e à jurisdição administrativa, ou seja, sobre a organização de Tribunais Especializados, para deslindar as demandas relativas àquelas questões, e sobre o processamento próprio que ordenasse tais julgamentos.

10.2 Os autores filiados à Escola Legalista

A essa concepção legalista filiam-se os primeiros autores que versaram esse novo ramo jurídico. Orientação, aliás, perfeitamente explicável, pois se impõem a coleta do material e sua disposição planificadora para, ao depois, se tirar conseqüências teóricas.

Então, destacam-se as obras de Foucart, *Éléments du Droit Public et Administratif*, 1832; F. Laferrière, *Cours de Droit Public et Administratif*, 1839; De Cormenin, *Droit Administratif*, 1840; Dufour, *Traité Générale de Droit Administratif Appliqué*, 1843; Trolley, *Cours de Droit Administratif*, 1844; Macarel, *Cours d'Administration et de Droit Administratif*, 1844; Th. Ducrocq, *Cours de Droit Administratif*, 1858; A. Batbie, *Précis de Droit Public et Administratif*, 1861; Léon Aucoc, *Conférence sur l'Administration et le Droit Administratif*, 1869.

Adotando essa posição simplesmente legalista, de método exegético, no estudo do Direito Administrativo, dos Mestres franceses, encontram-se os primeiros administrativistas espanhóis, entre os quais se destacam Ortiz de Zuniga (*Elementos de Derecho Administrativo*, 1842) e Gómez de la Serna (*Instituciones de Derecho Administrativo Español*, 1843).

Outrossim, nesta trilha acham-se os italianos, antes da unificação da Itália, ao expor e comentar o regime administrativo vigente nos respectivos países: Commerci, *Corso di Diritto Amministrativo per il Regno delle Due Sicilie*, 1835; Giovanni Manna, *Il Diritto Amministrativo delle Due Sicilie*, 1840; Dias, *Corso Completo di Diritto Amministrativo*, 1843, também sobre os Estados Sardos; Leone, com seus *Elementi di Diritto Amministrativo*, do Piemonte, 1850; e Rocco, com as suas *Istituzioni di Diritto Amministrativo*, do Reino de Nápoles, 1850.

Igualmente, na Bélgica se inscreveu nessa orientação J. H. N. de Fooz, com seu trabalho *Le Droit Administratif Belge* (5 vols.), de 1859.

Justino Antônio de Freitas, com suas *Instituições de Direito Administrativo Português*, de 1857, faz parte dessa corrente em Portugal.

10.3 O Direito Administrativo e a Ciência da Administração

Distinguem todos, como observado acima, o Direito Administrativo da Ciência da Administração, que estuda os princípios racionais pertinentes às leis administrativas.

Sobre ela, já em 1808 Bonnin editara seus *Principes d'Administration Publique*, e como exemplo de trabalho posterior sobre essa ciência se pode citar o de Vivien, *Études Administratives* (em 2 vols.), de 1859, em que estuda o transcurso histórico resumido da legislação, regulando diferentes institutos da Administração Pública, e a seguir faz sua crítica, expondo os princípios racionais a que, no seu entender, deveria obedecer a fim de conseguir-se melhor organização e ação administrativa, isto é, resultados mais úteis, mais convenientes e mais oportunos.

Discute, destarte, as regras pertinentes à boa organização e ação administrativa, relativas à legislação objeto do Direito Administrativo, retromencionado.

Na Espanha a Ciência da Administração recebeu destacado ensaio de José Posada de Herreras, com suas *Lecciones de Administración*, publicado em 1843; e em Portugal de Lobo de Avilla, com seus *Estudos de Administração*, de 1874.

11. O método histórico-político e a marcha na sua sistematização

11.1 Precursores das Escolas Histórico-Política e Técnico-Jurídica

Apesar de Romagnosi, com sua obra citada, e Giovanni Manna, com seus *Principi di Diritto Amministrativo*, em 1839, terem procurado, na Itália, elevar os institutos objeto de ordenamento positivo do Direito Administrativo a cogitações teóricas, em que se aliavam preocupações filosóficas, sociológicas e jurídicas, e, de outro lado, na Alemanha, Roberto von Mohl, no seu *Direito Político do Reino de Wüttemberg*, em 1829, tentar fixar a natureza jurídica distinta do Direito Constitucional e Administrativo, predominou no estudo da matéria, na conformidade do observado, preocupação puramente legalista, de simples exegese dos textos, do que eles dispunham positivamente.

Então, ficou relegado para outra ciência o estudo racional dos princípios utilitários que deviam iluminá-los, como crítica construtiva de um novo direito a ser futuramente promulgado, e se deixou de tratar, outrossim, da própria sistematização dos princípios doutrinários dos institutos do Direito Administrativo, existentes no direito positivo, segundo a respectiva natureza jurídica.

Isso não obstante o movimento jurídico-filosófico que se esboçava em todo o mundo civilizado, o qual reconhecia que a Ciência Jurídica não podia se reduzir a simples repertório de texto e ordenação das respectivas matérias, circunscrito seu estudo ao método exegético, uma vez o direito não era mera expressão da vontade geral de um Estado, fruto do contrato social.

Dominava orientação de pensamento em que se sustentava constituir a legislação apenas forma de exteriorização do direito, de adaptação dos seus institutos, na conformidade da consciência coletiva, manifestada no costume, e dos princípios impostos pela natureza humana discursivamente obtidos. O voluntarismo jurídico começava a ser substituído por uma concepção histórica ou, então, racionalista do direito.

11.2 A Escola Histórico-Política

Todavia, ante o influxo dessas idéias, com o ressurgimento da Nação italiana, voltaram-se os estudos dos seus administrativistas para a procura dos princípios gerais que deviam qualificar os institutos fundamentais do Direito Administrativo pátrio e a examinar, conjuntamente, a melhor forma da sua adoção pela novel legislação a respeito, a ser promulgada para todo o país. Conjugavam-se os elementos racionais, históricos e positivos, ante os textos que vigeram e continuavam a viger e os que deveriam ser substituídos, ou sancionados, segundo os mais aconselháveis princípios doutrinários.

Também juristas espanhóis e portugueses haviam tomado esse rumo. Entendiam que o estudo do Direito Administrativo devia ser coordenado com o da Ciência da Administração segundo a concepção tradicional desta. E nas obras de Direito Administrativo, então, encontram-se, ao lado da exposição do direito positivo, considerações políticas, sobre a conveniência e oportunidade de sua modificação, ou a apreciação do seu acerto.

Orientação de que fora precursor Manoel Colmeiro, na Espanha, com seu *Derecho Administrativo Español*, de 1858, e que mereceu o beneplácito de Vicente Santa María de Paredes, no seu *Curso de Derecho Administrativo*, 2ª ed., de 1885 – para só citar os dois nomes de maior projeção nesse país.

Na Itália vieram à luz tratados de G. E. Garelli della Morea, *Il Diritto Amministrativo Italiano*, em 1860; do Comendador Bocardo, *Manuale di Diritto Amministrativo*, em 1863; de Severo Scolari, *Di-*

ritto Amministrativo, em 1864; de Federico Persico, *Principi di Diritto Amministrativo* (2 vols.), em 1866; de De Gioannis Gianquinto, *Corso di Diritto Pubblico Amministrativo* (3 vols.), em 1877; de Lorenzo Meucci, *Istituzioni di Diritto Amministrativo*, em 1879.

Em Portugal cumpre ser lembrado o nome de Guimarães Pedrosa, com seu *Curso de Ciência da Administração e Direito Administrativo*, de 1904.

Assim, nesses trabalhos, além da exposição dos princípios jurídicos relativos à Administração Pública, os autores se preocuparam em discutir, com maior ou menor extensão, os problemas políticos da sua organização e ação, ao examinar as normas vigentes do direito positivo. Adotaram, destarte, no seu estudo, o método histórico-político.

Preocuparam-se em examinar a conveniência e a oportunidade dos institutos jurídicos, optando por aquele que melhor atendesse ao escopo em mira, após indagar da sua natureza jurídica, de conceituá-lo, estremando-o de outros e descrevendo suas notas essenciais.

Então, mesclam-se os preceitos jurídicos com os princípios políticos da organização e ação administrativa, e o Direito Administrativo e a Ciência da Administração se misturam, isto é, a doutrina racional, as normas da boa administração, com o estudo da legislação positiva e dos elementos caracterizadores dos institutos jurídicos que a informam.

11.3 O Direito Administrativo e a Ciência da Administração

Parece foi a Itália o primeiro e único país que incluiu no currículo das Faculdades de Direito a cadeira "Ciência da Administração", autônoma, pois antes já vinha sendo objeto de estudo na de "Direito Administrativo", e em indagação conjugada, como observado. De início em caráter facultativo, pelo Regulamento Universitário de 1875, e posteriormente de modo obrigatório, pelo de 1855. Só em 1935 foi suprimida, pelo Decreto Real 2.044, essa cátedra do curso jurídico.

Aliás, diferenciavam seus campos – isto é, do Direito Administrativo e da Ciência da Administração –, na conformidade do ensinamento tradicional da doutrina dos juristas franceses.

Na Espanha e em Portugal a Ciência da Administração, embora considerada como disciplina separada do Direito Administrativo, era ensinada em uma só cadeira, intitulada "Direito Administrativo e Ciência da Administração", em que se examinava não só o aspecto jurídico, como político, econômico e sociológico, da Administração Pública.

A distinção tradicional entre uma e outro, segundo a concepção francesa no limiar dos estudos do Direito Administrativo, como salientado, estava em que a Ciência da Administração tinha por elemento o estudo técnico-material da Administração Pública quanto à sua organização e ação, indagava dos princípios racionais, fundamentais; e o Direito Administrativo preocupava-se com o aspecto jurídico-formal da Administração Pública quanto à mesma organização e ação, cogitava da legislação positiva.

Ambos apreciavam o mesmo objeto, mas sob prisma diferente. Enquanto aquela o examinava sob o aspecto da oportunidade, da conveniência, da utilidade intrínseca, este o fazia sob o ponto de vista da ordem social coercitivamente imposta, na conciliação da autoridade do Estado-poder com a liberdade dos componentes do Estado-sociedade.

Contra essa maneira de conceituar a Ciência da Administração levantaram-se duas objeções fundamentais.

Alegava-se que não podia a Ciência da Administração estudar os princípios racionais da Administração Pública pertinentes à sua organização e à sua ação se com isso se entendia caber a ela construir a teoria jurídica dessa organização e ação. Isso porque essa teoria devia competir ao próprio Direito Administrativo, que, como Ciência Jurídica, não podia se limitar à exposição e comentário das leis administrativas, mas devia se elevar ao estudo dos princípios jurídicos pertinentes a essas leis, na discussão da natureza jurídica dos respectivos institutos.

Por outro lado, também, argumentava-se que não podia a Ciência da Administração estudar princípios fundamentais da Administração Pública, pertinentes à sua organização e à sua ação, se com isso se entendia caber a ela estudar os princípios primeiros dessas organização e ação. Isso porque essa teoria devia competir à Filosofia do Estado ou do Direito.

É de se observar, entretanto, a improcedência da crítica, porquanto os autores franceses, ao afirmarem que a Ciência da Administração tinha por objeto os princípios racionais e fundamentais da organização e ação da Administração Pública, tinham em mira os princípios políticos, sociológicos e econômicos que deviam informar a melhor organização e ação da Administração Pública, estranhos à natureza dos institutos jurídicos e distantes da problemática filosófica.

Já, os juristas italianos, espanhóis e portugueses, da Escola Histórico-Política, juntavam, em seus trabalhos, o estudo do Direito Administrativo e da Ciência da Administração. Então, de certo modo, muitos deles confundiam, nos seus estudos, o aspecto jurídico, tanto legislativo como teórico, pertinente à natureza doutrinária dos institutos objeto da legislação, e o aspecto utilitário, relativo à conveniência e à oportunidade da organização e ação da Administração Pública. Entendiam que este devia ilustrar aquele.

E, não obstante distintas essas duas ciências, Direito Administrativo e Ciência da Administração, passaram juristas italianos, espanhóis e portugueses a confinar, nas suas preocupações, os institutos jurídicos administrativos, adotados através da legislação, com a matéria considerada como mais útil, segundo o escopo que a Administração Pública visava a alcançar, tendo em vista os fenômenos sociais.

11.4 Nova posição a respeito da Ciência da Administração em face do Direito Administrativo

É de se observar nessa metade do século XIX, ante a crescente concentração da riqueza em mãos de número reduzido de cidadãos, capitalistas, em oposição à massa proletária – que se formou em virtude do regime econômico resultante da Revolução Industrial, iniciada com a descoberta da máquina a vapor, e a que se seguiram outros inventos que favoreceram a industrialização da produção e a formação de grandes empresas –, surgiu a chamada *questão social*.

Como conseqüência, provocou movimento político em prol da substituição do Estado Liberal, cujo objetivo principal era a tutela do direito, com tímidas ingerências no terreno social, pelo Estado-providência, com a finalidade precípua de intervir diretamente na ordem social, de modo positivo, e em especial para solver os problemas de caráter econômico.

Então, dilatou-se o âmbito de atuação da legislação quanto à organização administrativa e à ação do Estado-poder, e a discussão dos seus princípios racionais, utilitários, deixou de se restringir à melhor organização administrativa e à forma de ação dele, para cogitar de qual seria a melhor posição a ser tomada pelo Estado-poder quanto à sua ingerência na ordem social para resolver diretamente os problemas sanitários, educacionais, econômicos e de previdência e assistência social dos hipossuficientes.

Entendendo, por certo, que não seria possível prescindir do estudo dos princípios políticos, da norma jurídica, com a denominação de Ciência da Administração, Lorenz von Stein publicou, em 1865, estudo sistematizado da Administração Pública, em que considera, concomitantemente, esses dois aspectos do problema – estudo, esse, traduzido e editado, na sua parte substancial, em língua italiana, em 1897, com o título *La Scienza della Pubblica Amministrazione*, já citado.

Nesse trabalho salienta que, ao lado da ação negativa da polícia, de condicionamento da liberdade e propriedade dos particulares, exercia o Estado-poder – e devia exercer – uma ação social, positiva e direta, de ingerência na vida pessoal dos cidadãos, tendo em vista a administração das suas atividades individuais; na formação física e intelectual do povo, para salvaguardar a saúde pública e a cultura pública; na vida econômica do Estado-sociedade, em atenção à melhor produção, distribuição e consumo de riqueza; e na previdência e assistência social, amparando os hipossuficientes, por razões econômicas. Em conseqüência, estuda essa ingerência negativa do Estado e, outrossim, a positiva, tanto no aspecto jurídico como político. Anteriormente estuda, também, a organização do Estado e o problema da sua riqueza, das finanças públicas.

Inspirado na posição assumida por Stein quanto à Ciência da Administração e, por outro lado, nos tratados de Direito Administrativo dos autores italianos contemporâneos, que já vinham se apercebendo da alteração do fenômeno da ingerência do Estado, que abandonava sua atitude de indiferença para com os problemas sociais e procurava diretamente solvê-los, em marcha para o dirigismo estatal, Carlo Francesco Ferraris (*Saggi di Economia Politica, Statistica e Scienza dell'Amministrazione*, 1880) apresentou uma nova concepção sobre o Direito Administrativo e a Ciência da Administração.

Sustenta, então, que o Direito Administrativo tem por objeto os direitos e deveres quanto à organização administrativa e à forma da ação administrativa do Estado-poder e ao contencioso administrativo. E não só do direito constituído como a constituir, isto é, não só da exposição como da crítica da lei vigente, e sugestão da que lhe deve substituir. Restringe-se, contudo, à organização e ação, *personae* e *actiones*.

Assim, inclui no Direito Administrativo a discussão dos princípios racionais, de organização e forma de ação do Estado, ao contrário dos adeptos da concepção tradicional francesa, que os colocavam na Ciência da Administração.

Já, a matéria de ação da Administração Pública, de ingerência do Estado-poder, quanto ao aspecto de utilidade, a *res*, é própria da Ciência da Administração. Esta a diversifica em *política* – e faz compreender a matéria objeto da ciência do pessoal, da ciência militar e da ciência das finanças, pertinentes ao Estado-poder, e em *social*, e faz dizer respeito à matéria da vida física, econômica e intelectual do Estado-sociedade, que têm, respectivamente, sua propedêutica na higiene, na economia política, na pedagogia.

Divergiu, entretanto, de Stein, que englobava na Ciência da Administração o ordenamento jurídico da Administração Pública e os problemas utilitários das matérias pertinentes à sua organização e ação, de natureza político-social. Dada a maneira diferente em que era tratada a Administração Pública, pela distinção das suas essências, distinguiu seu ordenamento jurídico das matérias políticas e sociais por ela cogitadas.

Destarte, o Direito Administrativo examina o problema sob o aspecto dos direitos e obrigações dos poderes e deveres da Administração Pública, quanto à sua organização e ação; e a Ciência da Administração, sob o aspecto do útil, das matérias políticas, da ciência das finanças, das Forças Armadas, do pessoal civil e das matérias sociais, relativas à higiene e saúde, pedagogia e educação, população e economia, objeto da sua ação.

Ferraris reafirma essa orientação no século presente, ainda, na edição de obra de Direito Administrativo. Embora, na forma, a exponha com algumas diferenças, no fundo é o mesmo pensamento (*Diritto Amministrativo*, vol. I, pp. 99-106, 106-108 e 113-188).

Posteriormente, atendendo Wautrain Cavagnari (*Elementi di Scienza dell'Amministrazione*, 1890) ao fato – no seu entender – de que as chamadas *atividades políticas* se referiam a ciências autônomas, reduziu a Ciência da Administração à matéria objeto de intervenção do Estado-poder, de modo positivo e direto, na. ordem social – por conseguinte, à Ciência da Administração Social.

Então, Vittorio E. Orlando salientou a distinção entre as atividades do Estado em *jurídica* e *social*. A jurídica tendo por objeto a tutela do direito, isto é, o estabelecimento da norma jurídica, o asseguramento da ordem interna e a resolução de controvérsias entre as partes; e a social tendo por objeto a ingerência do Estado-poder na população, na saúde, na educação, na economia.

Assim, ao Direito Administrativo, sob a inspiração dos alemães – em especial Loening –, reservou o ordenamento da atividade jurídica do Estado, exceto a jurisdição penal e civil, e a constituição dos meios e órgãos de sua ação em geral, relegadas ao Direito Judiciário a organização e a ação jurídica dessa atividade contenciosa do Estado-poder, e à Ciência da Administração, sob o influxo do pensamento de Ferraris e Cavagnari, a atividade da ingerência positiva e direta do Estado-poder quanto às diferentes matérias retro-enunciadas da atividade social.

É a posição até o fim da sua vida (cf. Vittorio E. Orlando, *Diritto Amministrativo*, 1952, pp. 22-42 e 371-400), e que teve e tem no Brasil grande acolhida, devido à influência desse Mestre em nossos publicistas.

12. O método técnico-jurídico e sua definitiva construção

12.1 A Escola Técnico-Jurídica na Alemanha

Ao lado dessa posição assumida por Stein, surgiu na Alemanha movimento, entre os especialistas do direito público, com o objetivo de eliminar do seu estudo as preocupações políticas e históricas, a fim de reduzi-lo ao método técnico-jurídico, através de construção doutrinária em que se criassem teorias gerais do próprio direito, sobre seus institutos jurídicos, na delimitação do seu campo à discussão da natureza jurídica das instituições, dos direitos e obrigações que o regiam.

Essa orientação iniciou-se com Carl Friedrich Gerber, em 1852, com seu estudo sobre os direitos públicos, traduzido para o italiano sob o título *Diritti Pubblici* só em 1936, e prosseguiu com os trabalhos de vários publicistas sobre a Teoria do Estado, que envolvia não só o exame dos seus primeiros princípios como, outrossim, o de sua organização constitucional e, mesmo, administrativa. Estendeu-se, também, ao Direito Administrativo, tendo em vista os institutos relativos aos meios de ação do Estado-poder, pessoas e bens, e especialmente ao procedimento de sua própria ação.

Tal preocupação tomou corpo após a transformação da Confederação dos Estados Alemães em Federação, em que se criou a unidade imperial, com a Constituição Federal de 1870. Conseqüentemente, as obras de Direito Administrativo abandonaram as peculiaridades dos Estados particulares e tenderam para um sistema unitário e comum, no estudo das relações jurídicas dos cidadãos para com o Estado, regidas pelo direito público. Por outro lado, muito contribuiu, ainda, para a sistematização do Direito Administrativo alemão a criação de Tribunais Administrativos na maioria dos Estados Federados, a quem tocava a maior parte de atribuições administrativas na Federação.

Então, G. Meyer, em 1883, e E. Loening, em 1884, publicam seus livros sobre o Direito Administrativo alemão, e Sarwey, em 1887, seu Direito Administrativo geral. Para essa etapa de sistematização do Direito Administrativo, sem dúvida, muito contribuíram os estudos especulativos dos juristas alemães. E entre todos destaca-se a figura de Otto Mayer, com seu tratado sobre o Direito Administrativo alemão (em 2 vols.), de 1895/1896.

Anteriormente, com sua obra *Direito Administrativo Francês*, editada em 1886, divulgou na Alemanha o então pensamento dos juristas na França na época e a legislação desse povo sobre o tema. Em dito estudo esboçou, concomitantemente, as linhas do seu trabalho, retromencionado, que o tornou a maior figura na estruturação do Direito Administrativo alemão, em bases estritamente científicas. Indiscutivelmente, este sofreu influência do Direito Administrativo Francês. Certo, isso ocorreu sem prejuízo de sua realidade histórica e geográfica, na conformidade da tradição do povo e das exigências do país.

Coube a Otto Mayer papel excepcional na exposição desse ramo jurídico, na sistematização dos seus institutos. E ainda hoje se apresenta seu tratado a respeito como livro de real atualidade doutrinária.

A nota característica da sua obra está em colocar o Direito Administrativo em campo paralelo ao Direito Civil, com instituições jurídicas públicas próprias, em que se expõem as relações de direitos e obrigações do Estado-poder, enquanto Administração Pública, com os particulares, no exame dos poderes e deveres recíprocos, juridicamente ordenados, ressaltando a posição do Estado de Direito em substituição ao Estado de Polícia.

12.2 A Escola Técnico-Jurídica na França

Nessa época, na França, também começara movimento especulativo do Direito Administrativo, em que se procurava oferecer soluções teóricas aos casos práticos e formar concepções jurídicas doutrinárias com referência aos diferentes problemas de organização e de ação da Administração Pública.

Então se buscava dar feição peculiar aos institutos transplantados do Direito Civil e criar outros com lógica específica e disciplina própria, de modo a informarem os textos legais e elevarem o estudo da matéria de simples preocupação exegética para o de sistematização de princípios jurídicos, na cogitação de formas jurídicas administrativas.

Para esse fim muito contribuiu, ainda, a jurisprudência dos Tribunais, e em particular da Justiça Administrativa Especializada, no julgamento das questões em que o Estado-poder fosse parte, cuja posição proeminente coube ao Conselho de Estado. Das suas decisões foram extraídos os novos institutos desse ramo jurídico e os lineamentos que o definem, a natureza jurídica das instituições administrativas, ao solver as controvérsias surgidas da ação do Estado com referência aos particulares, seja considerando os direitos destes, seja a prestação de serviço daquele, ou as relações entre eles firmadas, por atos unilaterais e mesmo convencionais.

Papel de relevo teve E. Laferrière, com sua obra *Traité de la Jurisdiction Administrative*, publicada em 1886. Pode ser considerado o fundador do moderno Direito Administrativo Francês.

As concepções doutrinárias que gizam o pensamento presente nesse novel ramo jurídico encontram suas raízes em tal trabalho, que se tornou clássico, não obstante a maioria das suas afirmações teóricas estarem superadas. Seu grande mérito foi buscar as idéias gerais que defluíam das soluções jurisprudenciais, explicando-as segundo princípios que ordenou metodicamente. Substituiu a orientação então dominante, de compilação indigesta de textos e exposição incoerente e arbitrária de decisões, por um verdadeiro sistema científico.

Delineou os três temas fundamentais do Direito Administrativo Francês: a distinção dos atos de império dos de gestão; a afirmação da responsabilidade do Estado-poder, quanto aos últimos; a independência dos Tribunais Administrativos perante a Administração ativa.

Como complementação do seu pensamento, foram elaborados o *Précis de Droit Administratif et de Droit Public*, de Maurice Hauriou, de 1892, e o *Traité Élémentaire de Droit Administratif*, de Henry Berthélémy, de 1900, aos quais se deve prodigioso impulso ao progresso do Direito Administrativo Francês, juntamente com os discípulos de Léon Duguit, criando a Escola do Serviço Público, tendo à frente Gaston Jèze, em 1904, com seus *Principes Généraux de Droit Administratif*, que emprestaram nova técnica jurídica aos seus estudos, e seguido por Louis Rolland, cujo *Précis de Droit Administratif* enfeixa a exposição de todas as instituições da Administração Pública da França.

12.3 A Escola Técnico-Jurídica em outros países

A Itália contribuiu com sua parcela, iniciada com os *Principi di Diritto Amministrativo*, de Vittorio E. Orlando, em 1890, e completada pelos trabalhos de Santi Romano, *Principi di Diritto Amministrativo Italiano*, de 1901; Errico Presutti, *Istituzioni di Diritto Amministrativo Italiano* (2 vols.), de 1904/1905; Oreste Ranelletti, *Principi di Diritto Amministrativo* (2 vols.), em 1912/1915; Attilio Bruniatti, *Il Diritto Amministrativo Italiano e Comparato* (em 2 vols.), 1912/1914; e Federico Cammeo, *Corso di Diritto Amministrativo* (3 vols.), em 1911/1914 – e aproveitaram amplamente o desenvolvimento dos estudos dos juristas franceses e alemães, especialmente dos últimos.

Então, em 1897 foi iniciada a publicação do *Primo Trattato Completo di Diritto Amministrativo Italiano*, sob a direção de Vittorio E. Orlando, com a colaboração dos mais afamados especialistas de Direito Público e Administrativo na Itália. Essa obra foi projetada em 10 volumes, mas seu desenvolvimento fez com que viesse a compreender 18 tomos, ante o desdobramento de vários dos seus volumes. Nela se utilizou, ainda, o método analítico, descritivo, de tomar em consideração cada uma das matérias.

Igualmente, a Espanha participou desse movimento científico do Direito Administrativo, sob o influxo das doutrinas alemã e mesmo italiana, em que se projetam as figuras de Adolfo Posada (*Tratado de Derecho Administrativo*, 2 vols., divulgado em 1897) e de Antonio Royo-Villanova (*Elementos de Derecho Administrativo*, 2 vols., em 1905).

12.4 O Direito Administrativo e a Ciência da Administração

Com esse evolver dos estudos, ficou bitolado o Direito Administrativo dentro do campo estritamente jurídico, embora com discussão doutrinária sobre a natureza das suas instituições na formação de teorias sobre seus institutos fundamentais, ante a aplicação de método técnico-jurídico. Então, relegou-se, novamente, para a Ciência da Administração a exposição dos princípios utilitários sobre a melhor maneira de se organizar a Administração Pública e fazê-la atuar.

Contudo, ampliou-se o campo da Ciência da Administração. Antes estudava os princípios racionais da organização da Administração Pública e da forma da sua ação, restringida ao âmbito do Estado Individualista, de interferência nos atos privados das relações individuais, para assegurá-los, e de restrição à liberdade e à propriedade de cada qual, para harmonizá-los com a igual dos seus semelhantes. Hoje se distende, com sua forma de ação positiva, referente à ingerência do Estado-poder em todos os setores da vida social, executando obras e prestando serviços em prol da saúde pública, do ensino público, da economia pública, da previdência e assistência social, na direção integral dos acontecimentos políticos do Estado-sociedade.

Ao lado da Ciência da Administração de Empresas ou de Negócios, pertinente à racionalização da organização, do trabalho e da produção nas indústrias privadas, tendo à frente, quanto à organização, os estudos de Fayol, e quanto à divisão do trabalho e à produção os de Taylor, e que se desenvolveu, extraordinariamente, nos tempos modernos, tanto na Europa como na América do Norte, com repercussão mais recente, porém intensa, na América Latina, aparece a Ciência da Administração Pública, ou seja, a Política da Administração, pertinente à indagação científica sobre os princípios racionais da sua organização e ação em geral.

Desvincula-se dos estudos correlatos, embora em obras autônomas, dos autores do Direito Administrativo para, de forma independente, preocupar os estudiosos de outra formação, políticos, sociólogos, economistas, técnicos de administração, que a elevam a alta indagação científica, como a ciência que cogita dos princípios da racionalização da Administração Pública, a exigir até Faculdades especializadas, para pesquisa em seus diferentes setores; e surgem, assim, as Escolas de Administração, não só de empresa ou negócios como, outrossim, de Administração Pública.

Porém, por outro lado, elevou-se o Direito Administrativo acima de simples estudo da interpretação dos textos a ele pertinentes, devidamente coligidos, pois se voltou para a investigação e elaboração de um sistema jurídico-científico na discussão sobre a natureza dos seus institutos, na apreciação das teorias sobre as finalidades das suas instituições, na formação de um corpo de doutrina cujos princípios informam o direito positivo.

Ocorreu, destarte, a construção definitiva do Direito Administrativo, apartado da Ciência da Administração. Assim, a ele se reservou o estudo da natureza jurídica dos institutos relativos à organização e ação do Estado, tendo por objeto a utilidade pública. Já, à Ciência da Administração coube o estudo dos princípios mais adequados para se conseguir a utilidade pública, quanto à organização e ação do Estado-poder.

Relegou-se, afinal, para segundo plano a distinção entre atividade jurídica e social do Estado e passou-se a considerar o Direito Administrativo como o ordenamento jurídico da atividade do Estado em geral, quanto à sua organização, compreendendo os meios e modos de sua ação, como quanto à forma de sua ação na criação da utilidade pública, de maneira direta e imediata, e à própria ação.

Aos poucos, entretanto, a matéria da própria ação começa a ser considerada como objeto de novos ramos jurídicos – a saber: Direito Tributário, Direito Trabalhista, Direito Diplomático, Direito Educacional, Direito Sanitário, Direito Econômico. Então, o Direito Administrativo restringe-se ao ordenamento jurídico da organização e forma da ação do Estado, de criação de utilidade pública, de maneira direta e imediata.

12.5 O Direito Administrativo diante do Direito Civil

Demais, procurou-se alijar do Direito Administrativo os institutos peculiares ao Direito Civil, criando-se novas figuras jurídicas que lhe são próprias, uma vez que, como ramo do direito público, se atualiza através de processos técnicos diferentes dos do direito privado, de atos de natureza diversa e de economia peculiar, em que o valor das regras se mede em função do interesse coletivo, que compete ao Estado-poder prover, em lugar do interesse particular, que norteia as relações entre os indivíduos.

Por isso, só se continuou a empregar os institutos jurídicos antes aproveitados pelos civilistas, transplantando-os para a ordem administrativa, quando, na verdade, da Teoria Geral do Direito, dando-lhes, ainda, feição específica dentro do âmbito diferente de sua aplicação. Assim, os institutos relativos às pessoas, aos bens e aos atos jurídicos, como elementos de qualquer relação jurídica, se delinearam sob novo aspecto, em face do Direito Administrativo.

Então, desenvolveram-se, em pormenor, as teorias sobre a pessoa jurídica de direito público, sobre os bens públicos e seu regime especial, sobre diferentes tipos de atos jurídico-administrativos e respectiva função, na construção, destarte, de um sistema autônomo de relações jurídicas entre o Estado-poder e os particulares, em virtude da organização e ação da Administração Pública.

Nessa labuta científica procurou-se substituir o método analítico descritivo pelo método sintético, na descoberta dos princípios atinentes a esses meios e modos de ação do Estado-poder e à forma de sua própria ação.

Abandonou-se o sistema de tomar em consideração cada uma das matérias que suscitam a intervenção do Estado-poder, sob o aspecto técnico-jurídico, e de expor, em conseqüência, pormenorizadamente, conformados pelo direito, os meios e modos dessa ação e sua própria ação, pertinente a cada uma dessas atividades. Buscou-se, assim, outro sistema – qual seja, o de estabelecer, através do estudo de teorias informadoras da natureza jurídica das suas diferentes intervenções, a tipologia dos institutos jurídicos, suas regras comuns, fixando-se, destarte, os contornos das instituições jurídicas, como complexo de poderes e deveres.

Assim, no último quartel do século passado completou-se movimento iniciado nos seus albores, na afirmação do Direito Administrativo como ramo jurídico autônomo. Indiscutivelmente, a França deu-lhe o berço e embalou seu desenvolvimento. Isso, como salientado, pela ação da jurisprudência do Conselho de Estado, ao apreciar as relações entre a Administração Pública e os administrados ou entre seus próprios órgãos, completada pelo estudo dos seus juristas. Então se delinearam as notas características desse novo ramo jurídico.

Expandiu-se por toda a Europa, não obstante seus lineamentos se sujeitassem às peculiaridades de cada povo e de cada país. Aprimorou-se, ainda, com altas indagações teóricas dos seus especialistas, principalmente na Alemanha e Itália. Apesar de múltiplas estruturas de ordem jurídico-administrativa, formou-se sistema jurídico de certo modo uniforme a respeito de dados institutos de direito, a explicar a unidade na variedade e a situar o Direito Administrativo no mundo civilizado, pois do Continente Europeu distendeu-se para a América Latina.

O Direito Administrativo se considerou ramo jurídico de exceção, porque derrogava, nas relações entre a Administração Pública e os administrados, ou entre seus próprios órgãos, o direito comum, isto é, o direito privado, em particular o Direito Civil, uma vez ditas relações passavam a ser regidas por ele, como novo sistema jurídico, formado de normas autônomas, de direito público.

Destarte, ficou gizado direito especial, em que se coloca a Administração Pública em plano superior aos administrados, individualmente considerados, tendo em vista o valor diferente dos interesses em jogo, nas relações entre particulares e nas em que a Administração Pública participa como parcela do Estado-poder, na consecução dos fins do Estado-sociedade, de criação de utilidade pública, através de órgãos hierarquicamente dispostos e coordenados entre si.

Informam esse direito justamente os privilégios conferidos à Administração Pública e aos seus agentes para que tenham elementos a fim de assegurar a igualdade das relações civis entre particulares e o bem-estar coletivo. Afirma-se o regime administrativo, de poderes exorbitantes do das relações entre particulares.

12.6 A Ciência da Administração como Política da Administração

A respeito do objeto da Ciência da Administração dividiram-se, na Itália, as correntes de pensamento entre os autores de Direito Administrativo, chegando, mesmo, alguns a lhe negar campo próprio, desconhecendo seu amplo desenvolvimento, retro-relatado, e admitindo seu estudo só sob o ponto de vista pedagógico e prático, como um nome que agrupa várias ciências autônomas. Isso porque a consideram, ainda, sob o prisma em que a colocaram Stein, Ferraris, Orlando e Cavagnari.

Quanto a essa orientação em marcha restritiva do âmbito da Ciência da Administração, conforme exposto, é de se ponderar que tanto se aprecia a utilidade, isto é, a conveniência e oportunidade, da intervenção do Estado no campo da chamada ordem social como no campo da chamada ordem política e, mesmo da própria ordem jurídica. Por conseguinte, não se justificam as distinções feitas.

Não procede, realmente, circunscrever-se a Ciência da Administração à ação social, sob a alegação de que na ação jurídica, como ocorre no direito privado, não há o problema da utilidade da ingerência do Estado. De fato, o problema do útil existe tanto numa como noutra ação, quanto ao sistema, ao modo e ao meio de ser conseguido.

Demais, no próprio direito privado, ao lado do estudo doutrinário e crítico do sistema jurídico, que também se faz no direito público, encontra-se o problema político da adoção dos institutos jurídico-sociais, segundo razões de conveniência e oportunidade – quer dizer, de utilidade.

Assim, como com referência ao direito público se debatem, por exemplo, os problemas da utilidade da aceitação da descentralização na organização administrativa, do concurso para provimento dos cargos públicos, ou da taxa de melhoria para indenização de melhoramentos públicos; com referência ao direito privado se discute o problema, sob o mesmo prisma, *v.g.*, com referência aos institutos da mantença da enfiteuse ou da adoção do divórcio.

A crítica mais profunda, no entanto, que cabe contra essa teoria é a de que não dá campo próprio à Ciência da Administração, que passa a ser um conjunto de ciências sociais.

Preocupam-se seus adeptos com os princípios relativos à ingerência do Estado na economia, na saúde, na educação e na população, sem cogitar, entretanto, de princípios fundamentais que informassem quaisquer dessas ingerências, isto é, princípios próprios da Ciência da Administração, e não relativos à economia, à saúde, à educação e à população etc., quando objeto de regulamentação pelo Estado. Aliás, a intervenção nesses campos envolve matérias próprias dessas ciências sociais, ou seja, a Economia Política ou Social, a Ciência Sanitária ou Higiene, a Ciência Educacional ou Pedagógica.

Já, dentro da nova diretriz, como Política da Administração, como ciência que se ocupa dos princípios racionais de organização da Administração Pública, isto é, dos meios e modos mais adequados da sua ação e, ainda, dos sistemas mais convenientes e oportunos da sua ação, isto é, da melhor forma da sua ação, tal crítica não oferece consistência.

A Política da Administração considera que, embora as ciências da chamada ordem política tenham vida própria como as da chamada ordem social, força é reconhecer, relativamente a todas elas, há princípios fundamentais de utilidade, condizentes com a ação do Estado, estudando os sistemas, os meios e os modos da sua intervenção nesses setores político-sociais. É o aspecto da conveniência e oportunidade das medidas da Administração, que compete à Ciência da Administração discutir, ao lado da formalização jurídica, perquirida pelo Direito Administrativo, quanto à organização e forma de ação do Estado.

Considerada dessa maneira, a Ciência da Administração Pública estuda os princípios utilitários fundamentais, na sua parte geral, e faz aplicação deles aos casos concretos, com referência à atuação do Estado, na sua parte especial.

Destarte, a Ciência da Administração Pública é a Política da Administração, seja na problemática utilitária da atividade jurídica, seja na problemática utilitária da atividade social do Estado. Portanto, ordenamento político da atividade do Estado-poder, na consecução dos seus fins próprios, de verificação da utilidade pública, quanto aos meios e modos da sua ação e ao próprio sistema da sua ação, ou, melhor, ordenamento racional dos princípios sobre a organização e A forma de ação do Estado-poder.

Constitui uma das ciências políticas, tomada a palavra "Política", entre os vários significados que possui, como conjunto de ciências pertinentes ao Estado (cf. Oswaldo Aranha Bandeira de Mello, "Conceito de Política", separata da *Revista Brasileira de Estudos Políticos*, 1963). Daí se reduzir seu campo ao útil, postulado fundamental da Política, examinado sob o prisma da Administração Pública, com referência à sua organização e forma de ação, tendo em vista o melhor resultado com o menor esforço.

Numa parte geral, construtiva, configura e classifica os possíveis casos em que é necessária ou conveniente a intervenção da Administração Pública, discute os sistemas em que se pode levar a efeito tal intervenção, bem como os modos e os meios para tanto, tendo em atenção o que se afigura mais oportuno e adequado à organização e ação do Estado. Identifica os caracteres em que, em cada uma dessas categorias de casos, deve a ação ser desenvolvida e qual a influência da particularidade de tais caracteres no problema geral da Administração.

Afinal, numa parte especial, descritiva e crítica, faz o exame dos casos concretos da intervenção da Administração Pública nas várias questões atinentes à realização dos fins do Estado, através da exposição comentada das leis administrativas e críticas dos princípios aceitos, quanto à sua organização e forma de ação, tendo em vista os ensinamentos científicos e os processos técnicos, respectivamente, ciência e arte, de cada uma das matérias relativas às atividades regulamentadas pelo Estado, em função dos princípios fundamentais da Ciência da Administração.

Como trabalhos de juristas, e para colocá-la em oposição ao Direito Administrativo, nessa nova concepção, são de se mencionar os livros de Errico Presutti, *Principi Fondamentali di Scienza dell'Amministrazione* (1910) e de Rafael Bielsa, *Ciencia de la Administración* (1940).

Modernamente, como se disse, o estudo da Ciência da Administração, como Política da Administração, teve especial desenvolvimento na Europa e nos Estados Unidos da América do Norte.

Lá, entretanto, o problema vem sendo estudado, através de forte literatura sobre os diferentes planos que a matéria suscita, relativamente aos modos de organização da Administração Pública, aos meios por ela utilizados para levar a bom termo suas atividades, tendo em vista o recrutamento do pessoal e rendimento dos seus trabalhos, a execução de obra e prestação de serviço público, a organização dos orçamentos e a prática tributária etc., sem a preocupação de trabalho unitário, em que se sistematizam todas as questões que constituem seu objeto.

Daí a discussão sobre a existência de uma Ciência da Administração Pública ou de ciências sobre seus diferentes setores, quanto à sua organização e à forma da sua ação, sob o aspecto político.

E talvez, nesse novo movimento, o primeiro livro sistemático a respeito cabe à Itália, feito em colaboração entre um professor norte-americano e outro italiano. Trata-se da obra de Frederich Mosher e Salvatore Cimmino, *Elementi di Scienza dell'Amministrazione*, de 1959.

Já, nos Estados Unidos a publicação de obras sistemáticas sobre a racionalização da organização administrativa e a forma da sua ação, com a denominação de *Public Administration*, bem como sobre a racionalização de organização e prestação de serviços públicos pelos particulares, com a denominação de *Public Utilities*, data de vários anos atrás.

O precursor de ditos estudos foi Frank J. Goodnow, com seu livro *Politics and Administration*, em 1900. Sob sua inspiração formou-se essa nova disciplina, cujas obras de maior realce sobre Ciência da Administração Pública são de Leonard D. White, *Introduction to the Study of Public Administration*, de 1926; William F. Willoughby, *Principles of Public Administration*, de 1927; John N. Pfeiffner, *Public Administration*, de 1935; Harvey Walker, *Public Administration in the USA*, de 1937; John M. Gaus, *Reflections on Public Administration*, de 1947; Fritz Morstein Marx, *Elements of Public Administration*, de 1946; Dwight Waldo, *The Administrative State*, de 1947; Marshall E. Dimock e Gladys Ogden Dimock, *Public Administration in Democratic Society*, de 1950; Herbert R. Simon, Donald W. Smithburg e Victor R. Thompson, *Public Administration*, de 1955; Felix A. Nigro, *Modern Public Administration*, de 1965.

Além do estudo de racionalização da sua organização e forma de ação, há especulações sobre a vida da Administração Pública nos seus aspectos sociológicos, psicológicos e filosóficos.

Como trabalhos de organização e ação dos serviços públicos concedidos, denominados *serviços de utilidade pública*, merecem ser lembrados, nos Estados Unidos da América, os trabalhos de John Bauer, *Effective Regulation of Public Utilities*, 1925; Cassius Clay, *Regulation of Public Utilities*, 1932; Finla Crawford e William Mosher, *Public Utility Regulation*, 1933; Truman Bighan e Eliot Jones, *Principles of Public Utilities*, 1937; Roland Eutsler, Lloyd Wilson e James Herring, *Public Utilities Regulation*, 1938; James Bonbright, *Public Utilities and the National Power Policies*, 1940; e na Inglaterra os trabalhos de Marshall Dimock, *British Publics Utilities and National Development*, 1933, e E. N. Gladden, *An Introduction to Public Administration*, 1961 – que traçam o caminho a respeito desses estudos.

12.7 Conceito da Política[2]

12.7.1 Divergência sobre o objeto da Política

Etimologicamente, a palavra "Política" deriva do Latim *politicus, politica, politicum*, tirada, por sua vez, do Grego *polis*, que significa *cidade*, no sentido de Cidade-Estado, isto é, de sociedade composta de várias famílias, possuindo elementos de suficiência própria e consistindo em um meio para os homens alcançarem, em dado território, seu melhor bem. Com esse vocábulo Aristóteles denominou uma das suas obras, a que tem por objeto o estudo do Estado; e nela se verifica a noção então atribuída à Política, como sendo a Ciência do Estado.

Nos tempos modernos tem havido divergência entre os autores no delimitar o campo da Política. Assim, alguns pretendem que ela diga respeito aos meios para realização dos fins do Estado; outros, que ela deve se preocupar não só com os meios, como com os pró-

2. Transcrição de artigo publicado na *Revista Brasileira de Estudos Políticos*, 1963.

prios fins do Estado; e terceiros que enfeixam não só tais matérias, como o exame do próprio Estado. Por outro lado, há os que pretendem seja a Política uma ciência, enquanto outros a classificam como simples arte; ainda se encontram os que sustentam participar ela de ambas as naturezas e, afinal, os que lhe negam objeto próprio, pois entendem não é ciência, mas um conjunto de ciências.

Se bem se atentar, todavia, para essas desinteligências existentes entre os Mestres, verifica-se que provêm de duas circunstâncias: pretenderem dar sentido único ao vocábulo "Política", desconhecendo, mesmo, o emprego usual do termo, ora como substantivo, ora como adjetivo; e a imprecisão dos conceitos de *ciência* e *arte*, por falta de acordo em suas definições.

Os termos podem ser unívocos, equívocos e análogos. *Unívoco* é o termo que se refere a uma única realidade, ou seja, a que se pode atribuir de uma maneira idêntica a diversos sujeitos. Sirva de exemplo a designação de "homem", que se aplica univocamente a todo ser racional masculino. *Equívoco* é o termo que se refere a realidades radicalmente diversas, ou seja, se atribui a sujeitos em sentidos totalmente diferentes. Sirva de exemplo a designação de "manga", que se aplica a conceitos distintos: a certa fruta, a adorno de casa, como peças de lustres, e a parte do traje. *Análogo* é o termo intermédio entre o *equívoco* e o *unívoco*. Diz-se de um conceito que se refere a realidades essencialmente diversas mas que, contudo, guardam entre si uma certa proporção. Por conseguinte, designa noção que se aplica a vários sujeitos em um sentido nem totalmente idêntico, nem totalmente diferente.

A analogia, no entanto, pode ser de várias espécies: analogia intrínseca ou de proporção própria e analogia extrínseca, que, por sua vez, se distingue em analogia de atribuição e analogia de proporção imprópria.

Dá-se a *analogia intrínseca*, ou de *proporção própria*, quando o vocábulo é aplicado a diversas realidades entre as quais existe uma identidade essencial de relações. Por exemplo, o termo oral "sábio" designa o conhecedor profundo de qualquer assunto. Assim, se é *sábio* tanto como filósofo ou como cientista. São duas acepções diferentes do vocábulo, com referência ao conhecimento, em si, de cada um, mas relacionadas pela essência da significação do termo: em qualquer desses conhecimentos diversos o "sábio" os possui *com profundeza*, pois não se pode entender que os conhecimentos como filósofo tenham mais a natureza de saber profundo que os conhecimentos como cientista. A proporcionalidade própria enuncia-se deste modo: o sábio, como filósofo, está para o filósofo tanto como o sábio, como cientista, está para o cientista.

Ocorre a *analogia extrínseca de atribuição* quando o termo se aplica em sentido direto e próprio a uma realidade, mas também, por extensão, a outras realidades, que mantêm com a anterior *relações de dependência*, de regra, causais. Aquela é o analogado principal, e estas são os analogados secundários ou derivados. Por exemplo, o termo oral "são" aplica-se ao corpo, ao alimento, ao clima, à cor. Mas ele se refere, em caráter principal, tão-somente ao corpo, pois quem é propriamente "são" é ele. O alimento como o clima se consideram "sãos" porque condições para a saúde do corpo; e a cor se considera "sã" porque manifestação dessa saúde. Assim, o vocábulo "são" aplica-se diretamente ao corpo, e por extensão às outras realidades, que com ele mantêm relações de dependência causal.

Aparece a *analogia extrínseca de proporcionalidade imprópria* quando o termo oral tem um significado próprio mas se aplica, figuradamente, a vários outros. Por exemplo, o vocábulo "rei" aplica-se diretamente ao monarca na sociedade política, mas, metaforicamente, se estende ao "rei dos animais", ao "rei do café".

Na verdade, a palavra "Política" é de sentido análogo, uma vez pode ser empregada em mais de uma significação, mas todas inter-relacionadas, pois se referem ao Estado, ou seja, a essa sociedade que reúne diferentes famílias e tem por objetivo atender aos interesses gerais dos seres humanos que a compõem, ou possui seu significado derivado da palavra "Estado".

12.7.2 Política: conjunto de ciências do Estado

Certos escritores tomam a "Política" no plural. Para eles, hoje em dia, não é mais uma ciência, mas um conjunto de ciências relativas ao Estado. Entendem que os problemas a ele pertinentes, com o evolver dos tempos, passaram a ser considerados sob várias facetas, e cada uma a agrupar ramos científicos autônomos. Por isso, a "Política" deixou de corresponder a campo próprio de especulação científica, e passou a consistir em um nome através do qual se pode enfeixar as diferentes ciências que cogitam dos diversos problemas do Estado.

É a posição de Icilio Vanni, seguida por eminentes professores da Faculdade de Direito da Universidade de São Paulo. Tal a lição do professor Manoel Pedro Villaboin, igual o pronunciamento do professor J. J. Cardoso de Mello Neto, e ainda reafirmado pelo professor Mário Masagão. Para eles a Política não tem objeto específico, pois este se dilui no objeto das múltiplas ciências que cuidam do Estado, através de cuja palavra elas se unificam, por razões pedagógicas ou práticas.

Nesse sentido encontra-se o termo empregado para denominar institutos de altos estudos, como as Faculdades de Ciências Políticas e Morais, as quais se preocupam com a formação dos homens de Estado, dos governantes, mediante o ensino das matérias referentes ao Estado. É o caso da Escola de Sociologia e Política de São Paulo.

Segundo essa concepção, são abrangidas pela denominação "Política" uma série de ciências, sejam jurídicas, sejam sociais; isto é, todas as ciências morais que dizem respeito ao Estado.

Dentro dessa expressão "Política", independente de conteúdo, englobam-se vários ramos da Ciência Jurídica, como sejam: o constitucional, o administrativo e o judiciário. O Direito Constitucional objetiva o ordenamento jurídico da estrutura do Estado nos seus princípios essenciais, quer dizer, nos elementos que definem as formas do Estado e de governo e prescrevem os limites dos seus Poderes, tanto no seu aspecto negativo como positivo. O Direito Administrativo preocupa-se com o ordenamento jurídico da atividade do Estado enquanto Poder Público na consecução dos seus fins de criação e realização da utilidade pública, de modo direto e imediato. O Direito Judiciário tem por cogitação a atividade do Estado, substituindo-se às partes, na resolução de controvérsias entre elas, dizendo, em definitivo, o direito de cada uma.

Ainda, em torno dessa expressão "Política", sem autonomia própria, reúnem-se várias espécies de ciências sociais, como sejam: a Economia, a Ciência das Finanças e a Ciência da Administração. A Economia. há por mira o ordenamento da riqueza dos homens em sociedade. A Ciência das Finanças considera o ordenamento da riqueza do próprio Estado. A Ciência da Administração busca ordenar utilitariamente os meios e modos da ação do Estado em geral, dando-lhe organização racional.

Enfim, sob esse termo genérico de "ciências políticas" envolve-se o conjunto de ciências que cogitam das especulações e aplicações do Estado, em seus múltiplos aspectos.

Conseqüentemente, a "Política", de substantivo, torna-se adjetivo. Daí o emprego da palavra cognominando ciências em particular pertinentes ao Estado: a História das Instituições Políticas, a Sociologia Política, a Economia Política, o Direito Político.

A História das Instituições Políticas refere-se ao estudo dos diferentes tipos de Estado, através dos tempos, como as primeiras Monarquias da Antigüidade; o Estado Grego e o Império Romano; a Sociedade Medieval; as Monarquias Absolutas Modernas; o Estado Liberal Democrático; e os Regimes Totalitários, da Direita e da Esquerda.

A Sociologia Política busca a sistematização dos princípios relativos à atuação da sociedade política, ante o exame dos fatos sociais de ordem material e espiritual, das condições particulares do povo e da terra, dos elementos de civilização e cultura da comunidade, através do tempo e do espaço, numa preocupação de indagar a função das instituições políticas nesses meios ambientes e os reflexos da ação humana neles.

A Economia Política corresponde à denominação tradicional da Economia, ciência relativa à ordem social da riqueza.

O Direito Político é a designação muito usada em lugar do Direito Constitucional, podendo considerar o ordenamento jurídico possível de um Estado em abstrato, isto é, o direito público em sentido restrito, ou, ainda, o ordenamento jurídico comparativo de vários Estados, ou, afinal, o ordenamento jurídico de determinado Estado, correspondendo, respectivamente, ao Direito Político ou Constitucional Geral, ao Direito Político ou Constitucional Comparado, ao Direito Político ou Constitucional Positivo.

Há, no entanto, autores que sustentam – e esses parecem estar com a razão – ter a palavra "Política", substantivamente, conteúdo próprio, e mais de um conteúdo próprio, ante seus sentidos análogos. Daí não só corresponder a mais de uma ciência como, outrossim, possui objeto próprio, com campo independente de outras ciências autônomas que estudam o Estado. Entre outros significados, destacam-se o de filosofia do Estado e o de ciência de governo da sociedade civil.

12.7.3 Política: filosofia do Estado

A filosofia tem por objeto a crítica dos postulados das ciências particulares, isto é, das proposições discutíveis, embora aceitas sem discussão, como ponto de partida das ciências particulares, que se reduzem, em última análise, ao estudo da essência e existência do ser. Assim, a Biologia estuda a vida, mas saber se esta existe e em que consiste é questão aceita pelos biólogos sem qualquer discussão, cuja crítica se faz justamente na filosofia. Na verdade, esse estudo do ser, na sua essência e existência, é o estudo do ser enquanto ser, ou seja, na sua universalidade, nos seus princípios mais gerais, dos quais todos os demais dependem, e, portanto, nos seus primeiros princípios. Aí estão várias modalidades de conceituar a filosofia.

A filosofia do Estado, por conseguinte, refere-se ao conhecimento do Estado pelos seus primeiros princípios, quer dizer, do Estado enquanto Estado, ou, melhor, da essência e existência do Estado – postulados que são aceitos, sem maior prova, pelas várias ciências particulares que se preocupam com o Estado. Então se indaga se o Estado existe; e, no caso afirmativo, se deve continuar a existir, bem como em que consiste esse ser a que se dá o nome de "Estado". São problemas de alta indagação, e para melhor atentar-se para isso basta ponderar que o Anarquismo, como doutrina social, não só deixa de justificar a autoridade como pretende, até, o desaparecimento do Estado. Preconizam os adeptos dessa corrente uma sociedade sem autoridade, disciplinada pela simples vontade das partes, como ideal, a ser realizado, de sistema de vida social.

Ora, para saber o que é o Estado, torna-se necessária a pesquisa das suas causas, quer dizer, das suas razões explicativas. *Ser* é tudo o que existe, e as razões explicativas de um ser encontram-se naqueles princípios que o produziram. Chamam-se *causas*, e o resultado desses princípios, o ser produzido, denomina-se *efeito*. As causas fundamentais de todo ser são de quatro espécies: agente ou eficiente, material, formal e final.

Tome-se, por exemplo, um relógio. Esse ser real, como qualquer ser, deve ter razões explicativas da sua existência. São as suas causas, das quais é o efeito. Para existir um relógio exige-se a ação física de alguém que o produz – sua *causa eficiente ou agente*. Trata-se do fabricante de relógios. Mas, para ele existir realmente, impõe-se a concorrência de uma matéria de que é feito, como parte intrínseca determinável – sua *causa material*. Corresponde ao aço, ao rubi, ao ouro etc. Porém, essa matéria é disposta de certa maneira, recebe determinada perfeição, que consiste na parte intrínseca determinante e especificadora do ser. São as engrenagens em que se transformaram as língüetas de aço dispostas de certa maneira, os rubis enquadrados de determinado modo, tudo encerrado em uma caixa, redonda ou quadrada, de ouro ou material similar, com a feição daquilo que se denomina *relógio* – sua *causa formal*. Todavia, o ser é criado para um fim prefixado, para o qual o efeito é produzido – sua *causa final*. O movimento do agente para atingi-la está no motivo que solicita sua vontade, e a razão dele é o bem desejável. Daí a causa final confundir-se com o bem. Ela consiste em marcar o tempo, através do esclarecimento das horas, minutos e segundos. Não seria relógio verdadeiro o objeto que tivesse aparentemente tal feição, contudo deixasse de possuir a disposição necessária para realizar a razão de ser da perfeição da sua forma.

Eis aí as causas fundamentais do relógio, ou, melhor, suas causas essenciais, por constituírem os princípios que influem diretamente na sua existência, e dos quais ele realmente depende. Não se confundem com as causas acidentais, como a condição, a ocasião ou o acaso. A *condição* é o que permite à causa produzir seu efeito, seja positivamente, a título de instrumento ou meio, como os utensílios ou instrumentos usados pelo relojoeiro para fabricar o relógio; seja negativamente, afastando os obstáculos, como a ação de acertar o relógio para obter a hora exata. A *ocasião* é uma circunstância acidental que cria condições favoráveis à ação, como a falta de relógios no mercado, em dado momento, pode incentivar a produção de relógios, solicitando a vontade do relojoeiro para tanto, ante a possibilidade de lucro. Consiste no motivo que solicita a vontade para a ação. O *acaso* é a produção de um efeito que não estava ordenado, como o ato de um cultivador que, cavando seu campo para plantar uma árvore, descobre um tesouro.

O estudo do Estado como filosofia, isto é, dos seus primeiros princípios, envolve a pesquisa das suas razões explicativas. Pressupõe o exame das suas causas essenciais. Assim, a filosofia do Estado preocupa-se em indagar das suas próprias causas. Por conseguinte, da sua origem, ou *causa eficiente*; do seu objetivo, ou *causa final*; dos elementos determináveis para sua formação, ou *causa material*; e dos princípios que o determinam e o especificam, ou *causa formal*.

Indaga-se, então, da sua origem, ou melhor da sua *causa eficiente*. É a sociedade política fruto da vontade livre dos homens que, através de um contrato, resolveram constituí-la e depois geri-la segundo o seu alvedrio? Ou, ao contrário, oriunda da violência entre eles, através de luta de classes, ante o imperativo de um instinto associativo dos homens que os leva à vida em comum e os sujeita ao determinismo da vida social, como peças de uma máquina? Ou, afinal, é a resultante desses dois elementos, instinto social e vontade social, aquele provocando a vida em comum e esta conduzindo-a? Esse ser "Estado" pode considerar-se como centro de atribuições e operações, como titular de direitos e obrigações, em apartado dos elementos humanos que o compõem? Se afirmativa a resposta, é de se perguntar se é um ser de imaginação, mero nome, ou um ser de razão, simples conceito ou um ser real, substancial ou acidental? Enfim, será um mecanismo ou um organismo, físico ou moral?

Perquire-se seu objetivo, ou, melhor, sua *causa final*, bem que tem em mira. Será esse bem a soma dos bens dos indivíduos que compõem a sociedade? Ou, ao contrário, será o bem do próprio Estado, independente dos indivíduos singularmente considerados, absorvidos na classe ou na Nação? Ou, afinal, será o bem comum dos indivíduos, isto é, dos membros do Estado, socialmente considerados? Esse bem comum alcança-se com o simples exercício de atividade jurídica do Estado – ou seja, mediante a integração de regras jurídicas, por ele elaboradas e executadas, e respectiva reintegração quando desrespeitadas –, ou também exige o exercício de atividade social, mediante a prestação de comodidades de obras e coisas, efetivando não só uma função jurídica, como a prestação de serviços públicos? Demais, quais os serviços que o Estado deve avocar para si, transformando-os em públicos, todos ou alguns, e como deve prestá-los, diretamente ou por delegação a terceiros?

Cogita dos elementos que constituem a base para existência do Estado, sua *causa material*. Serão o território e a população elementos indispensáveis para eclosão da autoridade política? Qual a extensão e os lindes do território e em que consiste o poder exercido sobre ele? Qual o número de habitantes do Estado e o vínculo que deve existir entre eles?

Preocupa-se com o característico definidor do Estado, com seu elemento determinante e específico, ou seja, sua *causa formal*. Será a soberania característico definidor do Estado? Há outro elemento que o determina e o especifica? Será o titular concreto do poder político em abstrato, de origem divina, ou a expressão da vontade geral da Nação ou do povo? Afinal, esse poder de mando, na sociedade política, é incontrastável, ou se acha limitado pelo direito de terceiros e o bem da coletividade? Quais são esses direitos, só os dos indivíduos, singularmente considerados, como, outrossim, de sociedades naturais existentes dentro do Estado ou fora dele?

Verificadas as causas essenciais do Estado – ou, melhor, do Estado-sociedade –, cabe a cogitação dos elementos que informam esse ser para realização dos seus encargos, ou seja, do Estado-poder. Examina-se sua organização, através dos estudos relativos à constituição jurídica do Estado e à natureza da sua forma e respectivo governo, à distribuição de atribuições entre seus órgãos, partes de um mesmo aparelho governamental ou desdobrados em outros aparelhos governamentais. Indaga-se, então, do regime do Estado-sociedade, isto é, da estrutura jurídico-formal do Estado-poder, em função de uma ideologia. Discutem-se os tipos de constituição e a matéria que faz parte do seu objeto, a forma unitária ou federal de Estado, a descentralização dos Poderes estatais entre várias entidades ou dentro de um mesmo organismo moral, o governo senhorial ou popular, com autoridade monárquica ou republicana, no desempenho das funções jurídico-governamentais ou na prestação dos serviços públicos, através de órgãos que exteriorizam a sua vontade, como repartições do próprio Estado, compostas de agentes públicos, elementos dinâmicos da sua ação ou de delegados de funções e serviços públicos, se não mesmo de particulares colaborando com o Poder Público para alcançar seu *desideratum*, o bem comum. Entra-se, então, no terreno do Direito Constitucional ou Político e da Sociologia Política.

Significando a filosofia do Estado, a palavra "Política" foi, de certo modo, empregada, entre outros, por Jacques Leclerq e Jean Dabin na Bélgica; por Posada e Del Valle na Espanha; por Maggiore na Itália; por Georges Burdeau na França; e por Tristão de Athayde no Brasil.

Corresponde, na verdade, à disciplina denominada "Doutrina do Estado", quer dizer, à *Allgemeine Staatslehre*, ou "Teoria Geral do Estado" dos alemães; à *Political Science* ou "Ciência Política" dos anglo-americanos; ao *Droit Publique et Constitutionnel* dos franceses; ao *Derecho Político General* dos espanhóis – expressões, essas, que, ao depois, passaram a ser usadas por outros povos e, aliás, com extensão maior ou menor, ora restringindo-se ao campo da filosofia política propriamente dita, no estudo das causas essenciais do Estado-sociedade, ora estendendo-se, também, ao estudo da organização jurídica do Estado-poder, ora ampliando ainda mais seu campo, verificando as conveniências e oportunidade dos regimes políticos, saindo do terreno especulativo da Filosofia, ou sistemático do direito, para entrar no campo da Sociologia Política.

12.7.4 Política: ciência do governo da sociedade civil

Hodiernamente, o sentido correntio de "Política" é o de governo da sociedade civil. Entretanto, se se pretende fixar seu conteúdo, torna-se vacilante, de entendimento elástico, e, embora se saiba o que seja, se tem dificuldade em explicá-lo.

Para alguns é atuação do poder entre os interesses em choque dos indivíduos vivendo em sociedade, e, então, se lhe reconhece como objetivo a unificação das forças sociais – ou, como diz Scharffle, repetido por Bluntschli, a coordenação das correntes divergentes de opinião, imprimindo-lhes direções comuns e médias, com a mínima resistência coletiva e a mínima perda de energia. Já, para outros é atividade orientada para um fim, e então se lhe atribui como objetivo – no dizer de Holtzendorff, seguido por Mohl – a utilização dos meios apropriados para realização dos fins do Estado, ante a verificação destes.

Posições, essas, aliás, que se conciliam, pois ambas respondem a uma exigência de vida em comum dentro do Estado. Não informam, pois, sentidos diferentes da "Política", mas parcelas de um mesmo conceito, visto que se busca a unificação das forças sociais com o objetivo de alcançar os fins do Estado, e estes só se atingem através da utilização dos meios apropriados para tanto, ante o estudo da estrutura e da vida do próprio Estado.

O ponto nuclear de todas as correntes – e por isso se conciliam – é o estabelecimento de ordem na convivência em comum. Ora, a *ordem* é a exata disposição das partes, pela qual se realiza a unidade na multiplicidade. Ela pode corresponder a uma exigência da natureza do ser ordenado, e se tem a ordem natural; ou decorrer do engenho do homem, e se tem a ordem volitiva. A exata disposição dos livros, por exemplo, em uma biblioteca é uma ordem volitiva, feita segundo o critério do bibliotecário. Eles poderão ser colocados em ordem por consideração do tamanho, partindo-se do menor ou do maior; ou por consideração da cor, pondo-se em primeiro lugar os de lombada preta, depois os de lombada azul, a seguir os de lombada marrom, após os de lombada vermelha, e assim por diante. Por outro lado, a exata disposição dos órgãos, por exemplo, em uma pessoa humana é natural, feita segundo a função que devem desempenhar como partes do todo. Eles deverão sempre estar igualmente dispostos, em consideração ao fim normal do homem.

Pois bem, a ordem na sociedade política realiza-se tendo em vista o fim do Estado, e ela só se atinge mediante a utilização dos meios apropriados e a unificação das forças sociais divergentes. Então se fará a distribuição das partes de maneira a haver tranqüilidade social, ou seja, o bem comum. Isso só se consegue respeitados os princípios inerentes à ordem social, satisfeitas as exigências naturais da sociedade política, bem como os critérios dos dirigentes e as forças de opinião pública, segundo uma concepção de vida dominante, ante a conjuntura social. Obediência, portanto, aos princípios imperativos de ordem natural e às prescrições da ordem volitiva individual e social, querida, ao influxo das manifestações político-partidárias e dos movimentos das classes sociais e das profissões organizadas. Essa ação é o objeto da "Política" como ciência do governo da sociedade civil, e se efetiva através do estabelecimento do equilíbrio social, ante o reconhecimento a cada qual do que é seu – ou seja, da justiça.

Por conseguinte, a ordem social, objeto do governo da sociedade civil, em conclusão, é a ordem jurídica, estabelecida pela autoridade, coordenando, mediante atividade humana, criadora e livre, os interesses divergentes dos seus membros, em razão de seu fim – o bem comum. A Política, como tal, é a afirmação de um poder visando à melhor utilidade social através do direito – portanto, realizando o bem comum temporal. Daí o dizer de Jellinek, "Ciência do Estado aplicada à prática". Corresponde ao que os anglo-americanos denominam de *Politics* em oposição à *Political Science*.

Para muitos, como salientado, a Política, neste último sentido, é antes arte que ciência, senão somente arte. Será correto esse modo de ver? Afinal, qual a diferença entre arte e ciência?

"Ciência" é termo pelo qual se designa o conhecimento intelectual sobre qualquer ser. Corresponde, portanto, ao saber ordenado ante o movimento da razão para um objeto ou fim. Destarte, conhecimento do ser pelas suas causas. Assim, quando se sistematizam determinados conhecimentos sobre certos assuntos, justificando-os, e se dá, conseqüentemente, explicação do alcance desses conhecimentos, valorizando-os, se tem uma ciência. Afora, isso, há conhecimentos empíricos sem julgamento de valor. Sabe-se, por exemplo, que, esquentando-se determinado corpo, ele se dilata. Aquecida certa barra de ferro, ela se distende. Isso é conhecimento comum de quase todas as pessoas. Entretanto, a maioria delas não explica por que tal se dá. Trata-se de conhecimento empírico. Já, o cientista, que possui a lei da dilatação dos corpos, justifica racionalmente esse fenômeno, pois tem, sobre o assunto, conhecimento científico.

Assim, se se pegar um pedaço de papel e se perguntar a uma criança de poucos anos de idade o que acontecerá se largado no ar, ela imediatamente responderá: "O papel cairá no chão". Sabe-se que a queda, em última análise, decorre da lei da atração universal. No entanto, a criança, que responde de modo certo à pergunta, nada disso entende. Ela apenas tem um conhecimento empírico do fato. Já, o cientista explica a razão por que um corpo solto no espaço cai ao solo.

Tendo um conhecimento sistematizado do assunto, pode explicar porque isso se dá dessa maneira, e não de outra. Aí está o que seja *ciência*. O ordenamento dos conhecimentos sobre os seres. Ditos conhecimentos, todavia, não são todos de igual natureza. Por isso os sentidos análogos de ciência.

Certos seres prestam-se tão-somente à especulação do saber ordenado, pela qual se reflete, como num espelho, fielmente, o objeto, sem qualquer intervenção estranha no seu efeito. Há acontecimentos sobre os quais a preocupação do cientista se resume em refletir sobre aquela verdade que está imanente na própria coisa. Quando o cientista, por exemplo, descobriu a lei da queda dos corpos, quando descobriu que o corpo se aquecia ao contato do calor, seu conhecimento científico não passou de simples reflexão sobre a coisa, que lhe permitiu descobrir o que já existia. Antes de alguém imaginar e compor a lei da queda dos corpos, qualquer pessoa estava certa de que um objeto, solto no espaço, caía. Mas ninguém sabia, naturalmente, por que isso acontecia, e em que condições se dava essa queda.

Assim, há determinadas ciências cujo conhecimento humano resume-se a uma simples reflexão sobre aquilo que é. São todas essas ciências em que a cogitação do estudioso se resume em apurar como se dá determinado fenômeno. São as chamadas *especulativas*, as quais compreendem três espécies, segundo seu grau de abstração ou imutabilidade. Todas, no entanto, são rigorosamente abstratas e necessárias. A Filosofia reduz-se ao estudo do ser enquanto ser, como se viu, e não considera, por conseguinte, qualquer matéria. As ciências matemáticas só consideram a matéria intelectual, a quantidade. As ciências físicas ou naturais consideram, outrossim, a matéria sensível, a qualidade, mas independente da matéria individual.

A par dessas ciências especulativas, há outras em que se tem em mira o conhecimento do que deve ser. Enquanto as ciências dos fatos exteriores, por assim dizer, são ciências especulativas, ciências do conhecer como se produzem os fenômenos da Natureza, as outras, em que há uma participação do homem, são ciências do "dever ser", são ciências de como devem ser as coisas. São essas as chamadas *ciências práticas*.

Essa a divisão tradicional das ciências, feita por Aristóteles, repetida por S. Tomás de Aquino e, modernamente, aceita por grande número de pensadores, não obstante tenham ocorrido outras tentativas de sua classificação. Nenhuma delas, porém, conseguiu uma precisão tão nítida dos vários tipos de ciências como ela. Tal classificação é aceita principalmente pelos juristas, que verificaram a distinção existente entre as ciências que se preocupam em saber *o que é* e as ciências que se preocupam em saber *o que deve ser*, isto é, as chamadas *ciências da Natureza*, como dizem os alemães, em oposição às *ciências das normas*. Aí está a diferença entre um tipo de ciência e outro.

Além do conhecimento especulativo, como salientado, há o conhecimento ordenado para certa ação ou obra, quer dizer, à ação humana imanente, de ordem moral, ou à produção de um objeto exterior, por operação transitiva, de ordem técnica. Chamam-se tais ciências de *Práticas*. São científicas num sentido analógico, porque, se, por um lado, há especulação, tomando-se esta em significado lato, na operação imanente ou transitiva, pela ordenação dos conhecimentos a que elas se referem, por outro, relativamente ao agir ou fazer, sempre supõem a influência moral ou técnica no efeito. Dada a diversidade dessa influência, distinguem-se em ciências morais ou ativas, isto é, ciências do agir, e ciências técnicas ou produtivas, isto é, ciências do fazer, ou simplesmente artes.

No estabelecer os princípios da atuação do homem, as ciências, que têm esse objetivo, denominam-se *ciências práticas*, porque visam ao operar do indivíduo. Essa prática, entretanto, pode apresentar-se de duas maneiras: ou ela diz respeito ao agir do homem para com seus semelhantes, ao agir do homem para consigo mesmo e ao agir do homem para com Deus, e se refere a um comportamento do ser humano, ou, então, diz respeito à operação do homem que busca produzir um objeto exterior – por exemplo, uma mesa, uma cadeira, um quadro artístico, uma harmonia de sons. Temos, então, dois tipos de ciências práticas. Uma é a ciência prática do agir humano, é a ciência prática do comportamento dos homens para consigo mesmos, para com seus semelhantes e para com Deus, e que, em última análise, compreende as ciências morais; a outra, a ciência prática da produção de objeto exterior, e esse objeto exterior ou é o belo (e se têm, aí, as ciências artísticas propriamente ditas, as belas artes), ou é o útil (e se têm, então, as ciências artísticas úteis, ou artes técnicas).

Ante o exposto, verifica-se que não procede a posição de certos pensadores que negam a distinção entre ciências especulativas e práticas, pretendendo que todas as ciências são da mesma natureza, só diferenciadas das artes. Estas consistindo em preceitos de utilidade prática, baseados nos conhecimentos científicos, e aquelas sistematizando as leis que regem as várias classes de fenômenos. Ora, o conhecimento ordenado é especulativo sob aspectos diferentes, como se demonstrou, estritamente especulativo com referência a certos objetos, e ordenado para a operação ou prática com referência a outros. Essa diversidade de medida da especulação diferencia essencialmente essas duas ordens de conhecimentos. Por outro lado, a aplicação da ciência não é tal enquanto ensinada, como conhecimento teórico, mas o é enquanto usada, como realização de conhecimentos científicos.

Conseqüentemente, não só os conhecimentos ordenados relativos ao agir, mesmo os relativos ao fazer, merecem o título de ciência. Assim, sob certo aspecto, até as artes são ciências.

Na verdade, as artes são as ciências do fazer, em oposição às ciências ativas ou do agir. Ambas, contudo, são ciências práticas ou operativas.

As artes, tradicionalmente, dividem-se em liberais ou mecânicas, conforme sua obra principal seja predominantemente intelectual ou material; e qualquer delas, acidentalmente, divide-se, por seu turno, em belas artes e artes úteis. Nas artes, portanto, ou ciências do fazer, o *artista* deve respeitar determinados princípios para produzir uma obra exterior, com a preocupação do belo ou do útil em si.

As ciências ativas, ou do agir, dizem respeito à virtude da prudência, que consiste no hábito de escolher os melhores meios para atingir o bem. Esse bem pode ser individual ou social, conforme se trate de ação imanente individual ou social, em que se cogita do bem pessoal ou comum. Na ciência ativa – portanto, do agir –, o *homem* deve respeitar determinados princípios morais para nortear internamente sua deliberação e seu comportamento exterior, nas relações consigo mesmo ou com terceiros, com a preocupação última do *honesto*.

Por isso, nas ciências ativas ou do agir, mesmo quando seu objeto direto e imediato é o *útil*, isto é, um bem intermediário, ele se condiciona aos princípios da razão reta, isto é, subordina-se ao bem honesto, ou seja, à Moral. Já, nas artes, ou ciências do fazer, consideradas em si, o aspecto moral lhes é indiferente.

Verificada a divisão das ciências, pode-se, agora, responder se a política é uma arte ou se é uma ciência; ou, melhor ainda, se é ciência do agir, isto é, ciência do comportamento do homem para consigo mesmo, para com seus semelhantes e para com Deus, ou se é a Política ciência do fazer, do produzir um objeto exterior, e, então, a Política seria uma arte, porque a ciência do fazer, em última análise, é arte. Na verdade, a arte não deixa de ser uma ciência, porque para se pintar um quadro, por exemplo, exige-se a sistematização de determinados conhecimentos que devem presidir ao trabalho do artista. Há determinadas regras de operação do homem ao fazer esse quadro. E o mesmo se dá com aquele que realiza o trabalho de uma mesa, de uma cadeira etc. Por conseguinte, é uma ciência. Mas é uma ciência que conta em grande parte com a habilidade daquele que a vai executar e que visa à produção de objeto exterior. Por isso essa ciência factiva, nos tempos modernos, é denominada "arte" – denominação, essa, que surgiu, principalmente, com o Positivismo, ou, melhor, com Augusto Comte.

Todavia, será realmente a Política a ciência do fazer, será a Política uma arte? Ou será a Política a ciência do agir, tendo em vista o governo da sociedade? Se se considerar a Política como ciência do fazer, tem-se a concepção maquiavélica do Poder. Então, tudo que dá resultado satisfatório para a vida da sociedade, para o Estado, é politicamente certo; boa será a conduta dos homens que governam desde que redunde em benefício do Estado, quaisquer que sejam os meios e modos utilizados pala consegui-lo. Ao contrário, se se entender a Política como ciência do agir, só aquele comportamento que se prenda à vida moral dos homens poder-se-á admitir como comportamento político. Quer dizer, a Política, como ciência do agir, em oposição à ciência política do fazer, deve estar informada por princípios morais. Assim, não seria lícito a um governante praticar certos atos, ainda que convenientes ao seu próprio Estado, que viessem a violar os princípios da moralidade.

Sendo a Política, como ciência do governo da sociedade civil, a que tem por objeto o emprego dos meios adequados para realização do fim do Estado – ou seja, a melhor utilidade social –, e unificando as forças sociais em divergência, consiste na virtude da prudência do bem comum, na virtude da prudência relativamente aos negócios do Estado, isto é, no hábito de praticar o bem de maneira a dispor as coisas para que melhor sejam harmonizados os interesses sociais e atingidas, em conseqüência, as finalidades do Estado. Por conseguinte, deve ser classificada entre as ciências ativas ou do agir. Jamais entre as ciências do fazer ou artísticas, porque é uma ciência da conduta do homem em sociedade, e nunca da produção de coisas. De forma que o bom governante não é aquele que realiza, tão-somente; mas aquele que realiza dentro dos princípios da Moral.

Vale a pena, aqui, relembrar, a título jocoso, o que conta Gustavo Corção, em livro notável, sobre a técnica, onde examina esse problema com sua autoridade de renomado técnico e com a profundeza de seus conhecimentos filosóficos. Nessa obra – *As Fronteiras da*

Técnica – ele estuda, longamente, o problema do *fazer* e do *agir* e examina se a Política deve ser entendida como ciência do fazer ou do agir. Diz ele: se se aceitar que a Política é a ciência do fazer, então estará certa frase que corre pelo Brasil afora: "rouba, mas faz". Se, entretanto, não se concordar com isso, ter-se-á que entender que a Política se não confunde com a Arte, mas, sim, que ela tem um sentido moral. Daí concluir: se se considerar a Política como ciência do fazer, deve-se, em conseqüência, considerar todo o comportamento do homem sob a luz do fazer. Em abono da sua tese, relata anedota interessante. Havia um marido que de há muito tinha dúvidas sobre a conduta moral da esposa. Ao regressar de suas viagens, sempre vinha a saber de fatos que reafirmavam essa suspeita. Numa oportunidade resolveu tomar providências a respeito. Ao chegar em casa, entretanto, viu que, desta vez, a cozinha tinha sido pintada, que a sala de jantar estava com móveis novos, que na sala de visita tinham sido trocados os estofamentos das cadeiras. Então, exclamou: "Este ao menos fez alguma coisa...".

Aí está a situação a que fica reduzida a Política quando se coloca o comportamento dos homens com referência aos seus semelhantes ou com referência a si mesmo puramente no terreno dos resultados, sem se ligar a qualquer princípio de ordem moral.

Por conseguinte, a ciência do governo não é arte. A ciência do governo é ciência moral. Assim, deve obedecer, em primeiro lugar, aos princípios éticos, informadores da atuação de governo.

Além desses princípios éticos, devem ser obedecidos os princípios sociológicos, que decorrem da observação dos fatos sociais, a fim de amoldar o governo da sociedade política à realidade social, tendo em vista bem determinado e possível dentro do meio ambiente, abstendo-se das hipóteses abstratas e das situações utópicas. Toda a história política do Brasil, infelizmente, entretanto, tem-se caracterizado por esse tipo de idealismo, em que o sistema doutrinário está em desacordo com as peculiaridades nacionais, numa disparidade entre a euritmia da estrutura jurídica e as exigências históricas e geográficas do país e as condições reais da sociedade. Daí não haver adequação entre o direito estatal e a vivência da Nação. Nisso está a explicação do fracasso das suas instituições políticas e, mais ainda, da sua vida política, pelo desprezo à realidade sociológica, às tradições passadas e às possibilidades futuras, através da efetivação de uma política que Nabuco cognominou de "pura construção no vácuo".

Poucos têm sido os pensadores pátrios que se aperceberam dessa deficiência, cumprindo ressaltar as figuras de Alberto Torres e Oliveira Vianna, em trabalhos de real valor. A parte crítica, principalmente, deles é de grande relevo, embora já o mesmo se não possa dizer do lado construtivo. Souberam descrever essa falha, o gênio imitativo das nossas Constituições, ora à européia, ora à norte-americana, copiando servilmente suas instituições. Sem dúvida, em dada época histórica os institutos que caracterizam um tipo de Estado, dentre as nações civilizadas podem servir de modelo às organizações dos diferentes países, mas adaptados às circunstâncias concretas e efetivas de cada um.

Finalmente, deve obedecer aos princípios utilitários, de como dar uma melhor organização à vida social, diante dos ensinamentos sociológicos e das ordenações da Moral, com a mínima perda de esforço e o maior rendimento.

Então considera as ciências que têm por objeto a matéria cogitada pela Política na realização dos fins do Estado – por exemplo, a Ciência das Finanças, a Economia Política, a Pedagogia, a Higiene, etc. – a fim de resolver os problemas sociais de caráter financeiro, econômico, pedagógico, higiênico, que lhe cumpre solucionar, em dada oportunidade. Tomada a posição política, a diretriz governamental, ainda tem que deliberar sobre a organização racional da sua ingerência nessas questões, com referência aos sistemas, meios e modos da atuação do Estado, valendo-se, para tanto, da Ciência da Administração.

Está o governante em face de um problema de política sanitária. Examinando a vida da sociedade política, apura elevado índice de mortandade infantil no país. Verifica, em seguida, que tal fato advém da falta de conhecimento das mães no trato de seus filhos, pela deficiência da prática, por parte delas, dos princípios de higiene, bem como dos fatores hereditários, convenientes à reprodução da espécie. Chega, após detido estudo, a uma conclusão sob o ponto de vista sociológico. Passa, em seguida, a examinar o problema sob o aspecto ético da reprodução da espécie. Dever-se-á limitar a reprodução, porque as crianças que nascem doentes são provenientes de pais doentes também? Aí está um problema eminente. Ao examinar isso, o governo tem que considerar o problema médico-científico de cura da criança. Precisa ver quais são os meios de cura que a Ciência Médica prescreve. De outro lado, verifica se deve ser enfrentada essa mortandade infantil dentro de uma organização sua, do Estado, ou se deve dar apoio às entidades particulares para esse mesmo fim. Depois de estudar os problemas éticos, sociológicos e médicos, vem a questão técnico-administrativa. Deve organizar uma repartição para atender às mães que vão ter filhos, tratar delas antes, durante e depois do parto, para dar a devida assistência ao filho, ou, ao contrário, favorecer as entidades particulares, para que elas se organizem nesse sentido? Qual a solução a optar: burocratizar a assistência à mãe e à criança ou desenvolver, através de isenções, de subvenções, um movimento da própria sociedade, integrando mesmo os indivíduos na convivência comum para os sentimentos altruísticos de instituir entidades privadas que visam àquele objetivo? Enfim, examina todos os aspectos da questão, para ver se escolhe uma ou outra solução.

Aí se apresenta a Política como ciência do governo, examinando o que é mais útil, mas respeitando os princípios morais da pessoa humana, com referência à conservação da própria espécie, e respeitando os princípios sociais. Depois de examinar o problema da mortandade infantil, tendo para isso os dados, os elementos, que lhe são fornecidos pelas outras ciências (pela Moral, pela Sociologia Política, pela Ciência Médica), o Estado toma uma posição e decide sobre o problema. E, se se dedicasse a dar uma organização governamental para resolver o caso, deveria, ainda, ver como seria feita essa organização, quais seriam os princípios racionais que utilizaria na organização desse serviço. E aí passaria para a política da organização propriamente dita, para a Ciência da Administração.

Eis aí, portanto, a atuação do governo. Pois bem, esta é a função que cabe aos homens de Estado, aos estadistas, que conduzem a vida da sociedade civil. Não é estadista qualquer indivíduo que ocupa acidentalmente uma posição na direção dos seus negócios. Porém aquele que tem sentido das finalidades do Estado, e compreende sua vida e sua atuação em função das outras ciências, para adotar as normas de comportamento mais convenientes à vida social. E nesse campo está também a obra dos verdadeiros partidos políticos, que devem selecionar os homens para que estes possam atingir o Poder, através de uma campanha sadia de princípios, para efetivar os respectivos programas de ação. Esses atributos, essas qualidades, do estadista são muito pessoais, assim como são pessoais as qualidades para as artes, para a Mecânica – para qualquer ramo de atividade humana, enfim. Trata-se de uma questão de vocação. Por isso, só se devem dedicar à "Política" os homens que tenham vocação para isso e que possuam a virtude da prudência, isto é, da prudência política.

A prudência é uma das quatro grandes virtudes, ao lado da justiça, da temperança e da fortaleza. É a virtude de ter o tato necessário para escolher, entre várias soluções, aquela que justamente condiz melhor com o bem individual ou social. E é nesse sentido que se fala da prudência individual, da prudência do chefe-de-família, da prudência do homem de negócios. Sendo uma virtude, a prudência é um aspecto da realização da Moral. Ela só pode existir na área da Moral.

A prudência individual consiste, em escolher entre dois atos que devem ser executados, e escolher justamente aquele que é mais de acordo com a natureza humana. É essa mesma prudência que se encontra no chefe-de-família quando deve tomar uma posição diante do comportamento de um filho, por exemplo. Verifica se deve reprimir com severidade o mau comportamento do filho, ou se deve tolerar o erro. Isso, em grande parte, como no caso da prudência individual, provém do tato que tem como chefe-de-família, pelo contínuo viver com seu filho, sentindo seu temperamento, sentindo as diferentes reações do filho, através das medidas tomadas por ele, pai. E é essa mesma virtude que deve existir em qualquer estadista. Consiste ela no conhecer e sentir as reações sociais, em conhecer e sentir os diferentes problemas, em conhecer e sentir princípios morais, sociológicos e técnicos que devem informar a sociedade, e, através desses conhecimentos, desses sentimentos, deve ele dar melhor diretriz para a vida da sociedade.

Aí se tem, portanto, esse significado da palavra "Política". Na verdade, nesse sentido apresenta-se como a alma do corpo do Estado, porque é justamente tomando essa posição que o estadista espiritualiza o Estado, vivifica-o. O estadista dá expressão ao Estado e consegue fazer, assim, com que atinja seus altos objetivos de realizar o bem comum. Por isso, conforme os governantes, dentro de um mesmo programa, dentro de um mesmo partido, verificam-se direções e resultados completamente diferentes.

12.7.5 Conclusão

Em conclusão, apura-se que a palavra "Política" é de sentido análogo, e pode ser tomada no plural como se referindo às ciências pertinentes ao Estado, ou como adjetivo, qualificando cada uma dessas ciências, e ainda substantivamente e com conteúdo próprio, e mais de um conteúdo próprio. Afinal, ciência particular, ou ciência geral, quer dizer filosofia. Como filosofia, ciência primeira, manifesta-se na perquirição da essência e existência do Estado, como Teoria Geral do Estado, isto é, como doutrina propedêutica do Estado. Como ciência particular agrupa três ordens: ciências descritivas, que têm por escopo determinar os fatos políticos, classificando-os – como a História das Instituições Políticas – e interpretando-os – como a Sociologia Política; ciências teóricas, que buscam relacionar esses fatos políticos em equação de determinado objeto peculiar, como a Economia Política, a Ciência das Finanças e a Ciência da Administração, o Direito Político ou Constitucional Geral, o Direito Político ou Constitucional particular, distinguindo-se em Comparado e Positivo, o Direito Administrativo e o Judiciário; e ciência aplicada, que procura realizar concretamente essas especulações doutrinárias, para assegurar a ordem social e alcançar o bem comum, e se tem a Política como ciência do governo da sociedade civil.

13. O método lógico-formal e sua consideração como direito puro

13.1 A Escola Lógico-Formal

Recentemente o método técnico-jurídico foi levado às suas últimas conseqüências, a um exagero, mesmo, científico, através da chamada concepção do direito puro, que exclui no seu exame o conteúdo da norma jurídica, por considerá-la estranha ao direito e própria de cogitações político-sociais, e só considera a forma como ela se apresenta. Assim, torna estranho à problemática das suas especulações o conteúdo político-social dos institutos jurídicos, e transforma o direito numa concepção exclusivamente racionalista dos elementos formais da normatividade estatal.

Essa é a posição de Adolfo Merkel, na Áustria, com seu livro *Teoría General del Derecho Administrativo*, em que procura aplicar ao Direito Administrativo a *Teoria Pura do Direito* do seu mestre Hans Kelsen, e de quem se apresenta como um dos mais renomados discípulos. Embora sem se filiarem à teoria kelseniana, e antes voltando-se para outra escola filosófica, mas com iguais preocupações no trato metodológico do Direito Administrativo, encontram-se Massimo Severo Giannini e Pietro Gasparri, na Itália, respectivamente, com suas obras *Lezioni di Diritto Amministrativo* e *Corso di Diritto Amministrativo*.

13.2 Crítica à Escola Lógico-Formal

O grande mérito da adoção do método técnico-jurídico foi delimitar as esferas do direito e da Política, pois reduziu o estudo daquele ao da natureza jurídica dos seus institutos, sem cogitação das razões utilitárias quanto à sua adoção, matéria que relegou a esta. Entretanto, ao examinar a problemática técnico-jurídica, o faz em atenção à sua função social, pois considera o direito como norma que rege relações de seres vivos, inteligentes e livres, convivendo em comunidade. Destarte, supõe a existência de outras ciências, em especial da Política, uma vez os conceitos e instituições jurídicas se plasmam para atender às exigências do ser humano vivendo em sociedade.

Assim, o estudo da pessoa não pode ser feito sem se considerar o ser humano e seu fim, dentro da realidade social, na prática de atos e sujeito a fatos, com expressão jurídica, os quais são o suporte da criação, modificação, asseguramento, extinção ou mera expressão do direito. E este sofre os influxos dessas realidades, não sendo simples abstração formal, sem conteúdo utilitário, político, mero dogmatismo de especulação no ar, ou mero raciocínio sobre conceitos lógicos, em que se considera a quantidade fria, isolada das coisas a que corresponde, como ocorre nas ciências matemáticas.

Isso porque o direito é uma ciência prática, operativa, em que se estudam as normas de conduta do ser humano e suas relações recíprocas, dentro da vida social. Ele tem por objeto um comando, um dever ser, ao contrário do que ocorre com as ciências especulativas, que apenas explicam o ser na sua quantidade ou qualidade e refletem os fenômenos, simplesmente.

Daí o exagero criticável do método lógico-formal aplicado ao direito, que afasta da sua consideração o exame do que se propõe na norma e na relação jurídica, para só considerar a forma como se propõe. Assim, a ordem jurídica reduz-se a preceitos hierarquicamente dispostos, de estabelecimento de normas e de sua execução, de juízos lógicos, deixando de reconhecer que a problemática das instituições jurídicas tem seu fundamento na vida social humana.

14. Justiça administrativa

14.1 Sistema jurídico-administrativo francês

Os interesses legítimos dos administrados e, principalmente, seus direitos subjetivos públicos frente à Administração Pública não podiam ficar isentos de apreciação de algum órgão de contraste. Cumpriam ser resguardados em si mesmos, ou na sua expressão patrimonial. Então, cogitou-se, na França, onde o Direito Administrativo deu os primeiros passos para o mundo, desde logo, da organização do controle dos atos da Administração Pública.

Como havia funda hostilidade e desconfiança contra os Tribunais Judiciários, provindas do antigo regime – em que os Parlamentos, como eram então denominados, perturbavam o desenvolvimento da atividade administrativa, procurando nela intervir –, os arquitetos do novo regime político da Nação, após a Revolução Francesa, proibiram os Tribunais, mediante texto legal, de conhecer de demandas em que a Administração Pública fosse parte.

Pela Lei 16, de 24.8.1790, vedou-se aos Tribunais Judiciários impedir ou suspender a aplicação e execução de leis e se estabeleceu, ainda, que não poderiam perturbar as operações administrativas, nem citar mais, perante eles, os funcionários, em razão das suas ações – enfim, conhecer de atos da Administração Pública; no que foi reafirmada pelo Decreto 16 Frutidor, ano III.

Reforçou tal orientação o princípio doutrinário de separação dos Poderes levado às suas últimas conseqüências, em virtude do qual se entendiam os litígios em que a Administração Pública fosse parte não poderiam sujeitar-se à apreciação dos Tribunais Judiciários, sob pena

EVOLUÇÃO CIENTÍFICA DO DIREITO ADMINISTRATIVO

de perda da sua independência. Em conseqüência, os legisladores revolucionários, em lugar dos juízes-administradores, criaram os administradores-juízes.

De início essa decisão cabia originariamente aos órgãos administrativos superiores, e afinal ao chefe do Executivo. Tornava-se, entretanto, a Administração Pública juiz e parte no mesmo processo. Então, para evitar esse inconveniente, criou-se o Conselho de Estado, com o encargo de redigir os projetos de lei do governo e opinar sobre sua atividade administrativa. Entre os cometimentos consultivos, cabia-lhe o de propor solução nos litígios de particulares com a Administração Pública. É o chamado sistema de *justiça retida*, pois a decisão final pertencia ao chefe do Executivo. Contudo, em matéria contenciosa, este acolhia suas proposições, que prevaleciam.

Posteriormente conferiu-se-lhe poderes de *justiça delegada*, e se transformou, destarte, em verdadeiro Tribunal. Tal ocorreu na 2ª República. Todavia, por ocasião do 2º Império seus poderes retornaram aos de *justiça retida*. Porém, com a queda deste, estabeleceu-se, em definitivo, a *justiça delegada*. Isso pela Lei de 24.5.1872, quando ficaram absolutamente independentes as câmaras consultivas das contenciosas.

Inicialmente, tudo que era relativo à Administração Pública não podia ser julgado pelos Tribunais Judiciários. Posteriormente esse critério foi atenuado. Todavia, salvo matérias especificadas pelo legislador como de atribuição destes, ou que se teve como estranhas à atividade do Estado-poder, enquanto tal – e, por conseguinte, regidas pelo direito privado –, tudo mais se relegou ao Conselho de Estado, como superior Tribunal Administrativo do país.

Assim se afirmou a dualidade da Justiça: a Comum, para julgar as questões entre os particulares; e a Administrativa, para julgar as questões em que a Administração Pública fosse parte, se enquadradas no Direito Administrativo. Compreende a jurisdição subjetiva, em que assegura os direitos subjetivos dos administrados, e a objetiva, em que anula os atos ilegais, mediante provocação de administrados, que em virtude deles têm seus interesses legítimos desconhecidos.

Os Conselhos da Prefeitura foram criados na mesma época que o Conselho de Estado, como parte da Administração local, e desde o início, também, com funções judicantes em matéria local, especificada por lei, porém sem decisão definitiva, pois dela cabia recurso ao Conselho de Estado. Este funcionava como Tribunal de Apelação, de justiça retida.

À falta de texto legal atribuindo competência aos Conselhos da Prefeitura, competente para decidir era o ministro, através de apreciação da matéria por órgãos administrativos. Mas, no fim do século passado, o Conselho de Estado, em 1889, na questão denominada "L'arrêt Cadot", se teve como juiz de direito comum, de primeira instância, nas matérias administrativas que não constassem, por disposição legal, entre as de função judicante dos Conselhos da Prefeitura.

Poucas modificações sofreu esse regime até a Lei de 30.9.1953, que marca uma nova etapa. Os Conselhos da Prefeitura transformaram-se em Tribunais Administrativos, com jurisdição de direito comum, em primeira instância, em matéria administrativa em geral, salvo as de competência originária, atribuídas ao Conselho de Estado, que, em princípio, retornou à posição de Tribunal de segunda instância, como juiz de apelação.

Inicialmente, tudo que era relativo à Administração Pública não podia ser julgado pelos Tribunais Judiciários. Com isso se não conformava o Tribunal de Cassação, órgão de cúpula da Justiça Comum, que sustentava ser dele a competência ordinária, enquanto da Justiça Administrativa a de exceção. A isso se opunha o Conselho de Estado, embora atenuando aquela competência absoluta, através de critérios que propunha, e foram utilizados, no evolver dos tempos.

A princípio vigia o do Estado-devedor, pelo qual se negou à Justiça Comum o direito de condenar o Estado a qualquer pagamento em dinheiro, pouco importando a origem da dívida. Não obstante sua simplicidade, não prevaleceu, por ser demais amplo.

A seguir surgiu o fundado na distinção entre atos de império e atos de gestão, isto é, atos que comportam o emprego do poder autoritário e atos equivalentes aos dos particulares, na defesa dos seus bens e no exercício dos seus serviços. Dominou no século passado, e só no seu fim começou a dar mostras de ser restrito, para apanhar várias hipóteses, em virtude da crescente ingerência do Estado no terreno social, assumindo uma série de atividades. Por outro lado, havia dificuldade em encontrar princípio teórico, de aplicação prática, para separar os atos de império dos de gestão, e até se começou a adotar o processo da enumeração. Ficavam, então, os atos de gestão com os Tribunais Comuns, e os de império com os Administrativos.

Ao depois aparece o do serviço público, atividade da Administração Pública, na satisfação do interesse público. Adotado esse critério no fim do século passado, recebeu entusiástica acolhida, a ponto de inspirar escola sobre o conceito do Direito Administrativo. Contudo, jamais se acordou sobre o entendimento da expressão, e ora se lhe empresta significado mais ora menos lato. Isso se deu mesmo entre os adeptos da escola. Atualmente chega-se a proclamar estar em crise. Há os que procuram mantê-lo, ainda.

Seus adversários sustentam que, não obstante continue a receber a simpatia do Conselho de Estado, por vezes, não cobre todo o espaço de competência dos Tribunais Administrativos, que vai além da sua área, porque existem atividades da Administração Pública distintas dos serviços públicos, como as do poder de polícia, e as que excedem essa atividade, como as comerciais e industriais; e, além disso, muita atividade, de utilidade pública, se encontra a cargo dos particulares, em intensa e extensa colaboração, na hora presente, com a Administração Pública. Pretendem, então, que se reviva, com roupagens novas, o critério do Poder Público, ou seja, da gestão autoritária, tendo em vista a utilidade pública.

Entretanto, em princípio, cabe à Justiça Administrativa o julgamento dos feitos suscitados pelo funcionamento dos serviços públicos, salvo exceções expressas em lei ou fixadas pela jurisprudência, tendo em consideração outros elementos.

Assim, alguns litígios são entregues, por disposição expressa e excepcional, aos Tribunais Administrativos na hipótese de uma das partes, embora particular, ser concessionária de atividade pública ou co-participante na prestação de atividade pública. Por seu turno, o contencioso dos impostos indiretos, de transportes postais, de responsabilidade das comunas em caso de revolução, bem como as matérias relativas a desapropriação e requisição de bens ou que causem dano à propriedade e afetem a liberdade individual, são reconhecidos como de competência dos Tribunais Comuns.

Como o critério de competência não é de rigor absoluto, a ponto de espancar todas as dúvidas, surge, por vezes, conflito de competência entre os dois tipos de Tribunais. Ao se substituir a justiça retida pela delegada, criou-se, para delimitar o domínio da jurisdição administrativa, o Tribunal de Conflitos. Este se compõe de seis membros, sendo três do Conselho de Estado e três do Tribunal de Cassação, presididos pelo Ministro da Justiça. Anteriormente a repartição de competência era feita pelo chefe de Estado, despachando em Conselho. Como era natural, prevalecia, de regra, o ponto de vista do Conselho de Estado.

14.2 Outros sistemas jurídico-administrativos

Tal sistema repercutiu em todo o Continente Europeu. Por isso, os sistemas, mesmo distintos do da França, consistem em regimes de compromisso entre os Tribunais Comuns e o contencioso administrativo. De um lado encontra-se o adotado pela Bélgica e Itália, que, à primeira vista, parece inscrever-se no de unidade de jurisdição; e, de outro, o da Alemanha e países de influência e cultura germânicas. Espanha e Portugal seguiram, em linhas gerais, o sistema francês.

14.3 Sistema jurídico-administrativo belga e italiano

Segundo o sistema belga, que se assenta na Constituição de 1831, e italiano, oriundo da lei de 1865, que alterou a competência dos Tribunais Administrativos então existentes, criados sob a influência do direito francês, competia aos Tribunais Comuns julgar as demandas em que a Administração Pública fosse parte quando se questionasse sobre direitos subjetivos dos administrados. As lesões a interesse legítimo, por parte de atos da Administração Pública, eram insuscetíveis de apreciação por eles.

Na Bélgica ainda distinguiam-se os atos da Administração Pública em atos de império, de coerção pública e de gestão, na administração do patrimônio e dos serviços públicos. Quanto aos primeiros, não podiam ser apreciados pelos Tribunais Comuns, mesmo sob alegação de violação de direito subjetivo dos administrados. Cabia aos órgãos administrativos, no exercício da função de administração-juiz, apreciá-los e dizer da violação, ou não, do direito. Para coibir em parte esse inconveniente, se criaram, para resolver determinados litígios, Tribunais especializados e restritos a dadas matérias. Daí o movimento em favor da criação do Tribunal Administrativo, que veio a se efetivar, em 1946, com a criação do Conselho de Estado.

Na Itália os atos da Administração Pública, entretanto, que lesam apenas interesses legítimos dos administrados foram retirados dos administradores-juízes e deferidos ao Conselho de Estado, como Tribunal Administrativo. No século presente a competência deste vem sendo aumentada. Matérias pertinentes a direitos dos administrados, especificadas em lei, passaram da competência dos Tribunais Comuns para o Conselho de Estado.

Afinal, tanto na Bélgica como na Itália não podiam e não podem os Tribunais Comuns anular os atos administrativos considerados ilegais, nem dar ordens à Administração Pública.

14.4 Sistema jurídico-administrativo alemão

O sistema alemão faz distinção entre contencioso de direito privado, atos do Fisco, de gestão, e de direito público, atos do Estado-poder, enquanto tal, de império, com referência aos praticados pela Administração Pública. Relega aqueles aos Tribunais Comuns, e estes aos Tribunais Administrativos. Embora adotando o mesmo sistema de distribuição de competência que o legislador francês, confere mais larga atribuição aos Tribunais Comuns, tendo em vista a maior amplitude da matéria qualificada como de direito privado.

Isso em virtude de esses Tribunais jamais terem visto excluída sua prerrogativa de apreciar os atos da Administração Pública, como acontecera na França. Por outro lado, os Tribunais Administrativos repartem sua competência com os órgãos administrativos que exercem função de administradores-juízes, nos termos da legislação a respeito, ao menos quanto à legalidade dos atos administrativos em que se alcança interesse legítimo. Tanto os Tribunais Comuns como os Administrativos. só apreciam a violação do direito subjetivo.

Sendo a Alemanha Estado federal, fora adotada dualidade de Justiça: Federal e Estadual. Na vigência da Constituição Monárquica de 1870 até a Republicana de 1919 a maior parte das atribuições administrativas cabia aos Estados Federados, em virtude da descentralização de poderes a eles conferidos e da ampla autonomia político-administrativa de que desfrutavam, a ponto de se sustentar que constituíam verdadeiros Estados. Salvo as Cidades Hanseáticas, os outros Estados Federados adotaram Tribunais Administrativos dentro do sistema exposto.

Durante a Monarquia Alemã o Império não cogitou de Tribunal Administrativo. Entretanto, promulgaram-se leis que organizavam jurisdição administrativa para certas matérias especializadas além da justiça levada a efeito pela Administração-juiz. Com a Constituição de Weimar de 1919 aumentaram as atribuições da Federação no terreno administrativo, e nela se previa o estabelecimento de Tribunal Administrativo da União. Este, no entanto, não se criou. Ao contrário, cresceu o número de organismos administrativos com função jurisdicional especial. A Administração Pública responde perante os Tribunais Comuns só em matéria de direito privado, ou, melhor, enquanto Fisco.

O Tribunal Administrativo Geral do *Reich* só surgiu no regime hitlerista em 1941, e desapareceu com sua queda. Posteriormente, entretanto, ressurgiu em novas formas, durante o período de ocupação; e, finalmente, foi estabelecida em 1951 jurisdição administrativa em Berlim Ocidental, em caráter uniforme e em sistema de graus, sendo que em 1952 se criou o Tribunal Supremo Administrativo. Esse Tribunal tem atribuição genérica, e lhe cabe decidir sobre qualquer questão de impugnação de atos jurídico-administrativos, assim como sobre litígios de direito público, ressalvados os sobre constitucionalidade, reservados a Tribunal especial para esse fim, e sobre questão de indenização de patrimônio ou reparação de danos sofridos pelos particulares, reservada aos Tribunais Comuns.

15. Posição singular da Inglaterra e da América do Norte[3]

15.1 Precursores do Direito Administrativo Anglo-Americano

Apesar de todo esse movimento jurídico-científico no mundo civilizado desde o início do século XIX na sistematização do Direito Administrativo, a Inglaterra e os Estados Unidos da América do Nor-

---

3. Cf. John Clarke Adams, "Breve exposição sobre o Direito Administrativo Norte-Americano", *RDA* 53/56; Daniel Pepy, "Justiça Inglesa e Justiça Administrativa Francesa", *RDA* 58/23; Leda Boechat Rodrigues, "Direito Administrativo na Inglaterra e nos Estados Unidos", *RF* 95/279; Ernst Freund, "Evolução do Direito Administrativo Americano", *RF* 110/335.

te permaneceram indiferentes a ele, sem se preocupar com a possibilidade de ordenar metodicamente as leis sobre esse pretendido ramo jurídico e, menos ainda, delas extrair princípios próprios, que permitissem atribuir-lhe autonomia doutrinária.

Por isso, no fim do século passado dizia A. V. Dicey que inexistia nesses países tal direito, e seus fundamentos eram-lhes absolutamente desconhecidos, por incompatíveis com a ordem jurídica lá imperante (*Introduction to the Study of the Law of the Constitution*, 1885, p. 180).

Realmente, na Inglaterra e, outrossim, nos Estados Unidos da América o sistema jurídico-administrativo era completamente diverso do Continente Europeu, e especialmente da França, por ele tomada para confronto.

As relações da Coroa Inglesa e da Presidência Norte-Americana e dos corpos administrativos desses países seja com os próprios órgãos governamentais, seja com os particulares, não se regiam por direito especial, de exceção do Direito Civil, com reconhecimento de privilégios para sua atuação, bem como aos seus agentes. Sujeitavam-se ao *common law* e à *equity*, aplicados pelos Tribunais, e aos *statute law*, elaborado pelo Parlamento Inglês e pelo Congresso Nacional Americano.

Mesmo os institutos jurídicos criados especialmente para reger relações da Coroa Inglesa e do Governo Norte-Americano com os particulares, insuscetíveis de aplicação nas relações entre particulares, não outorgavam prerrogativas especiais aos organismos administrativos. Demais, a efetivação dos seus atos, como ocorre com os dos particulares, fazia-se sob a ação dos Tribunais.

O princípio da legalidade era levado às últimas conseqüências, na conformidade do *rule of law*. Os Tribunais apreciavam os atos administrativos e os tornavam eficazes, através de ordens judiciais ou aplicação de penalidades, quando desrespeitados pelos particulares, e eram eles mesmos que julgavam as questões entre particulares, e que dispensavam a todos igual tratamento. Era de competência exclusiva dos Tribunais Judiciários a decisão das questões contenciosas em que a Administração Pública fosse parte, ante o princípio da unidade de jurisdição.

Entretanto, em 1883 é publicado o primeiro livro sobre o Direito Administrativo Inglês, e por escritor alemão e na sua Língua, o qual, como subsídio para os estudos dessa especialidade em sua pátria, voltou-se para o exame de igual problema na Inglaterra, e então, coligiu as regras legais e costumeiras vigentes a respeito, e delas extraiu os princípios doutrinários que as informavam. Trata-se do trabalho de Rudolf Gneist, ao depois traduzido para o italiano, com o título *L'Amministrazione e il Diritto Amministrativo Inglese* (2 vols.), editado em 1896.

Por tratadista de língua inglesa, o primeiro trabalho a respeito deve-se a Frank J. Goodnow, em 1893, *Comparative Administrative Law* (em 2 vols.), no qual sustenta que, tanto na Inglaterra como nos Estados Unidos da América do Norte, existia regime jurídico-administrativo equivalente ao objeto de cogitação no Continente Europeu – observadas, é certo, as peculiaridades de cada terra e sua gente. Destarte, impunha-se sua sistematização. Então, procurou demonstrar isso através de comparação do ordenamento jurídico-administrativo nessas Nações com o vigente, em especial, na França e na Alemanha. Essa obra foi traduzida em Língua Espanhola, e sob o mesmo título, *Derecho Administrativo Comparado*, compreendendo, outrossim, 2 volumes.

A seguir, o mesmo Goodnow fez a exposição sistemática do Direito Administrativo do seu país com a edição, em 1905, dos seus *Principles of Administrative Law of the United States*, traduzido, em 1907, para o Francês, com o título *Principes de Droit Administratif des États Unis*. E em 1906 divulgou *Selected Cases on American Administrative Law, with Particular Reference to the Law of Officers and Extraordinary Legal Remedies*, em que coleciona as principais decisões sobre a matéria, metodicamente ordenadas.

*15.2 Movimento anglo-americano
em prol do Direito Administrativo*

Não obstante esse esforço, as obras sistemáticas sobre o Direito Administrativo, nos moldes do Continente Europeu e seguidos na América Latina, não lobrigou despertar a atenção dos juristas ingleses e norte-americanos. Contudo, estudos monográficos sobre diferentes temas de Direito Administrativo mereceram particular trato.

Assim, começaram a ser publicados trabalhos especializados sobre a organização administrativa, seja relativamente à estruturação orgânica e sua competência, do governo central e dos governos locais, seja relativamente aos servidores públicos; sobre a prestação dos serviços públicos ou de utilidade pública e suas regulamentação e fiscalização, e as corporações públicas e privadas que deles se encarregavam; pertinentes às obras e bens públicos e ao regime a que se sujeitavam; referentes ao poder de polícia do Estado sobre as pessoas e seus bens ou à sua ingerência em diferentes setores da vida social.

Porém, só em 1923, na Inglaterra, surge o primeiro livro sobre esse ramo jurídico, de F. T. Port, *Administrative Law*, a que se seguiram o de Cecil T. Carr, *Concerning English Administrative Law*, de 1941; de Robson, *Justice and Administrative Law*, de 1947; de Bernard Schwartz, *Law and the Executive Britain*, de 1949; de Griffith e Street, *Principles of Administrative Law*, de 1952; de Wade, *Administrative Law*, de 1961; e de J. F. Garner, *Administrative Law*, de 1963.

Além dos livros de exposição doutrinária, cumpre mencionar os de jurisprudência, com força de precedente, dado o relevo que ela tem tanto na Inglaterra como nos Estados Unidos da América do Norte. Cuidando de decisões pertinentes à vida da Administração Pública, juntamente com as de ordem constitucional, destacam-se na Inglaterra os trabalhos Keir e Lawson, *Cases in Constitucional Law*, de 1928, e de O. Hood Phillips, *Leading Cases in Constitutional Law*, de 1952. Recentemente, no ano de 1963, vem de ser publicada obra em tal sentido, só sobre o Direito Administrativo, de Yardley, intitulada *A Source Book of English Administrative Law*.

Nos Estados Unidos a moderna literatura, muito extensa, quanto aos *Case Books*, em que se selecionam as principais decisões, metodicamente dispostas, sobre os diferentes temas considerados como de Direito Administrativo, é ainda bem reduzida quanto aos *Text Books*, em que se expõem os princípios jurídicos, fundados na legislação e na jurisprudência, a respeito desse novo direito.

São de se citar os seguintes *Case Books*: Ernst Freund, *Cases on Administrative Law*, de 1911; Frankfurter e Davison, *Cases and Other Materials on Administrative Law*, de 1932; Kenneth C. Sears, *Cases and Materials on Administrative Law*, de 1938; Walter Gellhorn, *Administrative Law: Cases and Comments*, de 1940; McFarland e Vanderbilt, *Cases and Materials on Administrative Law*, de 1947; Forrester Davison e Nathan Grundstein, *Cases and Readings on Administrative Law*, de 1951; Kenneth Culp Davis, *Cases on Administrative Law*, de 1951; Louis Jaffe, *Administrative Law Cases and Materials*, de 1953.

Como *Text Books* recordam-se os livros de Roscoe Pound, *Administrative Law*, de 1942; de Reginald Parker, *Administrative Law*, de 1952; de Morris D. Forkosch, *A Treatise on Administrative Law*, de 1956; de Bernard Schwartz, *An Introduction to American Administrative Law*, de 1958; e de Kenneth Culp Davis, *Administrative Law Treatise* (em 4 vols.), de 1958/1960.

James Hart, em 1940, publicou livro em que procurou combinar os dois métodos, integrando os comentários dos *Cases* em um sistema de *Text*, sob o título *An Introduction to Administrative Law*.

Além dessas obras em Língua Inglesa, há, em Francês, o livro de Bernard Schwartz, *Le Droit Administratif Americain*, de 1952, edição do Instituto de Direito Comparado de Paris, e, em língua italiana, de John Clarke Adams, *Il Diritto Amministrativo Americano*, de 1957, edição da Universidade de Bolonha, Curso de Especialização de Ciência Administrativa, feita em colaboração com a Universidade da Califórnia, dos Estados Unidos da América do Norte. Esta obra foi revista e atualizada para edição em Língua Espanhola em 1954, publicada pela Editorial Universitaria de Buenos Aires.

15.3 Apreciação do Direito Administrativo Anglo-Americano

As obras doutrinárias, entretanto, anglo-americanas de Direito Administrativo só abrangem parte das matérias objeto dos tratados do Continente Europeu e da América Latina – isso, talvez, devido à posição assumida por Dicey, que, ao negar a existência do Direito Administrativo Anglo-Americano, em face do sistema administrativo da França, o qualificava de direito de exceção, distinto do direito comum, Civil, e salientava que as questões a ele pertinentes estavam sujeitas ao julgamento de Tribunais especializados, separados dos ordinários.

Por isso, reduzem esse ramo jurídico ao trato de quatro questões fundamentais: à legislação delegada, ou ao poder regulamentar do

Executivo; às prerrogativas da Administração Pública para determinar direitos e obrigações dos particulares; à revisão judicial dos atos da Administração Pública, isto é, ao estudo jurídico concernente aos poderes e processos de ação da Administração, Pública e aos limites a que estão sujeitos em face do Judiciário; à responsabilidade da Administração Pública peles atos dos seus agentes perante a Justiça e, outrossim, destes.

O publicista inglês Garner, contudo, a isso acresceu o trato da organização administrativa, central e local, o exame sucinto dos direitos e deveres dos servidores públicos e a discussão do regime das corporações públicas. Já, os *Case Books* incluem no seu contexto as decisões sobre essas matérias e mesmo outras da vida da Administração Pública.

Um grande número de questões pertinentes à Administração Pública, à sua organização e serviços, em estudos doutrinários, não deixa, entretanto, de ser considerado, como salientado. Porém, são relegadas, especialmente nos Estados Unidos da América do Norte, para cogitações em obras de caráter mais político que jurídico, apesar de mesclarem o exame da utilidade com o da legislação, anteriormente enunciadas as de maior destaque, e denominadas de *Public Administration*, relativas à organização da Administração Pública e sua ingerência nos diferentes setores da vida social, e *Public Utilities*, pertinentes ao regime dos serviços públicos cujo exercício seja delegado aos particulares. E essas obras são publicadas por especialistas em assuntos políticos, sociológicos, econômicos, de técnica de administração, e até por juristas.

16. Bibliografia internacional do século XX

16.1 Desenvolvimento do Direito Administrativo

Presentemente, em todo o mundo civilizado há uma extensa bibliografia sobre o Direito Administrativo de grandes figuras de publicistas, e notáveis tratados sistemáticos na matéria vieram a ser publicados tanto na França como na Bélgica, na Alemanha como na Áustria, na Itália como na Espanha, em Portugal como no Japão, e na América Latina.

Recentemente esse movimento cultural estendeu-se, outrossim, como se viu, para a Inglaterra e a América do Norte, que se mantinham estranhas à sistematização desse ramo jurídico, através das obras retro-lembradas e objeto, quase todas, de novas edições.

16.2 Principais obras sistemáticas sobre o Direito Administrativo

Na França são de se citar as já referidas, que deram causa a novas edições, revistas e aumentadas, como as de Berthélémy e Hauriou, cuja última edição de ambos é do ano de 1933, sendo que a do primeiro foi completada por Berthélémy com a colaboração de Jean Rivero, com o adendo *Cinq Ans de Reformes Administratives*, publicado em 1938; e a de Hauriou posta em dia pelo seu filho André; a de Jèze, em que o único volume de sua 1ª edição se transformou, na 3ª edição, em 6 volumes, sendo um deles, o vol. II, de dois tomos, publicados em 1925/1936, compreendendo os três primeiros volumes, com quatro tomos, a teoria de base do Direito Administrativo e os três últimos amplo estudo dos contratos administrativos; a de Rolland, em que a última edição atualizada é de 1957, já após sua morte. Além da obra citada, Hauriou publicou um *Précis Élémentaire de Droit Administratif*, cuja última edição, inteiramente refundida também por seu filho André, é de 1938 e contém a mesma substância doutrinária do tratado. O tratado de Jèze, na sua última edição, foi traduzido, em 1948/1950, para o espanhol.

Posteriormente foram publicadas as obras de Roger Bonnard, *Précis de Droit Administratif*, cuja 4ª e última edição é de 1944; de Marcel Waline, *Traité Élémentaire de Droit Administratif*, cuja 9ª edição é de 1963; de André de Laubadère, *Traité Élémentaire de Droit Administratif*, 3ª ed., 3 vols., dos quais saíram dois em 1963, e o último em 1966; Paul Duez e Guy Debeyre, *Traité de Droit Administratif*, 2ª ed., 1952; Malesieux, *Manuel de Droit Administratif*, 1954; Jean Rivero, *Droit Administratif*, 3ª ed., 1962; Georges Vedel, *Droit Administratif*, 3ª ed., 2 vols., 1964; Jean-Marie Auby e Robert Ducos-Ader, *Droit Administratif*, Paris, Dalloz, 1967; Francis-Paul Bénoit, *Le Droit Administratif Français*, Paris, Dalloz, 1968; Charles Debbasch, *Droit Administratif*, Paris, Éditions Cujas, 1968; André Mathiot, *Cours de Grands Services Publics et Entreprises Nationales*, Paris, Les Cours de Droit, Éditeur, 1966/1967; Jean-Marie Auby e

Robert Ducos-Ader, *Grands Services Publics et Entreprises Nationales*, 2 vols., Paris, Presses Universitaires de France, Paris, 1962/1973; Jean De Soto, *Grands Services Publics et Entreprises Nationales*, Paris, Éditions Montchrétien, Paris, 1971; M. Long, P. Weil e G. Braibat, *Les Grands Arrêts de la Jurisprudence Administrative*.

À Bélgica se devem os seguintes trabalhos: Maurice Capart, *Droit Administratif Élémentaire*, 5ª ed., 1930; Maurice Vauthier, *Précis de Droit Administratif de la Belgique*, 3ª ed., 2 vols., 1950; André Buttgenbach, *Manuel de Droit Administratif*, 2ª ed., 1959; Pierre Wigny, *Droit Administratif – Principes Généraux*, 3ª ed., 1962; André Mast, *Précis de Droit Administratif Belge*, 1966; Cyr Cambier, *Droit Administratif*, 1968; M. A. Flamme, *Droit Administratif*, 1960-1970.

A produção da Alemanha e da Áustria é das maiores. Lembram-se, apenas, as obras que mereceram tradução em Língua Latina. Ainda de grande utilidade é o já citado trabalho de Otto Mayer, *Direito Administrativo Alemão*, do fim do século XIX, editado em Língua Francesa, em 1903/1906, em 4 volumes, e traduzido para o Espanhol em 1949. As *Instituições de Direito Administrativo Alemão*, de Fritz Fleiner, em sua 8ª edição, de 1928, foram transladadas para o Francês, em 1933, com o título *Les Principes Généraux du Droit Administratif Allemand*, e para o espanhol, no mesmo ano, com a denominação do original. O livro de Adolfo Merkel, *Teoría General del Derecho Administrativo*, de 1927, foi, em 1935, traduzido para o espanhol. Afinal, a obra de Ernest Forsthoff, traduzida em 1958 para o espanhol da 5ª edição alemã, recebeu o mesmo título de *Tratado de Derecho Administrativo*, e em 1969 para o Francês, também com igual título, *Traité de Droit Administratif Allemand*.

Na Itália são de especial relevo os seguintes: Santi Romano, *Principi di Diritto Amministrativo Italiano*, 3ª ed., 1912; Carlo Ferraris, *Diritto Amministrativo*, 2 vols., 1922; Arturo Rispoli, *Istituzioni di Diritto Amministrativo*, 3ª ed., 1929; Errico Presutti, *Istituzioni di Diritto Amministrativo Italiano*, 3ª ed., 3 vols., 1931; Ugo Forti, *Diritto Amministrativo*, 2ª ed., 2 vols., 1931; Luigi Raggi, *Diritto Amministrativo*, 4 vols., 1928/1932, reimpresso em 1936; Santi Romano, *Corso di Diritto Amministrativo*, 3ª ed., 1937; Arturo Lentini, *Istituzioni di Diritto Amministrativo*, 2 vols., 1939; Francesco D'Alessio, *Istituzioni di Diritto Amministrativo Italiano*, 4ª ed., 2 vols., 1949; Cino Vitta, *Diritto Amministrativo*, 3ª ed., 2 vols., 1949; Umberto

Fragola, *Manuale di Diritto Amministrativo*, 1949; Massimo Severo Giannini, *Lezioni di Diritto Amministrativo*, 2 vols., 1950; Arnaldo de Valles, *Elementi di Diritto Amministrativo*, 2ª ed., 1951; Vittorio E. Orlando, *Principi di Diritto Amministrativo*, 9ª ed., refeita por Silvio Lessona, 1952; Guido Zanobini, *Corso di Diritto Amministrativo*, 8ª ed., 5 vols., 1958; Feliciano Benvenuti, *Apunti di Diritto Amministrativo*, 4ª ed., 1959; Pietro Gasparri, *Corso di Diritto Amministrativo*, 4 vols., 1953/1980; Renato Alessi, *Sistema Istituzionale del Diritto Amministrativo Italiano*, 3ª ed., 1960; Giovanni Miele, *Principi di Diritto Amministrativo*, 2ª ed., 1960; Aldo Sandulli, *Manuale di Diritto Amministrativo*, 6ª ed., 1960; Federico Cammeo, *Corso di Diritto Amministrativo*, com notas de atualização por Giovanni Miele, 1960; Guido Landi e Giuseppe Potenza, *Manuale di Diritto Amministrativo*, 2ª ed., 1963; Massimo Severo Giannini, *Corso di Diritto Amministrativo*, 4 vols., 1965/1969; H. W. R. Wade, *Diritto Amministrativo Inglese, a Cura di Carmelo Geraci*, 1969.

A Espanha oferece importante relação. Além do *Tratado* de Posada e dos *Elementos* de Royo-Villanova, reeditado e revisto aquele pelo próprio autor em 1923, e este por seu filho Segismundo, cuja 25ª edição, em 2 volumes, data de 1960/1961, merecem referência: Recaredo Fernández de Velasco Calvo, *Resumen de Derecho Administrativo y de Ciencia de la Administración*, 2ª ed., 2 vols., 1930; José Gascon y Marín, *Tratado de Derecho Administrativo*, 13ª ed., 2 vols., 1956; Fernando Garrido Falla, *Tratado de Derecho Administrativo*, 2ª ed., 2 vols., 1960/1963; Carlos García Oviedo, *Derecho Administrativo*, 8ª ed., 2 vols., 1962; Sabino Álvarez Gendín, *Tratado General de Derecho Administrativo*, 3 vols., 1958, 1963 e 1973; García-Trevijano Foz, *Tratado de Derecho Administrativo*, 3 vols., 1964/1970; Aurelio Guaita, *Derecho Administrativo Especial*, 4 vols., 1960/1966; Rafael Entrena Cuesta, *Curso de Derecho Administrativo*, 3ª ed., 1968; José Luis Villar Palasi, *Derecho Administrativo*, vol. 1º, Universidade de Madri, 1968; B. Castejon Paz e E. Rodríguez Roman, *Derecho Administrativo y Ciencia de la Administración*, 2ª ed., 2 vols., 1969/1970.

A contribuição portuguesa concentra-se na obra de real valor de Marcello Caetano, *Manual de Direito Administrativo*, 7ª ed., 1965. Em edição francesa, de 1928, Yorodzu Oda publicou o seu *Principes de Droit Administratif du Japon*. Na Suíça: André Grisel, *Droit Administratif Suisse*, 1970.

O desenvolvimento do Direito Administrativo na América Latina é realmente considerável. Na Argentina destacam-se os trabalhos de Bullrich, *Principios Generales de Derecho Administrativo*, 2ª ed., 2 vols., 1942, e *Curso de Derecho Administrativo*, 2 vols., 1929; Felix Sarría, *Derecho Administrativo*, 4ª ed., 2 vols., 1950; Rafael Bielsa, *Derecho Administrativo*, 5ª ed., 5 vols., 1955/1957, e *Principios de Derecho Administrativo*, 3ª ed., 1963; Benjamin Villegas Basavilbaso, *Derecho Administrativo*, 6 vols., 1949/1956; Manuel María Diez, *Derecho Administrativo*, 6 vols., 1963/1972; Miguel S. Marienhoff, *Tratado de Derecho Administrativo*, 4 vols., 1965/1972; Agustín A. Gordillo, *Introducción al Derecho Administrativo*, 2ª ed., 1966, e *Tratado de Derecho Administrativo*, 2 vols., 1974/1976; Bartolomé Fiorini, *Manual de Derecho Administrativo*, 2 vols., Buenos Aires, 1971; Pedro Guilherme Altamiro, *Curso de Derecho Administrativo*, 1975; José Roberto Dromi, *Instituciones de Derecho Administrativo*, 1973; Juan Francisco Linares, *Fundamentos de Derecho Administrativo*, 1975; José Canasi, *Derecho Administrativo*, 4 vols., 1972/1976.

No Uruguai: Enrique Sayagués Laso, *Tratado de Derecho Administrativo*, do qual saíram 2 volumes, respectivamente, em 1953 e 1959; Héctor Barbe Pérez, *Derecho Administrativo*, 2 vols., 1971; Julio A. Prat, *Derecho Administrativo*, 4 vols., 1977/1978.

No Chile, são de se recordar as obras de Juan Antonio Iribarren, *Lecciones de Derecho Administrativo*, 1936; Manuel Jara Cristi, *Manual de Derecho Administrativo*, 2ª ed., 1948; Guillermo Varas Contreras, *Principios de Derecho Administrativo*, 2ª ed., 1948; Patricio Aylwin Azócar, *Manual de Derecho Administrativo*, 1952; Enrique Silva Cimma, *Derecho Administrativo*, 2 vols., 1954, e ora em publicação *Derecho Administrativo Chileno y Comparado*, planejado em 7 volumes, do qual já foram editados dois, 1961/1962.

Na Bolívia foram publicados os livros de A. Revilla Quesada, *Curso de Derecho Administrativo Boliviano*, 1945, e de D'Avis, *Curso de Derecho Administrativo*, 1960.

Na Colômbia foram editados os estudos de Fareja, *Curso de Derecho Administrativo*, 2 vols., 1939; Eustorgio Sarría, *Derecho Administrativo*, 3ª ed., 1957; Jaime Vidal Perdomo, *Derecho Administrativo General*, 1966; Francisco Eladio Gomes Mejía, *Fundamentos de Derecho Administrativo Colombiano*, 1969; Diego Tobom Arbelaez, *Principios Fundamentales del Derecho Administrativo*, 1945.

Nunes Borja, no Peru, publicou as *Lecciones de Ciencias de la Administración y Derecho Administrativo*, em 2ª ed., 1959. Na Venezuela, são de se mencionar as obras de Ron Hernández, *Tratado Elemental de Derecho Administrativo*, 2ª ed., 1943; Tomás Polonco, *Derecho Administrativo Especial*, 1959; R. Brewer-Carías, *Las Instituciones de Derecho Administrativo y la Jurisprudencia Venezolana*, 1954; Eloy Larez Martinez, *Manual de Derecho Administrativo*, 3ª ed., 1975.

Em Cuba, cumpre salientar os livros de Julian Modesto Ruiz Gomes, *Principios Generales de Derecho Administrativo*, de 1935 – em que apenas estuda o pessoal da Administração Pública –, e de Antonio Lancís y Sanchez, *Derecho Administrativo*, 3ª ed., 1952.

Apreciável a contribuição mexicana com as obras de Gabino Fraga, *Derecho Administrativo*, 10ª ed., 1963, e André Serra Rojas, *Derecho Administrativo*, 2ª ed., 1963.

No Canadá, recorde-se o livro de René Dussault, *Traité de Droit Administratif*, 2 vols., 1974.

17. O direito administrativo no Brasil[4]

17.1 Período colonial

Durante o período colonial inexistiram no Brasil cultores especializados do Direito Administrativo. Nessa fase da nossa história esteve o país submetido às instituições portuguesas. Então, as matérias sobre esse ramo jurídico, ainda não constituído em disciplina autônoma, eram objeto de consideração acidental em obras de direito público dos autores lusitanos.

Cirne Lima enumera entre os monumentos de publicística da época os trabalhos de Antônio da Gamma, *Decisionum Supremi Senatus Lusitaniae Centuriae IV*; de Jorge de Cabedo, *Praticarum Observationum sive Decisionum Supremi Senatus Regni Lusitaniae Partes II*; de Domingos Antunes Portugal, *Tractatus de Donationibus*

---

4. Cf. Themístocles Brandão Cavalcanti, "O Direito Administrativo no Brasil", *RF* 98/521.

Jurium et Bonorum Regiae Coronae; e de Paschoal José de Mello Freire, *Istitutiones Juris Civilis Lusitam Cum Publici Cum Privati, Liber I, de Jure Publico*, e examina o que neles se contém sobre o Direito Administrativo.

Pondera que inúmeras das decisões constantes dos trabalhos de Gamma e de Cabedo dizem respeito a este ramo jurídico, e algumas se referem diretamente ao Brasil. E salienta que Cabedo, em uma, analisa a condição das terras do Brasil e os poderes sobre elas dos capitães de El-Rei. Observa, ainda, que no *Tratado* de Domingos Antunes Portugal há capítulos, que merecem lembrança, sobre os poderes régios, o domínio público e os tributos, e nas *Instituições* de Mello Freire se encontra, no livro sobre o direito público, título sobre os direitos políticos, sobre as leis agrárias editadas para o Brasil, pertinentes ao Grã-Pará e Maranhão, sobre as Relações da Bahia e do Rio de Janeiro e sobre o Conselho Ultramarino (Ruy Cirne Lima, *Princípios de Direito Administrativo*, 4ª ed., p. 43).

17.2 Direito Administrativo como disciplina escolar [5]

Quando criados oficialmente no Brasil os Cursos Jurídicos, pela Lei de 11.8.1827, com as instalações das Faculdades de Direito de São Paulo e de Olinda, o Direito Administrativo não fora incluído no currículo das Cadeiras a serem objeto de estudo especializado.

Porém, já em 1833 o Ministro do Império, o senador Nicolau Pereira de Campos Vergueiro, apresentava às Câmaras projeto para sua inclusão dentre as matérias dos programas escolares; e, pelo Decreto 608, de 16.8.1851, da Assembléia-Geral Legislativa, referendado pelo Visconde de Porto Alegre, tal sugestão tornou-se realidade.

Três artigos enfeixa esse decreto. O primeiro autoriza o Governo a dar novos estatutos aos Cursos Jurídicos (e também à Escola de Medicina); o segundo, a criar mais duas Cadeiras nos Cursos Jurídicos – uma de "Direito Administrativo" e outra de "Direito Romano", continuando, porém, a ser feito nos mesmos cinco anos; o terceiro, a

5. Cf. Caio Tácito, "O ensino do Direito Administrativo no Brasil", *RDA* 46/503.

executar os novos estatutos logo que publicados, devendo, porém, ser aprovados pela Assembléia-Geral Legislativa, bem como qualquer aumento de despesa. Esses estatutos foram baixados pelo Decreto 1.134, de 30.3.1853, mas logo reformados pelo Decreto 1.836, de 28.4.1854.

Conforme relata Spencer Vampré (*Memórias para a História da Academia de São Paulo*), para a nova Cadeira "Direito Administrativo" na Faculdade de Direito de São Paulo foi escolhido José Ignácio Silveira da Motta, professor catedrático de "Teoria e Prática do Processo", que, assim, para ela se transferiu. Instalou a cátedra no ano de 1855, mas não a exerceu, pois, nomeado Senador do Império no mesmo ano, foi substituído pelo então professor substituto Antônio Joaquim Ribas, posteriormente catedrático de Direito Civil, que só nesse ano e parte do seguinte a regeu.

Isso porque, requerendo Silveira da Motta sua jubilação, por Decreto de 31.5.1856, foi nomeado para a Cadeira "Direito Administrativo" Francisco Maria de Sousa Furtado de Mendonça, na qual tomou posse logo a seguir, em 2 de junho, e desde então lecionou a matéria até o fim do ano de 1882, quando se jubilou. Em seu lugar foi nomeado o então professor substituto José Rubino de Oliveira, que esteve à sua frente até seu falecimento, em 4.8.1891.

Já, para a mesma Cadeira da Faculdade de Direito do Recife, em 1855, como se verifica em Clóvis Beviláqua (*História da Faculdade de Direito do Recife*, 1927), foi nomeado João José Ferreira Aguiar. Contudo, em 1856, parece, já foi regida pelo então professor substituto Vicente Pereira do Rêgo, que em 1859 foi nomeado catedrático. Tendo, entretanto, ocupado a vaga de Zacarias de Góis de Vasconcelos, que se jubilara, o qual era substituto desde 1841 e fora elevado a catedrático em 1855, fica-se em dúvida sobre se realmente foi Ferreira de Aguiar ou Zacarias o primeiro catedrático de Direito Administrativo.

Pereira do Rêgo exerceu a cátedra até 1877, data do seu falecimento. Com a sua morte ascendeu a ela o substituto João Tomé da Silva, que regeu a Cadeira até 1884, ano de sua morte. Sucedeu-lhe o substituto José Higino Duarte Pereira, que se jubilou nos primeiros anos da República, em 1891.

17.3 Compêndios de Direito Administrativo na Monarquia

Coube principalmente aos professores da disciplina nessas duas Escolas a elaboração doutrinária do novo ramo da Ciência Jurídica e a sistematização das suas leis e dos seus institutos.

Surgem, então, os trabalhos de Vicente Pereira do Rêgo, *Elementos de Direito Administrativo Brasileiro*, publicado em 1857, no Recife; de Prudêncio Giraldes Tavares da Veiga Cabral, *Direito Administrativo Brasileiro*, editado em 1859, no Rio de Janeiro; do Visconde do Uruguai, *Ensaios sobre o Direito Administrativo*, 2 vols., impresso em 1862, no Rio de Janeiro; de Francisco Maria de Sousa Furtado de Mendonça, *Excerto de Direito Administrativo Pátrio*, divulgado em 1865, em São Paulo; de Antônio Joaquim Ribas, *Direito Administrativo Brasileiro*, vindo a lume em 1866, no Rio de Janeiro; de José Rubino de Oliveira, *Epítome do Direito Administrativo Brasileiro*, do ano de 1884, em São Paulo; e de José Higino Duarte Pereira, *Lições de Direito Administrativo*, editado no Recife.

Veiga Cabral, embora catedrático na Faculdade de Direito de São Paulo, não era professor de "Direito Administrativo", mas de "Civil". Contudo, quando criada, em 1851, aquela Cadeira, resolveu escrever um tratado sobre a matéria. O Visconde do Uruguai sequer foi professor de Direito; porém, como homem público, interessou-se pelos problemas administrativos e, certamente, por isso, levou a termo a elaboração de livro sistemático a respeito. A obra de Ribas é fruto da sua ordenação da matéria como professor substituto.

Todas essas obras foram plasmadas sob o influxo do pensamento dos juristas franceses da Escola Legalista e do Método Exegético. Neles há a preocupação de expor sistematicamente os institutos jurídicos desse novel ramo do direito segundo a legislação que os ordenavam. Buscam oferecer a melhor interpretação dos seus textos e discutir a orientação jurisprudencial a respeito. Dadas as peculiaridades, entretanto, da vida jurídica pátria, procuram adaptar as incipientes manifestações doutrinárias alienígenas às realidades nacionais e, destarte, completá-las com considerações de cunho crioulo.

Tendo-se em atenção a época em que foram publicadas, se não pode deixar de se lhes reconhecer apreciáveis méritos. Os compêndios de Furtado de Mendonça e Rubino são bem inferiores aos demais. As lições de José Higino quase só circularam no meio acadêmico, desconhecendo-se a data da sua publicação. A obra de Pereira do Rêgo parece ter sido o primeiro trabalho do gênero escrito nas Américas (cf. Caio Tácito, "O primeiro livro sobre o Direito Administrativo na América Latina", *RDA* 27/428).

17.4 Fases do Direito Administrativo na República[6]

A preocupação científica do Direito Administrativo desde a queda da Monarquia aos tempos atuais divide-se em duas fases nítidas, como expressão de posições distintas do Estado. Pode-se mesmo falar em período da 1ª República, que vai de 1889 até a Revolução de 1930, e da 2ª República, dessa data em diante. Naquele o regime administrativo desenrolou-se sob a inspiração da Constituição de 1891, de caráter nitidamente liberal, individualista. Então, regulamentava a vida jurídica de um país organizado, sob o ponto de vista social, em moldes feudais e com economia predominantemente agrícola.

Já, o regime administrativo após o movimento revolucionário de 1930, de caráter político, mas que deu início a uma transformação social e econômica da vida nacional e constitui o marco da nova República, teve alta expressão. Nessa época assiste-se a um país subdesenvolvido em busca de sua independência econômica, através da industrialização manufatureira. Substitui, então, a ordem constitucional vigente por outra, de feição socializante, de intervenção crescente na ordem social, em especial mediante o dirigismo econômico-financeiro da Nação.

Desenvolvem-se, destarte, as organizações administrativas. Surgem novas pessoas jurídicas públicas para execução de serviços especificados, e como desdobramento das pessoas jurídicas públicas de natureza territorial, que cuidavam, segundo a esfera política, dos interesses gerais dos cidadãos que a integram. Cresce o corpo do funcionalismo e se dispõem em moldes mais racionais os direitos e deveres dessa profissão.

Aumenta a atividade administrativa, que se distende em todos os setores. Além do asseguramento da ordem pública, através da ação

---

6. Cf. Tito Prates da Fonseca, "A evolução do Direito Administrativo Brasileiro nos últimos 25 anos", *Revista de Direito* 17/23.

negativa da Polícia, ramifica-se na ingerência de todos os campos da vida social, na execução de obras públicas e prestação de serviços públicos, na preservação da saúde e higiene pública, na efetivação da educação e ensino público, no desenvolvimento da economia pública e proteção do hipossuficiente, por meio da assistência e previdência social.

O Direito Administrativo, apesar de distinto do Direito Constitucional, sofre o influxo deste último, e mesmo da Teoria do Estado, no seu aspecto filosófico e sociológico. Isso porque – como dizia Rossi – o Direito Administrativo tem *ses têtes de chapitre* no Direito Constitucional. Aliás, o mesmo ocorre com o Direito Judiciário, embora em menor escala.

Como ordenamento jurídico da atividade do Estado, na consecução de utilidade pública, de modo direto e imediato, se há de fazê-lo segundo concepção filosófica e sociológica do Estado e na conformidade do Direito Constitucional, quanto à ação positiva daquele por este disposta, ao organizá-lo estruturalmente, pondo em ação seu regime político e seu programa social.

17.5 Obras de Direito Administrativo na 1ª República

As obras sistemáticas sobre o Direito Administrativo da 1ª República são as de Viveiros de Castro, *Tratado da Ciência da Administração e do Direito Administrativo*, 1906; Alcides Cruz, *Direito Administrativo Brasileiro*, 1910; Manuel Porfírio de Oliveira Santos, *Direito Administrativo e Ciência da Administração*, 1919; Carlos Pôrto Carreiro, *Lições de Direito Administrativo*, 1916; Aarão Reis, *Direito Administrativo Brasileiro*, 1923.

Esta última foi escrita com o objetivo de divulgar entre os alunos da Escola Politécnica do Rio de Janeiro, onde era professor, a legislação administrativa que interessa aos engenheiros, informando-a de elementares princípios doutrinários.

Já, os livros de Pôrto Carreiro e Oliveira Santos têm a forma de preleções ministradas na Faculdade de Direito do Rio de Janeiro, em que se mesclam, por vezes, assuntos de Política da Administração, de Sociologia e Economia. Pertencem à Escola Histórico-Política. O do primeiro citado é de maior valor que o do último.

144 PRINCÍPIOS GERAIS DE DIREITO ADMINISTRATIVO

Precursores da Escola Técnico-Jurídica foram Viveiros de Castro e Alcides Cruz. O trabalho deste, embora mais resumido que o daquele no desenvolvimento da matéria, lhe é, entretanto, superior, pela segurança dos conceitos, pela sistematização adequada dos princípios; ao contrário do outro, sem método, com excessiva citação de opiniões alheias e com omissão da sua, faz com que a obra deixe de ter unidade de pensamento. Contudo, em ambos se nota a predominância dos ensinamentos de Orlando e Berthélémy.

17.6 Obras de Direito Administrativo na 2ª República

Tomando-se em consideração as épocas, pode-se dizer que a fase monárquica representou maior esforço científico no estudo do Direito Administrativo que a da 1ª República, pois esta foi bem pobre na produção de trabalhos sistemáticos a respeito, enquanto aquela teve alguma prosperidade. Já, a 2ª República é rica de obras de Direito Administrativo – o que se explica pelas considerações retro-assinaladas – e de Ciência da Administração.

Duas notáveis revistas especializadas vêm sendo editadas, uma de Direito Administrativo e outra sobre o serviço público, ambas pela Fundação Getúlio Vargas. Muitas monografias sobre as duas especialidades são divulgadas, cuja enumeração se torna difícil, sob pena de injusta exclusão de algumas, tal seu extenso número. Por outro lado, várias obras de sistematização do Direito Administrativo existem publicadas.

Assim, há estudos sobre a organização administrativa, central ou local, estadual e municipal; sobre o domínio público em geral, e em especial sobre os rios públicos, os terrenos de marinha e os reservados à margem dos rios públicos, e terras devolutas; sobre direitos e deveres dos agentes públicos e a natureza do vínculo; sobre a responsabilidade do Estado e a obrigação de indenizar; sobre o contencioso administrativo; sobre autarquias de serviços e sociedades de economia mista; sobre serviços públicos e sua prestação por concessionários; sobre atividade administrativa e atos administrativos; sobre o poder de polícia do Estado na limitação da liberdade e propriedade; sobre fiscalização de contas e concorrências públicas; sobre os fins do Estado e a sua ação social; etc.

São de se mencionar os trabalhos sistematizados de: Themístocles Brandão Cavalcanti, *Instituições de Direito Administrativo Brasileiro*, aparecido em 1936, ampliado em nova edição em 2 volumes, em 1938, e transformado, ao depois, no *Tratado de Direito Administrativo*, em 6 volumes, 1948/1949, e reduzido, em sua 3ª edição, para 4 volumes, por ele excluídas as matérias mais pertinentes à Teoria do Estado. Publicou, ainda, em 1945, os *Princípios de Direito Administrativo*, do qual se têm feito várias edições, ora com esse nome, ora com o de *Curso de Direito Administrativo*; José Matos de Vasconcelos, *Direito Administrativo*, 2 vols., 1932; Ruy Cirne Lima, *Princípios de Direito Administrativo Brasileiro*, 1937, e 4ª ed., 1964, e mais *Introdução ao Estudo do Direito Administrativo*, 1942, que aproveita no *Sistema de Direito Administrativo Brasileiro*, 1953, do qual só foi publicado o vol. I; José Guimarães Menegale, *Direito Administrativo e Ciência da Administração*, 3 vols., 1940, já em 3ª edição, de 1957, em um só volume; Tito Prates da Fonseca, *Direito Administrativo*, 1939, em que enfeixa estudos doutrinários sobre o tema, e *Lições de Direito Administrativo*, 1943; J. Rodrigues Vale, *Curso de Direito Administrativo*, 1941; Djacir Menezes, *Direito Administrativo Moderno*, 1943; Fernando Mendes de Almeida, *Noções de Direito Administrativo*, 1956; José Cretella Jr., *Direito Administrativo do Brasil*, 5 vols., 1956/1963, e *Curso de Direito Administrativo*, 1964; Mário Masagão, *Curso de Direito Administrativo*, 2 vols., 1959/1960, e em um só volume na 3ª edição, 1964; Onofre Mendes, *Manual de Direito Administrativo*, vol. I, 1961; Carlos S. de Barros Jr., *Compêndio de Direito Administrativo*, 2 vols., 1962; Hely Lopes Meireles, *Direito Administrativo Brasileiro*, 1964; e Manoel Ribeiro, *Direito Administrativo*, 2 vols., 1964.

Na relação de obras nacionais incluem-se, mais: José Cretella Jr., *Tratado de Direito Administrativo*, 10 vols., 1966/1972, *Curso de Direito Administrativo*, 1967, e *Lições de Direito Administrativo*, 1970; Valmir Pontes, *Programa de Direito Administrativo*, 1968; Luiz Delgado, *Compêndio Elementar de Direito Administrativo*, 1970; Diogo de Figueiredo Moreira Netto, *Curso de Direito Administrativo*, 2 vols., 1970/1971; Júlio Scantimburgo, *Elementos de Direito Administrativo*, 1971; Oscar de Oliveira, *Sinopse de Direito Administrativo*, 1971; Rosah Russomano e Naili Russomano Mendonça Lima, *Lições de Direito Administrativo*, 1972; Sérgio de Andréa Ferreira, *Lições de Direito Administrativo*, 1972.

Além desses cursos e tratados sobre o Direito Administrativo, cumprem ser lembrados os *Estudos de Direito Administrativo*, de José Horácio Meirelles Teixeira, em que enfeixa seus pareceres como Procurador da Prefeitura do Município de São Paulo; o *Direito Administrativo*, de Francisco Campos, que também reúne seus pareceres pertinentes ao tema, quando consultado sobre diferentes questões, como jurista de destacado renome nacional; e os *Problemas de Direito Público*, de Víctor Nunes Leal, em que reúne trabalhos de épocas diversas, que revelam a cultura de consagrado Mestre na especialidade.

E, assim, marcha o Direito Administrativo, no Brasil, para um futuro alvissareiro, no qual as teorias dos Mestres estrangeiros, pela ação da doutrina e da jurisprudência pátrias, vão se amoldando à realidade nacional, adaptadas às exigências de um país em pleno desenvolvimento, que procura se emancipar, dentro do mundo civilizado, na ordem econômica, social e política, e que se vale, como instrumento, desse direito para ordenar a atividade do Estado-poder na criação de utilidade pública e, assim, realizar o bem comum do seu povo.

Capítulo III
TEORIAS SOBRE O CONCEITO DO DIREITO ADMINISTRATIVO

18. Classificação das teorias: 18.1 Orientação dos autores a respeito – 18.2 Orientação proposta – 18.3 Explicação da orientação adotada. 19. Teorias do Poder Executivo: 19.1 Exposição da concepção tradicional da teoria – 19.2 Crítica a essa concepção – 19.3 Nova colocação da mesma teoria – 19.4 Crítica a essa nova colocação – 19.5 Ressurgimento da teoria tanto numa como na outra expressão nominal – 19.6 Procedência da crítica. 20. Teorias orgânico-formais: 20.1 Diferentes orientações – 20.2 Posição de Waline – 20.3 Crítica à posição de Waline – 20.4 Posição de Merkel – 20.5 Crítica à posição de Merkel – 20.6 Posição de Gasparri – 20.7 Crítica à posição de Gasparri. 21. Teorias do serviço público: 21.1 Evolução histórica da teoria do serviço público – 21.2 A função administrativa e a classificação dos atos jurídicos segundo a Escola Realista – 21.3 Modernos adeptos da teoria do serviço público – 21.4 Oposição à doutrina de Duguit na França – 21.5 Crise da noção de serviço público – 21.6 Crítica à teoria do serviço público – 21.7 Real falha da teoria do serviço público – 21.8 Complemento à classificação de Duguit dos atos jurídicos quanto ao objeto. 22. Teorias teleológicas ou da finalidade do Estado: 22.1 Adeptos das teorias teleológicas – 22.2 Doutrinas psicológicas – 22.3 Crítica às doutrinas psicológicas – 22.4 Dupla posição, negativa e positiva, assumida por Jellinek no definir o Direito Administrativo – 22.5 Definições dos adeptos da corrente negativa. Doutrina da atividade do Estado – 22.6 Definições dos adeptos da corrente negativa. Doutrina da relação jurídica – 22.7 Crítica às doutrinas em termos negativos – 22.8 Definições dos adeptos da corrente positiva – 22.9 Apreciação das doutrinas em termos positivos – 22.10 Modernos autores que se inscrevem na teoria da finalidade do Estado – 22.11 Pensamento original de Posada – 22.12 Conclusão.

18. Classificação das teorias

18.1 Orientação dos autores a respeito

Tratando-se de ramo relativamente novo da Ciência Jurídica, é natural a divergência entre os autores quanto ao conceito do Direito Administrativo. Não obstante, alguns sequer se preocuparam em defini-lo, e desde logo entraram, nos seus trabalhos, a abordar os temas que entendiam como integrantes do Direito Administrativo. Entre outros, merecem ser lembrados os nomes de De Cormenin (*Droit Administratif*, 5ª ed., vol. I, p. 1) e Dufour (*Traité Général de Droit Administratif Appliqué*, 3ª ed., vol. I, pp. I-III).

Examinando o problema em fins do século passado, Vittorio E. Orlando classificou as orientações a respeito em quatro diretrizes fundamentais: (a) a Teoria Legalista, que o considera como interpretação das leis administrativas e dos seus desenvolvimentos, através de atos jurídicos complementares; (b) a Teoria do Poder Executivo, que o faz corresponder ao ordenamento jurídico da atividade desse Poder; (c) a Teoria das Relações Jurídicas, que entende que ele se preocupa com ditas relações entre a Administração Pública e os administrados e a conseqüente prestação dos serviços públicos; (d) a Teoria da Finalidade do Estado, que sustenta ter como objeto o ordenamento jurídico da atividade estatal para consecução dos seus fins (*Principi di Diritto Amministrativo*, 1890, pp. 1-17, e *Primo Trattato Completo di Diritto Amministrativo Italiano*, vol. I, pp. 51-78).

Os modernos tratadistas que têm cogitado do assunto, na sua quase-unanimidade, acolhem ainda essa classificação, apenas com pequena modificação. Desdobram a terceira teoria em duas. De um lado colocam a que encara o Direito Administrativo como ordenamento das relações jurídicas entre a Administração Pública e os próprios órgãos e com os administrados; e de outro a que o reduz ao ordenamento jurídico dos serviços públicos.

Isso porque na época em que Vittorio E. Orlando abordou a matéria não havia sido sistematizada a concepção inovadora do direito público, que presidiu seu desenvolvimento na França, sob a inspiração de Léon Duguit, que dá especial realce ao serviço público (*Traité de Droit Constitutionnel*, 2ª ed., vol. II, pp. 54-68, § 8º). Por sua vez, os autores mais recentes, que adotaram a teoria das relações jurídicas, em maioria, deixaram de considerar. como elemento do seu conceito a prestação de serviços públicos.

É verdade que, alguns escritores, na classificação das teorias sobre o conceito do Direito Administrativo, acresceram outras, como a que lhe atribui o ordenamento jurídico da atividade da Administração Pública, a que põe a utilidade pública como direta preocupação da atividade estatal e, afinal, a que o define em atenção ao aspecto orgânico-formal da Administração Pública.

18.2 Orientação proposta

Parece que, ante o estágio atingido pelos estudos do Direito Administrativo, essa enumeração de teorias não mais deve prevalecer. Comporta o problema nova visão, e se impõe o exame de outras posições, que deixaram de ser consideradas, unificando-as, entretanto, dentro de critério sistemático. Então, melhor ficarão aglutinadas todas essas manifestações em duas posições mestras: as teorias subjetivas e as teorias objetivas.

Assim, de um lado devem ser agrupadas as teorias que definem o Direito Administrativo em atenção aos órgãos que levam a efeito a função conceituada como administrativa. Já, do outro devem ser agrupadas as teorias que tomam em consideração a própria função ou a atividade específica que entendem como matéria desse ramo jurídico. As teorias subjetivas compreendem duas correntes fundamentais: a do Poder Executivo e a da concepção formalista dos órgãos da Administração Pública. As teorias objetivas, outrossim, enfeixam duas correntes típicas: a do serviço público e a da finalidade estatal.

Não merece destaque a pretendida teoria legalista, pois, na verdade, apresenta-se melhor como método jurídico na exposição do Direito Administrativo, de caráter exegético, que como corrente autônoma no conceito desse ramo jurídico. Demais, enfeixaria posição absolutamente ultrapassada, e só vale como reminiscência histórica. Além disso, sistema de leis sobre a Administração Pública pressupõe algum entendimento sobre esta, e, conforme o conferido a ela, surge a possibilidade da classificação do autor em uma das outras teorias enunciadas.

E, se nada esclarece a respeito, e apresenta o Direito Administrativo como simples conjunto de leis administrativas, sem explicá-las, jamais pode ser considerada como teoria autônoma sobre seu conceito, por falta de objeto. Seria o mesmo que começar o estudo da matéria sem delimitar seu âmbito, pois qualquer ramo do direito é informado por normas e relações jurídicas pertinentes à sua especialidade, a justificarem, ante a natureza jurídica própria, a consideração como parte autônoma do todo.

Igualmente, não pode constituir teoria em apartado a que conceitua o Direito Administrativo como o ordenamento das relações jurídicas entre a Administração Pública e os próprios órgãos e com os particulares, bem como a que o apresenta como o ordenamento jurídico da Administração Pública. Conforme o significado jurídico atribuído a essa expressão "Administração Pública" – e isso se verá a seguir, com base em considerações dos próprios autores que a adotam nos respectivos conceitos –, se encaixarão em uma das mencionadas teorias, subjetivas ou objetivas.

Por outro lado, afigura-se destituído de qualquer fundamento considerar como teoria autônoma a que põe a utilidade pública como direta preocupação da atividade estatal. Realmente, os autores que tal sustentam adotam a teoria objetiva, teleológico-administrativa, ou, melhor, da finalidade do Estado. Aliás, Vittorio E. Orlando, em "Prefácio" à última edição, em vida, do seu *Principi di Diritto Amministrativo*, revisto por Silvio Lessona, considera essa posição como a evolução natural e necessária do seu pensamento e classifica os autores que assim conceituam o Direito Administrativo como enquadrados na teoria da finalidade do Estado (ob. cit., 1952, pp. XLV-L).

Como se verá a seguir, a utilidade pública inclui-se na definição do Direito Administrativo de adeptos da teoria que o conceituam como ordenamento da atividade do Estado, ou na dos que o conceituam como ordenamento da atividade do Poder Executivo. Isso se explica porque ambos o definem em atenção ao fim que o Estado-poder ou o Poder Executivo têm em mira alcançar.

18.3 Explicação da orientação adotada

No sistematizar-se teorias sobre determinado tema jurídico não se deve preocupar com a expressão nominalista das definições, porém com o pensamento que domina o autor no delimitar o objeto do estudo, circunscrevendo seu campo de especulação, e como faz essa determinação.

A discussão do assunto cumpre se cingir às notas especificadoras de cada uma das escolas, sem cogitação de diferenças acidentais, de opiniões individuais, fruto de jogo de palavras. As citações dos escritores só se explicam para enfeixá-los em uma das teorias classificadas e só justificam exame em especial quando fixam diretrizes, subdividindo-as em doutrinas distintas dentro das correntes teóricas fundamentais.

19. Teorias do Poder Executivo

19.1 Exposição da concepção tradicional da teoria

A corrente subjetiva, tradicional, faz corresponder o Direito Administrativo ao ordenamento jurídico do Poder Executivo. Ela se prende à cogitação de atribuir a cada um dos Poderes do Estado uma função distinta, sistematizada por um ramo jurídico autônomo.

Acolhendo a divisão trina dos Poderes, pretende que, como a organização do Poder Legislativo e respectiva ação são pertinentes ao Direito Constitucional e a do Poder Judiciário ao próprio Direito Judiciário, o ordenamento jurídico da organização do Poder Executivo e da sua ação há de competir ao Direito Administrativo.

Para tanto, atentou para o sentido subalterno da palavra "administrar", em oposição à palavra "governar", com o significado de simples execução de direção geral disposta por outrem. Destarte, via no Poder Legislativo, coadjuvado pelos órgãos superiores do Poder Executivo, a força propulsora na prescrição da ordem jurídica normativa; e na atividade deste, através dos seus órgãos inferiores, supervisionados por aqueles, a consecução da dita ordem jurídica. Conclui, então, que se trata do ramo jurídico que dita o ordenamento do Poder Executivo para a realização dos fins de utilidade pública.

Cronologicamente, este critério data desde quando se começou a cogitar do estudo doutrinário do Direito Administrativo, e dentre seus antigos paladinos destacam-se De Gérando (*Institutes de Droit Administratif Français*, 2ª ed., vol. I, pp. 1-2), e Théophile Ducrocq (*Cours de Droit Administratif*, 7ª ed., vol. I, pp. 3-4), na França; De Gioannis Gianquinto (*Corso di Diritto Pubblico Amministrativo*, vol. I, p. 8) e Lorenzo Meucci (*Istituzioni di Diritto Amministrativo*, 5ª ed., pp. 1-3), na Itália; e Vicente Santa María de Paredes (*Curso de Derecho Administrativo*, 2ª ed., 1885, p. 47), na Espanha.

19.2 Crítica a essa concepção

É de se objetar, desde logo, à teoria tradicional do Poder Executivo, que a conceituação da divisão trina dos Poderes suscita dúvidas, não só sobre o número deles, como sobre o conteúdo das respectivas funções.

Assim, há quem entenda devam existir mais de três Poderes. E mesmo os que admitem só três, como os filiados à orientação em exame, vislumbram nos órgãos do Poder Executivo duas atividades: governamental e administrativa. Embora se possa ter como pouco aceitável essa distinção, e modernamente já haja adeptos da inclusão dos chamados atos de governo no Direito Administrativo, tal não pensavam e não pensam os que se inscrevem na teoria ora em foco. Pondere-se que a Constituição de 1824, que vigeu no Brasil durante o regime imperial, previa, ao lado dos três Poderes tradicionais, o Poder Moderador do monarca, que enfeixava prerrogativas semelhantes às classificadas entre os atos de governo.

De outro lado, é de se salientar que não só o Poder Executivo administra. O Legislativo e o Judiciário levam a efeito, também, atos jurídicos catalogados como de administração. Embora um deles tenha como razão precípua estabelecer regras jurídicas normativas, gerais, abstratas e impessoais, e o outro, declarar o direito entre partes em controvérsia, a fim de assegurá-lo, ambos praticam atos, outrossim, de caráter administrativo, de natureza. análoga aos do Executivo.

Então, exemplifica-se com os atos das Secretarias, tanto do Legislativo como do Judiciário, repartições que se sujeitam a regime administrativo, geridas pelos presidentes desses Poderes. Ainda se recordam os atos jurídicos administrativos dos senadores e deputados ao aprovarem nomes para o provimento de certos cargos de relevo, a ser feito pelo Executivo; ou os atos jurídicos dos magistrados ao determinarem o preparo prévio dos autos antes de proferirem suas decisões, e, desse modo, indiretamente, auxiliam a cobrança de tributos.

Atos jurídicos, todos, reconhecidos como *administrativos* até pelos inscritos nessa concepção.

Além disso, hoje se inclui, de regra, o orçamento entre os atos jurídicos administrativos, apesar de ter a forma de lei e participar, na sua feitura, o Legislativo; como, igualmente, os da atividade do Judiciário, chamados *de jurisdição voluntária*.

Realmente, a principal parte do Direito Administrativo refere-se ao ordenamento jurídico da atividade do Poder Executivo, da sua organização e ação. Mas, como se observou, encontram-se atos administrativos praticados pelos outros Poderes.

Por outro lado, a vida administrativa do Estado se não aperfeiçoa tão-somente por intermédio do Poder Executivo. Outras pessoas jurídicas, públicas e mesmo privadas, e até pessoas naturais, que fazem as vezes do Estado, o ajudam na realização dos seus altos objetivos.

Assim, ainda em um Estado unitário, além do governo central há os Municípios e as Províncias e uma série de pessoas jurídicas públicas para execução de serviços específicos, as autarquias, como as universidades, os institutos de aposentadoria e pensões, as ordens profissionais; e mesmo privadas, para auxiliar o Estado nos seus cometimentos, como os entes paraestatais, SESI e SESC, isto é, Serviços Sociais, respectivamente, da Indústria e do Comércio, criados pelas federações da mesma atividade, nos termos legais; e, ainda, os concessionários de serviços públicos, entidades privadas a que é delegada a execução destes cometimentos, e os exercem por sua conta e risco, com finalidade de lucro.

Demais, há atos jurídicos praticados pelo Poder Executivo regidos pelo direito privado, pois o Estado, na consecução do seu fim, pode levá-los a efeito através de normas e relações jurídicas de direito público e também mediante normas e relações jurídicas de direito privado – como, exemplificado, quanto à aquisição de bens por expropriação ou compra e venda.

19.3 Nova colocação da mesma teoria

Certos autores aparentemente abandonaram a teoria do Poder Executivo, substituindo-a pela da Administração Pública ou, melhor, da relação desta com os administrados.

É a posição, na França, de Bloch (*Dictionnaire d'Administration*, verbete "Droit Administratif"), F. Laferrièrre (*Cours de Droit Public et Administratif*, 5ª ed., vol. I, p. 334), A. Batbie (*Traité Théorique et Pratique de Droit Public et Administratif*, vol. I, p. 28) e Aucoc (*Conférence sur l'Administration et le Droit Administratif*, 2ª ed., vol. I, pp. 15-19); e de Colmeiro (*Derecho Administrativo Español*, vol. I, p. 7) e Abella (*Tratado de Derecho Administrativo*, vol. I, p. 46), na Espanha.

Para alguns deles, além desse elemento, na relação jurídica supracitada, da Administração Pública com os administrados, é posto em relevo, outrossim, o serviço público, prestado por aquela a favor destes; ou o interesse coletivo, objeto das referidas relações.

Nessa corrente inscrevem-se os escritores brasileiros do período monárquico: Veiga Cabral (*Direito Administrativo Brasileiro*, p. 12), Visconde do Uruguai (*Ensaio sobre o Direito Administrativo*, vol. I, p. 7), Furtado de Mendonça (*Excerto de Direito Administrativo Pátrio*, p. 20), Conselheiro Ribas (*Direito Administrativo Brasileiro*, pp. 17-18), Pereira do Rêgo (*Compêndio ou Repetições Escritas sobre os Elementos de Direito Administrativo*, 3ª ed., p. 7).

Como se disse, aparentemente apresentam-se como integrando nova teoria, pois, melhor examinados seus trabalhos, verifica-se que empregam a expressão "Administração Pública" como sinônimo de "Poder Executivo".

A diferença está em que os adeptos desta teoria salientam como objeto do Direito Administrativo as relações jurídicas entre a Administração Pública ou, melhor, o Poder Executivo e os administrados, enquanto os da teoria do Poder Executivo referem-se às normas jurídicas, que ordenam a ação do Poder Executivo. Porém, essas ações, levadas a efeito nos termos das normas jurídicas, são justamente as relações jurídicas do Poder Executivo com os administrados ou com seus próprios órgãos.

Aliás, tanto uma como outra cogitam da realização da atividade do Poder Executivo para consecução de fins de utilidade pública, de interesse coletivo. Portanto, corresponde essa teoria subjetiva da relação jurídica entre a Administração Pública e os administrados, como apresentada pelos seus defensores, acima nomeados, à mesma teoria do Poder Executivo, uma vez que atribui ao Direito Administrativo igual objeto, delimitando-o em idêntico âmbito jurídico.

Isso vem bem exposto, aliás, pelo primeiro autor que sistematizou esse ramo jurídico, De Gérando. Depois de salientar que o Direito Administrativo "n'embase que l'action du Pouvoir Exécutif par les services des intérêts généraux", esclarece que ele determina "les obligations et les droits de l'Administration Publique, établi les formes suivant lesquelles ces obligations sont remplies, ces droits exercés"; e conclui, afinal, que "il règle les rapports de l'Administration Publique, soit avec ses propres agents, soit avec les simples particuliers, soit avec les communautés ou corporations et les établissements publics" (De Gérando, *Institutes de Droit Administratif Français*, 2ª ed., vol. I, pp. 1-2).

Cita-se no original para melhor demonstração da assertiva acima feita, da identidade de objeto das duas maneiras de definir o Direito Administrativo, a permitir considerá-las como participantes da mesma teoria. Outrossim, para mostrar que a Escola Legalista jamais constituiu teoria sobre o conceito desse ramo jurídico, mas método no seu estudo, pois De Gérando, citado como seu partidário, na verdade se inscreve entre os adeptos das teorias do Poder Executivo. Ora faz referência expressa, na sua definição, à atividade do Poder Executivo, ora à relação entre a Administração Pública e os administrados.

19.4 Crítica a essa nova colocação

Contudo, a forma última ainda oferece margem a outras críticas. Desde início, é de se salientar o equívoco de trazer na própria definição aquilo que se pretende definir. O estudo da Administração Pública e dos administrados leva-se a efeito justamente no Direito Administrativo.

Além disso, existem relações entre os órgãos da Administração, isto é, dentro da própria Administração, e por alguns excluídas do conceito oferecido. Não obstante, são relações que se circunscrevem no Direito Administrativo. Correspondem às que ocorrem entre a Administração e seus funcionários. Portanto, não é relação entre Administração e administrados; mas, ao contrário, entre a Administração e os encarregados de suas atividades, pois os funcionários não estão na posição de administrados com referência à Administração, mas de partes integrantes da própria Administração.

É verdade, autores existem – a começar por De Gérando – que se livram da crítica ora feita ao dizerem que o Direito Administrativo tem por objeto as relações externas da Administração com os administrados e as internas da própria Administração.

Mas apesar disso, não escapam de outra crítica, a saber: há relações, entre Administração Pública e administrados, que não são de Direito Administrativo.

Realmente, o Estado pode praticar atos de direito público e atos de direito privado. Na primeira hipótese, na maioria das vezes, ele ordena aos administrados seu comportamento, colocando-se numa posição de superioridade; porém, na segunda ele age como qualquer pessoa privada, num plano de igualdade. Assim, se o Estado resolver adquirir um imóvel, por entendê-lo necessário à instalação de uma repartição pública, pode fazer isso através de dois institutos jurídicos: a compra e venda e a desapropriação. A relação jurídica da compra e venda se regerá pelo Direito Civil; ao contrário, a relação jurídica expropriatória se sujeitará às normas do Direito Administrativo.

Conseqüentemente, não é a relação entre Administração Pública e administrados que faz com que certa matéria seja de Direito Administrativo. O que importa é a natureza da relação, para classificá-la como deste ou daquele ramo jurídico. Na compra e venda a transferência de imóvel do particular para o Poder Público faz-se mediante acordo de duas vontades; já, na expropriação de imóvel do particular para o Poder Público a aquisição se dá compulsoriamente, ressalvado ao expropriado, tão-somente, o direito à justa indenização do valor do seu bem, fixado em juízo, se não houver acordo.

Além disso, esse conceito deixa de abranger nesse ramo a ação jurídica do Estado nas relações com os outros Estados, que são de Direito Administrativo. O objeto dessas relações – ou seja, sua matéria – pertence a outros ramos jurídicos, e em especial ao Direito Internacional Público, embora muitas vezes cogite de matérias de direito interno de cada país, uniformemente acordadas. Porém, o ato jurídico de firmar tratados é de Direito Administrativo, como o de ordenar juridicamente as Forças Armadas, para enfrentar as de outras Nações.

Ademais, o Direito Administrativo, além de enfeixar o ordenamento jurídico da ação concreta do Estado, mediante relações jurídicas, envolve a própria ação de ordenar essas relações, pois o ato de legislar deve ser incluído nesse ramo jurídico, uma vez que seu objeto, como o de executar, é o mesmo, qual seja, a utilidade pública (Cf. Capítulo I).

19.5 Ressurgimento da teoria tanto numa com na outra expressão nominal

Esteve por algum tempo a teoria do Poder Executivo em largo descrédito entre os autores modernos. Ora, de novo, ressurge, principalmente na Itália, adotada por eminentes tratadistas.

É verdade, todos eles reconhecem que os outros Poderes também efetivam atos jurídicos administrativos e neles existem repartições sob regime administrativo, tendo em vista o conceito objetivo que adotam da função administrativa. Contudo, ponderam que a maioria dos atos administrativos se situa na órbita do Poder Executivo, e os praticados pelo Legislativo e Judiciário revestem a forma e a eficácia dos últimos Poderes.

Observam, ainda, as repartições sob o regime administrativo nos outros Poderes têm como matéria objeto da sua atuação, respectivamente, a participação na própria atividade legislativa ou jurisdicional, e existem, portanto, como elementos orgânicos para realização dessas ações. Demais – prosseguem –, a legislação do seu país, ao se referir aos atos jurídicos administrativos, compreende só os do Poder Executivo.

Afinal, arrematam, vários desses atos jurídicos administrativos a cargo dos outros Poderes são estudados em ramos jurídicos distintos, como os de jurisdição voluntária, objeto do Direito Processual. Reconhecem, por fim, que, além do Poder Executivo do Estado, outras pessoas naturais e jurídicas colaboram na atuação dos cometimentos peculiares deste, por um imperativo da divisão do trabalho. Então as incluem no conceito.

Daí restringirem o Direito Administrativo ao ordenamento jurídico da organização e da ação do Poder Executivo e das pessoas naturais e jurídicas que façam as suas vezes – isto é, pratiquem atos jurídicos análogos.

Tal é a posição assumida, por exemplo, por Ugo Forti (*Diritto Amministrativo*, 2ª ed., vol. I, pp. 19-40, 1931), Giovanni Miele (*Prin-

cipi di Diritto Amministrativo, 2ª ed., vol. I, p. 17) e Feliciano Benvenuti (*Appunti di Diritto Amministrativo*, 4ª ed., p. 52), na Itália. Na mesma ordem de idéias manifestam-se Sarría, professor argentino (*Derecho Administrativo*, 4ª ed., vol. I, pp. 51-57), e, na Bélgica, André Buttgenbach (*Manuel de Droit Administratif*, 2ª ed., pp. 3-14).

Ruy Cirne Lima, um dos maiores administrativistas pátrios, no seu pequeno – mas grande – livro sobre Direito Administrativo, embora reconheça que se encontram atividades administrativas no Legislativo e Judiciário, pondera que em princípio cabem ao Executivo, e define esse ramo jurídico como o que rege a Administração Pública como atividade e ordena o Poder Executivo e suas relações internas com os próprios órgãos e com terceiros (*Princípios de Direito Administrativo Brasileiro*, 3ª ed., pp. 19-26).

Nessa linha inscrevem-se, também, muitos autores que o conceituam como ordenamento jurídico da atividade da Administração Pública, pois empregam essa expressão como correspondendo ao Poder Executivo e a outras pessoas que façam as suas vezes. Isso se verifica ao se analisar seus pensamentos.

A respeito, são de se citar, na Itália, os nomes de Luigi Raggi (*Diritto Amministrativo*, vol. I, p. 24, 1936), Guido Zanobini (*Corso di Diritto Amministrativo*, vol. I, 1936, p. 22), Cino Vitta (*Diritto Amministrativo*, 2ª ed., vol. I, p. 17), Aldo Sandulli (*Manuale di Diritto Amministrativo*, 6ª ed., p. 11); na França, os de Maurice Hauriou (*Précis Élémentaire de Droit Administratif*, 4ª ed., pp. 14-16) e Georges Vedel (*Droit Administratif*, 1ª ed., vol. I, pp. 23-24); na Espanha, o de Fernando Garrido Falla (*Tratado de Derecho Administrativo*, 2ª ed., vol. I, pp. 19-50 e 116-118); e, no Brasil, o de Manoel Ribeiro (*Direito Administrativo*, vol. I, pp. 10-12).

Substituem a expressão "Poder Executivo" pela expressão "Administração Pública", justamente para dar maior compreensão aos órgãos e pessoas que são envolvidos pelo Direito Administrativo, conforme acima explicado, e, ainda, para justificar a distinção que fazem entre *atos administrativos* e *atos de governo* – estes, no entender deles, fora do âmbito desse ramo jurídico, enquadrados, segundo uns, no Direito Constitucional, ou no Direito Legislativo ou Parlamentar, sendo que outros sequer cogitam desse problema.

19.6 Procedência da crítica

Apesar das ressalvas e mesmo da troca de expressão "Poder Executivo" para "Administração Pública", não merece acolhida tal diretriz. Ao se procurar o conceito doutrinário do Direito Administrativo se não pode ficar preso à tecnologia a respeito empregada pelo legislador do respectivo país. Ao contrário, cumpre criticá-la, se cientificamente inaceitável.

Uma vez se tem em mira conceituar o Direito Administrativo e se verifica o sentido objetivo da palavra "administração", ordenada pela Ciência Jurídica, conota atividades de outros Poderes além das do Executivo ou da Administração Pública, tomada em sentido orgânico e como correspondente à expressão das repartições próprias desse órgão fundamental do Estado, afigura-se errôneo, por amor a uma tradição legislativa, limitar seu âmbito.

Pouco importa, ainda, que o Direito Processual estude os atos de jurisdição voluntária. Isso, aliás, é feito por motivo de sistema, desde que previstos no Código Processual, e, assim, ao fazerem a exposição do ramo jurídico a que ele se refere, cogitam os tratadistas de todos os institutos aí insertos. E muitos deles – observe-se – ressalvam sua natureza administrativa.

Menos ponderável apresenta-se a alegação de que a maioria dos atos jurídicos administrativos se situa no Poder Executivo, e os praticados pelo Legislativo e Judiciário revestem a forma e a eficácia de tais Poderes. Realmente, a principal parte do Direito Administrativo refere-se ao ordenamento jurídico do Poder Executivo e das pessoas naturais e jurídicas que colaboram na atuação dos cometimentos a ele peculiares, a informarem um sentido subjetivo da Administração Pública. Porém, se se encontram atos jurídicos de igual natureza praticados pelos outros Poderes, esses atos jurídicos não podem deixar de participar do Direito Administrativo.

O que diversifica os atos jurídicos é a matéria do seu objeto, e não a forma ou eficácia deles, pois são uma conseqüência daquela. Não resulta a diferenciação entre atos jurídicos do órgão que os emana. Matéria de Direito Civil inserta na Constituição passa a ter a forma e a eficácia constitucional. Nem por isso se transforma, quanto à sua essência, em Direito Constitucional. Sua natureza, quanto à matéria que constitui seu objeto, continua a ser a mesma; se não altera, portanto. Continua a constituir objeto próprio do Direito Civil.

Demais, nem toda matéria administrativa relegada à competência dos outros Poderes toma a forma e a eficácia dos atos legislativos e judiciais. Por exemplo, os atos de provimento dos cargos das Secretarias do Legislativo e do Judiciário, bem como os de exoneração e demissão, e, ainda, os direitos e deveres dos seus funcionários regem-se pelos mesmos princípios, próprios dos estatutos dos funcionários públicos do Poder Executivo, ainda quando sujeitos a legislação especial.

Aliás, as especulações doutrinárias sobre os atos jurídicos administrativos, objeto do Direito Administrativo, estendem-se, de regra, a todos os atos jurídicos administrativos, qualquer que seja o Poder a que esteja afeta sua prática. Igual ponderação cabe quanto ao regime jurídico dos bens públicos, esteja sua guarda entregue ao Executivo ou ao Legislativo e ao Judiciário.

Afinal, se não confunde a organização em si, como instrumento de ação legislativa, executiva e judiciária, com os direitos e deveres dos agentes públicos, que neles exercem suas atividades.

Essa organização pertence ao Direito Constitucional, enquanto essencial para definir um regime político, o regime constitucional adotado. Entretanto, na sua estrutura complementar, acidental à tipologia política de dado Estado, participa dita organização do Direito Parlamentar, pretendendo-se autônomo esse ramo jurídico, do Direito Administrativo e do Direito Judiciário, conforme disser respeito à ação dos órgãos de cada um desses ramos jurídicos.

Já, os direitos e deveres dos agentes públicos, que põem em movimento essa estrutura, podem ser desses próprios ramos jurídicos, se se trata de agentes públicos que especificam sua atividade, como os parlamentares e os magistrados, ou do Direito Administrativo, se equivalentes em situação jurídica aos que especificam a atividade do Poder Executivo ou da Administração Pública, no sentido orgânico, isto é, se se tratar de simples funcionários.

Por fim, é de se ressaltar que todos os filiados a essa corrente, como acontece com a quase-unanimidade dos juristas do Continente Europeu, incluem no Direito Administrativo os Tribunais Administrativos, por lhes caber a resolução de controvérsias em que a Administração Pública, no sentido orgânico, participa. Ora, a circunstância não transforma o julgamento em matéria própria do Poder Executivo, e menos ainda por ele exercida, ainda quando esses Tribunais Administrativos se organizem fora do Poder Judiciário e tomem a feição de órgãos autônomos e sejam estruturados, por mero capricho legislativo ou tradição histórica, entre os órgãos da Administração Pública.

20. Teorias orgânico-formais

20.1 Diferentes orientações

Ainda deve ser incluída na teoria subjetiva a corrente que pretende o Direito Administrativo se não circunscreve ao ordenamento jurídico da atividade do Poder Executivo e nem se restringe ao da Administração Pública como equivalente à atividade daquele Poder, porém procura conceituá-lo em atenção aos órgãos estatais ou aos de outras pessoas jurídicas que fazem as suas vezes, a quem cabe exercer função administrativa, conceituada no aspecto puramente formal. Constitui, assim, o ordenamento jurídico dos órgãos da Administração Pública e da sua atividade, formalmente considerados.

É a posição de Marcel Waline, embora sem grande preocupação doutrinária a respeito (*Manuel Élémentaire de Droit Administratif*, 4ª ed., pp. 5-8, e *Droit Administratif*, 9ª ed., pp. 1-5), de Adolfo Merkel (*Teoría General del Derecho Administrativo*, pp. 7-131) e de Pietro Gasparri (*Corso di Diritto Amministrativo*, vol. I, pp. 3-148), que desenvolvem amplamente o tema, apresentando concepções teóricas originais.

Apesar de enfeixados numa mesma corrente, por aquela circunstância, apresentam aspectos distintos nas suas exposições sobre o assunto. Realmente, conceituam a função administrativa por critério formal, porém cada um apresenta elemento caracterizador diferente. Daí se impor o exame do pensamento individual deles, pois têm diretrizes peculiares.

20.2 Posição de Waline

Adotando a lição de Carré de Malberg (*Théorie Générale de l'État*, vol. I, pp. 326-377, 474-501 e 749-816), Waline nega a possibilidade de se distinguir, cientificamente, sob o ponto de vista material, as funções do Estado.

Isso porque não só a lei como certos regulamentos são regras gerais abstratas e impessoais e criam, originariamente, nova ordem jurídica. Demais, há atos jurisdicionais nas atribuições próprias de outros órgãos, embora sem a ocorrência de controvérsia jurídica, como a peculiar dos Tribunais de Contas, julgando as prestações destas por parte do Executivo; e, por sua vez, o Judiciário exerce funções jurisdicionais voluntárias ou graciosas, independentes, portanto, de qualquer contenda.

Sustenta só ser admissível, em conseqüência, diferenciar as funções estatais através do valor formal da sua manifestação e da força jurídica da sua eficácia. Por conseguinte, segundo os órgãos que as exteriorizam. Aceita, ainda, o ensinamento de Carré de Malberg sobre a formação do direito por graus, ou seja, através das etapas de sua criação e execução. Por fim, pondera, o direito positivo francês apenas considera o aspecto formal das funções estatais.

Então, conclui: o Direito Administrativo é o ordenamento jurídico dos órgãos estatais a que compete o exercício da função administrativa, formalmente considerada. E conceitua esta de maneira negativa. Compreende o que exclui da função própria dos outros órgãos, de legislar e de julgar.

Pretende, como salientado, que os regulamentos são atos administrativos e, entretanto, são regras normativas, gerais, abstratas e impessoais, como sói acontecer com as leis; e a distinção entre ambos decorre dos órgãos que os emanam, aqueles pelo Poder Executivo e estas pelo Poder Legislativo. Igualmente, pondera que tanto a decisão judicial como o ato administrativo constituem mera execução de lei, e só se separam porque aquela tem eficácia jurídica diferente deste, em virtude de diversidade do valor formal – ou seja, tem autoridade de coisa julgada.

A lei consiste, destarte, no ato jurídico próprio do Poder Legislativo, de criação do direito, com o valor formal de se impor imediatamente, de modo superior a qualquer manifestação do Estado-poder, e cuja eficácia consiste no inovar, de maneira absoluta, a ordem jurídica, derrogando a anterior. Já, a decisão consiste no ato próprio do Poder Judiciário, de execução da lei e criação conseqüente de situação jurídica de eficácia definitiva, com a autoridade de coisa julgada, a favor de quem for proferida. A atividade administrativa é a de execução da lei também, mas com exclusão da que possa ter a autoridade da coisa julgada.

Ela se manifesta através de agentes públicos e na prática de atos jurídicos e materiais complementares. Pelos primeiros vincula-se com os administrados, adquirindo direitos e impondo obrigações, de modo unilateral e mesmo contratual, sob regime jurídico peculiar, denominado administrativo, ante os poderes de comando de que desfruta. Contudo, sujeita-se a responsabilidade patrimonial pelos danos causados com a prática dos seus atos jurídicos ou materiais.

Por fim, conclui, de modo positivo, declarando que o Direito Administrativo corresponde a um sistema jurídico de normas especiais, que dão organização às autoridades públicas, para que assegurem a ordem e prestem serviços, na satisfação de necessidades públicas, com a prerrogativa de poderes públicos de comando, mas juridicamente limitados.

20.3 Crítica à posição de Waline

A conceituação de Waline da função administrativa em termos negativos contradiz os ensinamentos da Lógica, que estabelece como regra de toda definição a de se expressar em termos positivos. Realmente, ao dizer o que uma coisa não é, se não explica o que a coisa é.

Demais, pretende excluir do Direito Administrativo os atos de governo e nele incluir os atos de jurisdição administrativa. Ora, pelo seu conceito formal da função jurisdicional, de ato de execução de lei com autoridade de coisa julgada, as decisões dos Tribunais Administrativos – que, na verdade, têm esta eficácia jurídica e aquela forma – ficam fora do alcance dos limites traçados para o Direito Administrativo. Por outro lado, ele mesmo reconhece, com os elementos orgânico-formais utilizados, ser impossível dar caráter rigoroso à separação entre atos de governo e de administração.

Por fim, a assertiva de falta de cunho científico na distinção material da lei e da decisão judicial se não afigura verdadeira. Realmente, a legislação e a jurisdição têm o valor formal e a eficácia jurídica expostas por Waline. Porém, possuem, outrossim, sentido material e positivo.

Na realidade, o regulamento executivo, que tem por objeto pormenorizar os textos legais para sua aplicação, estabelecendo os processos para sua execução, só dispõe sobre matéria contida na lei. Porém, se não confunde com a lei, embora constitua também regra normativa, geral, abstrata e impessoal, porque sujeito a ela, aos limites do seu conteúdo, e, por conseguinte, sem a possibilidade de inovar na ordem jurídica, ante o grau de inferioridade que se acha em relação à lei.

Dir-se-á que com isso se apresenta pura distinção formal entre um e outra, em atenção à sua eficácia. Mas não é tal. Se essa eficácia de inovar ficasse presa à consideração do órgão de que emanam essas normas e daí tirasse sua força jurídica, a objeção seria verdadeira. Mas decorre, como explanado, de dois tipos distintos de regras normativas superpostas, uma consistente em simples execução da outra – e, por essa razão, sem a prerrogativa de inovar na ordem jurídica.

Por outra feita, os regulamentos autorizados, que têm por objeto estabelecer nova ordem jurídica, nos termos da delegação, recebida pelo Executivo, de poderes genericamente delimitados, desenvolvendo-os complementarmente e criando outra ordem jurídica, distinta da anterior, o fazem segundo a habilitação legislativa; e, assim, não inovam, originariamente, na ordem jurídica.

Os regulamentos independentes – que constituem regras normativas, gerais, abstratas e impessoais, promulgadas pelo Executivo com fundamento em poderes que lhe são confiados diretamente pelo Direito Constitucional, legislado ou costumeiro – correspondem a verdadeiras leis, pouco importando o órgão que os emana. Leis, outrossim, são os chamados decretos-leis, *de urgência* e *delegados*, aqueles baixados em oportunidades excepcionais, constitucionalmente admitidos, e estes em virtude de delegação de poderes pelo Legislativo.

Assim, há distinção entre esses atos jurídicos: *lei e regulamento*. Na verdade, cada um tem seu caráter próprio. Deixa de existir quando se empresta a denominação de regulamentos a verdadeiras leis tão-somente porque emanadas do Executivo. Pelo visto, verifica-se, incorre em verdadeira petição de princípio a afirmativa da impossibilidade de distinguir o regulamento da lei, ao se pretender que se diversificam porque emanam de Poderes diferentes. Conforme o objeto deles, serão lei ou regulamento propriamente dito, pouco importando o órgão que os elabora, no exercício dos poderes que lhe foram atribuídos.

Menos adianta, ainda, a alegação feita, em contrapartida, de que o regulamento no direito francês é suscetível de apreciação judicial, dos Tribunais Administrativos, como qualquer ato administrativo, e isso é vedado à lei, obra do Legislativo. Trata-se de mero regime constitucional e judicial da França, e nada tem que ver com a natureza da lei e do regulamento, resolvido pelo direito positivo a seu *libitum*.

Em outros países não só o regulamento como a lei são sujeitos a ampla apreciação dos Tribunais, quanto à legalidade e constitucionalidade, examinada no aspecto formal, das suas elaborações, e material, relativamente às matérias por ambos dispostas. Até o desrespeito do regimento *interna corporis* do Legislativo pelos seus membros, em dadas circunstâncias, e segundo a ordem constitucional vigente, autoriza essa intervenção judicial.

A faculdade de legislar, isto é, de criar normas jurídicas primárias, gerais, abstratas e impessoais, entregue ao Poder Legislativo, é mera questão de estrutura constitucional. Hoje se marcha para o regime da delegação dessa atribuição ao Poder Executivo, e nada impede, em outra estrutura constitucional, se alterem os órgãos a quem venha a caber o encargo de legislar.

Aliás, consoante anteriormente sustentado, e pelos fundamentos então expostos, os atos normativos gerais, abstratos e impessoais como os concretos, específicos e pessoais do Estado, na consecução do seu fim de criação de utilidade pública, como Poder Público, de modo direto e imediato, devem ser considerados como exercidos pelo mesmo Poder político, no desempenho de igual função (cf. Capítulo I).

O chamado *ato administrativo* em sentido restrito, isto é, o ato executivo, outrossim, se não confunde com o jurisdicional. Sob certo aspecto, este, realmente, é execução de lei, mas de natureza distinta.

Aquele executa a lei para complementação da utilidade pública por ela criada, na qualidade de parte. Este a executa para resolver controvérsias entre partes, colocando-se em posição eminente, distante delas, e a executa aplicando-a no caso concreto, a fim de declarar o direito de um dos litigantes Isso, todavia, nos termos de atos jurídicos anteriores dos próprios litigantes, outrossim, de execução da lei, ao afirmarem relação jurídica entre eles, ou em virtude de surgir essa relação em conseqüência de fato que legalmente produz tal efeito.

Não há – em que pese à afirmativa de Waline – jurisdição não-contenciosa no sentido material. O exemplo invocado por ele do Tribunal de Contas não serve para a prova pretendida. Ao apreciar as contas do Executivo, na execução do orçamento, exerce função administrativa de controle, como preposto do Legislativo, a quem cabe a última palavra a respeito. Não julga coisa alguma, no sentido técnico da expressão. Porém, se tiver, efetivamente, essa prerrogativa, nos casos de alcances de dinheiro público, por exemplo, então resolverá uma contenda, e terá função judicante ou jurisdicional.

Igualmente sem valor a argüição de que o juiz muita vez exerce a jurisdição sem que haja controvérsias. Mas esses atos, da chamada jurisdição voluntária ou graciosa, não são jurisdicionais, porém administrativos, e só sob o aspecto orgânico podem ser classificados como atos judiciais.

Ademais, o ato jurisdicional não constitui simples execução da lei. Há decisões judiciais normativas, como lembrado, nos exemplos de decisões *erga omnes*, tanto de decretação de inconstitucionalidade como de resolução de dissídio trabalhista, e muitos países dão às decisões judiciais anteriores a força de precedente obrigatório para as posteriores, do mesmo órgão e dos a ele subordinados.

Afinal, a jurisprudência real, efetiva, dos Tribunais Superiores cria o direito não só nos casos de lacuna da lei ou do costume, como de construção, por via da interpretação do texto legal e da norma costumeira, com a força moral de regra obrigatória; e, assim, é respeitado em casos sucessivos semelhantes.

Destarte, não constitui a decisão judicial mera execução da lei, como se dá com o ato executivo. Mas envolve não só a aplicação em concreto da lei, no caso em foco, como, também, a elaboração, concomitante, de norma geral, abstrata e impessoal, ao afirmar o significado do direito legal ou costumeiro, plasmando, para o futuro, a jurisprudência a respeito ou reafirmando a existente, para consolidá-la.

20.4 Posição de Merkel

Já, Merkel coloca o problema em outros termos. Pertencendo à Escola de Viena, que procura resolver a antítese entre o Estado e o Direito através da Teoria Pura deste, reduz aquele a uma simples ordem jurídica normativa. Segue os ensinamentos do seu fundador, Hans Kelsen (*Teoría General del Derecho e del Estado*, pp. 3-187, 1950), e procura dar um conceito absolutamente formal do Direito Administrativo.

Considera-o, também, como ordenamento jurídico dos órgãos a que cabe a função administrativa. Distingue-a, de início, igualmente, de modo residual, como a de que o Estado se ocupa fora da legislação e da jurisdição, sob o aspecto formal, único admissível.

Salienta, a seguir, que a ordem jurídica normativa estatal corresponde a uma hierarquia de regras jurídicas, de forma que a inferior, na escala em que se acha disposta, consiste em execução da superior.

Coloca como ordem jurídica primeira a Constituição. Então, a lei será o ato jurídico de execução imediata dela, que é seu fundamento. Já, o ato administrativo é execução da lei, e a ela se acha sujeito. Assim, a legislação não se encontra com a administração, não obstante o íntimo contato, em posição de equiparação. Uma produz o direito, nos termos constitucionais, e a outra o executa. Em plano distinto da administração, mas, como ela, tendo por objeto, também, a execução do direito, produzido pela legislação, acha-se a jurisdição. Ambas são atividades sublegais. Entretanto, se não confundem, tendo em vista o regime dos respectivos órgãos.

Na organização jurisdicional – pondera – domina completa coordenação entre os órgãos, sendo que os de instância inferior só têm competência, quanto à dos inferiores, de derrogação dos julgados. Jamais podem lhes dar ordens de como julgar, baixando diretrizes, instruções, a respeito. Ao contrário, na organização administrativa rege o princípio da hierarquia entre os órgãos, de maneira a existir relação de subordinação entre eles quanto ao conteúdo dos atos jurídicos a serem praticados, isto é, da vontade dos inferiores à dos superiores, que lhes dão ordens sobre como levá-los a efeito, mediante instruções.

À independência de jurisdição, quanto ao ato decisório, opõe a dependência hierárquica dos órgãos de administração, quanto aos atos administrativos, dos órgãos inferiores com relação aos superiores, que estão obrigados a obedecer às suas determinações. Conseqüentemente, define o Direito Administrativo como o complexo de normas que regulam as funções jurídicas estatais determináveis mediante instruções.

Reconhece, todavia, que os órgãos supremos da administração, os órgãos chamados *de governo*, não se acham sujeitos, pela sua própria posição na organização administrativa, a vínculos de subordinação a qualquer outro órgão superior – o que se explica por constituírem o cimo da pirâmide hierárquica.

20.5 Crítica à posição de Merkel

Embora, em princípio, a organização do Poder Judiciário seja de órgãos coordenados e a da Administração Pública de órgãos hierarquicamente dispostos – e, portanto, os órgãos naquele não têm poderes de comando uns sobre os outros relativamente à forma de julgar, e nesta a atividade dos órgãos se processa nos termos das ordens transmitidas pelos superiores –, isso não constitui regra absoluta a ponto de permitir a distinção, através dessa característica, como pretendeu Merkel, entre a função jurisdicional e administrativa.

A ordenação dos órgãos dentro do organismo estatal pode fazer-se de duas formas distintas: extrínseca e intrínseca.

A primeira, a ordenação extrínseca, condiz com a disciplina do funcionamento formal dos órgãos, sem qualquer interferência na manifestação da sua vontade. É a autoridade ordenadora que possui o presidente de qualquer Assembléia, para efeito do seu funcionamento. Ele faz a convocação da sessão, estabelece a ordem-do-dia, dirige os trabalhos de discussão e votação dos temas. Entretanto, não tem qualquer interferência na manifestação da vontade dos membros, que usam da palavra, fazem suas proposições e votam livremente.

Já, a segunda, a ordenação intrínseca, diz respeito à fiscalização material de órgãos, ao conteúdo da vontade. Ela se distingue, entretanto, em ordenação intrínseca de controle e de hierarquia. A de controle diz respeito à ordenação de órgãos independentes, porém coordenados dentro do organismo estatal. Então, a manifestação da vontade de um órgão fica sujeita à de outro, que verifica se ele se pronunciou de modo conveniente ou oportuno, ou aprecia a legitimidade apenas de tal pronunciamento. A ordenação de hierarquia diz respeito a relações de dependência entre órgãos superiores e inferiores, de modo que aqueles dão ordens a estes sobre a matéria objeto da execução de sua atividade, delegam ainda a eles o exercício das que lhes são próprias e avocam para exercê-las, diretamente, as que lhe foram atribuídas, salvo proibição legal expressa ou reconhecimento de se tratar de competências personalíssimas.

Realmente, no Poder Judiciário só se verificam, em princípio, a ordenação extrínseca formal, de disciplina no funcionamento dos seus órgãos, e a ordenação intrínseca de coordenação ou de controle de legitimidade, pois ao órgão superior compete, apenas, em provocado, examinar se a decisão do inferior foi conforme o direito, seja quanto à sua boa inteligência, seja quanto à sua aplicação aos fatos *sub judice*.

Entretanto, há países que adotam o sistema do precedente obrigatório, como a Inglaterra e os Estados Unidos, isto é, os *leading cases* ou *stare cases*, em virtude de decisões tomadas pelas Cortes Superiores de Justiça, que firmam princípio obrigatório, em todas as espécies semelhantes, para os Tribunais inferiores e, de certo modo, para a própria Corte autora da decisão.

Igualmente, no antigo direito francês havia os *arrêts de règlement*, manifestações de vontade dos Parlamentos, denominação outrora dada na França aos Tribunais de Justiça, por ocasião de um processo judicial. Eles tinham por fim criar disposição geral sobre ponto não previsto pelo direito positivo ou sobre o qual se tinha revelado a necessidade de reformar o direito em vigor, e que obrigava o próprio Parlamento que os baixara, bem como os juízes inferiores da sua jurisdição.

Assim, enquanto não modificado esse precedente ou regulamento, cumpria à instância inferior decidir na conformidade dele todos os casos análogos – o que envolve, indiretamente, o poder de baixar instruções sobre o modo de julgar.

A única diferença entre os precedentes obrigatórios, os *arrêts de règlement*, e as instruções dos poderes hierárquicos administrativos está em que as instruções administrativas podem ser para os casos em geral a serem submetidos à apreciação dos órgãos inferiores ou a um determinado e para certa questão, pois as ordens não se limitam a instruções gerais, enquanto esses precedentes e regulamentos são decisões, em caso concreto, que valem como determinação geral para todos os outros casos equivalentes.

Portanto, mesmo entre os órgãos jurisdicionais há a possibilidade de dar instruções aos inferiores. Se na França tal regime deixou de existir, ele ainda persiste no direito anglo-americano. Demais, no Brasil, o Supremo Tribunal Federal vem de criar as *Súmulas de Julgamento*, para afirmar as diretrizes dos julgamentos futuros iguais para o próprio Tribunal, salvo se algum ministro requerer à Casa que a altere, reexaminando a tese jurídica anteriormente firmada, no entendimento do direito vigente, e que servirão, outrossim, de orientação para os outros Tribunais.

Por outro lado, dentro da organização administrativa há órgãos que se não acham dispostos em situação hierárquica, numa relação de superior a inferior, quanto à manifestação da sua vontade, e sujeitos a instruções.

Isentos de tal situação acham-se os órgãos consultivos, que opinam livremente, segundo suas convicções, apreciando os problemas jurídicos, técnicos ou administrativos, que lhes são afetos, sem qualquer interferência dos órgãos superiores da Administração. Outro tanto é de se reconhecer quanto aos órgãos de controle, encarregados da fiscalização de órgãos inferiores. ou de apurar, através de processos administrativos, irregularidades praticadas por agentes públicos. Esses órgãos consultivos e corretivos ficam sujeitos apenas ao regime disciplinar da ordenação extrínseca, como ocorre, em princípio, com os órgãos judicantes.

Outrossim, acham-se fora da relação hierárquica as pessoas jurídicas de direito público, auxiliares do Estado na consecução do seu fim, objeto da descentralização territorial, como as Comunas ou Municípios, ou de descentralização de serviços, como os institutos de previdência ou as organizações profissionais. Sujeitam-se apenas ao controle de coordenação.

Aliás, o próprio Merkel reconhece que os órgãos superiores da Administração Pública se encontram fora, como é óbvio, do poder de instrução de qualquer órgão – o que não deixa de infirmar a tese por ele propugnada. Mas, pelos exemplos oferecidos, verifica-se que ela tem muitas outras brechas, a torná-la inaceitável como técnica orgânico-formal de distinção entre a função jurisdicional e a administrativa.

Porém, há mais que objetar. A pretendida hierarquia de regras jurídicas, em que a legislação fica em posição de superioridade à administração e à jurisdição, só é verdadeira em parte.

Realmente, a administração ou, melhor, a ação de executar acha-se subordinada à ação de legislar, porquanto sempre deve atuar conforme a lei, se seus poderes são estritamente legais, a ela vinculados, e nos limites da lei, se seus poderes são discricionários, e cabe a apreciação da conveniência ou oportunidade de atuar ou em que condições, respeitados o interesse coletivo e a categoria legal do ato jurídico executivo.

Já, o mesmo não acontece com a ação de julgar. Sem dúvida, ela envolve a declaração do direito legal ao caso concreto; porém, ao fazê-lo, interpreta a lei e lhe dá o sentido que aos órgãos judicantes se afigura o verdadeiro, adaptando-o à conjuntura social, política e econômica de cada época. Por isso, o mesmo texto tem seu significado, mediante construção jurisdicional, modificado através dos tempos. Ao invés de atender à intenção do legislador, o juiz o amolda à finalidade social do momento histórico.

Afirmando estar interpretando texto legal, dá-lhe compreensão e extensão muito além do cogitado não só pelo legislador, como pelas próprias expressões legais. Destarte, sem negar a obediência à lei, ele cria um direito novo, que se torna permanente, por longo espaço de tempo, ante as repetidas e reiteradas decisões em igual sentido.

A obra construtiva do direito pela jurisprudência, na sua ação simplesmente interpretativa da lei, é imensa. Demais, com o poder de declarar leis inconstitucionais, pode deixar de aplicar um sem-número delas. Além disso, em muitos casos decide suprindo a lacuna da lei e até do costume, e dispõe como se fosse legislador. Como, então, dizer que a ação de julgar é mera execução da lei, simples atividade sublegal? É querer imprimir como verdade puro conceito, fruto da lógica formal, esquecido de que o direito é regra de vida, norma para condicionar as relações sociais, desconhecendo, assim, a realidade das coisas.

Ainda se poderia observar, como objeção última, que, ante a posição assumida, os atos de jurisdição voluntária e graciosa ficariam integrados na função jurisdicional.

Louvável, no entanto, no conceito de Merkel é a colocação de qualquer jurisdição, mesmo a administrativa, fora do Direito Administrativo, e a inclusão dos chamados atos de governo dentro deste.

20.6 Posição de Gasparri

Pietro Gasparri assume orientação singular. Depois de definir a *função pública* como toda atividade exercida por sujeito legalmente competente relativa aos conflitos entre o interesse de cada coletividade pública e os interesses de terceiros, distingue-a em dois aspectos. Em primeiro lugar considera a função pública em atenção à disciplina dos órgãos que a exercem. Diferencia-a, então, em função política e administrativa.

Enuncia como *função política* aquela cujo exercício é facultativo, isto é, a que fica ao critério jurídico do sujeito a quem é atribuída a competência de desempenhá-la ou deixar de isso fazer. O agente dotado de tal competência só é responsável pela orientação tomada perante o corpo social dominante.

Ao contrário, a *função administrativa* é aquela cujo exercício é obrigatório. Há o dever do sujeito, a quem é atribuída, seja de simplesmente exercê-la ou de exercê-la em determinadas condições. Mesmo nas chamadas atividades administrativas discricionárias há um modelo a ser seguido: o interesse coletivo e, ademais, a conformação do ato à sua própria categoria jurídica, e cuja observância se subordina à verificação de órgão superior de controle.

Assim, à base da teoria da função pública, existem só duas funções, ou, melhor, dois poderes fundamentais, ao contrário da concepção trina, afirmada tradicionalmente: o político e o administrativo.

A seguir, pondera que os órgãos assim disciplinados, no exercício da função pública, podem exteriorizá-la sob três modos diferentes, quanto ao ato em si mesmo, isto é, com referência à sua essência. Então, sob este aspecto, classifica as funções públicas em *legislativa*, *jurisdicional* e *executiva*.

Conceitua a lei, ou norma jurídica, como todo juízo jurídico abstrato, de enunciação voluntária, em termos de justiça, referente a dado tipo de comportamento, pertinente a dado tipo de situação jurídica.

Admite, entretanto, a possibilidade de lei individual, ao lado da geral, apesar da sua concepção, se implicar um juízo abstrato de enunciação voluntária normativa, isto é, se envolver exceção à norma geral porém tiver alcance especial a determinada situação, que se enuncia de modo individual, ante a inutilidade de fazê-la com esse alcance especial a um tipo de situação, em virtude da dificuldade de aparecer outro caso do mesmo tipo.

Portanto, lei será a que concede à família dos funcionários em geral uma pensão "x" pela morte destes; como a que concede à família de determinado funcionário público uma pensão "x+y" porque morreu em serviço, em razão de ato de bravura.

Entende que a última hipótese não fere o conceito de que lei é toda formulação de juízo abstrato relativo a um tipo de casos. Isso porque o alcance da lei individual seria para o tipo desses casos especiais. Contudo, em virtude da dificuldade de surgir outro ato de bravura igual, pois será de extensão diversa, afigura-se como enunciado em caráter abstrato, pois outra morte por bravura que acaso venha a ocorrer certamente será de compreensão diferente.

Considera o ato jurisdicional como de resolução de uma lide. E define esta como o modo pelo qual se resolve um conflito de interesses entre duas exigências jurídicas. Assim, o ato jurisdicional é uma declaração de juízo jurídico sobre juízos jurídicos de outros a respeito de interesses pertinentes a exigências jurídicas sujeitas à sua solução, que estão em oposição nas de jurisdição contenciosa, e se acham concordes nas de jurisdição voluntária.

Em princípio, afirma, o ato jurisdicional é de alcance concreto, pois se restringe a resolver hipótese *sub judice* entre as partes litigantes. Mas podem ter caráter normativo algumas das suas sentenças, na formulação de juízo abstrato relativo a um tipo de casos, como nos de dissídio coletivo, em que se fixa a solução de contrato coletivo de trabalho, ou nos de ab-rogação de lei, conforme decisões que afirmam *erga omnes* sua inconstitucionalidade.

Estabelece, afinal, os contornos do ato executivo, como o de aplicação de comando legislativo. Portanto, como de ação concreta. Diferencia a execução de comando legislativo em operativa, de simples execução física, manual, ou intelectual, e potestativa, de exercício de um poder jurídico, em virtude do qual surgem direitos ou faculdades concretas.

Estuda, por fim, as funções legislativa, jurisdicional e executiva em face das duas funções típicas, política e administrativa, e as diferencia também em atenção ao conteúdo. Então, distingue, respectivamente, as funções legislativa, jurisdicional e executiva em funções política e administrativa.

As funções legislativa, executiva e judiciária estarão dentro da função política se levadas a efeito, tendo em vista o direito positivo do respectivo Estado-poder, de forma facultativa, sujeitas tão-somente ao controle da opinião pública dominante do Estado-sociedade. Ao contrário, dentro da administrativa, se levadas a efeito, tendo em vista o direito positivo do respectivo Estado-poder, de forma obrigatória, subordinada ao controle de órgão estatal.

Por isso, além do Direito Constitucional, que dá a estrutura do Estado, ogita de dois ramos jurídicos básicos, atinentes à ação do Estado: o Direito Político e o Direito Administrativo.

Aquele se entenderia como o ramo jurídico que ordena o complexo de normas que atribuem aos órgãos públicos a *faculdade* de disposição do interesse coletivo; e este como o que ordena o complexo de normas que atribuem aos órgãos públicos a *obrigatoriedade* de disposição no interesse coletivo – ou, melhor, como o ordenamento jurídico obrigatório das relações de conflito entre o interesse de dada coletividade pública e os interesses de terceiros.

Pondera que o último, o Direito Administrativo, se formaliza como disciplina autônoma faz mais de um século; e, ao contrário, inexiste tratado sistemático ou cátedra de ensino do outro, do Direito Político. A razão desta falta está explicada em suas considerações, ao reconhecer que a função política cobre, ao menos no chamado Estado de Direito, área muito inferior à da função administrativa, e que esta cada vez mais se dilata, em detrimento da outra.

Assim, em Estado de regime parlamentar, com a prerrogativa do Monarca ou Presidente de dissolver o Parlamento, com órgão judiciário com a faculdade de declarar a inconstitucionalidade das leis, e em que estas possam ser sempre submetidas à manifestação popular, através de seu *referendum*, realmente, a função legislativa se reduz à função administrativa, politicamente controlada.

Por outro lado, a função executiva, salvo os chamados atos de governo, praticamente corresponde, na sua disciplina jurídica, à função administrativa.

A função jurisdicional permanece na esfera da função política quando o Judiciário decide em última instância, e da sua decisão, portanto, não mais caiba recurso. Apesar disso, ampla área fica na esfera administrativa, isto é, quando da sua decisão caiba recurso a outro órgão. Demais, administrativa é a função jurisdicional do Estado exercida como cumprimento do dever que lhe compete de julgar, ou, melhor, de administrar a justiça.

Em conclusão, o Direito Administrativo abarca as funções legislativa, jurisdicional e executiva se levadas a efeito sob controle de órgão estatal.

20.7 Crítica à posição de Gasparri

A colocação do problema das funções do Estado por Pietro Gasparri sob novo prisma – distinguindo-as, de um lado, segundo a disciplina dos órgãos que a exercem e, de outro, sob a forma de sua exteriorização, como fenômeno jurídico – afigura-se acertada.

É a que se preconizou, embora levada a efeito por diretrizes distintas. Igualmente, se reduziu os poderes do Estado em dois – político e jurídico –, tendo em vista o objeto da função: de expressão da utilidade pública, de natureza administrativa, de gestão de negócios; e de asseguramento do direito, de natureza jurisdicional, de deslinde de controvérsias. Sustentou-se, ainda, que cada uma delas, administrativa e jurisdicional, exterioriza a vontade do Estado no desempenho do respectivo Poder, através de atos jurídicos normativos e concretos, que se completam com atos materiais conseqüentes (cf. Capítulo 1).

Entretanto, se louvável a nova colocação do problema em foco, parece que o foi de modo criticável. Não se justifica a distinção das funções, tendo em vista os Poderes que as atuam, em razão da disciplina dos órgãos, com a faculdade de exercer suas atividades sem peias, com referência ao pretendido Poder político, e com a obrigação de desempenhar suas atividades, que se sujeitam sempre ao controle de órgão superior, com referência ao pretendido poder administrativo.

Aliás, quem dá a razão dessa crítica é o próprio elaborador da teoria, ao reconhecer que o chamado poder político – que corresponde à função de igual nome – cada vez mais se restringe no Estado de Direito, enquanto o outro, o chamado poder administrativo – que corresponde, igualmente, à função de igual nome –, cada vez mais amplia seu âmbito, a ponto de aquele, em alguns Estados, se achar praticamente desaparecido.

Modernamente, nos Estados de Direito, em regime democrático, só a ação constitucional, dentro do pensamento de Pietro Gasparri, além da ação jurisdicional, exercida pelo Tribunal Supremo de cada país, poderiam ser consideradas como envolvidas de modo pleno na chamada função política.

Certo, ao Poder Legislativo, nos países de regime presidencialista, cabe certa função política, pois traça livremente as diretrizes das suas normas jurídicas, uma vez não podem as Assembléias ser dissolvidas pelo Executivo e, de regra, se não adotam formas de governo popular, para o controle das suas deliberações. Contudo, devem pautar seus atos em obediência aos textos constitucionais, sob pena de vê-los considerados írritos e nulos pelos Tribunais.

Já, o Poder Executivo, ao menos teoricamente, tem toda sua ação controlada, pois sua iniciativa legislativa e sua faculdade de veto podem ser aniquiladas pelo Legislativo e seus atos – não só os vinculados, como até os discricionários – são sujeitos à apreciação pelos Tribunais, quanto à sua legitimidade. Os vinculados, para verificar se conformes à lei que disciplina sua ação; e os discricionários, se praticados segundo o interesse coletivo e sem abuso de direito.

Melhor será, portanto, fazer, como se fez, a distinção entre poder político e poder jurídico. Aquele tendo por objeto a utilidade pública, segundo o sentido tradicional da palavra "política"; e este, a justiça, o dar a cada um o que lhe é devido, em caso de controvérsia. Então, o Direito Administrativo abarca a ação de legislar e executar, e deixa para o Direito Judiciário a ação de julgar, e em ambos os ramos se encontram, embora com feições próprias, as formas da expressão do fenômeno jurídico: normativo e concreto (cf. Capítulo 1).

Por outro lado, falta campo para o pretendido Direito Político e, ademais, as matérias e os órgãos que teria que considerar seriam absolutamente heterogêneos. Daí a razão por que inexiste tratado sistemático ou cátedra a seu respeito, como reconhece o próprio Pietro Gasparri. Observe-se, ainda, desnatura o sentido de função política, pois, pelo seu conceito, em alguns Estados, salvo os órgãos constituintes, só a teria o órgão judicante do mais alto Tribunal do Estado.

Merece, afinal, censura a admissão da lei individual, ao menos em face do conceito de lei por ele acolhido, pois envolve mera hipótese o pretender impossível ocorrerem outros tipos equivalentes, e, mesmo se aceite tal afirmativa, nada impede a disposição da regra especial para todos os casos análogos. A distinção entre lei geral e especial obedeceria ao seu conceito. Jamais a de lei individual, o que se apresenta como uma contradição do seu pensamento.

21. Teorias do serviço público

21.1 Evolução histórica da teoria do serviço público

A preocupação de caracterizar o Direito Administrativo como o ordenamento jurídico da atividade do Estado ou da Administração Pública para prestação de serviços públicos já se encontra delineada por juristas franceses quando se ensaiavam os primeiros passos na sua sistematização.

Assim, apontam esse traço de dito ramo jurídico Block (verbete "Droit Administratif", in *Dictionnaire de l'Administration Française*, 1862) e M. F. Laferrière (*Cours de Droit Public et Administratif*, 5ª ed., vol. I, pp. 377-378). E, posteriormente, em data mais recente, outros escritores franceses também tal fizeram. É se de lembrar, entre muitos, Artur (*Séparation des Pouvoirs et des Fonctions*, p. 19).

Porém, nenhum deles se preocupou com o estudo pormenorizado do serviço público e sua elevação a sinal distintivo do regime administrativo, como o divisor de competências entre os Tribunais Comuns e os Tribunais Administrativos, a expressar a matéria do campo deste, a quem cabe o julgamento das controvérsias em que o Estado-administrador, enquanto tal, é parte.

Essa posição relativa ao serviço público foi assumida pelo Conselho de Estado da França, através de várias decisões. A primeira delas – resolvida, afinal, pelo Tribunal de Conflitos – deu-se no aresto "Manco", em 1873. Então, propôs-se novo critério para afirmação da competência dos Tribunais Administrativos no país. Salvo texto de lei em contrário, ela passaria a derivar da execução de um serviço público.

Procurou, destarte, substituir a concepção tradicional, fundada na distinção entre atos de império e de gestão. Por esta, conceituava-se como *ato de império* o que o Poder Público pratica, e tão-somente ele, no uso das suas prerrogativas de autoridade, e se impõe aos cidadãos coercitivamente, sem prévio pronunciamento judicial, em virtude do plano diferente das partes, e cujas conseqüências jurídicas se verificam *ipso jure*; e como *ato de gestão* o que a Administração pratica no uso das suas prerrogativas, comuns a de todos os cidadãos, na conservação e desenvolvimento do seu patrimônio e na prestação do seu serviço. E, assim, dividia a competência dos Tribunais, Administrativos e Comuns, no que diz respeito aos atos do Estado, na consecução do seu fim.

Inspirado nessa orientação jurisprudencial sobre o serviço público, Léon Duguit (*Traité de Droit Constitutionnel*, 2ª ed., vol. II, pp. 54-88, § 8º) emprestou alto-relevo ao tema, fazendo escola que recebeu esse nome, ao sustentar a tese de que o Estado não passava de um conjunto de serviços públicos. Isso porque repudia a soberania como a qualidade por excelência do Poder Público, especificadora do Estado.

Firmou-se, desde aí, entre seus destacados discípulos, depois notáveis professores de Direito Administrativo, Gaston Jèze (*Principios Generales del Derecho Administrativo*, 3ª ed., vol. I, p. 1) e Roger Bonnard (*Précis de Droit Administratif*, 2ª ed., pp. 1-8), a concepção de que a ele incumbia o ordenamento jurídico dos serviços públicos, na sua organização e prestação.

Contudo, o conceito de serviço público entre eles se não apresentou de modo uniforme. Talvez devido a expressão ser suscetível de emprego como organização e como atividade e, ainda, neste último significado, poder ser utilizada de modo amplo, como correspondendo a qualquer atividade do Estado, ou, simplesmente, sua atividade material de prestação de comodidade e de execução final do direito.

Duguit, por exemplo, ao afirmar que o Estado não passa de um conjunto de serviços públicos, toma a palavra "organização", para exercer essa atividade, em sentido amplo. Envolve toda a estrutura do Estado. Conseqüentemente, como atividade, a expressão "serviço público" corresponde ao exercício de qualquer das suas atribuições, distinguindo-se, pela natureza da função, em legislativa, administrativa e judiciária.

Jèze (*Principios Generales del Derecho Administrativo*, 3ª ed., vol. II, pp. 3-39) refere-se ao serviço público em sentido restrito, como atividade ou como organização. Esta corresponde à estrutura estatal pertinente ao exercício daquela atividade de ordem material, na satisfação de comodidade, de utilidade pública, e de realização final do direito, com poderes exorbitantes do comum.

Bonnard (*Précis de Droit Administratif*, 2ª ed., pp. 235-240) adota a posição de Duguit. Estes colocam a atividade como desenvolvimento da organização; enquanto Jèze faz exatamente o oposto, põe a organização como conseqüência necessária para o desempenho da atividade.

Força é reconhecer que a posição assumida pelo último prevaleceu na jurisprudência, ao se preocupar com a matéria da sua competência. O interesse coletivo em atender a certa necessidade pública passou a especificá-lo. As atividades estatais lucrativas, com objetivo de gestão do patrimônio do Estado, foram tidas como estranhas ao serviço público e como próprias de empresa privada da Administração Pública. O serviço público corresponde, destarte, a processo técnico especial de satisfação de necessidades coletivas, de comodidades públicas. Deve ser, por isso, contínuo, em favor do público, e suscetível de alteração a sua prestação, na conformidade do interesse coletivo. Caracteriza o regime administrativo.

A substituição da concepção individualista pela socialista de Estado deu-lhe especial destaque, pois fez crescer, extraordinariamente, seu campo. O Estado erige uma atividade em serviço público quando entende o interesse geral não poderia ser satisfeito, ou o seria de maneira insuficiente, se não assumisse tal encargo.

21.2 A função administrativa e a classificação
dos atos jurídicos segundo a Escola Realista

Ante a amplitude reconhecida por Duguit ao termo "serviço público", a fim de conceituar o Direito Administrativo, entendeu se impunha delimitá-lo pela função administrativa (cf. *Traité de Droit Constitutionnel*, 2ª ed., vol. I, pp. 211-317, e vol. II, pp. 228-234). O ato jurídico administrativo seria o praticado no exercício da função administrativa, tendo em vista o serviço público. Rejeitando a teoria teleológica, sustentou que a distinção estaria na natureza do ato jurídico que informasse seu exercício.

Distingue, então, os atos jurídicos, sob o prisma do seu objeto, em ato-regra, ato-condição e ato subjetivo.

O ato-regra, de caráter geral, abstrato e impessoal, cria situação jurídica, de igual extensão, a favor de todos os atingidos por ele. As leis e os regulamentos são atos-regras de direito público, e os estatutos das sociedades são atos-regras de direito privado.

Os atos subjetivos, de caráter individual, especial, concreto e pessoal, criam situação de igual extensão aos indivíduos, em particular, por eles vinculados, em relação jurídica acaso firmada. O contrato é o ato-subjetivo típico.

O ato-condição atribui a um ou mais indivíduos situação geral, objetiva, impessoal. De certo modo, é o complemento do ato-regra, porquanto este se aplica aos indivíduos, na maioria das vezes, através de um ato jurídico atributivo, embora haja hipóteses de aplicação de pleno direito, em conseqüência de certo fato com efeito jurídico. Assim, as regras do Código Civil sobre a família só alcançam os cônjuges com o ato-condição do casamento, e o Estatuto dos Funcionários Públicos, os funcionários com o ato-condição do provimento deles em cargos públicos.

Os atos-regras, considera, perfazem a função legislativa e dizem respeito às disposições que criam ou regulam o serviço público, a sua organização e o seu funcionamento, mediante a formulação de regras de direito. Já, os atos-condição e os atos subjetivos perfazem a função administrativa e dizem respeito à gestão do serviço público, na conformidade de ordem legal e regulamentar.

Destarte, o serviço público administrativo não é mera estruturação e atividade da Administração Pública, porém a integração de situações jurídicas objetivas e subjetivas, através de atos individuais, condição e subjetivo, e ordenados para satisfações da vida estatal.

Uma vez essas funções, legislativa e administrativa, absorvem os três tipos de atos jurídicos, com referência à função judicial, em lugar de distinguir os atos jurídicos, que a qualificam, pela sua natureza, pelo seu objeto, o fez segundo a finalidade.

Pondera que os atos judiciais, como os administrativos, são de caráter individual. Mas os judiciais diferenciam-se dos administrativos pela sua estrutura complexa. Compreendem a pretensão da parte perante o juiz, a verificação por este das situações jurídicas em causa, em face da regra jurídica e dos atos conseqüentes de sua aplicação, e a decisão por ele tomada, tendo por fim a declaração e o asseguramento do direito.

Quanto à classificação e ao conceito dos atos jurídicos de legislação e administração não há divergência entre Duguit e seus discípulos, e tão-somente adoção de nomenclatura um tanto diferente e maior aprofundamento da questão. Porém, o mesmo não acontece com o conceito de ato jurisdicional, a que corresponde a função jurídica de igual nome.

Enquanto para ele o elemento essencial do ato jurisdicional, como exposto, é a ligação entre a verificação e a decisão, para Jèze (*Principios Generales del Derecho Administrativo*, 3ª ed., vol. I, pp. 53-65) sua característica fundamental acha-se na força de verdade legal da decisão, ou, melhor, na autoridade de coisa julgada do ato decisório, e para Bonnard (*Précis de Droit Administratif*, 2ª ed., pp. 29-53) na solução de situação contenciosa. A posição deste último está mais próxima à do Mestre, pois circunscreve a função jurisdicional em conceito material. A de Jèze apresenta maior divergência, pois ressalta, como seu elemento definidor, o aspecto da eficácia jurídica da decisão, conseqüência do valor formal do ato jurisdicional.

Contudo, o que importa, para o exame da teoria no Direito Administrativo, é a conceituação da função administrativa e dos atos jurídicos decorrentes, informando a prestação dos serviços públicos.

Destarte, para Duguit e Bonnard o Direito Administrativo tem por objeto o ordenamento do serviço público, na consecução da função administrativa, quer dizer, mediante a prática de atos jurídicos condição e subjetivo e atos materiais conseqüentes. O funcionamento do serviço público, sob técnica jurídica exorbitante do direito comum e institutos jurídicos que lhe são peculiares, conforme Jèze, inspira toda a teoria do Direito Administrativo. Constituem esses poderes exorbitantes a nota característica do regime administrativo próprio do Estado, distinto do levado a efeito por particulares, nas suas relações privadas, e mesmo por aquele quando se sujeita ao direito comum, fora do direito especial do serviço público.

21.3 Modernos adeptos da teoria do serviço público

Modernamente, juristas latino-americanos acolhem a orientação de que o Direito Administrativo consiste no ordenamento jurídico da instituição e da prestação dos serviços públicos, sem se filiarem, entretanto, à Escola Realista do Direito Público da França, de Duguit e seus discípulos. Antes, dão um conceito finalista do Direito Administrativo, aliás, como faziam, de certo modo, os precursores da teoria do serviço público. Realmente, pois entendem, em última análise, que o serviço público corresponde à atividade do Estado, na satisfação de utilidade no interesse coletivo, sem cogitar da distinção das funções públicas, como fazem Duguit e seus discípulos, pela natureza diversa dos atos jurídicos.

São eles Rodolfo Bullrich (*Curso de Derecho Administrativo*, vol. I, pp. 18-19) e Rafael Bielsa (*Derecho Administrativo*, 5ª ed., vol. I, pp. 34-43), na Argentina; e Themístocles Cavalcanti (*Tratado de Direito Administrativo*, 4ª ed., vol. I, pp. 5-14), no Brasil. Na Europa também há quem assim se manifeste. De se recordar o nome de Pierre Wigny, na Bélgica (*Droit Administratif – Principes Généraux*, 4ª ed., pp. 9-15).

Ao contrário, embora com a ressalva feita quanto ao corresponder o Direito Administrativo a algo mais que o direito do serviço público, André de Laubadère deve ser incluído como participando da escola, pois aceita o conceito de função administrativa em razão do objeto e segundo os termos em que o faz Duguit. Pretende deve o Direito Administrativo abranger, outrossim, a gestão pública, e o define como a organização e atividade de administração com poderes exorbitantes do direito comum (*Traité Élémentaire de Droit Administratif*, 2ª ed., pp. 1-14, 43-49 e 151-153).

Também Enrique Sayagués Laso (*Tratado de Derecho Administrativo*, vol. I, pp. 21, 46 e 57), não obstante repelir dita concepção do Direito Administrativo, em virtude de entender abrange outros cometimentos além do principal, o serviço público, e o definir como o direito que regula a estrutura da administração e o exercício da função administrativa, conceitua esta como a atividade estatal que tem por objeto a realização de cometimentos que requerem execução prática, mediante atos jurídicos – que podem ser regulamentares, subjetivos e atos-condição – e operações materiais. Na verdade, acolhe o ponto de vista de Duguit sobre a função administrativa, com o acréscimo dos atos regulamentares.

21.4 Oposição à doutrina de Duguit na França

Encontrou Duguit na sua pátria dois grandes opositores à sua doutrina: Henry Berthélémy e Maurice Hauriou.

Mantinha-se Berthélémy na defesa intransigente da orientação tradicional da divisão dos atos de império e de gestão para demarcar o campo das atividades estatais sob o regime administrativo e, assim, estabelecer a competência dos Tribunais Administrativos. Realmente, ela teve justificativa histórica; porém, não deve mais prevalecer.

A fim de poder ser admitida a responsabilidade do Estado pelos excessos dos seus governantes, na época dos regimes absolutos, foi arquitetada a teoria da sua dupla personalidade: Estado-Poder Público, nas suas prerrogativas de autoridade, e Estado-Fisco, na conservação e desenvolvimento do seu patrimônio e realização dos seus serviços. Assim, excluía-se a responsabilidade dele nos atos de império, mas se afirmava nos de gestão.

Essa concepção, entretanto, encontra-se ultrapassada. A personalidade una do Estado é proclamada pela quase-unanimidade dos juristas, não obstante as divergências quanto à sua natureza. Igualmente, marcha-se para o reconhecimento da sua responsabilidade integral.

Por outro lado, num mesmo procedimento administrativo o Estado pratica atos jurídicos e materiais, que envolvem o exercício de poderes autoritários, de comando, e, portanto, de império, juntamente com os de gestão. Na efetivação das suas atividades, outrossim, existem atos de direito público, condicionando a prestação dos seus serviços e a utilização do respectivo patrimônio. Destarte, na gestão dos seus serviços e do seu patrimônio, para a realização do bem comum, o Estado exerce poderes de império, de autoridade, de comando.

Isso mostra a impossibilidade de ficar-se fiel à distinção desses atos jurídicos de império e de gestão em oposição, e se impõe seu abandono, com o reconhecimento, apenas, de que os atos do Estado, de direito público, de gestão dos seus serviços e do seu patrimônio, no interesse público, envolvem o exercício de poderes de império.

Embora Hauriou ressalve papel de relevo à noção de serviço público no Direito Administrativo, insurge-se centra a pretensão da escola de eliminar do direito público a noção de poder público – e, parece, com inteira razão.

Realmente, o Estado é mais alguma coisa que simples conjunto de serviços públicos, pois constitui o ordenamento jurídico de um povo, em dado território, sob um poder supremo de mando, a fim de realizar o bem comum. A autoridade é um imperativo social, para unificar os interesses divergentes dos seus membros e traçar a diretriz mais condizente com o interesse coletivo, na harmonização dos indivíduos em conflito. Então, cuida da independência do Estado nas relações externas e mantém a ordem e o bem-estar da população nas relações internas.

A discussão do problema, entretanto, refoge do Direito Administrativo, por próprio da Filosofia Jurídica do Estado, uma vez cogita da sua essência e existência, do estudo das causas que informam seu ser. Contudo, cumpre ressaltar, mesmo para o estudo daquele, a necessidade da consideração do poder público ao lado do serviço público.

Ao se entrar, todavia, no âmago dos ensinamentos de discípulos de Duguit, que desenvolveram seu pensamento, aplicando-o ao Direito Administrativo, verifica-se colocaram como nota característica do serviço público a possibilidade do exercício de poderes exorbitantes do direito comum. Isso significa, não obstante por outras palavras, reconhecer que serviço público é aquele cuja gestão se faz com o exercício dos poderes de império, e, portanto, corresponde à gestão pública.

Na realidade, apesar de pretenderem excluir a noção de poder público do Direito Administrativo, não o fizeram, pois reconhecem, sem o dizer, que a prestação do serviço público corresponde à gestão pública, ou seja, à gestão com possibilidade do exercício do poder de império.

É verdade, a expressão "gestão pública" admite sentido mais amplo, compreendendo o exercício de todas as atribuições ou cometimentos estatais levados a efeito através de atos jurídicos, portanto, além dos serviços públicos, considerados como mera atividade material rial conseqüente.

21.5 Crise da noção de serviço público

Movimento relativamente recente surge na doutrina francesa contra a colocação do serviço público como fundamento do regime administrativo, sob a alegação de que não mais satisfaz para dirimir a competência dos Tribunais Administrativos, não obstante a aparente fidelidade da jurisprudência.

Considera em crise tal noção, como afirma Jean-Louis de Corail, um dos seus mais destacados opositores (*La Crise de la Notion Juridique de Service Public en Droit Administratif Français*, 1954).

Pretende-se que a expressão "serviço público" engloba matérias excluídas dos Tribunais Administrativos e deixa de enfeixar outras nelas incluídas, segundo decisões do Conselho de Estado e do Tribunal de Conflitos, e busca-se, então, substituí-la pelo critério do Estado agindo no exercício dos poderes de império, isto é, no exercício de prerrogativas exorbitantes do direito comum, ou seja, por processos de gestão pública, de economia pública, independentemente da consideração do serviço público.

Se algumas críticas são procedentes, nem todas merecem aceitação. Por outro lado, o conceito atribuído ao Direito Administrativo não se abala em virtude de a sua noção não cobrir perfeitamente as competências dos Tribunais Administrativos, na conformidade das suas decisões, em face dos casos concretos.

Isso porque sua competência se fixa em atenção às tradições históricas, às conjunturas política, social e econômica de dado momento na evolução do país, às prescrições legislativas e aos fatos imperativos do costume. Os conceitos doutrinários valem como diretrizes, amoldáveis aos casos concretos, segundo as exigências da realidade e as adaptações impostas pela eqüidade. Demais, há países que sequer admitem a dualidade de jurisdição, pois sujeitam aos Tribunais Comuns qualquer feito em que o Estado seja parte.

21.6 Crítica à teoria do serviço público

Argumenta-se ser, sob certo ponto, restrito o conceito do Direito Administrativo em atenção ao serviço público, pois não apanha a atividade financeira do Estado, ou, melhor, os atos jurídicos de lançar e arrecadar tributos, meios necessários para manutenção dos serviços públicos, e que se não referem à sua organização e ao seu funcionamento.

Ora, os processos de realização dos atos jurídicos em questão estão incluídos no conceito, porque, ao declarar Jèze que o Direito Administrativo compreende a organização dos serviços públicos, com atribuições exorbitantes do direito comum, envolveu não só os modos da sua ação como, outrossim, os meios para tanto, e, assim, a obtenção dos recursos financeiros, desde que utilizados processos de economia pública.

Objeta-se, ainda, e ao contrário, que a expressão é excessivamente ampla e enfeixa serviços que, em absoluto, não se enquadram no Direito Administrativo. Invocam-se os exemplos da organização judiciária e da prestação de serviços de justiça e das atividades comerciais e industriais do Estado.

Ainda aqui a oposição não colhe, em face do conceito de serviço público adotado por Jèze. A ação de julgar é o exercício de uma função que se efetiva em forma jurídica, ao contrário do serviço público, que corresponde à atividade material de satisfação de comodidade de utilidade pública e de realização final do direito. Igualmente, excluída do seu âmbito estaria a organização judiciária, porquanto disposta tão-somente para o exercício de função pública, jamais para o desempenho de serviço público.

Certo, a argüição teria aparente procedência nos termos latos dos conceitos de Duguit e Bonnard sobre serviço público. Porém, eles distinguem o serviço público administrativo do judicial e legislativo, qualificando-o pela diversidade da natureza do ato ou da finalidade dele, segundo postos em confronto, respectivamente, o legislativo e o administrativo, ou o judicial e o administrativo.

Por outro lado, as atividades industriais e comerciais do Estado podem ser consideradas serviço público se não tiverem finalidade de lucro, e mesmo se tal ocorrer, se, concomitantemente, objetivarem o exercício de tarefa de interesse geral, e, por isso, possam ser utilizados poderes exorbitantes do direito comum. Assim, um serviço de transporte coletivo levado a efeito por concessionário é um serviço público, por inegável o interesse geral na sua prestação, não obstante o intento de lucro do concessionário.

É verdade, a tese de Duguit e Bonnard de que o Estado corresponde a um conjunto de serviços públicos parece sujeitar-se a esta crítica. Realmente, inclui qualquer atividade comercial e industrial do Estado, visto que não dá critério para tal distinção, pois toda organização e atividade levada a efeito pelo Estado são, para ela, serviço público.

21.7 *Real falha da teoria do serviço público*

De todo o exposto, verifica-se que o maior defeito, realmente, dessa orientação está em procurar definir o Direito Administrativo valendo-se de expressão muito discutida e discutível.

De um lado, o termo "serviço público" aplica-se tanto à organização como à atividade por ela realizada; e, de outro, essa atividade, segundo a variedade dos conceitos, pode envolver um âmbito maior ou menor de atuação do Estado. Realmente, como se viu, a respeito não há entendimento preciso. E essa falta de acordo cresce ao se formalizarem os conceitos oferecidos por Bullrich, Bielsa e Themístocles Cavalcanti. Daí a incerteza do conceito baseado no serviço público para delimitar o Direito Administrativo. Mas, ainda isso fosse possível, nenhuma dessas posições ficaria imune a crítica.

Se se acolhesse o sentido amplo propugnado por Duguit e Bonnard, se sujeitaria à observação final retro-enunciada, qual seja, a de englobar no conceito de serviço público qualquer atividade comercial e industrial do Estado, que passará, destarte, a fazer parte do Direito Administrativo. Além disso, seria pouco recomendável, porquanto envolveria matérias e atividades as mais díspares, uma vez são perfeitamente distintos os atos jurídicos dos da atividade material do Estado.

Na verdade, não se deve confundir *função pública*, atividade jurídica do Estado, com *serviço público*, prestação material de coisa e comodidade. E mesmo os atos jurídicos de comando se diferenciam, por demais, dos de prestação de atividade a favor de outrem. Há indiscutível diversidade entre as relações jurídicas que suscitam as ordens dadas aos particulares e as faculdades e os direitos que lhes são outorgados. Não devem, portanto, ser unificados em uma única noção.

Repudiado esse conceito, e adotado o restrito de Jèze, deixaria de compreender todo o campo do Direito Administrativo. Realmente, a simples manifestação de vontade do Estado, para produzir efeitos de direito, dando aplicação às normas jurídicas que condicionam o desfrute, pelos indivíduos, da sua liberdade e propriedade, no exercício dos chamados poderes de polícia, através de atos de comando, se não inclui no conceito de serviço público como prestação de atividade de oferecimento de comodidades aos particulares, tais como o de fornecimento de energia, de transporte, e sequer de segurança pública, e mesmo no de atividade jurídica, por exemplo, de assistência judiciária. Aliás, Bullrich, Bielsa e Themístocles Cavalcanti aproximam seu conceito de serviço público do de Jèze.

É verdade, a Escola Realista do Direito Público na França, que difundiu esse conceito do Direito Administrativo, entrosou-o com o regime jurídico dos poderes exorbitantes do direito comum, como fez Jèze, ou o entrosou com o da função administrativa, com certa categoria de atos jurídicos classificados em atenção ao seu objeto, e que constituem a forma de sua expressão, como fazem Duguit e Bonnard. E essas noções de administração podem até ser consideradas em apartado do problema do serviço público, como fizeram os autores latino-americanos, retro-enumerados.

A crítica acima alcança integralmente só a estes, isto é, os adeptos do conceito estranhos à escola, que o reviveram nos moldes adotados por antigos publicistas franceses. A eles se aplicam plenamente as considerações *supra*, e mais a de que se inscrevem na corrente teleológica, como se verá da sua exposição, optando, todavia, por expressões inferiores às por ela utilizadas no definir o ramo jurídico em exame.

21.8 Complemento à classificação de Duguit
 dos atos jurídicos quanto ao objeto

A classificação de Duguit sobre os atos jurídicos segundo seu objeto constitui definitiva conquista do direito público francês moderno, e a cada dia ganha mais partidários. Mesmo os autores que não definem a função administrativa em atenção a eles a aceitam. Assim, Paul Duez e Guy Debeyre (*Traité de Droit Administratif*, 2ª ed., pp. 181-202). Jean Brethe de la Gressaye e Marcel Laborde-Lacoste consideram-na aplicável a qualquer ramo jurídico (*Introduction Générale à l'Étude du Droit*, pp. 121-177).

Porém, como se viu, ela se esgota nos atos jurídicos pertinentes às funções legislativa e administrativa. Considera a primeira a formação e a segunda a realização do direito. Por isso, através dessa classificação, Duguit só pode conceituar essas duas funções em atenção aos atos jurídicos que as formalizam. A função jurisdicional, ele foi obrigado, querendo admiti-la como existente e distinta das outras duas, a defini-la pelo fim.

Realmente, se os fenômenos jurídicos se reduzem aos de formação e realização do direito e se eles correspondem às funções legislativa a administrativa, a conseqüência lógica a se tirar seria a da inexistência de terceira função. Porém, reconhecendo que o Estado, além das atividades objeto dos atos-regras, condição e subjetivo, de formação e realização do direito, tem a de declaração e asseguramento do direito quando contestado, viu-se forçado a admitir a função jurisdicional, de natureza. complexa, a que incumbe tal objetivo, ao lado das outras duas.

Deixou, entretanto, de atentar para uma circunstância: se os fenômenos do direito se restringiam à formação e realização do direito, e a função jurisdicional é uma atividade jurídica, nela devem, necessariamente, se encontrar, se não todos, ao menos alguns desses atos jurídicos, isto é, atos-regra, condição e subjetivo. É verdade, Bonnard (*Contrôle Juridictionnel de l'Administration*, pp. 78-84) e Duez e Debeyre (*Traité de Droit Administratif*, 2ª ed., pp. 197-200, ns. 302-305) sustentam que na função jurisdicional eles aparecem, e correspondem exatamente à natureza do ato contestado. Assim, a decisão judicial ora corresponde a um ato subjetivo, pois constitui situação jurídica subjetiva, ora a ato-condição, porque atribui a alguém situação jurídica objetiva, e ora ato-regra, se estabelece situação jurídica objetiva a todos os indivíduos, normativamente abrangidos, segundo o ato jurídico que constitui objeto do seu pronunciamento.

Afigura-se verdadeira a assertiva de que na função jurisdicional se encontram os mesmos atos jurídicos, classificados na conformidade do objeto, apontados como próprios das funções legislativa e administrativa, embora não pareça acertada a conclusão de que corresponde à natureza do ato contestado, como se verá a seguir.

Tal reconhecimento, entretanto, é o bastante para infirmar a distinção das funções públicas segundo o objeto do ato jurídico, e vem demonstrar que, na realidade, formação e realização do direito se apresentam sob dois aspectos perfeitamente distintos, tendo em vista os fins do Estado: de integração ou efetivação de ordem jurídica, numa afirmação normal da vivência social, e de reintegração ou reconhecimento dessa ordem jurídica contestada, para asseguramento ou restabelecimento da normalidade dessa vivência, ameaçada ou perturbada.

Na realidade, na função jurisdicional encontram-se os três tipos de atos, segundo seu objeto, em atenção ao fenômeno jurídico de formação e realização do direito. Não como correspondendo à natureza do ato contestado, mas em caráter autônomo e, concomitantemente, em decorrência da complexidade, proclamada por Duguit, do ato jurisdicional.

O ato-condição é o praticado pelo juiz ao aplicar o ato-regra, que informa normativamente a espécie *sub judice*, ao caso concreto, ante a pretensão das partes. O ato subjetivo é o reconhecimento da pretensão da parte vencedora, na resolução da controvérsia, seja declarando situação jurídica preexistente, seja constituindo nova situação, ao lhe assegurar o poder de fazê-la obedecida pela parte contrária, com a decretação judicial e afirmação da coisa julgada, formando situação subjetiva definitiva. O ato-regra é a jurisprudência, que acaso venha a se formar, a respeito de interpretação de dado texto legal, fixando seu exato sentido, mediante reiteradas e uniformes decisões, por expressiva votação, firmando a convicção, entre os jurisdicionados, de que, em casos idênticos, terão a mesma solução, e, dessa forma, na verdade, continuarão a ser decididos.

A função jurisdicional compreende: a pretensão jurídica; a verificação do alcance da sua procedência em face da ordem jurídica e da situação *sub judice*; e a decisão que determina a obediência ao direito reconhecido, resolvendo controvérsia existente. Ela se manifesta, em princípio, através de atos concretos, individuais e pessoais. Entretanto, excepcionalmente tem caráter normativo, e se apresenta como ato geral, abstrato, impessoal, quando declara *erga omnes* a inconstitucionalidade de uma lei, uma vez equivale à sua ab-rogação, quando estabelece sua decisão, na espécie, abrange uma classe de indivíduos, como nos casos de conflitos coletivos de trabalho, em que envolve, nos seus efeitos, mesmo quem não participou da controvérsia.

Assim, o equívoco de Duguit e dos seus seguidores consistiu em haver distinguido as funções legislativa e administrativa, segundo a natureza dos atos jurídicos que as expressam, e a função jurisdicional pela finalidade. Isso justificava sua distinção da função administrativa e da legislativa pelo objeto do ato jurídico, abandonada a teoria teleológica, por ele criticada. Mas não impediu a necessidade de distinguir a função jurisdicional pela finalidade. Como se verificou, esses atos jurídicos existem na função jurisdicional, o que enfraquece a concepção do Mestre e a torna pouco satisfatória.

A diversidade de finalidade da atividade do Estado, que indiretamente deflui da lição de Duguit, ao distinguir os atos de formação e realização do direito dos da função jurisdicional, e a demonstração de que nesta eles também aparecem, apenas que lá se apresentam para integrar a ordem jurídica da vida social normal, na criação de utilidade pública, e aqui para reintegrar essa ordem jurídica, acaso contestada, no dirimir controvérsias, justificam se enfeixem aqueles dois momentos, de formação e realização do direito, como participantes de uma mesma função do Estado, que se denominou *administrativa*, em oposição à função jurisdicional, que, outrossim, embora sob outro aspecto, também enfeixa esses dois momentos de formação e realização do direito.

Se todos os atos jurídicos, classificados segundo sua natureza, existem tanto na função administrativa como na jurisdicional, como expressão, respectivamente, dos poderes político e jurídico e com manifestações distintas, isso comprova a realidade, tão-somente, dessas duas funções, que se exteriorizam através dos mesmos atos jurídicos, apenas guardada a peculiaridade de cada uma delas.

As funções estatais devem dizer respeito ao *objeto da sua atividade* para alcançar seu fim último, no exercício do poder adequado para tanto. E esse objeto se traduz em atos jurídicos de criação de utilidade pública, para boa vivência social, ou de asseguramento jurídico deles, quando contestados. Os atos jurídicos são *formas* para efetivação dessas funções, que regulam e concretizam as *atribuições* ou os *cometimentos* estatais, conteúdo daquelas funções.

Assim, ao poder político cabe a função administrativa de, mediante formas normativas e individuais, efetivar as *atribuições* ou *co-*

metimentos de regulamentação, garantia, publicidade e fiscalização dos atos pertinentes às relações entre particulares; de limitações da liberdade e propriedade dos particulares, quanto ao respectivo exercício, para harmonizá-las com a liberdade e propriedade dos demais membros do Estado-sociedade e o interesse geral; de fomento da atividade dos particulares cujo desenvolvimento convenha ao todo social; de exigência de prestações dos particulares no bem da coletividade; de prestação de serviços públicos aos particulares no interesse deles.

Já, ao poder jurídico cabe a função jurisdicional de, mediante formas individuais e normativas, efetivar as *atribuições* ou *cometimentos* de resolução de controvérsia entre as partes, assegurando o direito contestado, ameaçado ou violado, resguardando a ordem jurídica vigente, aplicando penas e compondo danos patrimoniais, restabelecendo situações jurídicas lesadas e ordenando a prática de atos para isso necessários; e, ainda, de formar a jurisprudência pertinente à interpretação jurídica dos textos legais por ele aplicados na espécie, de modo a fixar o costume jurisprudencial a respeito.

O movimento levado a efeito pelo Estado na realização dessas atribuições e cometimentos constitui sua total atividade, que pode ser direta ou imediata, como parte, função administrativa própria do poder político; ou indireta, através de terceiros, embora imediata, numa posição eminente, função jurisdicional própria do poder jurídico (cf. Capítulo I, item 5).

A crítica feita a essa classificação de Duguit como elemento diferenciador da função administrativa e da jurisdicional apanha, outrossim, Laubadère e Sayagués Laso.

O pensamento deste emérito tratadista merece outra ressalva: introduz no seu conceito ainda os atos regulamentares, mesclando-os, ilogicamente, entre os atos concretos, uma vez aceita a distinção da Escola Realista do serviço público entre atos-regra, normativos, compreendendo, portanto, a lei e o regulamento, que se distinguem por outros fatores, e atos concretos, condição e subjetivo. Demais, se inclui no Direito Administrativo os atos-regra regulamentares, não há razão para deles excluir os atos-regra legais, pois ambos são da mesma natureza. Aliás, deixou de justificar esse procedimento.

22. Teorias teleológicas ou da finalidade do Estado

22.1 Adeptos das teorias teleológicas

Afinal, há a teoria que procura delimitar o Direito Administrativo tendo em consideração a atividade do Estado, seu fim.

Essa orientação tem as suas raízes doutrinárias na Alemanha. Ela se deve a Mohl, segundo Vittorio E. Orlando (*Principi di Diritto Amministrativo*, 5ª ed., pp. 8-17, 17-37 e 303-325). A seguir, foi defendida por Lorenz von Stein (*La Scienza della Pubblica Amministrazione*, pp. 13-33 e 125-145), por Paul Laband (*Le Droit Public de l'Empire Allemand*, vol. II, pp. 511-525), por Georg Jellinek (*L'État Moderne e son Droit*, vol. II, pp. 312-327), Otto Mayer (*Le Droit Administratif Allemand*, vol. I, p. 133) e Fritz Fleiner (*Les Principes Généraux du Droit Administratif Allemand*, pp. 9-13 e 35-45).

Foi acolhida, desde logo, na Itália, tendo como seus mais destacados adeptos Vittorio E. Orlando (*Principi di Diritto Amministrativo*, 5ª ed., pp. 8-17), Santi Romano (*Principi di Diritto Amministrativo*, 1901, p. 118), Errico Presutti (*Istituzioni di Diritto Amministrativo Italiano*, 3ª ed., vol. I, pp. 1-18 e 38-53) e Federico Cammeo (*Corso di Diritto Amministrativo*, 1960, pp. 1-33).

Adolfo Posada fez-se seu arauto na Espanha (*Tratado de Derecho Administrativo*, vol. I, 1897, pp. 17-80); Henry Berthélémy (*Traité Élémentaire de Droit Administratif*, 12ª ed., pp. 1-9) na França; e Yorodzu Oda (*Principes de Droit Administratif du Japon*, pp. 5-8) no Japão.

Corresponde a uma ampliação do ponto de vista da teoria subjetiva, que conceitua o Direito Administrativo como ordenamento jurídico da atividade do Poder Executivo. Este o define tendo em atenção a atividade de um dos Poderes do Estado, ao passo que a presente o faz em consideração à mesma atividade levada a efeito por qualquer dos Poderes, ante a ponderação de que o Legislativo e o Judiciário, por vezes, outrossim, praticam atos jurídicos administrativos.

Modernamente, expandiu-se por todos os quadrantes jurídicos do mundo civilizado. É, possivelmente, a teoria mais em voga. Contudo, há peculiaridades no pensamento dos que nela inscrevem seu nome.

22.2 Doutrinas psicológicas

Para Mohl a administração era o complexo de procedimentos e ações destinados a aplicar aos casos concretos o conteúdo da Constituição e dirigir, de conformidade com ela, a vida inteira do Estado. Separa, assim, o Direito Constitucional do Administrativo.

Aquele cogita do ordenamento jurídico dos Poderes do Estado, da sua manifestação legislativa, portanto, em forma estável e absoluta. Este preocupa-se com o ordenamento da sua ação, do Estado em movimento, em contínua mutação, em propulsão direta e concreta, para a realização dos seus fins.

Constitui, talvez, a primeira tentativa de delimitação das funções estatais de modo jurídico-sistemático.

Stein completa esse pensamento e distingue o Estado enquanto delibera, através de normas jurídicas, que são a expressão da sua vontade, e o Estado enquanto administração, com o objetivo de fazer, que é a expressão da sua ação. Então, toda organização do Estado já constituído bem como toda ação por ele levada a efeito, segundo expressão da sua vontade, constante da lei, se enfeixam na administração.

Compreende a ação na ordem internacional, pertinente às relações estrangeiras e de defesa nacional; na ordem financeira, conseguindo os meios, ou, melhor, a riqueza, para sua atuação; na segurança pública, harmonizando o exercício da liberdade e propriedade de cada qual; na distribuição da justiça, mediante a ação de julgar; e na ordem interna social, interferindo nos seus problemas pertinentes ao desenvolvimento físico, econômico e intelectual dos cidadãos. Destarte, atua na vida dos indivíduos, nas suas relações particulares e nas suas relações com o Estado, sob o aspecto da população, da saúde pública, da instrução e cultura do povo; no regime econômico, condizente com a produção, circulação e consumo da riqueza; e na assistência e previdência social e na proteção ao trabalho e ao trabalhador.

Assim, a Administração Pública enlaça a atividade total do Estado.

Inspirando-se nos trabalhos de Mohl e Stein, aperfeiçoando, no entanto, suas concepções, Laband distingue a administração não só da legislação como da jurisdição.

Considera a Administração Pública como a ação do Estado, isto é, a função a que cabe o fazer e o omitir. Quando o Estado se põe a obrar, começa a administrar.

A legislação corresponde à vontade do Estado, e se manifesta mediante normas jurídicas imperativas. Envolve sua deliberação e constitui a forma que possibilita sua ação, resultado que dever ser atingido na conformidade dos respectivos preceitos, que podem mesmo ser considerados como o impulso inicial da ação.

Por seu turno, a jurisdição corresponde ao pensamento do Estado, e se exterioriza através de um silogismo, no qual a premissa maior é a lei, a menor a espécie *sub judice*, e a conclusão o resultado lógico da aplicação daquela ao estado de coisas concreto, submetido à apreciação do juiz. A esse não toca vontade própria no julgamento, porém fazer imperar a vontade legislativa, resolvendo a controvérsia entre as partes, determinando as conseqüências dos fatos em face da norma.

Enquanto a jurisdição tem sua conclusão nas premissas, a administração, ao efetivar medida legal, o faz tendo em vista os motivos que solicitam sua ação, em consideração aos diferentes fins que ao Estado cumpre realizar. A legislação, sob certo aspecto, é ação, mas simplesmente deliberativa, dependente de direta execução, o que se faz pela administração, que adapta os dispositivos legais, abstratos, criadores da ordem jurídica, às circunstâncias reais e mutáveis do caso concreto.

O Direito Administrativo consiste no complexo de normas jurídicas que ordenam a organização da Administração Pública e a realização da sua função de atuar.

Esses autores agrupam-se na teoria psicológica da atividade do Estado, que se esboçara em Mohl, se precisa em Stein e toma suas linhas definitivas em Laband.

22.3 Crítica às doutrinas psicológicas

Não se afigura certo pretender reduzir a ação do Estado ao campo da administração. Tanto a legislação como a jurisdição envolvem aspectos de atuação do Estado, e, por outro lado, a jurisdição e a administração, outrossim, praticam atos jurídicos de manifestação da sua vontade.

Aliás, a deliberação normativa, de caráter imperativo, coma é a lei, encerra o primeiro momento da ação. A circunstância de pressupor, na maioria das vezes, ato jurídico concreto, e mesmo fato, acontecimento natural, ou ação humana material, para aplicar-se aos indivíduos não significa que sua elaboração, com caráter imperativo, não corresponda ao primeiro momento da ação do Estado. Impõe-se, destarte, não confundir a ação de legislar com a matéria legislada. Aquela é a manifestação de vontade imperativa, a emissão de norma sancionada, sua decretação. Esta é seu conteúdo, o que ficou fixado como regra de comportamento.

Igualmente, o julgamento expressa a ação do Estado de dizer o direito, resolvendo controvérsia entre as partes e assegurando esse direito, por ele declarado e decretado, como verdade legal, que não pode deixar de ser respeitado. Portanto, ao decidir, pretende o juiz seja imposta sua vontade de fazer imperar o direito por ele proclamado, que se não reduz apenas a um silogismo lógico. Participa ativamente no processo judiciário, interpretando o direito constante dos textos ou dos costumes. Dá-lhe o significado que lhe parece o mais acertado, em função da realidade ambiente, e, assim, lhe imprime uma finalidade diante das circunstâncias da conjuntura social, e cria mesmo a norma, na falta dos textos ou do costume.

Afinal, observe-se, a ação administrativa, ou, melhor, executiva, faz-se nos termos legislativos, e, portanto, se acha a eles subordinada. Entretanto, o ato executivo não consiste em simples ação autômata, maquinal. Nele, como nos outros atos do Estado, há, também, manifestação de vontade.

Por fim, pondere-se, não só os atos administrativos *stricto sensu*, isto é, executivos, sujeitam-se ao exame da jurisdição, para verificar, respectivamente, sua conformidade com a constituição e com a lei, ao apreciar qualquer lesão de direito, praticada pelo Estado, e ao impor sua obediência à ordem jurídica normativa. O mesmo ocorre com a lei ordinária relativamente à sua conformidade com a Constituição, a Lei Maior, a norma superior.

Por conseguinte, não encerra verdade a pretensão de distinguir a função administrativa como sendo o obrar do Estado. Menos ainda se justifica a inclusão do ato de julgar como obra administrativa, ante a diversidade dos seus objetos. Realmente, ambas as ações exteriorizam-se através de atos concretos, na aplicação da lei. Fazem-no com intuitos diversos: um, para realizar a utilidade pública, que constitui seu conteúdo, e objetivado pela norma jurídica; e o outro, para assegurar a ordem jurídica, em benefício dos que pretendem ser titulares dos direitos que dela defluem.

Por outro lado, é possível a ação de julgar manifestar-se em forma normativa, como se exemplificou, com as decisões que constituem precedentes, com as de caráter regulamentar em dissídios coletivos, com as que declaram a inconstitucionalidade das leis *erga omnes*. Certo, poder-se-á dizer que os regulamentos e as instruções têm caráter normativo e, entretanto, são atos administrativos, pois constituem textos para a boa execução das leis, dispondo externa e internamente sobre a vida da Administração.

Mas tal observação em nada altera a natureza distinta do objeto, como salientado, dessas duas ações: administrar e julgar. Aliás, já se observou, pressuposto do Direito Administrativo, como sistema jurídico doutrinário moderno, foi a substituição do Estado de Polícia pelo de Direito, com o reconhecimento ao Judiciário de prerrogativas jurídicas, através da função jurisdicional, cada vez mais dilatadas, de colocar comportas à ação dos outros dois, mantendo-os dentro dos limites constitucionais e legais e dos fins que lhes são próprios.

22.4 Dupla posição, negativa e positiva,
   assumida por Jellinek no definir o Direito Administrativo

Jellinek prosseguiu nesse roteiro aberto. Distinguiu as funções do Estado pela respectiva finalidade.

Afirma que a legislação tem por objetivo o estabelecimento de normas jurídicas de criação do direito, e a jurisdição de proteção do direito, ante sua fixação nos casos concretos, quando incerto ou contestado. Então, considera de Administração Pública toda atividade do Estado, excluídas a legislação e jurisdição bem como os atos denominados políticos ou de governo, de afirmação de sua força, acima da órbita do direito. Pondera, entretanto, que administração é a ação concreta do Estado, sob a ordem jurídica, de favorecer a civilização e a cultura.

Com base nesses ensinamentos, duas trilhas se abriram: a dos que passaram a definir o Direito Administrativo de modo negativo, com exclusão da legislação e jurisdição, e a dos que pretenderam defini-lo de maneira positiva, como a ação concreta do Estado de criação de utilidade pública, de realização dos fins de interesse geral, como atividade de conservação e aperfeiçoamento do Estado.

A primeira posição de Jellinek foi adotada por Loening, Orlando, Berthélémy, Fritz Fleiner e Oda. Embora conceituem o Direito Administrativo em termos diversos, dão a mesma compreensão e extensão à função administrativa. A divergência entre eles é mais aparente que real, como se verá a seguir. Já a outra foi defendida por Otto Mayer, Santi Romano, Ranelletti, Presutti e Cammeo. Entre estes, outrossim, há diversidade de definições, porém no fundo se harmonizam nos conceitos.

22.5 Definições dos adeptos da corrente negativa.

Doutrina da atividade do Estado

Para Orlando, sob o influxo do pensamento de Loening, o Direito Administrativo encerra sistema de princípios jurídicos que regulam a atividade do Estado para realização dos seus fins. Melhor explicando seu pensamento, distingue a atividade do Estado em *jurídica* e *social*.

A atividade jurídica diz respeito à tutela do direito, ou seja, à declaração das normas jurídicas de convivência social dos membros de cada coletividade estatal; ao asseguramento da ordem jurídica interna, através da ação da polícia, de condicionamento da liberdade e propriedade dos indivíduos, e das relações externas, pacíficas e bélicas; e à distribuição da justiça.

A atividade social refere-se à ingerência do Estado na vida dos particulares, para estabelecer condições gerais de bem-estar e aperfeiçoamento, mediante serviços de higiene e saúde pública, de educação e instrução pública; de interferência na produção, distribuição e consumo de riqueza; de proteção aos hipossuficientes, através de assistência e previdência social.

Considera como de Direito Administrativo a sistematização dos princípios da atividade jurídica do Estado, sob ordem legal, com exclusão da jurisdição civil e penal, e a constituição dos meios e órgãos da sua ação em geral. Assim, o conteúdo dos atos jurídicos da atividade jurídica seria de Direito Administrativo. Já, o da atividade social não, pois a ele só atribui, então, os meios e órgãos pertinentes a essa ação. Embora não deixe perfeitamente claro, parece relegá-lo ao âmbito da Ciência da Administração, Ciência Política, fora da Ciência Jurídica.

Berthélémy também faz a mesma distinção entre as atividades do Estado, apenas lhes dá denominação diferente: atribuição essencial, de polícia, e atribuição facultativa, de providência, na conservação e melhoria das condições de bem-estar da Nação. Entrega, entretanto, ao Direito Administrativo o ordenamento jurídico de ambas.

Apesar de paladino da dualidade de funções – legislativa e executiva –, distingue esta em função executiva-administrativa e executiva-judicial. Considera como de Direito Administrativo aquela função executiva, correspondente à consecução de toda a atividade do Estado, sob dada ordem jurídica, salvo as de prestação dos serviços da justiça.

A influência desses dois juristas estrangeiras nos estudiosos do Direito Administrativo no Brasil, no período da sua vida republicana, foi enorme, principalmente do primeiro. Fez escola em nossa Pátria.

Conseqüentemente, a forma por ele exposta, no conceituar o Direito Administrativo, foi defendida por Augusto Olímpio Viveiros de Castro (*Tratado da Ciência da Administração e do Direito Administrativo*, 2ª ed., pp. 90-92) e por José Matos de Vasconcelos (*Direito Administrativo*, vol. I, pp. 12-16). Acolheram-na também, *em princípio*, Tito Prates da Fonseca (*Direito Administrativo*, pp. 48-50), Mário Masagão (*Conceito do Direito Administrativo*, 1926) e seus discípulos, Fernando Mendes de Almeida (*Noções de Direito Administrativo*, pp. 11-23) e José Cretella Jr. (*Direito Administrativo do Brasil*, vol. I, 1956, pp. 78-84).

Diz-se "em princípio" porque, logicamente, aqueles Mestres excluíram do Direito Administrativo não só a jurisdição penal e civil, como qualquer outra jurisdição, e Mário Masagão e seus discípulos, ainda, incluíram, acertadamente, no Direito Administrativo a ação de legislar, bem como os chamados atos de governo. Daí conceituarem o Direito Administrativo como o conjunto de princípios que regulam a atividade jurídica não-contenciosa do Estado e a constituição dos órgãos e meios da sua ação em geral.

22.6 Definições dos adeptos da corrente negativa. Doutrina da relação jurídica

Para Fleiner e Oda o Direito Administrativo consiste no ordenamento jurídico das relações entre a Administração Pública e os particulares ou dela com seus próprios órgãos. A atividade objeto dessas relações – esclarecem – corresponde à função administrativa, e esta consiste no complexo de poderes e deveres jurídicos fora do âmbito da função legislativa e jurisdicional. À legislativa cabe a criação do direito, e à jurisdicional compete a determinação do direito legal na espécie litigiosa.

O direito, observe-se, não passa de certa forma da vida social, que se exterioriza através de normas e relações. Portanto, os diferentes ramos do direito têm por objeto norma e relação jurídica, que conotam sua especialização. Daí os autores citados se referirem ao ordenamento jurídico das relações da Administração Pública e obtemperarem que o objeto dessas relações reflete a função administrativa, cujo conteúdo, outrossim, explicam.

Se esse conteúdo equivale ao atribuído à função administrativa por Orlando, embora utilizem expressão diversa para conceituar o Direito Administrativo, só devem ser agrupados como pertencendo, em última análise, à mesma corrente doutrinária. Todos eles procuram discriminar o Direito Administrativo pelo critério teleológico dos fins do Estado, em atenção às respectivas funções, e oferecem o mesmo conceito negativo da função administrativa e o mesmo conceito positivo das funções legislativa e jurisdicional.

Impressionado com o aspecto exterior das palavras, com a diversidade de expressão na definição do Direito Administrativo, o próprio Orlando destacou a teoria da relação jurídica da em que se inscreve. Deu maior relevo ao nome que à realidade das coisas.

Autores que definem o Direito Administrativo em razão das relações da Administração Pública podem e devem ser incluídos em agrupamentos distintos. Uns na teoria do Poder Executivo, se reduzem essas relações às próprias desse Poder para consecução dos fins do

Estado; e na teoria teleológica, objetiva, se ampliam o âmbito do Direito Administrativo, como correspondendo aos atos da função administrativa, mesmo levada a efeito pelo Legislativo e Judiciário na realização dos fins do Estado.

Ora, Fleiner e Oda delimitam o campo deste ramo jurídico, exatamente, como fazem os adeptos da corrente teleológica negativa.

22.7 Crítica às doutrinas em termos negativos

Por isso, as mesmas críticas que cabem a Orlando e a seus seguidores cabem, também, a Fleiner e Oda.

Incorrem em censurável equívoco lógico ao procurar distinguir o Direito Administrativo dos outros ramos jurídicos de modo negativo. As definições só devem ter termos positivos, bem como os seus elementos esclarecedores. Não altera, portanto, a objeção afirmar-se, de modo positivo, o que ele seja, se o significado dos termos, que encerram o conceito, se faz de maneira negativa.

Ora, as definições negativas dizem o que *não é* a matéria definida. Deixam de dizer, todavia, o que ela *é*. Por vezes, podem restringir e ampliar seu âmbito além dos próprios propósitos. É o que se verifica na hipótese.

Todos pretendem excluir do Direito Administrativo os atos de governo, que consideram, não mais como Jellinek, fora do direito, porém como atos jurídicos, de superior direção da vida estatal, de natureza discricionária ou política, e estranhos à apreciação do Judiciário. Reduzem-nos aos atos pertinentes às relações com os outros Estados, ou com os órgãos supremos legislativo e judicial, e à salvação da ordem interna em perigo, e acima da rotina administrativa. Entretanto, pelo conceito negativo de administração, distinto da legislação e da jurisdição, tal não é possível. Se não se incluem nem na legislação, nem na jurisdição, forçosamente deveriam cair no âmbito da administração.

Igualmente, embora procurem excluir do Direito Administrativo os atos jurídicos levados a efeito pelo Estado ou pela Administração Pública sob a regência do direito privado, tal não conseguem com a posição assumida.

Na consecução dos fins do Estado e nas relações da Administração Pública com os particulares, mesmo com objetivo de alcançar direta e imediatamente o interesse coletivo, a utilidade pública, pode valer-se o Estado, a Administração Pública, de atos jurídicos regidos pelo direito privado, Civil e, mesmo, Comercial, consoante exemplos já lembrados, de compra e venda de imóveis, no mercado da oferta e da procura, para execução de empreendimento público, ou de constituição de sociedade anônima, sob forma de empresa pública ou sociedade de economia mista, para prestação de serviço público.

Além disso, há uma contradição por parte de Berthélémy, Fleiner e Oda ao pretenderem compreendidos no Direito Administrativo os Tribunais Administrativos, pois sua ação se situa na função jurisdicional, conforme o entendimento dado à ação de julgar: determinação do direito legal na espécie litigiosa.

Aliás, de dita crítica se livra Orlando, porquanto exclui do Direito Administrativo a jurisdição civil e a penal. Contudo, surgindo outras jurisdições, como a trabalhista e a eleitoral, e não havendo sido consideradas, ficam elas, sem que o quisesse o ilustre Mestre, pelo seu conceito, dentro do Direito Administrativo, apesar de seu intento ter sido colocar como matéria deste tão-somente a jurisdição administrativa.

Já, Mário Masagão safa-se de parte das objeções. Isso porque, pelo seu conceito, os atos de governo devem ser incluídos entre os atos administrativos e os Tribunais Administrativos, como qualquer outro que tenha por objeto a ação de julgar, exercem atividade jurisdicional. Resta, contudo, a crítica de a definição ser feita em termos negativos, bem como a anteriormente exposta, da falta de fundamento nos argumentos apresentados para agasalhar a ação de legislar no Direito Administrativo. Na verdade, essa orientação se afigurou justificável por outras razões.

Afinal, Orlando e Mário Masagão ainda incorrem no engano de deixar no ar a que Ciência, Jurídica ou Política, cabe o conteúdo da chamada atividade social do Estado, pois excluem essas matérias do Direito Administrativo. Deixando-as à Ciência da Administração, esquecem-se de que são ordenadas juridicamente, e, portanto, ao lado do seu aspecto político, são informadas pelo direito. Assim, o problema econômico pode ser examinado sob o aspecto político, e se terá a

Economia Política; e sob o prisma jurídico, e surge o Direito Econômico. Igualmente, ao lado da Ciência Pedagógica há o Direito Educacional.

Portanto, além das ciências que fornecem os elementos técnicos para a ingerência do Estado na vida social – por exemplo, Economia Política, Pedagogia –, existem mais três outras: a que sistematiza a organização racional e a ação do Estado; assim, abrange cada uma dessas matérias, enquanto objeto de organização e ação do Estado segundo os princípios utilitários, políticos, *Ciência da Administração*; a que ordena de maneira normativa e coercitiva a organização e a ação do Estado, isto é, regulamenta juridicamente a ação de legislar e de executar do Estado e a organização necessária para tanto, segundo os princípios de justiça, quanto a essas matérias objeto da organização e ação do Estado, *Direito Administrativo*; e a que ordena juridicamente essa própria matéria objeto de ação do Estado, segundo as regras da justiça, isto é, para dar a cada um o que lhe é devido, e que compreende, exemplificativamente, o *Direito Educacional* e o *Direito Econômico*.

É verdade, podem retrucar esses eminentes Mestres que na expressão meios para ação do Estado em geral está compreendido o ordenamento jurídico dessas matérias, objeto da atividade social. Desde logo conviria observar que os atos jurídicos não são meios de ação do Estado. Eles constituem a forma da sua ação, que se exterioriza por intermédio deles e de atos ou operações materiais. Mas, admitidas essas respostas, elas integrariam o Direito Administrativo, e não teria alcance a distinção feita entre atividade jurídica e social. O Direito Administrativo passaria, então, a compreender não só a organização e ação do Estado como, também, toda a matéria juridicamente ordenada, objeto da chamada ação jurídica e social.

Se ao Direito Administrativo, segundo eles, não compete o estudo das matérias da atividade social sob o aspecto político, de oportunidade e conveniência, de como elas devem ser juridicamente ordenadas, mas tão-somente da natureza jurídica de sua ordenação, o mesmo ocorre com as matérias da chamada atividade jurídica.

A conveniência ou oportunidade de adotar o casamento dissolúvel pelo divórcio, ou não, no Direito Civil; de oficializar a Bolsa de Mercadorias ou de Títulos, no Direito Comercial; de escolher este ou aquele sistema policial de identificação individual; de prescrever tal ou qual regra de construção, por razões de segurança; de estabelecer, ou não, o confinamento das prostitutas, não constituem problema da Ciência Jurídica, mas de outras ciências de natureza moral, política e técnica.

Todas essas matérias, objeto de regulamentação jurídica, nas suas causas e efeitos, são tão estranhas ao direito como as outras da pretendida atividade social do Estado relativas à saúde, à educação, à economia etc.

Afinal, impõe-se não confundir a ação de legislar, normativa, e a ação de executar, individual, com a matéria legislada e executada, objeto dessas ações.

Assim, a lei sobre o casamento é de Direto Civil. Já, a ação de elaborá-la é de Direito Legislativo, ou Parlamentar, e a ação conseqüente de executá-la, ao participar do casamento entre os nubentes, para verificar suas vontades e fazer o assento respectivo, é de Direito Administrativo, para os que distinguem esses dois ramos jurídicos; ou são ambas deste último, para os que têm essas ações, de legislar e executar, como objeto da mesma natureza.

Igualmente, a lei que cogita da interferência do Estado nas relações com os particulares no âmbito da chamada polícia administrativa, ao condicionar, por motivo de segurança pública, o exercício da liberdade, com a legislação sobre a obrigatoriedade de identificação, e da propriedade, com a legislação sobre as restrições de construção, é do Direito de Segurança Pública, se feita por esse fundamento. Já, a ação de elaborá-la é de Direito Legislativo, ou Parlamentar, e a ação de executar essa norma é de Direito Administrativo, repita-se, para os que distinguem esses dois ramos jurídicos; ou são ambas deste último, para os que têm essas ações, de legislar e executar, como objeto da mesma natureza.

Por esses motivos expostos, verifica-se a distinção entre os aspectos político e jurídico da matéria legislada e executada e, ainda, entre a ação de legislar e executar a seu respeito, o que faz acarretar o abandono, por parte dos modernos publicistas, da distinção entre as atividades jurídica e social do Estado, para efeito de definir o Direito Administrativo.

22.8 Definições dos adeptos da corrente positiva

Otto Mayer conceitua o Direito Administrativo como atividade do Estado para realização dos seus fins, debaixo de uma ordem jurídica. Destarte, diferencia a administração da legislação e da jurisdição. Considera a legislação como a função a que cabe estabelecer a ordem jurídica estatal, e a jurisdição a que compete assegurar essa ordem jurídica.

Assim, a legislação está, sob certo aspecto, *acima* dessa ordem jurídica, e a jurisdição existe *por* essa ordem jurídica, e os atos de governo *fora* da ordem jurídica. Antes, entretanto, salienta que a administração compreende toda a atividade do Estado além da legislação ou jurisdição. E, por fim, conclui que o Direito Administrativo é o relativo à administração, e todas as questões a ela pertinentes dizem respeito às relações entre o Estado e seus súditos, embora nem todas sejam deste ramo jurídico.

Destarte, as referentes à organização do Estado fazem parte do Direito Político, compreendendo o Direito Constitucional e a organização complementar dos órgãos executivos e judiciários. Por outro lado, são pertinentes à Ciência da Administração, Ciência Política, os princípios explicativos do que o Estado faz e deve fazer, com respeito à ingerência do Estado em várias atividades, as quais, ordenadas juridicamente, suscitam o aparecimento de vários ramos jurídicos, todos unificados pela ação da Administração. O Direito Administrativo reduz-se à ação jurídica do Estado sob ordem normativa, nos diferentes setores em que intervenha, reconhecidos como próprios dos seus fins. Exclui, contudo, dele a organização administrativa, relegada ao Direito Constitucional complementar.

Pela sua exposição verifica-se que a utilização da definição de administração de maneira negativa deve servir apenas como prolegômeno para chegar-se ao conceito positivo; e mais, que a corrente que define o Direito Administrativo pela finalidade do Estado e a que o faz tendo em vista as relações jurídicas da Administração com os particulares se afinam no mesmo objeto, como ponderado.

Nessa ordem de idéias, Santi Romano conceitua o Direito Administrativo como sistema de princípios de direito público que regulam a atividade concreta do Estado e dos entes menores que constituem seu desdobramento, para realização dos próprios interesses.

Desse modo, distingue a função administrativa da legislativa, que é regulamentação normativa, de natureza geral e abstrata, e da função jurisdicional, que tem por objeto o direito, enquanto este, para a Administração, é simplesmente limite de sua ação em prol do interesse coletivo. Assim, a legislação apenas torna juridicamente possível ou necessária sua satisfação, e a jurisdição tutela esse ordenamento e os direitos dele conseqüentes.

Por sua vez, Presutti distingue a função legislativa de estabelecer normas imperativas, gerais e abstratas, de comportamento das pessoas no interesse da coletividade e a função jurisdicional de dizer o direito, com caráter de irrevogabilidade, em virtude da autoridade da coisa julgada, da do Executivo, que se biparte em atividade administrativa e de governo, esta de caráter discricionário e aquela legalmente disposta.

O Direito Administrativo é o complexo de normas que regulam atividade administrativa, e tão-somente ela. Portanto, compreende o estudo das relações jurídicas em que o Estado, nessa qualidade, participa com terceiros e com os próprios órgãos.

Completando a evolução desses pensamentos, Cammeo define o Direito Administrativo como o complexo de normas que disciplinam as relações dos particulares e o Estado, ou deste com seus órgãos, enquanto age como autoridade, nos casos concretos, para realizar seu escopo de ordem, civilização e bem-estar social.

Entretanto, os autores italianos, além do ordenamento jurídico da ação, envolvem, ainda, a organização própria para sua efetivação como participante do Direito Administrativo.

22.9 Apreciação das doutrinas em termos positivos

Não obstante aparentem posições diferentes, em virtude da maneira diversa com que se expressam esses autores, todos eles unificam o conceito do Direito Administrativo segundo as mesmas notas específicas de ordenamento jurídico da atividade concreta do Estado, ou de quem faça as suas vezes, para consecução do fim de utilidade pública. Ora substituem a palavra "concreta" por "prática", e ora aduzem a expressão "direta, positiva e imediata".

Para expressar esse fim de utilidade pública usam termos distintos, mas que significam, em última análise, a mesma coisa – isto é: interesse estatal, interesse coletivo, asseguramento da ordem e efetivação do bem-estar social, realização da conservação e aperfeiçoamento da vida estatal.

Por outro lado, alguns substituem a expressão "ordenamento jurídico da atividade concreta" por "relações jurídicas", na verdade, com finalidade de empregar palavra de alcance correspondente, pois as relações jurídicas são ordenamentos jurídicos específicos e concretos, em oposição às normas jurídicas, de caráter geral e abstrato. Consistem em considerações do mesmo objeto, mediante expressões diversas. Falam em "relações jurídicas" em lugar de "atividade concreta", segundo dada norma jurídica.

Ainda com intuito de distinguir atos jurídico-administrativos dos praticados pelo Estado, mesmo para conseguir a utilidade pública, regidos pelo Direito Civil, acrescentam alguns, melhorando o conceito, de que regula a função *tão-somente* administrativa, ou seja, que se circunscreve a relações das quais participa o Poder Público enquanto tal, e inexistentes entre particulares; ou, então, em relações do Estado enquanto age como autoridade.

Afinal, acrescentam que o ordenamento dessas atividade compreende não só a ação como a organização estatal.

22.10 Modernos autores que se inscrevem na teoria da finalidade do Estado

Essa última orientação exposta, dentro da teoria que delimita o Direito Administrativo tendo em atenção os fins do Estado, prevalece modernamente.

Aliás, os autores que iniciaram a sistematização do Direito Administrativo e reduziam seu campo ao ordenamento jurídico da atividade do Poder Executivo ou à relação da Administração Pública, considerada como tal, com seus órgãos e os particulares, sempre cogitaram que ele tinha por objeto tanto a atividade como as relações de utilidade pública, de interesse coletivo, agora, de novo salientadas pelos adeptos da teoria teleológica. Outra não é, em última análise, a posição dos defensores da teoria do serviço público.

Nela se inscrevem, na Espanha, Antonio Royo-Villanova (*Elementos de Derecho Administrativo*, 25ª ed., vol. I, p. 16), Recaredo F. de Velasco Calvo (*Resumen de Derecho Administrativo y de Ciencia de la Administración*, 2ª ed., vol. I, pp. 13 e 28-37), José Gascon y Marín (*Tratado de Derecho Administrativo*, 5ª ed., vol. I, pp. 61-62), Carlos García Oviedo (*Derecho Administrativo*, 8ª ed., vol. I, pp. 64-65) e Sabino Álvarez Gendín (*Tratado General de Derecho Administrativo*, vol. I, 1958, pp. 112-115), que salientam caber-lhe o trato direto e imediato do interesse geral, das necessidades públicas e da respectiva organização para levar a efeito tal cometimento, seja condicionando as relações dos particulares, no exercício da sua liberdade e propriedade, seja fomentando-a, seja prestando serviços.

Entre os escritores italianos destacam-se Francesco D'Alessio (*Istituzioni di Diritto Amministrativo Italiano*, vol. I, 1932, pp. 15-19 e 19-29) e Arnaldo de Valles (*Elementi di Diritto Amministrativo*, 1937, p. 9). Entretanto, este considera como seu objeto a atividade do Estado que se ocupa de modo direto do interesse coletivo, ao passo que aquele o conceitua como o complexo de normas jurídicas internas que regulam as relações dentro da Administração Pública, enquanto age para atingir seu fim, e com os sujeitos a ela subordinados.

Antes, todavia, esclarece o último seu entendimento da Administração Pública como atividades concretas do Estado para satisfazer as necessidades coletivas de maneira direta e imediata. Opõe a função administrativa às de legislar e julgar, apesar de ambas também cogitarem do interesse coletivo. Isso porque a legislação tem caráter normativo, geral e abstrato, de criação do direito, e à jurisdição cabe a aplicação da norma ao caso concreto, para dirimir controvérsia entre as partes; portanto, de modo indireto e mediato.

Renato Alessi (*Sistema Istituzionale del Diritto Amministrativo Italiano*, 3ª ed., pp. 1-14) define o Direito Administrativo como complexo de normas que disciplinam essencialmente o cumprimento da função administrativa, de um lado, como sua organização e das autoridades a que é atribuída, e, de outro, como desenvolvimento dessa própria função e efetivação das relações a que dá origem. Esclarece que corresponde à atividade concreta e direta, mediante ação positiva, de realização prática da segurança, progresso e bem-estar da coletividade.

Outrossim – cumpre relembrar –, Santi Romano, em novo trabalho, reafirma a posição anterior, objetiva, retroconsiderada, embora agora pondere a possibilidade de se conceituar subjetivamente a Administração Pública e de conceituar nesse sentido o Direito Administrativo, tendo em vista a ordem jurídica positiva do país (*Corso di Diritto Amministrativo*, 3ª ed., pp. 1-7).

Aliás, é de se observar, os modernos escritores italianos, que conceituam o Direito Administrativo como ordenamento jurídico da atividade do Poder Executivo ou da Administração Pública tomada no sentido subjetivo, como equivalente aos órgãos desse Poder, a restringem aos atos de função administrativa para distingui-los dos atos de governo, e, então, conceituam a Administração Pública em sentido objetivo, e como atividade concreta, prática, direta e imediata, na consecução dos fins do Estado de efetivação da utilidade pública ou como atividade executiva levada a efeito no interesse do Estado e no âmbito da norma jurídica.

Sirvam de exemplo Forti (*Diritto Amministrativo*, 2ª ed., vol. I, pp. 1-19, 1931), Miele (*Principi di Diritto Amministrativo*, 2ª ed., vol. I, pp. 10-14), Zanobini (*Corso di Diritto Amministrativo*, vol. I, 1936, pp. 4-8), Benvenuti (*Appunti di Diritto Amministrativo*, 4ª ed., pp. 41-43 e 49-50), Raggi (*Diritto Amministrativo – Corso di*, vol. I, 1936, pp. 19-20) e Sandulli (*Manuale di Diritto Amministrativo*, 6ª ed., pp. 4-5).

Devem ser incluídos nessa corrente: na Alemanha, Ernest Forsthoff (*Tratado de Derecho Administrativo*, pp. 11-15); na Bélgica, Maurice Vauthier (*Précis de Droit Administratif de la Belgique*, 3ª ed., vol. I, pp. 31-45); na França, Paul Duez e Guy Debeyre (*Traité de Droit Administratif*, 2ª ed., pp. 114 e 181-225); em Portugal, Marcello Caetano (*Manual de Direito Administrativo*, 5ª ed., pp. 22-24); na Argentina, Benjamin Villegas Basavilbaso (*Derecho Administrativo*, vol. I, 1949, pp. 32-43); e, no Brasil, Hely Lopes Meirelles (*Direito Administrativo Brasileiro*, pp. 8-12).

22.11 Pensamento original de Posada

Embora pertencente a essa corrente, como se declara, Posada a apresenta sob forma original.

Distingue quatro funções estatais: legislativa, executiva, judicial e administrativa. As três primeiras levadas a efeito por cada um dos Poderes que têm a respectiva denominação, e a última por órgãos existentes nesses três Poderes para sua atuação, embora devesse constituir Poder autônomo.

À função legislativa cabe a elaboração das normas jurídicas; à executiva a prática de atos políticos ou de governo; e à judicial a declaração do direito de partes em controvérsia, resolvendo o litígio existente entre elas. Já, a administrativa, efetivada por órgãos de cada um dos outros Poderes e, principalmente, pelos do Poder Executivo, tem por objetivo a criação, conservação e aperfeiçoamento do organismo do Estado, das suas instituições, de modo a poderem sempre ser aplicadas na realização do seu fim jurídico, principal e premente, em prol da ordem interna e externa, e do fim social, de proteção dos indivíduos.

O ordenamento jurídico do organismo do Estado, necessário para a gestão dessas atividades, para consecução dos seus fins, compreendendo a criação, conservação e aperfeiçoamento das suas instituições, é o objeto do Direito Administrativo. Então, excluía, ao contrário dos juristas da época, o ato de julgar, mesmo do contencioso administrativo, do Direito Administrativo.

Sua concepção não recebeu acolhida entre os administrativistas espanhóis, que o criticaram por reduzir o Direito Administrativo a simples organização, quando deve envolver, outrossim, seu funcionamento, pois aquele existe para se realizar. Portanto, não pode se reduzir a mera criação, conservação e aperfeiçoamento das instituições estatais.

Respondendo a essas objeções, na 2ª edição da sua obra sustenta que a tanto não restringira a função administrativa – e, conseqüentemente, o Direito Administrativo –, visto que, entendia, a ele cabiam a organização das instituições e sua atuação; por conseguinte, sua organização jurídica e sua ação jurídica no cumprimento dos fins do Estado. O que ele pretendia era excluir da função administrativa a matéria objeto dos fins do Estado.

Assim, uma coisa – dizia – era a satisfação da necessidade social, conteúdo de dado serviço público; e outra o esforço e a gestão indispensável para que o serviço se constitua e seja prestado, aquela de natureza técnica, e esta jurídica. E exemplificava: um professor, ao dar uma aula em uma escola pública, não administra o ensino; um médico, ao curar um doente em um hospital público, não administra a saúde; mas exercem atividades técnicas estranhas ao Direito Administrativo.

Realmente, replicam seus opositores, não se confunde a atividade técnica com a função administrativa, porém aquela se exterioriza na vida social através de normas jurídicas regulamentando-a e de decisões jurídicas que a tornam aplicável. Destarte, o ensino escolar ou o tratamento médico por parte da Administração Pública pressupõem um ordenamento jurídico a respeito e os atos jurídicos complementares, regulamentando aquelas atividades e o modo de obtê-las nos estabelecimentos públicos por parte dos particulares.

Isso é verdade, e, aparentemente, os críticos de Posada se apresentam com razão. Mas o problema está em se indagar se constitui todo esse ordenamento jurídico objeto do Direito Administrativo. Esse ordenamento jurídico compreende, de um lado, a matéria objeto da ação administrativa e, de outro, a forma da ação administrativa relativa a essa matéria. Destarte, as matérias pertinentes às ciências médicas e educacionais são reguladas pelo direito, a fim de serem levadas a efeito pela ação da Administração Pública, segundo dada forma jurídica.

Trata-se de matérias objeto de distintas ciências, médicas e educacionais, e efetivadas pelo Estado-poder através de atos materiais, de encargo público, antecedentes aos atos jurídicos administrativos ou complementares deles, tendo em vista a consecução dos fins do Estado-sociedade; portanto, atos da Administração Pública circunscritos pelo Direito Administrativo. Porém, essas matérias, objeto de tais ciências, pertinentes à saúde e ao ensino, quando ordenadas pelo direito, participam de distintos ramos jurídicos – Direito Educacional, Direito Sanitário etc. – com relação ao conteúdo da ação, juridicamente regulamentada, referente aos diferentes setores da atividade estatal.

Ao Direito Administrativo cabe só o procedimento jurídico para essa ação administrativa levada a efeito na conformidade das normas jurídicas desses diferentes ramos do direito.

Tal, parece, era o pensamento *in fieri* de Posada. Foi mal-compreendido, a respeito, pelos seus patrícios. Isso devido à imprecisão dos termos usados para definir a função administrativa e não ter sido perfeitamente claro no externar esse seu pensamento, ainda em elaboração, e do qual não tirou todas as conseqüências. Desde a 1ª edição de sua obra enfeixava no Direito Administrativo não só a atividade jurídica de organização administrativa, como a atividade jurídica de ação administrativa, embora sempre desse maior relevo ao aspecto das instituições jurídicas pertinentes àquela que ao próprio desta.

Certamente, assim procedeu porque a teoria jurídica da organização administrativa já havia alcançado muito maior desenvolvimento que a do procedimento administrativo, isto é, o estudo da estrutura jurídica da Administração então se achava mais avançado que o das formas jurídicas da sua ação, ou seja, dos atos jurídico-administrativos.

Essa conclusão se tira quando, comentando a atividade da Administração Pública, pondera que o Direito Administrativo compreende relações internas do Estado com suas corporações e com seus funcionários, e destes entre si, e relações externas com os particulares na sociedade estatal e com outros Estados (Posada, *Tratado de Derecho Administrativo*, vol. I, 1897, pp. 66-68).

Ao que se conclui, ele pretendia era excluir do Direito Administrativo, por estranha à função administrativa, no seu entender, a atividade técnica objeto da prestação dos serviços públicos, ante a ingerência social do Estado na vida da sociedade, interferindo em questões de educação, de saúde e de economia. E não só ela, como a própria matéria legislada dispondo sobre o sistema educacional, sobre os problemas sanitários e o regime econômico; como, ainda, excluir, por igualmente estranha à função administrativa, a atividade técnica objeto dos serviços públicos relativos à própria manutenção da ordem interna e externa e, como, também, a matéria legislada a respeito. Daí insistir que uma coisa era o cumprimento dos fins estatais, e outra a gestão administrativa, de caráter jurídico, para seu cumprimento.

Orlando, quanto à chamada atividade social, isto é, quanto à ingerência social do Estado, anteriormente, já delimitara o Direito Administrativo tão-somente aos meios e órgãos jurídicos de sua ação, quer dizer, ordenamento jurídico quanto à organização e ação. Posada, parece, pretendia ir além, e relativamente, outrossim, à chamada atividade jurídica. Afigura-se, entendeu, embora sem dizer isso com bastante clareza, delimitar o Direito Administrativo à forma jurídica da sua organização e da sua ação.

Se procedente a interpretação que se empresta ao seu pensamento – sem dúvida, um tanto nebuloso, por isso suscitou a crítica referida –, seria o precursor do ponto de vista que se sustenta, de que se acha fora do Direito Administrativo toda a matéria legislada objeto da ação do Estado, tanto a referente à manutenção da ordem interna e externa como a pertinente à consecução do bem-estar coletivo.

Essas matérias englobam, respectivamente, o Direito Internacional, o Direito da Segurança Pública, o Direito Penitenciário, o Direito Tributário, o Direito Educacional, o Direito Sanitário, o Direito Econômico, o Direito do Trabalho e o Direito Previdencial e Assistencial etc.

Se verdadeira a interpretação ora oferecida do seu pensamento, deveria estar nele implícita a autonomia desses ramos jurídicos. Conseqüência, entretanto, que se tira e que faltou na sua exposição, pois a tanto se não referiu, por ter ficado incompleto o ciclo do conceito da função administrativa, que apenas delineara.

Igualmente deveria, ao contrário do sustentado, ter levado às últimas conseqüências as suas premissas. Então, teria que concluir que a ação de legislar e a de executar não passavam de expressões jurídicas da vontade estatal no exercício do seu poder político de integrar juridicamente a ordem social, na efetivação da função administrativa da criação de utilidade pública; e, assim, os chamados atos de governo nela estariam também compreendidos.

Reforça a interpretação atribuída ao seu pensamento a circunstância de haver estudado o procedimento administrativo como atuação da Administração e o haver classificado, como acontece com o judicial, de "direito para o direito", ou seja, como direito adjetivo. É de se ressaltar, ainda, a lógica do seu raciocínio ao considerar a Justiça Administrativa como correspondendo ao exercício da função jurisdicional (Posada, ob. cit., pp. 487-491).

22.12 Conclusão

Sendo o Direito Administrativo um direito estatal, cumpre ser conceituado em atenção ao fim do Estado, à atividade por ele levada a efeito e regida por esse ramo jurídico. Isso porque a causa final de qualquer ser especifica sua razão de existir, e nas ciências morais ou práticas, que têm por objeto o ser humano e seu comportamento – isto é, princípios que ordenam a conduta humana –, o fim dessas relações cumpre ser considerado. Entre essas ciências se há de inscrever o direito: ordenamento coercitivo de relações entre os homens, isoladamente ou em sociedades por eles formadas, de modo a assegurar seja dado igualmente a cada um o que lhes é devido, numa harmonização da liberdade com a autoridade.

É de se observar que nas ciências especulativas a causa final está ínsita no próprio ser, objeto da sistematização de conhecimentos, enquanto nas morais ou práticas é a meta do ato da vontade humana, solicitada por causas ocasionais ou motivos para sua atuação, na conformidade com o bem que constitui seu objeto, que a ele convém e, destarte, se torna desejável.

Ora, o Estado-sociedade tem por objeto o bem comum e é ordenado, juridicamente, como Estado-poder, para alcançá-lo, de maneira a dar a cada um dos seus membros a participação que lhe é devida nesse bem. Como direito estatal, o Direito Administrativo deve ordenar o Estado para conseguir esse objetivo. Daí se afigurar acertada sua definição segundo a concepção teleológica.

O bem comum só se consegue, em qualquer sociedade, havendo paz na relação entre seus membros, como elemento primeiro indispensável para a vida comunitária, e, em seguida, efetivando-se as melhores condições de bem-estar coletivo, seja propiciando os elementos para que os componentes do Estado-sociedade, individualmente, contribuam para isso, seja assumindo o próprio Estado-poder o encargo de levá-las a bom termo, na falta ou deficiência por parte dos particulares na sua realização, ou ocorrendo inconveniência em relegá-la a eles.

Para se alcançar esse bem comum, impõe-se o estabelecimento de normas gerais e abstratas prescrevendo o que entende o Estado-poder como desejável para a melhor vida social, tranqüila e próspera, e a atuação individual, concreta, desses preceitos, seja para realizá-los, seja para assegurar a terceiros o direito que deflui daquelas normas, concretizadas em relações entre eles, quando ameaçado ou desrespeitado.

Sustentam os autores adeptos da corrente teleológica, ora em foco, que a função de estabelecer a norma se distingue da pertinente à sua atuação, e assim se distinguem as funções em legislativa, administrativa e judicial. Determinam, então, o campo do Direito Administrativo como o ordenamento jurídico da atividade concreta do Estado na consecução do interesse coletivo. Variam, entretanto, as expressões. Assim, alguns substituem o termo "concreta" por "prática", ou pela expressão "direta e imediata". Ora, assim procedendo, não incluem no conceito os regulamentos, os atos contenciosos-administrativos de jurisdição dos Tribunais Administrativos, e não excluem os atos de governo. Contudo, a maioria expressiva pretende incluir aqueles e excluir estes.

De passagem, observa-se que a legislação, outrossim, é atividade direta do Estado, porquanto "direto" quer dizer "próprio", que pertence a quem participa do ato, como parte, sem intermediário, sem ser por meio de outrem. O Estado, ao legislar, prescreve normas de criação de utilidade pública, de modo direto, de forma própria, como parte na consecução do interesse coletivo. Outrossim, de maneira imediata, pois as estabelece como seu objetivo primeiro, como sua preocupação principal.

Quem atua de modo indireto, embora imediato, é a jurisdição, dada sua posição eminente entre os interesses em conflito, que lhe são estranhos, e cuja afirmação da ordem normativa vigente faz por intermédio do direito dos litigantes, ao assegurar este em razão daquela. Porém, imediato, porque seu objetivo primeiro é assegurar o direito, sua preocupação principal é resguardar a ordem jurídica vigente.

Portanto, se o objeto de ambos – isto é, dos atos normativos e concretos – é o mesmo, nada justifica diferenciar em dois ramos jurídicos, Direito Legislativo, ou Parlamentar, e Direito Administrativo, essas duas ações do Estado, de estabelecer a norma legislativa e de executá-la, de formação e realização do direito, visando direta e imediatamente ao interesse coletivo.

Por que o regulamento, mesmo com força de lei, se considera pertencente ao Direito Administrativo e a lei se entende, ao contrário, como fora dele? Não são, tanto um como a outra, regras gerais, abstratas e impessoais, com a eficácia de inovar a ordem jurídica? Será que se opõe a isso tão-somente porque a lei emana do Legislativo e o regulamento do Executivo? Não será, então, deixar o conceito formal pelo orgânico?

Assim, impõe-se distinguir, de um lado, o ordenamento da atividade do Estado, na consecução do seu fim próprio de criar utilidade pública, de modo *direto e imediato*, e, de outro, o ordenamento jurídico do Estado na consecução do seu fim próprio de dizer o direito das partes em controvérsias, de modo *indireto*, embora *imediato*. Lá se tem o Direito Administrativo, e aqui o Direito Judiciário.

Por outro lado, incluem os autores adeptos da corrente teleológica, ora em exame, como matéria do Direito Administrativo o conteúdo do ordenamento jurídico das diferentes interferências do Estado, pertinentes à ordem pública, para manter a segurança e defender os bons costumes, à saúde pública, à educação pública, à economia pública, à previdência e assistência social etc., seja para estabelecer balizas à liberdade e propriedade dos particulares, quando em jogo esses interesses sociais, seja para criar serviços públicos de prestação de atividade em tais setores.

Acontece, cada uma desse complexo de normas jurídicas rege matérias as mais díspares e sem qualquer ligação entre elas, a não ser a ingerência estatal, o que ocorre, outrossim, com referência aos próprios ordenamentos jurídicos dos diversos ramos que compõem o direito privado; e, por conseguinte, falta qualquer justificativa para agrupar as normas pertinentes a essas matérias no Direito Administrativo. Constituem, na realidade, ramos jurídicos autônomos, e alguns, como o Direito Tributário e o Direito do Trabalho, já ganharam, indiscutivelmente, esses foros.

Impõe-se não confundir o ordenamento jurídico da atividade do Estado para realizar o bem comum com as matérias condizentes com essa atividade e objeto de regulamentação jurídica. Elas correspondem a campos distintos de relações jurídicas, especificamente suscitados na consecução do fim estatal.

Ninguém inclui no Direito Judiciário as matérias jurídicas objeto da ação de julgar, as mais díspares, e próprias do Direito Penal, Civil, Comercial, Tributário, Trabalhista, Industrial. Igualmente, nada justifica pretender-se incluir no Administrativo as matérias as mais díspares, objeto da sua ação de legislar e de executar. Na verdade, elas informam o Direito da Segurança Pública, Sanitário, Educacional e Econômico etc., como anteriormente exposto.

Em conclusão, a teoria teleológica da finalidade do Estado, sobre o conceito do Direito Administrativo, deve ser aceita, porém com as retificações supra e retro-sugeridas, isto é, compreendendo tão-somente a forma de ação do Estado-poder, quer dizer, a ação de legislar e executar, e sua organização para efetivar essa forma, quer dizer, os meios e modos da sua ação.

Daí a definição do Direito Administrativo como ordenamento jurídico da atividade do Estado-poder, enquanto tal, ou de quem faça as suas vezes, de criação de utilidade pública, de maneira direta e imediata.

Capítulo IV
FONTES DO DIREITO

23. Conceito e classificação fundamental: 23.1 Diversos significados do vocábulo "fonte" – 23.2 Fontes filosóficas do Direito – 23.3 Fontes formais do Direito. 24. O Direito e a Justiça: 24.1 Sentido análogo do termo "direito" – 24.2 Conceito e classificação de "justiça" – 24.3 direito objetivo e subjetivo – 24.4 Direito natural e positivo – 24.5 Concepção neotomista do Direito e da Justiça. 25. Fontes objetivas: 25.1 Enumeração das fontes formais – 25.2 Discussão sobre se a jurisprudência é fonte do Direito – 25.3 Classificação das fontes formais. Supremacia da jurisprudência. 26. Fontes subjetivas: 26.1 Justificação das fontes subjetivas do Direito – 26.2 Do direito objetivo ao direito subjetivo – 26.3 Elementos do direito subjetivo – 26.4 Fundamento do direito subjetivo – 26.5 Teorias que negam o direito subjetivo. Crítica – 26.6 Distinção entre interesse legítimo e direito subjetivo. 27. Hierarquia das fontes jurídicas: 27.1 Pluralidade de ordenamentos jurídicos – 27.2 Do sistema dedutivo ao indutivo na formação do Direito por graus.

23. Conceito e classificação fundamental[1]

23.1 Diversos significados do vocábulo "fonte"

O vocábulo "fonte" é derivado do Latim, *fons-fontis*, e este de *fundo-fundere*, que significa "derramar". Indica, assim, o lugar de onde brota, na superfície da terra, a água. Desse sentido etimológico passa, vulgarmente, a traduzir o ponto de partida de alguma coisa. E, conseqüentemente, surgiu seu conceito jurídico, correspondendo aos princípios de que originam o Direito, ou, então, as formas que o revelam.

---

1. Cf. Rubens Limongi França, "Das formas de expressão do Direito", separata da *RT*.

Daí a distinção fundamental das fontes do Direito em filosóficas, ou reais, e formais, ou de direito positivo. As primeiras cuidam da indagação da essência e existência do Direito, dos seus primeiros princípios, isto é, das causas que lhe dão sua própria constituição – portanto, do Direito em si mesmo. As segundas cogitam dos elementos técnicos pelos quais ele se expressa, das formas de sua exteriorização.

23.2 Fontes filosóficas do Direito

No aspecto filosófico há a discussão sobre se o Direito é simples fruto da vontade do legislador, e se manifesta como mera expressão lógico-formal, segundo as doutrinas do Positivismo Jurídico, ou se corresponde à exteriorização da consciência popular, como um fato histórico, através do costume, ou mesmo se constitui fenômeno decorrente das leis da evolução social.

Demais, existe o debate sobre se ele se restringe a mero fenômeno histórico-sociológico, ou se ocorre também, na sua formação, a colaboração da Ciência Jurídica como doutrina, pela ajuda da inteligência humana, influindo, por sua vez, mediante sua ação, no desenvolvimento das normas de conduta social. Fica em foco o exame do papel da liberdade humana e da posição do indivíduo em face da sociedade.

Afinal, impõe-se saber se os fatores instintivos e intelectivos resultantes da ação do povo e dos juristas e estadistas, que culminam na elaboração do direito positivo, consideram princípios éticos fundamentais, inerentes à natureza do homem e dele inseparáveis, e, assim, os consagram nas regras jurídicas.

23.3 Fontes formais do Direito

O problema das fontes do Direito, quanto aos seus primeiros princípios, sua essência ou existência, ao seu conhecimento pelas causas, situa-se no campo da Filosofia do Direito.

Já, no aspecto do direito positivo reduz-se ao estudo das fontes formais do Direito, pelo qual se manifesta, na ordem política, como modos de expressão da conduta dos indivíduos no Estado-sociedade, sancionadas pelo Estado-poder.

Delas se preocupam as diferentes especialidades em que se esgalha a Ciência Jurídica. E interessam particularmente ao Direito Administrativo e ao Direito Judiciário, pois a esses ramos jurídicos compete, pela ação estatal respectiva, formular o Direito, ou dar sua participação na sua formulação pelo povo ou pelos indivíduos.

24. O Direito e a Justiça[2]

24.1 Sentido análogo do termo "direito"

O termo "direito" é de conceito análogo. Por isso, pode ser encarado sob diversas faces, e principalmente como "justo", isto é, como objeto da justiça, seu significado principal, ou como a qualidade de conformidade com ela e, ainda, como direito objetivo e direito subjetivo.

24.2 Conceito e classificação de "justiça"

O justo objetivo, isto é, o direito como objeto da justiça, é o bem devido a outrem, segundo certa igualdade. Corresponde ao que é seu numa equivalência de quantidade. Aprecia-se ante a verifica-

---

2. Cf. Taparelli D'Azeglio, *Essai Théorique de Droit Naturel*, vol. I, 1857; Albert Valensin, *Traité de Droit Naturel*, vol. I, 1922; Félix Senn, *De la Justice et du Droit*, 1926; Jacques Leclerq, *Leçons de Droit Naturel*, vol. I, 1927; George Renard, *Le Valeur de la Loi*, 1928; Martyniach, *Le Fondement Objectif du Droit d'Après Saint Thomas d'Aquin*, 1931; Dom Odon Lottin, *Le Droit Naturel chez Saint Thomas d'Aquin et ses Prédécesseurs*, 2ª ed., 1931; Louis Lachance, *Le Concept du Droit selon Aristote et Saint Thomas*, 1933; A. J. Faidherbe, *La Justice Distributive*, 1934; J. B. Derosiers, *Soyons Justes*, 2 vols., 1945; Henri Rommen, *Le Droit Naturel*, 1945; R. P. Sertillanges, *La Philosophie des Lois*, 1946; Jean Dabin, *Théorie Générale du Droit*, 1953; Jean Brethe de la Gressaye e Marcel Laborde-Lacoste, *Introduction Générale à l'Étude du Droit*, 1947; Vitor Cathrein, *Filosofia Morale*, vol. I, 1913; Francisco Suaréz, *Tratado de las Leyes y de Dios Legislador*, vol. II, 1918; Rafael Rodrigues de Cepeda, *Elementos de Derecho Natural*, 7ª ed., 1918; Mariano Aramburo, *Filosofía del Derecho*, vol. I, 1924; Luiz Mendizabal y Martín, *Tratado de Derecho Natural*, 7ª ed., com a colaboração de Mendizabal-Villabalba, vol. I, 1928; Francis Le Buffe, *Outlines of Pure Jurisprudence*, 1924; Joseph Richaby, *Moral Philosophy*, 4ª ed., 1929; J. P. Galvão de Souza, *O Positivismo Jurídico e o Direito Natural*, 1940.

ção da qualidade dos atos humanos, de conformidade ou não com essa virtude.

Observe-se, de passagem, como ensina Lachance, não cabe à justiça determinar essa igualdade, demarcá-la. Isso compete à prudência. A ela diz respeito produzir a igualdade nas relações humanas, dar efetivamente o devido a cada um (ob. cit., pp. 287-288). Daí a razão de se afirmar, anteriormente, que o Estado-poder se exerce através de duas faculdades autônomas: política e jurídica. A política tendo por objeto a utilidade pública, e que se vale do direito como forma de sua expressão; e a jurídica tendo por objeto a justiça, em que o direito é seu objeto (cf. Capítulo I).

O indivíduo a quem é devido o que é seu pode ver considerado esse bem como participante do Estado-sociedade, como o bem comum dos membros desta, dos indivíduos que a compõem, coletivamente considerados. Então, esse bem será considerado em atenção à regra geral, abstrata e impessoal, que ordena cada qual como parte do todo social e determina seus poderes e deveres no Estado-sociedade, não em si mesmos, isoladamente, com relação aos outros, mas enquanto integrantes do grupo social. Portanto, rege as relações em vista do bem comum, os direitos e deveres sociais dos indivíduos. Igualmente, cabe tal ponderação com referência ao Estado-poder, como organização instrumental para realização do bem comum do Estado-sociedade.

Outrossim, estende-se o mesmo regime a todos os agrupamentos sociais, naturais, como o familiar, o profissional, e voluntários, como as associações e as fundações.

A efetivação desse bem comum no Estado-sociedade faz-se especialmente pelo Estado-poder, através de normas jurídicas consideradas como condição social para cada indivíduo realizar seu fim, como ser humano, em atenção à sua personalidade individual, e, outrossim, como elemento participante de diferentes comunidades, umas exigidas pela sua natureza, outras criadas pela sua vontade, e entre todas sobreleva o Estado-sociedade.

Aí está a *Justiça Geral*, informada pela lei ou afirmada pelo costume, com caráter sancionador, e que enfeixa, em forma normativa, o que é devido a cada um como parte do Estado-sociedade, isto é, os direitos e as obrigações em abstrato que devem ser reconhecidos e impostos a cada qual, para que seus semelhantes possam ter o devido numa vida em comum, na conformidade com a dignidade da sua natureza humana, individual e social, e também reconhecida e imposta ao Estado-poder.

Assim, no Estado-sociedade, os indivíduos devem obedecer às determinações do Estado-poder, tendo em vista a vida em comunidade. Por sua vez, este deve exercer sua autoridade em virtude do bem do Estado-sociedade.

Cumpre resguardar a dignidade humana, a instituição da família e seus componentes, com asseguramento dos poderes e deveres dos seus membros, no benefício do todo; afirmar a instituição da organização profissional, de modo a empresa funcionar no interesse dos indivíduos que a corporificam, e a riqueza ser explorada no bem dos que a criam, tanto capital como trabalho.

Destarte, devem ser estabelecidas as normas que regulam relações entre particulares, de maneira a harmonizar a vida social e participar cada um na sua efetivação; e, outrossim, normas que regulam as relações dos particulares com o Estado-poder, e vice-versa.

A ordem internacional deve-se fazer de maneira pacífica, respeitadas a igualdade e independência dos Estados, assistidos os de posição política e econômica inferior pelos de situação superior, sem prejuízo da respectiva soberania.

Além desse bem geral, comum, devido aos indivíduos e ao Estado-poder como participantes do Estado-sociedade, concernentes às relações dos seus membros, no Estado-sociedade, em atenção ao bem comum, ou, melhor, ao bem dos indivíduos coletivamente considerados, isto é, ao bem do Estado-sociedade, há de se considerar o bem individual, particular, nas relações entre indivíduos ou entre indivíduos e a autoridade da sociedade política.

O bem individual particular devido por uma parte ou indivíduo com relação a outro particular, em igualdade absoluta de situação, denomina-se *Justiça Comutativa*, de igualdade aritmética, numa prestação exata de coisas e serviços co-respectivos. O bem individual particular devido pelo Estado-poder com referência ao particular, segundo suas necessidades ou seus méritos, e por este para com o próprio Estado-poder, segundo suas possibilidades, e, em ambas as hipóteses, em igualdade relativa de situação, denomina-se *Justiça Distributiva*, de igualdade proporcional ou geométrica, tanto na distribuição dos bens como dos encargos, tendo em vista o bem comum do Estado-sociedade.

Consistem em concretização das normas abstratas relativas à Justiça Geral. Dizem respeito à *Justiça Particular*, das partes em recíprocas vinculações, em virtude do bem devido por uma com relação à outra, seja um particular para com outro particular, e vice-versa, seja um particular para com o Estado-poder, e vice-versa.

Na Justiça Comutativa há uma igualdade aritmética, de exatas prestações co-respectivas, tendo em vista o bem de cada qual no Estado-sociedade. Na Justiça Distributiva há uma igualdade de proporção, entre os indivíduos e o Estado-poder, em que o termo de comparação é a necessidade, o mérito ou a possibilidade dos indivíduos considerados, tendo em vista o bem de cada qual em função do bem comum no Estado-sociedade.

Assim, o bem devido ao semelhante, por terem ambos a mesma natureza, é regido pela igualdade absoluta, entre o meu e o teu – e aí está a Justiça Comutativa. Cada um deve receber do outro a coisa ou serviço exatamente correspondente ao seu valor. Jamais pode receber acima ou abaixo da contraprestação, sob pena de ocorrer injustiça e lesão no direito.

Portanto, quem toma dinheiro emprestado deve devolver exatamente o correspondente a essa quantia e os juros que devem ser acrescidos a ela pelo risco ou desvalorização do capital e pela perda em não ter podido utilizá-lo nesse período de empréstimo. Igualmente, quem presta um serviço deve receber o pagamento co-respectivo ao preço do trabalho que fez e o lucro de sua participação na criação do produto. Isso porque ninguém pode enriquecer à custa alheia.

Já, o devido pelo Estado-poder aos indivíduos, isoladamente considerados, é regido pela igualdade relativa à necessidade ou ao merecimento de cada um, e o devido pelos indivíduos, isoladamente considerados, ao Estado-poder, outrossim, é regido pela igualdade relativa à possibilidade de cada um, na proporção que aquele e estes devem contribuir para o bem comum, através de relações individuais. A igualdade realiza-se no trato desigual de seres diferentes, quanto ao seu valor individual, em face do Estado-sociedade e do objeto devido. por isso, a igualdade realiza-se nas proporções acima referidas.

A distribuição dos bens, o Estado-poder deve fazer na conformidade da necessidade de cada qual, como, por exemplo, a obrigação de pagar ao funcionário o salário-família, ao lado do individual, em atenção ao número de filhos menores, a que corresponde o direito do pai de recebê-lo; ou segundo os méritos de cada qual – *v.g.*, a obrigação de nomear os melhores classificados em concurso, a que corresponde o direito destes de serem nomeados.

Por sua vez, na exigência de encargos, o Estado-poder deve fazer tendo em vista as possibilidades de cada qual, e, a propósito, está o seu direito de cobrar progressivamente os impostos sobre a renda e fazer as deduções na medida dos encargos familiares de cada um; e, conseqüentemente, se tem a obrigação destes de satisfazer os pagamentos nos termos desses lançamentos enunciados.

Essa mesma Justiça regula as relações entre os indivíduos e as comunidades de que façam parte, sejam naturais, a família, o grupo profissional, ou voluntárias, as sociedades, civis e comerciais, as fundações etc.

24.3 Direito objetivo e subjetivo

A Justiça Geral, também chamada *Legal*, ou *Social*, exterioriza-se através de regras de conduta que devem ser observadas pelos seres humanos na vida em comunidade, para que exista a melhor ordem social, e são asseguradas pelo Estado-poder. Essas regras de conduta concretizam-se em relações de cada um para com seus semelhantes e com o Estado-poder e se traduzem em poderes reconhecidos para agir de certa maneira dentro da vida em comunidade, e que constituem a exteriorização da Justiça Comutativa e da Justiça Distributiva.

Destarte, têm-se, respectivamente, a regra de direito geral, o costume e a lei, pormenorizada pelo regulamento e completada pela jurisprudência, que prescrevem os poderes e deveres de cada um, e a regra de direito individual, que concretiza esses poderes, vinculando, reciprocamente, as partes interessadas, criada por elas, mediante mútuo acordo de vontades ou, simplesmente, em virtude de fato natural, ou ato individual de outrem, que torna aplicável em favor de alguém a regra geral.

Então, têm-se os poderes e deveres dos seres humanos presos por relação jurídica sobre determinado bem, coisa ou prestação. Configura a pertença do bem em favor do titular do direito, de quem o possui, por lhe ser devido como seu, contra o sujeito de obrigação a ele referente, nos termos das regras normativas e individuais, que colocam aquele na posição de senhor perante este, ante a livre disposição que lhe cabe do referido bem.

As regras abstratas constituem o direito objetivo, e esses poderes e deveres, o direito subjetivo. Esse conjunto de regras objetivas é munido de sanção pela sua desobediência, e a exigência de sua satisfação cabe aos titulares dos poderes subjetivos. São aspectos de um conceito único, como duas faces de uma mesma moeda. Um encerra a norma, as regras de conduta social dos indivíduos tendo em vista o bem comum; e o outro, a faculdade individual, tendo em vista o poder de cada qual em face de terceiros, que com ele se acham relacionados dentro do convívio social.

24.4 Direito natural e positivo

As regras objetivas decorrem do exame da natureza humana e do estudo dos elementos convenientes para o homem atingir seu fim. Para saber quais as regras a serem adotadas e as a serem repelidas, por favoráveis ou contrárias à vida e ao desenvolvimento do indivíduo e da sociedade, deve-se examinar a natureza do homem e os fatores adequados para satisfazer sua finalidade. As regras havidas como próprias à sua natureza devem ser praticadas, pois constituem um bem, e devem ser repelidas as contrárias, as em oposição a ela, por encerrarem um pseudobem.

Umas constituem exigências diretas e imediatas da natureza humana, outras defluem indireta e mediatamente dela. Ambas cumprem ser estabelecidas em virtude da sua aptidão para os indivíduos e a sociedade melhor realizarem suas finalidades. Portanto, no uso da virtude da prudência política, se há de cogitar da promulgação de regras coercitivas de conduta dos indivíduos na vida social, tendo em consideração os referidos dados. A prudência política é a virtude pela qual o governante reconhece essas normas e as promulga na ordem positiva, e age na sua conformidade, para alcançar o bem comum dos membros do Estado-sociedade.

Ao se examinar a natureza humana, para fixar as regras jurídicas objetivas, é de se atender à circunstância de ser o homem um animal inteligente e ter como sua nota caracterizadora a racionalidade. Por conseguinte, considera-se a pessoa, e não o indivíduo, o homem como ser racional e livre, pois o indivíduo é o homem enquanto animal. No ordenamento de ditas regras, na resolução do problema entre a prevalência do interesse do homem ou da sociedade, subordina-se o indivíduo à sociedade, mas a sociedade à pessoa, racional e livre, pois a sociedade é uma exigência da pessoa, para realização da plenitude do seu ser.

O direito que decorre da natureza humana envolve os princípios necessários para a vida social. São obtidos tendo em atenção o primeiro princípio prático, objeto da filosofia na ordem operativa, pelo qual se deve fazer o bem e evitar o mal. É o princípio da lei natural que condiciona as ações humanas, como ordenação da razão.

Já, seu conteúdo, isto é, em que consistem o bem ou o mal, prescritos pela natureza humana em função da sociedade, afere-se de dois modos.

De início, esse conteúdo surge pela ação da razão humana guiada pelas inclinações da sua própria natureza, conhecimento mais por tendências instintivas que por deduções raciocinantes, e compreende os princípios básicos da Moral, universais e imutáveis – por exemplo, de proibição de lesar a outrem e de sujeição ao convencionado com terceiro. Constituem preceitos fundamentais, de caráter permanente, que devem imperar em todo Estado-sociedade, para que este possa efetivamente subsistir.

Ao depois, esse conteúdo surge pela ação conceitual da razão humana, através de conclusões de ditos primeiros princípios, de modo necessário, porém progressivo, como sejam a afirmação da liberdade humana e o reconhecimento da propriedade dos bens. São regras de conduta postas pela Moral para a vida social reta, obtidas através da experiência e do raciocínio indutivo e adaptáveis às situações contingentes.

Um é o direito natural imediato, ou propriamente dito, e o outro é o direito natural mediato, ou, melhor, o direito comum dos povos civilizados, escrito pela Natureza e descoberto pelos homens, paulatinamente, com a ascensão da sua cultura.

Por meio desse conhecimento racional, coloca-se, em lugar do acaso arbitrário e do determinismo necessário, uma ordem social natural, resultante dos próprios elementos que vivificam o Estado-sociedade e imposta pelo Estado-poder.

Não obstante tenha seu fundamento na natureza humana, ainda o direito se completa, quanto às regras de conduta, ordenando a vida comunitária, com os fatores resultantes do meio ambiente, de ordem histórica e geográfica, tendo em vista as peculiaridades de cada povo e de cada região.

Assim, o direito positivo, que ordena coercitivamente o comportamento das pessoas humanas em dado estado-sociedade, além de dever adotar os princípios do direito natural, deve ficar informado pelas regras oriundas das exigências regionais, no desenvolvimento das regras oportunas e convenientes a cada Nação, segundo o grau de cultura da sua gente e o progresso atingido pela economia do país.

Destarte, o direito positivo de cada Estado-sociedade é o *ser* normativo, imposto pelo Estado-poder, que cumpre realize, na ordem social, o *dever ser* normativo, que deflui do direito natural ou moral social, completado pelo *dever ser* normativo que deflui das peculiaridades nacionais e locais.

24.5 Concepção neotomista do Direito e da Justiça

Tal se apresenta o problema da justiça como objeto do Direito, e o da concepção do Direito Natural em face do direito positivo, segundo o pensamento de Santo Tomás, exposto em síntese apertada e divulgado pelo Neotomismo, com certas variações de interpretação entre os autores (cf. *Summa Theologica*, 1ª Parte da 2ª Parte, "Da Justiça", Questão LVIII, pp. 261-312; "Do direito", Questão LVII, pp. 242-261, 1956; *Summa Theologica*, 1ª Parte da 2ª Parte, "Da Lei", Questões XL a XCVII, pp. 5-189, 1954).

25. Fontes objetivas

25.1 Enumeração das fontes formais

Esse direito positivo, que vige em dado Estado-sociedade, exterioriza-se através de fato a que se atribuem efeitos de direito ou de vontade com igual alcance, formulando regras que encerram preceitos técnicos que constituem os meios de realização daqueles postulados, oferecidos pelo direito natural e pela sociologia jurídica, no desenvolvimento dos institutos jurídicos que constituem o patrimônio da Civilização. Vale-se, para isso, da técnica jurídica, que consiste no conjunto de processos para sua expressão.

Então, destacam-se as formas da sua manifestação, que encerram as fontes objetivas do direito positivo. são elas: a constituição, a lei e o regulamento; o costume e a jurisprudência.

A constituição consiste na regra jurídica, geral, abstrata e impessoal, que dá estrutura ao Estado-poder, estabelece seus órgãos governamentais e as respectivas atribuições, definidoras do regime político adotado, e delimita as prerrogativas dele – negativas, de respeito à liberdade e à propriedade dos indivíduos e das comunidades naturais, que devem existir no Estado-sociedade, e positivas, delineando seu programa ideológico de ação. Competem aos órgãos constituintes sua elaboração, sanção e promulgação.

Já, a lei, o regulamento e a jurisprudência decorrem da ação jurídica dos órgãos estatais de governo, já constituídos – respectivamente, Legislativo, Executivo e Judiciário; e o costume, da consciência popular.

A lei é a regra geral, abstrata e impessoal, com força coercitiva, que inova originariamente na ordem jurídica. O regulamento é a regra geral, abstrata e impessoal, com força coercitiva, que pormenoriza o texto legal para sua aplicação, ou mesmo que o desenvolve, criando direito novo, nos termos da habilitação legislativa, pertinente às relações dos particulares com o Estado-poder.

O costume consiste na regra geral, abstrata e impessoal, de comportamento, fruto da repetição uniforme e constante do povo de certa região, com a consciência de que corresponde a uma norma jurídica, e, por isso, também com força coercitiva. Ele pode preceder a lei e o regulamento, na falta destes, e pode desenvolver, ampliando, o que deles consta e, ainda, simplesmente, interpretá-los, e até se opor a eles, contrariando-os Consiste em fato social, ao contrário da constituição, da lei e do regulamento, que são atos de vontade do Estado, como pessoa jurídica.

A jurisprudência, outrossim, envolve regra jurídica, geral, abstrata e impessoal, que deflui de decisões, constantes e uniformes, na interpretação do preceito jurídico, objeto do costume, ou dos textos escritos, dando-lhe seu verdadeiro sentido, quanto à sua aplicação, ou que resulta de decisões constantes e uniformes repetindo anterior em hipóteses análogas, em que criou norma jurídica para resolver caso concreto, na falta de disposição costumeira ou de textos escritos, na regência da espécie. Em alguns países tem força coercitiva para os Tribunais, ante a obrigação legal ou costumeira de respeitar os precedentes judiciários, especialmente das Cortes de instância superior. Já, em outros obriga os Tribunais pela força moral dos julgados anteriores. É, destarte, respeitada pelas instâncias inferiores, porque sabem que, se não acolherem a jurisprudência dominante, suas decisões serão reformadas; e pelos que a criaram, porque assim interpretaram a regra jurídica, objeto do costume e do texto escrito, ou as formularam, na falta destes.

25.2 Discussão sobre se a jurisprudência é fonte do Direito[3]

São as fontes acima consideradas formas de expressão do direito objetivo. Quanto ao costume e à constituição, à lei e ao regulamento não se discute serem fontes do direito. Ao contrário, salvo na circunstância de ter força coercitiva, nos Estados que tornam obrigatório o respeito ao precedente, ou nos em que tem legalmente força normativa, muitos juristas negam à jurisprudência esse título.

Tal sustentam porque o juiz é servo da lei, não pode julgar contra ela, e a repetição uniforme e constante dos julgados tem por base a lei. Demais – prosseguem –, o julgado só produz efeito entre as par-

---

3. Cf. Maxime Chrétien, *Les Règles de Droit d'Origine et Juridictionnelle, leur Formation, leurs Caractères,* 1936; José Puig Brutau, *La Jurisprudencia como Fuente del Derecho, Interpretación Creadora y Arbitrio Judicial,* s/d; Hans Reichel, *La Ley y la Sentencia,* 1921.

tes, não estando o juiz obrigado a resolver espécie análoga emprestando igual sentido ao texto por ele considerado na primeira demanda. Assim, ela se não impõe – concluem – como norma de comportamento dos indivíduos na vida social, e apenas vale como indicação provável na solução jurídica de casos semelhantes, mesmo porque só cabe ao juiz resolver as controvérsias nos casos concretos, e não lhe compete formular regras gerais, abstratas e impessoais. Constituem – arrematam – suas decisões meros processos de aplicação da lei.

É indiscutível que nas sociedades políticas primitivas a *actio* gerava o *jus*. Mas nas modernas, em geral, a lei precede a jurisprudência, e mesmo o costume. Este se aplica na sua falta, e aquela completa ambos, por ocasião da aplicação do direito, pois a decisão judicial consiste em elemento da sua proteção.

O costume interpreta e desenvolve a lei – uma vez se não tolera o costume contra ela – e, destarte, tem alcance subsidiário como fonte do direito. Já, a jurisprudência, ante as decisões, no caso concreto, constantes e uniformes, construindo o significado, por elas considerado verdadeiro, da lei e do costume, afirma o sentido de ambos, e, por isso, se apresenta como fonte complementar do direito e se torna, em última análise, na prática, sua fonte por excelência.

Vivifica a jurisprudência os textos escritos e os costumes, adaptando-os às conjunturas sociais e econômicas, fixando os contornos das suas transformações e dando-lhes contínua atualidade. Sua força propulsora sobre a evolução dos institutos jurídicos é enorme, a ponto de atuar sobre o próprio costume, amoldando-o, nos termos de sua construção, ou mesmo criando-o, e sobre o legislador, inspirando-o na modificação da lei. Pela sua ação fecunda processa-se o progresso do direito, e se revela na vida social.

Exterioriza-se como regra geral, abstrata e impessoal, obedecida pelos componentes do Estado-sociedade a fim de evitarem ser compelidos, por nova decisão judicial, a se sujeitarem a ela, em levado, pela outra parte interessada, invocado para solução do problema jurídico em divergência, para os pretórios judiciais.

Realmente, o direito, objeto da lei e do costume, aperfeiçoa-se através da ação judicial, que opera como fator de humanização da rigidez dos seus preceitos, ante a diversidade de hipóteses que têm aplicação, a exigir amenização em face das circunstâncias do caso concreto. Certo, não cabe ao juiz, ao resolver as controvérsias, formular regras de comportamento, e tão-somente solver o caso concreto. Por isso, suas decisões são meros processos de aplicação da lei.

Porém, outra coisa é o fato jurídico que decorre dessas decisões, uniformes e constantes, no interpretar os textos escritos e os costumes, dando-lhes o significado que prevalece na ordem social, e, mesmo, no acolher, continuamente, decisão anterior criadora de direito, na falta da lei e do costume, que, pela inércia do legislador, permanece como orientação para solução de casos análogos.

E essa prática reiterada não confunde a jurisprudência com o costume, pois este é o comportamento do povo afirmado pelas decisões judiciais, enquanto aquela é a manifestação individuada do julgador, aclarando a lei e o costume e criando o direito na falta deles. A obediência da jurisprudência pelo povo não a qualifica como costume, pois tem origem diferente – os arestos dos Tribunais, ao passo que ele dimana de comportamento popular.

É verdade, pode transformar-se, outrossim, em costume. Igualmente, o legislador pode encerrá-la em texto legal. Mas é outra coisa. E com isso não lhe tiram o caráter de fonte criadora do direito, pois, antes de ser considerada costume e ser encerrada em texto legal, imperou como regra de conduta criada pelas decisões judiciais, servindo de fundamento na argumentação dos advogados e de justificação de novos julgados nas demandas postas em juízo. constitui, portanto, forma de revelação do direito, modo de sua expressão.

25.3 Classificação das fontes formais.
Supremacia da jurisprudência

Deixando de lado a Escola de Direito Livre, isto é, da livre investigação do direito pelo juiz, de que se fez porta-voz Hermann Kantorowicz (*La Lotta per la Scienza del Diritto*, 1908), o que se verifica é a impotência da lei para atender à vida do direito, como mostra Jean Cruet (*La Vie du Droit*, 1920). É a revolta dos fatos contra os códigos, de que fala Gaston Morin (*La Révolte des Faits contre le Code*, 1920).

Então, proclama-se a decadência da lei em face das exigências da realidade social e do fluxo perene do direito pela ação dos Tribunais, através da jurisprudência, que o domina, muito mais que o costume, no mundo de hoje. Na verdade, o direito não pode constranger-se na estagnação das formas legais; e, por isso, floresce, mediante a jurisprudência, projetando-se no evolver dos acontecimentos sociais, como sopro vivificador dos institutos jurídicos, que se estiolam na algidez da lei.

Sem se separar desta, sem ficar em contradição com ela, sem menosprezá-la, faz prevalecer o espírito que informa sua letra e sufoca o despotismo da sua letra pela força pujante do seu espírito, escrutando a justiça que tem em mira realizar, e se contém nos seus refolhos. Portanto, sem julgar contra a lei – antes, servindo-a –, o juiz descobre nela, ao perscrutar seu verdadeiro significado, extraordinária riqueza de soluções para a construção da regra jurisprudencial. Coloca o texto em harmonia com as idéias contemporâneas e as necessidades modernas e supre, mesmo, suas lacunas, preenchendo os claros acaso por ele deixados.

Tendo por base a lei, e produzindo efeito só entre as partes, essa repetição uniforme e constante na interpretação daquela, ao resolver o julgador casos entre estas, afirma uma regra geral, abstrata e impessoal, que passa a prevalecer nas próximas decisões de casos análogos e se colige em obras especializadas, e é, mesmo, objeto de comentários e explicações, como ocorre com os textos escritos.

Certo, os juízes não estão obrigados a interpretar os textos na conformidade da jurisprudência dominante ao resolverem espécie análoga, pois se não impõe como norma de comportamento. Mas a obedecem. Repita-se: os das instâncias inferiores, mesmo ressalvando seus pontos de vista, porque sabem que suas decisões serão reformadas; e os das superiores, que a criaram, pela força moral do precedente, por eles mesmos firmado.

Isso não impede a modificação da jurisprudência, verificando-se o equívoco de interpretação – o que constitui um mérito, pois lhe dá maior flexibilidade que a lei. Aliás, a própria lei pode ser modificada e, ademais, a força coercitiva desta se exaure nos Tribunais e segundo o significado que lhe é oferecido pela jurisprudência. Por outro lado, o costume também é servo da lei, pois não se admite, presentemente, se oponha a ela.

Realmente, a lei é a fonte primeira do direito nos tempos hodiernos, o costume e o regulamento são fontes subsidiárias dele, e a jurisprudência é a fonte complementar. Já, a analogia, os princípios gerais do direito, a doutrina e a eqüidade são modos de aplicação do direito, de que se vale o juiz para proferir sua decisão, de cuja repetição uniforme e constante surge o fato jurídico da jurisprudência.

26. Fontes subjetivas

26.1 Justificação das fontes subjetivas do Direito

A doutrina clássica só considera como fontes formais do direito as de expressão do direito objetivo, ou, melhor, as fontes objetivas, de caráter normativo, geral, abstrato e impessoal. Léon Duguit (*Traité de Droit Constitutionnel*, 2ª ed., vol. I, pp. 219-224 e 328), entretanto, salientou que, além delas, havia as fontes subjetivas, ou individuais, decorrentes das relações jurídicas formadas entre os particulares, e entre estes e o Estado-poder. E, acrescente-se, entre o Estado e outro Estado, e entre este e as entidades menores, em que acaso se desdobre.

Considera-as, outrossim, fontes do direito porque através delas ele se revela, mediante manifestações de vontade. E elas podem criar novas regras jurídicas de comportamento, unilateralmente ou mediante acordo entre as partes, vinculando-as, ou apenas tornar aplicáveis as regras gerais, abstratas e impessoais, aos indivíduos. Nesta última circunstância constituem instrumento ou condição de sua atualização.

Conseqüentemente, a expressão "ato jurídico" assume sentido lato. Compreende não só os atos concretos, específicos e pessoais como a decisão judicial ou executiva do Estado-poder e os atos jurídicos dos particulares, nos termos tradicionais, mas, outrossim, as normas jurídicas, tais como a constituição, a lei e o regulamento e os estatutos corporativos; isto é, envolve toda manifestação de vontade para produzir efeitos de direito.

Duguit subdivide o ato jurídico em ato-regra, ou objetivo, ato subjetivo, ou individual, e ato-condição, ou instrumental.

O ato-regra ou objetivo compreende a Constituição, a lei e o regulamento do Estado-poder, como o estatuto corporativo de outras comunidades menores, públicas ou privadas, que lhes dá estrutura orgânica e regula a vida dos membros do grupo, enquanto dele participantes. Todas são regras gerais, abstratas e impessoais.

O ato subjetivo ou individual estabelece regras individuais ou subjetivas entre partes, vinculando-as aos seus termos, e obedecidas as regras gerais, abstratas e impessoais, a que, por ato jurídico superior, ato-regra ou objetivo, esteja sujeito obrigatoriamente, e, destarte, não pode dispor em contrário às suas normas. Sua subjetividade faz com que prenda nos seus laços apenas os que lhe forem partes, e não se estende aos que lhe forem estranhos.

O ato-condição ou instrumental é o que sujeita determinadas pessoas à lei ou ao regulamento, ato de vontade que coloca dada pessoa sob sua regência, pelo qual se gera novo estado jurídico.

Essa orientação é acolhida pela Escola Realista do Direito Público em França, isto é, pelos discípulos de Duguit, e vai ganhando adeptos entre os juristas, em especial entre os doutrinadores do direito público.

Kelsen (*Teoría General del Derecho y del Estado*, Capítulo XI, pp. 128-168) sustenta o mesmo ponto de vista quanto à amplitude da expressão "ato jurídico" e à extensão da palavra fonte do Direito tanto à ordem jurídica objetiva como subjetiva. Isso como conseqüência de sua teoria da hierarquia das normas jurídicas na formação do Direito. Sustenta que as regras jurídicas se agrupam em séries sucessivas e, por conseguinte, estabelecem, entre elas, cadeia hierárquica, de maneira que as regras de cada grupo são exteriorizadas em função das do grupo superior.

Assim, os textos constitucionais prevalecem sobre as leis ordinárias; estas, por sua vez, imperam sobre os regulamentos governamentais e instruções ministeriais; que, por sua vez, ordenam sobre os atos jurídicos dos particulares e do próprio Estado-poder, formadores de relações jurídicas. Pretende que as normas jurídicas estão superpostas, de modo que a inferior é sempre execução da superior.

Aliás, o pensamento de Kelsen foi acolhido, de certo modo, por Carré de Malberg (*Confrontation de la Théorie de la Formation du Droit par Degrés avec les Idées et les Institutions Consacrées par le Droit Positif Français, Relativement à sa Formation*, 1933), e cada vez mais dilata o número dos seus partidários quanto à sua idéia central, no mundo jurídico, não obstante se façam ressalvas à sua aplicação.

26.2 Do direito objetivo ao direito subjetivo

Os atos jurídicos distinguem-se, como forma de expressão, em unilaterais, isolados, quanto ao objeto de manifestação da vontade, como a lei ou o regulamento e a permissão a particular de uso especial de bem público, e convencionais, que envolvem o encontro de vontades opostas sobre determinado objeto, como a concessão a particular para exploração de serviço público ou o tratado entre dois Estados sobre questões internacionais.

Além da manifestação da vontade, há acontecimentos naturais ou ações humanas materiais que produzem efeitos jurídicos e se denominam *fatos jurídicos*, em oposição aos *atos jurídicos*, em virtude de o efeito de direito que produzem não decorrer da vontade humana, com esse objetivo. Uns são gerais, abstratos e impessoais, como o costume e a jurisprudência. Outros são acontecimentos naturais ou ação material humana, que têm o alcance, também, de concretizar as regras costumeiras e legais, como a morte de uma pessoa ou sua mudança de residência de uma cidade para outra.

Como se salientou, as normas jurídicas, isto é, os atos jurídicos objetivos, a lei, o regulamento, o estatuto corporativo, bem como os fatos jurídicos objetivos, o costume e a jurisprudência, são fontes objetivas do direito. Já, os atos jurídicos concretos, que individualizam as normas jurídicas, ato subjetivo ou ato-condição, bem como o fato jurídico subjetivo, denominados fontes de obrigações por alguns, correspondem, na realidade, a fontes subjetivas ou individuais de direito, cujos elementos geradores são a vontade da pessoa, o acontecimento natural ou a ação humana material.

A simples individualização das normas jurídicas, isto é, das regras abstratas, gerais e impessoais, mediante ato jurídico concreto ou fato jurídico, acarreta, como conseqüência, a facultação de poderes e a prescrição de deveres para aqueles que elas abrangem, constituindo situações jurídicas. Com maior razão isso se verifica com o estabelecimento de regras jurídicas, de extensão especial e pessoal, entre partes, e por elas dispostas, na conformidade das regras jurídicas normativas.

As pessoas às quais se atribuem ditas situações são havidas como sujeitos de direito, com fundamento nas regras jurídicas. Conforme lhes tenham sido reconhecidos poderes e deveres, denominam-se sujeitos *ativo* e *passivo*. As situações jurídicas conferem aos sujeitos ativos a faculdade de agir ou deixar de agir e de exigir seu respeito, e aos passivos incumbe o dever de respeitar o exercício dessas faculdades com referência aos sujeitos ativos e sujeitar-se às obrigações correspondentes.

Esse vínculo que se perfaz entre eles chama-se *relação jurídica*, e os poderes e deveres pertinentes ao vínculo objeto da relação jurídica dizem respeito a uma coisa ou prestação. A constituição da relação jurídica, com seus elementos formadores, é forma de expressão do direito subjetivo.

Precede a sua perfeição a aptidão genérica de ser sujeito de poderes, de ter e exercer, em abstrato, direitos, como seja de exteriorizar sua liberdade e restringi-la, ou de adquirir coisas e dispor delas, segundo o direito objetivo. E se aperfeiçoa com o exercício dessa capacidade, com a realização do lícito jurídico, em que se concretizam esses poderes de um sujeito com referência a terceiro, a que cabem os co-respectivos deveres, e que compreende complexo de poderes e deveres, facultando a ação.

Então, surge o direito subjetivo daquele em contraposição à obrigação deste, de caráter individuado, caracterizado pela prerrogativa da exigência de seu respeito devidamente garantido pelo Estado-poder.

26.3 Elementos do direito subjetivo

Destarte, são elementos do direito subjetivo: sujeito, objeto e relação jurídica.

O *sujeito* é a pessoa que tem a faculdade de agir e exigir. Compreende em primeiro lugar a pessoa física ou natural, isto é, os seres humanos, racionais e livres, e em segundo lugar, a pessoa coletiva ou jurídica, organismo moral, originado de relações de seres humanos, com a consciência de constituírem uma unidade, para realizar determinado fim em comum, como as fundações ou associações.

O *objeto* é o bem sobre o qual se exerce o poder do sujeito. Compreende coisa corpórea, uma casa; ou incorpórea, os direitos autorais, produto da inteligência; e os modos de ser da pessoa humana, pertinentes à dignidade da sua personalidade, como a honra do cidadão, ou as prestações da pessoa, de dar um bem, como o pagamento de uma importância, de fazer um serviço relativo a dada atividade, como o do servidor público, ou de não fazer, como construir sem obediência às posturas municipais, ou tolerar ação de outrem, como o sujeitar-se à vacinação obrigatória.

A *relação* é o vínculo que submete o objeto ao poder do sujeito ativo e afirma o dever do sujeito passivo. Esse vínculo pode ser indeterminado, *erga omnes*, quer dizer, o de qualquer pessoa, como seja o caso do exercício da liberdade ou o gozo da propriedade por alguém, que cumpre ser respeitado por todos os demais seres; ou determinado, individualizado, quer dizer, o de pessoa especificada, como seja o do devedor de certa importância com referência ao credor. Aquele de caráter negativo, e este positivo.

Ele deflui de fato jurídico, acontecimento natural ou ação humana material, ou de ato jurídico, manifestação de vontade para produzir efeitos de direito, em virtude dos quais se aplica a norma jurídica aos indivíduos, de modo determinado ou indeterminado. Enquanto indeterminado, atribui aos sujeitos passivos o dever de respeitar o poder do sujeito ativo, nos termos da lei ou do costume, segundo a interpretação oferecida pela jurisprudência. E o titular desse poder exerce livremente as faculdades conferidas pela ordem jurídica normativa. Já, quando determinado, atribui ao sujeito passivo o dever de satisfazer o poder do sujeito ativo, na conformidade do liame a que ficam reciprocamente presos.

Disso resulta, em conseqüência, ante a correlação do poder e do dever, o direito do sujeito ativo de exigir do passivo o cumprimento da obrigação. Se não satisfeita, surge a ação coercitiva do Estado-poder, ante o apelo, pelo titular do direito contra o titular da obrigação, da sua proteção, mediante o exercício do direito de ação perante ele, para assegurá-lo, em virtude da pretendida lesão.

26.4 Fundamento do direito subjetivo

Mas onde se acha o fundamento do direito subjetivo? A respeito, dividem-se os doutrinadores. Eles podem ser reduzidos, entretanto, a três orientações: (a) a que o reconhece no poder da vontade; (b) ou no interesse protegido; (c) ou, ainda, na unificação do poder da vontade com o interesse protegido.

A teoria do poder da vontade foi delineada por Savigny (*Traité de Droit Romain*, vol. I, 1840, pp. 325-328) e desenvolvida por Windscheid (*Diritto delle Pandette*, vol. I, pp. 169-172, § 37). Pretende que esse direito existe em função da vontade, isto é, na sujeição de terceiro ao poder da vontade de dado sujeito. Esta é mais forte que a daquele, nos termos da ordem jurídica. Contra ela se opõe a argumentação de que o louco e o menor não têm vontade e possuem direitos, e às vezes o indivíduo ignora seu direito, como no caso da sucessão de bens cuja herança ou legado desconhece, e, não obstante, não deixa de ser titular dele.

Já, a teoria do interesse protegido foi arquitetada por Ihering (*El Espíritu del Derecho Romano*, vol. IV, Capítulo I, 2ª parte, pp. 364-376, § LXX, n. 70). Entende que dois princípios presidem esse direito: o fim prático do direito, o interesse do seu titular, que o caracteriza, isto é, a tendência para um bem que atende a uma sua necessidade; e o meio necessário para sua proteção, que o assegura, isto é, o faz valer contra terceiro. Critica-se a essa concepção o desconhecer o papel da vontade, sua força para exigir a utilidade, posta no interesse do seu titular, e que movimenta sua proteção.

Daí a teoria mista, que teve como precursores, na Alemanha, Jellinek (*Sistema dei Diritti Pubblici Subbiettivi*, Capítulo IV, pp. 45-59) e, na França, Michoud (*La Théorie de la Personnalité Morale*, 3ª ed., vol. I, pp. 104-113, §§ 47-50), e predomina no mundo jurídico moderno.

Ela reconhece ser procedente a observação de Ihering de que o direito é uma faculdade dirigida a um fim, que constitui o interesse de agir e de exigir. Mas observa que essa finalidade é expressão de uma vontade, como sustentava Savigny. Portanto, de um querer. Destarte, impunha-se conciliar o elemento teleológico com o psicológico, na afirmação do direito subjetivo. Demais, respondendo às críticas à existência da vontade, considera que o poder de querer existe mesmo no louco ou no menor, ante sua personalidade e sua manifestação através do instituto da representação, e que a circunstância de alguém ignorar seu direito não lhe retira o poder de querer, a efetivar-se quando conhecido, e garantido pela ordem jurídica.

Alguns autores fazem predominar o interesse sobre a vontade, e outros dão maior relevo a esta. Pouco importa, entretanto, a sobrelevação de um elemento sobre outro, a mostrar a existência de nuanças nessa terceira posição. O que se impõe, para efeito de classificação de um autor nela, é a conjugação de ambos esses fatores: o interno, psicológico, a vontade; e o externo, teleológico, o interesse.

O direito subjetivo, na verdade, consiste no poder que tem o sujeito ativo de relação jurídica de querer cumprido, isto é, de agir e de exigir o cumprimento do dever pelo sujeito passivo, na satisfação da obrigação que lhe compete, na conformidade do direito objetivo, e posta no interesse direto e imediato dele como titular do direito.

Assim, estabelece a sujeição do obrigado a ele, que se submete à exigência da sua vontade em atenção ao seu interesse. Confere, em conseqüência, ao sujeito ativo, com relação ao Estado-poder, o direito de ação e, destarte, a pretensão, perante este, que ponha em movimento a máquina judiciária a fim de lhe assegurar – coativamente, se preciso for – a exigência que entende ter do sujeito passivo, quanto à satisfação da obrigação estabelecida a seu favor e no seu interesse.

26.5 Teorias que negam o direito subjetivo. Crítica

Apesar de acolhido pela maioria dos juristas o direito subjetivo ao lado do direito objetivo, há publicistas que se opõem à sua existência, negando-o de forma absoluta, como faz Duguit (*Traité de Droit Constitutionnel*, 2ª ed., vol. I, § 16, pp. 123-133), ou de modo relativo, como ocorre com Kelsen (*Teoría General del Derecho y del Estado*, Capítulo VI, pp. 76-92). Ambos admitem, no entanto, a subjetivação da norma jurídica.

Duguit repudia, mesmo, a expressão "direito subjetivo", substituindo-a por "situação subjetiva", pois sustenta a só existência do direito objetivo, sendo vã a idéia de direito subjetivo, por ninguém ter, por si, o poder de impor sua vontade a outrem.

Verifica-se na ordem jurídica – afirma – o poder de agir dos indivíduos, nos termos do direito objetivo, que lhes confere situações jurídicas, e, então, lhes cabe exigir de terceiro a observância de dado comportamento como conseqüência do direito objetivo, em cuja conformidade se manifesta. Portanto, poder de vontade anterior ao direito objetivo envolve uma quimera.

Já, Kelsen o tolera, desde que se considere como direito-reflexo, como refração da norma jurídica, pois só existe como conseqüência dela, que se lhe superpõe, no plano fundamental da ordem jurídica, pois o direito é simplesmente norma.

Assim, não será interesse protegido, mas a proteção de interesse resultante da norma jurídica; e menos ainda o poder da vontade de alguém para fazer valer seu querer, porém o querer das normas jurídicas que refletem sobre ele.

Embora embasados em concepções filosóficas distintas, chegam ao mesmo resultado na negação do direito subjetivo com existência autônoma do direito objetivo. Para ele só este existe, e o pretendido direito subjetivo não passa de subjetivação da própria norma jurídica. Por conseguinte, consiste, para um, em técnica jurídica que deve ser abolida, por corresponder a uma quimera; e para o outro, tolerado como técnica jurídica, que não existe por si, refletindo apenas a obrigação constante da norma, e, por isso, pode ser, em qualquer oportunidade, abandonado.

A posição assumida por esses juristas constitui reação oposta à defendida por outros que pretendem o direito objetivo decorre do direito subjetivo, defendida pelos adeptos do direito natural racionalista, e que se afirmou na concepção dos direitos inatos dos homens, os quais abdicavam de parte deles na formação da vida político-social, fruto de contrato.

Essa orientação de considerar o direito subjetivo como reflexo da norma prospera, também, entre os civilistas. Assim, salientam alguns autores que o interesse, em vez de ser elemento da natureza do direito subjetivo a que se dá proteção, consiste em elemento político, em virtude do qual ele nasce – e, portanto, em simples efeito da proteção; igualmente, outros consideram que o poder de vontade, em vez de ser elemento criador do direito subjetivo, dimana da norma jurídica, em conseqüência do lícito jurídico por esta disposto.

A crítica de Duguit, na verdade, considera apenas certa orientação extremada a respeito do direito subjetivo, de caráter individualista, poder ilimitado de uns de imporem sua vontade a outros, de maneira absoluta, e em detrimento da própria coexistência social. Sem dúvida, o direito subjetivo não antecede o direito objetivo. Ao contrário, nele encontra seu fundamento. Envolvem, no entanto, dois aspectos do direito, no seu todo, como objeto da justiça, geral e particular, norma e relação. Coexistem, portanto, juntos.

Ambos perfazem maneiras de considerar o mesmo ser, na sua visão social e individual. O poder da vontade do indivíduo, exercido no seu interesse, existe nas relações interindividuais, e, portanto, sociais, e se conforma com as normas para essa convivência, que cogita do interesse geral, do todo, e se não confunde com o das partes, e dispõe sobre a conduta dos indivíduos em comunidade.

Por conseguinte, o direito, sob certo ângulo, apresenta-se como norma de comportamento dos indivíduos em sociedade e, sob outro, como relação entre os indivíduos, com poderes e deveres recíprocos.

A situação jurídica dos indivíduos, em virtude da subjetivação da norma, não se opõe à concepção do direito subjetivo. Por isso, discípulo do Mestre dos mais afamados, Bonnard, melhor meditando sobre o tema, harmonizou o pensamento de Duguit com a concepção do direito subjetivo (*Le Contrôle Juridictionnel de l'Administration*, pp. 35-51, ns. 11-17).

Por outro lado, não se confunde a faculdade de agir, o lícito jurídico, que decorre, de pleno direito, da norma, como seja de ter um certo comportamento, da qual surge o poder desse sujeito, e o conseqüente dever a seu respeito, com o direito desse sujeito contra determinado indivíduo, ou contra todos, de exigir a satisfação de dada obrigação em seu interesse, resultante de acontecimento natural ou da ação humana, material ou jurídica, ante o exercício da liberdade, como seja a locomoção, ou da propriedade, como seja seu gozo, ou, então, a prestação de uma atividade específica de dar, fazer e não fazer ou tolerar.

O possível jurídico equivale, realmente, a mera subjetivação da norma, corresponde à capacidade jurídica, à possibilidade de agir, simplesmente. Mas o direito subjetivo de agir e de exigir deflui não só dela como de fato e ato jurídico, no interesse do titular, e lhe confere, em concreto, um poder da vontade a ser exercitado em relação a outrem.

Igualmente inaceitável a argumentação de Kelsen ao reduzir o direito a concepção lógico-formal, a mera hierarquia de normas, quando se trata de ciência moral que objetiva a conduta do ser humano, em que as normas têm uma finalidade, e, no caso, o bem do homem em sociedade. Se o direito subjetivo se funda em direito objetivo, este, por seu turno, se estabelece em atenção ao próprio ser humano, pois o comando normativo é disposto para a vida dele em sociedade.

As normas não constituem simples esquemas lógico-formais de caráter objetivo. Ao contrário, têm em mira ordenar a vida social do homem, segundo sua natureza e a melhor utilidade para ele. E, então, reconhecem poderes e direitos a favor de uns, e impõem deveres e obrigações a outros. Elas interessam, às vezes, aos indivíduos como partes do todo social, e se apresentam, então, antes como deveres que como poderes. Mas em oportunidades diversas interessam diretamente a determinados indivíduos e lhes conferem poderes em seu favor.

Portanto, há hipóteses de subjetivação da norma sem que ocorra a existência de direito subjetivo, e então, realmente, se pode falar em situação jurídica intermédia entre o simples interesse dos particulares com referência a certas normas jurídicas e o direito subjetivo das partes, denominado de há muito de *direito-reflexo*, por juristas alemães, e de *interesse legítimo*, por juristas italianos. Mas mesmo nessas hipóteses há direito subjetivo do Estado ou quem faz as suas vezes, enquanto com referência aos particulares constituem simples interesse e direito-reflexo ou interesse legítimo.

Conferido, então, a estes o direito de ação, não a exercem para resguardo de seu direito subjetivo, mas do direito objetivo. É o caso da chamada *ação popular*, prevista pelo art. 141, § 38, da CF de 1946, pelo qual cabe a "qualquer cidadão ser parte legítima para pleitear a anulação ou a declaração de nulidade de atos lesivos do patrimônio da União, dos Estados, dos Municípios, das entidades autárquicas e das sociedades de economia mista". E acolhida também pelo art. 153, § 31, da CF de 1967, segundo a Emenda Constitucional 1, que gerou a Carta de 1969.

Deve-se a Ihering essa concepção do direito-reflexo, *reflex-recht*, ou, melhor, do efeito reflexo do direito. Foi, ao, depois, amplamente estudada por Jellinek (*Sistema dei Diritti Pubblici Subbiettivi*, Capítulo VI, pp. 77-91). Difundida na Alemanha, teve aceitação em outros países, especialmente na Itália, com a denominação de *interesse legítimo*. Hoje é doutrina corrente no direito público moderno.

26.6 Distinção entre interesse legítimo e direito subjetivo[4]

No ordenamento jurídico há normas para a satisfação do bem comum que compete ao Estado-poder, ou a quem faça as suas vezes, realizar em cada comunidade. Essas regras conferem-lhe direito subjetivo de exigir dos administrados certo comportamento social, aos quais incumbe, correlativamente, o dever de prestações, no interesse coletivo, com o sacrifício de determinada vantagem particular. Criam a relação jurídica de sujeição das outras pessoas existentes no Estado-sociedade ao Estado-poder, como súditos, ante seus direitos públicos de supremacia.

A efetivação de providências de interesse geral tutela, contudo, indiretamente o interesse individual. Assim, a promulgação e a execução de preceitos legais relativos à proibição de ruídos urbanos e de excesso de velocidade dos veículos nas ruas têm por objetivo imediato resguardar o interesse coletivo. Entretanto, tais medidas, indiretamente e de modo geral, protegem os interesses dos indivíduos integrados no Estado-sociedade em que forem considerados.

É direito do Estado-poder, ou de quem faça as suas vezes, estabelecer e obrigar o respeito a providências de tal natureza, sendo que, embora acarretem vantagens aos cidadãos, estes não podem exigi-las, mesmo porque são de utilidade indeterminada dos componentes da sociedade. Temos aí a situação de simples interesse dos administrados em geral.

Em contraposição a essas normas, no ordenamento jurídico de determinado Estado-sociedade há regras de direito objetivo que visam direta e imediatamente ao interesse de particulares, interessando apenas mediata e indiretamente ao bem comum de todos os membros da coletividade. Em tal circunstância, aqueles preceitos jurídicos protegem os interesses dos indivíduos em face do Estado-poder, a quem incumbe o dever de respeitá-los e satisfazê-los, e lhes conferem o poder de isso dele exigir. Trata-se do direito subjetivo público do particular em face do Estado-poder.

Assim os *direitos de liberdade e propriedade*, de modo a não poder ser desta despojado sem prévia indenização e privado daquela ou

---

4. Cf. Donato Donati, *Principi Generali di Diritto Amministrativo e Scienza dell'Amministracione*, pp. 132-148.

ficar limitado no seu exercício senão nas condições legais. Outrossim, os *direitos cívicos* de obter a prestação de coisa pública ou de serviço público, na conformidade da ordem jurídico-normativa. Afinal, os *direitos políticos* de participar na estrutura orgânica do Estado-poder, como cidadão.

Em situação intermédia estão os interesses legítimos dos particulares, compreendendo dois aspectos diversos: interesses ocasionalmente protegidos e direitos imperfeitos. Conferem interesse legítimo aos administrados as normas de direito objetivo que regem a realização de interesse coletivo mas reflexamente, ao mesmo tempo, satisfazem os interesses de determinados indivíduos. Assim, tais particulares, a que as regras objetivas concretamente atingem, têm interesse especial na sua observância.

Elas oferecem o conceito de interesse ocasionalmente protegido quando são impostas tendo em mira somente o interesse coletivo embora, por refração, satisfaçam, ocasionalmente, os interesses de certos indivíduos, de modo mais intenso que os da generalidade dos cidadãos.

E se tornam direitos, mas imperfeitos, quando visam, ao mesmo tempo, ao interesse imediato de determinados indivíduos porém seu respeito, com referência ao Estado-poder, subordina-se ao interesse da coletividade. Assim, diante de qualquer cidadão o direito é incondicionado, mas com referência ao Estado-poder existe a título precário, ante a possibilidade do seu desconhecimento, tendo em vista razões de interesse coletivo, apreciadas discricionariamente por ele, sem qualquer composição de danos, salvo expressa disposição legal em contrário.

Como exemplo de interesse ocasionalmente protegido é de se recordar o de normas de interesse geral as quais mediatamente tutelam o interesse individual e que, com referência a certas pessoas, as protegem em caráter mais específico e particular, embora tenham sido dispostas com o objetivo precípuo de resguardar o interesse coletivo, e não o de qualquer indivíduo determinado.

É o caso das normas que regulam a localização das indústrias insalubres ou que regulam o provimento dos cargos públicos. Os cidadãos em geral têm interesse na observância dessas normas. Porém, os que habitam na circunvizinhança de indústria insalubre e os candidatos a cargos públicos, que participam de um concurso para seu provimento, têm interesse específico e particular no respeito dessas normas – muito maior, portanto, que o interesse da generalidade dos cidadãos –, pois são atingidos diretamente nos seus efeitos. Então, o interesse deles se eleva de simples interesse para interesse ocasionalmente protegido.

Quando o Estado-poder confere permissão ao particular para construir quiosques na via pública para venda de mercadorias no seu interesse, uma vez entenda, outrossim, atende ao interesse geral, surge a favor dele um direito frente a terceiros, que cumpre ser respeitado, mas perante o Estado-poder existe a título precário, enquanto lhe parecer conveniente e oportuno o respeito dessa situação, em consonância com o bem coletivo. Por isso se denomina *direito imperfeito*.

Destarte, poderá revogar ou limitar esse direito por ele conferido ao particular. Se entender, tendo em vista razões de tráfego, deva ser retirado o quiosque da via pública ou mudado o local da sua situação, poderá isso determinar, pois o direito com referência a ele existe enquanto em harmonia com as exigências sociais, segundo seu critério.

Como não atribuem direito subjetivo, não existe direito de ação dos beneficiados contra terceiro ou o Estado-poder para resguardar o simples interesse ou o ocasionalmente protegido, salvo expressa disposição de lei conferindo-o, para defesa do próprio direito objetivo. Então lhes caberá apenas o direito de ressarcimento dos danos contra o terceiro e o Estado-poder que por acaso lesarem algum direito deles, pelo seu desrespeito.

Assim, não pode o particular propor ação, contra terceiro ou o próprio Estado-poder, para se opor à construção que desrespeita postura municipal. Poderá, entretanto, haver de ambos a composição de danos que acaso resultem dessa construção contra a lei para seu imóvel vizinho – como seja sua desvalorização, por em bairro estritamente residencial se facultar a construção de posto de gasolina e de lavagem e lubrificação de veículos.

Igualmente, não tem, em princípio, direito de ação contra o Estado-poder nas hipóteses de direito imperfeito. Já, lhe é lícito acionar terceiro que o desrespeitar, enquanto mantido pelo Estado-poder esse direito parcial, porquanto perante terceiro se trata de verdadeiro direito subjetivo, embora apenas interesse legítimo perante o Estado-poder.

Contudo, excepcionalmente tem o titular de direito imperfeito possibilidade de fazer valer sua pretensão contra o Estado-poder, no caso de este desconhecer a situação jurídica a ele conferida, a título precário, no exercício abusivo de seu poder discricionário. Outrossim, aquele que estiver em situação jurídica de interesse ocasionalmente protegido poderá obter sua proteção em ação direta contra o Estado-poder, ou terceiro, se pelo direito vigente lhe for atribuída a prerrogativa de defesa do próprio direito objetivo.

Aliás, a proteção do direito objetivo pode ser admitida a favor de qualquer cidadão, como no caso da ação popular. Entretanto, a ação com base no direito objetivo pressupõe lei especial para cada hipótese, prevendo sua defesa por qualquer interessado ou por titular de interesse legítimo. E a ação em casos que tais tem por fim apenas obter a declaração da nulidade do ato da Administração Pública praticado em infringência ao direito objetivo ou a proibição a terceiro de exercer atividade em seu desrespeito.

27. Hierarquia das fontes jurídicas

27.1 Pluralidade de ordenamentos jurídicos

Destarte, as fontes formais classificam-se em objetivas e subjetivas, segundo correspondam a atos de vontade ou fatos que estabelecem regras coercitivas de comportamento gerais, abstratas e impessoais, ou estabelecem regras coercitivas de comportamento especiais, concretas e pessoais, ou concretizam as regras normativas, aplicando-as a determinados indivíduos.

As *fontes formais objetivas* são o costume, expresso pelo povo; a constituição, a lei, o regulamento, manifestados diretamente por órgãos estatais; a jurisprudência, decorrente indiretamente destes; os estatutos corporativos, emanados por comunidades públicas ou privadas.

As *fontes formais subjetivas* são os fatos materiais e humanos e os atos de vontade unilaterais e convencionais praticados pelas pessoas, particulares e Estado-poder, ou outras comunidades, públicas e privadas, formando relações jurídicas entre elas e as vinculando reciprocamente em poderes e deveres.

Existe, pois, na verdade, pluralidade de ordenamentos jurídicos, ou seja, de fontes formais de sua exteriorização, de modo que se passa de ordenamento superior, ou, melhor, supremo, a constituição, que dá a estrutura do Estado-poder, aos ordenamentos inferiores, ou, melhor, submetidos, uns consistindo em execução do outro.

A teoria das fontes formais do Direito, entretanto, reduz-se, em última análise: às normas jurídicas, superpostas segundo uma dada hierarquia, de superiores e inferiores, de que uma é, de certo modo, execução da outra; e às relações jurídicas, execução daquelas e que, outrossim, se superpõem umas às outras e, por sua vez, executam anterior, umas estabelecendo regras individuais de comportamento e outras apenas aplicando as regras gerais. São as fontes formais objetivas e subjetivas.

27.2 Do sistema dedutivo ao indutivo na formação do Direito por graus

Embora verdadeira, em princípio, a teoria de Kelsen da formação das regras jurídicas por graus, e que se vai do mais geral ao particular, ela não encerra toda a verdade. Esse escalonamento, na realidade prática, não tem a simetria teórica pretendida.

No a ordem normativa começa com a Constituição, passa pelas regras normativas, lei e regulamento, e ao depois se concretiza nas relações jurídicas. Mas as decisões judiciais, em virtude de controvérsias entre as partes, que envolvem atos de execução daquelas regras normativas e destas relações jurídicas, posteriormente, ante a repetição uniforme e constante de decisões semelhantes em hipóteses análogas, estabelecem, outrossim, ordem normativa jurisprudencial e, ainda, sugerem a ordem normativa costumeira.

Realmente, tal se dá ao interpretar os respectivos textos jurídicos, no resolver controvérsia sobre as relações jurídicas, no aplicar aquele Direito segundo o significado que se afigura exato para os julgadores, e em atenção à conjuntura social, e ao criar o Direito, nos casos de lacunas legais e costumeiras. Então, parte-se do particular para o geral, de um ato executivo concreto, para subir-se à regra normativa geral, fato jurídico jurisprudencial e costumeiro. E essa interpretação construtiva do Direito compreende não só o regulamento e a lei, como a própria Constituição.

Destarte, o direito positivo, quanto às suas fontes formais, parte de um sistema dedutivo inicial e a ele retorna por um sistema indutivo, na exteriorização do direito.

O pretendido esquema na hierarquia das normas jurídicas de Kelsen, ainda, não corresponde ao fenômeno histórico da criação do Direito, pois as decisões dos chefes precederam a lei, e os atos entre partes, uniformes e constantes, originaram o costume. Sem dúvida, há um encadeamento na geração das normas e relações jurídicas, mas sem a absoluta simetria pretendida e com as variações referidas. Por outro lado, acima do direito positivo coloca o Mestre vienense uma norma hipotética, originária, da qual dimana a constituição. Essa explicação metafísica, meramente conjectural, é menos racional e real que a do direito natural, informador do direito positivo.

Em conseqüência, tem-se que as fontes formais do Direito se distinguem em fatos jurídicos ou atos jurídicos.

Os *fatos jurídicos* podem ser normativos, isto é, gerais, abstratos e impessoais, como o costume e a jurisprudência; ou, então, relativos, isto é, específicos, concretos e pessoais, como qualquer acontecimento natural, ou a ação material humana, a que se emprestam efeitos de direito.

Os *atos jurídicos* são manifestações de vontade com objetivo de criar direitos, para produção dos respectivos efeitos. Podem ser normativos, gerais, abstratos e pessoais, como a lei, o regulamento, a instrução e os estatutos corporativos; ou consistem em relações entre partes, individuais, especiais, concretas e pessoais.

Capítulo V
FONTES FORMAIS OBJETIVAS DO DIREITO[1]

28. *Enunciação das fontes formais objetivas. 29. Conceito da lei: 29.1 Consideração sobre o aspecto filosófico e jurídico – 29.2 Sentido jurídico orgânico-formal da lei – 29.3 Sentido jurídico-material de lei, ou, melhor, pelo seu conteúdo formal – 29.4 Teoria da generalidade. Crítica – 29.5 Teoria da novidade. Crítica – 29.6 Conciliação em parte entre as duas teorias opostas. 30. Classificação das leis jurídicas: 30.1 Leis programáticas e leis coercitivas – 30.2 Leis constitucionais e leis ordinárias – 30.3 Leis preceptivas ou positivas e proibitivas ou negativas e leis obrigatórias ou facultativas – 30.4 Leis imperativas ou cogentes e leis dispositivas ou supletivas – 30.5 Leis gerais, especiais e singulares – 30.6 Leis substantivas, ou materiais, e leis adjetivas, ou formais ou instrumentais – 30.7 Leis perfeitas, menos que perfeitas e imperfeitas – 30.8 Leis rígidas e leis flexíveis – 30.9 Leis comuns e leis sobre leis – 30.10 Leis auto-aplicáveis e leis que dependem de regulamento – 30.11 Leis nacionais e leis locais e leis federais, estaduais e municipais. 31. Elaboração da lei: 31.1 Ação de legislar e matéria legislada – 31.2 Processo na ação de legislar – 31.3 Sanção e veto no procedimento legislativo – 31.4 Promulgação da lei – 31.5 Publicação da lei – 31.6 A elaboração da lei no direito pátrio. 32. Vigência da lei: 32.1 Entrada em vigor da lei – 32.2 "Vacatio legis" – 32.3 Desconhecimento da lei. 33. Partes da lei: 33.1 Ação de legislar e matéria legislada como partes da lei – 33.2 Preâmbulo – 33.3 Contexto da lei – 33.4 Fecho da lei – 33.5 Disposições preliminares e disposições transitórias. 34. Nulidade, revogação e suspensão da eficácia da lei: 34.1 Distinção entre esses*

---

1. Cf. Paulo de Lacerda, *Manual do Código Civil Brasileiro*, vol. I, 1918; Eduardo Espínola e Eduardo Espínola Filho, *Tratado de Direito Civil*, vols. II, III e IV, 1939/1940; Serpa Lopes, *Comentário Teórico e Prático da Lei de Introdução do Código Civil*, 2ª ed., vol. I, 1959; Wilson de Souza Campos Batalha, *Lei de Introdução ao Código Civil*, 2 vols., sendo o último em 2 ts., 1957; Vicente Ráo, *O Direito e a Vida dos Direitos*, vol. I, em 2 ts., 1960.

institutos jurídicos – 34.2 Nulidade da lei – 34.3 Revogação da lei – 34.4 Regras sobre a revogação da lei – 34.5 Sustação ou suspensão dos efeitos da lei. 35. Denominação especial de certas leis: 35.1 Distinção das leis de denominação especial – 35.2 Leis orgânicas – 35.3 Leis estatutárias – 35.4 Leis autônomas – 35.5 Posturas. 36. Decreto-lei, ordenações ou ordenanças: 36.1 Conceito e classificação – 36.2 Ordenanças de urgência – 36.3 Ordenanças delegadas – 36.4 Ordenanças de governo de fato – 36.5 O decreto-lei no direito pátrio. 37. Aplicação da lei no tempo: 37.1 Irretroatividade da lei: hipóteses e teorias – 37.2 Princípio da irretroatividade: do texto legal ordinário à norma constitucional – 37.3 Teorias do direito adquirido e do fato realizado – 37.4 Teoria clássica do direito adquirido – 37.5 Críticas à teoria clássica do direito adquirido. Apreciação do seu valor – 37.6 Lassale e Savigny e a teoria do direito adquirido – 37.7 Gabba e a teoria do direito adquirido – 37.8 Teoria da situação jurídica. Crítica – 37.9 Teoria do fato realizado – 37.10 Crítica à teoria do fato realizado – 37.11 Insuficiência de ambas as teorias para solver o problema do direito transitório – 37.12 O Direito Administrativo e o problema da aplicação da lei no tempo. 38. Aplicação da lei no espaço: 38.1 Império da lei nacional – 38.2 Águas e espaço aéreo nacionais – 38.3 Conversão de normas jurídicas: incorporação e remissão – 38.4 Diversidade de tratamento entre o nacional e o estrangeiro. 39. Regulamentos: 39.1 Conceito e classificação – 39.2 Regulamentos independentes ou autônomos – 39.3 Regulamentos autorizados ou delegados – 39.4 Regulamentos executivos – 39.5 Âmbito dos regulamentos – 39.6 O regulamento no direito pátrio. 40. Relação entre a lei e o regulamento: 40.1 Distinção entre lei e regulamento – 40.2 Natureza jurídica da atividade regulamentar – 40.3 Limites ao poder regulamentar – 40.4 Leis que dependem de regulamentos – 40.5 Atribuição regulamentar – 40.6 Forma do regulamento – 40.7 Vigência do regulamento – 40.8 Nulidade, revogação e suspensão do regulamento – 40.9 Obediência aos regulamentos – 40.10 Aplicação do regulamento no tempo e no espaço. 41. Instruções: 41.1 Conceito e atribuição – 41.2 Natureza jurídica – 41.3 Distinção dos regulamentos. 42. Costume: 42.1 Conceito e requisitos essenciais – 42.2 Classificação do costume – 42.3 Aplicação do costume – 42.4 Distinção entre lei e costume – 42.5 Direito legislado ou costumeiro? Há o costumeiro no Direito Administrativo? – 42.6 Praxe e precedente administrativo – 42.7 Conflito entre o costume e o regulamento. 43. Consolidações e codificações: 43.1 Conceito. Problema da possibilidade – 43.2 Argumentos contra a codificação do Direito Administrativo – 43.3 Resposta às objeções contra a codificação do Direito Administrativo – 43.4 Discussão do problema da codificação do Direito Administrativo. 44. Hermenêutica, interpretação e aplicação do Direito: 44.1 Distinção entre esses institutos – 44.2 Escolas de Hermenêutica – 44.3 Métodos de interpretação e seus efeitos – 44.4 Intérpretes da lei. Posição proeminente do Judiciário. Coisa julgada – 44.5 Lacunas da lei e modo de supri-las. O Direito Cientí-

fico. A jurisprudência como fonte do Direito Administrativo – 44.6 Analogia – 44.7 Princípios gerais do Direito – 44.8 Doutrina – 44.9 A eqüidade e a aplicação da lei – 44.10 Dois tipos de eqüidade: a indeterminada e a legislada.

28. Enunciação das fontes formais objetivas[2]

Como se teve oportunidade de salientar, as fontes formais objetivas do Direito – tendo em vista, portanto, os atos jurídicos normativos, gerais, abstratos e impessoais – distinguem-se, pela sua proeminência, em primárias, subsidiárias e complementares.

Fontes primárias são as imediatas e diretas quanto à revelação do direito positivo em dado Estado-sociedade – e, por isso, se bastam por si mesmas. No mundo moderno a lei tem essa posição.

Fontes subsidiárias são as mediatas ou indiretas, pois as primeiras não esgotam o Direito na sua integridade, e há necessidade das últimas, para supri-las. Por vezes, aquelas lhes dão eficácia, pois se reportam a estas, explícita ou implicitamente, que compreendem o costume, o regulamento, a instrução.

Fonte complementar é a que, em última instância, fixa o significado das outras duas, em virtude de aplicação delas, e, assim, ou lhes dá o entendimento que se afigura acertado ou, ainda, na falta de texto escrito e de disposição costumeira, constrói direito novo. É a jurisprudência.

Destarte, interpretando o Direito já formulado, ou criando outro na sua falta, completa esses textos escritos e costumeiros e assume, mesmo, papel de relevo, uma vez que lhe cabe emprestar o real sentido dele, e que passa a imperar na vida social.

São as fontes do Direito Administrativo (cf. Themístocles Brandão Cavalcanti, "Fontes do Direito Administrativo", *RDA* 1/17; Carlos S. de Barros Jr., "Fontes de Direito Administrativo", *RDA* 28/1).

---

2. Cf. Vincenzo Miceli, *Le Fonti del Diritto*, 1905; Salvatore Aristide Pisa, *Le Fonti del Diritto, in Speciale Rapporto al Diritto Pubblico Italiano*, 1920; Ferruccio Pergolesi, *Sistema delle Fonti Normative*, 3ª ed., 1949; Carlo di Mayo, *Contributo alla Teoria delle Fonti del Diritto*, 1949; Julio Cueto Rua, *Fuentes del Derecho*, 1951; John Chipman Gray, *The Nature and Sources of the Law*, 2ª ed., 1962.

29. Conceito da lei[3]

29.1 Consideração sobre o aspecto filosófico e jurídico

"Lei" é termo análogo. Admite mais de um significado, embora todos correlatos.

Filosoficamente, pode considerar-se no seu próprio ser, isto é, como determinante intrínseca da força pela qual se realiza o efeito ou o comando que lhe é próprio; e como enunciação lógica e científica extrínseca da maneira constante de existir ou de operar do ser.

Assim, ela será, quanto às leis físicas, relação necessária que deriva da natureza da coisa, lei que governa o próprio ser, ou o enunciado dessa relação de causa a efeito, e expressão da descoberta dessa lei. Sirva de exemplo a dilatação dos corpos pelo calor. Pode ser considerada essa lei como a força intrínseca que domina todos os corpos e, outrossim, como preceito externo enunciando esse fenômeno.

Igualmente, quanto ao comportamento moral ou artístico, será *lei* a norma obrigatória de ação humana ou de produção de objeto exterior tendo em vista a ação ou produção segundo as respectivas finalidades; ou o enunciado dessa regra de comportamento obrigatório de ação do homem para consigo mesmo, os seus semelhantes e Deus, ou o enunciado dessa regra de comportamento do homem para produzir um objeto artístico, belo ou útil.

A lei jurídica é a que preside as relações de justiça entre os seres humanos, dentro do Estado-sociedade, ordenando as relações dos particulares e deles com o Estado-poder e outros agrupamentos sociais menores, e vice-versa. É uma ordenação indeterminada de comportamento social obrigatório, tendo em vista o bem comum dos indivíduos que integram a comunidade, e coercitivamente imposta. Esse, realmente, é o sentido material da lei.

Tem um sentido material amplo, compreendendo qualquer fonte objetiva; ou mais estrito, quando disposta por órgão estatal, como ma-

---

3. Cf. Georges Cahen, *La Loi et le Règlement*, 1903; Carré de Malberg, *La Loi, Expression de la Volonté Générale*, 1931, e *Confrontation de la Théorie de la Formation du Droit par Degrés avec les Idées et les Institutions Consacrées par le Droit Positif Français, Relativament à sa Formation*, 1933; Salvatore Foderaro, *Il Concetto di Legge*, 1948; Víctor Nunes Leal, "Lei e regulamento", RDA 1/371.

nifestação de vontade normativa, excluídos, portanto, o costume e a jurisprudência. Ainda se lhe confere um sentido orgânico e formal, em atenção, respectivamente, à elaboração por determinados órgãos com função legislativa, na conformidade com o direito positivo, e à eficácia técnico-jurídica da norma e ao seu valor.

Modernamente, a distinção entre lei *material* e *formal* foi arquitetada pelos juristas alemães, como Laband e Jellinek. Mas, na verdade, não cogitam do real sentido material da lei, acima referido, de norma de comportamento dos indivíduos do Estado, e cujo objeto seria a matéria própria para alcançar-se o bem comum dos seus membros, dos seres humanos que dele participam. O que denominam esses juristas alemães, impropriamente, de *lei material*, na realidade, é o sentido formal de lei, isto é, o do seu conteúdo formal; e o que denominam de *lei formal*, na realidade, é o sentido orgânico de lei, simplesmente.

Para os antigos romanos a lei jurídica representava um acordo entre a proposta dos legisladores e a aceitação do povo, correspondente a um pacto (cf. *Dig.*, Livro I, Título III, *De Legibus*, p. 1ª; *Inst.*, Livro I, § 3º, e Livro I, Título II, *De Jure Naturale*; *Gentium et Civile*, § 4º). Atualmente, entretanto, consiste, de modo pacífico, em ato unilateral do Estado-poder.

29.2 *Sentido jurídico orgânico-formal da lei*

No sentido orgânico-formal denomina-se, geralmente, *lei jurídica* a decretada pelos órgãos legislativos, em forma escrita e articulada, e obedecidos os trâmites e formalidades preestabelecidos. Então, lei será tanto um Código Civil, um Código Penal, um Código Tributário, estabelecendo regras gerais, abstratas e impessoais de comportamento dos indivíduos, em suas relações particulares, como um orçamento, que prevê a receita e despesa do Estado-poder e não estabelece qualquer regra geral, abstrata e impessoal de comportamento, e antes constitui ato especial, concreto e pessoal.

Alguns doutrinadores só admitem o sentido orgânico-formal da lei.

Para Kelsen, dentro da sua concepção de formação do Direito por graus, a lei é norma jurídica de execução imediata da constituição, sendo indiferentes seu conteúdo e o órgão de que emane. É um poder estatutário de execução imediata da constituição (cf. ob. cit., p. 133).

Já, para Carré de Malberg (*Théorie Générale de l'État*, vol. I, pp. 326-377) ela é ato inicial de cada ordem jurídica de domínio ilimitado – portanto, livre –, e de força superior e própria à dos demais atos jurídicos – e, destarte, autônoma. Isso porque derroga as ordens jurídicas anteriores, compreendendo todo comando, geral ou individual, e se impõe a qualquer autoridade pública ou súdito, pela sua força imediata, sem necessidade de se apoiar em regra anterior que lhe autorize suas prescrições, o que constitui a sua força virtual.

Então, a lei é norma estatutária de comando sobre todos os objetos, salvo os que ela própria colocou na alçada executiva, e decorre da situação de superioridade do órgão que tem a atribuição de emaná-la. For isso, regula a ordem suprema do Estado-sociedade.

É de se observar que Kelsen, não obstante sua concepção lógico-formal do Direito, dá à lei, também, um sentido material segundo a denominação dos juristas alemães retro-salientados, pois lhe atribui o caráter de imperativo jurídico, geral, abstrato e impessoal, como o primeiro degrau na hierarquia decrescente das regras jurídicas, depois da Constituição, da qual é norma de execução imediata. Através de elemento formal, dá esse conceito material de lei, sem atenção ao órgão que a decreta – aliás, em consonância com sua concepção normativa do Direito e da hierarquia das normas jurídicas.

É verdade, poderia ele retrucar que proclamar a lei regra geral, abstrata e impessoal não significa lhe dar conteúdo material, e apenas diferenciar essa forma de expressão do imperativo jurídico de outras, específicas, concretas e pessoais. De fato, ambas são fontes formais do Direito. Mas, quando se fala em sentido formal e material da lei, tem-se em mira distinguir a norma jurídica em si mesma e, se se quiser, pelo seu conteúdo formal, da norma jurídica enquanto orgânica-formal.

Posição, esta última, realmente assumida por Carré de Malberg, e única por ele tolerada. Ela se afigura, entretanto, sem razão, como se verá a seguir, quando sustenta impossível distinguir-se a lei pelo conteúdo formal da regra jurídica, isto é, pelo, seu sentido material.

For outro lado, em país de Constituição rígida, com atribuições definidas de todos os Poderes, salvo as exceções constitucionais, as leis não podem estatuir sobre matéria executiva ou judicial, por estarem fora das suas atribuições. Então, não vale o conceito que se lhe dá de ato jurídico inicial e incondicionado. Aliás, na própria França, pela Constituição de 1958, em, que, ao lado do Poder Legislativo inicial, se reconhece, expressamente, um poder regulamentar inicial, e sobre estas matérias não pode o Legislativo dispor, agindo livremente o Executivo, o conceito de *lei* de Carré de Malberg fica mais abalado.

29.3 Sentido jurídico-material de lei, ou, melhor, pelo seu conteúdo formal

Quanto ao conceito jurídico-material de lei, ou, melhor, quanto ao seu conteúdo formal, há duas orientações fundamentais.

(a) Uma tradicional, que vem desde os tempos mais remotos, e expressa na doutrina já por Aristóteles, que lhe atribui a natureza de universalidade (*Éthique de Nicomaque*, Livro V, Capítulo X, n. 4, p. 245), e constante de textos escritos do Direito Romano, "lex est commune praeceptum" (cf. *Dig.*, Livro I, Título III, *De Legibus*, frag. 1), que considerava *privilegium* o preceito individual, fosse de caráter punitivo ou de benefício.

(b) Outra relativamente recente, surgida na Alemanha, como correspondendo à expressão da sua realidade histórica, inspirada por Laband (ob. cit., vol. II, pp. 260-263) e acolhida, em estudos desenvolvidos por vários juristas, nos países de língua alemã e, ainda, por doutrinadores italianos. Rejeita a orientação, até então pacífica, de que a generalidade constituía nota peculiar da lei, para admitir leis para casos individuais; e pretende encontrar seu conceito na circunstância de constituir o estabelecimento de uma regra jurídica, ou, melhor, de corresponder a uma regra de criação do Direito, de implantação de nova ordem jurídica. Reconhece que a generalidade é característica habitual da lei, mas entende que o elemento específico que a essencializa é a criação do Direito, tanto que, por vezes, há implantação de nova ordem jurídica por ato individual. No Brasil aparece defendida pela primeira vez por Carlos S. de Barros Jr. (ob. cit., pp. 20-24), ao adotar o conceito de lei propugnado por Vitta.

Daí a distinção em *teoria da generalidade* e *teoria da novidade*.

29.4 Teoria da generalidade. Crítica

A teoria da generalidade sustenta que a lei jurídica é uma regra coercitiva de comportamento, geral, abstrata e impessoal – e, portanto, sob cujo império se sujeitam as regras específicas, concretas e pessoais, ou os atos jurídicos instrumentais, que constituem condição da sua aplicação.

Encontram os seus adeptos, aliás, em qualquer lei esse característico de generalidade, seja ela matemática e física ou moral e artística, constituindo essa nota seu fundamento racional, sua razão de ser. Demais, vêem nela uma noção de grande alcance político, pois envolve garantia da liberdade dos indivíduos, que ficam sob dupla proteção: de não verem, de surpresa, alterada a ordem jurídica só para eles; e por motivos particulares, ao sabor de interesses momentâneos e de sentimentos subalternos.

Observam, ainda, que a generalidade, abstração e impessoalidade, que caracterizam a lei jurídica, não são quantitativas, mas qualitativas – isto é, correspondem a comando normativo.

Um ato jurídico dirigido a vários indivíduos, mas a cada um de *per se*, não constitui lei; ao passo que um ato jurídico que abrange tão-somente um indivíduo, mas dispõe de modo normativo, indeterminadamente, a qualquer um que se ache ou venha a se achar em igual situação, é lei. Por conseguinte, uma ordem dirigida aos indivíduos reunidos em uma praça para se dispersarem não é lei, por lhe faltar a qualidade de comando geral, abstrato e impessoal. Ao contrário, trata-se de ato específico, concreto e pessoal, embora dirigido a vários indivíduos. Corresponde a um feixe de atos individuais, que se pode denominar *ato jurídico individual geral*.

Os partidários da teoria da novidade criticam essa concepção, considerando que a proteção à liberdade do povo decorre de ser a lei emanada de vontade superior, e jamais da circunstância de se aplicar à generalidade dos indivíduos, de modo abstrato e impessoal, isto é, indeterminadamente. Deflui, destarte, da circunstância de existirem órgãos distintos: o que faz a lei e a executa, e aquele ter caráter colegial e sujeitar a lei a um processo de elaboração em que há completa discussão do seu alcance e ampla publicidade dos seus propósitos, a lhe negar caráter de deliberação de improviso.

Por outro lado, ponderam que, apesar de a generalidade existir com certa constância na lei, é por vezes dispensável, porquanto em casos excepcionais se pode criar Direito por preceitos individuais, que derrogam a ordem jurídica anterior.

Assim, tanto será lei a que regula o ensino no Brasil e as condições de obter, através de curso regular, um diploma de bacharel em Direito como a que confere a alguém, pelos notórios conhecimentos jurídicos, esse diploma independentemente de qualquer curso, prescrevendo uma exceção àquela regra. Ambas inovam a ordem jurídica.

Além disso, completam a crítica à teoria da generalidade ponderando que se encontram regras gerais, abstratas e impessoais que não são leis, como os regulamentos administrativos.

29.5 Teoria da novidade. *Crítica*

Então, afirmam que no promulgar regra jurídica está a natureza da lei, isto é, no estabelecer novo ordenamento jurídico. Portanto, no criar Direito, seja através de regra geral ou individual. Distinguem as leis jurídicas, atos jurídicos que modificam os direitos dos particulares, dos preceitos gerais administrativos, de ordem técnica simplesmente, pertinentes à organização e funcionamento da Administração Pública.

Por outro lado – observam –, a liberdade, a igualdade e a propriedade ficam protegidas se só forem atingidas por deliberações coletivas dos corpos representativos populares, isto é, dos Parlamentos ou Assembléias, a quem deve caber a função legislativa, pouco importando prescrevam regras gerais ou individuais.

Esta última corrente reduz a matéria legislativa e os preceitos de criação do Direito às regras da conduta dos particulares, isto é, à fixação de normas de comportamento dos súditos do Estado. Ora, o sentido de *regra jurídica* deve ser muito mais amplo, compreendendo, outrossim, todo o ordenamento do Estado-poder, sob pena de se negar grande parte do direito público, quer dizer, a regência das relações entre os órgãos estatais. Os adeptos dessa orientação consideravam como de fato, em vez de jurídicas, as normas que regem ditas relações.

Demais, a derrogação da ordem jurídica geral por ato individual constitui, na verdade, forma de não-execução da lei, ou de sua violação, mediante a exceção aberta ao seu comando. Certo, essa exceção prevalece como regra individual obrigatória, criando novo Direito, na ordem positiva. Mas isso porque o órgão superior do Estado-poder, que tem a prerrogativa suprema de emanar regras jurídicas, a decretou. Destarte, essa prescrição individual vale como lei, tem força legal, por provir desse órgão. Então, corresponde a um sentido orgânico-formal de lei, jamais material ou relativo ao conteúdo formal.

Bem se apercebeu disso Carré de Malberg. Acolhendo a objeção dos partidários da teoria da novidade à teoria da generalidade, concluiu ser impossível atribuir-se à lei sentido jurídico-material. Se toda regra jurídica – pondera – decretada pelo Estado-poder, através dos seus órgãos próprios, é lei, se há de concluir só existir o sentido orgânico-formal de lei, na impossibilidade de se encontrar característica que a distinga de outros atos jurídicos, e em especial do regulamento, através do sentido jurídico-material, separado do órgão que a emana, e sem confundi-la com outros atos jurídicos, gerais, abstratos e impessoais.

Por isso – ressalta –, Duguit declara ser lei, no sentido jurídico-material, tanto a regra jurídica geral, abstrata e impessoal, emanada pelo Legislativo, como a emanada pelo Executivo, proclamando inexistir, quanto à natureza material, qualquer diferença entre a lei e o regulamento; ou, melhor, que este é lei feita pelo Executivo.

Realmente, ou se considera *lei* só a regra jurídica geral, abstrata e impessoal, ou se deverá negar a possibilidade de conceituá-la quanto ao conteúdo formal, ou, como se diz, de modo tradicional, materialmente, devendo reduzi-la a conceito orgânico-formal, pois a teoria da novidade, em última análise, a reduz a um conceito orgânico-formal.

A lei, aliás, deve ter o mesmo conteúdo formal do costume, e este nunca poderá existir para um caso especial, concreto e pessoal. O alegar-se ser ele fruto da consciência coletiva, e, por isso, há de corresponder a regra geral, enquanto o legislador pode, a seu critério, dispor de forma geral ou individual, não satisfaz. Se acaso tem prerrogativas para tanto, sob o aspecto orgânico-formal, não tem o condão de, assim procedendo, transformar um conceito orgânico-formal em material de lei, isto é, segundo seu conteúdo formal. E nem aquela prerrogativa a possui o legislador nos países de Constituição rígida, em que o Judiciário se alça à proeminente posição de seu guarda, se entre as declarações de direitos individuais estiver inserto o princípio da igualdade de todos perante a lei.

É a situação do Direito Constitucional pátrio, que, no art. 153 da Magna Carta de 1969 consagra, de forma absoluta, o princípio da isonomia,[I] e no § 4º, assegura a qualquer indivíduo o recurso ao Judiciário para a defesa de seu direito.[II] De fato, em face do sistema constitucional brasileiro afigura-se inconstitucional qualquer lei individual, isto é, em favor ou contra alguém, determinadamente. Não possui o órgão legislativo tal prerrogativa de legislar, pois fere o princípio da igualdade de todos perante a lei. Não pode, por conseguinte, existir lei de privilégio. É de confessar-se, muitas delas são baixadas, mas padecem do vício de inconstitucionalidade, por mais louváveis que sejam os motivos que as ditaram.

Assim, lei será, e perfeitamente legítima, e sob o aspecto jurídico-material, conforme o conteúdo formal, a regra geral, abstrata e impessoal que regula processo novo de outorga de pensão aos funcionários públicos e a estabeleça na proporção dos vencimentos percebidos por cada um. Porém, a exceção aberta a essa regra, conferindo, mediante lei especial, concreta e pessoal, pensão a um determinado funcionário, o dobro do que cabe aos outros pela lei geral, de igual categoria, por ter morrido em serviço, não poderá ser considerada lei material, ou seja, formal quanto ao conteúdo, e sequer legítima. Será lei simplesmente orgânico-formal, e não material, ou, antes, de conteúdo formal, e, além disso, inconstitucional.

Lícita é a distinção da pensão de funcionários que perdem a vida por morte natural e dos que falecem em serviço. Contudo, em face do princípio da igualdade de todos perante a lei, não se pode conferir essa regalia a favor da família de determinado funcionário, e sim para as famílias de todos os funcionários que morrerem em serviço. Embora em dado momento só abranja certo funcionário, impõe-se tenha caráter indeterminado, permitindo dela se beneficiar a família de qualquer funcionário em igualdade de situação.

[I]. *Nota dos Editores*: Na Constituição de 1988, vide art. 5º.
[II]. *Nota dos Editores*: Idem, art. 5º, XXXV.

29.6 Conciliação em parte entre as duas teorias opostas

Ao atentar-se para as objeções apresentadas pelos adeptos da teoria da novidade à da generalidade, sobre o conceito material de lei ou de conteúdo formal, bem como pelos defensores do conceito simplesmente orgânico-formalista da lei, não se pode deixar de reconhecer que uma existe de valor ponderável, se é obrigado a aceitar – qual seja, a de que confunde o regulamento com a lei. Tanto aquele como esta são regras gerais, abstratas e impessoais, impostas coercitivamente.

Daí, para se manter o conceito material de lei ou de conteúdo formal e distinto do regulamento, impõe-se encontrar qualquer nota numa que falte no outro. Essa se pode ir buscar na teoria da novidade, e constitui, mesmo, um pressuposto de toda lei: a inovação, revogando preceito anterior que lhe for contrário.

De fato, ontologicamente, a lei pressupõe o princípio da generalidade, seja ela física, de relação de causa e efeito, seja ela de comportamento, em razão de um fim. Por outro lado, a descoberta de qualquer lei, seja sobre os fenômenos naturais, seja sobre as ações humanas, envolve o estabelecimento de um novo princípio, de complementação ao anterior ou de modificação dele. Então se inova na ordem dos fenômenos físicos ou das operações humanas, reconhecendo força mais perfeita ou outra força a reger a natureza das coisas, e comportamento melhor ou outro comportamento a comandar as ações humanas.

Por conseguinte, a *novidade* é uma propriedade da lei. Mas não é a única. Além, dela e antes dela, está a *generalidade*.

Essa a orientação defendida por Seabra Fagundes (*O Controle dos Atos Administrativos pelo Poder Judiciário*, 3ª ed., pp. 33-34, n. 9) ao considerar como características da lei a generalidade e a modificação da ordem jurídica preexistente.

Mas ainda essa característica não basta para distinguir a lei do regulamento, pois este também pode inovar na ordem jurídica. Ocorre, entretanto, uma diferença: a inovação deste sempre cumpre ser nos termos da lei. Conseqüentemente, a inovação legal, ao contrário da regulamentar, é original, primária, absoluta. Destarte, pode-se concluir que para o Direito a lei é a regra coercitiva, geral, abstrata e impessoal que inova, originariamente, na ordem jurídica.

Desse modo, mantém-se o conceito ontológico, racional e histórico tradicional da lei, e por ele se abrange todo ordenamento jurídico do Estado-poder, de modo estatutário, seja regendo relações entre particulares, ou destes com o Estado-poder, como dos próprios órgãos do Estado-poder.

Destarte, estabelece-se que ela obriga não por provir de vontade superior, orgânico-formal, mas por ser lei, em sentido jurídico-material, quanto ao conteúdo formal, isto é, regra geral, abstrata e impessoal, primária, da ação do Estado-poder de criação do Direito, nos termos constitucionais, que dá a estrutura jurídica deste e o regime jurídico da sua ação.

Portanto, aproveitando-se da lição de Carré de Malberg, conclui-se: tem um *valor formal* de se impor imediatamente, e de modo superior, a qualquer outra manifestação de vontade do Estado-poder, a todas as autoridades estatais e aos componentes do Estado-sociedade, dada sua *força jurídica*, que consiste em inovar, de maneira absoluta, a ordem jurídica anterior, dentro da estrutura constitucional.

Por conseguinte, salvo as limitações constitucionais, impõem-se, sem necessidade de se apoiarem em regra anterior, suas prescrições. Com razão, a respeito, a expressão de Kelsen de que é norma jurídica de execução imediata da Constituição, sendo o regulamento sua conseqüente especificação, mediante, outrossim, regras jurídicas gerais.

Daí a conseqüência: o órgão legislativo deve ser considerado superior aos demais tão-somente porque lhe compete decretar a lei. Tal conclusão opõe-se à dos partidários tão-somente do sentido orgânico-formal, que pretendem ter a lei força jurídica suprema por promanar de órgão de vontade jurídica superior.

Por outro lado, fica ela diferenciada do regulamento, que, quando de execução, só desenvolve a lei, para efeito da sua aplicação, e, mesmo quando de autorização ou delegado, só cria novas regras jurídicas, virtualmente constantes no texto daquela, nos termos esquematizados pela autorização ou delegação, nunca com a natureza de norma jurídica originária.

É verdade, excepcionalmente, no Continente Europeu, admite-se em vários países o regulamento autônomo ou independente, pelo qual o Executivo emana originariamente regras jurídicas gerais, abstratas e impessoais, nos termos do Direito Constitucional Costumeiro ou da Constituição escrita, e até rígida.

Esses regulamentos, porém, são verdadeiras leis, e como tal devem ser considerados. Conservam a denominação *regulamentos* porque emanados pelo Poder Executivo. Por conseguinte, em virtude de critério orgânico-formal, que também faz se denominem *lei* vários atos do Poder Legislativo, porque emanados por ele. Mas, se estes atos, sob o ponto de vista do seu conteúdo formal, isto é, segundo o sentido jurídico-material, quando ao conteúdo formal, se não consideram lei, aqueles regulamentos, ao contrário, merecem tal qualificativo.

Como regra coercitiva, tem a lei força estável e predominante e comando superior. Como regra geral, aplica-se a todos os que estão nas condições previstas pelo texto escrito. Como regra abstrata, é suscetível de aplicação a todos os casos iguais, que poderão apresentar-se de futuro. Como regra impessoal, tem concernência indistinta, indeterminada, sem prévia individualização em dada hipótese. Como regra originária inovadora, superpõe-se a todas as regras jurídicas anteriores, dentro do âmbito de sua força jurídica, respeitados os textos constitucionais.

30. Classificação das leis jurídicas[4]

30.1 Leis programáticas e leis coercitivas

As leis são objeto de várias e distintas classificações apresentadas pelos autores.

Assim, além das já mencionadas e discutidas – entre leis em sentido material e formal; entre leis de direito público e privado; e leis relativas às matérias de cada um dos diferentes ramos em que o direito se subdivide –, a primeira classificação a ser objeto de consideração é a que distingue as leis em *programáticas* e *coercitivas*.

Lei sem coerção, porém, é um contra-senso. Toda lei envolve um comando, como regra de direito, que se impõe, conseqüentemente, aos particulares e ao Estado-poder, que lhe dá força coativa. *Leis progra-*

---

4. Cf. Víctor Nunes Leal, "Classificação das normas jurídicas", *RDA* 2/931.

máticas, na realidade, são simples declarações de princípios, mediante enunciação de votos ou desejos. Não constituem propriamente leis.

Certo, as Constituições modernas têm uma parte programática de ação do Estado-poder, mas essa encerra regras jurídicas coercitivas. É verdade, por vezes encontram-se textos meramente programáticos – por exemplo, como o art. 149 da CF de 1946, que dizia: "A lei disporá sobre o regime dos bancos de depósitos, das empresas de seguro, de capitalização e de fins análogos". Vale como repetição de competência legislativa na matéria, já prevista em outro artigo. Portanto, de todo inútil.

É verdade, nem todos os preceitos legais contêm em si, imediatamente, um comando. Então, a coerção se deve ir buscar no Direito considerado em conjunto, em lugar de no texto isolado.

Como esclarece Del Vecchio, há normas *primárias*, que por si mesmas, e de modo direto, exprimem uma regra obrigatória de ação, e *secundárias*, que não são autônomas, e, por isso, seu caráter coercitivo depende de outras, a que se reportam (*Lezioni di Filosofia del Diritto*, 5ª ed., pp. 221-223).

Uma classe dessas normas secundárias é constituída das ab-rogatórias ou derrogatórias, que revogam, no todo ou em parte, outras. Seu caráter sancionador existe com referência a estas últimas. Ainda nessa categoria estão as normas facultativas, cuja sanção está em outra norma que obriga ao respeito dos atos jurídicos praticados com fundamento nelas. Afinal, incluem-se entre as normas secundárias os preceitos legais explicativos de outras normas, que contêm definição ou declaração pertinente a normas primárias. Assim, texto legal proíbe a venda sem receita médica de entorpecentes, e outro define quais são esses medicamentos. Este preceito legal reporta-se àquele quanto ao caráter sancionador.

Indiscutivelmente, as leis revogatórias e facultativas contêm em si caráter normativo, embora sua sanção se apresente em correlação com outra norma. Já, os textos legais dispondo em forma simplesmente explicativa não possuem natureza sancionadora, e sequer caráter normativo. Por si mesmo, não constituem norma jurídica. Por conseguinte, podem constar de ato executivo em lugar de ato legal, se por este permitido. Muitas vezes torna-se difícil à lei fazer as enunciações a respeito, e o órgão legislativo deixa isso ao órgão executivo. Daí a especificação dos entorpecentes poder caber, nos termos legais, a ato executivo. Na realidade, trata-se de ato geral, sem alcance normativo, dado seu efeito individual (cf. Capítulo VI).

30.2 Leis constitucionais e leis ordinárias

A seguir, deve-se salientar a separação entre *lei constitucional* e *lei ordinária*. A primeira tem caráter estático, enquanto a segunda dinâmico, pois uma dá a estrutura do Estado-poder, quanto à sua organização, estabelecendo seu regime político e, quanto à sua ação, prescrevendo seus poderes e deveres, e informa o Direito Constitucional; e a outra desenvolve essa organização, para levar a efeito essa ação, através do Direito Administrativo, e é relativa aos diferentes ramos jurídicos por ela regulados quanto ao conteúdo.

30.3 Leis preceptivas ou positivas e proibitivas ou negativas e leis obrigatórias ou facultativas

As leis ainda se diversificam em *leis preceptivas ou positivas* e *proibitivas ou negativas*, que ordenam certo comportamento ou o vedam. Ainda se diferenciam em leis *obrigatórias* preceptivas ou proibitivas, que prescrevem um dever, e *facultativas*, que permitem a prática de certos atos.

É de se recordar como exemplos de *lei obrigatória negativa*, quanto aos particulares, a que veda construir em via pública e, com referência ao Estado-poder, a que veda a prisão de cidadão sem mandado judicial e sem flagrante de crime. Como exemplo de *lei obrigatória positiva*, quanto aos particulares, encontra-se a do serviço militar, determinando todo cidadão obrigado a prestá-lo; e, com referência ao Estado-poder, a de pagar indenização aos particulares pelos danos sofridos em conseqüência de atos dos seus agentes no exercício das suas atividades. Toda lei que dá atribuição jurídica sem caráter obrigatório inclui-se entre as facultativas.

30.4 Leis imperativas ou cogentes e leis dispositivas ou supletivas

Depois têm-se as *leis imperativas ou cogentes* e as *leis dispositivas ou supletivas*, segundo encerrem normas coercitivas, de imposição inderrogável pelas partes – e, portanto, de cuja observância não podem as partes se eximir, se no exercício da sua faculdade quiserem praticar os atos jurídicos por elas previstos –, ou, ao contrário, encerrem normas coercitivas aplicáveis apenas no silêncio das partes, que deixam de dispor a respeito, e, então, na falta de manifestação delas, acordando livremente ou escolhendo uma das muitas soluções legais para a hipótese, suprem essa vontade, como elemento de interpretação da sua intenção. São, na verdade, leis que se impõem de maneira absoluta ou simplesmente de modo relativo.

Havia disposições no Código Civil referentes aos impedimentos matrimoniais. Quem quiser casar teria de respeitá-las. Já, com referência ao regime de bens, os cônjuges podiam escolher, salvo exceções legais, o que lhes aprouvesse entre os diferentes tipos acolhidos pelo Código Civil.[III] Mas, se nada dissessem por ocasião do casamento, nos termos do texto desse Código, presumia-se adotado o da comunhão universal. Esse dispositivo do art. 258 foi alterado. Atualmente, se nada disserem, considera-se como escolhido o da comunhão parcial. Enquanto os impedimentos matrimoniais são preceitos imperativos ou cogentes, o regime de comunhão de bens, na falta de manifestação dos nubentes, é dispositivo ou supletivo, antes universal, hoje parcial.[IV]

As *leis cogentes* são as de ordem pública ou dos bons costumes, isto é, leis que estabelecem, respectivamente, os princípios que se têm como indispensáveis à ordem jurídica e social do Estado-sociedade, segundo uma concepção da finalidade do Estado-poder, ou que se consideram como informadores da moralidade, em dado momento histórico, pertinentes à cultura e civilização do povo de cada país. Dizem respeito, ainda, às formalidades e às condições mediante as quais o ato jurídico deverá ser praticado; ou, então, definem os institutos jurídicos, diferenciando-os em distintas categorias.

As *leis supletivas ou dispositivas* têm força coercitiva como as imperativas ou cogentes; mas, enquanto a coerção destas existe desde que a elas se subsuma, a daquelas só surge quando as partes não dispuserem de outra maneira, como lhes era lícito fazer.

III. *Nota dos Editores*: CC de 1916.
IV. *Nota dos Editores*: Atualmente, a matéria está regulada pelos arts. 1.639 e 1.640 do Código Civil.

As *leis cogentes* não se confundem com as *obrigatórias*, nem as *dispositivas* ou *supletivas* com as *facultativas*. Isso porque as *obrigatórias* sujeitam sempre as pessoas ao seu comando, enquanto as *cogentes* apenas não podem ser derrogadas pelas partes se se submeterem à regência do império das suas normas.

Assim, as normas do Código Penal são obrigatórias, pois a ninguém é lícito roubar ou matar. Já, a norma cogente que proíbe a usura e considera como tal os juros sobre empréstimo acima de 12% ao ano apenas impede que o emprestador de dinheiro e o tomador de empréstimo, mediante acordo, contratem empréstimo em que os juros sejam de percentagem superior. Essa cláusula será havida como nula. O preceito só apanha quem fizer empréstimo de dinheiro, que deverá respeitar o teto máximo de cobrança de juros, não podendo fazer prevalecer juros superiores, mesmo que quem tiver pedido o dinheiro emprestado haja contratado pagá-lo em bases superiores às do texto legal.[v]

A *lei obrigatória* coage o sujeito a obedecer à sua norma, sujeitando-o a punição criminal ou disciplinar, ou a reparação patrimonial; enquanto a *lei cogente* torna nulo o acordo de vontades firmado em desrespeito à sua norma, porque as partes não podiam derrogá-la.

Exemplo, ainda, de norma obrigatória concernente à Administração Pública está na que estabelece a obrigação de instituir determinado serviço. No caso de norma cogente, fica a seu critério instituir, ou não, esse serviço. Mas, se instituir, deverá fazê-lo segundo certo modo. As leis obrigatórias regem atividade imposta à Administração Pública. Já, as cogentes regem atividade facultativa da Administração Pública, quanto à emanação do ato. Porém, emanado, há de ser nos termos do conteúdo legalmente disposto.

Por seu turno, as *leis facultativas* são as que conferem poderes às pessoas, para exercê-los ao seu líbito, com referência a qualquer particular e mesmo com referência ao Estado-poder, isto *é*, *erga omnes*. Ambos têm o dever de não perturbar o exercício das faculdades por elas previstas. Por exemplo, a lei que assegura a liberdade de manifestação de pensamento: em virtude dela, é lícito a qualquer pessoa, em princípio, externá-lo, ou não.

---

v. *Nota dos Editores*: Atualmente, a matéria está regulada nos arts. 591 e 406 do Código Civil.

Às vezes as leis facultativas conferem poderes a alguém relativamente a certa pessoa, que, então, se sujeita ao império do exercício da respectiva faculdade, que corresponde ao que se chama *direito potestativo*. Assim, o marido, em determinado prazo legal, tem a faculdade ou, melhor, o direito potestativo de impugnar sua paternidade com referência a filho de sua mulher.[vi] Não se trata de um direito que ele tem contra a mulher para prestar uma obrigação de dar, fazer ou não-fazer, mas o de sujeitar-se à sua vontade, provando sua impugnação.

Embora defluam esses poderes de lei facultativa, não se confundem com a simples manifestação de capacidade de direito, que, de regra, essas leis conferem. A capacidade jurídica não confere a seu titular poder de sujeição de terceiro a ele. Ao contrário, o direito potestativo tem esse alcance seja mediante simples declaração unilateral de vontade ou mediante intervenção do juiz, a que se requer a produção desse efeito. Acarreta a modificação de situações jurídicas pela ação de vontade do titular do direito sobre a esfera jurídica de outro, que a tem que suportar.

Já, as *leis supletivas ou dispositivas* são as que se aplicam na falta de acordo de vontades, pois se presume que, nada dispondo as partes, no livre exercício das suas faculdades, tiveram a intenção de ficar vinculadas nos termos da norma dispositiva ou supletiva.

A propósito das considerações acima, impõe-se distinguir o *possível jurídico* e o *lícito jurídico*. As leis a respeito do primeiro dispõem sobre a prática de atos jurídicos. Por conseguinte, os atos jurídicos feitos contra esse *possível jurídico* padecem de nulidade. Já, o *lícito jurídico* diz respeito às leis que dispõem sobre a ação material. Sua realização em desrespeito a elas acarreta coação para a prática de atividade, ou para impedi-la, e na impossibilidade se impõem o ressarcimento patrimonial do dano acaso causado e a responsabilidade penal e a disciplinar, com as sanções conseqüentes.

As *leis de ordem pública* são aquelas estabelecidas pelo Estado condizentes com a organização político-social por ele programada. Estruturam a ordem social em consonância com o regime político.

[vi] *Nota dos Editores*: Pelo CC/2002, art. 1.601: "Cabe ao marido o direito de contestar a paternidade dos filhos nascidos de sua mulher, sendo tal ação imprescritível".

Definem a vida social, em função de dada ordenação tida como indispensável para a harmonia dos interesses divergentes de cada um dos seus membros e para a obtenção do bem comum deles, isto é, do bem dos seus membros coletivamente considerados. Então, restringem as faculdades de cada um, no exercício da autonomia da vontade, limitando sua liberdade de atuar juridicamente, em função da autonomia da vontade dos semelhantes, da liberdade dos outros, ou em razão do próprio bem de todos, dos indivíduos em comunidade, ante o reflexo daquelas manifestações no interesse geral.

Daí normas de ordem pública *políticas*, referentes à atividade do Estado na conservação dos seus fins; e normas de ordem pública *sociais*, relativas aos interesses dos indivíduos em comunidade, resguardando os bons costumes, isto é, os princípios da conduta reta dos indivíduos, do comportamento honesto, segundo as normas morais imperantes em dada conjuntura histórica da própria sociedade, ou dos indivíduos isoladamente considerados nas suas relações recíprocas. Com esses alcances, promulgam-se, de um lado, normas jurídicas de defesa da economia nacional; de outro, normas jurídicas de defesa da economia de cada qual. Assim se regulamenta a importação e se proíbem os juros usuários, estes no interesse das partes contratantes, aquela no interesse da Nação.

Como normas jurídicas de ordem pública, em princípio não podem ser desconhecidas pelas partes. São de natureza cogente, isto é, são inderrogáveis e cumprem ser obedecidas se se subsumirem as partes ao seu regime jurídico. Por isso, como regra, envolvem inderrogabilidade absoluta, a fim de impedir acordo de vontades, em sua substituição, meramente formal, em que uma parte se encontra em posição de inferioridade à outra, e a manifestação da sua vontade se faz com efetivo prejuízo posterior aos seus interesses, premida pelas exigências do momento.

Essa liberdade existe, entretanto, se do ato não decorrer qualquer dano para as partes e, ao contrário, resultar em recíprocas vantagens, atendendo aos respectivos interesses, sem que se possa falar em enriquecimento ilícito de uma, em detrimento de outra, e nem se possa cogitar de coação no exercício da autonomia da vontade. Enfim, se não configurou lesão aos interesses de qualquer delas. Então, admite-se a relatividade do princípio de ordem pública, se verificada sua possível flexibilidade.

É o que ocorre com a Lei do Inquilinato, estabelecida no interesse individual dos locatários. Trata-se de lei de exceção e de caráter transitório. A proibição de alteração do valor locativo, nela constante, constitui princípio de ordem pública, que, em princípio, não pode ser derrogado pelas partes. Contudo, quando há interesse do inquilino em pagar uma elevação para não sofrer prejuízo maior, e com isso se harmonizem as situações das partes, sem que se possa falar em enriquecimento ilícito e sequer cogitar de coação, é de tolerar-se, não obstante seus dispositivos, o acordo de vontades modificando o aluguel anterior, uma vez que o objetivo de ordem pública da lei não é infirmado, antes fica afirmado.[VII]

Destarte, quando se verifica a posição de injustiça do locador em face dos outros proprietários de imóveis na redondeza, recebendo aluguel muito inferior, e o aumento acordado com o locatário fica ainda bem aquém dos novos aluguéis e este, espontaneamente, não querendo locupletar-se à custa alheia, concorda com ele ou, então, provocado, aquiesce nele, a fim de evitar, por exemplo, exerça o senhorio direito, assegurado por lei, de pedir o imóvel para uso próprio ou para ampliar suas condições de aproveitamento, não se pode pretender infringência ao princípio de ordem pública, que se interpreta segundo a relatividade das coisas, na conformidade da sua *mens legis*, e muito menos a devolução do então recebido, em conseqüência de tal entendimento. O princípio da ordem pública, posto para defesa do inquilino, não pode servir de instrumento de abuso de seu direito. Por isso, a rigidez do princípio tem sido amoldada pela jurisprudência, tendo por legítimos acordos dessa natureza.

A Lei do Inquilinato é de ordem pública, no sentido de que confere um direito ao locatário, inderrogável pelo locador, de permanecer no imóvel, por prazo indeterminado, enquanto ela viger, e sem alteração do valor locativo. Como se trata de lei de ordem pública *relativa* a uma das partes, em seu proveito, só é *absoluta* com referência à outra. A pessoa por ela beneficiada, *desde que no seu interesse*, pode dispensar essa proteção legal. Convindo-lhe abrir mão dessa prerrogativa, pode fazê-lo, seja desocupando o imóvel, seja aquiescendo na elevação dos alugueres.

VII. *Nota dos Editores*: Atualmente a matéria está regulada pela Lei n. 8.245, de 18.10.1991.

Provado, entretanto, em juízo que a aquiescência se deu por coação, que abriu mão da situação legalmente assegurada com prejuízo para seus interesses, então, prevalece a lei. Mas, inexistindo tais demonstrações – e, ao contrário, verificando-se que procurou acobertar seus interesses através de outras vantagens, diferentes, e que lhe pareceram preferíveis –, não pode merecer acolhida a pretensão de devolução dos alugueres pagos a mais se não houve enriquecimento ilícito, nem a rescisão de contrato, por substituição por outro, ou para desocupação do imóvel, se prejuízos inexistiram e tal se fez para atender a outros interesses do locatário.

As normas de direito público são em sua maioria cogentes; por isso, com impropriedade de expressão, as normas cogentes são chamadas normas de direito público em sentido lato. Contudo, existem normas dispositivas no direito público, e em especial no Direito Administrativo.

Além da tarifa comum, pode-se estabelecer no serviço público a opção, por parte dos particulares, por outros tipos de tarifa, mais econômicos, tendo em vista a utilização do serviço público em maior escala que a ordinária. Contudo, no silêncio do contribuinte aplica-se a tarifa comum. Igualmente, quando a legislação sobre determinada categoria de funcionários lhes permite a opção entre o regime comum ou o regime de dedicação plena e de tempo integral e manda aplicar este ou aquele na falta dessa manifestação. Outras vezes, dá-se quanto ao processo ou execução da norma, como seja a obrigação da instrução elementar, que pode ser satisfeita em escola pública ou privada.

30.5 Leis gerais, especiais e singulares

Verificam-se leis cujo campo de aplicação é comum a todos os indivíduos; são as *gerais*. Ao passo que outras têm âmbito restrito a determinadas situações; são as *especiais*. Assim, o Código Civil é uma lei geral, enquanto o Estatuto dos Funcionários é uma lei especial.

Esta não se confunde com a *lei singular ou particular*, de privilégio ou de exceção, a favor ou contra alguém, individualmente nomeado. Salvo as disposições constitucionais em contrário, as leis que estatuem para casos individuais devem ser havidas, como já observado, padecendo da pecha de inconstitucionalidade, por violação do princípio de isonomia, ou seja, da igualdade de todos perante a lei.

30.6 Leis substantivas, ou materiais, e leis adjetivas, ou formais ou instrumentais

As regras de Direito podem ter por objetivo definir e regular relações jurídicas e criar os próprios direitos ou, então, regular apenas o modo de efetivar outras relações jurídicas ou fazer valer os respectivos direitos, quando ameaçados ou violados. As primeiras denominam-se *leis substantivas ou materiais*; e as últimas, *adjetivas ou formais*.

Essa classificação tem sido, modernamente, muito criticada. Na verdade, a crítica só pode alcançar a denominação delas, pois, indiscutivelmente, há uma diferença entre as primeiras, que regulam as relações de direito, e as que cogitam dos procedimentos para tornar as outras realizáveis.

A expressão "substantivo", observe-se, não se emprega no sentido metafísico, como categoria e predicamento, ou mesmo no sentido lógico, como significando a essência ou natureza das coisas. E a expressão "adjetivo", outrossim, não se utiliza no sentido filosófico de qualidade, pois as leis, tanto umas como outras, dão qualidades seja às relações jurídicas ou ao processo de efetivação delas.

Igualmente, os termos "material" e "formal" não correspondem ao sentido exato da designação, porquanto as fontes de direito positivo, entre as quais se destacam as leis, são todas formais, como observado anteriormente. A distinção em apreço emprega os termos em questão em sentido analógico para separar dois grupos distintos de lei, e tradicionalmente conhecidas por essa nomenclatura.

Sobre essa distinção já se discorreu ao procurar mostrar que o Direito Administrativo e o Judiciário são prevalentemente formados por leis adjetivas (cf. Capítulo I).

30.7 Leis perfeitas, menos que perfeitas e imperfeitas

Sob o ponto de vista da coatividade estatal, as leis são *perfeitas, menos que perfeitas* e *imperfeitas*.

Perfeitas quando declaram nulos ou anuláveis os atos praticados contra suas disposições; *menos que perfeitas* quando, na hipótese de seu desrespeito, ficam os transgressores sujeitos a penalidades diretas, criminais, disciplinares ou patrimoniais; *imperfeitas* quando não acarretam nulidade nem prevêem penalidade pela infringência aos seus dispositivos, mas somente danos indiretos, cerceando a liberdade dos infratores para a prática de outros atos jurídicos. Por vezes, certas leis prevêem todas as coerções pelo seu desrespeito.

30.8 Leis rígidas e leis flexíveis

Segundo a maior ou menor liberdade conferida pelos órgãos legislativos ao juiz, as leis são completas ou apenas estabelecem padrões, sujeitos à sua apreciação, segundo seu alto critério e a formação filosófica do seu espírito e os influxos sentimentais do seu coração.

As primeiras pormenorizam e precisam de tal maneira as regras de Direito de modo a vincular a ação do magistrado, na sua aplicação, aos estritos termos das definições legais; enquanto as outras são muito mais maleáveis, bastante elásticas nos seus conceitos, e dão aos magistrados possibilidade de se moverem com liberdade, segundo sua discrição.

Por vezes estabelecem apenas diretrizes para serem por eles desenvolvidas na hipótese concreta. É o caso da individualização da pena criminal, da dosagem da multa fiscal, da verificação da boa-fé ou da prática de injúria grave.

30.9 Leis comuns e leis sobre leis

Relativamente à mediatidade ou imediatidade da disciplina das relações jurídicas, as leis se diferenciam em *leis comuns* que regulam as relações jurídicas e mesmo os processos para sua efetivação, e *leis sobre leis*, que disciplinam a incidência e a aplicação das primeiras. Enquanto aquelas dão colorido jurídico às relações da vida social e ao processo para sua efetivação, estas disciplinam a aplicação de outras leis, indicando-lhes as dimensões espaço-temporais. Regulam a vigência das outras leis no ordenamento jurídico interno ou com relação a outros ordenamentos.

São os textos da Lei de Introdução ao Código Civil que dispõem sobre a vigência e o conhecimento da lei e sobre sua aplicação no tempo e no espaço e os processos de sua interpretação.

30.10 Leis auto-aplicáveis e leis que dependem de regulamento

As leis são, ainda, *auto-executáveis*, conforme sua suficiência para disciplinar, para deixar desde logo disciplinadas as relações jurídicas ou o processo da sua efetivação; ou não são bastantes por si mesmas, e dependem, nesse último caso, de regulamento que as torne aplicáveis. Só então têm eficácia seus preceitos. Situação igual têm certos textos constitucionais, que só produzem seus efeitos depois de promulgada a lei ordinária desenvolvendo os princípios neles afirmados.

A CF de 1946 estabelecia, no art. 157, IV: "A legislação do trabalho e a da previdência social obedecerão aos seguintes preceitos, além de outros que visem à melhoria da condição dos trabalhadores: (...) IV – participação obrigatória e direta do trabalhador nos lucros da empresa, nos termos e pela forma que a lei determinar". Enquanto não promulgada a lei ordinária sobre participação nos lucros, o dispositivo constitucional era letra morta e equivalia a uma lei simplesmente programática. E tal lei jamais foi promulgada.

Já, o preceito constitucional constando do art. 153 da Magna Carta de 1969 – que diz: "A Constituição assegura aos brasileiros e aos estrangeiros residentes no país a inviolabilidade dos direitos concernentes à vida, à liberdade, à segurança individual e à propriedade, nos termos seguintes: (...) Todos são iguais perante a lei" – não precisa de qualquer norma legal complementar para assegurá-lo.[VIII] É possível promulgar-se texto legal desenvolvendo a aplicação desse princípio de

---

[VIII]. *Nota dos Editores*: Preceito constitucional equivalente, na Constituição de 1988, é o art. 5º, *caput* – que diz: "Todos são iguais perante a lei, sem distinção de qualquer natureza, garantindo-se aos brasileiros e aos estrangeiros residentes no País a inviolabilidade de direito à vida, à liberdade, à igualdade, à segurança e à propriedade (...)" – sendo desnecessária qualquer norma legal complementar para assegurá-lo. É possível promulgar-se texto legal desenvolvendo a aplicação desse princípio de isonomia, mas a falta dele não impede a aplicação do artigo em questão a favor de todos os brasileiros e estrangeiros residentes no país.

isonomia, mas a falta dele não impede a aplicação do artigo em questão a favor de todos os brasileiros e estrangeiros residentes no país.

30.11 Leis nacionais e leis locais e leis federais, estaduais e municipais

Afinal, as leis podem vigorar em todo o território do país ou em parte dele, em certas regiões determinadas, embora provindas, ambas, da mesma fonte legiferante. Serão leis *nacionais* ou *locais*.

Por outro lado, podem ser *federais*, *estaduais* ou *municipais*, se se trata de leis da União, dos Estados Federados ou dos Municípios, tendo em vista as circunscrições político-administrativas e o poder de autonomia legislativa conferido a cada uma delas.

31. Elaboração da lei [5]

31.1 Ação de legislar e matéria legislada

O Poder Legislativo consiste na faculdade jurídica, atribuída pela Constituição a um sistema de órgãos – compreendendo as repartições públicas com suas competências e os titulares dos cargos que as integram –, de imprimir a uma norma de comportamento, por ele prescrita ou disposta, força coercitiva, própria de lei. Essa obra legislativa compreende várias fases ou operações levadas a efeito pelos órgãos com atribuição legislativa, previstas nos textos constitucionais ou nos regimentos internos elaborados pelos órgãos legislativos, que dispõem, como *lex interna corporis*, sobre o processamento dos seus trabalhos a respeito.

A lei, por isso, compõe-se de dois elementos fundamentais: a *matéria legislada*, que consiste na fixação das suas normas, no conteúdo dos seus preceitos ou disposições; e a *ação de legislar*, que consiste no procedimento de elaboração legislativa, com a emissão de ordem coercitiva de obediência às determinações constantes da matéria legislada.

---

5. Tirso Borba Vita, "Da participação do Executivo na formação da lei", *RDA* 40/498.

Realmente, a lei traz em si um conteúdo normativo e uma ordem de obediência a ele. E esses dois elementos não só são distintos como se referem, em geral, a especialidades jurídicas diversas. A ação de legislar pertence, como visto – em que pese ao pensamento em contrário da quase-unanimidade dos juristas –, ao Direito Administrativo. Já, a matéria legislada diz respeito ao ramo jurídico por ela cogitado; e, destarte, será de Direito Civil, Comercial, Industrial, Trabalhista, como especializações do Direito Privado, ou de Direito Penal, de Segurança Pública, de Direito Educacional, Sanitário ou Econômico, como especializações do Direito Público.

A ação de legislar processa-se através de diferentes momentos da elaboração legislativa, que, isoladamente, constituem operações sem relevância jurídica, para a feitura de ato jurídico único: a lei, que expressa a manifestação da vontade do Estado, no exercício do seu Poder Legislativo. Mesmo os que excluem a ação de legislar do Direito Administrativo não a confundem com a matéria legislada. Esta dirá respeito a uma das especializações jurídicas, ramos autônomos a virem a ser reconhecidos como tais; e aquela pertencerá, então, ou ao Direito Constitucional, segundo uns, ou ao Direito Parlamentar, Congressional ou Legislativo, segundo outros.

31.2 Processo na ação de legislar

Nos governos senhoriais o Poder Legislativo cabe aos autocratas, com a participação da classe dominante, na medida em que afrouxa a monocracia em favor da aristocracia; enquanto, nos populares, aos representantes do povo, salvo os casos em que este diretamente delibera a respeito, em praça pública, em pequenos países, ou participa na obra legislativa, nos regimes de governo semidireto (cf. Oswaldo Aranha Bandeira de Mello, *O Referendo Legislativo Popular*, 1935).

Dentro do mundo civilizado atual, e considerados os regimes existentes, a ação de legislar leva-se a efeito pela colaboração dos órgãos representativos das correntes políticas partidárias ou de organizações profissionais, denominado *Poder Legislativo* – a que melhor caberia o nome de *Poder Representativo*, por expressar as correntes de opinião pública –, e órgãos executivos, compreendendo o chefe do Estado e seus ministros. O Poder Executivo abrange, como órgãos superiores do governo, o monarca hereditário e vitalício, ou presidente, eleito e temporário, e os ministros da sua confiança, ou o Parlamento, segundo se trate de governo de separação de Poderes, regime presidencial ou Monarquia de poderes relativos, e de coordenação de Poderes, regime parlamentar ou convencional.

Esse problema, entretanto, é de Direito Constitucional, e refoge às presentes considerações.

Contudo – é de salientar-se –, se na obra legislativa participa um sistema de órgãos, ela se sujeita a determinado procedimento, que envolve medidas preliminares, e providências conseqüentes, sobre a elaboração do texto. Por outro lado, distinguem-se as operações materiais, anteriores ou posteriores ao ato jurídico legislativo, que interferem, como ações humanas, na formação e manifestação da vontade legal do Estado-poder.

O processo preliminar compreende o projeto de lei, seu exame, sua aprovação e sua transformação em lei. A fase de elaboração do projeto começa com sua iniciativa, que pode caber ao povo, por meio de representação de cidadãos, ao Poder Executivo, por intermédio do Chefe do Estado ou dos Ministros, e aos representantes dos corpos deliberantes.

Em seguida passa-se ao seu exame, no Poder Legislativo, mediante pedido ou apresentação espontânea de opinião de entidades particulares que tenham interesses a respeito, ou mesmo do povo em geral. Dentro dos órgãos legislativos, de representação popular, é sujeito ao pronunciamento das comissões especializadas sobre a matéria ou matérias que versa, e mais as de Justiça e Finanças. Recebe, então, emendas, modificativas ou substitutivas, da sua substância, ou de redação. Ao depois, essas emendas e o projeto são objeto de discussão e aprovação. Aprovado, surge a fase conclusiva da sua decretação, para assumir caráter coercitivo como lei.

Nos casos em que há audiência do Poder Executivo, na participação conjugada da sua elaboração, é remetido a ele para se manifestar. Então, aquiesce com o texto decretado pelo Poder Legislativo, em todos os seus termos, e o sanciona; ou o veta, e a ele se opõe, na totalidade ou em parte. Se o veto for absoluto, fica rejeitado o projeto; se relativo, retorna ao Legislativo para reexame na parte vetada, pois a outra é sancionada. Mantido o texto primitivo, retorna ao Executivo, que o deve promulgar e mandar publicar, dentro de prazo certo; não o fazendo, cabe ao presidente do Legislativo efetivar essa prerrogativa.

31.3 Sanção e veto no procedimento legislativo

A *sanção* é a declaração expressa ou tácita do Executivo de que concorda com o texto legal decretado pelo Legislativo, co-participando, destarte, na obra legislativa. O *veto* significa a oposição do Executivo ao texto legal decretado pelo Legislativo. Pode ser total ou parcial. São manifestações, por aquele, de sua faculdade de legislar (cf. Mário Casasanta, *O Poder de Veto*, s/d; e Nestor Massena, "Veto parcial", *RDA* 26/441).

Outrora, nos regimes autocráticos, o poder de legislar cabia aos monarcas e se exteriorizava na sanção da lei. Com a limitação dos seus poderes, eles passaram a ser assistidos, na sua obra legislativa, por corpos representativos, que fixavam o texto legal. Mas continuaram com a prerrogativa suprema de legislar, porquanto possuíam a faculdade de impedir sua transformação em lei, através do veto absoluto. É o sistema que se encontra na Constituição da Federação Alemã de 1870.

Com a implantação dos regimes populares, o poder de legislar transferiu-se para os corpos representativos das forças político-partidárias. Então, passou a ser ato simplesmente do Legislativo, pois ficou ao Executivo apenas a prerrogativa de pedir o reexame do texto, pelo Legislativo, antes de promulgá-lo, negada a ele a atribuição de sancionar a lei. Então, por simples maioria, por igual *quorum*, cabia ao Legislativo mantê-lo. O veto tinha efeito meramente suspensivo. Destarte, o privilégio supremo de legislar transplanta-se para o Parlamento. É o regime que se verifica na Constituição da França de 1875.

Modernamente, é a ação de legislar ato coordenado dos corpos representativos e do monarca ou presidente, para a formação definitiva da lei, mediante a coexistência de duas vontades, pela ação de ambos os órgãos, que se conjugam, na efetivação de um único ato complexo – a lei. Ao último cabem a sanção ou o veto relativo, e ao primeiro a decretação do texto, podendo rejeitar o veto por maioria qualificada. Por vezes aquele delega a este a faculdade de legislar, e há matérias em que o Executivo tem o poder de legislar independentemente de interferência do Legislativo.

A sanção é a faculdade de legislar, ao passo que o veto a de impedir a legislação.

31.4 Promulgação da lei[6]

A *promulgação* é o ato pelo qual o Executivo autentica a lei, isto é, atesta sua existência, ordenando-lhe a aplicação e conseqüente cumprimento, por parte de terceiros, depois dessa providência.

Só com ela se torna a lei executória. Não corresponde a mero ato executivo de ordenação de publicação da lei, para que comece a obrigar a terceiros. Outrossim, não faz parte do procedimento legislativo de elaboração do conteúdo da norma. Tem efeito constitutivo formal, no entanto, da nova situação jurídica. Afirma sua perfeição, isto é, que todos os trâmites para sua elaboração foram obedecidos, e, por isso, passa a ter validade como lei.

Consiste em formalidade indispensável para torná-la executória, ao declarar seu valor coercitivo, pelo qual encerra a obra legislativa, que compreende matéria legislada e ordem legal, dando-lhe força de lei, emitindo a ordem de obediência, ao verificar e atestar sua existência. Com ela termina a elaboração da lei.

À parte material, atributiva do seu conteúdo, agrega ato formal para sua validade legal. Então, tem-se a vontade normativa do Estado-poder. É a lei jurídica um *dever ser*, comandando o comportamento dos componentes do Estado-sociedade e dos próprios órgãos estatais, como expressão do *ser*, Estado-poder, e com natureza autônoma, independente dos órgãos que elaboraram seu contexto.

31.5 Publicação da lei

A *publicação* é o ato pelo qual a decretação, sanção e promulgação da lei são levadas ao conhecimento dos componentes do Estado-sociedade e dos órgãos estatais; enfim, ao conhecimento de todos, para que lhe devam obediência. Então, determina o momento preciso em que inicia sua obrigatoriedade para com eles.

---

6. Cf. Salvatore Bartholini, *La Promulgazione*, 1955.

É a publicação ato posterior à promulgação. A distinção entre elas oferece grande interesse para efeito da validade da lei. Enquanto esta é o último trâmite de sua perfeição, aquela envolve tão-somente sua divulgação, para que possa obrigar. Por isso, a data da lei é a da sua promulgação, quando se declara que passa a ter força legal.

A respeito há um fato histórico, na vida legislativa do país, relativo ao Código de Águas. Esse Código – que, na ordem hierárquica dos textos legais, corresponde ao Decreto 24.643 – foi elaborado pelo Governo Provisório que se constituiu em conseqüência da Revolução vitoriosa de 1930. Foi sancionado e promulgado pelo Presidente Getúlio Vargas, que encerrava em suas mãos os Poderes Legislativo e Executivo da República, contra-assinado pelos seus ministros de Estado, em 10.7.1934, e remetido à Imprensa Oficial para publicação, antes da promulgação da Constituição Federal de 1934, o que se deu em 16.7.1934.

Como os trabalhos da Constituinte eram muito extensos e exigiam publicação imediata, para efeito de rápida tramitação, para se chegar ao seu término, e o Código de Águas também era volumoso, deu-se preferência à publicação daqueles trabalhos em detrimento do texto deste Código. E só foi publicado depois de promulgada a Constituição de 1934, desde quando cessaram os poderes legislativos do Presidente.

Surgiu, então, o seguinte problema jurídico, levantado pelas companhias concessionárias de serviço público, qual seja se estavam sujeitas aos preceitos do Código de Águas, uma vez que, quando publicado, já se achava em vigor a Constituição de 1934.

Themístocles Cavalcanti teve oportunidade de estudar a hipótese como Procurador da República, e em convincente parecer elucidou a questão. Demonstrou que a lei passa a existir como tal desde sua promulgação, embora comece a obrigar terceiros da data da entrada em vigor, a que precede sua publicação. Mas, como lei, está perfeita com sua promulgação, e desde aí tem força de lei. Portanto, promulgado o Código de Águas antes da Constituição de 1934, quando esta entrou em vigor já se achava perfeito e acabado como lei. Devia obrigar a todos alcançados pelo seu império, a partir da data da sua publicação. Essa orientação doutrinária prevaleceu na dos julgados do Supremo Tribunal Federal, e, assim, firmou-se jurisprudência a respeito.

A publicação faz-se no órgão oficial do governo ou em local oficialmente determinado para sua fixação ou seu registro. A correção admitida é dos erros de publicação de natureza tipográfica ou datilográfica. Não diz respeito à alteração do texto, modificando-o, com objetivo de melhorá-lo ou suprir lacunas. Então, tem-se nova lei. Jamais pode envolver retificação do preceito legal. Se errada, a publicação deve ser repetida certa. Na hipótese de várias publicações da mesma lei, o prazo para sua entrada em vigor deve ser contado da derradeira, ressalvados os direitos adquiridos ou consumados de boa-fé quanto à publicação errada.

Discute-se se a publicação no órgão oficial deve ser na seção própria. Uns acham que não se impõe tal exigência, nem que nela seja inserta para obrigar. Outros entendem que a divulgação deve ser de forma tal que não padeça dúvida quanto à autenticidade oficial, daí haver vício com a publicação com aquela irregularidade. E parece estarem com a razão, pois a divulgação cumpre ser feita de modo completo, e oferecer perfeito e fácil conhecimento do texto. Basta seja a publicação oficial, no entanto, efetivada na sede do governo, se não houver determinação de publicação em órgão de imprensa.

Discute-se, ainda, se a publicação e o início da obrigatoriedade da lei são conceitos e momentos distintos, e se o prazo constitui elemento da própria publicação. Na verdade, o decurso desse lapso de tempo corresponde a uma condição essencial para os efeitos da obrigatoriedade da lei. Quando ela mesma não determina o início da sua vigência, esse será o fixado por outra lei, que prescreve sobre o início da entrada em vigor de lei que seja omissa a respeito.

A publicação não-integral da lei, em princípio, não tem valor, como sua publicação errada. Ocorrendo divergência entre o autógrafo de uma lei e o texto divulgado, o restabelecimento do verdadeiro texto efetiva-se através de decreto do Executivo. Mas, se a divergência for entre o autógrafo e o aprovado, cabe ao Legislativo providenciar a correção através de nova lei de caráter interpretativo. Aliás, única hipótese admissível, no direito brasileiro, de lei interpretativa.

Entretanto, a publicação em parte da lei não impede sua obrigatoriedade, isto é, do que foi publicado; e o erro parcial só prejudica a obrigatoriedade da lei na parte errada. Em todo caso, se pessoas de boa-fé, com base nesse texto, firmaram direitos, estes se consideram efetivamente adquiridos, e com maior razão os efeitos de direito, sob sua égide, têm-se como consumados, se isso de fato ocorreu, porque o erro comum não deve prejudicar apenas uma das partes.

Em princípio, a destruição dos autógrafos da lei, oficialmente publicados e em vigor, não importa cessação dos seus efeitos. Isso porque, como salientado, sua publicação só se dá depois de perfeita a lei, revestida de todas as formalidades regulares; e, assim, a destruição posterior não pode influir nos seus efeitos legais. É de se admitir, no entanto, a prova de que o publicado não corresponde aos autógrafos, e mesmo que tenham sido destruídos para elidir essa demonstração.

Se há diferença entre o texto aprovado e o publicado, provado o erro, há de prevalecer o aprovado. Cabe ao Judiciário, em última análise, apreciar tal fato. Já, quando os termos que constavam dos estudos do projeto foram alterados, por erro, na sua tramitação, esse erro só pode ser corrigido por outra lei, salvo se acarretar dificuldades de entendimento – e, então, tal esclarecimento serve como elemento de interpretação judicial, cuja palavra final é dada pelo Judiciário.

31.6 A elaboração da lei no direito pátrio

Como se teve oportunidade de salientar, as leis diferenciam-se em constitucionais e ordinárias. A Carta de 1969, promulgada como Emenda Constitucional 1 à Constituição de 1967, na Seção V do Capítulo VI, "Do Poder Legislativo", regula o processo de emenda à Constituição e de elaboração das leis ordinárias. Distingue, entretanto, estas últimas em leis complementares da Constituição e leis ordinárias propriamente ditas (art. 46, I, II e III).[IX]

O processo de emenda da Carta de 1969, constante do seu corpo, quando da sua promulgação, foi modificado pela Emenda Constitucional 8, baixada pelo Presidente da República, em virtude do recesso do Congresso Nacional por ele decretado, valendo-se do Ato Institucional 5, em vigor, ante o disposto no art. 182 da citada Carta de 1969.

[IX]. *Nota dos Editores*: Esta diferenciação continua em vigor na Constituição de 1988, Título IV, Capítulo I, Seção VIII "Do Processo Legislativo", que regula o processo de emenda à Constituição e de elaboração das leis ordinárias. Distingue, assim, igualmente, estas últimas em leis complementares e leis ordinárias propriamente ditas (art. 59, I, II e III).

Assim a Carta de 1969, ante a Emenda 8, poderá ser emendada por proposta: "I – de membros da Câmara dos Deputados e do Senado Federal; II – do Presidente da República".[x] A Constituição não poderá ser emendada na vigência do estado de sítio (art. 47, § 2º). A proposta, quando apresentada à Câmara dos Deputados e ao Senado Federal por seus membros, deverá ter a assinatura de um terço deles, isto é, dos deputados e senadores (art. 47, § 3º). Não será objeto de deliberação a proposta de emenda tendente a abolir a Federação ou a República (art. 47, § 1º).[xi]

Em qualquer dos casos de proposta de emenda da Constituição, supra-enumerados, ela será discutida e votada em reunião do Congresso Nacional, dentro de 60 dias a contar do seu recebimento ou apresentação, em duas sessões, e considerada aprovada quando obtiver, em ambas as votações, a maioria absoluta dos votos dos membros das duas Casas do Congresso (art. 48). A emenda à Constituição será promulgada pelas Mesas da Câmara dos Deputados e do Senado Federal, com o respectivo número de ordem (art. 49).[xii]

As leis complementares da Constituição serão votadas por maioria absoluta dos membros das duas Casas do Congresso Nacional, observados os demais termos de votação das leis ordinárias propriamente ditas (art. 50).[xiii] Não se cogita expressamente no texto do *quo-*

---

x. *Nota dos Editores*: Já na Constituição de 1988, em seu art. 60, é previsto que a Constituição possa ser emendada mediante proposta: "I – de um terço, no mínimo, dos membros da Câmara dos Deputados ou do Senado Federal; II – do Presidente da República; III – de mais da metade das Assembléias Legislativas das unidades da Federação, manifestando-se, cada uma delas, pela maioria relativa de seus membros".
xi. *Nota dos Editores*: Conforme o disposto na atual Constituição, também não poderá haver emenda constitucional na vigência do estado de sítio (art. 60, § 1º). A proposta, quando apresentada à Câmara dos Deputados e ao Senado Federal por seus membros, deverá ter igualmente a assinatura de um terço deles, isto é, dos deputados e senadores (art. 60, I), e, ainda, não será objeto de deliberação a proposta de emenda tendente a abolir a forma federativa de Estado, o voto direto, secreto, universal e periódico, a separação dos Poderes e os direitos e garantias individuais (art. 60, § 4º, I a IV).
xii. *Nota dos Editores*: Diferentemente da Constituição anterior, a de 1988 determina que a proposta de emenda seja discutida e votada em cada Casa do Congresso Nacional, em dois turnos, e considerada aprovada quando obtiver, em ambos, três quintos dos votos dos respectivos membros (art. 60, § 2º). Quanto à emenda à Constituição, esta será promulgada, do mesmo modo, pelas Mesas da Câmara dos Deputados e do Senado Federal, com o respectivo número de ordem (art. 60, § 3º).
xiii. *Nota dos Editores*: O art. 69, da Constituição de 1988, mantém a exigência.

rum para sua revogação. É de se entender o mesmo, pelas seguintes razões: (a) os atos jurídicos se desfazem pelo mesmo processo por que são feitos; (b) se a revogação da lei complementar puder se dar por *quorum* menor, será facilmente revogável e perderá o alcance objetivado com o *quorum* mais elevado para sua feitura; (c) o texto fala em votação da lei complementar; portanto, compreende a criação e a revogação.

São leis complementares da Constituição:[XIV] I – as que criem novos Estados e Territórios (art. 3º); II – as que estabeleçam os requisitos mínimos de população e renda pública e a forma de consulta prévia às populações locais, para criação de Municípios (art. 14); III – as que fixem os limites e critérios para remuneração dos vereadores das Capitais e dos Municípios de população superior a 100 mil habitantes, únicos que podem ser remunerados (art. 15, § 2º); IV – as que prescrevam normas gerais de Direito Tributário e disponham sobre os conflitos de competência tributária entre a União, os Estados, o Distrito Federal e os Municípios e regulem as limitações constitucionais do poder tributário (art. 18, § 1º); V – as que instituam empréstimos compulsórios, que só poderão ser instituídos em casos especiais e por ato legislativo da União (art. 18, § 3º); VI – as que concedam isenções de impostos federais, estaduais e municipais em atenção a relevante interesse social ou econômico nacional (art. 19, § 2º); VII – as que prevejam os orçamentos plurianuais de investimentos, para efeito das despesas de capitais (art. 60, parágrafo único); VIII – as que atribuam arrecadação vinculada de tributo a determinado órgão, fundo ou despesa (art. 62, § 2º); IX – as que estabeleçam limites para as despesas de pessoal da União, dos Estados e dos Municípios (art. 64); X – as que confiram atribuições ao Vice-Presidente da República (art. 77, § 2º); XI – as que regulem o trânsito ou permanência temporária de forças estrangeiras no território nacional (art. 81); XII – as que cogitem de outros casos de inelegibilidade além dos previstos na Constituição

---

XIV. *Nota dos Editores*: Cf., na atual Constituição, os arts. 7º, I; 14, § 9º; 18, §§ 2º, 3º e 4º; 21, IV; 22, parágrafo único; 23, parágrafo único; 25, § 3º; 37, XIX; 40, §§ 4º, 14, 15 e 16; 41, § 1º, III; 43, § 1º; 45, § 1º; 49, II; 59, II e parágrafo único; 61; 62, § 1º, III; 68, § 1º; 69; 79, parágrafo único; 84, XXII; 93; 121; 128, §§ 4º e 5º; 129, VI e VII; 131; 134, § 1º; 142, § 1º; 146; 146-A; 148; 153, VII; 154, I; 155, §§ 1º, III, e 2º, XII; 156, III, e § 3º; 161; 163; 165, § 9º; 166, § 6º; 168; 169; 184, § 3º; 192; 195, § 11; 198, § 2º, I e § 3º; 199, § 1º; 201, § 1º; 202; 231, § 6º; 239.

(art. 151); XIII – as que estabeleçam Regiões Metropolitanas, constituídas por Municípios que, independentemente de sua vinculação administrativa, integrem a mesma comunidade sócio-econômica, visando à realização de serviços de interesse comum (art. 164).

As leis ordinárias propriamente ditas serão votadas pela maioria dos membros das duas Casas do Congresso Nacional, presente a maioria absoluta deles (art. 31).[xv]

A iniciativa das leis cabe a qualquer membro ou comissão da Câmara dos Deputados ou do Senado Federal, ao Presidente da República e aos Tribunais Federais com jurisdição em todo o território nacional (art. 56). A discussão e a votação dos projetos de iniciativa do Presidente da República começarão na Câmara dos Deputados, salvo o disposto no § 2º do art. 51 (parágrafo único do art. 56). É de competência exclusiva do Presidente da República a iniciativa das leis que: I – disponham sobre matéria financeira; II – criem cargos, funções ou empregos públicos ou aumentem vencimentos ou a despesa pública; III – fixem ou modifiquem os efetivos das Forças Armadas; IV – disponham sobre organização administrativa e judiciária, matéria tributária e orçamentária, serviços públicos e pessoal da Administração do Distrito Federal, bem como sobre organização judiciária, administração e matéria tributária dos Territórios; V – disponham sobre servidores públicos da União, seu regime jurídico, provimento de cargos públicos, estabilidade e aposentadoria de funcionários civis, reforma e transferência de militares para a inatividade; VI – concedam anistia relativa a crimes políticos, ouvido o Conselho de Segurança Nacional (art. 57, I-VI). Não serão admitidas emendas que aumentem a despesa prevista: (a) nos projetos oriundos da competência exclusiva do Presidente da República; (b) naqueles relativos à organização dos serviços administrativos da Câmara dos Deputados, do Senado Federal e dos Tribunais Federais (art. 57, parágrafo único).[xvi]

xv. *Nota dos Editores*: V., na atual Constituição, art. 47.
xvi. *Nota dos Editores*: Cf. art. 61, da Constituição de 1988: "A iniciativa das leis cabe a qualquer membro ou comissão da Câmara dos Deputados, do Senado Federal ou do Congresso Nacional, ao Presidente da República, ao Supremo Tribunal Federal, aos Tribunais Superiores, ao Procurador-Geral da República e aos cidadãos (...)". Já a discussão e a votação dos projetos de iniciativa do Presidente da República, do Supremo Tribunal Federal e dos Tribunais Superiores começarão na Câmara dos Deputados, de acordo com o disposto no art. 64. De iniciativa exclusiva do Presi-

A competência exclusiva do Presidente da República de iniciativa de leis quanto à atividade financeira, à fixação de vencimentos e vantagens dos servidores públicos e à criação e aumento de despesas é reafirmada na Seção VI da Constituição, pertinente ao orçamento. Então se prescreve que é de competência do Poder Executivo a iniciativa das leis orçamentárias e das que abram créditos, fixem vencimentos e vantagens dos servidores públicos, concedam subvenção ou auxílio, ou de qualquer modo autorizem, criem ou aumentem a despesa pública (art. 65).[XVII] Em parágrafos se esclarece o alcance do texto. Então se estabelece que não serão objeto de deliberação emendas de que decorra aumento da despesa global ou de cada órgão, projeto ou programa, ou as que visem a modificar seu montante, natureza e objetivo (§ 1º). Por outro lado, se dispõe que os projetos de lei referidos somente sofrerão emendas nas comissões do Poder Legislativo, cujo pronunciamento será final, salvo se um terço dos membros da Câmara respectiva pedir ao seu presidente a votação em plenário, sem discussão, de emenda aprovada ou rejeitada nas comissões (§ 2º).

dente da República são as leis que: I – fixem ou modifiquem os efetivos das Forças Armadas; II – disponham sobre: a) criação de cargos, funções ou empregos públicos na Administração direta e autárquica ou aumento de sua remuneração; b) organização administrativa e judiciária, matéria tributária e orçamentária, serviços públicos e pessoal da Administração dos Territórios; c) servidores públicos da União e Territórios, seu regime jurídico, provimento de cargos, estabilidade e aposentadoria; d) organização do Ministério Público e da Defensoria Pública da União, bem como normas gerais para a organização do Ministério Público e da Defensoria Pública dos Estados, do Distrito Federal e dos Territórios; e) criação e extinção de Ministérios e órgãos da Administração Pública, observado o disposto no art. 84, VI; f) militares das Forças Armadas, seu regime jurídico, provimento de cargos, promoções, estabilidade, remuneração, reforma e transferência para a reserva (art. 61, § 1º, I e II). Por fim, não será admitido aumento da despesa prevista: a) nos projetos de iniciativa exclusiva do Presidente da República, ressalvado o disposto no art. 166, §§ 3º e 4º; b) naqueles relativos à organização dos serviços administrativos da Câmara dos Deputados, do Senado Federal, dos Tribunais Federais e do Ministério Público (art. 63, I e II).
 XVII. *Nota dos Editores*: CF de 1988: Art. 61, § 1º. "São de iniciativa privativa do Presidente da República as leis que: I – fixem ou modifiquem os efetivos das Forças Armadas; II – disponham sobre: a) criação de cargos, funções ou empregos públicos na administração direta e autárquica ou aumento de sua remuneração; b) organização administrativa e judiciária, matéria tributária e orçamentária, serviços públicos e pessoal da administração dos Territórios; c) servidores públicos da União e Territórios, seu regime jurídico, provimento de cargos, estabilidade e aposentadoria; d) organização do Ministério Público e da Defensoria Pública da União, bem como normas gerais para a organização do Ministério Público e da Defensoria Pública dos

Como harmonizar esses textos? Pela conjugação do parágrafo único do art. 57 com os §§ 1º e 2º do art. 65[XVIII] se conclui que os projetos de leis do Executivo que autorizam, criam ou aumentam despesas, fixam vencimentos e vantagens dos seus servidores e os que abrem créditos, concedem subvenção ou auxílio e os orçamentários jamais poderão ser objeto de emenda da qual decorra aumento de despesa global ou de cada órgão, projeto ou programa, ou que vise a modificar seu montante, natureza e objetivo. Poderão, entretanto, sofrer emendas que não tenham esse alcance. Essas emendas, no entanto, só serão feitas nas comissões do Legislativo, cujo pronunciamento será final, salvo se um terço dos membros da Câmara respectiva pedir ao seu presidente a votação em plenário, sem discussão, de emenda aprovada ou rejeitada nas comissões.

O Legislativo poderá organizar seus serviços administrativos, da Câmara dos Deputados e do Senado, mediante resolução respectiva (art. 30).[XIX] Portanto, afigura-se equívoca a referência às leis da organização dos seus serviços administrativos na alínea "b" do parágrafo único do art. 57.[XX]

Aprovado por uma Câmara o projeto de lei, será revisto pela outra, em um só turno de discussão e votação (art. 58).[XXI] Se a Câmara revisora o aprovar, o projeto será enviado à sanção ou promulgação; se o emendar, volverá à Casa iniciadora, para que aprecie a emenda;[XXII] se o rejeitar, será arquivado (§ 1º).[XXIII] O projeto de lei que receber parecer contrário, quanto ao mérito, de todas as comissões será tido como rejeitado (§ 2º). A matéria constante do projeto de lei

---

Estados, do Distrito Federal e dos Territórios; e) criação e extinção de Ministérios e órgãos da administração pública, observado o disposto no art. 84, VI; f) militares das Forças Armadas, seu regime jurídico, provimento de cargos, promoções, estabilidade, remuneração, reforma e transferência para a reserva". "Art. 63. Não será admitido aumento da despesa prevista: I – nos projetos de iniciativa exclusiva do Presidente da República, ressalvado o disposto no art. 166, § 3º e § 4º; II – nos projetos sobre organização dos serviços administrativos da Câmara dos Deputados, do Senado Federal, dos Tribunais Federais e do Ministério Público."

XVIII. *Nota dos Editores*: Vide art. 166, da CF de 1988.
XIX. *Nota dos Editores*: Vide arts. 51, IV, e 52, XIII, da atual Constituição.
XX. *Nota dos Editores*: Vide art. 63, inc. II, da atual Constituição.
XXI. *Nota dos Editores*: Cf. art. 65 da CF de 1988.
XXII. *Nota dos Editores*: Parágrafo único do art. 65.
XXIII. *Nota dos Editores*: Vide, ainda, art. 65.

rejeitado ou não sancionado assim como a constante de proposta de emenda à Constituição rejeitada ou havida por prejudicada somente poderá constituir objeto de novo projeto, na mesma sessão legislativa, mediante proposta da maioria absoluta dos membros de qualquer das Câmaras, ressalvadas as proposições de iniciativa do Presidente da República (§ 3º).[xxiv] A Câmara na qual se concluiu a votação do projeto de lei o enviará ao Presidente da República, que, aquiescendo, o sancionará (art. 59).[xxv] Se o Presidente da República julgar o projeto, no todo ou em parte, inconstitucional ou contrário ao interesse público, vetá-lo-á, total ou parcialmente, dentro de 15 dias úteis, contados da data do recebimento, e comunicará, dentro de 48 horas, ao Presidente do Senado Federal, os motivos do veto.[xxvi] Se a sanção for negada quando estiver finda a sessão legislativa, o Presidente da República publicará o veto. O veto parcial deve abranger o texto do artigo, parágrafo, inciso, ou alínea (§ 1º).[xxvii] Decorrida a quinzena, o silêncio do Presidente da República importará sanção (§ 2º).[xxviii] Comunicado o veto ao Presidente do Senado Federal, este convocará as duas Câmaras para, em sessão conjunta, dele conhecerem, considerando-se aprovado o projeto que, dentro de 45 dias, em votação pública, obtiver o voto de dois terços dos membros de cada uma das Casas. Neste caso, será o projeto enviado, para promulgação, ao Presidente da República (§ 3º).[xxix] Esgotado sem deliberação o prazo estabelecido no parágrafo anterior, o veto será considerado mantido (§ 4º).[xxx] Se a lei não for promulgada dentro de 48 horas pelo Presidente da República, o Presidente do

---

xxiv. *Nota dos Editores*: CF de 1988, art. 67.
xxv. *Nota dos Editores*: CF de 1988, art. 66.
xxvi. *Nota dos Editores*: V. § 1º, do art. 66.
xxvii. *Nota dos Editores*: "O veto parcial somente abrangerá texto integral de artigo, de parágrafo, de inciso, ou de alínea" (cf. § 2º, do mesmo art. 66).
xxviii. *Nota dos Editores*: Idem, § 3º.
xxix. *Nota dos Editores*: Assim dispõe o § 4º, do artigo em tela: "O veto será apreciado em sessão conjunta, dentro de trinta dias a contar de seu recebimento, só podendo ser rejeitado pelo voto da maioria absoluta dos Deputados e Senadores, em escrutínio secreto". Se o veto não for mantido, será o projeto enviado, para promulgação, ao Presidente da República (§ 5º).
xxx. *Nota dos Editores*: Conforme o § 6º do art. 66, da CF de 1988, o veto será colocado na ordem do dia da sessão imediata, sobrestadas as demais proposições, até sua votação final.

Senado Federal a promulgará. E, se este não o fizer, em igual prazo, caberá ao Vice-Presidente do Senado Federal fazê-lo (§ 5º).[XXXI]

O Presidente da República poderá enviar ao Congresso Nacional projetos de lei[XXXII] sobre qualquer matéria, os quais, se assim solicitar, deverão ser apreciados dentro de 45 dias, a contar do seu recebimento na Câmara dos Deputados, e de igual prazo no Senado Federal (art. 51). Se a resolução determinar a apreciação do projeto pelo Congresso Nacional, este o fará em votação única, vedada qualquer emenda (parágrafo único do art. 54). Esgotados esses prazos, sem deliberação, serão os projetos considerados como aprovados (§ 3º). A apreciação das emendas do Senado Federal pela Câmara dos Deputados far-se-á no prazo de 10 dias, findo o qual serão tidas como aprovadas (§ 4º). Se o Presidente da República julgar urgente a medida, poderá solicitar que a apreciação do projeto se faça em 40 dias em sessão conjunta do Congresso Nacional, na forma acima prevista (§ 2º).

Os prazos fixados para o Congresso Nacional, Câmara dos Deputados e Senado deliberarem sobre esses projetos não correm nos períodos de recesso do Congresso Nacional (§ 5º). A tramitação dos projetos de codificação, ainda que de iniciativa do Presidente da República (§ 6º), não fica sujeita a prazo.[XXXIII]

Salvo disposição constitucional em contrário, as deliberações, em cada uma das Câmaras,[XXXIV] serão tomadas por maioria de votos, presente a maioria dos seus membros (art. 31). Portanto, excluído o caso de apreciação do veto do Presidente da República e da aprovação e

---

XXXI. *Nota dos Editores*: V. § 7º do art. 66.

XXXII. *Nota dos Editores*: Na Constituição atual, conforme art. 64, § 1º, o Presidente da República poderá enviar ao Congresso Nacional projetos de lei e solicitar urgência para apreciação. Se a Câmara dos Deputados e o Senado Federal não se manifestarem sobre a proposição, cada qual, sucessivamente, em até 45 dias, sobrestar-se-ão todas as demais deliberações legislativas da respectiva Casa, com exceção das que tenham prazo constitucional determinado até que se ultime a votação (§ 2º).

XXXIII. *Nota dos Editores*: Atualmente, os prazos fixados para a Câmara dos Deputados e o Senado deliberarem sobre esses projetos não correm nos períodos de recesso do Congresso Nacional, nem se aplicam aos projetos de códigos (§ 4º, art. 64, da CF de 1988).

XXXIV. *Nota dos Editores*: De acordo com o art. 47, da CF de 1988: "Salvo disposição constitucional em contrário, as deliberações de cada Casa ou de suas Comissões serão tomadas por maioria de votos, presente a maioria absoluta dos seus membros".

revogação da lei complementar, a votação dos projetos de lei ordinária propriamente dita se fará por esse *quorum*, como já salientado.

Ressalvados os preceitos constitucionais referidos, o processamento dos projetos de lei se fará nos termos do seu Regimento Interno (art. 30). Neste regulará a publicação do projeto, cogitará das comissões que deverão emitir parecer sobre ele, dos prazos que terão para isso, disporá sobre a forma de discussão e votação em Plenário.[xxxv] Observar-se-ão as seguintes normas regimentais:

(a) Na constituição das comissões assegurar-se-á, tanto quanto possível, a representação proporcional dos partidos nacionais que participem da respectiva Câmara (parágrafo único do art. 30).[xxxvi]

(b) Não poderá ser realizada mais de uma sessão ordinária por dia.

(c) Não será autorizada a publicação de pronunciamentos que envolverem ofensas às instituições nacionais, propaganda de guerra, de subversão da ordem política ou social, de preconceito de raça, de religião ou de classe, configurarem crimes contra a honra ou contiverem incitamento à prática de crimes de qualquer natureza.

(d) A Mesa da Câmara dos Deputados ou a do Senado Federal encaminhará, por intermédio da Presidência da República, somente pedidos de informação sobre fato relacionado com matéria legislativa em trâmite ou sobre fato sujeito à fiscalização do Congresso Nacional ou de suas Casas.

(e) Não será criada comissão parlamentar de inquérito enquanto estiverem funcionando concomitantemente pelo menos cinco, salvo deliberação por parte da maioria da Câmara dos Deputados ou do Senado Federal.

(f) A comissão parlamentar de inquérito funcionará na sede do Congresso Nacional, não sendo permitidas despesas com viagens para seus membros.

(g) Não será de qualquer modo subvencionada viagem de congressista ao Exterior, salvo no desempenho de missão temporária, de caráter diplomático ou cultural, mediante prévia designação do Poder Executivo e concessão de licença da Câmara a que pertencer o deputado ou senador. E:

xxxv. *Nota dos Editores*: V. art. 58 da CF de 1988.
xxxvi. *Nota dos Editores*: V. § 1º do mesmo art. 58.

(h) Será de dois anos o mandato para membro da Mesa de qualquer das Câmaras, proibida a reeleição (parágrafo único do art. 30).[xxxvii]

32. Vigência da lei

32.1 Entrada em vigor da lei

A entrada em vigor da lei subordina-se aos seguintes critérios: (a) o da data da sua publicação; (b) o do dia prefixado ou do prazo determinado, depois da sua publicação; (c) o do momento em que ocorrer certo acontecimento ou se efetivar dada formalidade, após sua publicação; (d) o da época, que deflui do seu caráter. Essa vigência da lei pode se achar marcada no seu texto ou, na sua falta, em outra lei que prescreva, em geral, sobre a vigência das leis que omitem quando começam a viger.

De regra, as leis, em um artigo, dispõem sobre sua entrada em vigor, que costuma ser a data da sua publicação. Entretanto, para que não haja brusca transição entre regimes que alteram fundo a ordem jurídica, por vezes cogitam de data mais dilatada ou de prazo determinado, como sejam tantos meses depois da sua publicação. Ainda, adota-se o processo de aguardar a verificação de certos fatos, ou a efetivação de dada formalidade, como ser regulamentada. Afinal, há a prescrição implícita na lei, em atenção à sua natureza, por ser feita para entrada em vigor imediatamente ou em ocasião propícia, como a lei orçamentária para o exercício de 1966, que, por essa circunstância, entra em vigor no dia 1.1.1966.

A disposição sobre a vigência da lei – constante dela ou prevista em outra, como regra genérica, para suprir essa omissão – pode adotar dois sistemas: o de prazo variável e o de prazo uniforme. Pelo primeiro, sua vigência começa em épocas diferentes em diversas partes do território nacional. Toma em consideração a maior ou menor distância do local da sua aplicabilidade tendo em vista a Capital do país ou a

---

[xxxvii] *Nota dos Editores*: CF de 1988, art. 57, § 4º: "Cada uma das Casas reunir-se-á em sessões preparatórias, a partir de 1º de fevereiro, no primeiro ano da legislatura, para a posse de seus membros e eleição das respectivas Mesas, para mandato de 2 (dois) anos, vedada a recondução para o mesmo cargo na eleição imediatamente subseqüente".

sede dos órgãos legislativos. Quanto mais dela se afasta, mais demorada é sua entrada em vigor, que se faz sucessiva e progressivamente.

A antiga Lei de Introdução ao Código Civil acolhera esse sistema no seu art. 2º, que assim dispunha: "A obrigatoriedade das leis, quando não fixem outro prazo, começará no Distrito Federal três dias depois de oficialmente publicadas, 15 dias no Estado do Rio de Janeiro, 30 dias nos Estados marítimos e no de Minas Gerais, 100 dias nos outros, compreendidas as circunscrições não constituídas em Estados".

Já, o segundo predetermina uma data só, e foi adotado pela atual Lei de Introdução ao Código Civil (Lei 4.657/1942), cujo art. 1º assim dispõe: "Salvo disposição contrária, a lei começa a vigorar em todo o país 45 dias depois de oficialmente publicada".

A contagem faz-se segundo a regra de exclusão dos *dies a quo* e inclusão dos *dies ad quem*.

Como esses textos regulam a vigência das leis na hipótese de silêncio a respeito no respectivo contexto, afigura-se possível inserir em qualquer lei promulgada o regime de entrada em vigor em prazo variado, segundo o local de sua aplicação, ou o uniforme.

No caso de vigência sucessiva ou progressiva da lei, se uma pessoa vai a outro lugar onde a lei nova já está vigorando, embora no lugar da sua residência ou domicílio ainda não esteja, se lá pratica algum ato, este deve ser regulado pela lei nova, já obrigatória, pois pelo sistema em referência se considera o lugar, e não a residência ou domicílio, para efeito da obrigatoriedade da lei.

Discute-se, ainda, se se deve no mesmo artigo estabelecer a vigência da lei nova e encerrar a da antiga, por tratarem de assuntos correlatos, porém diversos.

32.2 *"Vacatio legis"*

Chama-se *vacatio legis* o período intercorrente entre a publicação da lei e sua vigência. Isso se dá quando a lei não entra em vigor na data da sua publicação, por julgado, sob o aspecto político, mais conveniente sua divulgação por certo tempo, antes que passe a obrigar. Enquanto não decorre esse período, continua em vigor a lei anterior que dispõe sobre o mesmo assunto regulado pela nova; ou, na sua falta, inexistirá texto a respeito.

Então, há possibilidade da prática de atos jurídicos tendentes a escapar dos efeitos da lei nova, ainda não em vigor, pois são legítimos os atos praticados de conformidade com a lei velha, cuja obrigatoriedade não cessou, embora esteja em vias de tal se verificar.

Contudo, indaga-se se não poderiam ser inquinados de envolver fraude à lei. Predomina a resposta negativa, sob o fundamento de que, embora existente a lei nova, não entrou em vigor, e a outra se encontra imperando. Se, em princípio, é de se aceitar tal solução, ela admite exceção quando se caracteriza o exercício abusivo de direito, com intuito de prejudicar terceiro, se conseguir obstar, de forma absoluta, a incidência da lei sobre os que por ela seriam beneficiados.

Assim se, após a promulgação e publicação de texto legal concedendo certa vantagem a servidores públicos de determinada categoria, para impedir possam desfrutá-la, pratica o Executivo ato que torna impossível venham eles se aproveitar dessa regalia legal.

Outrossim, é lícito ato jurídico nos termos dos preceitos da lei nova nesse período, desde que se não contrariem as normas cogentes da lei antiga, em vigor. Isso se dá quando aquela disciplina matéria não contemplada na anterior; ou quando se permite a prática de atos jurídicos de modo diferente do previsto por preceitos supletivos ou dispositivos. Então, prevalece a vontade dos interessados, não obstante a circunstância de preceder à obrigatoriedade da lei nova.

32.3 Desconhecimento da lei

Ninguém se escusa de cumprir a lei alegando erro ou ignorância. Aquele significa o conhecimento falso, e esta a ausência de conhecimento. Portanto, um envolve o conhecimento, mas inexato; enquanto a outra, a falta de conhecimento. Porém, coincidem nos seus efeitos jurídicos.

Não se trata de presunção de conhecimento do Direito, como outrora sustentado, mas de princípio jurídico imposto como uma exigência da própria vida do Direito, do qual a lei é sua expressão primária, sob pena de torná-la inaplicável. Inexiste ficção jurídica, mas concepção jurídica a respeito.

Assim, a lei regularmente feita, promulgada e publicada impõe-se à obediência de quantos estão no país, transitória ou permanentemente. É o preceito do art. 3º da Lei de Introdução ao Código Civil: "Ninguém se escusa de cumprir a lei, alegando que não a. conhece".

Por conseguinte, contra ela se não pode opor, como motivo de força maior para se não sujeitar aos seus ditames, ignorância ou erro no seu entendimento. Inútil, portanto, se faz qualquer argüição a respeito.

33. Partes da lei

33.1 Ação de legislar e matéria legislada como partes da lei

Já se disse que a lei se compõe de dois elementos fundamentais: a *ordem legislativa*, que decorre da ação de legislar; e a *matéria legislada*, que diz respeito aos diferentes ramos jurídicos, pertinentes aos diversos objetos de regulamentação legal, relativos à vida social. A ordem legislada abrange duas partes da lei: o *preâmbulo* e o *fecho*. Enquanto a matéria legislada cobre a sua terceira parte, o *contexto*.

33.2 Preâmbulo

O *preâmbulo* é a parte inicial da lei, que precede o seu texto. Envolve a justificação deste e sua declaração programática, bem como a epígrafe ou título, a rubrica ou ementa, o fundamento do poder de legislar e a ordem de cumprimento. É o exórdio da lei, sua primeira parte.

Muitos autores empregam a palavra "preâmbulo" como significando, tão-somente, a justificação da lei; outros nele incluem, ainda, as regras programáticas; e, afinal, há os que nele fazem compreender todas as partes constantes da lei que antecedem seu conteúdo. Se o termo vem do Latim *preambulus* e quer dizer "o que vai adiante", "o que antecede", afigura-se deva enfeixar tudo que aparece na lei antes do seu contexto.

A *justificação da lei* é a parte do preâmbulo pela qual a autoridade dá as razões do novo texto. São os "considerando", os "tendo em vista", os "atendendo a", que desenvolvem a razão da lei. É de emprego comum nos governos autocráticos com raízes populares, para dar explicação à massa da ação do governante. Não se confunde com a *exposição de motivos*, pela qual o Presidente da República expõe ao Congresso as razões do projeto de lei da sua iniciativa.

Já, as *declarações programáticas* enunciam os princípios que as inspiraram, em que se traçam diretrizes gerais, informadoras dos textos. São muito usadas nas Constituições, embora existam, por vezes, nas leis ordinárias. Assim, na Constituição Brasileira de 1946, no seu "Preâmbulo", invoca-se a proteção de Deus para a organização do regime democrático, a demonstrar o sentido espiritualista e popular da estrutura política desenvolvida no seu contexto.[XXXVIII]

Ambos – justificação do texto e declaração programática das suas linhas mestras – não se confundem com as prescrições legais, e delas se distinguem, pois não possuem força obrigatória, porém servem, para usar expressão de Bentham, de "bússola aos juízes" no interpretar o contexto e, destarte, aclaram o intérprete no aplicar os dispositivos legais, a que servem de introdução. Os "considerando" vão desaparecendo das leis modernas, bem como as razões programáticas dos textos. Estas, entretanto, ainda são postas na apresentação das Constituições. Constituem, realmente, partes perfeitamente dispensáveis, pois não trazem em si a matéria legislada, nem têm qualquer relação com a ordem legislativa.

Já, as outras partes do preâmbulo são indispensáveis para identificar a lei e torná-la autenticamente obrigatória, por isso têm feição essencial.

A *epígrafe* ou *título* da lei é a parte do preâmbulo que qualifica ou situa a lei na ordem jurídica legal e a localiza no tempo, através da sua data, numeração e denominação, e, assim, oferece sua identificação. Exemplo: Código Comercial do Império do Brasil, Lei 556, de 25.6.1850.

A *rubrica* ou *ementa* da lei é a parte do preâmbulo que sintetiza o conteúdo da lei, a fim de permitir, de modo imediato, o conhecimento da matéria legislada. Exemplo: "Lei 4.248, de 30.7.1963 – Altera o inciso I do art. 945 do Código de Processo Civil e os arts. 1º e 2º do Decreto-lei n. 3.077, de 26 de fevereiro de 1941".

[XXXVIII] *Nota dos Editores*: O mesmo pode ser dito quanto à Constituição de 1988.

Quando na epígrafe consta a denominação da lei, faz-se dispensável a ementa, uma vez seja aquela bem compreensiva. A Constituição Brasileira de 1934 tinha um dispositivo salutar a respeito, constante do seu art. 49: "Os projetos de lei serão apresentados com a respectiva ementa, enunciando, de forma sucinta, o seu objetivo, e não poderão conter matéria estranha ao seu enunciado".

O *fundamento do poder da autoridade* é a parte do preâmbulo em que há a declaração do nome da autoridade, do cargo em que se acha investida e da atribuição constitucional ou legal em que se funda para promulgar a lei. Exemplo: "Fulano, Presidente da República, usando da atribuição que lhe confere o art. 'x' da Constituição, e nos termos do art. 'y' da Lei n. 'z' (...)".

A *ordem de cumprimento* é a parte do preâmbulo em que se prescreve a força coativa da lei, ou seja, se decreta e sanciona a lei. Exemplo: "Fulano, Presidente da República, usando da atribuição que lhe confere o art. 'x' da Constituição, e nos termos do art. 'y' da Lei n. 'z', *Decreta*: (...)". Ou, então: "Fulano (...) faz saber que o Congresso Nacional *decretou e eu sanciono [ou promulgo]* a seguinte Lei: (...)".

33.3 Contexto da lei

O *contexto* são os dispositivos que regulam a nova ordem jurídica, trazem seu conteúdo, a matéria legislada. Os *dispositivos legais* são enunciados em artigos e seus desdobramentos. E os *artigos* se acham agrupados em *seções*, estas em *capítulos*, que, por, sua vez, se ajuntam sob *títulos*. Se existirem vários títulos, forma-se um *livro*; e, por vezes, este ainda se divide em *partes*.

No corpo do texto cumpre distinguir os artigos que envolvem as disposições gerais e os que enfeixam as cláusulas de revogação e de vigência.

O *artigo* corresponde a período ou períodos que enunciam regra jurídica sobre um único assunto, disposto em ordem numérica, e constitui, destarte, a unidade do texto legal. No corpo do artigo ficam os princípios gerais, e nos seus desdobramentos as especificações, através de *incisos*, ou discriminações.

Estas se fazem, respectivamente, mediante *parágrafos*, de numeração arábica, que desenvolvem complementarmente o artigo, e *itens*, de numeração romana, que enunciam diferentes hipóteses ou exigências determinadas pelo artigo, de modo exemplificativo ou taxativo, e ambos, por sua vez, se dividem em *letras*. Denominam-se *alíneas* os parágrafos não indicados como tais, e, portanto, sem numeração, como nova linha que se abre no artigo.

A *seção* é o conjunto de artigos que versam sobre o mesmo tema. O *capítulo* é o conjunto de seções que versam sobre temas correlatos. O *título* é o conjunto de capítulos que têm certa afinidade. O *livro* é o conjunto de títulos. As *partes* são um conjunto de livros. Todos são numerados. Salvo as partes, em arábico, os outros são em algarismos romanos.

As *disposições gerais* são artigos que englobam assuntos de caráter geral, intimamente relacionados com os diferentes artigos do contexto, desdobrados em seções, ou em capítulos, ou em títulos, e mesmo em livros. São colocadas no início das subdivisões sobre que se referem, ou no final, quando abrangem a integridade do texto.

A *cláusula de revogação* é o artigo que regula a revogação de textos anteriores correlacionados com o novo; e a *cláusula de vigência* a que regula a entrada em vigor da lei.

33.4 Fecho da lei

O *fecho da lei* concerne com o seu encerramento.

Nessa parte final da lei coloca-se a data, apõem-se as assinaturas do chefe do governo e dos ministros ou secretários, fazem-se esclarecimentos sobre sua publicação e, ainda, menciona-se o local em que foi escrita e assinada, compreendendo, por vezes, a indicação até do prédio. Exemplo: Prefeitura do Município de São Paulo. São Paulo, em tanto de tanto (seguem-se as assinaturas do prefeito e dos secretários). Publicada na Diretoria do Departamento do Expediente e do Pessoal da Secretaria dos Negócios Internos e Jurídicos, em tanto de tanto. O Diretor, Beltrano.

Não se confunde a data da promulgação da lei, relativa à sua existência como norma jurídica, com a da publicação, referente à sua divulgação para terceiros; e com a da entrada em vigor, condizente com sua obrigatoriedade.

33.5 Disposições preliminares e disposições transitórias

Ainda em algumas leis se encontram *disposições preliminares e transitórias*.

As *disposições preliminares* formam lei autônoma publicada juntamente com outra, anexa a ela, como se nela integradas, a fim de preparar ou facilitar sua aplicação, constituindo sua introdução. Pela sua independência, têm numeração à parte. Exemplo: Lei de Introdução ao Código Civil, Lei n. 3.071, de 1º de janeiro de 1916 – hoje modificada pelo Decreto-lei n. 4.657, de 4 de setembro de 1942.

Por vezes se apresentam mesmo sob o aspecto formal em caráter absolutamente autônomo, pois, em vez de constituírem disposições preliminares de outras, são elaboradas e promulgadas em separado. Sirva de exemplo a Lei de Introdução ao Código Penal e à Lei das Contravenções, Decreto-lei 3.914, de 9.12.1940, sancionada e promulgada depois desses dois Códigos referidos – respectivamente, Decreto-lei 2.848, de 7.12.1940, e Decreto-lei 3.689, de 3.10.1941.

Constituem leis das leis, ou, melhor, sobredireito, pois seu objetivo é disciplinar a lei a que servem de introdução e, por vezes, as leis em geral. Dispõem sobre a vida das suas normas respectivas, estabelecendo sua dimensão no espaço e no tempo, determinando sua eficácia.

A Lei de Introdução ao Código Civil diz respeito à aplicação das leis dos diferentes ramos jurídicos, salvo o penal. Suas regras de superdireito aplicam-se a quaisquer leis, com exceção da penal, que tem lei de introdução própria. Por isso, melhor se denominaria de Lei de Introdução da Ordem Jurídica Civil, em oposição à penal, ante seu âmbito de extensão. Haroldo Valladão, no seu anteprojeto de reforma da Lei de Introdução ao Código Civil, adotou a denominação "Lei Geral de Aplicação das Normas Jurídicas".

Sua colocação como adjeta ao Código Civil se explica por praxe tradicional, ante a circunstância de ser o texto geral do direito privado o primeiro consolidado desde a Antigüidade. Na realidade, compreende matéria de Direito Público Interno, regrando a aplicação das leis em geral, e de Direito Internacional Privado.

As *disposições transitórias* formam, outrossim, texto legal autônomo, publicado juntamente com outro e fazendo parte integrante dele, ou simplesmente vêm em anexo, como lei independente, e compreendem os artigos que resolvem as situações entre o regime legal anterior e o então estabelecido. São de caráter provisório, e, por isso, se distinguem do texto e têm numeração à parte, mesmo quando integram a lei principal. Exemplo: Disposições Transitórias da Constituição de 1891 e Lei Constitucional Transitória da Constituição de 1946.

34. Nulidade, revogação e suspensão da eficácia da lei

34.1 Distinção entre esses institutos jurídicos

Não se confunde a *nulidade* da lei, quer dizer, inconstitucionalidade da lei e mesmo ilegalidade da lei, com a *revogação* da lei, ou com a *sustação dos seus efeitos* de direito.

A *lei nula* é a que padece de vício que a invalida, uma vez que contraria ordem jurídica superior, na sua forma ou na sua matéria. Nos países de hierarquia legal, em que se distingue a constituição da lei ordinária, ou mesmo em que há leis de entidades políticas superiores com referência às inferiores, as prescrições ordinárias que contrariarem a constituição são írritas, igualmente as leis inferiores de atribuição de poderes das entidades locais com referência às leis superiores, das entidades centrais, quando, ao disporem sobre aquela, se chocam com preceitos destas, segundo suas respectivas competências.

A *revogação* da lei diz respeito à sua retirada do rol dos textos legais, isto é, deixar de existir como tal. Ocorre, então, a cessação da sua eficácia. Já, a *sustação dos efeitos da lei* refere-se à suspensão da sua eficácia.

Enquanto a *nulidade* opera *ex tunc*, isto é, tem efeito retroativo, pois não pode obrigar o que não tem validade, a *revogação* opera, como a sustação ou suspensão de eficácia, *ex nunc*, isto é, tem efeito simplesmente imediato, da sua data em diante, por se tratar de texto válido, que exauriu o tempo da sua existência ou teve suspensos ou sustados seus efeitos.

34.2 Nulidade da lei

A *nulidade* das leis declara-se pela decretação da sua inconstitucionalidade e ilegalidade por órgãos competentes, para tanto criados.

É um problema pertinente à ação de julgar e regulamentado, de regra, por texto constitucional. Diz-se que uma lei é inconstitucional ou ilegal quando ela ofende, no todo ou em parte, a Constituição ou lei superior.

Tal competência pode caber a Tribunal com essa competência especial ou a qualquer juiz do Poder Judiciário, conforme a estrutura constitucional.[xxxix] E dita declaração de inconstitucionalidade ou ilegalidade pode ser prevista para cada caso ou *erga omnes* e, ainda, declarada ou decretada no apreciar espécie *sub judice* ou mediante provocação direta para tal fim.

A declaração de inconstitucionalidade da lei ordinária ou de ilegalidade da lei inferior com referência à superior, na escala de valores entre elas, ainda pode ser proclamada por qualquer dos Poderes do Estado, e, conseqüentemente, deixar de cumpri-la, e, outrossim, por particular.

Contudo, sujeitam-se às conseqüências decorrentes da resistência passiva ao texto ou do seu não-cumprimento declarado se, examinada, ao depois, pelos órgãos judicantes competentes, vierem a considerá-la legítima.

A matéria é pertinente ao Direito Constitucional, onde é estudada (cf. Oswaldo Aranha Bandeira de Mello, *A Teoria das Constituições Rígidas*, 1934; C. A. Lúcio Bittencourt, *O Controle Jurisdicional da Constitucionalidade das Leis*, 1949; Alfredo Buzaid, *Da Ação Direta de Declaração da Inconstitucionalidade no Direito Brasileiro*, 1958).

Pela Constituição de 1967 e pela Magna Carta de 1969, a declaração de inconstitucionalidade cabe a qualquer juiz, federal ou estadual, no julgar questão de sua competência.[xl] Essa declaração se dá, de regra, conforme sistema tradicional do direito pátrio, desde a Constituição de 1891, incidentemente, ao apreciar o mérito da demanda, verificando que a norma jurídica contraria dispositivo constitucional, e tão-somente para a espécie *sub judice*. Por conseguinte, de modo indireto, a fim de fazer prevalecer texto hierárquico superior no feito em julgamento.

[xxxix] *Nota dos Editores*: Na CF de 1988, a competência originária para processar e julgar cabe ao Supremo Tribunal Federal (art. 102, I, "a").
[xl] *Nota dos Editores*: Trata-se do chamado *controle difuso* ou por *via indireta* ou *via de exceção*.

Tratando-se de Tribunais, só pelo voto da maioria absoluta dos seus membros, *ex vi* do art. 116 da Magna Carta de 1969, poderão declarar essa inconstitucionalidade.[XLI] Tal exigência surgiu com a Constituição de 1934.

Entretanto, poderá o Supremo Tribunal Federal solicitar ao Senado Federal a suspensão, no todo ou em parte, ante o disposto no art. 42, VII, da Magna Carta de 1969, da execução de lei ou decreto por ele declarado inconstitucional, por decisão definitiva.[XLII] Trata-se de inovação posta na Constituição de 1934, repetida pelas que lhe sucederam no tempo.

A declaração de inconstitucionalidade de uma lei importa decretação de sua nulidade para efeito de negar-lhe aplicação no caso concreto. Apresenta-se como questão prejudicial para julgamento da principal, e só será objeto de cogitação quando necessária sua apreciação para decisão do caso concreto, tendo em vista direito da parte.

Ela se processa, além de por meio de exceção no exercício do direito de defesa, como salientado, ainda por ação direta, através de ordem a ser dada pelo magistrado a órgãos do governo no sentido de não aplicar a lei inconstitucional, por ferir direito líquido e certo. Consiste na utilização de mandado de segurança, remédio judiciário pelo qual se pleiteia ordem a órgãos governamentais para se abster de praticar atos, a fim de respeitar direito líquido e certo do impetrante, não obstante o texto legal, por infringentes à Constituição. Então, a essa ordem precede a declaração de inconstitucionalidade da lei na espécie *sub judice*.

Além dessa declaração indireta ou mesmo direta de inconstitucionalidade na espécie *sub judice*, ela poderá ser processada mediante ação direta e *erga omnes*, perante o Supremo Tribunal Federal, quando argüida a inconstitucionalidade de ato dos Estados Federados, por inobservância dos princípios constitucionais que devem observar na sua organização, consoante dispõe o art. 10, VII, c/c o art. 110, §§ 1º, "a", e 2º, da Magna Carta de 1969.[XLIII] Essa argüição de inconstitu-

---

XLI. *Nota dos Editores*: Dispositivo que se mantém no art. 97 da atual Constituição.

XLII. *Nota dos Editores*: Vide art. 52, X, da atual Constituição.

XLIII. *Nota dos Editores*: Consoante dispõe o art. 34, VII, c/c o art. 36, II e § 3º, da CF de 1988.

cionalidade será submetida ao Procurador-Geral da República, mediante representação, que a submeterá ao exame do Supremo Tribunal Federal. Se este a declarar, será decretada a intervenção federal no Estado. Então, o Presidente da República se limitará a suspender a execução do ato argüido de inconstitucionalidade, se essa medida bastar para o restabelecimento da normalidade no Estado. A Lei federal 2.271/1954, modificada pela Lei 4.337/1964, previa sobre essa argüição de inconstitucionalidade, na vigência da Constituição de 1946.

Ainda compete ao Supremo Tribunal Federal a decretação de inconstitucionalidade de lei ou ato de natureza normativa, federal ou estadual, em virtude de representação feita contra ela ou ele, encaminhada pelo Procurador-Geral da República, na conformidade do art. 119, I, "l" da Magna Carta de 1969.[XLIV] Ampliou-se, assim, a hipótese de declaração direta e *erga omnes* pelo Pretório Excelso.

34.3 Revogação da lei

A *revogação* afeta não só a lei atingida, como suas disposições dependentes e acessórias, que a ela se prendem como conseqüência ou aplicação dela. Distingue-se em *ab-rogação* – cessação da existência da lei na sua totalidade – e *derrogação* – cessação da existência da lei apenas em parte. A matéria da revogação da lei está regulada pelos arts. 2º e 3º da Lei de Introdução ao Código Civil, Decreto-lei 4.657, de 4.9.1942.

A revogação da lei se dá por dois modos fundamentais: simplesmente ou por substituição por outra.

A *revogação simples* funda-se em circunstâncias ínsitas nela própria. Isso pode ocorrer quando traz preordenada a data da expiração da sua vigência. Tal ocorre com as leis temporárias, promulgadas para viger, por exemplo, por um ano, que se têm por revogadas se não forem prorrogadas ao término do prazo legalmente previsto. Ou, então, quando se consuma seu próprio escopo ou desaparece seu objeto. É o caso das leis transitórias para resolver as situações transeuntes entre a nova e a antiga lei, em que, esgotados os casos intercorrentes, desaparece seu campo de incidência.

[XLIV] *Nota dos Editores*: V. art. 102, I, "a", e 103 da CF de 1988.

A *revogação por substituição* verifica-se com a da lei velha pela que lhe sucede no tempo. Essa substituição por outra se faz de modo expresso ou tácito.

A *substituição expressa* admite dois processos: o *específico e indicativo*, em que se declara, em a nova lei, que fica revogada a lei "x", de tanto a tanto; e o *genérico e indeterminado*, em que se declara, em a nova lei, que ficam revogadas as disposições em contrário.

A *substituição tácita* nota-se com a promulgação de lei nova em que há antinomia com o constante na anterior, e sem qualquer indicação da revogação da outra lei.

Assim, se coincidem duas leis sobre a regência do mesmo assunto e apresentam incompatibilidades em algumas das suas disposições, de tal maneira que a execução da lei nova seja impossível sem destruir parte da antiga, esta última se tem como tacitamente revogada. Igualmente, se coincidem duas leis na regência do mesmo assunto e a nova regula por inteiro a matéria regulada pela lei ou leis anteriores, estas se têm como tacitamente revogadas.

Na primeira hipótese existe a *revogação parcial* da lei, ou, melhor, derrogação dos textos incompatíveis da velha com os da última; e na segunda existe *revogação total* da lei, ou, melhor, a ab-rogação da lei ou leis que a antecederam no tempo.

A revogação expressa, mas genérica e indeterminada, é destituída de utilidade, porque não faz, expressamente, se não ressaltar a revogação tácita. Em última análise, é uma forma expressa de revogação tácita da lei.

Se existir incompatibilidade entre duas leis, a última ab-roga ou derroga a anterior. Porém, pode ocorrer, entre duas leis novas com oposição de textos, que uma é posterior quanta à data da sua promulgação, e a outra quanto à data da entrada em vigor. Então, indaga-se: qual o texto que deve prevalecer? Como a perfeição da lei se faz com a promulgação, consoante observado com pertinência ao Código de Águas em face da Constituição de 1934, se há, outrossim, de concluir que imperará o texto da lei promulgada em data mais recente, pois desde então ocorre sua perfeição jurídica, e vale como lei.

34.4 Regras sobre a revogação da lei

A revogação da lei sujeita-se às seguintes regras:

(a) Prevalecerá o ato promulgado mais recentemente, desde que seja igual ou hierarquicamente superior ao que vige. Portanto, a revogação de lei só se pode verificar por ato hierarquicamente idêntico ou superior a ela.

(b) A revogação, tácita ou expressa, só se verifica na data em que a lei revogadora entra em vigor.

(c) Uma lei pode restringir ou ampliar determinado assunto, já disciplinado anteriormente, sem que a preexistente seja revogada tacitamente; daí se não presumir a revogação, e, na dúvida, julga-se uma lei compatível com a outra. Aliás, é mesmo admissível que lei mais recente possa transformar o caráter da anterior, fazendo com que a disposição específica desta se apresente como disposição geral em face daquela, ou vice-versa.

(d) Nas disposições consolidadas, isto é, quando uma lei é passível de ampla aplicação, em princípio, ou absorve, e, conseqüentemente, consubstancia, em si, medidas diversas e esparsas, constantes de outras anteriores, ou ab-roga toda a legislação anterior.

(e) A disposição especial, isto é, a que rege determinado instituto ou caso particular, só é revogada pela geral nos casos em que isso declara expressamente, ou em que, pela sua natureza, tal se conclua, como quando lei posterior reproduz disposições preexistentes sob regulamentação diferente, ou trata inteiramente do mesmo assunto, fazendo-o de modo a contrariar o preceito anterior.

(f) Disposição geral anterior é derrogada pela especial posterior quando esta expressamente lhe restringe a aplicação, ou abre exceções ao regime que estatui ou ao caso que disciplina.

(g) Os usos e costumes não revogam o direito escrito, mas este pode ab-rogar ou derrogar aqueles.

(h) A lei nunca se revoga pelo desuso; mas, cessando a razão da lei, ela também deixa de ter aplicação.

(i) As leis, quando revogadas, expressa ou tacitamente, o são em definitivo, para sempre. Portanto, necessitam de outro ato hierarquicamente idêntico ou superior para revigorá-las. Em princípio, deve fazê-lo de forma expressa. Aliás, não se trata propriamente de lei revivida, mas de lei nova, cujo conteúdo, por remissão, é idêntico ao da anteriormente revogada. Denomina-se de *lei repristinatória*. Contudo, admite-se exceção a essa regra. Quando uma lei nova revoga lei revogatória da anterior, é lícito entender-se que pretendeu restabelecer o regime jurídico primitivamente existente, se deixar essa ordem jurídica em branco.

Estudando caso concreto, João Monteiro (*Aplicações do Direito*, p. 349) manifestou-se, na hipótese, se devia considerar restabelecida a primeira lei revogada. Tratava-se de lei de 1830 que fixara as divisas de certa Freguesia. Lei de 1859 revogara simplesmente a de 1850, que, por sua vez, revogara a de 1830. Se não entendido que esta última se restabelecera com a revogação, pela Lei de 1859, da de 1850, a conseqüência seria ficar a Freguesia sem divisa demarcada. Portanto, só o exame do caso concreto elucida perfeitamente a questão.

O art. 178, § 6º, IX, do CC fixava em um ano a prescrição da ação dos médicos, cirurgiões ou farmacêuticos para cobrança de suas visitas, operações ou medicamentos. O Decreto-lei 7.961/1945, art. 15, estabeleceu o prazo de cinco anos para a prescrição de ação de honorários médicos. Posteriormente, a Lei 536/1948 revogou esse artigo. Surgiu, então, discussão judicial sobre o prazo de prescrição dessa ação: se a última revogação envolveria o restabelecimento implícito do inciso IX do § 6º do art. 178 do CC, ante a situação análoga à dos honorários dos advogados, que, pelo inciso X do mesmo texto, prescrevia em um ano, ou se devia a prescrição ser regulada pela regra geral do art. 177 do referido Código. Prevaleceu na jurisprudência esta orientação, em virtude da existência de texto regendo em caráter genérico o problema da prescrição, deixada de ser considerada em dispositivo especial. Afinal, pela Lei 2.923/1956 foi revigorado o inciso IX do § 6º do art. 178 do CC.[XLV]

34.5 Sustação ou suspensão dos efeitos da lei

Enquanto a revogação consiste em processo para tornar inexistente uma lei, a *sustação ou suspensão dos seus efeitos* apenas impede sua incidência. Destarte, como salientado, revogada a lei, isso se

---

XLV. *Nota dos Editores*: V. art. 206, § 5º, II, do Código Civil de 2002.

faz para sempre, salvo disposição legal em contrário. Desaparecidos os motivos que interromperam os efeitos da lei, ela volta a ser eficaz. Não tendo ocasião de incidir, ela deixa de ter aplicação, mas permanece válida como lei, se não for revogada.

Por isso, as leis transitórias podem ter suspensa sua eficácia sem que fiquem revogadas, pela circunstância de ressurgirem as razões da sua aplicação. Só cessará sua eficácia quando exauridas todas as hipóteses de relações a que se destinam. Enquanto isso haverá interregnos de suspensão da sua eficácia, que operará de forma intermitente, à medida que surjam as hipóteses legais para sua aplicação.

Igualmente, as leis temporárias, para atender a certas circunstâncias de dado momento histórico, como leis de emergência, não revogam as leis gerais, ou comuns, de natureza permanente, que retornam, uma vez desaparecido o fato transeunte que lhes deu causa. De regra, as leis de emergência são de exceção.

Portanto, a revogação de preceito legal que fora promulgado como exceção à regra comum, da lei que o precedera, envolve o pleno restabelecimento do texto anterior. Ressurge, dessa maneira, é óbvio, com a extinção da de exceção. Mas isso pelo fundamento de que, desaparecida a lei de exceção, prevalece, na sua integridade, a lei comum, cuja eficácia ficara suspensa, e não como ressurreição de texto que deixara de existir.

Outrossim, as leis de emergência, de vigência temporária, para atender a circunstâncias de certas épocas, não revogam as anteriores, apenas suspendem sua eficácia. Consumados os eventos a que se condicionara, retorna a aplicação da lei antiga, que permanecera em caráter latente, e reassume seu pleno vigor.

São casos de suspensão de eficácia ou de produção dos seus efeitos não só o desaparecimento das causas de sua incidência, supraconsideradas, como, também, a cessação da prerrogativa legislativa do órgão que as emanou. Tal se verifica com a transferência da atribuição para legislar sobre determinada matéria de uma entidade para outra. Restabelecida, entretanto, essa competência, se não tiver sido revogada a lei anterior, que teve seus efeitos sustados, volta a ter força jurídica.

35. Denominação especial de certas leis

35.1 Distinção das leis de denominação especial

Há certas leis que recebem na técnica jurídica uma *denominação especial*. São chamadas de *orgânicas*, *autônomas*, de *estatutos* e de *posturas*.

35.2 Leis orgânicas

Leis orgânicas são as que dão organização às pessoas jurídicas. Dispõem sobre seus órgãos estruturais e sobre as respectivas atribuições. Correspondem a leis fundamentais dessas pessoas.

No direito público correspondem às que gizam, de modo geral, o regime jurídico de diferentes entidades político-administrativas. Assim a Lei Orgânica dos Municípios. Outrossim, recebem essa designação as leis que desenvolvem os textos constitucionais, a fim de permitir sua aplicação. Constituem suas leis complementares. Às vezes cognominam leis sobre determinada atividade estatal, em que, genericamente, se enfeixam os princípios que a norteiam. Por exemplo, a Lei Orgânica do Ensino. Regulamentam os institutos jurídicos previstos em textos superiores.

Instituto jurídico é uma figura jurídica ou um grupo de categorias jurídicas constituindo um todo; portanto, perfazendo uma unidade estrutural, entre relações jurídicas coordenadas por fato central, e outras conseqüentes e conexas.

35.3 Leis estatutárias

Estatuto corresponde a conjunto de normas jurídicas que dispõem sobre poderes e deveres relativos ao estado de certas pessoas de direito e constituem um instituto jurídico. *V.g.*, o Estatuto dos Funcionários Públicos, ou o Estatuto da Família.

Estado define-se como a situação pela qual fica uma pessoa de direito investida de complexo de poderes e deveres. É o modo de ser de uma pessoa, em face do Direito; ou, melhor, de um sistema jurídico. Diz-se estado de casado ou, então, de liberdade.

Estatuto também se refere à lei fundamental de uma pessoa jurídica de direito privado e, mesmo, das pessoas jurídicas administrativas. Fala-se no estatuto de sociedade anônima e, ainda, do Instituto de Aposentadorias e Pensões.

35.4 Leis autônomas

As *leis autônomas* são as leis dos entes autônomos. Normas jurídicas que estes ditam, nos termos das leis das entidades políticas que os criam. Envolvem competência legislativa privativa em determinados assuntos, peculiares aos seus interesses.

35.5 Posturas

Na Idade Média *postura* significava a lei feita de novo pelo rei, isto é, posta ou imposta por ele. Já, no século XIII, entretanto, começou-se também a dar tal denominação às leis emanadas de autoridade própria dos corpos municipais.

A autonomia legislativa das Municipalidades foi, de certo modo, respeitada quando se substituiu a organização medieval, pluralista, pela da concentração do poder nas mãos do rei, e, então, o Direito passou a ser ditado por leis centrais, das Monarquias Absolutas. Assim, a faculdade dos corpos municipais de estabelecerem disposições preventivas de caráter genérico e de execução permanente ficou reconhecida a eles.

Esses preceitos dizem respeito à polícia administrativa da vida local, fundamento mesmo da organização dessas comunidades, a fim de condicionar o exercício da liberdade e da propriedade dos indivíduos nessas circunscrições territoriais. Consistem, pois, em regulamentos de polícia, promulgados pelas Municipalidades, através dos órgãos de governo local, no exercício das suas atribuições próprias. Por conseguinte, em leis autônomas. Enquanto receberam esta denominação em vários países, em Portugal e Brasil se denominaram *posturas*.

36. Decreto-lei, ordenações ou ordenanças[7]

36.1 Conceito e classificação

Como a lei é a manifestação da vontade do Estado-poder, através dos órgãos legislativos, em que se prescrevem regras coercitivas gerais, abstratas e impessoais que inovam originariamente a ordem jurídica, para efetivação dos textos constitucionais, e sob forma articulada, os *decretos-leis*[XLVI] são a manifestação da vontade do Estado-poder por órgãos executivos, em lugar dos legislativos, na prescrição de iguais regras jurídicas para os mesmos efeitos e com forma idêntica. Também se denominam *ordenanças* ou *ordenações*.

Elas se distinguem em: *de urgência, delegadas* e *de governo de fato* (cf. item 36.5).

36.2 Ordenanças de urgência

As ordenanças de urgência são os decretos-leis baixados pelo Executivo no impedimento do Legislativo. Diz o adágio *salus populi suprema lex est*. Assim, mesmo sem texto constitucional admitindo-as, vêm sendo toleradas em caso de necessidade pública. Então, o Legislativo posteriormente aprova essa providência.

Isso envolve o chamado *bill of indemnity*, que o Parlamento da Inglaterra costuma dar à prática de tais ordenações em circunstâncias excepcionais.

36.3 Ordenanças delegadas[8]

As *ordenanças delegadas* são os decretos-leis baixados pelo Executivo em virtude de poderes para tanto atribuídos pelo Legislati-

---
7. Cf. Cesar A. Quintero, *Los Decretos con Valor de Ley*, 1958; Giuseppe Ferrari, *Formula e Natura dell'Attuale Decretazione con Valore Legislativo*, 1948; Devaux, *Le Régime des Décrets*, 1927.
XLVI. *Nota dos Editores*: Não mais existem decretos-leis no direito brasileiro. Com a Constituição de 1988 foram introduzidas as chamadas Medidas Provisórias, as quais estão disciplinadas no art. 62. Vide também os arts. 59, V; e 84, XXVI.
8. Cf. Víctor Nunes Leal, "Delegações legislativas", *RDA* 5/378; Castro Nunes, "Delegação de poderes", *RDA* 25/1; Bonifácio Fortes, "Delegação legislativa", *RDA*

vo. Só se considera possível a delegação de poderes quando prevista pelos textos constitucionais ou decorrente de costumes constitucionais sem oposição de texto constitucional.

Por isso, sendo rígida a Constituição – em que haja distinção entre a função constituinte e a legislativa, aquela colocada em plano superior a esta; e, portanto, a ordem constitucional em posição mais elevada que a legislativa ordinária – e nela ocorra a delimitação expressa das atribuições dos diferentes Poderes, afigura-se inconstitucional a delegação de poderes próprios entre os órgãos legislativo, executivo e judiciário.

Outros procuram sustentar que isso decorre do princípio *delegatus delegare non potest*, em regime representativo em que os governantes são delegados do povo.

A delegação legislativa pode ser ampla, através da qual se conferem plenos poderes ao Executivo, em épocas excepcionais, e dentro de certo prazo – como, por exemplo, em caso de guerra ou de calamidade pública –, ou especial, para determinada ou determinadas matérias – como seja, para elaboração e promulgação de um Código Civil. Ainda esse decreto-lei delegado especial pode sujeitar-se à aprovação posterior do Legislativo: tácita, pelo decurso de certo prazo sem pronunciamento em contrário; ou expressa, em que esse pronunciamento se faz necessário.

A delegação legislativa não se confunde com o regulamento autorizado ou delegado, embora este envolva habilitação legislativa, porquanto ele se leva a efeito em desenvolvimento de uma lei, em que se prefixam não só a matéria objeto da delegação legislativa mas os termos do seu conteúdo, a ser simplesmente complementado.

As ordenanças delegadas, elaboradas pelo Executivo, têm valor de lei. Portanto, podem, nos limites da delegação, ab-rogar ou derrogar textos legais, ou modificá-los, e, por outro lado, não podem ser revogadas ou alteradas senão por outra ordenança delegada, ou por lei (cf. item 39.3).

62/353; George D. Landau, "Da delegação legislativa", *RF* 167/475; Nélson de Souza Sampaio, "Delegação legislativa e reforma constitucional", *RF* 186/11; Egidio Tosato, *Le Leggi di Delegazione*, 1931.

36.4 Ordenanças de governo de fato

As ordenanças dos governos de fato são decretos-leis baixados por eles, e cuja validade decorre do imperativo das circunstâncias do momento, como necessidade social, sob pena de profunda confusão política. Após um golpe de Estado ou uma revolução, esses governos se instalam. Terão a posição de usurpadores se não conseguirem manter-se e corresponder a situações transitórias e passageiras. Entretanto, se vitoriosos e assumirem caráter estável e pacificarem o país, tomam feição de governos legítimos.

A extensão dos seus poderes é questão a ser apreciada em cada caso concreto, principalmente em face da evolução do regime. Reconhecem-se-lhes todos os poderes, dentro, apenas, dos limites por eles dispostos, nos atos institucionais do grupo revolucionário. Seus atos concretos permanecem mesmo restabelecida a normalidade constitucional. Muitas vezes são ratificados, para se evitar quaisquer dúvidas. Os decretos-leis de fato permanecem, enquanto não revogados, em toda sua plenitude, naquilo em que não forem incompatíveis com a nova ordem jurídica, se harmônicos com a nova Constituição.

36.5 O decreto-lei no direito pátrio[XLVII]

A respeito das ordenanças de urgência e delegadas, encontram-se duas orientações distintas no Direito Constitucional pátrio.

A Constituição Imperial de 1824 e a Republicana de 1891 não cogitam da possibilidade de baixar o Executivo decretos-leis. Dominou a interpretação – em face do princípio da separação dos Poderes governamentais, acolhido por aquela no art. 9º e, por esta no art. 15 – de que não cabia tal prerrogativa ao Executivo, seja em caso de urgência, seja em virtude de delegação do Legislativo. Igualmente, as Constituições de 1934 e 1946 adotaram tal entendimento como orientação, e de modo expresso, mediante parágrafos, respectivamente, aos arts. 3º e 36, que proíbem a qualquer dos Poderes governamentais delegar suas atribuições a outro e, também, aos titulares dos cargos de um de exercer as atribuições do outro.

XLVII. *Nota dos Editores*: Vide nota anterior.

Já, as Constituições de 1937 e 1967 seguiram outro rumo, e também a Magna Carta de 1969. A de 1937, no art. 12, previa a possibilidade de decretos-leis delegados e, no art. 13, a de decretos-leis de urgência, salvo relativamente às matérias por ele expressamente excluídas, e no art. 14 considerou de competência do Executivo a expedição de decretos-leis sobre a organização da Administração Pública federal e o comando supremo das Forças Armadas e sua organização, observadas as limitações constitucionais e as dotações orçamentárias. A de 1967, no art. 58, previa o decreto-lei de urgência, e nos arts. 55 a 57 os delegados. Igualmente, a Magna Carta de 1969, no art. 55, prevê o decreto-lei de urgência e, nos arts. 52 a 57, os delegados.

Pelo art. 58, a CF de 1967 conferiu ao Presidente da República, em casos de urgência ou de interesse público relevante, e desde que não resultando aumento de despesa, a prerrogativa de expedir decreto com força de lei sobre as matérias de segurança nacional e finanças públicas. Conforme o parágrafo único do citado art. 58, publicado o texto do decreto-lei, terá vigência imediata. Mas dentro de 60 dias deverá o Congresso Nacional se pronunciar sobre ele, aprovando-o ou rejeitando-o. Se nada deliberar a respeito, será tido como aprovado.

Pelo art. 55, dispõe a Magna Carta de 1969, igualmente, que: "O Presidente da República, em casos de urgência ou de interesse público relevante, e desde que não haja aumento de despesas, poderá expedir decreto-lei sobre as seguintes matérias: I – segurança nacional; II – finanças públicas, inclusive normas tributárias; III – criação de cargos públicos e fixação de vencimentos".[XLVIII]

Só nos casos aí especificados eles têm cabimento. Por conseguinte, não basta a fundamentação do decreto-lei no sentido de que se estriba em razões de urgência ou de interesse público. Impõe-se que verse estritamente sobre as matérias referidas. Caso contrário, será inconstitucional no todo ou em parte. Outrossim, será inconstitucional se houver aumento de despesa, embora alicerçado nas hipóteses legais. Assim, criando novos cargos, deverá extinguir outros de vencimentos equivalentes. Segundo o parágrafo único do referido art. 55, publicado o texto do decreto-lei, terá vigência imediata. O Congres-

---

XLVIII. *Nota dos Editores*: Vide art. 62, citado acima, e seus parágrafos.

so Nacional o aprovará ou rejeitará, dentro de 60 dias, não podendo emendá-lo; se, nesse prazo, não houver deliberação, o texto será tido por aprovado (§ 1º do art. 55). Como é óbvio, a rejeição do decreto-lei não implicará a nulidade dos atos praticados durante sua vigência (§ 2º do art. 55).

Destarte, não tem cabida decreto-lei sob o fundamento de segurança nacional versando outra matéria. Se tal se verificar, envolverá uso inconstitucional, pelo Executivo, dessa atribuição. Igualmente, mesmo certo o fundamento e exata a matéria, será inconstitucional, no todo ou em parte, desde que dele resulte aumento de despesa.

Aliás, o direito pátrio já na vigência das Constituições anteriores, de 1934 e 1946, admitia, em caráter excepcional, os decretos-leis de urgência para abertura de créditos extraordinários, havendo necessidade urgente e imprevista, em caso de guerra, como comoção intestina ou calamidade pública, e para decretação de estado de sítio ou sua prorrogação, no intervalo das sessões legislativas, ou de intervenção federal nos Estados, em dadas hipóteses.

Embora assim não os denominasse, devem ser considerados como tais, porquanto esses decretos tinham caráter legislativo. Realmente, a abertura de créditos extraordinários alterava a lei orçamentária, e a decretação do estado de sítio ou a de intervenção federal nos negócios estaduais acarretavam, tanto uma como outra, alteração da ordem jurídica então existente.

Essas prerrogativas do Executivo continuam a existir, de modo expresso, na Constituição de 1967. Assim, a abertura de crédito extraordinário acha-se prevista no § 2º do art. 64, a decretação do estado de sítio e de intervenção federal no art. 83, XIV e XV, combinados, respectivamente, com os arts. 152 e 11. Outrossim, na vigência da Magna Carta de 1969 tais poderes estão mantidos. Destarte, prevê no § 2º do art. 61, a abertura de crédito extraordinário, admitido para atender a despesas imprevisíveis e urgentes, como as decorrentes de guerra, subversão interna ou calamidade pública.[XLIX] E no art. 81, XVI e XVII, nos casos de decretação de estado de sítio e de intervenção federal, combinados esses textos, respectivamente, com os arts. 155 e 11.[L]

XLIX. *Nota dos Editores*: Vide art. 167, § 3º, da CF de 1988.
L. *Nota dos Editores*: Cf. arts. 84, IX e X, 136 e 137 e 36, da CF de 1988.

O art. 55 da CF de 1967 e art. 52 da Magna Carta de 1969 prevêem a possibilidade de leis delegadas,[LI] elaboradas pelo Presidente da República ou por comissão do Congresso Nacional ou de qualquer uma das suas Casas. Ressalvam, em parágrafo único, que não poderão ser objeto de delegação os atos de competência exclusiva do Congresso Nacional ou da Câmara dos Deputadas ou do Senado Federal, e também em matéria cuja delegação se acha expressamente vedada por esse parágrafo. A delegação ao Presidente da República terá a forma de resolução do Congresso Nacional, e este o fará em votação única, vedada qualquer emenda, consoante dispõem o art. 57 da CF de 1967 e art. 54 da Magna Carta de 1969.

A competência exclusiva do Congresso Nacional consta do art. 47 da CF de 1967, a saber: "I – resolver definitivamente sobre os tratados celebrados pelo Presidente da República; II – autorizar o Presidente da República a declarar guerra e a fazer a paz; permitir que forças estrangeiras transitem pelo território nacional ou nele permaneçam temporariamente, nos casos previstos em lei complementar; III – autorizar o Presidente e o Vice-Presidente da República a se ausentarem do país; IV – aprovar, ou suspender, a intervenção federal ou o estado de sítio; V – aprovar a incorporação ou desmembramento de áreas de Estados ou de Territórios; VI – mudar temporariamente a sua sede; VII – fixar, de uma para a outra legislatura, a ajuda de custo dos membros do Congresso Nacional, assim como os subsídios destes e os do Presidente e Vice-Presidente; VIII – julgar as contas do Presidente da República". O exercício dessa competência formaliza-se através de decretos legislativos.

O mesmo texto está acolhido na Magna Carta de 1969, no art. 44, com duas alterações. No inciso I inclui ainda "convenções e atos internacionais", a fim de impedir que qualquer relação jurídica internacional pudesse ser firmada pelo Presidente da República sem o beneplácito do Congresso Nacional. E acrescentou mais um inciso, de n. IX: "deliberar sobre o adiamento e a suspensão de suas sessões".[LII]

LI. *Nota dos Editores*: Vide art. 68, da CF de 1988.
LII. *Nota dos Editores*: Competência exclusiva do Congresso Nacional segundo o art. 49 da CF de 1988: "I – resolver definitivamente sobre tratados, acordos ou atos internacionais que acarretem encargos ou compromissos gravosos ao patrimônio nacional; II – autorizar o Presidente da República a declarar guerra, a celebrar a paz, a permitir que forças estrangeiras transitem pelo território nacional ou nele permane-

A competência privativa da Câmara dos Deputados, inserta no art. 42 da CF de 1967, diz respeito aos poderes de: "I – declarar, por dois terços dos seus membros, a procedência de acusação contra o Presidente da República e os Ministros de Estado; II – proceder à tomada de contas do Presidente da República, quando não apresentadas ao Congresso Nacional dentro de 60 (sessenta) dias após a abertura da sessão legislativa". A Magna Carta de 1969 reproduz esse artigo e incisos no art. 40, e acrescenta mais um: "III – propor projetos de lei que criem ou extingam cargos de seus serviços e fixem os respectivos vencimentos".[LIII]

çam temporariamente, ressalvados os casos previstos em lei complementar; III – autorizar o Presidente e o Vice-Presidente da República a se ausentarem do País, quando a ausência exceder a quinze dias; IV – aprovar o estado de defesa e a intervenção federal, autorizar o estado de sítio, ou suspender qualquer uma dessas medidas; V – sustar os atos normativos do Poder Executivo que exorbitem do poder regulamentar ou dos limites de delegação legislativa; VI – mudar temporariamente sua sede; VII – fixar idêntico subsídio para os Deputados Federais e os Senadores, observado o que dispõem os arts. 37, XI, 39, § 4º, 150, II, 153, III, e 153, § 2º, I; VIII – fixar os subsídios do Presidente e do Vice-Presidente da República e dos Ministros de Estado, observado o que dispõem os arts. 37, XI, 39, § 4º, 150, II, 153, III, e 153, § 2º, I; IX – julgar anualmente as contas prestadas pelo Presidente da República e apreciar os relatórios sobre a execução dos planos de governo; X – fiscalizar e controlar, diretamente, ou por qualquer de suas Casas, os atos do Poder Executivo, incluídos os da administração indireta; XI – zelar pela preservação de sua competência legislativa em face da atribuição normativa dos outros Poderes; XII – apreciar os atos de concessão e renovação de concessão de emissoras de rádio e televisão; XIII – escolher dois terços dos membros do Tribunal de Contas da União; XIV – aprovar iniciativas do Poder Executivo referentes a atividades nucleares; XV – autorizar referendo e convocar plebiscito; XVI – autorizar, em terras indígenas, a exploração e o aproveitamento de recursos hídricos e a pesquisa e lavra de riquezas minerais; XVII – aprovar, previamente, a alienação ou concessão de terras públicas com área superior a dois mil e quinhentos hectares". O art. 49, da atual Constituição, não contempla dispositivo semelhante ao inc. IX do art. 44 da Magna Carta de 1969, citado.

[LIII]. *Nota dos Editores*: A CF de 1988 estabeleceu como atribuições privativas da Câmara dos Deputados, "I – autorizar, por dois terços de seus membros, a instauração de processo contra o Presidente e o Vice-Presidente da República e os Ministros de Estado; II – proceder à tomada de contas do Presidente da República, quando do não apresentadas ao Congresso Nacional dentro de sessenta dias após a abertura da sessão legislativa; III – elaborar seu regimento interno; IV – dispor sobre sua organização, funcionamento, polícia, criação, transformação ou extinção dos cargos, empregos e funções de seus serviços, e a iniciativa de lei para fixação da respectiva remuneração, observados os parâmetros estabelecidos na lei de diretrizes orçamentárias; V – eleger membros do Conselho da República, nos termos do art. 89, VII".

A competência privativa do Senado, disposta nos arts. 44 e 45 da CF de 1967, diz respeito aos poderes de: "I – julgar o Presidente da República nos crimes de responsabilidade e os Ministros de Estado, havendo conexão; II – processar e julgar os Ministros do Supremo Tribunal Federal e o Procurador-Geral da República nos crimes de responsabilidade; III – aprovar, previamente, por voto secreto, a escolha de magistrados quando isso for exigido pela Constituição, do Procurador-Geral da República, dos Ministros do Tribunal de Contas, do Prefeito do Distrito Federal, dos Governadores dos Territórios, dos Chefes de Missão Diplomática de caráter permanente, e, quando determinado em lei, a de outros servidores; IV – autorizar empréstimos, operações ou acordos externos, de qualquer natureza, aos Estados, Distrito Federal e Municípios; V – legislar sobre matéria tributária e orçamentária, serviços públicos e pessoal do Distrito Federal, e, com o auxílio do respectivo Tribunal de Contas, exercer as atribuições de fiscalização financeira e orçamentária; VI – suspender a execução, no todo ou em parte, de lei ou decreto declarados inconstitucionais por decisão definitiva do Supremo Tribunal Federal; VII – expedir resoluções". As competências do art. 44 são as mencionadas nos incisos I e II e as do art. 45 as dos incisos seguintes.

Quando funcionar como tribunal político, será presidido o Senado pelo presidente do Supremo Tribunal Federal. Somente por dois terços de votos poderá ser proferida a sentença condenatória. A pena limitar-se-á à perda do cargo com inabilitação, por cinco anos, para o exercício de função pública, sem prejuízo da ação da Justiça ordinária. Salvo essa hipótese de sentença e a de legislação sobre o Distrito Federal, o exercício das outras competências privativas o Senado as exerce através de resolução (parágrafo único do art. 44 da CF de 1967).

Na Magna Carta de 1969 elas estão enfeixadas no art. 42 e na ordem acima exposta. Mas com três modificações e acréscimo de mais dois incisos novos.

As modificações são as seguintes: (a) substitui no inciso III a expressão "Prefeito" por "Governador do Distrito Federal"; (b) exclui desse mesmo inciso os governadores dos Territórios; (c) exige a audiência prévia do Poder Executivo para o exercício da competência cogitada no inciso IV.

Um dos incisos novos é o seguinte: "fixar por proposta do Presidente da República, e mediante resolução, limites globais para o montante da dívida consolidada dos Estados e Municípios; estabelecer e alterar limites de prazo, mínimo e máximo, taxas de juros e demais obrigações por eles emitidas; e proibir ou limitar temporariamente a emissão e o lançamento de quaisquer obrigações dessas entidades". Aliás, esse inciso, que recebeu o n. VI, corresponde ao preceito do art. 69, § 2º, da CF de 1967. Recebendo o n. VI, os acima enunciados, de ns. VI e VII, na relação de competência do Senado na Constituição de 1967, passaram efetivamente a VII e VIII, no art. 42 da Magna Carta de 1969. O outro inciso novo é o de n. IX, a saber: "propor projetos de lei que criem ou extingam cargos dos seus serviços e fixem os respectivos vencimentos".[LIV]

[LIV]. *Nota dos Editores*: O mesmo se diga para o art. 52, sobre a competência exclusiva do Senado Federal, na CF/1988 "I – processar e julgar o Presidente e o Vice-Presidente da República nos crimes de responsabilidade, bem como os Ministros de Estado e os Comandantes da Marinha, do Exército e da Aeronáutica nos crimes da mesma natureza conexos com aqueles; II – processar e julgar os Ministros do Supremo Tribunal Federal, os membros do Conselho Nacional de Justiça e do Conselho Nacional do Ministério Público, o Procurador-Geral da República e o Advogado-Geral da União nos crimes de responsabilidade; III – aprovar previamente, por voto secreto, após argüição pública, a escolha de: a) Magistrados, nos casos estabelecidos nesta Constituição; b) Ministros do Tribunal de Contas da União indicados pelo Presidente da República; c) Governador de Território; d) Presidente e diretores do banco central; e) Procurador-Geral da República; f) titulares de outros cargos que a lei determinar; IV – aprovar previamente, por voto secreto, após argüição em sessão secreta, a escolha dos chefes de missão diplomática de caráter permanente; V – autorizar operações externas de natureza financeira, de interesse da União, dos Estados, do Distrito Federal, dos Territórios e dos Municípios; VI – fixar, por proposta do Presidente da República, limites globais para o montante da dívida consolidada da União, dos Estados, do Distrito Federal e dos Municípios; VII – dispor sobre limites globais e condições para as operações de crédito externo e interno da União, dos Estados, do Distrito Federal e dos Municípios, de suas autarquias e demais entidades controladas pelo Poder Público federal; VIII – dispor sobre limites e condições para a concessão de garantia da União em operações de crédito externo e interno; IX – estabelecer limites globais e condições para o montante da dívida mobiliária dos Estados, do Distrito Federal e dos Municípios; X – suspender a execução, no todo ou em parte, de lei declarada inconstitucional por decisão definitiva do Supremo Tribunal Federal; XI – aprovar, por maioria absoluta e por voto secreto, a exoneração, de ofício, do Procurador-Geral da República antes do término de seu mandato; XII – elaborar seu regimento interno; XIII – dispor sobre sua organização, funcionamento, polícia, criação, transformação ou extinção dos cargos, empregos e funções de seus serviços, e a iniciativa de lei para fixação da respectiva remuneração, observados os

As competências supra-referidas da Câmara dos Deputados são exercidas mediante resoluções. Já, as do Senado através de decisão de resolução e de lei, conforme a hipótese.

Além da resolução relativa à competência do citado art. 45, I, II e IV, da CF de 1967, cabe-lhe expedir resolução sobre matéria tributária, na conformidade do art. 18, c/c os arts. 24, § 4º, e 69, § 2º, da dita CF, como salientado. A matéria constante do art. 45 está reproduzida no art. 42 da Magna Carta de 1969; e a dos arts. 18, 24, § 4º, e 69, § 2º, no art. 23, § 5º, e no referido art. 42, VI, da Magna Carta de 1969.

As matérias em que é proibida, de modo taxativo, a delegação de poderes são as seguintes: "I – a organização dos Juízos e Tribunais e as garantias da Magistratura; II – a nacionalidade, a cidadania, os direitos políticos, o Direito Eleitoral, o Direito Civil e o Direito Penal; III – o sistema monetário e o de medidas" – enumeradas no parágrafo único do art. 55 da CF de 1967 e acolhidas pela Magna Carta de 1969 no parágrafo único do art. 52, com a exclusão do Direito Civil e Penal e do sistema de medidas. Matérias que, pela nova Carta, poderão ser também objeto de leis delegadas.

37. Aplicação da lei no tempo[9]

37.1 Irretroatividade da lei: hipóteses e teorias

O problema jurídico da aplicação da lei no tempo diz respeito ao estudo dos princípios mediante os quais se possa conciliar a aplicação da lei nova em face das conseqüências decorrentes da lei antiga. Daí ser por alguns denominada de *conflito das leis no tempo* e, por outros, de *direito transitório*.

A lei nova, ao entrar em vigor, encontra diferentes tipos de situações jurídicas, que assim se agrupam: (a) situações jurídicas iniciadas

---

parâmetros estabelecidos na lei de diretrizes orçamentárias; XIV – eleger membros do Conselho da República, nos termos do art. 89, VII. XV – avaliar periodicamente a funcionalidade do Sistema Tributário Nacional, em sua estrutura e seus componentes, e o desempenho das administrações tributárias da União, dos Estados e do Distrito Federal e dos Municípios".
9. Cf. Patrice Level, *Essai sur les Conflits des Lois dans le Temps*, 1959.

e findas antes da data de início da sua vigência (situações jurídicas pretéritas, integralmente consumadas); (b) situações jurídicas formadas antes da vigência da lei nova, mas cujos efeitos estão ainda se processando, pois perduram após sua data (situações jurídicas pendentes, por iniciadas mas não findas); (c) situações jurídicas em constituição e extinção, por dependentes de processamento complexo, uns anteriores, outros posteriores ao início da vigência da lei nova (situações jurídicas em curso de formação).

Ocorre, então, a possibilidade de conflito entre a lei nova e a antiga, tendo em vista o alcance da influência daquela sobre as situações criadas quando vigente esta, afetando as situações jurídicas passadas e as conseqüências futuras de situações passadas, e mesmo as situações em curso, naquilo que já se constituíra ou se extinguira. A única hipótese em que tal choque se apresenta impossível é com referência às situações jurídicas que venham a se iniciar inteiramente após vigência da lei nova, sem qualquer liame com outras passadas, por serem futuras.

Sustenta-se, relativamente àquelas situações, que a lei nova não deve ter caráter retroativo, por inadmissível possa um texto obrigar antes de existir. Do contrário verificar-se-ia verdadeira insegurança nas relações jurídicas e na ordem social.

Com referência aos fatos integralmente produzidos no passado, durante a vigência da lei antiga, e cujos efeitos, outrossim, já se encontravam consumados, quando promulgada a nova lei não há qualquer dificuldade em se verificar a ocorrência da retroação da lei e a justificação da oposição a essa retroação. A questão apresenta dificuldades quanto às outras duas hipóteses.

Então, arquitetaram-se teorias para especificar os casos em que a lei assume caráter retroativo. Em última análise, reduzem-se a duas posições: subjetiva – *doutrina do direito adquirido* – e objetiva – *doutrina do fato realizado*. Constituem doutrinas que se preocupam em dar critério teórico para verificação de quando a lei se torna retroativa e, por isso, afigura-se intolerável alcance os efeitos jurídicos, mesmo futuros, de atos efetuados no passado.

É verdade, certos autores pretendem que as leis são, em princípio, retroativas, vedada essa retroação apenas quando fere direito adquirido. Mas isso é um absurdo, porque tanto a teoria do direito adquirido como a do fato realizado foram cogitadas para estabelecer orientação doutrinária de como evitar a injustiça da retroatividade da lei, isto é, de sujeitar uma situação jurídica passada às determinações de uma lei nova posterior a ela. Na verdade, esses autores confundem retroação com aplicação imediata da nova lei.

Por isso, jamais se tolera alcance a lei nova as situações jurídicas pretéritas integralmente consumadas. Discute-se no chamado direito transitório o conflito da lei nova com a antiga relativamente às situações jurídicas pendentes, por constituídas na vigência da antiga e cujos efeitos ainda não foram exauridos quando já em vigor a nova. Objetiva-se evitar, com referência a essas situações, mediante critério doutrinário, a retroatividade da lei nova e permitir a sobrevivência da lei velha, tendo em vista os princípios da Justiça.

A retroatividade é a aplicação da lei nova a uma data anterior à sua promulgação, a quando vigia a lei antiga, e, destarte, invade o domínio natural desta. A sobrevivência da lei antiga consiste na sua aplicação já na vigência da lei nova relativamente aos efeitos de direitos atuais, em virtude de atos jurídicos anteriores, quando em vigor. Por *efeito imediato* da lei se entende sua aplicação desde o instante em que se torna obrigatória, e, portanto, para o presente e o futuro, com referência às relações jurídicas nascidas ou por nascer.

37.2 Princípio da irretroatividade:
do texto legal ordinário à norma constitucional

A irretroatividade da lei pode ser um limite ao juiz tão-somente, e também ao legislador. Embora doutrinariamente se condene a aplicação retroativa da lei pelo legislador, sempre lhe é lícito assim proceder se inexistir lei hierárquica superior, que a tanto o impeça – como seja o texto constitucional prescrevendo tal regra jurídica.

Por isso, em Roma ao legislador era possível prescrever leis retroativas. Ao juiz não era permitido aplicar retroativamente a lei nova, salvo se o próprio legislador lhe outorgasse esse efeito. O único limite proclamado eram as situações findas, já consumadas. Certo, o princípio dominante era o da aplicação da nova lei às situações futuras; mas várias exceções foram abertas a essa regra, desde que admitidas expressamente em texto legal, por determinação do legislador.

Isso se acha explícito na Constituição de Teodosious II e Valentiniano III, do ano 440, exprimindo o que resultava da índole da legislação a respeito, à qual se reporta o Código de Justiniano (I, 14, *De Leg.*, 7).

Os textos romanos com referência ao problema da irretroatividade falam de *facta praeterita aut pendentia*, isto é, fatos passados e com efeitos ainda pendentes, devendo ser regidos pela lei antiga. E, quando se trata de lei retroativa, distinguem, ainda, entre *causae finitae*, casos de situações jurídicas já consumadas, e *causae pendentes*, casos de situação jurídica com efeitos pendentes. Colocam-se, assim, em posição objetiva sobre a apreciação dos estados de fato e sua realização (cf. Paul Roubier, *Les Conflits de Lois dans le Temps*, vol. I, pp. 63-82).

Outrossim, a mesma orientação quanto à irretroatividade das leis dominou na Idade Média, sendo que as exceções à regra da irretroatividade eram defendidas com o objetivo de fazer prevalecer as leis divinas sobre as humanas, que se considerava terem sido desconhecidas pela lei anterior.

Já na doutrina medieval se encontra, em várias passagens dos autores, sem que se saiba a quem caiba sua paternidade, a expressão *jus quaesitum*. Distinguem-na, ainda, em *jus quaesitum firmum*, o direito realmente adquirido, e *jus existens in spe non autem formiter quaesitum*, o direito eventual ou expectativa de direito. Ao lado, ainda, consideram a distinção entre *actus perfectus*, o ato formalmente completo, que se sujeita por inteiro à lei antiga relativamente às suas conseqüências futuras, e *actus praeteritus nondum finitus*, o ato que se forma através de elementos sucessivos, num verdadeiro procedimento, em que os fatos intercorrentes, a ele relativos, se subordinam à lei vigente de quando cada fato venha a se realizar (cf. Paul Roubier, *Les Conflits de Lois dans le Temps*, vol. I, pp. 82-98).

Em França, a Declaração dos Direitos, proclamada após a Revolução, no seu art. 14, consagrava o princípio da irretroatividade das leis em matéria penal, e posteriormente o princípio foi adotado em caráter geral pela Constituição de 5, Frutidor, Ano III. Não foi acolhido, contudo, em as novas e sucessivas Constituições que vicejaram nesse país, até a de 1946, que o consagrou no art. 10 da Declaração de Direitos nela constante, quanto às leis penais tão-somente. O Código Napoleônico, entretanto, afirmou, no seu art. 2º, que a lei dispõe para o futuro e não tem efeito retroativo.

Por seu turno, a Constituição Norte-Americana acolheu o princípio da irretroatividade das leis penais, mediante a proibição da lei *ex post facto*, no art. I, seção 10, 1.

Consagrada a irretroatividade das leis em dispositivo de lei ordinária, fica sujeita ao líbito do legislador. Impõe-se ao juiz apenas, porquanto aquele pode sempre, ante preceito expresso, abrir exceção à regra. Então, tem-se propugnado a retroatividade das leis não só no caso de simples manifestação expressa pelo legislador de que é retroativa, como se tem procurado justificar essas exceções, aceitas por alguns, mesmo independentemente da sua manifestação, quando a lei nova for mais favorável ou enfeixar em seu contexto regra de ordem pública, ou tiver caráter interpretativo.

Tal orientação, no entanto, torna-se difícil de ser acolhida nos países em que a regra da irretroatividade está inserta no texto constitucional, de hierarquia superior à da lei ordinária, principalmente se a Constituição é rígida e cabe a órgão especializado ou ao Judiciário declarar a inconstitucionalidade das leis que se opõem ao seu preceito.

Então, fica coartada a vontade do legislador ordinário, mesmo nas leis de ordem pública ou de caráter interpretativo. Isso porque princípio de ordem pública superior, por ser constitucional, é o da irretroatividade das leis e, de outro lado, porque ao Judiciário, nesse regime, é que cabe dar interpretação última aos textos legais, sendo intoleráveis leis interpretativas com o alcance pretendido.

Já, as leis mais favoráveis, se não prejudicarem direitos de terceiros, podem ser admitidas, dado seu caráter de benignidade e de não imporem pena ou composição de dano para fato em relação ao qual isso não mais se justifica legalmente, embora anterior ao texto legal.

Salvo a Carta de 1937, as Constituições brasileiras sempre acolheram o princípio da irretroatividade das leis.

Assim, a Constituição Imperial de 1824, no seu art. 179, II, dispunha que nenhuma lei seria estabelecida sem utilidade pública e, no n. III, que sua disposição não teria efeito retroativo. Na CF de 1891, no art. 11, vedava-se aos Estados Federados e à União Federal prescreverem leis retroativas; e, respectivamente, nas Constituições de 1934 e 1946, nos arts. 113 e 141, inciso 3º de ambos os textos, assegurava-se, não prejudicará a lei o direito adquirido, o ato jurídico perfeito e a coisa julgada. E, ainda, os incisos 27 e 29, respectivamente, admitiam a retroatividade tão-somente quando benéfica ao réu. Igual orientação encontra-se adotada no art. 150, §§ 3º e 16, da CF de 1967 e no art. 153, §§ 3º e 16, da Magna Carta de 1969.[LV]

Por seu turno, a Lei de Introdução ao Código Civil, com ele promulgada em 1916, dispunha, no art. 3º: "A lei não prejudicará, em caso algum, o direito adquirido, o ato jurídico perfeito, ou a coisa julgada". Posteriormente, com a promulgação da nova Lei de Introdução, Decreto-lei 4.657, de 4.9.1942, esse preceito recebeu outra redação, constante do seu art. 6º, nestes termos: "A lei em vigor terá efeito imediato e geral. Não atingirá, entretanto, salvo disposição expressa em contrário, as situações jurídicas definitivamente constituídas e a execução do ato jurídico perfeito". Afinal, esse artigo foi modificado pela Lei 3.238, de 1.8.1957, cuja redação passou a ser a seguinte: "A lei em vigor terá efeito imediato e geral, respeitados o ato jurídico perfeito, o direito adquirido e a coisa julgada". Melhor fora que tivesse disposto: "A nova lei terá efeito imediato e geral, respeitados o fato consumado, o ato jurídico perfeito e o direito adquirido". Isso porque o fato consumado não se confunde com o ato jurídico perfeito, o direito adquirido e a coisa julgada. E, por outro lado, a coisa julgada resulta de ato jurídico perfeito, e constitui direito adquirido. Igual observação cabe aos textos retrotranscritos das Constituições pátrias. Tal ponderação melhor se comprova no estudo, a seguir, das teorias sobre a aplicação da lei no tempo.

37.3 Teorias do direito adquirido e do fato realizado

Afirmado o princípio da irretroatividade das leis, não há dificuldade em resolver as hipóteses de situações jurídicas iniciadas e findas antes da data do início da entrada em vigor da nova lei. Trata-se de situações pretéritas, integralmente consumadas, que à lei nova é vedado alcançar, por se acharem exauridas de modo completo.

Sirva de exemplo o contrato de empréstimo feito sob a vigência de determinada lei, com juros livremente admitidos segundo o ajus-

[LV] *Nota dos Editores*: Assim também no art. 5º, XXXVI e XL, da Constituição de 1988.

tado, já cumprido, no prazo certo, com pagamento regular dos juros e do principal. Nova lei que limite os juros ou, mesmo, que proíba o contrato de empréstimo de dinheiro a juros não pode abrangê-lo, por já ter produzido anteriormente todos os seus efeitos na vigência da lei antiga. São os casos de fatos jurídicos totalmente consumados no passado. Recorde-se mais um exemplo: alguém realiza atividade legítima no passado; faz empréstimos a juros de 2% ao mês. Ao depois, surge nova lei considerando crime os empréstimos a juros acima de 1% ao mês. Não atinge aqueles fatos consumados totalmente no passado.

Já, as hipóteses de situações jurídicas formadas antes da vigência da lei nova mas cujos efeitos estão ainda se processando, pois perduram após a data da sua entrada em vigor, apresentam problemas de árdua solução. Trata-se de situações jurídicas pendentes, por iniciadas mas não findas, porque não desfrutado o direito que delas resulta ou, mesmo, ainda não se tornaram eficazes. Igualmente não apresentam simplicidade as questões que defluem das situações jurídicas em constituição e extinção, umas anteriores, outras posteriores à entrada em vigor da lei nova. São situações jurídicas em curso de formação.

Para solver esses enigmas, a Ciência do Direito arquitetou, como se disse, duas posições fundamentais: subjetiva – ou *doutrina do direito adquirido* – e objetiva – ou *doutrina do fato realizado*. Entretanto, entre essas posições extremas há vários matizes de orientação, informando as diversas teorias dos autores, a merecerem, as de maior relevo, especial exame, procurando-se um encadeamento lógico-evolutivo, para se chegar a resultado final conclusivo.

37.4 Teoria clássica do direito adquirido

A teoria clássica, na época moderna, sobre a irretroatividade das leis, mesmo com referência aos efeitos pendentes de situações jurídicas quando da entrada em vigor da nova lei, se formadas na vigência da anterior, é a do *direito adquirido*.

Desenvolveu-se na França com o objetivo de dar interpretação ao texto citado do Código Napoleônico sobre a irretroatividade das leis, entre seus primeiros comentadores. Foram, por certo, beber seus ensinamentos entre os doutores da Idade Média, na tradição mantida a respeito dessa teoria.

Consideravam como direito adquirido o que entrava no patrimônio do indivíduo, passando a fazer parte do seu domínio, e que não mais poderia ser retirado por quem dele o tinha havido. Opunham, destarte, a situação de direito adquirido à faculdade e à expectativa de direito. A faculdade correspondia à possibilidade de adquirir direitos por atos voluntários, e a expectativa à esperança de vir a obtê-lo pela ocorrência de fato, a que a lei, em efetivado, fazia quem se achasse em tal situação, o adquirir. Distinguiam, ainda, a faculdade do direito *condicional*, pois este constituía direito adquirido, embora suspensa a eficácia do efeito legal, objeto do contrato, pois não pode mais ser rompido, uma vez firmado.

Então, esboça-se a diferença entre direitos que resultam de convenção, expressa ou tácita, que constituem direitos adquiridos, e a nova lei não pode atingi-los, mesmo que não tenham produzido seus efeitos, e os que existem unicamente pela autoridade da lei, que os estabeleceu, os quais conservam sua existência apenas enquanto perdurar a lei, pois sua força vem dela, e, destarte, modificada a lei, eles, outrossim, sofrem essa modificação.

Igualmente, e ao lado de concepção do direito adquirido e para supri-lo na satisfação da problemática da irretroatividade da lei em hipóteses em que não tinha aplicação, é recordada a do *ato jurídico perfeito*. Considera-se como tal o que se completa de modo integral no passado. Mesmo que só venha a ter execução na vigência da lei nova, deve ser tido como formalmente válido, embora outros requisitos fossem por esta exigidos para a feitura de ato jurídico equivalente.

Assim, estabelecem o princípio da aplicação da lei nova, com a ressalva do respeito à regra da irretroatividade da lei quando acarretasse lesão a direitos que os particulares haviam individualmente adquirido, por integrados no seu patrimônio, ou desconhecimento à forma extrínseca dos atos jurídicos, cuja perfeição se regia pela época em que foi elaborada, ante o princípio *tempus regit actum*.

Continuou essa teoria, nos termos expostos, acolhida no século XIX pelos juristas franceses, e se acha divulgada nas obras de Demolombe (*Cours de Code Napoléon*, vol. I, pp. 40-45, §§ 37-40), de Baudry-Lacantinerie (*Précis de Droit Civil*, 5ª ed., vol. I, pp. 26-29, ns. 45-49) e de Aubry e Rau (*Cours de Droit Civil Français*, 5ª ed., vol. I, pp. 98-104).

37.5 Críticas à teoria clássica do direito adquirido. Apreciação do seu valor

Contra a teoria do direito adquirido levantaram-se várias críticas.

A primeira delas diz respeito à imprecisão do seu conceito, que impossibilita, teoricamente, ter uma regra precisa para medir, na prática, os casos de sua aplicação, e, assim, não indica, realmente, quais os direitos que merecem dita qualificação.

Ponderam, ainda, que o conceito de *direito adquirido* como aquele que se integra no patrimônio e não pode ser retirado por aquele de quem ele tenha sido havido é desmentido em determinados casos. Assim, a doação feita pelo doador ao donatário faz com que se integre o bem no patrimônio deste e se torne um direito adquirido. Contudo, pode ser revogada pelo doador em hipóteses legais, e, portanto, retirado o direito por aquele de quem tenha sido havido.

Na verdade, essas objeções apanham apenas conceito impróprio de *direito adquirido*, que pode ser melhorado e escoimado desses defeitos. E tal se verifica em estudos posteriores a respeito.

Demais, consideram os críticos, não acoberta, segundo seu próprio significado, todas as hipóteses de irretroatividade da lei, e, como muitos dos seus adeptos pretendem isso conseguir, procuram abranger sob a expressão "direito adquirido" situações que não são envolvidas pelo próprio conceito oferecido pela doutrina.

Destarte, exemplificam com a abolição de certas formas de testamento pela lei nova. Ponderam que o desconhecimento da validade dos testamentos elaborados na conformidade da lei anteriormente em vigor, apesar de só abertos na vigência da nova, envolve dar aplicação retroativa a esta última. Entretanto, se não pode cogitar, para se opor a isso, de direito adquirido do testador, ao fazer o testamento segundo aquela formalidade, e menos ainda dos beneficiados pelas disposições testamentárias, pois os efeitos jurídicos do testamento defluem tãosomente da morte do testador.

Mas – e aí fica a resposta à objeção – a irretroatividade pode ser impedida tendo em vista o princípio *tempus regit actum*, ou seja, se se harmonizar a teoria do direito adquirido, sem dúvida, sem alcance em certas hipóteses, com a do respeito ao *ato jurídico perfeito*. Aliás, como salientado, esse complemento à teoria foi cogitado pelos seus primitivos adeptos, embora esquecido, às vezes, pelos seus modernos propugnadores.

Contudo – prosseguem, ainda, os críticos –, não pode a teoria do direito adquirido assegurar o direito condicional, pois este fica suspenso, na dependência da realização de acontecimento futuro e incerto. Realmente, o direito em si não se acha adquirido, mas já se integrou no patrimônio do beneficiado o direito à sua aquisição, ante os termos contratuais, verificando-se a condição, se inalterável a arbítrio de outrem.

A essa resposta poderão retrucar que, então, inexiste questão de irretroatividade, de aplicação da lei nova a fato passado. Tal é verdade. Porém, o direito transitório não se restringe ao problema da irretroatividade da lei nova; compreende, outrossim, o da sobrevivência da lei antiga no futuro, isto é, quando já em vigor aquela outra.

Certo, a distinção dessas hipóteses – irretroatividade de lei nova e sobrevivência de lei antiga no futuro – foi desapercebida pelos adeptos da teoria do direito adquirido, não obstante tenham considerado as duas nos seus estudos. Procuraram abrangê-las, ambas, equivocadamente, no conceito de *direito adquirido*. Não salientaram, como se impõe, para bem refutar a objeção ora posta, essa diversidade de situações, que assim esclarecidas fazem desaparecê-la.

Aliás, a teoria do direito adquirido objetiva antes salvaguardar a sobrevivência da lei antiga que impedir a retroatividade de lei nova, como adiante se terá oportunidade de demonstrar. Todavia, desde logo se observe que a necessidade de completá-la com a do ato jurídico perfeito decorre justamente dessa circunstância.

Afinal – concluem os opositores dessa teoria –, as leis que suprimem um instituto jurídico, como, por exemplo, que extinguem a escravidão ou a propriedade privada, extinguem o direito sobre o escravo ou sobre o bem, que estava integrado no patrimônio do seu proprietário. Então – perguntam –, há lesão de direito adquirido sem irretroatividade? Ou, nessa circunstância, sequer dela se há de cogitar? É de se recordar, a respeito, que se esboçou entre os partidários da teoria a distinção entre direitos que derivam diretamente da lei e que derivam de atos voluntários. Só estes engendram direitos adquiridos para os efeitos futuros. Ora, os institutos jurídicos decorrem daquela, e, por isso, estaria a questão fora da teoria do direito adquirido, que só se considera em face de dada ordem jurídica.

Mas, por outro lado, reduzindo o direito adquirido aos atos voluntários, fica difícil proclamá-lo nos casos em que resulte de acontecimentos naturais, nos termos legais, como a indenização à lavoura por chuvas de granizo. Revogada essa lei, seria retroativa a nova que deixasse de pagar as indenizações por danos de tal espécie ocorridos na véspera de sua entrada em vigor, e lesaria direito adquirido, não obstante nenhum ato voluntário interviesse na sua aquisição.

Isso mostra a imprecisão da distinção gizada para resguardar a objeção da abolição de institutos jurídicos, o que não quer dizer não possa ser esvanecida por outros fundamentos, a seguir examinados.

37.6 Lassale e Savigny e a teoria do direito adquirido

A *teoria do direito adquirido* teve dois grandes defensores na Alemanha: Lassale (*Théorie Systématique des Droits Acquis*, 2 vols., trad. da 2ª ed. alemã, 1904) e Savigny (*Traité de Droit Romain*, 8ª ed., vol. VIII, pp. 363-528), que lhe deram formas novas de desenvolvimento e procuraram apresentá-la sob outra feição.

Lassale faz antes obra de filósofo e de sociólogo que de jurista. Preocupa-se mais em justificar o princípio da irretroatividade das leis e a invulnerabilidade do direito adquirido que em traçar os elementos técnico-jurídicos da sua definição e aplicação nos casos concretos.

Sustenta que a retroatividade envolve violação à liberdade e responsabilidade do homem, e, portanto, não deve retroagir nenhuma lei concernente aos indivíduos relativa aos atos de sua vontade; e, ao contrário, as outras podem retroagir. Portanto, o direito adquirido liga-se a um ato de vontade de quem invoca sua lesão.

Não há novidade no seu pensamento jurídico sobre a matéria, pois essa sua afirmativa já se encontra nos escritores franceses da teoria clássica do direito adquirido, se não como elemento conceitual deste, ao menos como consideração lateral, como já exposto, ao lançarem a distinção entre direitos que resultam de convenção e os que existem unicamente pela autoridade da lei.

Embora Lassale se oponha a essa posição e afirme ser a sua completamente diversa, na prática o resultado é o mesmo, tanto que se lhe pode apresentar a mesma objeção da exclusão das obrigações nascidas de ato ilícito, de fato material, de entre as que geram direito adquirido. Aliás, ele mesmo chega a essa conclusão, entendendo que se regem pela lei nova, e não pela da época do dano.

Ora, essa orientação permite a retroatividade indiscutível da lei, que vai envolver situações do passado e anteriores à sua promulgação. Não obstante o brilho literário da obra, o amplo desenvolvimento filosófico e sociológico do problema da irretroatividade da lei, não teve eco seu trabalho no seu aspecto jurídico. Corresponde à consecução de poderes ou direitos para dar eficácia a direitos preexistentes, como elemento para seu pleno exercício.

O contrário ocorreu com Savigny, que trouxe apreciável contribuição jurídica sobre esse tormentoso problema, apesar de o fio do seu pensamento se prender à tradição clássica na matéria.

Para ele as leis novas não podem ter efeito retroativo e não devem ferir os direitos adquiridos. Distingue as leis que regem a ordem social em dois tipos: as relativas à aquisição e perda dos direitos e à existência dos direitos. Sustenta que o princípio de garantia ao direito adquirido se aplica tão-somente ao primeiro grupo de leis, e não ao segundo.

As leis pertinentes à existência dos direitos são as que têm por objeto o reconhecimento de institutos jurídicos, como ser ou modo de ser deles, isto é, como categorias jurídicas, antes da cogitação da sua aplicação aos indivíduos, isto é, da criação de relação jurídica concreta. Já, as leis pertinentes à aquisição e perda dos direitos são as que têm por objeto a aplicação desses institutos jurídicos a determinados indivíduos, mediante a criação de relação jurídica concreta.

Assim, a lei nova concernente à aquisição de direitos não pode atingir direito adquirido antes de ela entrar em vigor, com o fato concreto da relação jurídica anterior, que o criou em proveito do seu titular. Já, as leis concernentes aos institutos jurídicos dão aos indivíduos apenas uma qualificação abstrata quanto ao exercício do direito, e uma expectativa de direito quanto ao ser ou modo de ser do direito. Como, considerados em si mesmos, não há aquisição de direitos, se não pode falar em direito adquirido, em modificado o regime jurídico da lei anterior.

Destarte, a lei que abolir a escravidão, a propriedade privada, o divórcio e os privilégios da Nobreza, que alterar o estatuto da vida conjugal, da situação dos filhos, é de imediata e integral aplicação, pois não há cogitar de direito adquirido. É a instituição que a lei cria, altera e extingue. Não se podem invocar direitos adquiridos, porque se trata de instituição sujeita às leis do desenvolvimento progressivo. A prudência no mudá-las ou aboli-las é regra de Política, e não de Direito.

Ao revés, as leis novas não podem atingir as relações concretas referentes ao direito do indivíduo, como sobre a aquisição da propriedade, alterando o processo para tanto; ou sobre a aquisição de doação, entre vivos, modificando a forma de fazê-la. Não pode atingir as aquisições já levadas a cabo, sob pena de lesão a direito adquirido.

Essa garantia dos direitos adquiridos diz respeito aos fatos aquisitivos do direito antes das leis novas, com as conseqüências diretas que deles venham a resultar, mesmo depois de sua entrada em vigor. Assim, por exemplo, empréstimo de dinheiro com a obrigação de pagar o principal no prazo de dois anos e, mensalmente, juros de 1%, sob o império de lei que isso autorize; não obstante a entrada em vigor da lei nova, no curso do cumprimento do contrato, limitando os juros em empréstimos de dinheiro a 6% ao ano, ante o direito adquirido, até seu término, prevaleceriam os juros ajustados, e como tal deveriam ser pagos.

Pondera, ainda, que a capacidade de agir das partes e a forma dos atos jurídicos se regem pela lei do momento da ação e da sua perfeição, como aplicação geral do princípio formulado. Isso porque se trata de ações e formas já efetivadas relativas à aquisição de direitos, e que não podem ser atingidas pela nova lei, sob pena de retroatividade. Assim, *tempus regit actum*.

Embora tenha sido sobremaneira criticada na Alemanha e ocorra certa imprecisão na exposição dos seus termos, na interpretação do seu pensamento pertinente às leis de aquisição e perda de direitos e quanto ao ser e modo de ser das instituições jurídicas, as críticas a ela apresentadas não conseguiram fazê-la ruir.

Contra a teoria de Savigny é renovada a questão da validade de testamento feito na vigência da lei antiga e aberto após a entrada em vigor da nova, que exige para sua feitura formalidade diferente. Sustenta-se que essas leis não dizem respeito à aquisição ou perda de direitos.

Realmente, não se pode falar em *direito adquirido* relativamente à capacidade e forma do ato jurídico.

Contudo, a objeção se solveria com acrescer-se à teoria, para completá-la, a tradicional concepção de *ato jurídico perfeito*, pela qual este se deve reger pela lei da ocasião da sua elaboração, no tocante à capacidade do agente e à sua forma, porque completo segundo o direito vigente da época, embora para produzir efeitos tão-somente de futuro, na vigência de lei nova.

Então, não obstante inexistisse prévia aquisição de direitos, o ato perfeito do testamento, em atenção à formalidade, se regeria pela lei antiga. Já, seus efeitos, por só gerar direitos com a sucessão, se regeriam pela nova. É a tese que Savigny propugna, embora assentada no princípio da aquisição de direitos, o que é injustificável. É verdade, ele invoca, outrossim, o princípio *tempus regit actum.*

Ainda se poderá objetar à teoria, como se costuma fazer, que não se justifica a tese por ela sustentada, de que as leis da abolição da escravidão ou de propriedade privada não acarretam lesão aos direitos adquiridos, com base na argüição de que se trata de instituições quanto ao ser ou modo de ser do direito. Isso porque o proprietário do escravo tinha direito adquirido sobre ele, como, outrossim, o de qualquer bem, na vigência da lei que admitia tais situações jurídicas.

Contudo, a essa argüição caberia a seguinte resposta, implícita na doutrina de Savigny: a aquisição de direito verifica-se nos termos da ordem jurídica, segundo as instituições existentes, isto é, na conformidade do ser e modo de ser dos institutos jurídicos. Portanto, deixando de existir tais institutos de direito, por considerados contrários à ordem jurídica refundida, às instituições jurídicas, impostas pelo desenvolvimento da vida social e pelo progresso político, não há mais como cogitar de direitos adquiridos em face de instituições extintas.

Destarte, o direito adquirido sobre o escravo afirma-se em vista da escravidão; o direito adquirido a um bem, enquanto perdurar o regime da propriedade privada. Desaparecidos esses institutos, que dão ordem jurídica aos direitos adquiridos, estes se esvaziam, por falta de objeto.

Nada impede, entretanto – ajunta Savigny –, que, por eqüidade, se dê indenização aos lesados no seu patrimônio com a abolição ou extinção de instituto jurídico, compondo os danos daqueles que sofrem as conseqüências das leis do progresso, através da fixação do *quantum* a ser pago pelo Estado-poder. Igualmente – pondera –, deve-se impedir o enriquecimento sem causa de uns, em detrimento de outros, quando da modificação dos modos de ser dos institutos jurídicos.

Trata-se, todavia, de providência política, e não jurídica, garantia dos direitos adquiridos.

Por fim, cabe salientar que nem em toda relação jurídica concreta se verifica a aquisição de direito.

Se a eficácia do ato constitutivo de dada situação jurídica se prende a fatos futuros objeto de acordo de vontades, e por elas plasmados, gera direito adquirido e, conseqüentemente, se impõe a sobrevivência da lei antiga no futuro, quando já em vigor a nova. No entanto, o problema é estranho à irretroatividade da lei. É o caso das relações contratuais, de ordem patrimonial.

Se, porém, a eficácia do ato constitutivo, de dada situação jurídica, prende-se a fatos futuros cujo regime jurídico decorre da lei, e não do acordo de vontades, que por elas não é disposto, mas tão-somente pela lei, inexiste direito adquirido – e, portanto, nada justifica a sobrevivência da lei antiga, e se deve aplicar a lei nova. É o caso do casamento.

Analisando-se a doutrina de Savigny, no seu âmago, percebe-se que esse é o seu pensamento. Mas não está claramente exposto nos princípios teóricos enunciados. Deveria ter posto em relevo a diferença entre situações jurídicas concretas, em que a utilidade se integra no patrimônio pela sua individualidade, e as que permanecem no regime legal, tendo em vista a eficácia futura.

37.7 Gabba e a teoria do direito adquirido

O último doutrinador da teoria do direito adquirido a merecer destaque foi o italiano Gabba (*Teoria della Retroattività delle Leggi*, 3ª ed., 4 vols., 1891). Seu grande mérito está em desenvolver a teoria tradicional, através de ampla exposição teórica e pormenorizada aplicação prática. Aproveitou, em especial, a contribuição de Savigny, aperfeiçoando-a e dando-lhe uma nota pessoal.

Considera *adquirido* todo direito que é conseqüência de um fato idôneo para produzi-lo, em virtude da lei do tempo em que o fato se realizou, embora a ocasião de fazê-lo valer não se tenha apresentado antes da vigência da lei nova, e que entrou a fazer parte do patrimônio de quem o adquiriu nos termos da lei sob cujo império ocorreu o fato do qual se originou.

Assim, o direito, para ser adquirido, pressupõe: acontecimento natural ou ação humana a que a lei atribui conseqüência jurídica, ou, então, ato voluntário com tal objetivo; e, ainda, que, na conformidade da lei, em virtude de um desses fatos idôneos referidos, se perfaça relação jurídica concreta. Não se confunde com o direito consumado, porque no direito adquirido, apesar de constituída essa relação jurídica, integralmente, na época da vigência da lei em que o fato se realizou, o momento da atuação dos seus efeitos será quando da vigência da nova lei, enquanto o direito consumado se forma e se realiza totalmente sob o império da mesma lei, antes da entrada em vigor da nova.

Observa que o fato que origina o direito adquirido pode não se ter materialmente realizado, mas se considera como tal, se infalível essa realização, ou se pender de condição estranha ao arbítrio de uma das partes.

Antes de surgir em concreto o direito, pela realização do fato em consonância com a lei, acha-se em estado de mera possibilidade, como faculdade jurídica abstrata para sua atualização, através de ato jurídico voluntário, ou como simples expectativa, outrossim, para sua efetivação, mediante acontecimento natural ou ação material humana.

Mas não basta que se concretize o direito para que se possa dizer *adquirido*. É preciso tornar-se elemento do patrimônio jurídico individual. do adquirente, quer dizer, ligar-se diretamente à individualidade dele. Necessita, na verdade, conferir-lhe efeito determinado e vantajoso, como utilidade própria do indivíduo, identificando-se com sua pessoa.

Decompõe, portanto, o direito adquirido em dois elementos fundamentais: (a) a lei e o fato idôneo para sua aquisição, nos termos por ela prefixados; (b) a incorporação desse direito, fruto desse fato idôneo, na conformidade da lei, ao patrimônio do indivíduo, com sua concretização, de tal forma que passa a fazer parte da própria individualidade do adquirente, como utilidade econômica ou personalíssima do seu titular.

Por conseguinte, o direito adquirido exige, como requisitos: a existência, a favor do sujeito, seu titular, de utilidade individual concreta; o fato idôneo que a incorporou no seu patrimônio, ou a tornou atributo da sua personalidade, como conseqüência da lei, que oferecia tal possibilidade, no tempo e no espaço.

Completando seu pensamento, pondera que o direito acessório, se verdadeiro e próprio efeito do principal, de modo a consistir em conseqüência direta dele, segue sua natureza; e, destarte, adquirido aquele, igual será a sorte do acessório, como sua decorrência imediata, com seu efeito verdadeiro e próprio. Quanto às formas e aos modos da execução e asseguramento do direito adquirido se aplicam desde logo, e não há de se cogitar de retroatividade.

Afinal, pondera sobre a duração no tempo do direito adquirido.

Lei posterior não pode limitar os direitos adquiridos, porém os institutos jurídicos a que eles se referem não são perpétuos e, na realidade, não constituem objeto de direito adquirido, e tão-somente as relações jurídicas que deles defluem. Por conseguinte, abolido ou transformado certo instituto jurídico, por exemplo a escravidão ou a propriedade privada, devem ser indenizados os titulares de direitos adquiridos resultantes de uma e de outra.

Não obstante tenha procurado solver as dificuldades opostas à teoria, permaneceram as críticas, e hoje ela perde terreno entre os doutrinadores, embora a maioria das objeções decorra da má aplicação dela ao caso concreto, pelos seus adeptos, ao incluir como direito adquirido hipóteses em que ele se não configura.

Sirvam de exemplo as considerações do próprio Gabba ao pretender ver ofensa a direito adquirido quando há abolição de instituto jurídico. Esquece-se, destarte, de que o direito adquirido corresponde a uma situação jurídica de utilidade concreta individualizada a favor do seu titular contra terceiros, nos termos da ordem jurídica existente e na conformidade dos institutos de que a relação jurídica adquirida constitui aplicação.

Portanto, só existe direito adquirido em razão dos institutos jurídicos, com referência às relações deles decorrentes; jamais, entretanto, relativamente aos próprios institutos jurídicos. Assim, abolido o instituto jurídico, não há como cogitar de direito adquirido. Poderá haver um dano ao patrimônio do seu antigo titular, a justificar indenização, se tiver caráter especial, a que se obriga o Estado, tendo em vista a teoria da responsabilidade dos ônus e cômodos ou do riscoproveito.

Realmente, se a coletividade obtém vantagem geral a respeito de providência legal e, em particular, alguns sofrem dano extraordinário em conseqüência dela, o Estado deve compor esse prejuízo especial. Por outro lado, se terceiro, individualmente, se aproveita da medida legal, que se apresenta como feita em seu benefício, outrossim, não se justifica enriquecimento sem causa, e, então, cumpre ser estudada a reparação do dano ou cautela quanto à abolição do instituto. Porém, o problema é estranho à questão de direito adquirido.

Contudo, perduram, além da circunstância, já mencionada, de jamais abranger o conceito de *direito adquirido* os atos jurídicos perfeitos, sempre duas objeções contra a teoria: a imprecisão do termo "direito adquirido", a gerar dificuldade no seu entendimento, e a inaplicabilidade da teoria, à evidência, ao Direito Penal.

Realmente, por vezes opõe-se a expressão "direito adquirido" a "direito inato", e então surge outro significado da expressão.

Ademais, a expectativa do direito de suceder diz-se, na técnica jurídica, "direito abstrato de suceder". Portanto, há o direito à sucessão, nos termos legais, antes do direito adquirido à herança, que surge com o fato aquisitivo "morte" em favor daquele a quem cabe o direito à sucessão.

Outrossim, há direito subjetivo sem que se cogite de direito adquirido, como o direito do marido de impugnar a paternidade da criança nascida de sua mulher, em abstrato, pela simples disposição legal, em concreto, estando efetivamente grávida, e cujo exercício se impõe dentro do estrito prazo depois do seu nascimento.

Esse inconveniente, sem dúvida, ocorre. Mas, bem conceituada a expressão quando se refere à teoria da aplicação da lei no tempo e alertando-se o leitor sobre qual o emprego dado a essa palavra, dita dificuldade não apresenta maior monta. Isso se verifica com todas as expressões de significado análogo. É verdade, se se encontrar termo que evite tais confusões, talvez fosse preferível utilizá-lo. É o que busca a *teoria da situação jurídica*, como se verá a seguir. Por outro lado, é de se ponderar que a expressão "direito adquirido" criou raízes na consciência jurídica dos povos, e dificilmente conseguirão os juristas vê-la substituída, de vez, por outra. O melhor seria bem precisar seu conceito com referência à aplicação da lei no tempo. Portanto, essa crítica, de certo modo, fica elidida. Cumpre examinar a outra.

Indiscutivelmente, a lei que pune, por exemplo, com a pena de prisão um ato passado, lícito sob a legislação anterior, se alcançar essa ação humana, será retroativa, e, todavia, não há qualquer direito adquirido. A resposta dada pelos adeptos da escola é que então se aplica o princípio *nulla poena sine lege*. Na verdade, trata-se de fato consumado integralmente no passado.

Aqui se faz mister salientar ser incompleta a teoria do direito adquirido para solver todas as hipóteses de irretroatividade da lei. Aliás, Gabba não entende tenha ela tal extensão. Pretende, através dela, resguardar situações jurídicas constituídas na vigência de lei antiga mas cujos efeitos ainda estão pendentes. Por isso, distingue o *direito consumado* do *direito adquirido*.

Mas a hipótese aventada não diz respeito propriamente a direito consumado no passado, mas a fato consumado no passado, em que não havia o direito de punir por parte do Estado. Por outro lado, essa expressão "direito consumado" não parece abranger os atos jurídicos perfeitos cujos efeitos se produzam na vigência de lei nova.

A teoria do direito adquirido, entretanto, afora os casos de fato integralmente consumado no passado e de ato jurídico perfeito, parece envolver todos os outros de irretroatividade de lei e de sobrevivência de lei antiga no futuro. Por conseguinte, completada com esses dois princípios, afigura-se satisfatória para atender à aplicação da lei no tempo. Então, conclui-se que a lei há de respeitar o direito adquirido, e não poderá desconhecer o fato consumado e o ato jurídico perfeito.

Com essas ressalvas, pode essa teoria solver o problema do direito transitório.

37.8 Teoria da situação jurídica. Crítica

A expressão "direito adquirido", modernamente, caiu em descrédito, sob a argüição, conforme salientado, de sua imprecisão, uma vez que exige se defina seu alcance, para sua possível utilização, pois a expressão admite mais de um significado. Então, procurou-se substituí-la por "situação jurídica".

Estudando o problema no direito privado, Bonnecase (*Supplément au Traité Théorique et Pratique de Droit Civil*, de Baudry-Lacantinerie, vol. II, pp. 241-280, ns. 212-243) entende que a situação jurídica constituída sob o império da lei antiga não é alcançada pela nova, ainda que sob a vigência desta produza seus efeitos, porquanto se trata de efeitos futuros ligados a situação passada.

Ela se forma com a concretização, por fato jurídico, acontecimento natural ou ato voluntário, de situação jurídica abstrata, constante da lei, que, destarte, se transforma em situação jurídica concreta, e, assim, gera situação jurídica definitivamente constituída. Desconhecida essa situação, com lesão às vantagens e interesses por ela envolvidos, reconhece-se ao seu beneficiário o direito de ação para resguardá-la. Então, não poderiam ser retroativas as leis que ferissem essa situação jurídica definitivamente constituída.

Por seu turno, examinando a questão no direito público, Duguit (ob. cit., vol. I, § 21) – no que foi seguido pelos seus discípulos – expõe teoria geral a respeito.

Rejeita, outrossim, a expressão "direito adquirido". Distingue as situações jurídicas decorrentes da lei em *legal ou objetiva* e *subjetiva ou individual*.

A *situação legal ou objetiva* é a que decorre diretamente da lei e rege indeterminadamente várias situações equivalentes. É a situação dos proprietários e dos cônjuges, porque prescrita de forma igual para todo proprietário ou cônjuge. A *situação subjetiva ou individual* resulta da manifestação individual da vontade, especial e determinada a cada um dos que a ela se sujeitam. É a situação dos contratantes, que criam seus regimes contratuais, com particularidades próprias, e afeta só as partes nela vinculadas.

A situação legal ou objetiva permanece enquanto não modificada pela lei, ao passo que a subjetiva ou individual vige pelo prazo temporário disposto pelas partes. Conseqüentemente, as situações legais ou objetivas podem ser modificadas pela lei, sem que ocorra retroatividade. Já, as situações individuais ou subjetivas não são atingidas pela lei nova, sob pena de ser retroativa, por definitivamente constituídas entre as partes.

Na verdade, tanto Bonnecase como Duguit apresentam, sob roupagens novas, a antiga *teoria do direito adquirido*, começando com a substituição do próprio nome desta. Constitui, antes, apresentação da mesma concepção, sob outras formas.

A situação jurídica concreta definitivamente constituída ou a situação jurídica subjetiva ou individual correspondem, tanto uma como outra, ao direito adquirido segundo as concepções de Savigny e Gabba. A oposição de situações abstratas e concretas e entre situações objetivas ou legais e subjetivas ou individuais faz lembrar a distinção entre as leis pertinentes à existência dos direitos e as relativas à aquisição dos direitos, de Savigny. Por outro lado, a situação jurídica definitivamente constituída, fruto da concretização de situação jurídica abstrata, ou a situação jurídica subjetiva ou individual, que resulta de ato subjetivo ou individual, correspondem à teoria do direito adquirido, de Gabba, que se perfaz com a realização de fato, nos termos da lei, de modo a incorporar utilidade concreta ao patrimônio de alguém.

A semelhança da teoria de Bonnecase com a do direito adquirido comprova-se com a circunstância de exigir lesão nas vantagens ou interesses do titular da situação jurídica definitivamente constituída para este merecer proteção – o que equivale a dizer lesão na utilidade concreta que se incorporou ao seu patrimônio. Outrossim, a de Duguit, ao exigir a individualização da situação subjetiva, de modo particular e especial, a favor do seu beneficiário, equivale à concretização de utilidade, ou, melhor, à incorporação no seu patrimônio de vantagem.

Mas não melhoram a teoria do direito adquirido.

Realmente, nem toda situação concreta se deve ter como definitivamente constituída, pois pode estar regida peio regime legal, e, então, não gera situação definitivamente constituída, e não se pode falar em direito adquirido.

Ao lado da situação abstrata de Bonnecase, que se confunde com a faculdade jurídica e a expectativa jurídica, encontram-se situações concretas – como a de casado, a de proprietário – que não geram direitos adquiridos, ou, melhor, situações jurídicas definitivamente constituídas. Portanto, suscetíveis de alteração – qual seja a que modifica o regime do casamento, restringindo, por exemplo, os poderes do marido com referência à mulher, ou altera as prerrogativas do proprietário, limitando, v.g., as condições de construção em determinada rua quanto ao recuo, altura do edifício e, mesmo, seu tipo. E tal diferenciação não se acha bem discutida em a nova teoria.

Por outro lado, a situação jurídica concreta não cobre a hipótese do ato jurídico formalmente perfeito, pois aquela só existe depois do fato que concretiza em definitivo a nova situação constituída. Ora, o testamento feito segundo formalidades exigidas à época da sua elaboração não gera, com sua elaboração, qualquer situação jurídica concreta a favor do legatário, que só surge com a morte do testador. Se antes dessa se substituir a legislação e não cogitar de testamento feito nas moldes anteriormente permitidos, verificar-se-á a aplicação retroativa da lei nova, e essa teoria não impede tal conseqüência.

Apercebeu-se Duguit de que sua teoria só resolveria os efeitos futuros dos atos jurídicos realizados. Por isso, ao lado dela acolheu a regra de que *tempus regit actum*. Destarte, teve como insuscetíveis de serem apanhadas pela lei nova não só as situações subjetivas ou individuais como, outrossim, os fatos realizados no passado, regidos pela lei em vigor no momento em que foram produzidos.

Portanto, com a denominação de "direito adquirido" ou de "situação jurídica subjetiva", individual, a teoria é incompleta, pois por si só não basta para justificar a irretroatividade das leis nas hipóteses de fatos integralmente consumados no passado e de atos jurídicos formalmente perfeitos no passado.

Certo, se a ela se adicionar mais essas duas considerações, desaparecem as críticas. Então se dirá que a lei nova é irretroativa, e só tem aplicação imediata. Como critério para tanto se afirmará que não atingirá o fato consumado integralmente no passado, nem perturbará a execução do ato jurídico formalmente perfeito, e respeitará a situação jurídica definitivamente constituída, ou a situação subjetiva, individual, mesmo quanto aos efeitos futuros dela decorrentes, com sobrevivência, então, da lei antiga.

37.9 *Teoria do fato realizado*

A teoria objetiva dominou os pandectistas alemães, como se verifica, entre outros, em Windscheid (*Diritto delle Pandette*, vol. I, Parte

1ª, pp. 88-93, § 32) e Dernburg (*Pandette* – *Parte Generale*, vol. I, Parte 1ª, pp. 109-113, § 43).

Para eles, o que se devia procurar era se um fato havia sido realizado sob o império de certa lei, de modo a constituir uma situação jurídica que não podia ser alcançada retroativamente pela nova, sem qualquer cogitação de direito adquirido. Assim, realizado o fato nos termos da lei, a situação jurídica dele decorrente cumpria ser respeitada.

Essa teoria transpôs a fronteira alemã e frutificou na Itália, pela semente plantada por Chironi (*Della Non-Retroattività della Legge in Materia Civile*, 1885), onde teve grande aceitação, desenvolvida pelo próprio Chironi (*Istituzioni di Diritto Civile Italiano*, vol. I, § 16, pp. 20-23), por Chironi e Abello (*Trattato di Diritto Civile Italiano*, vol. I, pp. 81-97, Capítulo V) e Nicola Coviello (*Manuale di Diritto Civile*, 3ª ed., §§ 33 e 34, pp. 100-110). Modernamente, encontrou em G. Pace seu grande expositor ("Il Diritto Transitorio, con Particolare Riguardo al Diritto Privato", 1944).

A França teve, no século passado, um dos mais profundos doutrinadores em Vareilles-Sommières ("Une théorie nouvelle sur la rétroactivité des lois", *Revue Critique de Législation et de Jurisprudence* XXII/444-468 e 492-519), então voz quase isolada, para ressurgir de novo, com Planiol e Ripert (*Traité Élémentaire de Droit Civil*, 4ª ed., vol. I, pp. 107-126, ns. 227-273), Colin e Capitant (*Traité de Droit Civil*, vol. I, pp. 148-163, ns. 237-254) e, afinal, dentro da mais perfeita concepção, na teoria de Paul Roubier (*Les Conflits des Lois dans le Temps*, 2 vols., 1929).

Os adeptos da teoria fazem – se não expressamente, como seus modernos expositores, ao menos de modo implícito – a distinção entre retroatividade da lei e sua aplicação imediata. Assim, a lei nova tem aplicação imediata, desde que se torne obrigatória; mas não retroativa, isto é, não interfere com as situações jurídicas constituídas sob a lei anterior.

Dizem que há retroatividade da lei quando ela procura alcançar os efeitos de um fato anterior, já produzido no passado, voluntário ou natural, isto é, de fato consumado.

A lei que viesse a declarar permitidas doações feitas por instrumento particular não pode validar as assim efetivadas anteriormente à sua promulgação, quando a lei então vigente exigia instrumento público. Outrossim, a lei que viesse a punir eleitor que deixasse de votar não pode envolver na sua punição quem não exerceu essa atividade quando era considerada facultativa. Em ambas as hipóteses seria retroativa, por procurar abranger fatos realizados integralmente no passado, sob o império de outra lei.

Dizem que há retroatividade da lei, ainda, quando suprime ou modifica situação jurídica em virtude de fato realizado no passado, voluntário ou natural, por pretender submeter esse fato jurídico à lei nova, na ocasião em que vai produzir os seus efeitos, desconhecendo situação jurídica constituída, seja com referência à simples forma do ato ou ao conteúdo mesmo do direito a ela pertinente.

A lei que viesse a proibir os testamentos em conjunto não pode tornar nulos os elaborados quando permitidos, ainda que a abertura desses testamentos venha a se fazer na vigência daquela lei, pela ocorrência, só então, da morte de um dos testadores. Também a lei que viesse a retirar o direito de voto das mulheres não pode tornar nula a eleição de candidato que se elegeu com esses votos. Nos dois exemplos seria retroativa, por perturbar fatos realizados no passado, desconhecendo situação jurídica constituída sob o comando de outra lei, embora seus efeitos se produzam no futuro, na vigência da lei nova.

Ao contrário, se não atinge fatos realizados no passado, não há retroatividade, e a lei nova se aplica. Destarte, a lei que abolir a escravidão ou a propriedade dos bens de produção privada aplica-se imediatamente a todos os escravos e a todos os bens dessa natureza, sem que ocorra a retroatividade. Isso porque não abrange qualquer fato realizado no passado, nem o perturba, como as vendas ou locações anteriormente efetuadas com base no instituto então existente. Respeita todos os efeitos produzidos no passado.

Certo, ela suprime as conseqüências futuras desses atos. Mas não em razão dos fatos jurídicos realizados, pois não lhes nega eficácia, como tais. Porém, se seus efeitos não se produzem de futuro, tal se dá por outro fundamento – qual seja, pela impossibilidade de isso se verificar, ante a inexistência dos institutos jurídicos, de então em diante, em virtude dos quais esses fatos foram realizados.

Por conseguinte, impõe-se, para aplicação da lei nova – o que se dá de imediato –, verificar se não atinge fato juridicamente realizado na conformidade da lei anterior, que lhe deu vida, pois, então, seria retroativa, perturbando situação jurídica constituída, quanto à forma, ou, melhor, a sua existência, nos elementos necessários à sua estrutura jurídica, ou ao conteúdo do ato, ou, melhor, a sua essência, na conseqüência jurídica que dela deflui como seus efeitos.

Roubier fez, a respeito, amplo estudo. Apresenta as diferentes hipóteses para bem qualificar quando ocorre a retroatividade da lei, por atingir fato realizado no passado.

De início, distinguiu a situação jurídica: quanto à fase relativa à sua constituição ou extinção, oriunda de acontecimento natural ou ação humana, que denominou de *dinâmica*; e quanto à fase de produção dos seus efeitos, que denominou de *estática*.

As leis relativas aos modos de constituição (ou extinção) de uma situação jurídica não podem, sem retroatividade, alcançar situação jurídica constituída (ou extinta) no passado, antes da lei nova, por corresponder a fato jurídico já realizado. Igualmente, as pertinentes à produção de efeitos jurídicos não podem atingir, sem retroatividade, os efeitos já produzidos por dada situação jurídica antes da vigência da lei nova, por corresponder a fato jurídico já realizado no passado.

Considera, quanto à situação dinâmica, que ela pode constituir-se ou extinguir-se em um só momento, com a ocorrência de acontecimento natural ou ação humana, ou pode depender de fatos jurídicos sucessivos, de curso no tempo, para sua perfeição.

A situação que se constitui em um só momento, sem dúvida, se constitui ou extingue sob a vigência de uma só lei. A nova não pode atingi-la, sob pena de retroatividade, e o problema não oferece qualquer dificuldade.

Mas a que depende de fatos sucessivos pode achar-se no seu transcurso e ainda não o ter completado quando surge a nova lei. Então, cumpre fazer uma distinção. Há elementos para a formação de situação jurídica, resultante de fatos jurídicos sucessivos, que são autônomos, no seu valor jurídico, que constituem atos jurídicos formalmente completos, embora interdependentes de outros na participação da constituição de situação jurídica final, conclusiva. Esses atos formalmente completos não podem ser atingidos pela nova lei, sob pena de irretroatividade, uma vez que se tornaram perfeitos na vigência da antiga. Pouco importa sejam elementos para a formação de situação jurídica conclusiva, que só se venha a se efetivar na vigência da nova lei. Esta se regerá pela nova, de aplicação imediata. Porém, aquele ato preparatório autônomo, pela antiga. É o caso do testamento e a situação jurídica do herdeiro. O testamento rege-se pela lei da época de sua elaboração; e a situação jurídica do herdeiro, pela da época da morte do testador.

37.10 Crítica à teoria do fato realizado

Contra essa teoria há uma objeção de tomo. Por ela se não resguarda a sobrevivência das cláusulas contratuais, pois a eficácia delas, do seu conteúdo, não decorre de fato realizado no passado, e tãosomente sua forma.

Realmente, os elementos para formação do contrato, tendo em vista os princípios da teoria do fato realizado, não podem ser alcançados pela lei nova, sob pena de retroatividade, pois se trata de ato jurídico perfeito no passado. Porém, a eficácia do conteúdo das cláusulas contratuais depende de fatos sucessivos, alguns realizados no passado, outros na vigência da nova lei. Sirva de exemplo o contrato de empréstimo de dinheiro ou de locação de imóveis, em que os juros ou os alugueres serão devidos mês a mês, ou segundo outro prazo sucessivo preestabelecido. Portanto, relativo a fato superveniente, que pode ocorrer sob o império da nova lei.

Procurando escapar a essa objeção, adeptos da teoria proclamam a tese: desde que a situação jurídica, no seu aspecto formal ou no seu conteúdo, se prenda ao fato passado, embora sua eficácia vá se dar na vigência da lei nova, esta não poderá alcançá-la. É a posição de Vareilles-Sommières e Coviello.

Ora, se a eficácia do ato vem a se dar na vigência da lei nova e em conseqüência de fato realizado também na sua vigência – qual seja, o vencimento de juros ou do aluguel –, embora a manifestação da vontade se tenha exteriorizado sob o império da lei antiga, há desobediência indiscutível à tese da teoria objetiva de que só existe retroatividade quando a lei nova atinge fato realizado no passado.

As cláusulas contratuais, cujos efeitos só se tornam exigíveis na vigência da lei nova, porque só então se realiza o fato, objeto de acordo de vontade, para se tornar devida a prestação, não podem prevalecer se em oposição com a lei nova o constante nessas cláusulas contratuais. Isso porque não alcança fato realizado no passado e não há como falar, na hipótese, em retroatividade da lei. Ao contrário, verifica-se apenas a aplicação imediata da lei nova.

Na verdade, o que pretendem esses escritores é a sobrevivência do império da lei antiga quanto à situação jurídica a realizar-se no futuro, por resultar de ato de vontade, que constitui a causa eficiente de ditos efeitos, numa relação jurídica de conseqüências necessárias.

Demais, para guardar posição lógica, deviam sustentar, outrossim, que as cláusulas testamentárias pertinentes a testamentos elaborados na vigência da lei antiga, realizado o fato jurídico da morte do testador, quando passam a produzir seus efeitos, deveriam prevalecer contra preceitos opostos da lei nova. Isso porque também ato de vontade, que constitui causa direta e imediata do seu efeito.

Em ambos se verifica o princípio da soberania da vontade. É verdade, a relação jurídica do herdeiro ou legatário só se forma com a morte do testador. Mas a obrigação de pagar os juros também só surge com o vencimento do prazo. Ambos, testamento e obrigação contratual, só se tornam exigíveis nessas oportunidades, com a realização de tais fatos.

Dir-se-á, em resposta, que com o contrato o direito do contratante surge com a vinculação no momento de sua formação, enquanto o dos herdeiros ou legatários com a morte do testador. Apesar de aceitável a ponderação, é de se observar que não tem cabida para os adeptos da teoria do fato realizado, objetiva, e tão-somente para os partidários da teoria do direito adquirido, subjetiva. Por conseguinte, com base na teoria do fato realizado não se pode sustentar a validade das cláusulas contratuais firmadas sob o império da lei antiga com referência aos efeitos que venham a ocorrer na vigência da lei nova que lhe seja contrária.

Paul Roubier apercebeu-se da procedência da objeção, principalmente em nova edição da sua obra *Le Droit Transitoire* (2ª ed., pp. 380-393, ns. 77e 78), e contornou a dificuldade. Proclamou que o problema da aplicação da lei no tempo se rege por dois princípios: o da irretroatividade da lei nova, tendo em vista situação jurídica resultante de fato realizado no passado; e o da sobrevivência da lei antiga quanto às cláusulas contratuais, tendo em vista situação jurídica futura, por resultar de ato de vontade, instrumento de diversidade jurídica, como criador de regras jurídicas especiais, vinculando só as partes, e que constitui causa desse efeito, numa relação jurídica de conseqüências necessárias e previsíveis, segundo o livre arbítrio.

Foi obrigado a reconhecer ser incompleta a teoria do fato realizado como concepção para resolver todo o problema da aplicação da lei no tempo. A ela juntou a da prevalência no futuro da lei antiga para reger relações contratuais, e, assim, evitar as objeções que se lhe apresentam.

37.11 Insuficiência de ambas as teorias
para solver o problema do direito transitório

Ante o exposto, verifica-se que o problema da aplicação da lei no tempo não se resolve com qualquer das duas teorias-mestras antagônicas. Tal ocorre porque o conflito de leis no tempo não se reduz ao problema da irretroatividade da lei nova; ele diz respeito, outrossim, ao da sobrevivência da lei antiga.

A teoria subjetiva do direito adquirido precisa ser completada com a do fato integralmente consumado e do ato jurídico perfeito. Além do respeito ao direito adquirido, portanto, aos efeitos futuros de fatos aquisitivos no passado, que integraram esse direito no patrimônio do seu titular, como utilidade concreta, cumpre à lei nova não perturbar os fatos consumados, isto é, que já produziram todos os efeitos no passado, e reconhecer a validade, sob o aspecto formal, dos atos jurídicos perfeitos no passado, ao terem aplicação na sua vigência.

Por outro lado, a teoria objetiva do fato realizado precisa ser completada com a sobrevivência da lei antiga com referência às situações contratuais em curso de efeitos, oriundas da livre criação entre as partes, como ordenamentos jurídicos de conseqüências necessárias e previsíveis, que as vinculam.

Tem, de certo modo, razão Faggella ("Retroattivittà delle Leggi", in *Corso di Codice Civite Italiano*, de Francesco Saverio Bianchi, 2ª ed., vol. II, pp. 151-152) ao afirmar que entre essas duas teorias – que se digladiam –, subjetiva e objetiva, existe, ao menos em parte, substancial identidade, e que, nas suas aplicações, elas concordam, em muitos casos.

Aliás, bem ponderando sobre essas teorias, verifica-se que, na realidade, existe entre elas estreita afinidade, como, outrossim, podem se harmonizar. Isso porque o problema não se reduz a um dos seus aspectos: subjetivo ou objetivo.

A teoria subjetiva do direito adquirido e a objetiva do fato realizado identificam-se nos seus efeitos com referência às situações jurídicas pendentes, iniciadas mas não findas, em que ainda não foi desfrutado o direito que delas resulta, embora já eficaz. É o caso do empregado público nomeado, empossado e no exercício do cargo cujos estipêndios, anteriores à nova lei que os reduz, ainda não foram percebidos, devido à necessidade de satisfação de certas formalidades burocráticas. Eles devem ser pagos na conformidade da antiga com referência a esse período atrasado. Isso em virtude de fato realizado no passado, por inteiramente efetivado o trabalho na regência da lei antiga, sob pena de retroatividade da lei nova; e, também, em razão de ter adquirido o direito ao pagamento do estipêndio fixado na lei antiga, por na sua vigência ter-se concretizado a seu favor essa utilidade individual.

Outrossim, a teoria subjetiva do direito adquirido e a objetiva do fato realizado identificam-se nos seus efeitos com referência ao exercício das prerrogativas próprias de situação jurídica já constituída, cujo direito que dela imediatamente resulta – ou, melhor, nela se acha contido – se exercita de modo contínuo e no futuro, como uso de situação anteriormente constituída. Por conseguinte, trata-se de situação jurídica iniciada e finda, que tem apenas o exercício das suas prerrogativas próprias pendente, relativa a fato realizado ou a direito adquirido no passado. Assim, obtida licença para construção de imóvel comercial em certa rua na vigência da lei que isso permitia, mesmo que a lei nova a torne residencial, não alcança o exercício do direito do proprietário de continuar, de futuro, a explorá-lo como tal. Isso em virtude de fato realizado no passado, nos termos da legislação em vigor, que atribuiu esse efeito jurídico à sua propriedade, e sob pena de retroatividade, e também em razão de ter adquirido o direito de explorá-lo desse modo, fixado na lei antiga, por na sua vigência ter-se concretizado a seu favor essa utilidade individual.

Já, as referidas teorias não se identificam nos seus efeitos quando se cogita de situações jurídicas exauridas completamente antes da vigência da lei nova.

E tal se dá porque a teoria do direito adquirido, então, não tem qualquer aplicação, pois ela mais se preocupa em solver o problema da sobrevivência da lei antiga que o da irretroatividade da lei nova.

Para completá-la, com referência a essas situações exauridas completamente antes da lei nova, impõe-se invocar os princípios do fato consumado integralmente no passado e do ato jurídico formalmente perfeito. Ao contrário, a teoria do fato realizado as alcança por inteiro. Isso porque esta só cogita do problema da irretroatividade da lei nova.

Igualmente, não se identificam nos seus efeitos essas teorias quando se cogita de situações jurídicas pendentes, que ainda não se tornaram eficazes.

Aí, não tem aplicação a teoria do fato realizado e se impõe invocar o princípio da sobrevivência da lei antiga relativamente às relações contratuais para completá-la. Tal se dá pela circunstância, acima salientada, de que ela se circunscreve à resolução da questão pertinente à irretroatividade das leis. No entanto, a teoria do direito adquirido cobre perfeitamente essas hipóteses, pois se trata de relações jurídicas que criaram utilidade individual a favor dos seus participantes, incorporados nos respectivos patrimônios os correspondentes direitos, mediante sua concretização, que passam a fazer parte das suas individualidades, cujos efeitos futuros visa a assegurar, e, assim, a sobrevivência da lei antiga.

Contudo, nas hipóteses em que essas teorias apresentam deficiências, elas se afirmam com a aplicação das respectivas teorias complementares, supra-referidas: do fato consumado e do ato jurídico perfeito no passado, quanto à do direito adquirido; ou da sobrevivência da lei antiga relativamente às relações contratuais no futuro, quanto à do fato realizado.

Pondere-se, entretanto: dizer que a lei nova não deve alcançar os fatos integralmente consumados, voluntários ou naturais, nem desconhecer os atos jurídicos perfeitos, equivale a afirmar que a lei nova não deve ser retroativa, e o critério para apreciação dessa retroatividade é o fato realizado no passado, jurídico ou material.

Por outro lado, dizer que a lei antiga, com referência aos contratos feitos sob seu império, sobrevive no futuro porque as situações a ela pertinentes, em curso de efeitos, são frutos de criação livre entre as partes, de conseqüências necessárias e previsíveis, que as vinculam às regras jurídicas por elas dispostas, equivale a afirmar que a lei nova, embora tenha aplicação imediata, há de respeitar o direito adquirido, a utilidade concreta decorrente de fato aquisitivo, nos termos da lei, que o integrou ao seu patrimônio. Ou, melhor, isso quer dizer que há de respeitar a situação jurídica definitivamente constituída, situação subjetiva, individual, criada pelas partes, nos termos da lei, em conseqüência de ato individual, que constitui regras jurídicas pertinentes tão-somente a elas.

Daí a conclusão que se impõe. A lei nova não pode ser retroativa, e tal ocorre quando desconhece fato realizado no passado, isto é, fato consumado, e ato jurídico perfeito. Portanto, ela só tem aplicação imediata, e cumpre ter sempre essa aplicação, salvo quando ofende direito adquirido, que deve ser respeitado; ou, melhor, situação jurídica definitivamente constituída, situação subjetiva, individualmente criada. Como tal reconhece-se o acordo de vontades, de caráter contratual, de livre criação das partes que se vinculam. Constitui situação jurídica que acarreta, então, a sobrevivência da lei antiga no futuro.

Destarte, a lei nova não se aplica a situação jurídica resultante de fato realizado inteiramente sob a vigência da lei anterior, isto é, que não só se tenha verificado como, ainda, produzido seus efeitos de modo completo. Outrossim, não se aplica a lei nova a situação jurídica resultante de fato realizado sob a vigência da lei antiga se já verificados todos os elementos para produzir seus efeitos, embora não desfrutado o direito que dela resulta, quando entra em vigor a nova lei, ou dependa apenas do seu exercício, nos termos da situação jurídica anteriormente criada.

Afinal, a nova lei não se aplica a situação jurídica resultante de fato realizado sob a vigência da lei antiga cujos efeitos ainda se não produziram e venham a se produzir quando em vigor a nova lei, se do fato realizado decorrer a criação de utilidade concreta a favor de alguém, contra outrem, que se integre no seu patrimônio, em relação obrigacional, isto é, faça surgir direito adquirido, ou, se se preferir substituir a expressão, situação jurídica subjetiva, individual, ou situação jurídica definitivamente constituída.

O fato realizado compreende o acontecimento natural, a ação humana material ou o ato jurídico a que a lei antiga atribui efeitos de direito específico, individual e concreto, em ocorrendo.

37.12 O Direito Administrativo e o problema da aplicação da lei no tempo

O problema da irretroatividade das leis apresenta-se no direito público de igual modo como no direito privado.

Todos os ramos jurídicos devem abster-se de promulgar leis retroativas, e estas não terão validade, se assegurado o respeito ao fato realizado e ao direito adquirido por texto constitucional em vigor. Portanto, nesse regime se inclui o Direito Administrativo.

Certo, há autores que pretendem a retroatividade da lei administrativa, invocando distintos argumentos, a saber: (a) as leis administrativas são de ordem pública, de caráter cogente; (b) os direitos na ordem administrativa defluem da vontade unilateral da Administração Pública e têm caráter autoritário; (c) a irretroatividade vale para as leis que disciplinam relações patrimoniais, e, por isso, não encontra campo no Direito Administrativo.

Sem dúvida, as normas de Direito Administrativo, em sua maioria, são de ordem pública, e, portanto, de caráter cogente. Mas isso não impõe sua retroação. Há, outrossim, normas de ordem pública no direito privado – e, portanto, de caráter cogente –, e, não obstante, mesmo essas não têm caráter retroativo, ao menos nos países que elevam a irretroatividade das leis a princípio constitucional.

Certo, os direitos nas relações administrativas defluem da vontade unilateral e autoritária da Administração Pública. Porém, tal circunstância não torna retroativas as leis novas com pertinência a relações anteriormente formadas na vigência da lei antiga, de modo unilateral e autoritário. Assim, lei conferindo a favor de certo funcionário a contagem de tempo de serviço para determinado efeito, despachado a seu favor, unilateralmente, pela Administração Pública, seu requerimento, nos termos da lei em vigor, não pode ser retirado por outra, uma vez já se tornou eficaz e pode produzir seus efeitos.

Afinal, no Direito Administrativo existem muitas relações patrimoniais. Sirvam de exemplo as entre o funcionário e a Administração Pública relativas aos seus estipêndios. Demais, a irretroatividade tem também aplicação em relações não-patrimoniais, embora de efeitos patrimoniais reflexos. Decorrido o prazo para o funcionário ter direito ao gozo de férias, mesmo que venham a ser abolidas por outra lei, esta não alcança as férias ainda não gozadas cujo direito decorra de lei anterior.

Por outro lado, a irretroatividade pode ser alegada não só a favor do particular como da Administração Pública. Assim, pecúlio pago a família de funcionário falecido na vigência da lei antiga, e mesmo ainda não pago, mas já devido, por ter ocorrido sua morte, não fica elevado no seu *quantum* se nova lei, posterior, vier a aumentá-lo, salvo se expressamente estender essa vantagem a ditas hipóteses.

Entretanto, força é reconhecer que o problema do conflito de leis no tempo tem muito maior alcance no direito privado que no público. Isso porque as relações privadas são, de regra, de caráter convencional, e em especial contratual, e mesmo as de natureza unilateral dependem da manifestação da vontade de terceiro, obrigando-se. Então se verifica muito maior número de hipóteses em que ocorre a criação, a favor de alguém contra outrem, de direito adquirido. Daí terem grande aplicação não só o princípio da irretroatividade da lei nova como, também, o da sobrevivência da lei velha relativamente a atos jurídicos formalizados na sua vigência, mas cuja eficácia se dá quando em vigor aquela.

Ora, os atos convencionais no direito público são muito mais escassos. Eles existem na ordem internacional através dos tratados. Já, na ordem interna prevalecem os atos unilaterais, de caráter autoritário. Com referência a eles não ocorre a sobrevivência da lei antiga nos casos de ainda não terem produzido seus efeitos quando promulgada a lei nova. A sobrevivência da lei antiga na hipótese de a eficácia do ato só vir a acorrer na vigência da nova verifica-se unicamente nas relações contratuais, tendo em vista o princípio da autonomia da vontade na criação de regras jurídicas entre as partes, de caráter especial, concreto e pessoal.

Mas a irretroatividade da lei nova quanto à situação jurídica constituída no passado, mesmo que ainda se não tenha desfrutado do direito já adquirido, ou cujo exercício é contínuo e futuro, verifica-se com igual amplitude tanto no direito público como no privado. Que dizer, ainda, dos fatos integralmente consumados que já produziram seus efeitos, e dos atos jurídicos perfeitos, que se formalizaram completamente no passado, isto é, dos fatos realizados?

38. Aplicação da lei no espaço

38.1 Império da lei nacional

A *lei nacional* em princípio só obriga no espaço nacional, isto é, no seu território, nas suas águas e na sua atmosfera, visando, de regra, à proteção dos indivíduos vinculados ao Estado por laços de nacionalidade ou de domicílio e, ainda, os de passagem pelo país.

Algumas vezes, entretanto, não coincide a fronteira espacial com a jurídica, visto que pode ocorrer de o Direito de um Estado penetrar no de outro. Isso se dá através do fenômeno da conversão das normas nacionais em normas de vigência em país estrangeiro. Manifesta-se pela incorporação das normas ao direito nacional de um Estado em outro espaço além do nacional co-respectivo, ou pela remissão a elas pelo direito nacional.

Assim, a lei nacional obriga, em princípio, no espaço nacional, e excepcionalmente no espaço estrangeiro, isto é, de outro Estado, em razão das normas de Direito Internacional, impostas pelo direito natural, e objeto de costume ou de convenção entre os Estados. É o que se chama *extraterritorialidade da lei nacional*.

Destarte, as embarcações de guerra ou as sedes diplomáticas são havidas como extensões do território nacional. Em conseqüência, resulta o privilégio ou prerrogativa de certas pessoas e bens de se subtraírem à soberania do Estado estrangeiro onde se encontram, às atribuições dos seus governos e à jurisdição dos seus Tribunais, ficando sujeitos ao Poder Público nacional, e, mesmo, em dadas hipóteses, ao seu direito material.

Hodiernamente há um movimento de restrição do princípio, pela rejeição da extensão ficta do território de outros países dentro do Estado. Portanto, a extraterritorialidade reduz-se ao exercício de atos dos agentes estrangeiros no desempenho de suas funções próprias e aos bens para tanto necessários.

O Direito Administrativo nacional regula as funções dos seus diplomatas, cônsules ou outros agentes públicos com representação no Estrangeiro e os atos jurídicos a serem por eles praticados com referência a brasileiros no Estrangeiro e estrangeiros que pretendam viajar para o Brasil. A propósito, é de se recordar o art. 18 da LICC, que assim dispõe: "Tratando-se de brasileiros, são competentes as autoridades consulares brasileiras para lhes celebrar o casamento e os mais atos de registro civil e de tabelionato, inclusive o registro de nascimento e de óbito dos filhos de brasileiro ou brasileira nascidos no país da sede do consulado".

A lei nacional ainda obriga em espaço fora do exercício da soberania de qualquer Estado, como no alto-mar e na atmosfera, dentro das embarcações aéreas ou marítimas, mesmo mercantes, que se acham em zona de ninguém, ou, melhor, de todos. A lei a imperar, então, será a da bandeira da embarcação em que se estiver, como extensão, também, do território nacional.

38.2 *Águas e espaço aéreo nacionais*

As *águas marítimas nacionais* correspondem ao que tradicionalmente se denomina mar territorial, e compreendem as águas marítimas que se alongam a certa distância da Costa Nacional. Outrora consideravam-se as que alcançassem o tiro de canhão. A incerteza que gerava essa medida, pela diversidade de potência dos canhões – cada vez mais potentes –, fez com que se estabelecesse uma área determinada, tendo em vista uma medida servindo de base de cálculo.

Modernamente, os Estados circunscrevem as águas marítimas nacionais dentro da área de três a seis milhas da praia, mas vários deles entendem que podem exercer seu poder de polícia, nos mares, além dessa distância, como direito especial de defesa, não só tendo em vista a segurança nacional, como a salvaguarda de outros interesses – por exemplo, os econômicos. Exercendo os poderes inerentes à sua soberania além daquele limite, de certo modo, extravasam o âmbito do mar territorial. Destarte, sujeitam os que nele se encontrarem à norma jurídico-administrativa dos nacionais.

O mar territorial do Brasil estava fixado em faixa de 3 milhas marítimas paralela ao litoral (Decreto-lei 5.798/1940), e posteriormente em 6 milhas marítimas (Decreto-lei 44, de 18.11.1966). Ora se acha estabelecida em faixa de 12 milhas marítimas (Lei 8.617, de 4.1.1993). As águas contíguas ao mar territorial, que se situam entre este e o mar alto, para efeito de exercício de polícia do Estado Nacional, devem limitar-se a de 12 a 24 milhas marítimas do Litoral. No mar territorial, compreendendo subsolo final do leito e espaço aéreo subjacente, o Brasil exerce todos os direitos de Estado Soberano (art. 2º, da Lei 8.617/1993).

Os rios internacionais são as águas fluviais que se entendem integrantes do espaço nacional de mais de um Estado, sujeitos ao poder soberano de mais de um deles, e, portanto, constituindo partes do seu domínio. A internacionalização dos rios manifesta-se de forma simultânea ou sucessiva. *Simultânea* quando dividem dois Estados, de modo que ambos exercem seu poder em cada margem e o estendem até o limite da linha imaginária da metade do rio, ou na de sua maior profundidade – o que se resolve, muitas vezes, mediante tratados. Essas áreas respectivas são consideradas como águas fluviais nacionais. *Sucessiva* quando atravessam diferentes Estados, que em partes diferentes do rio exercem seu poder, cada um no território respectivo. Os rios podem estar, em dado momento do seu curso, sujeitos ao poder simultâneo de dois Estados, e em outros, ao poder sucessivo de diferentes Estados.

O *espaço aéreo nacional* compreende a atmosfera sobre o território nacional, sujeito à soberania do Estado, que sobre ele exerce seu domínio eminente. Assim, o sobrevoar o território nacional e o descer com aeronaves nele se fazem nos termos de normas jurídico-administrativas, especialmente de polícia e fiscais.

38.3 Conversão de normas jurídicas: incorporação e remissão

A *conversão das normas jurídicas*, como se disse, faz-se por *incorporação* ou *remissão*.

A *incorporação* é fenômeno jurídico da técnica do Direito Internacional Público. Através de tratados normativos, elas são integradas no direito nacional.

Há Constituições que reconhecem a validade imediata desses tratados firmados entre Estados; outras, entretanto, exigem, para tanto, a determinação de lei nacional. Só após a promulgação do texto legal a respeito, eles têm aplicação. Aquelas dispensam, para a incorporação das suas normas, se revistam de forma legal. Estas, ao contrário, estabelecem a necessidade de conversão, mediante dispositivo de lei.

Aceita a primeira tese, o tratado é fonte imediata; ao passo que, adotada a segurança, será apenas fonte mediata, pois a imediata há de considerar-se a própria lei que manda aplicá-lo. Então, o tratado, embora perfeito nas relações externas entre os Estados, no Direito Internacional, só tem validade na ordem interna, para os súditos de dado Estado, depois que se converte em norma jurídica nacional, mediante lei.

A matéria objeto do tratado é de Direito Internacional Público, ou de outro ramo de direito substantivo, de recíproco interesse dos países que o firmaram. Mas o ato jurídico de fazer o tratado é de Direito Administrativo, de ação executiva estatal, nos termos dos poderes normativos nacionais, como a vinculação jurídica do tratado, qualquer que seja a matéria versada, é de Direito Internacional Público.

O tratado, portanto, na conformidade do Direito Internacional Público, obriga desde logo os Estados que o assinaram, no exercício do seu poder público, em desempenho de função administrativa, e no prazo para isso predeterminado. Todavia, na ordem interna, com relação aos súditos, só os obriga depois da efetivação da norma legal necessária de cada Estado, se pela ordem constitucional não tiver aplicação imediata independente de qualquer outra formalidade.

Certamente, nenhum tratado pode ter validade dentro do Estado-sociedade se em desrespeito aos preceitos constitucionais do Estado-poder.

Discute-se, no entanto, se podem ser feitos em oposição à lei ordinária nacional. No conflito entre a lei nacional e o tratado, deve-se ter em mira, para solvê-lo, o ato jurídico que constitua manifestação última da vontade do Estado. Assim, nos países em que os tratados entram em vigor independentemente de conversão legal, eles revogam imediatamente as leis que lhes são contrárias, e após a conversão, nos outros.

Por sua vez, em qualquer deles, se promulgada lei em oposição aos tratados, se deve ter estes como tacitamente denunciados pelo Estado, no exercício da sua soberania, ao legislar de modo diverso do anteriormente convencionado. Sofrerá, entretanto, as conseqüências materiais e jurídicas desse seu rompimento.

Os tratados, não obstante resultem de acordos entre os Estados, têm caráter normativo, estabelecem normas de conduta para eles, ou com referência à ordem interna por eles disposta e assegurada. Se não confundem com os atos jurídicos regrando relações patrimoniais entre os Estados, equivalentes aos contratos de direito privado e que devem receber igual denominação. Assim, os tratados regem matéria de direito público. Distinguem-se dos contratos, mesmo entre Estados, como de compra e venda de mercadorias, para abastecer o consumo da respectiva população. Os tratados afetam o exercício do Poder Público. Constituem manifestações de vontade de Estados independentes, no exercício das prerrogativas da sua soberania.

Pelo Direito Constitucional pátrio compete privativamente ao Presidente da República, nos termos dos arts. 83, VIII, da CF de 1967 e 81, X, da Magna Carta de 1969,[LVI] celebrar tratados e convenções internacionais *ad referendum* do Congresso Nacional, que definitivamente resolve a respeito, *ex vi* dos arts. 47, I, da CF de 1967 e 44, I, da Magna Carta de 1969.[LVII] Destarte, não prescrevem os textos citados que devem os tratados e convenções se transformar em lei. Cabe ao Executivo fazê-los, e ao Legislativo aprová-los ou rejeitá-los, sem qualquer interferência nos seus conteúdos. Aprovado pelo Congresso, um tratado se torna desde logo eficaz, e passa a fazer parte do ordenamento jurídico nacional. Para obrigar terceiros, entretanto, precisa ser divulgado. Daí o costume constitucional de baixar texto legal em que se afirma sua existência.

A *remissão* é fenômeno jurídico da técnica do Direito Internacional Privado. Mediante leis internas estabelece-se qual a lei a ser aplicada ao estrangeiro, residente ou de passagem no país, ou aos bens de estrangeiros, mesmo fora do país, mas cujos bens se acham nele localizados.

A Lei de Introdução ao Código Civil – tanto a antiga como a atual – contém preceitos de Direito Internacional Privado. Através daquela, Lei 3.071, de 1.1.1916, arts. 8° a 21, ou desta, Decreto-lei 4.657, de 4.9.1942, arts. 7° a 17, se estabelece qual a lei a se aplicar nas diferentes hipóteses, se a nacional ou a estrangeira, com referência aos estrangeiros e aos seus bens.

LVI. *Nota dos Editores*: Cf. art. 84, VIII, da Constituição de 1988.
LVII. *Nota dos Editores*: Art. 49, I, da atual Constituição.

38.4 Diversidade de tratamento entre o nacional e o estrangeiro

A lei nacional, por outro lado, em princípio, garante a liberdade, a igualdade, a segurança e a propriedade não só dos *nacionais*, como dos *estrangeiros* domiciliados no país, e até dos de passagem pelo país. Entretanto, há exceções em consideração à circunstância de ser estrangeiro, e, por vezes, mesmo naturalizado.

Assim, a Constituição de 1967, conforme a Emenda Constitucional 1, que gerou a Magna Carta de 1969, repetindo tradição nascida com a de 1891, garante os direitos de liberdade, igualdade, segurança e propriedade indistintamente a brasileiros e estrangeiros domiciliados no país (art. 153);[LVIII] contudo, exclui os estrangeiros do gozo e exercício dos direitos políticos. Portanto, não podem ser eleitores (art. 147), nem ser eleitos (art. 149)[LIX] e nem ser providos em cargos públicos (art. 97).[LX]

Aliás, mesmo os brasileiros naturalizados sofrem restrições a respeito, *ex vi* do parágrafo único do art. 145, segundo a Carta de 1969,[LXI] quanto aos cargos de Presidente e Vice-Presidente da República, de Ministro de Estado, de Deputados e Senadores, de Ministros do Supremo Tribunal Federal, do Tribunal Federal de Recursos, do Superior Tribunal Militar, do Tribunal Superior do Trabalho, do Tribunal Superior Eleitoral, do Tribunal de Contas da União, de Procurador-Geral da República e de Governador e Vice-Governador de Estado, do Distrito Federal e de Território e seus substitutos, de Embaixador e de Carreira Diplomática, de Oficial da Marinha, do Exército e da Aeronáutica.

LVIII. *Nota dos Editores*: A Constituição de 1988, em seu art. 5º traz essas mesmas garantias.

LIX. *Nota dos Editores*: A correspondência do tema na Constituição atual está no art. 14, §§ 2º e 3º, I.

LX. *Nota dos Editores*: CF de 1988: art. 37: "I – os cargos, empregos e funções públicas são acessíveis aos brasileiros que preencham os requisitos estabelecidos em lei, assim como aos estrangeiros, na forma da lei;".

LXI. *Nota dos Editores*: No caso da Constituição de 1988, vide o art. 12, § 3º, em relação às restrições aos brasileiros naturalizados quanto aos cargos de Presidente e Vice-Presidente da República, de Presidente da Câmara dos Deputados; de Presidente do Senado Federal, de Ministro de Estado da Defesa, de Ministros do Supremo Tribunal Federal, da Carreira Diplomática, de Oficial das Forças Armadas.

Exclui, ainda, os estrangeiros do exercício de determinadas atividades relacionadas diretamente com a segurança nacional ou o interesse da vida política nacional, e mesmo os naturalizados.

Assim, pelo art. 168, § 1º, a exploração e o aproveitamento das jazidas, minas e demais recursos minerais e dos potenciais de energia hidráulica dependem de autorização ou concessão federal, na forma da lei, dadas exclusivamente a brasileiros ou a sociedades organizadas no país.[LXII]

Por outro lado, pelo art. 174 são vedadas a propriedade e a administração de empresas jornalísticas, de qualquer espécie, inclusive de televisão e de radiodifusão: "I – a estrangeiros; II – a sociedades por ações ao portador; III – a sociedades que tenham, como acionistas ou sócios, estrangeiros ou pessoas jurídicas, exceto partidos políticos". E somente a brasileiros natos caberão a responsabilidade e a orientação intelectual e administrativa das empresas referidas nesse artigo.[LXIII]

Dispõe, no art. 153, § 33, que a sucessão de bens de estrangeiro situado no Brasil será regulada pela lei brasileira, em benefício do cônjuge ou dos filhos brasileiros, sempre que lhes não seja mais favorável a lei nacional do *de cujus*.[LXIV]

As Constituições de 1934, 1937 e 1946 tinham um cunho mais nacionalista, principalmente a de 1937.

Por sua vez, não são os estrangeiros obrigados a deveres que cabem aos brasileiros, como se verifica no art. 92,[LXV] pelo qual só os bra-

---

[LXII]. *Nota dos Editores*: Vide art. 176, § 1º, da CF de 1988, cuja redação prevê a autorização ou concessão federal da exploração ou aproveitamento dos recursos citados, na forma da lei, dadas a brasileiros ou empresa constituída sob as leis brasileira e que tenham sua sede e administração no País.

[LXIII]. *Nota dos Editores*: Pelo art. 222, da CF de 1988, a propriedade de empresas jornalísticas e de radiodifusão sonora e de sons e imagens é privativa de brasileiros natos ou naturalizados há mais de 10 anos, ou de pessoas jurídicas constituídas sob as leis brasileiras e que tenham sede no País. A brasileiros natos ou naturalizados há mais de 10 anos caberão a responsabilidade editorial e as atividades de seleção e direção da programação.

[LXIV]. *Nota dos Editores*: O art. 5º, XXI, da CF de 1988, dispõe que a sucessão de bens de estrangeiro situados no Brasil será regulada pela lei brasileira, em benefício do cônjuge ou dos filhos brasileiros, sempre que lhes não seja mais favorável a lei nacional do *de cujus*.

[LXV]. *Nota dos Editores*: Tema correspondente no art. 143, da CF de 1988, mas agora sob outro tratamento, que inclui o "imperativo de consciência" (vide art. 5º, VIII).

sileiros são obrigados ao serviço militar ou a outros encargos necessários à segurança nacional, nos termos e sob as penas da lei.

39. Regulamentos[10]

39.1 Conceito e classificação

Os *regulamentos* são regras jurídicas gerais, abstratas, impessoais, em desenvolvimento da lei, referentes à organização e ação do Estado, enquanto Poder Público. São emanados pelo Poder Executivo, mediante decreto. Classificam-se em *regulamentos executivos*, ou *de execução*, em *autorizados ou delegados*, e em *independentes ou autônomos*.

39.2 Regulamentos independentes ou autônomos

Os *regulamentos independentes ou autônomos*, na verdade, são verdadeiras leis, e assim chamados tão-somente porque emanados pelo Poder Executivo, pois não constituem desenvolvimento de qualquer lei ordinária, mas correspondem ao exercício da prerrogativa de legislar a ele reconhecida com base no Direito Constitucional. São, realmente, sancionados e promulgados em virtude de competência constitucional expressa, ou de costume constitucional ou, ainda, de construção do texto constitucional, que confere ao Poder Executivo a faculdade de legislar, isoladamente, sem a participação do Poder Legislativo, e competência alheia a qualquer lei ordinária da qual seja complemento.

Encerram poder remanescente da antiga atribuição legislativa dos monarcas, nos regimes autocráticos, ao abdicarem, paulatinamente, do

---

10. Cf. Felix Moreau, *Le Règlement Administratif*, 1902; Georges Cahen, *La Loi et le Règlement*, 1903; Víctor Nunes Leal, "Lei e regulamento", *RDA* 1/371; Carlos Medeiros Silva, "O poder regulamentar e sua extensão", *RDA* 20/1, e "O poder regulamentar no direito comparado", *RDA* 30/28; Tirso Borba Vita, "Do regulamento", *RDA* 31/500; Fernando Henrique Mendes de Almeida, "Observações sobre o poder regulamentar e os seus abusos", *RDA* 57/479; Bonifácio Fortes, "O poder regulamentar", *RF* 199/371; Jean Claude Douence, *Recherche sur le Pouvoir Règlementaire de l'Administration*, 1969; Lorenza Carlassare, *Regolamenti e Principio di Legalità*, 1966.

seu poder de legislar, na marcha para os regimes populares, aristocráticos e democráticos, aos corpos representativos do povo, a quem entregavam, de início, a participação na elaboração da lei e, ao depois, a obra legislativa.

Contudo, mantiveram para si o poder de legislar sobre determinados assuntos, que informam as hipóteses dos ora conhecidos *regulamentos independentes ou autônomos*, por tocarem mais de perto com os seus interesses e por considerarem mais pertinentes ao Poder Executivo. E essa prerrogativa permaneceu em muitos países, depois de organizados mesmo sob forma democrática e republicana, ante a proclamação de que tais atividades são administrativas, e, assim, devem ser reguladas por órgãos administrativos.

Enfeixam faculdade regulamentar *praeter legem* e mesmo *contra legem* para regular qualquer matéria que constitucionalmente não tenha sido reservada aos órgãos legislativos, pertinentes às relações do Estado-poder com terceiros.

Os regulamentos independentes ou autônomos dividem-se em três espécies, tendo em vista a área da sua regulamentação, a saber: *orgânicos*, *regimentais* e *policiais*. Os dois primeiros denominam-se *regulamentos independentes internos*; e os últimos, *externos*.

Os *orgânicos* são aquelas regras jurídicas decretadas pelo Executivo que dão organização à Administração Pública, limitado, tão-somente, o delineamento da sua estrutura, quanto às repartições públicas e agentes públicos, pela verba geral para levar a efeito tais despesas, nos termos orçamentários ou créditos especiais. Ainda através deles são promulgadas as disposições relativas aos direitos e deveres dos agentes públicos.

Já, os *regimentais* regulam as condições internas de execução dos serviços públicos e a maneira de sua utilização por terceiros interessados. Constituem, muitas vezes, simples instruções sobre o funcionamento das repartições públicas, baixadas pelo Executivo.

Os juristas alemães os denominaram de *regulamentos de administração* e entendem que não encerram regras jurídicas, e simplesmente técnicas pertinentes à vida *interna corporis* dos organismos administrativos. Não obstante, são regras jurídicas, pois correspondem a normas coercitivas de comportamento dos agentes públicos, quanto à regência das repartições públicas, a cuja obediência estão obrigados, sujeitando-os, pelo seu descumprimento, a penalidades. Por outro lado, de modo reflexo, os particulares interessados sofrem as conseqüências das suas normas.

Aliás, regimentos de tal natureza, tendo em vista a independência dos órgãos Legislativo e Judiciário, são reconhecidos em favor deles, quanto à consecução das suas respectivas atribuições.

Afinal, os *policiais* enfeixam regras jurídicas para manter a ordem do Estado-sociedade e, assim, resguardar a segurança pública e a salubridade pública e preservar a liberdade e a propriedade dos indivíduos. O desrespeito, entretanto, dessas medidas acarreta a aplicação das penalidades previstas por leis gerais, pois se não reconhece a esses regulamentos a possibilidade de estabelecer penas.

Os regulamentos autônomos ou independentes são muito difundidos na Europa.

A França, entretanto, é o país que lhes empresta a mais ampla utilização. O Governo da República, através de regulamentos orgânicos, estrutura as repartições públicas e dispõe sobre os direitos e deveres dos agentes público-administrativos, mediante os regulamentais ordena a prestação dos serviços públicos, e por meio dos de polícia assegura a ordem, a segurança e a saúde públicas, como salienta Bonnard (*Précis de Droit Administratif*, 2ª ed., pp. 250-256). Outrossim, igual prerrogativa cabe aos governos locais, através dos órgãos executivos, em conseqüência de competência legal e genérica a eles conferida, como se lê em Duez e Debeyre (*Traité de Droit Administratif*, 1954, pp. 512-513), quanto aos regulamentos de polícia.

Admitidos pelo Conselho de Estado, no interpretar a Constituição de 1875, continuaram a ser na vigência da de 1946 e na atual.

Já, na Bélgica discutem os autores se o Rei tem poder para baixar regulamentos policiais autônomos ou independentes. Todos estão concordes em que, dentro das verbas orçamentárias, pode promulgar regulamentos orgânicos, na criação e organização das repartições públicas e no estabelecimento das respectivas competências estatutárias, sobre os direitos e deveres dos funcionários, e regimentais, referentes ao modo de prestação dos serviços públicos.

Mas relativamente aos de polícia, como salientado, grassa divergência. Enquanto Vauthier (*Précis de Droit Administratif de la Belgique*, 3ª ed., vol. I, pp. 50-51, n. 33) e Buttgenbach (*Manuel de Droit*

Administratif, 2ª ed., pp. 481-482, n. 549) lhe negam essa prerrogativa, salvo delegação legislativa, Wigny (*Droit Administratif – Principes Généraux*, 4ª ed., pp. 109-110, n. 131) lhe reconhece dita competência. Aliás, esta posição já fora sustentada, no século passado, por Giron (*Dictionnaire de Droit Public et Administratif*, vol. III, p. 349).

Na Alemanha, tanto na época monárquica, da Constituição de 1870, como na republicana, da Constituição de Weimar, de 1919, a obra legislativa era complementada pelo Executivo, através de regulamentos jurídicos externos, em desenvolvimento aos textos legais, mediante regulamentos autorizados ou delegados, ou para sua melhor aplicação, através de regulamentos executivos. E assim continua a ser.

Além deles, conforme expõem seus publicistas, e em especial Forsthoff (*Tratado de Derecho Administrativo*, pp. 184-204), havia e continua a haver os regulamentos administrativos internos, pertinentes às relações entre a Administração Pública e os agentes públicos, dispondo sobre seus direitos e deveres e, outrossim, relativos à organização e execução dos serviços públicos dentro dos limites orçamentários e referentes à forma e ao modo da sua prestação, no oferecimento de atividades aos particulares, como regimentos pertinentes à sua utilização e instruções aos seus agentes públicos. Eles não são, como já salientado, considerados regras jurídicas. Por conseguinte, não conferem direitos aos particulares para exigirem judicialmente sua observância. Hoje em dia discute-se a extensão desse poder regulamentar, pois tem sido muito ampliado por ação do Executivo e aquiescência dos Tribunais. Há, mesmo, movimento na doutrina para restringi-lo tão-somente às matérias estritamente internas.

Na verdade, na Alemanha os regulamentos administrativos internos equivalem aos regulamentos autônomos ou independentes no que diz respeito ao estatuto dos agentes públicos e à organização das repartições públicas e à prestação dos serviços públicos

Durante a Monarquia italiana sempre se reconheceu ao Rei o poder de emanar regulamentos independentes ou autônomos, orgânicos e regimentais, aqueles pertinentes à criação e organização das repartições públicas, dentro das verbas orçamentária, e aos direitos e deveres dos agentes públicos, e estes à forma de prestação dos serviços públicos. Porém, após a proclamação da República e promulgação da nova Constituição, ficaram bem restritos os poderes do Executivo quanto à emanação dos regulamentos orgânicos, pois as repartições públicas, nos seus expressos termos, são organizadas segundo disposições legais. Isso salientam os modernos administrativistas italianos, como Alessi (*Sistema Istituzionale del Diritto Amministrativo Italiano*, 3ª ed., pp. 30-34), Sandulli (*Manuale di Diritto Amministrativo*, 6ª ed., pp. 38-39) e Landi e Potenza (*Manuale di Diritto Amministrativo*, 2ª ed., pp. 41-43). Na Itália as normas reguladoras do poder de polícia jamais foram levadas a efeito por regulamentos independentes ou autônomos, mas por regulamentos delegados.

39.3 Regulamentos autorizados ou delegados

Os *regulamentos autorizados ou delegados* são aqueles emanados pelo Executivo em razão de habilitação legislativa que lhe é conferida pelo Legislativo, porém nos termos dessa determinação de competência, para desenvolver os preceitos constantes da lei de habilitação, que delimita seu âmbito a respeito.

Alguns autores sustentam que eles se confundem com as ordenanças delegadas. Não obstante, diferenciam-se a delegação do poder de legislar e a autorização para completar os contornos da lei, desenvolvendo-a dentro de órbita circunscrita, e em matéria pertinente à atividade da Administração Pública. Uma coisa é delegar o poder de legislar sobre o direito educacional, e outra habilitar o Executivo a regulamentar texto de lei em que se fixam as diretrizes a respeito. Ao levar a efeito essa delegação, o faz na conformidade da matéria demarcada no texto legal.

De certo modo, portanto, os dispositivos complementares, em desenvolvimento, estão virtualmente contidos na lei de habilitação, embora tenham a força de alterar a ordem jurídica anterior.

Dando-se-lhes âmbito distinto do das ordenações delegadas, cabe a indagação sobre se é possível ao Legislativo dar habilitações regulamentares ao Executivo quando o regime constitucional estabelece a separação dos Poderes Legislativo, Executivo e Judiciário. Se não há proibição de delegação de poderes, afigura-se, o exercício dessa prerrogativa, indiscutível. Mas, ocorrendo essa proibição, cumpre examinar caso por caso, para se verificar se a habilitação para decretar regulamentos autorizados não envolve delegação disfarçada do poder de legislar.

Se corresponder à ampliação legislativa dos poderes regulamentares de simples execução, para inovar na ordem jurídica, segundo os preceitos legais, completando-os, ante o alargamento da faculdade regulamentar, em que o arcabouço legislativo está gizado na lei e o regulamento apenas o desenvolve, não se apresenta como delegação do poder de legislar, mas como sua regulamentação. Ao contrário, se as diretrizes constantes da lei são excessivamente restritas, de maneira a competir ao Executivo, realmente, toda a obra legislativa, ante a exclusiva enunciação da matéria, verifica-se haver delegação do poder de legislar, de outorga da prerrogativa de decretar ordenações delegadas.

Impõe-se, ainda, distinguir a delegação de poderes ao Executivo, para fazer leis, com a delegação de poderes, para apreciar fatos e determinar o estado de coisas, de que dependem, nos termos estatuídos pela própria lei, para a sua eficácia, mesmo quando age com discrição na verificação desses fatos.

Assim, o Legislativo, ao instituir o tabelamento dos preços de mercadorias e ao definir as infrações em que incorrem os contraventores, pode incumbir ao Executivo fixar a tabela dos preços máximos das utilidades. Aliás, faltam ao legislador elementos para dispor a respeito, pois os preços hão de sofrer as flutuações do mercado e de outros fatores. Demais, o ato de fixar as tabelas nada tem de legislativo. Ao contrário, constitui ato concreto, específico. Porém, na consecução dessa atividade, pode o Executivo baixar regulamento prescrevendo regras orgânicas e processuais para a comissão encarregada do tabelamento – como verificar previamente o custo da mercadoria, calcular, tendo em vista a diversidade dos produtos, a percentagem de lucros do consumidor – e mesmo delimitar, nos casos de infração, a multa mais elevada ou mais benigna, se deixada pela lei ampla margem a respeito.

Igual consideração cabe com referência à Lei de Zoneamento Urbano. Ela distingue as zonas em residenciais, de uma só residência, e de prédios de apartamentos, industriais e comerciais, e mistas. Contudo, ao Executivo cabe declarar tal rua como residencial ou industrial, tendo em vista o conceito legal desses tipos de vias públicas.

Modernamente, os poderes outorgados ao Executivo para baixar regulamentos autorizados ou delegados são de tal amplitude que eles vêm sendo confundidos com as ordenanças delegadas. É verdade, em muitos países, não obstante a latitude da matéria por eles disposta, os sujeitam a regime jurídico distinto do dos decretos-leis delegados, porquanto não podem revogar texto legal e se subordinam a controle judicial de maior extensão.

A criação de normas jurídicas pelo Executivo, que cada vez mais se incrementa, como fenômeno do século, decorre não só da crise do Parlamentarismo como, e, principalmente, da incapacidade revelada pelo chamado Poder Legislativo de fazer leis. Realmente, trata-se de órgão que representa as diferentes correntes da opinião pública, manifestadas nos partidos políticos e nas organizações profissionais, mas sem preparo técnico, científico, sociológico e jurídico para o mister legislativo. Daí a entrega ao Executivo de tal cometimento, que se vale de órgãos administrativos especializados para tanto.

Demais, as Assembléias Legislativas não possuem a mesma flexibilidade e não têm a mesma rapidez que as repartições administrativas na elaboração de normas jurídicas urgentes e complexas. Conseqüentemente, a pletora de decretos-leis delegados e de regulamentos delegados ou autorizados.

Não só na França e na Alemanha, na Bélgica e na Itália, na Espanha e em Portugal pululam esses textos de legislação delegada, mas em todo o mundo civilizado.

Em Portugal e na Espanha não seria de admirar, por sua organização constitucional fundar-se no reforço do Executivo; como, outrossim, na França, sob a atual Constituição de 1958, em que a função legislativa se reparte discriminadamente entre o Parlamento e o Executivo, cabendo a este competência residual a respeito, relativa às matérias que não tenham sido entregues àquele. Porém, mesmo na vigência da Constituição de 1946, embora esta proibisse a delegação de poderes, a jurisprudência dos Tribunais sempre admitiu os regulamentos delegados ou autorizados. O Legislativo promulgava as *lois-cadres* e o Executivo as desenvolvia, no exercício de habilitação legislativa concedida dentro dos limites programáticos dispostos por essas leis.

A Itália e a Alemanha, parlamentaristas desde a primeira hora, outrossim, inscreveram-se nessa orientação. Que dizer, então, sob o regime fascista e hitlerista. A Bélgica vive igual clima.

Para se certificar do afirmado basta a consulta a qualquer obra de Direito Administrativo desses países. Ademais, vem sendo defendida essa orientação pelos seus autores como a mais condizente com a conjuntura política atual.

A Inglaterra e os Estados Unidos da América não ficaram imunes a esse movimento. Embora em teoria o poder de legislar seja reservado ao Parlamento Inglês e ao Congresso Norte-Americano, na prática vem cada vez mais sendo confiado a outros órgãos. Não só a Coroa Inglesa como a Presidência da República Americana recebem a delegação de poderes legislativos, como corporações públicas, de governos locais ou serviços especializados.

Assim, na Inglaterra encontram-se, entre outros textos normativos de menor relevo, *orders in council*, baixadas pelo soberano e seu gabinete, correspondendo a decretos-leis delegados; *regulations* baixadas por Ministro da Coroa, em virtude de autorização ou delegação do Parlamento; *provisional orders*, decretos-leis e regulamentos autorizados ou delegados, que dependem de aprovação posterior do Parlamento; *byelaws*, regulamentos autorizados ou delegados a corporações públicas, governos locais ou estabelecimentos públicos para serviços especializados (cf. J. F. Garner, *Administrative Law*, pp. 47-81; H. W. R. Wade, *Administrative Law*, pp. 249-279; Griffith e Street, *Principles of Administrative Law*, 2ª ed., pp. 32-38).

Nos Estados Unidos da América a delegação do poder de legislar por parte do Congresso ao Executivo iniciou-se no Governo Roosevelt, quando foi votada a Lei de Recuperação da Indústria Nacional, em 1933, *National Industrial Recovery Act*, que conferia ao Presidente prerrogativa de, mediante decreto, baixar regulamentos para enfrentar as dificuldades econômicas por que o país atravessava.

A primeira demanda suscitada com base na inconstitucionalidade dessa delegação de poderes pelo Legislativo ao Executivo, ante o princípio dominante da separação entre eles, cada um com atribuições próprias, delimitadas pelos textos constitucionais, foi acolhida pela Suprema Corte na causa "Schechter Poultry Corp. *versus* USA", em 1935.

Porém, a inconstitucionalidade da lei de delegação se proclamou só porque tinha sido ilimitada. Ponderou-se, então, que, se ela tivesse colocado balizas dentro das quais o poder regulamentar se exerceria, nada haveria que objetar. Assim, a habilitação legislativa há de traçar contornos limitativos à ação do Executivo. Estes, entretanto – esclareceu-se, na oportunidade –, não precisam ser minuciosos; bastam normas diretivas.

Com base nessa decisão expandiram-se as delegações do poder de legislar do Congresso ao Executivo. Mas passaram a fixar as linhas gerais na matéria, a serem desenvolvidas mediante regulamentos. Estes são de dois tipos principais: legislação delegada contingente e legislação delegada suplementar.

Os *regulamentos contingentes* são os em que o Legislativo delega ao Executivo as operações de acertar a existência de fatos e condições para a aplicação da lei, os pormenores necessários para que suas normas possam efetivar-se. Encontram corpo nas atividades estatais de controle. A lei da habilitação fixa os princípios gerais da ingerência governamental e entrega ao Executivo o encargo de determinar e verificar os fatos e as condições em que os princípios legais devem ter aplicação.

Na realidade, essa atividade não é legislativa, é antes executiva. Certo, essa fixação de índices para a aplicação da norma, embora textos legais minuciosos possam contê-los, não exprime norma jurídica obrigatória de ação. Por isso, os juristas denominam dispositivos legais de tal natureza de *textos secundários de lei*, em oposição aos *textos primários*.

A respeito, teve-se ocasião de salientar, linhas acima, com o tabelamento de preços de mercadorias e a classificação de tipos de ruas para efeito de construção. E, anteriormente, ao estudar casos de disposições legais sem coerção, e mesmo sem caráter normativo, exemplificou-se com a diferença que há entre o artigo normativo legal, de natureza coercitiva, que proíbe a venda sem receita médica de entorpecentes e o outro que define quais são essas drogas. Trata-se de ato geral, sem caráter normativo, em virtude do seu efeito individual.

Mas, além da delegação ao Executivo para promulgar os regulamentos contingentes, o Legislativo, com a aquiescência do Judiciário, confere-lhe poderes para promulgar regulamentos suplementares às leis por ele votadas. Então, desenvolve, em pormenor, através de normas coercitivas, o texto legal, objeto de simples diretrizes esboçadas pelo legislador, e, assim, enche o branco por ele deixado. Essas leis de habilitação se denominam *leis-esqueletos*, por serem guarnecidas pelas normas regulamentares.

A delegação não se restringe ao Presidente da República e ministros, mas se estende a diferentes corpos administrativos federais, comissões ou corporações públicas, a estabelecimentos públicos ou autarquias de serviços, na linguagem, respectivamente, dos mestres franceses e italianos.

Sobre essas considerações, são de se consultar Bernard Schwartz (*Le Droit Administratif American*, pp. 51-80), James Hart (*An Introduction to Administrative Law*, 2ª ed., pp. 309-336) e Morris D. Forkosch (*A Treatise on Administrative Law*, pp. 101-142).

39.4 Regulamentos executivos

Afinal, os *regulamentos executivos* envolvem regras orgânicas e processuais destinadas a pôr em execução os princípios institucionais estabelecidos pela lei. Desenvolvem os textos legais para efeito tãosomente de sua aplicação, atendendo às peculiaridades locais ou de tempo, às possibilidades de sua execução e às circunstâncias de sua atuação. Seus preceitos constituem regras técnicas de boa execução da lei, para sua melhor aplicação. Complementam seus preceitos, neles apoiados, como meros elementos de sua execução, como procedimento de sua aplicação.

39.5 Âmbito dos regulamentos

O regulamento não rege relações jurídicas entre particulares, mas do Estado-poder com terceiros, sejam servidores públicos, sejam particulares.

Destarte, pode dispor em matéria objeto de legislação de direito privado, quando respeitante à participação do Estado-poder nas relações entre particulares, para lhes dar garantia, e pertinente ao direito público, como seja a ação do agente público no ato do casamento, quanto às formalidades prévias à sua realização e mesmo na sua realização, ou no ato de formalização de atos jurídicos obrigacionais e na transmissão da propriedade, ante a escritura pública e o registro imobiliário. Não interfere, entretanto, diretamente no conteúdo das relações entre particulares, pois seu objeto são as relações do Estado-poder com terceiros.

Estabelecidas normas de relações entre o Estado-poder com terceiros, surge sua ação secundária, quanto à execução da lei, nos *regulamentos executivos, secundum legem*; subsidiária, quanto ao desenvolvimento da lei, nos *regulamentos autorizados ou delegados, intra legem*; e primária, quanto ao estabelecimento originário de matéria legislativa, nos regulamentos chamados *autorizados ou delegados*, quando correspondem simplesmente a delegação do poder de legislar, e nos *regulamentos independentes ou autônomos, praeter legem* e mesmo *contra legem*, segundo a extensão dos seus poderes a respeito.

De passagem, é de se observar que o regulamento, como norma jurídica independente da lei, só tem sua razão de existir com a concepção da teoria da separação dos Poderes, de modo a que a atividade de fazer leis fique entregue aos órgãos legislativos e a de executá-las aos órgãos executivos. Então, para a boa aplicação da lei, nas relações entre o Estado-poder e terceiros, surgiu a necessidade de o Executivo regulamentá-las, estabelecendo as regras orgânicas e processuais para sua execução, através de regulamentos executivos.

Por outro lado, ante razões de política legislativa, em face das dificuldades de estabelecer minúcias nos textos legais, conceberam-se os regulamentos autorizados ou delegados, em que o Legislativo, sem abrir mão de sua prerrogativa de legislar, entrega o desenvolvimento dos pormenores do texto ao Executivo, já fixados, entretanto, por ele nas suas linhas programáticas. Como salientado, se essas linhas programáticas forem muito reduzidas, correspondem às ordenanças delegadas.

Afinal, abdicando o Executivo do seu poder de legislar, reservou ainda para si parte dessa atribuição, com base no costume ou mesmo em texto constitucional expresso ou conforme interpretação, quanto à própria organização da Administração e regência da sua atividade, nas relações internas, e mesmo nas externas, mediante os chamados regulamentos independentes.

Como consideração última, é de se observar que há certa divergência entre os autores na qualificação dos regulamentos autônomos ou independentes e autorizados ou delegados. Assim, há os que chamam estes últimos de *regulamentos livres*, e os outros de *indepen-*

dentes. Distinguem ainda os regulamentos em internos e externos. Os *internos* são os orgânicos ou regimentais da Administração, e lhes emprestam o caráter de independentes ou autônomos. Os *externos* são os livres ou delegados e executivos ou de execução. Tal se dá nos países em que se não admite possa haver ordenança de polícia, emanada pelo Executivo, sem lei ordinária geral ou especial que lhe delegue tal atribuição, portanto, vazada em prerrogativa simplesmente constitucional. Essa delegação é permitida em alguns países com tal amplitude que faz com que se confunda o regulamento livre com a legislação delegada.

39.6 O regulamento no direito pátrio

Segundo os arts. 83, II, da CF de 1967 e 81, III, da Magna Carta de 1969, compete privativamente ao Presidente da República expedir regulamentos para a fiel execução da lei.[LXVI] Por conseguinte, pelo Direito Constitucional pátrio, ao Executivo só se admitem os regulamentos externos executivos, *secundum legem*, e os regulamentos externos autorizados ou delegados, *intra legem*. E promulgados pelo próprio Presidente da República e contra-assinados pelo ministro a cujo Ministério interessar a matéria tratada, na conformidade dos arts. 87, I, da CF de 1967 e 85, I, da Magna Carta de 1969.[LXVII] Os ministros de Estado só têm competência para baixar instruções como preceituam os arts. 87, II, da CF de 1967 e 85, II, da Magna Carta de 1969.[LXVIII] Inexistem regulamentos autônomos ou independentes.

Assim, os regulamentos hão de ter por conteúdo regras orgânicas e processuais destinadas a pôr em execução os princípios institucionais estabelecidos por lei, ou para desenvolver os preceitos constantes de lei, expressos ou implícitos, dentro da órbita por ela circunscrita, isto é, as diretrizes, em pormenor, por ela determinadas.

Não podem os regulamentos autorizados ou delegados ser elaborados *praeter legem*, porquanto seu campo de ação ficou restrito à simples execução de lei. Certo, como já salientado, nos arts. 55 da CF

LXVI. *Nota dos Editores*: Vide art. 84, IV, da CF de 1988.
LXVII. *Nota dos Editores*: Vide art. 87, parágrafo único, I da CF de 1988.
LXVIII. *Nota dos Editores*: Vide art. 87, parágrafo único, II da atual Constituição.

de 1967 e 52 da Magna Carta de 1969[LXIX] se prevê a possibilidade de delegação de poderes ao Presidente da República, e, portanto, do Legislativo ao Executivo. Porém, essa delegação legislativa não se confunde com os regulamentos autorizados ou delegados. Recebendo o Executivo poderes apenas para baixar estes, não lhe é lícito exceder o exercício de tal prerrogativa, fazendo leis, como se tivesse obtido tal delegação.

Não se considera, entretanto, ordenança delegada, e menos ainda regulamento autorizado, o poder conferido pelo Legislativo ao Executivo para determinar fatos e condições objeto de textos legislativos, que no Direito Norte-Americano se enfeixa nos chamados *regulamentos contingentes*. Como ponderado, tal atribuição conferida ao Executivo não envolve delegação do poder de legislar. Antes, constitui a outorga a este de atividade que lhe é própria, de execução da lei.

Além desses regulamentos, cabem ao Executivo, como inerentes à sua própria função, os regulamentos internos administrativos de remanejamento das repartições públicas em que reestrutura seus serviços, desde que se mantenham dentro das verbas orçamentárias e não envolvam criar cargos, fixar seus vencimentos e, por conseguinte, atribuir a seus titulares competências distintas das que defluem da sua natureza, matéria da alçada legislativa, *ex vi* dos arts. 46, IV, da CF de 1967 e 43, V, da Magna Carta de 1969.[LXX]

Por isso, admite-se, através de decretos executivos, que se criem funções de extranumerário e de pessoal para obras, se estabeleçam seus salários e se disponha sobre suas atividades. Outrossim, podem prescrever direitos e deveres dos funcionários, obedecidos os preceitos constitucionais e legais a respeito, e, com maior razão, dos extranumerários e pessoal para obra.

Além disso, é lícito ao Executivo prescrever o regimento dos serviços administrativos, seja nas relações com os servidores públicos, seja quanto ao modo e forma de sua prestação aos particulares. Tal prerrogativa ainda lhe cabe com referência aos delegados e prestacionistas de ofício, obra e serviço públicos e ao desempenho de cometimentos dos estabelecimentos públicos ou autarquias de serviço.

LXIX. *Nota dos Editores*: CF de 1988, art. 68.
LXX. *Nota dos Editores*: V. art. 48, X, da CF de 1988.

Esses regulamentos precisam respeitar os textos constitucionais e legais. Mas dispõe o Executivo livremente em desenvolvimento aos seus textos.

Com as limitações expostas, assemelham-se aos regulamentos autônomos ou independentes, de administração, mas com âmbito muito mais restrito. Correspondem, na verdade, a regulamentos delegados ou autorizados, mediante delegação implícita, ante a criação legal do serviço. Na realidade, perfazem também a função de regulamentos de administração para a execução de lei. Tomam, aparentemente, o caráter *praeter legem*, pela circunstância mesma dessa execução, uma vez nada disponha a seu respeito a legislação, ou disponha de modo incompleto. Mas têm ação apenas *inter legem*. A máquina administrativa não pode parar. Porém, só deve agir dentro de determinadas prescrições, a fim de levar a bom termo os próprios textos legais. Então, impõem-se esses regulamentos internos de administração, de natureza *inter legem*, para sua execução, do exercício de poderes implicitamente delegados, ante a criação legal do serviço.

Além do Executivo, podem baixar regulamentos de administração o Legislativo e o Judiciário, e estes em virtude de expressos preceitos constitucionais, quais sejam os arts. 32 e 110, II, da CF de 1967 e 30 e 115, II, da Magna Carta de 1969.[LXXI] São verdadeiros regulamentos autônomos ou independentes, porquanto lhes cabe legislar livremente a respeito, obedecidas apenas as limitações constitucionais. Essa é também a opinião de Manoel Ribeiro (*Direito Administrativo*, vol. I, pp. 39-40). A estrutura das repartições administrativas do Legislativo e do Judiciário é disposta ao seu líbito, com a ressalva, quanto a este, de não poder criar ou extinguir cargos e nem fixar os vencimentos dos seus funcionários, o que depende de lei. Outrossim, as despesas na reorganização das suas repartições hão de ser nos termos orçamentários.

Contudo, o Judiciário pode criar as funções de extranumerário e pessoal para obra, se prevista verba orçamentária, estabelecer seus salários e dispor sobre suas atividades, determinar o modo e forma de

---

LXXI. *Nota dos Editores*: Na CF de 1988, quanto às competências privativas da Câmara dos Deputados, do Senado Federal e dos Tribunais de elaborar seus regimentos internos, vide arts. 51, III; 52, XII; e 96, I, "b" e II, "b".

processamento administrativo dos seus serviços e prover o estatuto dos seus funcionários.

Igual poder regulamentar cabe aos estabelecimentos públicos ou autarquias, respeitados seus Estatutos, dispostos pelo Executivo, e as normas pertinentes À sua criação, oriundas do Legislativo.

40. Relação entre a lei e o regulamento[11]

40.1 Distinção entre lei e regulamento

A *lei* e o *regulamento*, na verdade, distinguem-se sob o aspecto material e formal.

Segundo a matéria, a diferença está em que a lei inova originariamente na ordem jurídica, enquanto o regulamento não a altera. Isso é verdade tanto para o regulamento executivo, que desenvolve a lei para efeito da sua aplicação, como para o regulamento autorizado ou delegado, porquanto a modificação da ordem jurídica, que resulta dos seus preceitos expressos, deve já estar virtualmente contida nas disposições programáticas, que lhe dão habilitação legislativa. Destarte, a inovação originária da ordem jurídica é da lei, e não dele. Só os regulamentos autônomos ou independentes inovam livremente na ordem jurídica. Porém, como observado, constituem verdadeiras leis.

Formalmente, o regulamento subordina-se à lei, pois nela se apóia como texto anterior, para sua execução, seja quanto à sua aplicação, seja quanto à efetivação das diretrizes por ela traçadas na habilitação legislativa. Sujeita-se, então, o regulamento à lei, como regra jurídica normativa superior, colocada acima dele, que rege suas atividades e é por ele inatingível, pois não pode se opor a ela.

Portanto, a lei anula todas as anteriores, e não pode ser modificada senão por ela mesma. É fonte primária do Direito, ao passo que o regulamento é fonte secundária, inferior. Por isso, ainda quando têm o mesmo conteúdo, diferenciam-se pela diversidade dos seus efeitos.

11. Cf. Felix Moreau. *Le Règlement Administratif*, 1902; Georges Cahen. *La Loi et te Règlement*, 1903.

40.2 Natureza jurídica da atividade regulamentar

Muito se discute se o regulamento constitui atividade originária do Executivo ou derivada do Legislativo. Tal debate tem apaixonado principalmente os juristas italianos.

Santi Romano (*Principi di Diritto Amministrativo Italiano*, 1901, pp. 16-17, § 10), Ranelletti (*Principi di Diritto Amministrativo*, pp. 299-309, ns. 194-198), Raggi (*Diritto Amministrativo – Corso di*, vol. III, pp. 118-132) e D'Alessio (*Istituzioni di Diritto Amministrativo Italiano*, vol. I, pp. 88-90, n. 51) sustentam ser competência executiva originária, no uso do seu poder discricionário, pois, se pode o órgão executivo praticar atos concretos, específicos, nos limites da lei, lícito será fazê-lo de forma genérica, abstrata, isto é, desenvolver o que consta dos textos expressos da lei, e mesmo baixá-los, regulando certa ordem jurídica, na falta de lei a respeito. Já, Zanobini (*Corso di Diritto Amministrativo*, vol. I, pp. 69-71) e Alessi (*Sistema Istituzionale del Diritto Amministrativo Italiano*, 3ª ed., pp. 31-32, n. 20) pretendem corresponder a competência derivada, só tolerada quando prescrita em lei, e exercida sempre nos termos por ela prescritos, mediante delegação geral ou especial.

Como salientado por Kelsen (*Teoría General del Derecho y del Estado*, pp. 128-168), a formação do Direito processa-se por graus, e, então, o ato jurídico inferior é execução do superior. Destarte, a lei é execução imediata da Constituição, como o regulamento, da lei.

Embora se tenha feito reserva quanto a essa teoria relativamente às duas funções que consideramos como fundamentais do Estado-poder – administrativa e jurisdicional, aquela no desempenho do poder político e esta no do poder jurídico, como anteriormente exposto –, ela se afigura verdadeira em atenção a cada uma dessas funções, com a diferença de que na administrativa há uma ordem decrescente de atos jurídicos, em que se vai dos mais gerais, abstratos e impessoais, para os mais especiais, concretos e pessoais, enquanto na jurisdicional ocorre o inverso: inicia-se com os atos jurídicos concretos para se chegar aos abstratos.

Nesse sentido, o regulamento é um ato menos geral e abstrato que a lei, e, assim, corresponde à sua imediata execução.

Entretanto, tomada a palavra executivo como ato concreto, específico e pessoal, em oposição ao ato normativo, abstrato, geral e impessoal, se há de concluir que o regulamento é um ato normativo, e não executivo, e até, se se quiser, legislativo secundário.

Afinal, se se examinar a questão tendo em vista a classificação dos sistemas de órgãos fundamentais do Estado-poder em Legislativo, Executivo e Judiciário, a indagação circunscreve-se a qual deles cabe a faculdade regulamentar. E a resposta, em princípio, há de ser ao Executivo, uma vez que a ele incumbe, principalmente, dar execução às leis, e o regulamento constitui o primeiro momento para essa execução.

Porém, o problema resolve-se, antes de mais, em face do texto constitucional. Se nada disser, cabe ao Executivo a prerrogativa de regulamentar a lei para sua aplicação, isto é, estabelecer as regras jurídicas orgânicas e processuais para tanto. Isso é verdade, todavia, com referência aos regulamentos executivos.

Com pertinência aos regulamentos autorizados ou delegados, em princípio, faz-se preciso a manifestação legislativa, porquanto envolve habilitação legislativa. Assim, não se pode dizer de modo absoluto que a matéria não disposta pela lei cabe ao regulamento, porquanto, como regra normativa de execução, não pode inovar na ordem jurídica, senão havendo habilitação legislativa. Contudo, lícito lhe será desenvolver as normas jurídicas legais através de regulamento, se implícitas no seu contexto, se virtualmente nele constantes. Portanto, regulamento *inter legem*. Então, exerce atividade do Executivo subsidiária do Legislativo.

O regulamento *praeter legem*, e mesmo *contra legem*, só se admite com referência aos independentes ou autônomos, que correspondem à atividade legislativa primária do Executivo, ou com referência aos autorizados ou delegados, se equivalerem às ordenanças delegadas, nos países em que o Legislativo tem a possibilidade de delegar essa atribuição.

Em conseqüência, compete ao Executivo adaptar a lei para sua boa aplicação, mediante regulamentos executivos. Logo, deve ser essa atividade considerada, enquanto tal, atribuição do Executivo, independentemente de textos expressos, como problema técnico-jurídico para sua execução.

Entretanto, se o Legislativo não quiser dispor pormenorizadamente sobre certa matéria e apenas fixar as diretrizes, seu desenvolvimento, pelo Executivo, modificando a ordem jurídica existente, lhe compete, por receber dita atribuição para dispor em minúcias, complementarmente, de modo expresso ou implícito. Então, a emanação desse regulamento autorizado ou delegado tem seus poderes derivados da lei, e deve ser exercido nos termos por ela prescritos, não obstante constitua elemento de sua execução.

Afinal, tendo prerrogativa constitucional de baixar regulamentos independentes ou autônomos, o fará dentro dessas prerrogativas, sem necessidade de qualquer manifestação do Legislativo, e a este poderá, mesmo, ser vedada a interferência nessas matérias para dispor sobre elas, se reconhecida como privativa a competência constitucional do Executivo a respeito. Se concorrente, ainda e sempre, na conformidade do regime constitucional, pode prevalecer o último texto, seja lei ou regulamento independente, modificando o anterior, quer emanado pelo Legislativo, quer pelo Executivo, ou, então, a ação do Legislativo absorve a do Executivo. A extensão desses regulamentos independentes oscila entre o disposto pelo costume constitucional ou pela Constituição escrita, e a afirmação dos seus preceitos depende da construção desse direito costumeiro ou da legislação a respeito, pela decisão dos Tribunais. Esses regulamentos, que correspondem a verdadeiras leis, podem ser baixados pelo Executivo se, constitucionalmente, lhe tiver sido reconhecida tal atribuição.

40.3 Limites ao poder regulamentar

Ante o exposto, há de se concluir que o regulamento tem limites decorrentes do direito positivo. Deve respeitar os textos constitucionais, a lei regulamentada e a legislação em geral e as fontes subsidiárias a que ela se reporta.

Ademais, sujeita-se a comportas teóricas. Assim, não cria, nem modifica e sequer extingue direitos e obrigações, senão nos termos da lei. Isso porque o inovar originariamente na ordem jurídica consiste em *matéria reservada à lei*. Igualmente, não adia a execução da lei, e menos ainda a suspende, salvo disposição expressa dela, ante o *alcance irrecusável da lei* para ele. Afinal, não pode ser emanado senão conforme a lei, em virtude da *proeminência desta* sobre ele.

Em conseqüência, não cabe aos regulamentos, por iniciativa própria e sem texto legal, prescrever penas, seja qual for a espécie; estabelecer restrições à igualdade, à liberdade e à propriedade, ou alterações no estado das pessoas; prever tributos ou encargos de qualquer natureza que repercutam sobre o patrimônio das pessoas de direito; dar organização administrativa às repartições governamentais, através da criação de cargos e prescrição de novas competências.

Portanto, o regulamento não pode ampliar os poderes jurídicos constantes da lei. Quanto às restrições desses poderes se suscitam dúvidas. Entendem alguns juristas que também não os pode restringir, porque impor restrições ao exercício de uma competência envolve, na verdade, sua modificação. Parece que a melhor orientação é outra.

Quando as atribuições conferidas ao Executivo deixam a ele discrição para praticá-las segundo a conveniência e oportunidade públicas, cabe-lhe autolimitar-se, mediante regulamento, condicionando o exercício dessa discrição administrativa, por parte dos seus órgãos, traçando comportas aos agentes públicos. Ao contrário, se essas atribuições correspondem ao exercício de uma obrigação legal, não lhe será lícito estabelecer qualquer barreira a elas, mesmo por via regulamentar.

Assim, se a lei fixa multa entre 5% ou 10% sobre o valor de mercadoria cuja venda se faça em desobediência ao texto legal, pode o regulamento dispor sobre as hipóteses de aplicação de 5%, de 7,5% ou de 10%.

40.4 Leis que dependem de regulamentos

Há leis que independem de regulamentos para sua aplicação. Dizem-se *leis auto-executáveis*. Salvo dispositivo em contrário, nesta categoria estão as que conferem poderes, estabelecem garantias e prescrevem proibições. Outras, no entanto, necessitam de regulamento para tornar possível sua aplicação. A falta deste impede sua execução. Por vezes, apenas parte da lei se sujeita a regulamentação. Então, a que dela não precisa passa a ter eficácia desde logo, da data da sua vigência.

As leis que ficam subordinadas a regulamentação para ter aplicação podem marcar prazo para feitura do regulamento que as porá em execução. Há quem sustente ser inconstitucional tal determinação legal quando o poder regulamentar do Executivo decorra de texto constitucional, sob alegação de que porá o Legislativo limites à sua prerrogativa, por lei ordinária, quando disso não cogitar a Lei Magna.

O poder regulamentar conferido constitucionalmente ao Executivo é um direito e, ao mesmo tempo, um dever. Corresponde ao chamado *direito-função*, porquanto atribuído ao órgão para que o desempenhe sempre que se fizer mister. Assim, não se afigura lícito possa o Executivo protelar injustificadamente a ação de legislar o Legislativo. Do contrário assistir-se-á à ab-rogação da lei pelo Executivo, através do seu silêncio.

Tal comportamento envolve, sem dúvida, o exercício abusivo de seu direito de regulamentá-la. Por conseguinte, não pode, ao depois de promulgado, ser revogado, se não é substituído por outro.

Observe-se, ainda, que a demora na promulgação do regulamento não suspende a vigência da lei, salvo se expressamente declarar o contrário, isto é, que só então entrará em vigor. Conseqüentemente, os direitos outorgados pela lei a terceiros surgem com ela, se inexistir a supra-referida restrição, embora seu desfrute, por vezes, fique dependendo de processo a ser prescrito pelo regulamento.

Daí a diferença nos seus efeitos, quanto às leis que dependem de regulamento, se declaram em um dos seus artigos que elas só *entrarão em vigor* depois de regulamentadas, ou simplesmente que dependem, *para sua aplicação*, de ser regulamentadas.

Assim, um regulamento pode facultar a produção de efeitos anteriores à data da sua promulgação, embora posteriores à da entrada em vigor da lei. Isso porque lhe cabe dar aplicação a esta, processar a execução das suas determinações.

40.5 Atribuição regulamentar

Em princípio, cabe ao chefe do Executivo o poder regulamentar. Mas, por texto competente da lei, se tal atribuição não lhe ficou constitucionalmente atribuída em caráter privativo, pode ser conferida aos ministros ou secretários de governo, mediante habilitação legislativa, e o próprio chefe do governo pode transferir-lhes essa competência.

Esse poder é exercido, outrossim, pelos chamados Poder Legislativo e Poder Judiciário, através de Regimentos Internos, que regem a vida desses sistemas de órgãos autônomos.

Além deles, as entidades político-administrativas menores e as autarquias de serviços ou estabelecimentos públicos exercem ditas prerrogativas para efeito de aplicação das leis que regulam sua organização e sua ação.

A lei orgânica das entidades político-administrativas, que não têm poder de se autoconstituir ou, melhor, de dar a elas próprias sua constituição, é obra dos órgãos legislativos da pessoa jurídica maior de que se desdobram.

Já, os estatutos das autarquias de serviços ou estabelecimentos públicos são baixados mediante regulamentos pelos órgãos executivos da pessoa jurídica maior de que se desdobram, em desenvolvimento e nos limites das leis que cogitam da criação delas, tendo em vista a natureza do cometimento, em princípio estritamente executivo, dessas entidades públicas. Então se entende que seu estatuto pode ser promulgado mediante regulamento, dispensando a lei, o que dá maior flexibilidade à sua ação e constitui a razão da sua criação.

40.6 Forma do regulamento

O regulamento tem a mesma forma da lei. Compreende, portanto, três partes: preâmbulo, texto e fecho. E cada uma delas possui iguais elementos aos existentes na lei.

40.7 Vigência do regulamento

Na falta de preceito de quando entra em vigor o regulamento, divergem os autores a respeito.

Entendem uns que será nos mesmos prazos previstos para as leis entrarem em vigor. Já outros sustentam que entra, então, imediatamente em vigor.

Os primeiros apegam-se ao argumento de que o regulamento, como regra geral, abstrata e impessoal, e com a mesma forma da lei, a ela se equipara quanto ao sistema de vigência dos seus preceitos.

Ao contrário, estes se arrimam na circunstância de que, sendo ato jurídico complementar da lei, para efeito da sua execução, nenhuma razão justifica prazo de espera, na falta de fixação expressa. Deve-se-lhe aplicar, na hipótese, em conseqüência, o princípio de Direito segundo o qual o preceito jurídico emanado de Poder competente e publicado contém em si quanto basta para se tornar obrigatório.

Realmente, se o regulamento é sancionado e promulgado para dar melhor aplicação à lei e, muitas vezes, para torná-la aplicável, silenciando a respeito de quando entra em vigor, parece preferível – salvo texto legal dispondo em contrário – que se deve dar imediatamente após sua publicação. As razões políticas de conhecimento e análise do texto para obediência, que aconselham dilatação de prazo para entrada em vigor da lei, não têm o mesmo alcance para o regulamento executivo.

Já, se se trata de regulamento autorizado ou delegado e regulamento autônomo ou independente a situação é diversa. Correspondendo este a uma verdadeira lei, e aquele, embora devendo se conter nos termos da habilitação legislativa, e, virtualmente, nela constante, acarrete inovação da ordem jurídica, justifica-se regime jurídico semelhante ao da lei quanto à sua entrada em vigor.

40.8 Nulidade, revogação e suspensão do regulamento

A *nulidade*, a *revogação* e a *suspensão* de efeitos do regulamento sujeitam-se aos princípios da nulidade, revogação e sustação da eficácia da lei.

Será nulo o regulamento que contrariar a lei regulamentada, ou outra lei em vigor, e a Constituição.

Suspende-se sua eficácia pela transferência do poder regulamentar para outra entidade e pela revogação da lei regulamentada. Se houver apenas modificação da lei, permanecem eficazes os dispositivos que com ela forem compatíveis.

Por outro lado, se houver sucessão de uma entidade por outra, seja pelo fracionamento da primeira e criação da nova em conseqüência, ou desaparecimento da anterior e surgimento de outra em seu lugar, os regulamentos da antiga, como ocorre com as leis, permanecem em vigor enquanto não revogados. No caso de transferência da competência regulamentar de um órgão para outro da mesma entidade e não havendo disposição em contrário do novo órgão, os regulamentos anteriormente promulgados continuam em vigor.

40.9 Obediência aos regulamentos

A *desobediência aos textos regulamentares* pode acarretar penalidades, criminais e disciplinares, aos cidadãos em geral e aos agentes públicos encarregados de obras e serviços públicos. As penas criminais devem ser legalmente previstas. Igualmente as disciplinares contra os cidadãos em geral. Mas as últimas, se aplicáveis aos agentes públicos ou encarregados de obras e serviços públicos, podem ser simplesmente regulamentares.

Além disso, os atos praticados em desobediência aos regulamentos padecem de nulidade, pois, como as leis, constituem regras jurídicas imperativas, também obrigam, e de forma coercitiva. Sequer o órgão executivo que os emana pode desobedece-los, sob pena de nulidade do seu ato concreto e específico. Certo, lhe é lícito modificá-los; mas, enquanto em vigor, impõe-se a sujeição às suas regras normativas ao praticar atos concretos e específicos.

40.10 Aplicação do regulamento no tempo e no espaço

As mesmas regras pertinentes à *aplicação da lei no tempo e no espaço* aplicam-se ao regulamento. O regulamento não pode ter aplicação retroativa e há de respeitar o direito adquirido ou a situação jurídica definitivamente constituída, bem como o ato jurídico perfeito. Só tem aplicação imediata, e, por isso, cumpre respeitar os fatos jurídicos realizados no passado. Por outro lado, em princípio, só obriga no espaço nacional. Excepcionalmente obriga também no espaço estrangeiro, quando lá tiver aplicação a lei por ele regulamentada.

41. Instruções

41.1 Conceito e atribuição

As *instruções* são regras gerais, abstratas e impessoais, de caráter prático, baixadas por órgãos da Administração Pública aos agentes públicos ou encarregados de obras e serviços públicos, prescrevendo-lhes o modo pelo qual devem pôr em andamento seus cometimentos. Cabem aos ministros e secretários de governo e mesmo aos diretores e chefes de repartições públicas.

41.2 Natureza jurídica

Os autores alemães as denominam *regulamentos de administração* e entendem não constituírem atos jurídicos.

Entretanto, devem ser consideradas fontes derivadas do Direito e do Direito Administrativo, não só pela sua eficácia reflexa sobre os cidadãos em geral, ou, melhor, sobre os administrados, como, outrossim, porque são regras que se impõem coercitivamente aos agentes públicos ou encarregados de obras ou serviços públicos. O alcance secundário delas e sua sujeição à lei e até ao regulamento, a cujos preceitos devem obedecer, não lhes tira o caráter de regras jurídicas, apesar de subalternas.

Há, ainda, autores que fazem a seguinte distinção: se se tratar de regimentos regendo a prestação de serviços – como, por exemplo, de uma biblioteca, de um estabelecimento de ensino –, embora dirigidas aos agentes públicos, são verdadeiros regulamentos; porém, se se tratar de normas técnicas de execução de obra ou de serviço, para eles não se trata de regras jurídicas, e constituem as verdadeiras *instruções*, que não têm tal alcance, e decorrem do poder hierárquico (cf. Santi Romano, *Principi di Diritto Amministrativo Italiano*, 1901, pp. 18-19, §§ 11 e 12).

Realmente, essas regras da boa administração, de caráter interno, são regras técnicas, de execução de atividade dos agentes públicos, de caráter material. Porém, têm efeito jurídico indireto, tendo em vista a norma jurídica que as encampa, ao exigir dos agentes públicos, nos termos legais da determinação decorrente do poder hierárquico, sua obediência.

41.3 Distinção dos regulamentos

Distinguem-se dos regulamentos porque, enquanto estes ligam à observância das suas previsões não só órgãos da Administração Pública como os cidadãos em geral, isto é, os administrados, aquelas prendem nos seus comandos tão-somente os órgãos da Administração Pública.

42. Costume

42.1 Conceito e requisitos essenciais

Costume é a regra de conduta surgida da consciência comum do povo ante a observância de maneira constante e uniforme, sob a convicção de que tem o caráter de determinação jurídica. É um direito não-escrito, tacitamente criado.

São seus requisitos: um elemento externo, ou de fato, a repetição uniforme e constante, de modo geral e público, de conduta; e outro interno, ou psicológico, a convicção de que corresponde a uma determinação jurídica, daí a sua necessidade e obrigatoriedade.

Pode ser nacional ou regional, segundo se estenda a todo o país ou se restrinja a parte do seu território, possuindo cor local.

Há autores, entretanto, que consideram apenas um dos seus elementos. Assim, Henry Levy Bruhl (*Introduction à l'Étude du Droit – Les Sources. Les Méthodes. Les Instruments de Travail*, vol. II, pp. 265-266) sustenta ser a consciência do grupo de que dado comportamento constitui uma regra jurídica o elemento caracterizador do costume. Enquanto Bobbio, citado por Alessandro Groppalli (*Filosofia del Diritto*, p. 208), entende que os comportamentos se observam em dada comunidade pela tradição e imposição, sem qualquer consciência popular de que tal observância constitui um dever jurídico, e, portanto, o elemento caracterizador do costume é a repetição uniforme e constante, e conseqüente aplicação.

Sem dúvida, há exageros nessas posições extremas, porque não há regra jurídica imposta pelo uso sem a consciência pública da sua obrigatoriedade e, mais, da sua necessidade jurídica como forma de vida social. Sua coerção como regra jurídica não pode resultar simplesmente da força normativa dos fatos, porém da consciência de que é devido, de que é justo. Do contrário se confundiria com os usos sociais, relativos, por exemplo, aos deveres de cortesia; isto é, se reduziria à prática reiterada e uniforme de um dado comportamento. O

Direito é uma realidade que tem por objeto a Justiça. Por outro lado, essa consciência comum de necessidade jurídica surge, naturalmente, da repetição uniforme e constante de determinada conduta.

A Lei da Boa Razão, de 18 de agosto de 1769, estabelecia que o costume devia ser tão antigo que excedesse de 100 anos, em conformidade às boas razões, e em coisa alguma contrariar as leis. E, faltando um desses requisitos, ficava reprovado. Por sua vez, o Regulamento Comercial 738, de 25 de novembro de 1850, estabelecia como condições para validade jurídica dos costumes: (a) serem conformes aos sãos princípios da boa-fé e máximas comerciais, e geralmente praticados entre os comerciantes do lugar onde se acharem estabelecidos; (b) não serem contrários a alguma disposição do Código de Comércio ou lei em vigor; (c) excederem o prazo de 50 anos, no caso de serem alegadas depois da primeira declaração ou assento que deles houver feito o Tribunal do Comércio.

Na verdade, o costume resulta do uso reiterado. Porém, não se pode sujeitar sua afirmação a determinado número mínimo de anos. Desde que essa repetição uniforme e constante de conduta se apresente como regra jurídica ante a consciência popular, não se pode negar sua existência.

Outrossim, a racionalidade não constitui elemento do costume. Se uma regra de conduta, pelo uso diuturno, é aprovada como norma jurídica pela consciência popular, mesmo que se apresente como irracional para muitos, ela obriga, enquanto não repelida. Aliás, a Lei da Boa Razão reprovou os que assim fossem, a confirmar sua admissão anteriormente. Demais, a racionalidade de uma regra verifica-se à medida que se desenvolvem a civilização e a cultura do povo. Salvo os primeiros princípios do direito natural, de compreensão imediata, os que se obtêm por conclusão raciocinante, mediatamente, podem ser erradamente apreendidos.

O que se encerra, na verdade, no uso para se tornar costume é sua coerção, isto é, normatividade obrigatória, por se ter como justa. Porém, nada impede que se tenha, em dada época, visão deformada do justo, e, conseqüentemente, da boa razão do preceito.

Embora fruto da consciência popular, que reconhece sua necessidade, o costume, como expressão jurídica de conduta no Estado-sociedade, de certo modo prende-se ao Estado-poder, que dá a ordenação jurídica, em última análise, daquela aplicação do costume; por isso depende da autoridade estatal que, reflexamente, lhe empresta validade, no tolerá-lo. Conseqüentemente, não pode ser contrário à lei, manifestação normativa do Estado-poder. Por outro lado, através da manifestação jurisdicional do Estado-poder se afirma seu significado.

Isso não quer dizer que o costume, para existir, dependa da lei, da sua admissão por ela como fonte subsidiária, pois sempre impera no interpretar as disposições legais e, ainda, ao supri-las por insuficiência ou falta, como construção formal da ordem social. É verdade, pode o Estado-poder prescrever que com referência a dados ramos jurídicos o único direito vigente é o constante da lei. Tal ocorre com o Direito Penal, que só considera crime o previsto como tal em lei; e com o Direito Tributário, que circunscreve os tributos apenas aos criados por lei. Mas isso é regime jurídico de exceção.

Por outro lado, a afirmação, pela sentença judicial, do costume e mesmo a fixação precisa do seu entendimento, mediante decisões reiteradas e uniformes, não o constituem, e tão-somente o reconhecem, por anteriormente já existir, não obstante lhe dêem feição precisa, isto é, consolidem sua compreensão. E ele se impõe mesmo ao julgador como norma de direito costumeiro.

Contudo, sua sanção cabe à autoridade judiciária, através da sua efetiva aplicação, nos casos de controvérsia. Aliás, muitas vezes ele se verifica sem qualquer contestação. Com referência ao costume a decisão judicial tem, em princípio, caráter declaratório, emprestando-lhe, no entanto, maior certeza, e por vezes emerge uma parcela constitutiva, ante as dúvidas quanto ao seu exato conteúdo, esclarecendo completamente seus contornos.

42.2 Classificação do costume

Tradicionalmente, distinguem-se três tipos de costume: *secundum legem*, *praeter legem* e *contra legem*.

O *secundum legem* admite dois conceitos. Ora se entende que corresponde ao costume interpretativo da lei, que, de maneira uniforme e constante, expressa o significado prevalente do texto legal, na sua aplicação, como modo de sua atuação; ora se pretende que consiste no costume objeto de remissão expressa da lei – existe, então, como norma legal, pois recebe eficácia e tem valor em razão de referência direta da lei. Nesse sentido de costume determinado, cuja observância é imposta pela lei, exemplifica-se com os arts. 1.192, II, e 1.210 do CC e os arts. 130, 131, IV, 132, 133, 199, 201, 207, II, e 291 do CComercial.

Praeter legem é o costume supletivo das lacunas da lei, na sua deficiência ou omissão, com alcance subsidiário. É a hipótese prevista pelo art. 4º da LICC ou pelo art. 8º da CLT.

O costume que cria norma jurídica em oposição à lei escrita anterior – e, portanto, atrita com ela, de modo negativo, quando acarreta seu desuso, e mesmo positivo, quando consiste em prática em desrespeito ao seu texto – é o *contra legem*. A prevalência do costume sobre a lei suscita duas hipóteses: ela pode decorrer do consentimento legal, como expressão da vontade estatal, ou da força da consciência popular, como fenômeno histórico.

O consentimento legal verifica-se quando se consideram fontes subsidiárias de dado ramo jurídico o direito escrito de outros ramos jurídicos, e o costume. Então, o legislador pode estabelecer que o costume, pertinente ao próprio ramo jurídico, prefira ao texto legal relativo a outro ramo jurídico. Assim, o Código Comercial, nos arts. 154, 176, 186, 199, 201, 207, n. 2, e 291, determina que o costume comercial deve sobrepor-se à legislação civil, nas matérias por ele cogitadas. Já, no art. 121, prescreve esse mesmo Código que nos assuntos de natureza contratual impera a legislação civil sobre o costume comercial.[LXXII]

No atual estado de civilização dos povos, em princípio, é rejeitada a hipótese da prevalência do costume sobre a lei, por força da consciência popular, como fenômeno histórico, pois, sob o aspecto jurídico, não se pode tolerar a dependência da lei ao costume, uma vez que aquela é a suprema manifestação da vontade do Estado-poder. Contudo, em casos excepcionalíssimos a lógica jurídico-formal cede terreno à força dos fatos sociais, e os juízes, através de reiteradas decisões, constroem o texto legal até em oposição à sua letra, sob alegação de atender ao seu espírito; e nessa obra de interpreta-

---

LXXII. *Nota dos Editores*: O Código Comercial, nessa parte, foi revogado pelo Código Civil de 2002.

ção, sem o dizer claramente, acolhem costume que se vai formando em divergência com a lei escrita, ante a desídia dos órgãos legislativos em modificá-la, adaptando-a às exigências de dada época histórica.

42.3 Aplicação do costume

Antigamente o costume dominava a ordem jurídica e a lei era utilizada quase só para dirimir as dúvidas entre costumes divergentes de determinados locais ou de julgados, afirmando-os ou derrogando-os, se considerados, politicamente, como contrários ao interesse público. Nos tempos atuais verifica-se pletora legislativa, e o costume tem apenas aplicação subsidiária. Atua principalmente para elucidar a lei, e outras vezes para a elaboração de novos textos escritos, de maneira constitutiva. Contra a lei não deve obrigar, e se tal se dá, em circunstâncias raríssimas, como salientado, é pela ação da jurisprudência.

Não obstante o desuso de uma lei ou, mesmo, a construção jurisprudencial dela na conformidade do costume que desrespeita sua letra, jamais se admite, no mundo atual, a declaração frontal, pelo juiz, de que a está desobedecendo, pois ela é considerada o norte da sua decisão. E, mesmo que tal ocorra, nada impede reviravolta jurisprudencial, fazendo prevalecê-la contra entendimento que a desnatura, e, outrossim, a exigência, pelas particulares, no pretório, de aplicação da lei caída em desuso.

O direito anglo-americano, ao contrário do direito do Continente Europeu e dos países latino-americanos, ainda não está fundado nos textos legais, mas no costume, embora hoje se verifique, mesmo nesses povos, a marcha para o direito legislado, *statue law*. O direito consuetudinário anglo-americano tem suas fontes no *common law* e na *equity*.

Mas o *common law* não é a síntese dos costumes locais, é antes a eliminação das divergências dos costumes locais, pela ação da jurisprudência dos Tribunais do Rei da Inglaterra no julgar os casos concretos a ele pertinentes.

A Justiça do Rei, na Idade Média, desfrutava de poderes limitados em face dos poderes de fato e de direito dos senhores feudais, dos barões em suas terras. Não obstante, a ofereciam os Reis ao povo, na medida em que iam impondo sobre a Nobreza, na unificação do poder do Reino sobre os feudos, através dos Tribunais Reais, uma justiça comum, igual em todo seu território, mais equânime que a dos barões em suas terras. Sustentados pela burguesia, aumentaram a competência dos Tribunais do Reino, e pouco a pouco foram absorvendo a dos barões, que, afinal, deixou de funcionar.

Essa unificação dos costumes locais se fez através de uma concepção em que se buscava conciliar os elementos da tradição histórica com a sistematização de argumentos racionais na resolução do caso concreto. E esse Direito formou-se pela palavra dos magistrados, uno e racional para todo o Reino, mas harmônico em face das peculiaridades regionais e das tradições históricas, na sua ação de administrar a justiça, como guarda do Direito, através das sentenças proferidas, em viagens que faziam percorrendo o Reino e realizando esse cometimento. À medida que essas sentenças eram proferidas ia se elaborando o *common law*, e os casos semelhantes se resolviam na conformidade das decisões precedentes.

Aliás, eram pouco conhecidos seus fundamentos pelo povo, revelados nessas manifestações. Foram o princípio do *stare decisis*, isto é, do caráter vinculante das decisões precedentes, que deviam permanecer para governar a ordem jurídica. E esses precedentes, excepcionalmente, deixavam de ser aplicados quando considerado, pelos Tribunais da instância superior, que tinham perdido sua razão de ser. Só a eles cabia alterar a jurisprudência, e, conseqüentemente, o *common law*.

Entretanto, o *common law* não cobria toda a ordem jurídica, e existiam pretensões privadas que não se achavam eficazmente por ele tuteladas, pelos princípios de estrita justiça. Então, surgiu o costume popular, entre os particulares, de pedir diretamente ao Monarca e, depois, ao Lord Chanceller que amparassem suas pretensões segundo a eqüidade. Formaram a *equity*.

Essas decisões constituíram, através dos séculos, outra série de precedentes, que passaram a vincular as sentenças dos juízes relativamente a esses novos tipos de casos, insuscetíveis de serem resolvidos na conformidade do *common law*.

Constituem, então, dois ramos do mesmo sistema jurídico, consuetudinário na sua vivência e jurisprudencial na sua formação, que se opõe ao *statue law*, ou direito legislado.

42.4 Distinção entre lei e costume

A *lei* e o *costume* não se confundem. Se a obrigatoriedade da norma resulta de ato do Estado-poder, definindo-a e impondo-a pelas formas solenes, consignadas para tal efeito, tem-se a *lei*. Se a obrigatoriedade da norma decorre da sua observância, porque desde longo tempo se repete tal comportamento e há consciência de regra jurídica necessária, apesar de inexistir ato de definição e imposição do Estado-poder, tem-se o *costume*.

Pode o texto original da lei haver desaparecido, e jamais a norma perde seu caráter legal quando se sabe a forma da sua origem e o respectivo conteúdo. Por seu turno, o costume, por ser reduzido a escrito e registrado em repartições públicas próprias, não oblitera sua natureza, desde que conhecido o modo do seu nascimento.

Ambos, lei e costume, valem como norma jurídica, e, portanto, obrigam. São respeitados pelos órgãos estatais e pelos cidadãos e aplicados coercitivamente pelo Estado-poder, através das autoridades competentes, se transgredidos.

Os órgãos públicos da Administração Pública e da Justiça, de ofício, devem aplicar o costume, sendo notório e de seu conhecimento, apesar de contestado pela outra parte. Devem invocá-lo, mesmo, quando admissível. Mas, se o desconhecerem, e a outra parte negar sua existência, lícito lhes será exigir, de quem o alega, que o prove.

Já, a lei nacional presume-se conhecida e independe de qualquer demonstração da sua existência, e o juiz não pode ignorá-la. Igualmente a Administração Pública inferior, Estadual ou Municipal, não pode ignorar as leis da superior. Já, as leis estaduais e municipais não são obrigatoriamente conhecidas, e o juiz pode exigir, da parte que as alega, que prove sua existência. Outro tanto cabe à autoridade federal quanto a elas.

É, aliás, o direito pátrio, *ex vi* dos arts. 212 e 259 do antigo CPC e 337 do novo.

42.5 Direito legislado ou costumeiro? Há o costumeiro no Direito Administrativo?

A respeito da preferência entre o sistema do direito costumeiro e o legislado reina funda divergência, embora aquele cada vez mais ceda lugar a este, como ocorre até no direito anglo-americano.

Os adeptos do costume entendem que a lei deve ser emanação da consciência nacional, e daí o inconveniente em se fixar em textos legais. Os defensores do direito legislado acham que a sistematização é imposição da Ciência, da racionalização do direito, pela precisão, certeza, fixidez e unidade que confere à Ciência Jurídica.

Apesar de haver princípios e institutos jurídicos que ainda não atingiram o termo da sua evolução e não estejam completamente maduros, já chegaram a tal estágio de evolução que sua transformação se processará lentamente, e, assim, não há inconveniente na sua cristalização nos textos escritos. As vantagens por estes oferecidas superam as constantes do costume.

Por outro lado, o direito legislado jamais dispensa a ação interpretativa e supletiva do costume, que lhe dá a tônica de atualização. Aliás, a lei deve ter como objetivo sistematizar as regras normativas que defluem imediatamente do direito natural, bem como as conclusões mediatas dos seus princípios, aclarados pela civilização e cultura dos povos, mediante obra da doutrina e da ação da consciência popular.

O problema apresenta certa singularidade no Direito Administrativo, pois se indaga, como ocorre com o Direito Penal e o Direito Tributário, do seu cabimento, mesmo como fonte subsidiária, para interpretar os textos legais e, com maior razão, para supri-los nas suas deficiências e omissões. Então, encontram-se argumentos pró e contra a inserção do costume como sua fonte, ainda que secundária e mediata, embora seus adversários e defensores variem quanto à utilização dele.

Na Itália colocavam-se em oposição a opinião de Vittorio Emanuele Orlando (*Primo Trattato Completo di Diritto Amministrativo Italiano – Le Fonti di Diritto Amministrativo*, vol. I, 1897, pp. 1.064-1.072) – só o admitindo, realmente, nos casos expressos em lei – e de Santi Romano (*Principi di Diritto Amministrativo Italiano*, 1901, pp.

22-25), que lhe dava alcance, outrossim, interpretativo e supletivo e considerava, ainda, a possibilidade do desuso de leis administrativas, o que importava, de forma negativa, a prevalência do costume sobre a lei.

Argúi-se que o Direito Administrativo é um direito novo, em formação, portanto, não pode ser fruto do costume, pois lhe falta a tradição milenar, que constitui o substrato onde essa fonte se funda. Demais, pondera-se, constitui disciplina decorrente de obra legislativa e regulamentar do Estado-poder. Recorda-se, ainda, as relações de Direito Administrativo são entre a Administração Pública e os administrados, e para se formar essa prática constante, com natureza coercitiva, referida a ambos, seria preciso que os administrados e a Administração Pública elaborassem reciprocamente o costume, para obrigar a uma e outro. o que não parece possível. Afinal, conclui-se, mesmo se tenha formado um costume a respeito, nada impede a Administração Pública de desrespeitá-lo, e, portanto, tornar-se sem alcance prático.

Conseqüentemente, admitem o costume no Direito Administrativo exclusivamente quando a lei de modo expresso a ele se reporta, tal como ocorria com o CC italiano, que, no seu art. 2º, dispunha que o gozo dos direitos civis pelas Províncias e Comunas e outros institutos públicos se faria nos termos do costume, observado pelo direito público.

Por seu turno, respondem seus defensores, argumentando que, se o Direito Administrativo se encontra em formação, com maior fundamento se abre ao costume campo de expansão, pois só uma parte dele está encerrada em normas jurídicas escritas, havendo amplo claro ainda não legislado para sua criação supletiva. Demais, há certos institutos que ainda não têm seus contornos bem gizados na lei, e, então, surge possibilidade efetiva para a ação esclarecedora do costume. Portanto, embora não seja possível o costume contra lei, em especial no Direito Administrativo, nada impede o interpretativo e constitutivo, como se verifica também em outros ramos jurídicos.

Reconhecem que ele não é produto do costume, pois na sua constituição participaram, com realce, o legislador e o juiz, como se verifica pelo exame da sua evolução histórica. Pretendem, entretanto, que pode realizar importante papel, como a jurisprudência, ao interpretar e suprir a obra legislativa.

Por fim, consideram que, embora o Direito Administrativo se manifeste em relações entre a Administração Pública e administrados, isso não envolve empecilho para, em ação conjunta, ou mesmo por ação daquela, se forme direito consuetudinário pela repetição uniforme e constante de certo comportamento, com a consciência de corresponder a regra jurídica obrigatória, tanto por parte de uma como dos outros. Aliás, a participação da Administração Pública empresta-lhe importância, certeza e solenidade especial, e o Judiciário pode obrigá-la a obedecê-lo em comprovada sua existência.

Hoje em dia – é de se ponderar, como conclusão – cresce a legislação administrativa, deixando pouco campo para o costume, e a atuação dos Tribunais supre, com vantagem, a ação interpretativa e supletiva do costume, através da jurisprudência construtiva dos textos legais e criadora do Direito, na sua falta ou deficiência. Realmente, na hora presente – concordam, em quase-unanimidade, os publicistas –, é difícil constituir-se um Direito Administrativo consuetudinário. Admitem-no muitos o existente na tradição histórica. É a lição de Otto Mayer (ob. cit., vol. I, pp. 168-173) já na sua obra do século XIX.

Porém, no direito pátrio falta, na maioria dos casos, *substractum* histórico desse Direito Administrativo consuetudinário. Na omissão ou deficiência do texto, cabe ao juiz criar o Direito. O juiz, em princípio, salvo quando a lei isso determina, ou verifica hipótese indiscutível e rara de costume fundado na tradição histórica, não obriga a Administração Pública a reconhecer pretenso direito do administrado porque, no exercício de sua faculdade discricionária, tenha mantido durante largo tempo certo comportamento. Nem lhe reconhece poderes contra os administrados que não estejam legalmente conferidos, não decorram dos princípios gerais do Direito ou da própria natureza dos institutos jurídicos.

Portanto, modernamente, no Direito Administrativo quase nenhuma aplicação tem o costume *praeter legem*, e em especial no Direito Administrativo brasileiro. Aliás, como observado, o Direito Administrativo pouco deve, na sua formação, ao costume. Ele é de criação pretoriana. Já, o costume *secundum legem*, o juiz pode considerá-lo, na sua obra de aplicação do Direito, como elemento para elucidar suas decisões. Assim, terá como justificável comportamento de administrado na conformidade de interpretação costumeira de texto legal pela Administração Pública, não obstante por esta já observada como errônea, e, assim, deixar de lhe aplicar penalidade, ante sua boa-fé.

42.6 Praxe e precedente administrativo

A *praxe administrativa* é a atividade interna da Administração, reiterada e uniforme, formando um uso, na aplicação de regras jurídicas normativas e outros atos jurídico-administrativos, criando a rotina administrativa. Não envolve normas jurídicas, mas simples atividade técnica, de prática administrativa, entendida de utilidade, para execução das leis e outros atos jurídico-administrativos.

O *precedente administrativo* é a atividade interna da Administração Pública, reiterada e uniforme, formando a jurisprudência administrativa, no decidir casos individuais, ao aplicar as regras normativas e ao executar outros atos jurídico-administrativos.

Tanto a praxe administrativa como o precedente administrativo não obrigam a Administração Pública, e sequer podem ser confundidos com o costume.

Servem, entretanto, para se apreciar as diretrizes governamentais e sua conformidade com o direito.

42.7 Conflito entre o costume e o regulamento

A lei ab-roga, sem dúvida, o costume. Discute-se, entretanto se pode o regulamento ab-rogar o costume. Se a lei expressamente mandou aplicar o costume subsidiariamente a ela, o regulamento, por certo, não pode revogá-lo. Porém, se a lei foi omissa a respeito, ou apenas estabeleceu que ele se aplicaria na falta de texto escrito, o regulamento, baixado dentro dos limites legais, pode, em princípio, revogá-lo. Jamais, entretanto, tratando-se de costume constitucional.

Deve restringir-se a disciplinar a aplicação da lei, como seu fim próprio, não lhe sendo lícito extravasá-lo, regendo matéria estranha a isso.

43. Consolidações e codificações[12]

43.1 Conceito. Problema da possibilidade

As *consolidações* são ordenações sistemáticas, em corpo único, de textos já existentes, relativos a um ramo do direito ou a alguns institutos jurídicos.

Elas, de regra, correspondem a simples coligendas, pelo Executivo, das leis existentes sobre dado ramo do direito ou sobre certos institutos jurídicos, unificando-os, com alteração da numeração dos artigos e colocação em partes distintas do texto. Entretanto, no final de cada artigo, entre parêntesis, devem reportar-se ao texto legal anterior a que correspondem, para comprovar sua autenticidade. Independe tal texto único de delegação legislativa e de aprovação posterior, porquanto reproduz os dispositivos constantes das leis anteriores, a que, aliás, se reporta, sem qualquer modificação ou supressão. É atividade semelhante à dos regulamentos de execução.

Como determinada categoria de normas jurídicas relativas a certos ramos ou institutos jurídicos pode achar-se inserta em diferentes textos, promulgados em épocas diversas, e, ainda, leis posteriores podem ter modificado alguns dispositivos e revogado outros, para estabelecer-se comodidade de consulta da mesma matéria legislada coordenam-se em texto único todos os preceitos legais a ela pertinentes, com as modificações sofridas, e excluídos os artigos revogados.

As consolidações não podem, entretanto, tolher a eficácia da norma jurídica que acaso deixe de ser codificada, nem alterar o objeto de sistematização. Se, por equívoco ou intencionalmente, se deixa de inserir texto sobre a matéria unificada que não tenha sido legalmente revogado, ele continua em vigor; e se no seu corpo for posto texto já revogado, ou preceito que inexista legalmente, tais dispositivos continuam a não ter validade jurídica.

Em tais hipóteses, os interessados podem reclamar perante o Judiciário, que dará efeito jurídico aos primeiros e o negará aos últimos. Se a obra de consolidação se não reporta ao texto legal originário,

---

12. José Cretella Jr., *Da Codificação no Direito Administrativo*, 1951; Jules Lespès, "A codificação dos princípios gerais do Direito Administrativo", *RDA* 22-24; Carlos S. de Barros Jr., in *RDA* 18/1.

poderá o juiz, de ofício ou a requerimento do interessado, exigir a comprovação, por parte de quem o invoca, ante a alegação de que não corresponde àquele.

Nessa obra de concatenação de leis é possível se pretenda fazer pequenas retificações, com objetivo de coordenação de certos preceitos, de atualização de outros, para se obter perfeita harmonia entre os diferentes textos, elaborados em épocas diversas. Então, através dessa compilação se faz obra de adaptação. Conseqüentemente, impõe-se seja conferida ao Executivo, pelo Legislativo, habilitação legislativa para isso, ou, ao depois, seja submetido o novo texto à aprovação dele. Isso porque tal ato envolverá., de certo modo, a prática de atividade legislativa, equiparável ao regulamento delegado ou autorizado.

As codificações são ordenações sistemáticas, através da criação de novas regras jurídicas, de instituições relativas a um ramo do direito ou de alguns institutos jurídicos. Trata-se de obra de elaboração legislativa.

Presentemente, os ramos jurídicos de maior relevo estão todos codificados. A memorável disputa entre Savigny e Thibaut, ocorrida na Alemanha, sobre a conveniência e oportunidade da codificação dos diferentes ramos do direito é questão ultrapassada.

A tese de Savigny de que toda codificação é obra falsa e arbitrária – por desconhecer os princípios históricos que informam o desenvolvimento do Direito, e, assim, imobilizar, em fórmula, sua livre criação – está superada. Reconhece-se a procedência da argumentação de Thibaut em prol da codificação, como complemento de unificação, sob o ponto de vista doutrinário e lingüístico, da legislação de um mesmo ramo jurídico.

Entretanto, constitui problema de grande debate no Direito Administrativo, e que se iniciou com a publicação das primeiras obras sobre esse ramo jurídico, aliás, de coligenda de textos legais. E até hoje divergem os autores que têm cuidado do assunto. O primeiro passo para a codificação vem sendo tentado, em vários países, através da consolidação parcial e paulatina de leis referentes a diversas atividades administrativas.

43.2 Argumentos contra a codificação do Direito Administrativo

Alegam os contrários a ela que a legislação cujo conteúdo seja de Direito Administrativo é muito móvel, de duração limitada, sujeita a contínuas e constantes substituições. Embora se possa tentar englobar em um texto único toda sua matéria, será sem efeito prático, pois, ao término dessa sistematização, pela mobilidade desse Direito, já se estaria obrigado a promulgar leis esparsas, alterando-o, em várias partes, ante sua instabilidade.

Demais, inexiste unidade na matéria objeto da organização e ação administrativas.

Assim, ao lado das leis que cogitam da organização administrativa, pertinentes à estrutura das pessoas jurídicas e dos seus órgãos, há as que cogitam das pessoas naturais que participam dessa organização. Ainda, essas pessoas jurídicas podem ser públicas ou privadas. Por outro lado, a ação administrativa faz-se sentir nos mais diversos campos de atividade, como seja a de garantia e publicidade de atos pertinentes aos particulares e suas relações recíprocas; a de limitação à liberdade e propriedade dos particulares, por motivos de segurança, de educação, de saúde, de economia, de estética; a de fomento das atividades dos particulares, por igual fundamento; e a de prestação de atividades aos particulares nesses diferentes setores da vida social e política do Estado.

Além das leis do governo central sobre todos esses assuntos, há, ainda, as dos governos locais, e em um Estado Federal essa legislação é maior e mais dispersa. Verifica-se, destarte, uma multiplicidade de leis sobre uma variedade de matérias heterogêneas, sem qualquer afinidade de conteúdo.

Aduzem, ainda, que as normas jurídico-administrativas estão em desnível hierárquico, pois há leis, regulamentos e instruções sobre as mesmas matérias. E, se móvel é a legislação, mais, ainda o são os regulamentos e as instruções. Além disso, estes trazem sempre a marca da orientação governamental, oscilante segundo os interesses políticos. Portanto – ponderam –, o direito público é incodificável pela sua própria natureza, ante as relações jurídicas que rege e a flexibilidade das normas, de que necessita o Estado para agir.

Afinal – proclamam –, o Direito Administrativo é um ramo jurídico novo, em elaboração, e ficaria imobilizado em sua marcha evolutiva se cristalizado em um código único, que dificultaria as leis esparsas, alterando os institutos jurídicos, atendendo a novas formas, no processo de sua atualização. Destarte, não se acha maduro para esse empreendimento.

43.3 Resposta às objeções contra a codificação do Direito Administrativo

A essas objeções respondem os adeptos da codificação ponderando, em primeiro lugar, que a mobilidade inexiste nas linhas mestras dos institutos jurídicos, e sim nas suas aplicações concretas. Os princípios gerais informadores do Direito Administrativo, suas disposições fundamentais – ponderam –, são de caráter tão estável como de qualquer outro ramo jurídico; ou, melhor, vários ramos do direito já codificado não têm, nos seus elementos estruturais, maior permanência que os do Direito Administrativo.

Por outro lado – afirmam –, não se pretende codificar regulamentos, e menos ainda instruções administrativas: Estas oscilam ao sabor das orientações governamentais. Mas o mesmo não ocorre com as leis administrativas. O desnível hierárquico que se verifica é entre estas e os regulamentos, e destes com as instruções. Porém, só se cogita de codificar as leis. Demais, as leis podem restringir-se aos *standards* jurídicos, deixando ampla margem de desenvolvimento aos regulamentos e até às instruções, quanto à sua aplicação.

Ponderam, ainda, que uma coisa é a parte discricionária da Administração, em que a Política oferece orientação a ser seguida, e, realmente, de difícil – se não impossível – codificação. E questão diversa é a pertinente à legislação da ação administrativa, em que não há exame de conveniência e oportunidade pelos administradores.

Quanto à multiplicidade legislativa – salientam –, também existe nos outros ramos jurídicos, embora em escala menor; e relativamente à variedade e heterogeneidade das matérias, sem qualquer afinidade entre elas, aduzem que nada impede sejam uniformizadas em códigos, segundo a particularidade dos temas, constituindo coletâneas em apartado. A codificação seria levada a efeito, então, de forma paulatina e parcial.

Far-se-ia, destarte, a codificação do Direito Administrativo da União, de cada Estado Federado, de cada Município e das autarquias dessas entidades políticas. Outrossim, realizar-se-ia a codificação em apartado das distintas esferas de organização e ação administrativa, federal, estadual e municipal. Haveria o código dos órgãos administrativos burocráticos e o dos entes autárquicos; por sua vez, do pessoal administrativo burocrático e dos entes autárquicos. Por outro lado, haveria o código de cada uma das diferentes atividades administrativas. Então, ter-se-ia o código da segurança pública, o da saúde pública, o da educação pública, penal etc.

Afinal – concluem –, "codificar" significa, simplesmente, sistematizar, sem impedir novos textos modificativos dos anteriores. Demais, nas modificações fragmentárias às vezes não se levam em conta todos os institutos correlatos.

43.4 Discussão do problema da codificação do Direito Administrativo

Atualmente, os autores de Direito Administrativo enfileiram-se em prol da sua codificação, embora moderada. Alguns opinam pela codificação paulatina e parcial, segundo a especialidade da organização e a especialidade da ação da Administração Pública. Já, outros, tão-só dos seus princípios informadores.

Em quase-unanimidade, os que discutem o tema consideram não só possível como conveniente uma dessas duas orientações. *Conveniente*, porque dará maior clareza e exatidão ao complexo amorfo de leis e oferecerá melhor facilidade para ser respeitada, pelo seu completo conhecimento. *Possível*, porque do contrário seria negar a esse ramo do direito o caráter de Ciência, pela falta de sistematização dos seus princípios fundamentais.

Assim, na Itália, Zanobini (*Corso di Diritto Amministrativo*, vol. I, pp. 41-42), apesar de sem grande entusiasmo, preconiza a codificação dos princípios fundamentais. Igual é a orientação – e com maior ardor – proposta por Forti (*Diritto Amministrativo*, 2ª ed., vol. I, pp. 99-100), Santi Romano (*Corso di Diritto Amministrativo*, 3ª ed., p. 41-43) e Geremia Broccolli (*La Codificazione del Diritto Amministrativo*, 1936).

Aplaudem a consolidação parcial e paulatina das leis, atualmente cogitada na França, como o primeiro passo para a codificação, que entendem deve ser feita de modo parcial, segundo a especialização das matérias, Vedel (*Droit Administratif*, 2ª ed., vol. I, p. 28), Waline (*Droit Administratif*, 9ª ed., pp. 116-117, n. 188) e Laubadère (*Traité Élémentaire de Droit Administratif*, 3ª ed., vol. I, pp. 32-35). Na Bélgica manifesta-se favorável à codificação parcial e paulatina Buttgenbach (*Manuel de Droit Administratif*, 2ª ed., pp. 16-19). Na Espanha fazem-se defensores da codificação parcial Gascon y Marín (*Tratado de Derecho Administrativo*, 5ª ed., vol. I, pp. 128-132), Álvarez Gendín (*Tratado General de Derecho Administrativo*, vol. I, pp. 182-185) e Garrido Falla (*Tratado de Derecho Administrativo*, 2ª ed., vol. I, pp. 274-278), juntamente com a dos princípios fundamentais. Em Portugal, Marcello Caetano também se mostra simpático à codificação parcial (*Manual de Direito Administrativo*, 5ª ed., pp. 109-111, n. 65).

Mesmo seus adversários admitem a eficácia da codificação parcial, ou dos princípios fundamentais – como García Oviedo (*Derecho Administrativo*, 8ª ed., vol. I, pp. 161-170) –, porém pretendem que ela envolve uma contradição terminológica, porquanto a codificação é a coleção de leis de todo um ramo do direito, e assim se entende quando se fala de Código Civil, de Código Comercial, de Código Penal etc.

Jamais corresponde – argumentam – à unificação em vários códigos de diferentes partes de um mesmo ramo jurídico, ou apenas dos seus princípios fundamentais, o que demonstra a impossibilidade da codificação do Direito Administrativo, e tão-somente das suas partes, ante a disparidade das matérias por ele abrangidas, ou unicamente dos seus princípios fundamentais.

A respeito, é de se ponderar, em contrapartida, recordando considerações anteriores, que o objeto do Direito Administrativo é o ordenamento jurídico do Estado-poder, enquanto tal, envolvendo a organização e forma da sua ação, de criação de utilidade pública, levada a efeito de modo direto e imediato. Portanto, compreende apenas a organização e a forma de ação autoritária do Estado-poder na efetivação dessa finalidade utilitária, valendo-se, para tanto, de matérias objeto de outros ramos jurídicos.

O conteúdo da ação estatal não é de Direito Administrativo, mas tão-somente a forma de ação. A organização, por sua vez, compreende os modos de ação, quer dizer, a própria estrutura orgânica e os meios de ação, ou seja, as pessoas físicas, servidores públicos, e os bens materiais, dinheiro e coisas em geral.

Pois bem, a codificação do Direito Administrativo reduz-se, portanto, às leis que se referem à sua estrutura orgânica, aos direitos e deveres dos servidores públicos, agentes públicos ou particulares colaborando com o Poder Público, aos bens públicos e aos atos jurídico-administrativos, como forma de ação. Estes compreendem tanto os gerais, abstratos e impessoais, como os especiais, concretos e pessoais, como expressão de manifestação da vontade estatal, ou dos particulares, como pressuposto, condição de eficácia ou validade daquela vontade. Envolve, ainda, os atos materiais, naturais ou da ação das pessoas, a que se atribuem efeitos de direito, e, conseqüentemente, as obrigações jurídicas resultantes desses atos jurídicos e materiais.

Enfeixam esses institutos todos os princípios informadores do Direito Administrativo e são perfeitamente codificáveis, como o são os de quaisquer outros ramos do direito.

Já, a parte de organização da ação e de forma da ação, ligada ao conteúdo de cada uma das várias atividades do Estado-poder, cujo conteúdo jurídico pertence a outros ramos jurídicos, naturalmente, constará, em parte, da codificação desses ramos jurídicos, para melhor sistematização das matérias destes.

Assim, o ato jurídico do oficial público de participar do casamento e de publicar seus proclamas é matéria de Direito Administrativo, mas sua regulamentação será objeto, em parte, da codificação do Direito Civil, dada a afinidade com o instituto do casamento, que se insere neste. Igualmente, o ato jurídico do oficial público de apontar o título não pago no vencimento e de efetivar seu protesto é de Direito Administrativo, porém se encampará, em parte, na codificação do Direito Comercial, ou das Obrigações em geral, ante a pertinência com os títulos de crédito, que se inserem nesta codificação.

Do mesmo modo, incluir-se-iam no Código de Direito da Segurança Pública, no de Direito Penitenciário, no de Direito Sanitário, no de Direito Educacional, no de Direito Econômico, no de Direito do Trabalho, no de Direito de Previdência e Assistência Social, partes do Direito Administrativo relativas à organização e forma da sua ação, quanto à sua aplicação, que tenham estreito entrosamento com esses ramos jurídicos.

A codificação de cada uma dessas matérias objeto da ação do Estado não constitui, todavia, codificações parciais do Direito Administrativo, mas de ramos autônomos do direito, que se relacionam com aquele, tão-somente, porque a ele cabe a ação de legislar e a ação de executar referentes a estes ramos jurídicos. Porém, seu conteúdo lhe é estranho. Assim, verifica-se que não é heterogênea a matéria do Direito Administrativo.

São sem afinidades essas matérias, porquanto pertencem a ramos jurídicos distintos. Tem-se a impressão de que pertence ao Direito Administrativo o conteúdo dessas matérias legisladas porque a organização e a forma de ação se perfazem por ele. Mas são coisas distintas a organização e forma de ação e a matéria objeto de ação, valendo-se de dada organização e de certa forma.

Por conseguinte, os princípios jurídicos pertinentes à organização e à forma de ação podem perfeitamente ser codificados, e esses se apresentam unificados por disposições sistemáticas. Por comodidade prática, entretanto, nada impede se faça através de codificações parciais e paulatinas. Isso não nega a possibilidade da obra afinal total, e nem que sejam incodificáveis em um corpo único. Aliás, hoje se cogita, mesmo no Direito Privado, de, ao lado do Código Civil e do Código Comercial, promulgar o Código das Obrigações, o Código da Família, passando-se do sistema das codificações totais para o das parciais.

44. Hermenêutica, interpretação e aplicação do Direito[13]

44.1 Distinção entre esses institutos

Hermenêutica é a teoria relativa à apuração dos sentido dos textos legais. Compreende a sistematização teórica dos princípios a serem utilizados na descoberta do significado dos textos legais.

---

13. Cf. Francesco Degni, *L'Interpretazione della Legge*, 2ª ed., 1909; Emilio Betti, *Interpretazione delle Leggi e degli Atti Giuridici*, 1949; Giovanni Galloni, *La Interpretazione della Legge*, 1955; Gabriele Marzano, *L'Interpretazione della Legge*,

A *interpretação* é a prática desses princípios, isto é, a própria utilização dos processos adequados para tanto, valendo-se da orientação teórica, fornecida por aquela, na descoberta do pensamento que se enclausura na letra da lei.

A *aplicação* consiste no enquadramento da norma jurídica e dos atos jurídicos decorrentes no caso concreto sob apreciação, de modo a fazer a tese constante da lei incidir sobre a hipótese específica, a fim de verificar se se acha por ela envolvida, e tirar as conseqüências que então defluem. Para isso se vale o aplicador do direito da teoria da Hermenêutica e dos processos de interpretação das normas jurídicas.

Não se confunde, portanto, a interpretação com a aplicação do direito. A aplicação pressupõe sempre a interpretação. Mas a recíproca não é verdadeira, pois esta pode permanecer no puro plano da exegese, como obra de doutrina, ante a razão em que assentam os ensinamentos do intérprete sobre o sentido da lei e a convicção com que os desenvolve, sem cogitação de qualquer caso concreto. Revela-se especialmente nas lições dos professores, nas monografias, tratados, manuais e comentários dos juristas. A aplicação do direito efetiva-se pelos particulares nas suas relações jurídicas e pelos órgãos do Estado-poder. Estes podem ser o Legislativo, o Executivo e o Judiciário, efetivando-o.

A aplicação da lei realiza-se através de um silogismo, do qual a lei é a premissa maior, a relação de fato é a premissa menor e a aplicação concreta da lei à relação de fato é a conclusão. Por exemplo, há lei estabelecendo a obrigatoriedade da extirpação de plantas frutíferas atacadas de determinadas pragas. Verifica-se uma relação de fato entre certas plantas e uma das pragas especificadas em lei. Conseqüentemente, ordena o fiscal-agrônomo a erradicação das plantas contaminadas desse mal, e, se não cumprida a ordem, manda que isso se proceda de ofício por agentes públicos.

Antes, entretanto, de fazer essa aplicação, examina o significado do texto legal, quanto ao seu alcance, isto é, se agasalha a possibilidade de ordem de tal natureza. Interpreta, portanto, os textos, valen-

---

1955; Henri de Page, *De l'Interpretation des Lois*, 2 vols., 1925; Carlos Maximiliano, *Hermenêutica e Aplicação do Direito*, 2ª ed., 1933; Francesco Ferrara, *Interpretação e Aplicação das Leis*, 1937; Mário Franzen de Lima, *Da Interpretação Jurídica*, 2ª ed., 1955.

do-se dos processos técnicos apropriados para descoberta do seu exato sentido. Isso orientado por princípios teóricos, ou seja, pela Hermenêutica, que ordena as doutrinas a respeito.

44.2 Escolas de Hermenêutica

Três Escolas fundamentais de Hermenêutica procuram traçar as orientações teóricas de como descobrir o sentido do texto legal, de modo a se ter teorias diferentes, cuja escolha faz chegar a resultados diversos, ao perquirir o significado da lei, e conseqüentemente, a critérios até antagônicos na sua aplicação, ante a diversidade de interpretações.

São elas: (a) a *Jurídico-Exegética*, que dá prevalência à vontade do legislador, através de ginásticas de raciocínio para deduzi-la, no apego fetichista à lei; (b) a *Jurídico-Sociológica*, que considera as exigências sociais da vida, para cujo fim o Direito existe, mas para atendê-las dentro do conteúdo, entretanto, disposto pela lei, mediante juízos de valor objetivados no seu contexto, adaptando-o aos imperativos da evolução histórica; (c) a do *Direito Livre*, que propugna se despreze a própria lei quando se revela em contradição com as necessidades sociais e políticas, com os interesses reais da vida, na procura de norma efetivamente justa, relegando amplo campo de arbítrio ao intérprete.

A *Escola Jurídico-Exegética* proclama a verdade dos brocardos *Dura lex sed lex* e *Stulta sapientia, quae vult lege sapientior esse*. Teve sua culminância com o aparecimento do Código Napoleônico, considerado obra perfeita pelo seu autor, que temia que esse majestoso trabalho se esboroasse pela ação dos intérpretes. Envolve substituir o amor ao Direito pelo culto da lei, que passa a encerrar a plenitude da ordem jurídica. Dizia Bugnet, em sua cátedra de Direito: "Je ne connais pas le Droit Civil; je n'enseigne que le Code Napoléon".

A essa concepção racionalista estatal, do classicismo jurídico-matemático, opôs-se a *Escola Histórica*, do romantismo jurídico, do direito emanado, tão-somente, da consciência popular.

É de se salientar que o conteúdo do texto destaca-se da pessoa do legislador, e, quanto mais distante dele, menos se pode aperceber da sua intenção no momento em que o fez. Na verdade, a lei é uma realidade autônoma, para reger a vida social em diferentes estágios de sua evolução histórica, ante as exigências da natureza das coisas. Demais, nos regimes democráticos, que surgem da conciliação de tendências das correntes partidárias e da opinião dos legisladores, dificilmente se pode saber em que consiste essa vontade abstrata do legislador, o que por ela fora querido, tendo em vista o complexo das circunstâncias na hora da sua aplicação.

Pode-se, tão-somente, verificar a vontade da lei ou o que quereria o legislador em face dos fatos sociais presentes ante os seus termos. A lei existe, como manifestação da vontade estatal, para efetivar seu fim, com o objetivo de assegurar o bem comum do Estado-sociedade, como força realizadora das necessidades sociais, para satisfação dos seus anseios. Então, o intérprete retira toda potencialidade de vida nela contida, tudo que o legislador deveria ter querido, se vivesse no instante em que está imperando.

É como se apresenta a *Escola Jurídico-Sociológica*, cujos princípios são expostos, não obstante as divergências de colocação do problema, por Saleilles, com seu sistema histórico-evolutivo (cf. *Introduction à l'Étude du Droit Civil Allemand*, pp. 98-104); por François Gény, na sua concepção de lei como fenômeno psicológico e sociológico (*Méthode d'Interprétation et Sources en Droit Privé Positif*, 2ª ed., 2 vols.); por Paul Vander Eycken, com sua doutrina do método teleológico (*Méthode Positive de l'Interprétation Juridique*, 1907); por Phillipp Heck, na sua teoria da jurisprudência do interesse (*Interpretação da Lei e a Jurisprudência dos Interesses*, 1947).

Busca a finalidade da lei, em face da conjuntura social em que recebe aplicação, adaptando-a ao evolver dos tempos, como forma cujo objetivo é solver melhor a vida social. Com isso, entretanto, não a desconhece quando contrária às exigências sociais e políticas de dado momento histórico, como pretende a *Escola do Direito Livre*, tendo à frente Hermann Kantorowicz (*La Lotta per la Scienza del Diritto*, 1908), ao sustentar que deve ficar ao intérprete ampla pesquisa do Direito, liberto mesmo das peias legais, para sua formação espontânea, e como fazia o Juiz Magnoud, ao aplicar o direito deixando cair em desuso a lei que, no seu entender, não se acomodava aos ditames sociais.

Apenas extrai da lei todas as suas virtualidades e supre suas deficiências e faltas, ante a plasticidade do seu enunciado. Pois ir além disso é estabelecer o arbítrio do intérprete, em especial do aplicador da lei, com riscos para a segurança das relações sociais, típico dos regimes de força, em que o Direito se sujeita aos desejos dos seus aplicadores e das preocupações políticas.

Os interesses da comunidade, nos sucessivos momentos de sua evolução histórica, precisam ser amparados, mas jamais contra o revelado na lei, sob a argüição de injusta ou contrária às conveniências sociais e políticas. A esse exagero do império da vontade do intérprete se deve opor a natureza positiva das coisas, constante na lei, cujo espírito somente se deve desvendar em face dos objetivos sociais que ela tem em mira alcançar, na descoberta do sentido real do texto, para atender aos interesses atuais, numa dinâmica construtiva, porém sem renegá-la.

Nesse sentido, dispõe o art. 5º da LICC: "Na aplicação da lei, o juiz atenderá aos fins sociais a que ela se dirige e às exigências do bem comum".

44.3 Métodos de interpretação e seus efeitos

Então, na descoberta do sentido da lei, o intérprete vale-se de dois processos de interpretação: o *literal* e o *lógico*.

Através do exame gramatical do texto, para buscar o sentido das palavras empregadas, ante sua análise léxica e sintática, isto é, considerando-as isoladamente e nas frases que formam, e segundo seu significado técnico e sua acepção comum, na linguagem do seu tempo, analisa-a sob o ponto de vista *literal*.

Ao depois, examina o espírito do texto, mediante o pensamento que a elaborou e a informa, tendo em vista sua aplicação em atenção ao fim social, a que ela se dirige, e às exigências do bem comum, a que cumpre atender, e realiza-o sob o ponto de vista *lógico*.

Então, trabalha o intérprete para desvendar os meandros do sentido da lei. Em face dos fatores morais, políticos e econômicos, em virtude da sua razão social de ser, busca seu elemento racional. Tendo em vista, ainda, o enquadramento dela dentro da ordem vigente estatal, verifica seu elemento sistemático. Afinal, considerando os trabalhos preparatórios da sua feitura, filiando a sua fonte e analisando, mesmo, sua origem, como expressão de uma tradição jurídica ou fruto de uma revolução, identifica seu elemento histórico.

Na interpretação da lei se há de cogitar não só do significado das palavras no seu sentido vulgar, como, outrossim, no técnico-jurídico, fornecido pela Ciência do Direito ou pelo texto legal, relativo à matéria que constitui seu objeto, porquanto muitas vezes não coincidem, e ora são empregados em um ou em outro. Enquanto no Direito a palavra "repetir" corresponde a pedir a devolução, na linguagem comum quer dizer "praticar novamente". Daí a expressão jurídico-financeira "pague e repita", isto é, solva o tributo exigido pelo Poder Público e depois peça devolução do que não for devido.

Outras vezes a lei restringe o significado vulgar do termo. Assim, por "antigo combatente" entende-se quem participou da guerra em que um país esteve empenhado; mas a lei pode qualificar como tal o que preencha determinadas condições, a fim de que possa auferir os benefícios oferecidos a essa categoria de cidadãos.

Por vezes, mesmo em qualquer dos sentidos, vulgar ou jurídico, a expressão comporta mais de um significado.

Demais, os termos podem ser empregados de forma vaga, relegando ao intérprete sua apreciação, tendo em vista até a conjuntura social e o interesse em jogo no momento da aplicação do texto. Encontram-se na lei expressões como esta: "agir como bom pai-de-família", "a promoção deve caber aos funcionários mais capazes", "as medidas policiais devem limitar-se ao necessário para evitar a perturbação da ordem".

Nessa elaboração interpretativa da lei, impõe-se sempre considerar seus efeitos. Estes podem ser meramente declarativos, ampliativos ou restritivos, tendo em vista a conciliação a ser feita entre a lei e o espírito da lei.

Se as palavras da lei se entrosam perfeitamente com seu espírito, sua razão lógica confunde-se com sua expressão gramatical, ante o sentido unívoco do texto, a interpretação é simplesmente declarativa. Se, entretanto, as palavras da lei são mais amplas que seu espírito, sua inteligência há de se fazer na conformidade com sua razão de ser, e deve dar-se ao texto interpretação restritiva. Ao contrário, se as palavras da lei são mais restritas que seu espírito, cumpre, para entendê-la em consonância com sua razão de ser, dar ao texto interpretação ampliativa ou extensiva.

Com isso se não altera o preceito, mas se traçam suas fronteiras exatas, corrigindo os equívocos oriundos da imprecisão das palavras, na conformidade com seu conteúdo real, plasmado no seu espírito e fundamento da sua existência.

Conforme a prevalência que se dê a um ou outro elemento e se considere a interpretação mais sob o ponto de vista literal ou lógico, deflui a orientação do intérprete, filiando-se à Escola *Jurídico-Exegética*, à *Jurídico-Sociológica* ou à *do Direito Livre*. Aliás, a Jurídico-Sociológica procura melhor conciliar todos eles, harmonizando-os. Não estanca a lei dentro de uma ordem estática, nem a despreza, criando outra ordem jurídica ao seu lado e desconhecendo-a.

De se observar que a interpretação extensiva e restritiva é lícita com referência a qualquer ramo jurídico – e, portanto, com referência ao Direito Administrativo. Aliás, seria absurdo, verificando-se a discordância entre a letra e o espírito da lei, pretender fazer prevalecer aquela, isto é, dominar a palavra sobre a real intenção do texto, que, efetivamente, constitui sua razão de ser. A inexatidão da linguagem, por certo, jamais pode sobrepujar o que por meio dela se quis expressar.

44.4 Intérpretes da lei. Posição proeminente do Judiciário.
 Coisa julgada

A interpretação da lei pode-se fazer pela interpretação tão-somente. É a obra doutrinária dos juristas, já ressaltada. Mas ela se leva a efeito, principalmente, para sua aplicação. Aliás, a própria obra doutrinária dos juristas tem esse objetivo, embora de maneira indireta e mediata, pois serve como subsídios esclarecedores aos que vão aplicar o direito.

Como se salientou, os particulares, nas suas relações jurídicas recíprocas, outrossim, aplicam o direito, e o fazem depois de interpretá-lo, por si ou por seus consultores, para obterem o significado das leis a que se subsumem. Porém, essa interpretação da lei realiza-se principalmente pelos órgãos estatais, e compete tanto aos órgãos legislativos, a quem cabe a elaboração da lei, como aos executivos e judiciários, a quem cabe a aplicação da lei.

A interpretação da lei pelos órgãos legislativos é denominada de *interpretação autêntica*, em virtude de provir dos que a produziram. Tal ocorre quando entendem o texto saiu confuso ou ambíguo na sua redação. Então, procuram esclarecê-lo, para dar o entendimento que tinham em mira. Discute-se qual o alcance dessa interpretação, bem como seu efeito.

Para os adeptos da *Escola Jurídico-Exegética* deve prevalecer sobre qualquer outra, por provir de quem a emanou e expressar, destarte, a vontade do legislador. Já, a *Escola Jurídico-Sociológica* não lhe empresta grande realce, ante a necessidade de adaptar a lei aos fatos histórico-evolutivos, na conciliação entre o fenômeno psicológico e social e as razões teleológicas do texto, na solução de interesses atuais por ela capitulados; e com maior razão a *do Direito Livre*, na preocupação de sobrepor a realidade da vida à rigidez da vontade do legislador, fixada no texto.

Por outro lado, os adeptos da *Escola Jurídico-Exegética* dão-lhe efeito retroativo, e por motivos óbvios, que defluem dos princípios em que se assenta. Ficam em divergência no fundamentar essa retroação: uns consideram como efeito natural do caráter da lei, pois o novo texto apenas busca o sentido que o antigo tinha para seus elaboradores; e outros, mediante o artifício da ficção, sustentando inexistir novo texto, mas um só, pois o interpretado e o interpretador confundem-se em um corpo único.

Embora mais lógica a primeira corrente, esbarra na dificuldade de como estabelecer limites aos Tribunais no exercício da sua função de declarar o direito, e, para tanto, antes de dirimir a controvérsia, dirimir o verdadeiro significado da lei. E, por vezes, antes afirmado em outro sentido, por ulteriores decisões, sem falar nos negócios efetivados anteriormente pelos particulares emprestando-lhe significação diversa.

Já, os da *Escola Jurídico-Sociológica* e os da *do Direito Livre* tendem para a orientação contrária, o que se justifica pela proeminência em que colocam a interpretação judicial como a última palavra na fixação do sentido real da lei. Essa tese toma relevo nos países em que o Judiciário é elevado à posição de intérprete máximo do direito, com a prerrogativa de declarar até a inconstitucionalidade da lei, e em que o Legislativo e o Executivo não podem estabelecer, juridicamente, qualquer comporta à discrição do juiz no exercício de sua função de julgar.

De que valeria, mesmo, uma lei interpretar outra em certo sentido, se o Judiciário, ao interpretar a lei interpretadora, lhe emprestasse significado diverso? Como observa Jean Reymonde (*Des Lois d'Interprétation et leur Rétroactivité*, pp. 206-251), o objetivo para propugnar-se pela retroatividade das leis interpretativas é procurar operar mudanças na jurisprudência.

Como, então, absorver a lei interpretada pela interpretativa, dando-lhe efeito retroativo, tendo em vista várias decisões que firmaram coisas julgadas e múltiplos negócios em que as partes pressupõem haver fixado seus direitos de conformidade com outra diretriz? Seria a defesa da instabilidade jurídica.

Os órgãos executivos também interpretam a lei através de determinações superiores, na sua ação regulamentar, e mesmo nas deliberações de cada um dos seus órgãos, decidindo sobre pretensões de particulares, e formando precedentes administrativos, ou baixando instruções e ordens de serviço e sugerindo praxes administrativas. E, assim, aplicam a lei, após sua interpretação, procurando harmonizá-la com os textos constitucionais, ou, mesmo, deixam de aplicá-la, desconhecendo-a, se a entenderem inconstitucional, pois, ocorrendo incompatibilidade entre a lei nova ordinária e dispositivo constitucional, hierarquicamente superior, devem obedecer à Lei Maior.

Em qualquer hipótese, aos que se considerarem lesados nos seus direitos por ditas interpretações cabe recorrer aos Tribunais, que dão a interpretação final à lei. Os órgãos executivos interpretam a lei para consecução do seu cometimento de realização da utilidade pública, como, aliás, também o fazem os órgãos legislativos, pois esse é o objetivo das ações de legislar e executar, sem a preocupação imediata de fixar o direito.

Ao contrário, os Tribunais, ao decidirem a controvérsia, aplicam a lei no caso concreto, segundo o significado que pretendem verdadeiro, para fazer prevalecer o direito, a ordem jurídica, e, assim, impor o real direito das partes, determinando seu respeito. A ação de julgar tem como função dizer o direito, e, portanto, interpretar a lei.

Destarte, se todos, na vida quotidiana, particulares e órgãos governamentais, interpretam a lei, para atender aos respectivos interesses da sua ação, o Judiciário tal efetiva como o próprio objetivo de sua ação. Por isso, não pode deixar de ser considerado o intérprete máximo e último da lei e do direito, e suas repetidas decisões, dando uniforme significado a um texto ou a um costume, através dos casos por ele julgados, formam a jurisprudência, a fonte jurídica por excelência.

O caso definitivamente julgado consiste na decisão de que não cabe mais recurso, porque decorreu o prazo para sua interposição ou já foram esgotados todos os possíveis para a espécie. Traz como conseqüência a *coisa julgada*, que consiste na situação jurídica fixada em definitivo por sentença, em jurisdição contenciosa, sobre determinada relação de direito, tendo em vista a identidade jurídica de pessoa, de objeto e de fundamento.

Se a razão de ser da função jurisdicional é a afirmação do Direito com força de verdade legal, com objetivo de pôr fim definitivamente à sua contestação, o desconhecimento da coisa julgada seria contra a própria natureza daquele ato, além de acarretar graves prejuízos à ordem social, ressuscitando controvérsia já dirimida. Daí seu respeito, imposto não só às partes juridicamente a ela sujeitas, como ao legislador, ao executor da lei e ao próprio juiz.

Ficam ressalvados apenas, em matéria penal, os casos de anistia legislativa e de graça executiva, que constituem atos de clemência governamental, e, ainda, os de possibilidade de modificação em juízo, excepcionalmente, mediante ação rescisória do julgado e revisão criminal, segundo hipóteses previstas em lei, em que se comprove a nulidade total da decisão.

Não se confunde a sentença definitiva passada em julgado, que gera a coisa julgada, com a sentença simplesmente passada em julgado. Esta corresponde à sentença exeqüível, embora caiba recurso; e, então, sua execução é provisória, pois tem recurso pendente em caráter apenas devolutivo. Ao passo que a outra não admite qualquer medida judiciária para modificá-la, por definitiva.

A *identidade de fundamento jurídico* significa a identidade do título que embasou o negócio jurídico objeto da decisão, isto é, do direito sobre o qual o autor ou o réu se fundou para justificar ou repelir a pretensão objeto da demanda. Corresponde ao fato jurídico que justifica o direito da parte, em que instrui seu pedido na ação. Já, a *identidade do objeto* significa a identidade do bem que se sujeita a decisão do juiz, física, ou jurídica, como expressão econômica daquele. Enfim, a *identidade da pessoa* significa a identidade jurídica da parte, isto é, a mesma sob o ponto de vista do Direito, por corresponder fisicamente a ela, ou ser sucessora dela nos seus direitos, com a mesma qualidade, como titular do direito, que a originária, participante efetiva da demanda.

44.5 Lacunas da lei e modo de supri-las. O Direito Científico. A jurisprudência como fonte do Direito Administrativo

O juiz não pode se eximir de decidir sob a alegação de omissão da lei e inexistência de costume a respeito. Em tal caso, cabe a ele suprir essa deficiência, de acordo com a *analogia,* os *princípios gerais do Direito* e a *doutrina,* isto é, com o *Direito Científico.*

A *lacuna do texto* dá-se quando certa matéria não é regida pela lei, ou certo aspecto dela. Portanto, inexistiria tal fenômeno se houvesse regra positiva em cujo âmbito devesse caber o caso, de modo a se enquadrar a situação em foco dentro de dado tipo da regra jurídica vigente. E essa lacuna jurídica é mais extensa se, além da falta de texto legal, ocorre, outrossim, a do direito consuetudinário, regulando a espécie subsidiariamente.

Então, o juiz procede como se fosse legislador, suprindo as lacunas e corrigindo suas deficiências, a fim de adaptar o direito ao fato.

Dispunha a antiga LICC, no art. 5º: "Ninguém se escusa, alegando ignorar a lei; nem com o silêncio, a obscuridade, ou a indecisão dela se exime o juiz de sentenciar ou despachar". A nova também o acolheu, no art. 4º, que assim dispõe: "Quando a lei for omissa, o juiz decidirá o caso de acordo com a analogia, os costumes e os princípios gerais de Direito".

O art. 113, inciso 37, da CF de 1934 elevara a preceito constitucional essa determinação, nestes termos: "Nenhum juiz deixará de sentenciar por motivo de omissão na lei. Em tal caso, deverá decidir por analogia, pelos princípios gerais de Direito ou por eqüidade". E esse preceito, por não reproduzido nas Constituições posteriores, vale como lei ordinária. Ademais, salvo a referência à eqüidade, está inserto no art. 113 do antigo CPC: "O juiz não poderá, sob pretexto de lacuna ou obscuridade da lei, eximir-se de proferir despachos ou sentenças"; e no art. 126 do novo, nestes termos: "O juiz não se exime de sentenciar ou despachar alegando lacuna ou obscuridade da lei. No julgamento da lide caber-lhe-á aplicar as normas legais; não as havendo, recorrerá à analogia, aos costumes e aos princípios gerais de Direito".

A analogia, os princípios gerais do Direito e a doutrina – isto é, o Direito Científico – não são fontes formais do Direito, e nem métodos de interpretação, pois não buscam perscrutar o sentido exato da lei, nem criam norma para espécie não regulamentada, para regê-la. Visam apenas a resolver as lacunas do direito legislado e do costumeiro. Oferecem ao juiz os subsídios para amoldar outra norma à espécie não regulamentada ou, mesmo, para criá-la, a fim de reger a espécie. São, como Direito Científico, fontes filosóficas do Direito, ou meios utilizados pelo julgador para criação de fonte formal do Direito. O Direito Científico expressa-se, no direito positivo, através da decisão judicial. Esta é a forma jurídica de sua manifestação. Depende dela para vir a existir na ordem positiva em que o direito legal e o costumeiro se apresentam lacunosos. Transmuda-se em norma de direito positivo pela *jurisprudência*, ante uniformes e reiteradas decisões em casos semelhantes, e por igual fundamento, aplicando-o.

Em si, não tem qualquer força jurídica positiva. Sua eficácia vinculante decorre de sua adoção pelo juiz. Constituem, portanto, a analogia, os princípios gerais do Direito e a doutrina critérios para a aplicação do direito, para sua formação, na ordem positiva, através do juiz, no caso concreto. As decisões vazadas nos dados e processos fornecidos por esse Direito Científico valem, então, como normas inovadoras da ordem jurídica, coercitivamente impostas na hipótese em controvérsia.

O Direito Científico, portanto, não é fonte formal do Direito, mas elemento para sua elaboração positiva, por quem tem poderes para dizê-lo, com força coercitiva, com eficácia jurídica.

A obrigatoriedade do preceito vem da decisão, e não da analogia, dos princípios gerais do Direito, ou da doutrina; e sua repetição, uniforme e constante, em casos idênticos ou semelhantes, gera a *juris-*

prudência, que se apresenta como fonte normativa, decorrente desse fato jurídico.

Essas decisões judiciais, através do *uso fori*, fazem com que se forme a jurisprudência, fonte do Direito por excelência, que informa, reflexamente, normas gerais, abstratas e impessoais, prevalecentes na ordem jurídica do Estado-sociedade, enquanto não alteradas por decisões posteriores, na constante evolução do Direito, para atender às exigências da realidade social.

Aliás, encerra verdadeira tautologia dizer o legislador que o juiz deve julgar na omissão da lei, porquanto isso equivale a dizer que o juiz deve ser juiz. Sua função de julgar não decorre desse texto, porém da ordem jurídica que criou a função e o respectivo titular. O desempenho daquela por este é um imperativo da vida social e da organização jurídica do Estado.

Como admitir que o Estado-poder denegue justiça porque deixou de prever, através da obra legislativa, a questão em julgamento e não se formou, ainda, direito costumeiro a respeito, dada sua novidade? Incrível se afigura erigir em norma a regra contrária, isto é, admitir a possibilidade da falta de pronunciamento judiciário em uma única controvérsia que seja, entre partes integrantes do Estado-sociedade. A necessidade de julgar é um imperativo moral, um categórico prático das relações dos homens em sociedade, que deflui da organização jurídica do Estado.

A jurisprudência como fonte do Direito tem importância excepcional com referência ao Direito Administrativo. Contribuiu para a criação das suas instituições fundamentais no Velho Mundo, em especial na França – berço, como já se disse, por mais de uma vez, desse ramo jurídico –, e em todos os países do Continente, que desenvolveram seus institutos, notadamente a Alemanha e a Itália. Essa influência refletiu-se na América Latina, e, conseqüentemente, no Brasil.

É pela ação pretoriana dos Tribunais que vem sendo desenvolvido o Direito Administrativo brasileiro, no interpretar as leis aclarados pela melhor doutrina nacional e estrangeira, num esforço de adaptação à realidade do país, e na criação de normas jurídicas, na falta de texto legal para reger, de modo expresso, a. espécie. À sua luz formam-se as teorias do ato administrativo, da. função pública, do regime jurídico da prestação do serviço público, do exercício do poder de polícia, do domínio público, da responsabilidade do Estado etc. – e, em muitos casos, ao depois, aproveitadas pelos legisladores.

44.6 Analogia

A *analogia* consiste em método de aplicação da lei aos casos por ela não regulados nos quais há identidade de razão a justificar a sujeição de hipótese ao seu preceito, ante a semelhança de situações que as unifica, por traço comum entre o objeto de consideração da lei e o outro por ela não cogitado.

Não se confunde com a *interpretação extensiva*. Nesta a norma se contém expressa na lei, mas os termos não são adequados para exprimir a extensão que deflui, por interpretação, do seu espírito. Naquela, ao contrário, reconhece-se que para o caso inexiste norma legal; porém, se existisse, seria idêntica à que rege caso semelhante.

Numa, retifica-se a expressão imprópria do pensamento, mediante método de interpretação, em que se procura descobrir seu exato significado, em toda plenitude. Na outra, suprime-se a lacuna da lei, aplicando-se norma que teria querido o legislador criar para a hipótese, se tivesse podido conhecer a situação real, a que se sujeita a resolução. Lá, o intérprete busca o exato significada da lei; portanto, fica preso ao texto. Aqui, o aplicador do direito torna-se legislador, valendo-se dos elementos fornecidos pelo processo analógico; destarte, transcende o texto.

Diz bem Cunha Gonçalves: "Uma completa a *letra* da lei, outra, *o pensamento da lei*" (*Tratado de Direito Civil*, vol. I, t. I, p. 562). Completa a interpretação extensiva a letra da lei, porque há dispositivo expresso regendo espécie a que ela se subsume; completa a analogia o pensamento da lei, porque inexiste preceito expresso enquadrando a hipótese, e, por isso, aplica-se a lei que regula outra semelhante, tendo em vista identidade de razão.

Existem diretrizes para aplicação da analogia, e, mesmo, é inadmissível com referência a certos ramos jurídicos, dadas as suas peculiaridades. A lei, muita vez, dispõe a respeito, excluindo-a com relação a certos casos, expressa ou implicitamente, segundo dimana dos dispositivos expressos.

As hipóteses legais de aplicação de sanções e de exigências de contribuições patrimoniais, bem como as que estabelecem regime de exceção, são de alcance exato e não toleram aplicação analógica. Por isso, as normas de Direito Penal e de Direito Tributário não comportam analogia, uma vez que indicam, de modo preciso, as espécies em que podem e devem incidir. Não há crime sem lei que o defina, nem matéria tributável sem fato gerador qualificado por lei como tal.

No Direito Administrativo, embora possa ter aplicação, tal se dá em caráter excepcional, pois inexistem direito ou dever do cidadão ou dos agentes públicos, perante o Estado-poder, sem lei que os especifique ou sem que decorram da própria doutrina dos institutos por ela regulados. As liberalidades por este feitas aos particulares, por abrirem exceções à regra geral, bem como as restrições à liberdade e propriedade em si, por estabelecerem comportas a direitos, só abrangem os casos que especificam, sem consideração da analogia.

A analogia se não aplica em matéria disciplinar nas medidas administrativas com caráter punitivo. Portanto, em inquérito administrativo de funcionário não tem cabida a admissão de falta ou a aplicação de penalidade com base na analogia. Outrossim, a autuação de contribuinte por infração fiscal, e conseqüente multa, se não pode tolerar com fundamento na analogia. Aí há, no entanto, a aplicação analógica do princípio de Direito Criminal *nulla poena sine lege* ao campo do Direito Administrativo, pertinente às sanções disciplinares. Igualmente, não se aplica em matéria de restrições à liberdade e propriedade em si, como observado, a analogia, no exercício pela Administração Pública do seu poder de polícia. Isso por constituírem princípios fundamentais da ordem jurídico-social, e assegurados pela maioria das Constituições.

Destarte, ela só é viável com referência a institutos de direito público, que devem ser regidos pelos mesmos princípios jurídicos, na sua aplicação, como observa Presutti (*Istituzioni di Diritto Amministrativo Italiano*, 3ª ed., vol. I, pp. 98-101, n. 49), seja quanto à *prestação* de obras e serviços do Estado-poder para com os particulares, seja quanto ao *processo de execução* de limitações autoritárias da liberdade e propriedade destes em face daquele.

Oferece Cammeo (ob, cit., pp. 157-160, n. 62) exemplos. Assim, quanto à prestação de serviços públicos, embora a lei preveja especificada e expressamente a assistência aos expostos, aos filhos ilegítimas, aos incapazes de trabalhar, aos enfermos de moléstias incuráveis, aos doentes mentais, por analogia – sustenta –, pode-se aplicar o preceito aos filhos legítimos abandonados. Por outro lado, relativamente a restrições aos particulares, recorda que existia, tendo em vista a segurança pública, legislação proibindo o uso de telefonia e telegrafia, por meio de fios, sem autorização do Estado-poder. Descobertas a telefonia e telegrafia sem fio, não obstante a inexistência de lei, aplicou-se, por analogia, a mesma norma.

De passagem, observe-se, não se deu, no último exemplo, aplicação analógica de norma de restrição da liberdade em si, e tão-somente do preceito pertinente ao processo de sua execução. A restrição ao uso da telefonia e telegrafia sem autorização do Estado-poder já existia. Cogitara a lei da que se processava por meio de fio, por ser a única existente. Descoberta a sem fio, ficou, por certo, envolvido seu uso na mesma proibição. Não criou, no entanto, restrição a outra atividade, com essa aplicação da analogia. Na verdade, houve adequado entendimento do texto, um juízo de valor quanto à aplicação lógica do preceito legal.

Portanto, só em atenção à causa final especifica do instituto e à causa final geral da atividade estatal – qual seja, o interesse público –, verificando-se que a hipótese se enquadra exatamente nos mesmos princípios jurídicos, admite-se a analogia no Direito Administrativo.

Os valores culturais da época e do meio e a formação jurídica do aplicador do direito são os elementos que o inspiram no conduzir-se a respeito da utilização do argumento mais apropriado, *a contrario* ou *a pari*, tendo em vista o princípio da analogia.

Por isso, não se pode aplicar normas de direito privado em relações de direito público sob o fundamento tão-só da analogia, salvo se houver expressa disposição de lei em tal sentido, dada a diferença de técnica jurídica a presidir os institutos de um e outro ramo jurídico.

Enquanto no direito privado os sujeitos da relação jurídica, de regra, estão no mesmo plano de igualdade e visam aos respectivos interesses particulares, no público eles estão em planos diversos e o que cogita do interesse público se superpõe ao que cogita do interesse particular. Não há, por conseguinte, um dos elementos da analogia: a identidade de razão.

Existem, entretanto, normas constantes das leis de direito privado que são da Teoria Geral do Direito, sem preocupação da justiça comutativa ou da distributiva, que informam, em princípio, as relações privadas e públicas, respectivamente. Essas não ficam excluídas da aplicação analógica no direito público. Tais considerações são de especial alcance no Direito Administrativo.

Distingue-se a analogia em *legal* e *jurídica*. A *legal* diz respeito à aplicação da lei a caso por ela não regulado mas no qual há identidade de razão e semelhança de situação jurídica. Já, a *jurídica* diz respeito à aplicação dos princípios das instituições do direito positivo, isto é, dos princípios resultantes do sistema jurídico, a caso onde há identidade de razão e semelhança de situação jurídica.

Assim, há *analogia legal* quando se aplica texto de lei regulando a responsabilidade das estradas de ferro no transporte de mercadorias em caso de transporte por estrada de rodagem.

Ao contrário, tem-se a *analogia jurídica* quando inexiste texto legal que se possa aplicar analogicamente, mas princípios jurídicos que decorrem de vários dispositivos. Extrai-se o princípio jurídico que explica, justifica e domina essas soluções legais particulares.

Destarte, diz um texto de lei que os pais são responsáveis pelos atos dos filhos menores que estiverem sob seu poder e em sua companhia; outro declara que o tutor e o curador são responsáveis pelos atos dos pupilos e curatelados que se acharem nas mesmas condições; outro, ainda, afirma que os donos de hotéis, hospedagem, casas ou estabelecimentos onde se alberga, mesmo para fins de educação, são responsáveis pelos atos dos seus hóspedes, moradores e educandos; outro, ademais, que o proponente, o patrão ou o amo são responsáveis pelos atos dos seus prepostos, empregados e serviçais, no exercício dos trabalhos que lhes competir e por ocasião deles; outro, afinal, que o dono de animal perigoso responde pelos efeitos decorrentes do instinto agressivo deste.

Então, através de obra de análise, aplica-se a regra genérica jurídica ínsita em os casos especificados na lei, que domina de forma sistemática esses preceitos, analogicamente, a todas as relações de direito semelhantes, ante a mesma identidade de razão. Surge, então, a *analogia jurídica*.

Tendo em vista esses textos, seria o caso de se admitir a responsabilidade de uma pessoa a que incumbe a guarda de objeto perigoso que causa dano a terceiros por deficiência nessa guarda; bem como a de uma pessoa que entrega a outrem também objeto perigoso para atender ao seu interesse ou negócio, e esta, no seu manejo, causa dano a terceiro. Então, o princípio da responsabilidade presumida de alguns por atos de pessoas e animais, cuja escolha ou vigilância lhes incumbem, estende-se a outra pessoa com referência a coisa perigosa, desde que a entregue a outrem, se lhe incumbe a guarda dessa coisa, ou isso faça para atender ao seu interesse ou negócio. Com base nesse princípio da analogia jurídica pode-se estabelecer a responsabilidade de empresas locadoras de veículos a terceiros por desastres causados por culpa dos locatários.

A analogia se não confunde com a *indução*. Pode-se chegar a um princípio de direito positivo por indução. Mas sua aplicação ao caso concreto se faz por analogia. O princípio pode ter caráter geral, assumir essa feição. Porém, a aplicação analógica limita-se ao caso particular. Ela não cria norma, que se acha ínsita em lei que rege hipótese semelhante ou na ordem jurídico-positiva, através de diferentes textos legais. Todavia, cabe a ela enquadrar essa norma em outra realidade jurídica, dadas a semelhança do fato e a identidade de razão, que permitem o processo discursivo da sua aplicação para dada espécie em foco.

44.7 Princípios gerais do Direito[14]

A locução *princípios gerais do Direito* tem dado margem a discussões e debates entre os juristas quanto à sua compreensão, e faz com que se dividam em campos opostos, principalmente, os positivistas e jusnaturalistas. Para aqueles, corresponde aos princípios gerais de dado direito positivo, confundido por alguns com a própria analogia jurídica; enquanto para os últimos corresponde aos princípios gerais de Direito sem cogitação de dada ordem jurídica específica, transcendendo o problema da técnica jurídica para o da Filosofia do Direito.

14. Cf. Rubens Limongi França, *Teoria e Prática dos Princípios Gerais do Direito*, 1963; Benoit Jeanneau, *Les Principes Généraux du Droit dans la Jurisprudence*.

Encerra essa locução, na verdade, duas ordens de princípios gerais: (a) os de dado direito positivo; (b) os de dada época de estágio do direito. Uns informam a ordem normativa de determinado Estado, enquanto os outros a concepção jurídica dominante em certo momento histórico, respeitados os elementos fundamentais de sua cultura e de sua tradição. Portanto, fornecidos aqueles pela Teoria Geral da Ciência Jurídica de dado país, e estes pela Filosofia do Direito, ante o exame dos fatos sociais e da natureza humana. São fontes reais do Direito.

Correspondem os primeiros aos princípios gerais que decorrem dos textos legais do Estado em referência, do seu sistema normativo, distinguindo-se, entretanto, das disposições isoladas da lei, para informar o regime jurídico nele imperante. Servem, destarte, de elemento para aplicação da analogia jurídica, conforme salientado anteriormente, mas com ela não se confundem.

Correspondem os segundos aos princípios gerais inerentes às relações de vida, defluindo da ordem das coisas, em face das instituições morais, políticas e econômicas de determinado estágio de civilização da Humanidade, nas suas origens e promoções evolutivas.

Realmente, há quem pretenda que a analogia jurídica se identifique com os princípios gerais do Direito. Sustentam que a analogia não vai do particular ao geral, mas, tão-somente, de um caso particular a outro particular, a que se vincula pelos laços de semelhança de situação, ante a identidade de razão. Portanto – entendem –, não inclui a analogia jurídica, que opera por via indutiva, pois através dos diferentes textos legais, que dispõem sobre situações jurídicas particulares, faz a formulação de princípios gerais de direito positivo para aplicação em todas as hipóteses semelhantes.

O próprio enunciado do argumento mostra sua fraqueza. A analogia jurídica está em aplicar a várias situações jurídicas particulares textos legais que dominam outras situações jurídicas particulares. Isso em virtude da regra fundamental de identidade de razão entre todas elas. Então, transpõem-se para situações jurídicas particulares semelhantes.

Combinam-se preceitos de mais de um texto legal para se encontrar regra a ser aplicada em situação semelhante resultante dessa harmonia de dispositivos da lei. A analogia está em aplicar pela identidade de razão, ante a semelhança de situações jurídicas, certo princípio geral do direito positivo, transplantando-o dos textos, em função de hipóteses específicas, para outras hipóteses igualmente específicas. Não se vai do particular ao geral, mas de situações particulares a outras particulares, tendo em vista a identidade de razão, imanente em ambas. Aplicam-se normas jurídicas constantes do direito positivo, tendo em vista a identidade de razão que as preside, a situações jurídicas semelhantes.

Nessas circunstâncias, não se socorre, desde logo, dos últimos – dos verdadeiros princípios gerais do Direito –, mas invoca textos jurídicos que abrangem dada ordem positiva para, mediante analogia, aplicá-los a outras situações semelhantes, ante a identidade de razão que as unifica, para sujeitarem-se ao mesmo ordenamento jurídico. Portanto, por processo analógico.

Só quando tal aplicação analógica não for possível, vale-se o aplicador do direito dos princípios gerais de Direito, oferecidos pela Filosofia do Direito.

Embora preexistam ao direito positivo de dado povo e existam fora do direito escrito de certo país, infiltram-se no ordenamento jurídico de dado momento histórico, como elemento vivificador da sua civilização e cultura, uma vez que constituem sua essência. O direito de determinada fase histórica, condicionado pela sua civilização e cultura, se não confunde com as minúcias e peculiaridades da legislação e do costume de cada povo e de cada país, porém ilumina suas normas.

São as regras éticas que informam o direito positivo como mínimo de moralidade que circunda o preceito legal, latente na fórmula escrita ou costumeira. Encerram normas jurídicas universais, expressão de proteção do gênero humano na realização do Direito. E, para emprestar-se imagem de Carnelutti, pode-se dizer ser o álcool que conserva o vinho, que lhe dá vitalidade, está dentro dele, mas com ele não se confunde.

Oferecem, por vezes, soluções que o direito positivo, constante da sistemática legislativa e do costume, não pode dar, pois a respeito nada diz. São juízos de valor, de expressão da justiça, que iluminam o Direito e preexistem, sociológica e racionalmente, à obra legislativa e mesmo costumeira, como produtos da História e da razão, extraídos da natureza das coisas. Portanto, compreendem parte contingente, em função da civilização e da cultura, e parte perene, em virtude das exigências da natureza humana e da vida social na sua universalidade.

Destarte, envolvem tais princípios gerais do Direito as teses jurídicas comuns à civilização e à cultura de dada época histórica, constituindo os princípios do direito natural mediato, de conteúdo progressivo, como expressão real do ideal de determinado tempo e em certo espaço como etapa da evolução e do progresso social dos povos, e de direito natural imediato, estável, que decorrem da natureza das coisas, necessárias para toda a vida social humana, e que não tenham sido expressamente acolhidos pelo direito positivo de dado Estado.

São as teses jurídicas genéricas, consideradas pela Filosofia do Direito, que informam o ordenamento jurídico positivo do Estado e objeto de especulação doutrinária, mas que não se acham expressas em texto legal específico. E, por vezes, informam o ordenamento jurídico-positivo de outros Estados, insertas nos respectivos sistemas, divulgados pelos seus doutrinadores. São aplicadas pelos juízes como normas latentes na ordem jurídica, de valor social, geral e superior, para suprir as deficiências do direito positivo.

A aplicação desses princípios faz-se ante a lacuna da lei, e mesmo do costume, por inexistir norma específica regendo a hipótese. Não envolve, portanto, qualquer derrogação de norma positiva e da sistemática do direito positivo, mas sua complementação. Só se ampara neles o julgador quando a analogia, legal ou jurídica, não puder resolver as omissões ou falta do direito legislado ou costumeiro.

Consideram-se, entre outros, princípios gerais do Direito, se não inscritos no direito positivo de certo país: o conceito de *pessoa*, de *bem* e de *relação jurídica*; a regra da irretroatividade das leis e a da intangibilidade das situações jurídicas definitivamente constituídas; o preceito da responsabilidade civil dos agentes livres, pelos atos por eles praticados, seja como particulares, seja como agentes públicos; a prescrição da igualdade de todos perante a lei, tanto no candidatar-se a cargos públicos como nos encargos tributários; a regra da garantia da liberdade e da propriedade do particular em face do Estado-poder; a norma que não admite o enriquecimento sem causa; a que dispõe que ninguém deve ser punido sem ser ouvido; a que prevê que não pode alguém se beneficiar da própria malícia; e, ainda, a de continuidade de prestação de serviço público, e de que não lhe cabe a escolha preferencial do cliente – o que acarreta, como conseqüência, a obrigação da sua prestação; a da impossibilidade de desvinculação dos agentes públicos sem o ato de exoneração e a da proibição de greve deles, salvo texto legal em contrário.

Alguns princípios gerais do Direito, que informaram ordenamentos jurídicos das épocas individuais, foram amainados por outros, tendo em vista preocupações solidaristas. Assim, a cláusula *pacta sunt servanda* harmoniza-se com a cláusula *rebus sic stantibus*; o aforismo de que quem exercita o próprio direito não prejudica ninguém tempera-se com a exigência de exercício regular, normal, em que não se verifique seu abuso; a máxima de que não se pode responsabilizar alguém mais de uma vez pelo mesmo fato, contida no princípio do *non bis in idem*, condiciona-se ao mesmo fundamento jurídico, a fim de permitir a responsabilidade penal, civil e disciplinar, concomitante, por um só ato irregular, desde que dele decorram danos na ordem social, patrimonial e administrativa (cf. Capítulo IV).

44.8 Doutrina

A *doutrina* corresponde aos ensinamentos jurídicos dos doutores.

No Direito Romano as respostas dos juristas a consultas feitas bem como os debates forenses entre eles integravam seu Direito, elevados à categoria de fontes deste, que deviam ser seguidas pelos juízes.

Chegou-se a criar classe de jurisconsultos oficiais, com a prerrogativa de responder em nome do Imperador a consultas jurídicas; e posteriormente criou-se verdadeiro tribunal de jurisconsultos mortos: Gaius, Papinianus, Paulus, Ulpianus e Modestinus.

Se suas opiniões estivessem em divergência, a soma das iguais, perfazendo maioria, tinha proeminência. Entretanto, se se verificasse empate, e em um dos grupos estivesse Papinianus, prevalecia a deste. Se este não tivesse emitido parecer, e ocorresse empate de opiniões divergentes, o juiz seguiria a que se lhe afigurasse mais exata.

Desfrutou, ainda, de largo prestígio a opinião dos jurisperitos, especialmente quando acordes, por toda a Idade Média. E no direito de

Portugal, por disposição das *Ordenações*, as glosas de Acúrsio e Bartolo deviam ser guardadas nos casos de lacunas da lei. Essa determinação foi revogada pela Lei da Boa Razão, de 18.8.1769.

No direito moderno a opinião dos juristas sequer se admite como fonte normal subsidiária do Direito, pois seus pronunciamentos não têm eficácia, não possuem força coativa. Servem de instrumento, todavia, ao juiz para suprir as lacunas da lei, para justificar a aplicação da analogia e dos princípios gerais de Direito, ou mesmo como elemento esclarecedor do aplicador do direito, através da interpretação oferecida pela doutrina ao direito legislado e costumeiro.

Mais que no direito privado, encontram no direito público, especialmente no Direito Administrativo, ampla utilização, por ser ainda ramo jurídico em formação, e sujeito a constante renovação, quanto aos preceitos de direito positivo, isto é, aos textos legais.

A doutrina não só ilustra os juízes para decisão dos casos concretos, como sistematiza as decisões judiciais e elabora, em conseqüência, teorias jurídicas. Oferece, ainda, a melhor interpretação dos textos legais, ao comentá-los, esclarecendo, ademais, o entendimento a eles oferecido pela jurisprudência.

A respeito, de se salientar, no Direito Administrativo, os comentários de Maurice Hauriou sobre as decisões do Conselho de Estado da França, reunidos e classificados pelo seu filho André em três volumes, sob o título *La Jurisprudence Administrative* (1929). Constitui essa obra verdadeiro tratado de Direito Administrativo, onde se expõem os acórdãos daquele Tribunal de 1892 a 1929 e as teorias que deles defluem, na elaboração desse novo ramo jurídico.

44.9 A eqüidade e a aplicação da lei

Ao se aplicar a lei, que é regra jurídica geral, abstrata e impessoal e corresponde, portanto, ao justo legal, não se pode deixar de considerar as circunstâncias da questão em foco. Muitas vezes, por estatuir de forma genérica, a lei prescinde de aspectos especiais, que se verificam por ocasião da sua atualização na hipótese, e na qual a aplicação da norma no seu exato rigor a tornaria injusta, e, então, ponderando-se sobre essa situação excepcional, cumpre amenizá-la.

Retifica-se, destarte, o excesso que seria sujeitar o caso concreto aos seus estritos termos, e se faz como teria procedido o legislador se tivesse podido conhecer as particularidades da espécie em exame. Essa justiça do caso concreto é a *eqüidade*, que visa dar à lei a plenitude do seu vigor, ao amainar a rigidez do texto, como suprindo a deficiência que defluiu da sua generalidade.

Assim, através da mitigação da rudeza da lei, que ordenou de maneira genérica, ante a conjuntura de fato especial, o aplicador da lei a adapta à variação imposta por esse fato, tendo em vista a particularidade que apresenta; e, então, se descobre maleabilidade individualizadora na própria norma abstrata.

No aplicar a lei em cada relação jurídica singular, cumpre, principalmente, ao juiz ter em consideração todas as suas particularidades, as circunstâncias que a precederam e a acompanharam. E, entre as soluções logicamente possíveis, deve dar preferência à que for mais branda e mais humana, corrigindo, paradoxalmente, as estreitezas da generalidade da lei.

A justiça é dar a cada um o que é seu, segundo uma certa igualdade. Como todos os seres não são exatamente iguais, na aplicação do justo legal impõe-se levar em conta suas dessemelhanças, como corretivo da generalidade nas individualidades.

Por ser lícito ao juiz – se não, mesmo, seu dever – fazer uso da eqüidade, não pode, entretanto, decidir contra a lei em vigor, por considerar o texto em contradição com as exigências sociais e políticas da época. Isso porque a eqüidade não é desdobramento das normas legais em normas de eqüidade, substituindo a geral por outras que se tenham por mais justas, em consonância com a tese da Escola da livre pesquisa do direito (cf. item 44.2).

Não corresponde a ideais de justiça, à justiça da lei a constituir. Ela se mede, em concreto, como a justiça da espécie, tendo em vista as particularidades da relação jurídica, de forma a quebrar as arestas da lei, para a singularidade do caso, que refoge ao rigor da sua generalidade. Então, é interpretada dentro de uma visão construtiva do texto. Por conseguinte, não envolve desobediência declarada da lei.

Procura-se apenas atender, na conformidade de uma concepção humanista dela, a todos os elementos da relação jurídica, de forma a dar tratamento desigual a situações diferentes e igual a situações semelhantes, ante a multiplicidade das circunstâncias ocorrentes e dos seus aspectos peculiares, impossíveis, pelas circunstâncias próprias, de se enquadrar, perfeitamente, dentro das previsões e fórmulas genéricas da lei.

44.10 Dois tipos de eqüidade: a indeterminada e a legislada

Improcede a objeção que se costuma fazer contra a aplicação da eqüidade, qual seja, a de que faria periclitar a segurança das relações jurídicas, ante a incerteza em que ficariam as partes, submetidas aos pendores pessoais do juiz, aos seus sentimentos, às vacilações do seu subjetivismo.

Mas o amenizar o rigor da lei, no caso concreto, tendo em vista as circunstâncias especiais que apresenta, não significa sujeitar as decisões ao arbítrio das opiniões particulares dos juízes, aos seus caprichos, com sacrifício da lei e desconhecimento do comando desta. A argüição teria procedência se a aplicação da eqüidade se confundisse com a livre pesquisa do Direito.

Ao utilizar-se dela, o magistrado não decide segundo suas convicções, em oposição à lei. Contorna apenas seu rigor em face de circunstâncias objetivas, tendo em vista as peculiaridades da questão *sub judice* e o espírito do texto legal, descobrindo nele a flexibilidade necessária para evitar que a generalidade da lei venha a prejudicar a justiça que tem em mira realizar; e, então, abranda sua rigidez, interpretando-a. Só que isso faz em função das circunstâncias próprias da hipótese em foco.

Repelir a aplicação da eqüidade, entendida no seu real significado, envolve transformar o juiz em mero instrumento mecânico, que funcionaria automaticamente, justapondo a lei à espécie, quando, na verdade, é a própria Justiça em ação. Destarte, espiritualiza o corpo frio da lei, e descobre nela virtualidades que se acham escondidas no seu bojo; e, dentro da coerência do sistema por ela disposto, encontra vitalidade bastante para adaptá-la ao evolver dos tempos e para harmonizar a generalidade do preceito às particularidades da espécie.

A Constituição Federal brasileira de 1934, no seu art. 113, n. 37, facultava ao juiz, expressamente, recorrer à eqüidade para proferir sua decisão. A respeito silenciaram a Carta de 1937 e as Constituições de 1946 e 1967, que lhe são posteriores. Igualmente, não se refere à eqüidade a antiga Lei de Introdução ao Código Civil; nem a nova.

Contudo, esse dispositivo continuou em vigor, como lei ordinária. Os dispositivos estranhos à matéria constitucional, inseridos na Constituição, permanecem como textos de legislação ordinária quando aquela perde seu vigor, em virtude de revolução ou golpe de Estado, substituída por outra estrutura constitucional. É verdade, o novo CPC, no art. 127, prescreve: "O juiz só decidirá por eqüidade nos casos previstos em lei".

Contudo, o juiz não só pode como deve decidir por eqüidade, no exercício da sua função de julgar, ao aplicar a lei ao caso concreto, como prerrogativa inerente ao desempenho perfeito de sua função. Ele não só julga a relação jurídica a ele submetida, como, outrossim, a lei em que essa relação se embala, uma vez que lhe incumbe, imediatamente, assegurar a ordem jurídica, embora o faça de modo indireto, através das partes e da declaração dos seus direitos.

Dispensável se afigura, destarte, o art. 114 do antigo CPC, quando dispõe: "Quando autorizado a decidir por eqüidade, o juiz aplicará a norma que estabeleceria se fosse legislador". Isso porque o juiz deve recorrer à eqüidade não só quando autorizado, de maneira expressa, por lei – como acontece, por exemplo, com o disposto no art. 16 do Decreto 24.150/1934, ao prescrever que: "O juiz apreciará, para proferir a sentença, além das regras de Direito, os princípios de eqüidade, tendo, sobretudo, em vista as circunstâncias especiais de cada caso concreto, para o quê poderá converter o julgamento em diligência, a fim de melhor se elucidar" – como, outrossim, quando se lhe impõe, em face do caso concreto, para fazer justiça, mitigar o rigor da lei.

Observe-se que, neste segundo sentido, emprega-se a eqüidade no seu verdadeiro significado, em caráter indiscriminado e *secundum legem*. Já, naquele, mais como eqüidade legislada, que confere poderes discricionários ao juiz para aplicar os princípios de Direito, conforme seu prudente arbítrio, ante a consideração do caso concreto, e, então, de certo modo, criar uma norma individual, que deixa de ser formulada genericamente pela lei, e, portanto, *praeter legem*. Na verdade, o art. 127 do novo CPC confunde a eqüidade, que consiste na justiça do caso concreto, na mitigação do rigor da lei em face das circunstâncias da hipótese individuada, com a desobediência à lei, com a livre pesquisa do Direito.

A eqüidade legislada, objeto do texto legal, efetiva-se através de *standards* jurídicos, isto é, de processo técnico-legislativo pelo qual se fixam no texto as diretrizes da conduta das partes e se relega ao juiz a individualização do direito legal. Então se lhe confere a prerrogativa de utilizar os chamados "conceitos-válvulas", que deixam de ser precisamente definidos pela lei e correspondem a uma expressão vaga, a um branco legal a ser preenchido pelo juiz, com sua decisão.

Então, atuam, de um lado, suas concepções teóricas e seus sentimentos pessoais e, do outro, os fatores objetivos que dominam um dado momento histórico, a filosofia de vida predominante na sociedade, e, por fim, as circunstâncias da espécie *sub judice* e os elementos informadores da conduta das próprias partes.

Isso se verifica quando o legislador fala no respeito aos princípios da *ordem pública* e dos *bons costumes* sem especificá-los, e que, sem dúvida, oscilam em função da ordem política e da conjuntura social; ou quando confere ao juiz *individualizar a pena*, dentro de amplos limites traçados, para aplicá-los, em atento exame do crime e do criminoso, com maior ou menor rigor; ou, ainda, quando se refere ao comportamento da parte como *bom pai de família*.

Então, impõe-se tato necessário para enfocar essas expressões amorfas à luz da realidade dos fatos, desenvolvendo-as segundo a exigência das coisas, de modo a considerar o tipo médio de conduta social correta para a categoria determinada de atos a serem apreciados.

Tal é o sistema que decorre da distinção entre a lei rígida, que prevê as situações pormenorizadamente e prevê para cada uma disposição precisa, determinada e invariável, e a lei elástica, que confia ao prudente arbítrio do juiz a apreciação da situação de fato, em face da regra jurídica que lhe é aplicável. E a eqüidade vê-se acolhida pela lei, com maior ou menor latitude.

A respeito desses padrões jurídicos, de se consultar a obra clássica de Marcel O. Stati, *Le Standard Juridique* (1927), e também o trabalho de Octacílio Alecrim, *Fundamentos do "Standard" Jurídico* (1941).

O legislador ainda pode levar em conta a eqüidade, mediante exceções abertas aos princípios gerais, por institutos jurídicos humanitários e que permitem tomar o preceito mais benigno conforme as circunstâncias que rodeiam a possibilidade de sua aplicação. A respeito, são de se recordar os institutos da lesão, da imprevisão e do abuso do direito, a seguir expostos no capítulo em que se trata das fontes formais subjetivas do Direito Administrativo.

Capítulo VI
FONTES FORMAIS SUBJETIVAS DO DIREITO[1]

45. *Teoria dos fatos e atos jurídicos: 45.1 Fato jurídico: conceito e classificação – 45.2 Ato jurídico: conceito e classificação quanto aos efeitos – 45.3 Situações jurídicas estatutárias e individuais e os atos ou fatos que lhes são condição ou causa – 45.4 Características das situações estatutárias e individuais – 45.5 Classificação dos atos jurídicos quanto ao modo ou manifestação da vontade – 45.6 Equivalência de prestações no contrato – 45.7 Teoria da lesão – 45.8 Teoria da imprevisão. 46. Fatos jurídicos objetivos no Direito Administrativo: 46.1 O tempo como fato jurídico – 46.2 Prescrição aquisitiva ou extintiva de direitos e decadência ou extinção de direitos – 46.3 Prescrição extintiva – 46.4 Direitos imprescritíveis – 46.5 Prescrição de direitos da Administração Pública e de terceiros para com ela – 46.6 Curso da prescrição: impedimento, suspensão e interrupção – 46.7 Decadência de direitos – 46.8 Fatos jurídicos: espaço e medida. 47. Atos jurídico-administrativos: 47.1 Ato administrativo. Origem da expressão e do seu sentido – 47.2 Conceito de ato administrativo – 47.3 Atos administrativos internos e externos – 47.4 Atos de governo ou políticos – 47.5 Atos de império e de gestão – 47.6 Atos no exercício de poderes vinculados e discricionários – 47.7 Teoria do abuso de direito como limite ao exercício dos poderes discricionários. 48. Elementos do ato jurídico-administrativo: 48.1 Causa como elemento do ato jurídico – 48.2 Substituição da expressão "causa" por outra – 48.3 Causas e não-causa do ato jurídico – 48.4 Causa*

1. Cf. Silvio Trentin, *L'Atto Amministrativo*, 1915; Recaredo F. de Velasco Calvo, *El Acto Administrativo*, 1929; Carlo Tivaroni, *Teoria degli Atti Amministrativi*, 1939; Oreste Ranelletti, *Teoria degli Atti Amministrativi Speciali*, 1945; Michel Stassinopoulos, *Traité des Actes Administratifs*, 1954; Manuel María Diez, *El Acto Administrativo*, 1961; Agustín A. Gordillo, *El Acto Administrativo*, 1962; Umberto Fragola, *Gli Atti Amministrativi*, 2ª ed., 1964; Pietro Virga, *Il Provvedimento Amministrativo*, 2ª ed., 1964; Bartolomé A. Fiorini, *Teoría Jurídica del Acto Administrativo*, 1969; Juan Carlos Cassagne, *El Acto Administrativo*, 1974.

agente ou eficiente principal do ato administrativo – 48.5 Causa agente ou eficiente instrumental do ato administrativo – 48.6 Causa material do ato administrativo – 48.7 Causa formal do ato administrativo: essencial e acidental – 48.8 Causa formal acessória do ato administrativo – 48.9 Causa final do ato administrativo: subjetiva e objetiva – 48.10 Causa ocasional do ato administrativo – 48.11 Causa exemplar. 49. Classificação dos atos administrativos quanto à causa eficiente principal: 49.1 Classificação – 49.2 Ato administrativo simples – 49.3 Ato administrativo complexo – 49.4 Ato administrativo composto – 49.5 Ato administrativo simultâneo – 49.6 Procedimento administrativo. 50. Classificação dos atos administrativos quanto à causa eficiente instrumental: 50.1 Enumeração dos atos administrativos quanto à forma exterior – 50.2 Decreto – 50.3 Mensagens, proclamações e manifestos – 50.4 Portaria – 50.5 Aviso – 50.6 Ofício – 50.7 Circular e ordem interna – 50.8 Despacho e resolução – 50.9 Alvará – 50.10 Edital e pregão – 50.11 Formalidade dos instrumentos – 50.12 Instrumentos de assentamento ou documentação – 50.13 Atos administrativos expressos em fórmulas gerais. 51. Classificação dos atos jurídicos quanto à causa formal: 51.1 Sistema adotado: A) Atos administrativos constitutivos de direito: 51.2 Concessão – 51.3 Permissão – 51.4 Autorização – 51.5 Aprovação – 51.6 Dispensa – 51.7 Ordem – 51.8 Sanção administrativa – 51.9 Renúncia – B) Atos administrativos declaratórios de direito: 51.10 Admissão – 51.11 Licença – 51.12 Homologação – 51.13 Isenção – 51.14 Recusa – 51.15 Decisão – 51.16 Habilitação – C) Atos administrativos de conhecimento ou desejo: 51.17 Visto – 51.18 Parecer – 51.19 Proposta – 51.20 Assentamento ou documentação – 51.21 Certidão – 51.22 Participação, comunicação e publicação – 51.23 Citação, intimação e notificação – 51.24 Voto – 51.25 Denúncia. 52. Efeitos dos atos administrativos: 52.1 Vontade declarada e vontade real – 52.2 Vícios na manifestação da vontade – 52.3 Interpretação do ato administrativo – 52.4 Perfeição, obrigatoriedade e eficácia do ato administrativo – 52.5 Efeito imediato e retroativo do ato administrativo – 52.6 Suspensão e cessação dos efeitos dos atos administrativos. 53. Exigibilidade e auto-executoriedade dos atos administrativos: 53.1 Espécies de atos administrativos e modos diferentes da sua efetivação – 53.2 Classificação da auto-executoriedade – 53.3 Casos de aplicação e de não-aplicação – 53.4 Atuação jurídica e material da auto-executoriedade e os direitos dos particulares – 53.5 Hipóteses de auto-executoriedade em face dos tipos de obrigação. 54. Revogação dos atos administrativos: 54.1 Conceito e fundamento – 54.2 Distinção de outros institutos jurídicos – 54.3 Inexiste coisa julgada com referência ao ato administrativo. É, em princípio, revogável – 54.4 Poder de revogar e seus limites – 54.5 Hipóteses em que a revogação padece de vício de ilegitimidade – 54.6 Conciliação de direito adquirido do administrado e do patrimônio de terceiros com a revogação – 54.7 Doutrina italiana sobre a revogação – 54.8 Doutrina alemã sobre a revogação – 54.9 Processo na revogação. 55.

Nulidade e anulabilidade do ato administrativo: 55.1 Vícios dos atos administrativos – 55.2 Do direito privado ao direito público – 55.3 Efeitos iguais dos atos nulos e anuláveis – 55.4 Efeitos diversos dos atos nulos e anuláveis – 55.5 Atos inexistentes – 55.6 Declaração ou decretação de ofício de nulidade ou anulabilidade. 56. Contrato de direito público ou administrativo: 56.1 Discussão sobre sua existência – 56.2 O problema na Alemanha e na Itália – 56.3 O problema na França – 56.4 A cláusula "rebus sic stantibus" e a teoria do "fait du prince" – 56.5 Diversidade entre o contrato de direito público e o administrativo – 56.6 O conceito de "contrato" – 56.7 Inexiste o contrato administrativo ou de direito público – 56.8 O direito pátrio.

45. Teoria dos fatos e atos jurídicos

45.1 Fato jurídico: conceito e classificação

Considera-se *fato* qualquer acontecimento que ocorre na vida social. Pode ser relevante ou irrelevante para o Direito.

Essa relevância pode provir dos textos legais ou de formas que criam regras normativas de conduta, análogas aos textos legais, de direito positivo, como o costume e a jurisprudência. Então, equivalem a regras coercitivas, gerais, abstratas e impessoais, de comportamento dos seres humanos ou do Estado-poder, tendo em vista a vida em comum no Estado-sociedade.

Outrossim, pode dizer respeito a acontecimento concreto, com referência a certa pessoa, que faz produzir efeitos jurídicos específicos, de conformidade com a ordem normativa existente, constante da lei ou do costume, e da jurisprudência, esta complementando aquelas fontes objetivas, primárias e subsidiárias.

Já, irrelevante será se for estranho ao Direito, seja porque não tem alcance de criar normas jurídicas ou, sequer, de aplicá-las. Assim, os usos sociais de cortesia em dada comunidade, certos acontecimentos naturais, como a chuva ou a germinação de uma planta, e determinadas atividades materiais humanas, como a de conservação ou distribuição de bens móveis dentro de uma repartição pública ou a de publicação de proclamas exortativos por um ministro de Estado, ou, ainda, a de realização de audiências do Presidente da República.

Os fatos irrelevantes em si, entretanto, podem assumir relevância jurídica. Isso porque a irrelevância ou a relevância diante do Direito não constitui característica intrínseca dos fatos, mas uma sua maneira de ser em consideração à ordem jurídica, criando-a através das fontes objetivas, e já examinadas, a lei, o costume e a jurisprudência, ou aplicando as normas, pertinentes a essas fontes objetivas, com referência a determinada pessoa, e constituindo, destarte, fontes subjetivas do Direito.

Algum uso social de cortesia, em certa comunidade, pode passar a ser obedecido pelo povo, com a consciência de que constitui regra jurídica, de caráter normativo, e, assim, se transforma em costume.

A chuva com granizo, que em si representa fato irrelevante ao Direito, tornar-se-ia relevante se assegurada, por lei, moratória aos lavradores, para pagamento dos seus compromissos, cujas plantações ficaram devastadas por aquela intempérie e tiveram sua germinação e produção absolutamente prejudicadas.

Igualmente, a conservação e distribuição de bens móveis dentro de uma repartição constituem atividades irrelevantes para o Direito. Se, porém, esses bens móveis, como matéria inflamável, fazem se dê, de repente, sua combustão, causando danos a terceiros, verifica-se, segundo a lei, a responsabilidade do Estado de indenizar os prejuízos decorrentes dessa atividade material, que, de irrelevante, se torna relevante para o Direito.

Idêntico efeito ocorreria se inexistisse lei a respeito, porém norma costumeira ou construção jurisprudencial de tal alcance.

Em conseqüência, *fato jurídico*, como fonte subjetiva do Direito, conceitua-se como qualquer acontecimento que, nos termos da ordem jurídica normativa, com referência a determinada pessoa, produz efeito de direito. Exterioriza-se sob várias modalidades. Contudo, de um lado está o fenômeno natural, e de outro a atividade humana. Aquele se denomina *fato jurídico objetivo*; e este, *fato jurídico subjetivo*.

Embora múltiplo, o *fato jurídico objetivo*, fenômeno natural, independente da vontade humana, é insuscetível de classificação sistemática nos seus efeitos jurídicos. Compreende os mais diversos acontecimentos, tais como o nascimento, a morte, a enfermidade, o parentesco, o espaço, o tempo, o movimento, a medida, a ação dos elementos de que se compõem os fenômenos da Natureza etc., a suscitarem diferentes efeitos de direito, na conformidade da ordem jurídica vigente.

O *fato jurídico subjetivo* também se apresenta com variados matizes. Distingue-se, desde logo, todavia, em *fato jurídico subjetivo propriamente dito* e *ato jurídico*.

O *fato jurídico subjetivo propriamente dito* corresponde ao acontecimento fruto da atividade humana, de caráter material, uma vez que os efeitos de direito que produz são indiferentes ou, mesmo, repugnam ao seu agente. Encerra, no primeiro caso, a atividade material lícita do homem, segundo a ordem jurídica positiva, em que o agente sequer considera os efeitos de direito que seu comportamento possa gerar; e, no segundo, a ilícita, pois o agente, então, não quer se verifiquem os efeitos de direito que sua atitude provoca.

Em virtude de os efeitos de direito, em ambas as hipóteses, serem independentes da vontade humana de quem realizou o ato, ou, melhor, indiferentes ou contrários a essa vontade, eles não se classificam como atos jurídicos, e simplesmente como fatos jurídicos subjetivos propriamente ditos. Não passam de atos materiais do ser humano que suscitam efeitos de direito.

Como exemplo de fato jurídico subjetivo propriamente dito, lícito, é de se recordar o ato material de alguém que muda sua residência de Porto Alegre, no Rio Grande do Sul, para Santos, no Estado de São Paulo, por motivos amorosos, ou em virtude de melhor oportunidade comercial. Inexiste nesse comportamento qualquer preocupação com os efeitos de direito que acaso dele decorram, alheios às suas cogitações, ao tomar aquela deliberação e, em seguida, ao efetivá-la. Não obstante, essa mudança de residência, de uma cidade para outra, acarreta-lhe conseqüências na ordem jurídica.

Tal transferência de moradia faz com que seu domicílio se situe em novo local, e aí passe a responder pelas obrigações jurídicas assumidas, salvo acordo anterior expresso em contrário. Portanto, dita transferência constitui um fato jurídico subjetivo propriamente dito, pois a ação material lícita levada a efeito, embora indiferente a qualquer alteração na ordem do direito, faz esta se verificar.

Como exemplo de fato jurídico subjetivo propriamente dito, ilícito, é de se lembrar, de um lado, o *penal*, que comete o ladrão ao praticar o ato material de roubar, ou o homicida ao praticar o ato material de matar; e de outro, o *civil*, que comete o motorista ao guiar em excesso de velocidade e vai de encontro a um imóvel, danificando-o, ou ocasionando a morte de um transeunte. Qualquer deles não quer os efeitos de direito resultantes desses fatos, ou seja, sofrer as conseqüências jurídicas desses atos materiais ilícitos, por eles livremente operados, sujeitando-se às penas criminais e ao pagamento das indenizações civis cabíveis, e previstas pelo direito.

Trata-se, outrossim, de fatos jurídicos subjetivos propriamente ditos, porque, apesar de queridos os fatos materiais, não desejaram o efeito de direito conseqüente. Aliás, a ilicitude deles basta para não poder considerá-los como atos jurídicos, e tão-somente como fatos. Porém, uma vez originado de atividade humana, é fato subjetivo, e, como tem reflexos na ordem jurídica, diz-se *fato jurídico subjetivo*, e, ainda, *propriamente dito*, para se distinguir do ato jurídico.

Já, os *atos jurídicos* são manifestações de vontade humana com o objetivo de produzir efeitos de direito.

Essa classificação inspirou-se em Zanobini (*Corso di Diritto Amministrativo*, vol. I, 1936, pp. 245-247).

45.2 Ato jurídico: conceito e classificação quanto aos efeitos

Os *atos jurídicos*, como se disse, são manifestações da vontade humana com o objetivo de produzir efeitos de direito. Por vezes visam a alterar a ordem jurídica em vigor ou a afirmar direito preexistente, enquanto em outras visam, simplesmente, a exteriorizar conhecimento ou sentimento. Os primeiros chamam-se *negócios jurídicos*; e os últimos, puros *atos jurídicos*.

Os *negócios jurídicos* são os atos jurídicos em que, através da manifestação da vontade humana, se adquire novo direito, se modifica e extingue o existente, alterada a ordem jurídica em vigor; ou, então, se declara direito, assegurando-o ou reconhecendo-o, ante a verificação de relação jurídica ou a apuração de fato material. Dá-se-lhes essa denominação de *negócios jurídicos* porque, mediante a manifestação da vontade humana, se busca constituir nova situação jurídica ou elucidar o desfrute, ante a declaração feita, de certa situação de direito, e que lhe confere valor formal e lhe dá força de eficácia.

O efeito de direito, em ambas as hipóteses, tanto de alteração da ordem jurídica como de asseguramento ou reconhecimento da existente, destarte, resulta direta e imediatamente dessa manifestação de vontade, da sua determinação.

A maioria dos juristas nega ao acertamento o caráter de negócio jurídico, porque não constitui nova situação jurídica, e apenas elucida o desfrute de situação jurídica já existente. Então, alguns o incluem entre os puros atos jurídicos ou pronúncias jurídicas, em paridade com as manifestações de conhecimento ou de sentimento, ou lhe dão uma categoria em apartado.

Porém, como, na realidade, constitui exteriorização de vontade para produção de certo efeito jurídico, determinado ou determinável pela própria vontade do agente e pela qual se torna eficaz, não pode participar da mesma categoria dos puros atos jurídicos ou pronúncias jurídicas.

Poder-se-ia dar-lhe uma categoria em apartado, por não constituir situação jurídica nova, mas apenas tornar a existente formalmente eficaz. Entretanto, como tem a mesma nota dos atos que constituem nova situação jurídica – qual seja, a de fazer o efeito do direito resultar direta e imediatamente da manifestação da vontade do agente –, afigura-se que melhor ficaria enquadrado como subespécie dos negócios jurídicos. Na realidade, essa manifestação de vontade tem caráter constitutivo formal, ao assegurar ou reconhecer direito de alguém com força de eficácia, embora sem a constituição de nova situação jurídica, quanto ao conteúdo do direito.

A respeito, acolhe-se a sistematização feita por D'Alessio (*Istituzioni di Diritto Amministrativo Italiano*, vol. II, 1934, pp. 160-163, n. 434).

A teoria dos negócios jurídicos como espécie dos atos jurídicos é criação dos pandectistas alemães. Posteriormente foi acolhida por destacados publicistas de Língua Germânica. Transplantada para a Itália, aí se arraigou, adotada por civilistas e administrativistas. Modernamente, Alessi (*Sistema Istituzionale del Diritto Amministrativo Italiano*, 3ª ed., pp. 265-269) pretende ser própria dos atos jurídicos privados, apenas. Oferece, destarte, outra sistematização jurídico-administrativa. Sua opinião, entretanto, não encontrou eco expressivo na doutrina. Na França essa classificação dos atos jurídicos não mereceu consideração especial.

Os negócios jurídicos constitutivos de direito novo, com alteração na ordem jurídica, repita-se, compreendem os casos de *aquisição*, *modificação* e *extinção*.

A *aquisição* dá-se com o nascimento de relação jurídica. Ela pode atribuir novo estado de direito, estabelecendo poderes e deveres recíprocos ao atingido pelo ato jurídico, como ocorre com o provimento de um candidato em cargo público, com a concessão a terceiro de um serviço público e com a outorga a estrangeiro do título de naturalização; ou, então, atribuir certos direitos aos indivíduos, como os próprios de título honorífico conferido a alguém; ou, afinal, ampliar o exercício de faculdades jurídicas, como nos casos de autorização para a prática de certa atividade, que sem ela seria proibida, e sirva de exemplo a de porte de armas, ou de aprovação de determinado ato jurídico, que sem ela seria vedado, tal seja o empréstimo externo pelos Municípios com o beneplácito do Senado Federal.

A *modificação do direito* verifica-se pela alteração do âmbito do direito anterior, que se restringe ou se converte em outro. Como restrição aponta-se a punição que sofre um empregado público pela prática de ato contrário aos interesses do serviço, a ocupação por agentes do Poder Público de bem de particular nas imediações de local onde se realizam obras públicas, e, enquanto necessária essa utilização, para depósito dos materiais empregados no referido empreendimento. Exemplifica-se a *substituição ou conversão* de direito com a expropriação, em que o bem de expropriado se converte numa expressão econômica, substituída a coisa pelo seu respectivo valor.

A *extinção de direito* é a sua perda, como na renúncia, em que alguém abdica de direito de que era titular: renuncia a um cargo público, pedindo sua exoneração.

Os negócios jurídicos declaratórios de direitos são aqueles pelos quais se acertam qualidades ou estado de pessoas ou coisas e atos ou relações jurídicas, e se verifica, em conseqüência, o asseguramento ou o reconhecimento de direitos. São, outrossim, denominados *atos jurídicos de acertamento constitutivo* (cf. Gustavo Vignocchi, *Gli Accertamenti Costitutivi nel Diritto Amministrativo*, 1950; Michele M. G. Perini, *Osservazioni sul l'Accertamento Costitutivo nel Diritto Amministrativo*, 1953).

Compreendem espécies distintas de atos jurídicos, quanto aos seus efeitos, a saber:

(a) Os que declaram que situação jurídica em potência pode atualizar-se, quanto ao desfrute de vantagens materiais ou ao exercício de atividades materiais, e, assim, removem obstáculo, ante a verificação de que foram preenchidos os requisitos legais para isso. Exemplos: a admissão para tratamento em hospital público deve ser feita em verificados o fato da moléstia, a situação econômica do doente e a existência de vaga; ou, então, a licença, a terceiro, para a construção em imóvel, verificado que se apresenta com títulos a se presumir ser seu proprietário e a planta oferecida satisfaz as exigências legais; etc.

(b) Os que declaram que o ato jurídico se efetivou obedecidas as formalidades legais, conforme devidas apurações, e, então, pode produzir os efeitos próprios. Exemplos: homologação de despesa, por parte de repartição controladora, determinada por repartição executiva; *referendum* por órgão superior a ato de inferior hierárquico; etc.

(c) Os que declaram o estado de pessoas ou coisas, numa apreciação de qualidades de fato, mediante juízo de valor objetivo, e, em conseqüência, asseguram direitos aos beneficiados pela apuração. Exemplos: habilitação em exame de motorista ou em escola pública; lançamento de tributos; verificação de idoneidade física e moral de certo candidato; classificação em concorrência pública e conseqüente adjudicação ao melhor classificado; etc.

(d) Os que declaram, num exame de atos ou relações jurídicas, o direito de uma parte contra a outra, em controvérsia, que pode ser órgão da própria Administração Pública, compreendendo não só a questão principal como a acessória, prejudicial. Exemplos: decisão de recurso do particular contra ato da Administração Pública, ou em processo disciplinar de funcionário; e, ainda, em conflito de competência entre órgãos administrativos, ou sobre a tempestividade de recurso.

Consistem em atos jurídicos de asseguramento ou reconhecimento de direitos. Portanto, não interferem na constituição do seu conteúdo. Mas têm o valor formal de lhes dar efeito jurídico, do qual dependem para sua eficácia. Por conseguinte, embora direitos preexistentes aos seus efeitos, só se efetivam ante a manifestação da vontade declaratória que lhes dá eficácia. Assim, pode-se dizer que são constitutivos, sob o aspecto formal.

Esses atos formalizam-se, de regra, em *relatório*, que consiste na exposição minuciosa dos fatos ou relações jurídicas consideradas, em que se indaga sobre os diferentes problemas objeto de acertamento, preliminar à prática do ato jurídico, e na *emanação de vontade*, assegurando ou reconhecendo direito de alguém. Então, há a manifestação de vontade para produção de efeito jurídico, ínsito ao próprio acertamento. Porém, quer que produza o respectivo efeito, mediante o prévio asseguramento ou reconhecimento do que ficou acertado.

Os puros atos jurídicos ou pronúncias são manifestações de vontade humana em que se expressam, apenas, conhecimento ou sentimento. Como mera exteriorização intelectiva ou sentimental, produzem efeitos de direito que defluem direta e imediatamente dos textos legais, em vez de serem constituídos ou assegurados e reconhecidos por ato do próprio agente que os pratica. As manifestações da vontade humana fazem-se para externar uma opinião ou um desejo, com o fito de produzir efeitos de direito, que não determinam, mas que têm sua fonte na lei, ignorando, por vezes, mesmo, seu resultado.

Sirva de exemplo de conhecimento ou opinião a certidão expedida por órgão competente da Administração Pública sobre situações de direito ou de fato constantes dos seus arquivos, que tem fé pública e pode ser obtida pelos interessados a fim de conseguirem, com sua exibição, os efeitos de direito que os textos legais lhes conferem; e de sentimento, ou desejo, voto proferido por membro de um corpo colegial que participa como elemento na formação da deliberação do colégio e produzirá os efeitos de direito que a lei lhe atribuiu e segundo a resultante de várias manifestações de vontades isoladas, e muitas vezes divergentes.

Em ambas as hipóteses, ao manifestarem a vontade, expressando o conhecimento ou sentimento, ignoram o resultado dela, o alcance do seu efeito.

45.3 Situações jurídicas estatutárias e individuais
 e os atos ou fatos que lhes são condição ou causa

Consoante ponderado, os efeitos de direito decorrem de fatos, objetivo e subjetivo propriamente dito, isto é, de fenômeno natural ou de atividade material humana, lícita ou ilícita, bem como de ato jurídico, ou seja, de manifestação de vontade com intuito de produzir efeitos de direito, por ela queridos, e que resultam, portanto, direta e imediatamente, da sua exteriorização, constituindo direito novo ou assegurando direito preexistente, nos negócios jurídicos, ou cujas conseqüências práticas defluem da própria lei, ante sua manifestação, expressando um conhecimento ou sentimento, nas meras pronúncias.

Os efeitos de direito oriundos do fato jurídico ou do ato jurídico alcançam as pessoas humanas, seja como pessoas físicas, individualmente consideradas, seres racionais e livres, pessoas naturais, seja como pessoas morais, coletivamente consideradas, seres oriundos de relações de pessoas físicas, com a consciência de constituírem uma unidade, para realizar determinado fim comum, pessoas jurídicas.

Esses efeitos de direito reconhecem-lhes poderes e deveres, bem como direitos e obrigações, na qualidade de sujeitos ativos e passivos da relação jurídica. Por conseguinte, atribuem-lhes, ou criam a seu favor, *situação jurídica*. A situação jurídica pode ser de duas naturezas: *estatutária* e *individual* – como ensina Duguit (*Traité de Droit Constitutionnel*, 2ª ed., vol. I, 1921, pp. 252-268), cujas lições foram desenvolvidas pelos seus discípulos, e em especial por Jèze (*Principios Generales del Derecho Administrativo*, 3ª ed., vol. I, 1948, pp. 13-27 e 28-42).

Estatutária quando, pelos fatos ou atos jurídicos, se atribui às pessoas, por eles atingidas, uma situação geral e abstrata, isto é, se lhes reconhece um complexo de poderes e deveres constantes das normas jurídicas vigentes para serem exercidos nos termos legais.

Individual quando, pelos fatos ou atos jurídicos, se cria relação jurídica, específica e concreta, entre as pessoas por ela vinculadas, isto é, se lhes reconhecem poderes e se lhes prescrevem deveres com referência a determinadas prestações.

O poder de agir e de exigir, por parte dos sujeitos ativos com referência aos sujeitos passivos – a que ficam presos por liame jurídico a respeito desses poderes, numa posição negativa ou numa atuação positiva, observe-se de passagem –, corresponde ao direito subjetivo daqueles em face destes, na conformidade do direito objetivo, como já exposto (cf. Capítulo IV deste trabalho).

Contra essa última conseqüência revoltou-se Duguit e negou a existência de tal direito. Entretanto, um dos seus mais destacados discípulos, Bonnard, embora a princípio seguisse ainda nesse passo a lição do Mestre, foi, ante o imperativo lógico, das conseqüências jurídicas, obrigado a aceitá-lo, como se verificou anteriormente. Tal conseqüência, todavia, em nada afeta, entretanto, a concepção de Duguit sobre as situações jurídicas. Apenas a melhora, nos seus resultados práticos (cf. itens 26.2-26.5).

As situações estatutárias estendem-se a número indeterminado de sujeitos e são mutáveis segundo a alteração das regras jurídicas que as regulam. Já, as situações individuais referem-se apenas a especificados sujeitos, de modo determinado, e são inalteráveis por terceiros ou por uma das partes sem a concordância da outra, obedientes às regras que permitiram sua criação.

Como exemplo de situação estatutária apresenta-se o estado de nacional, que confere indeterminadamente, a todos que se encontram nele investidos, em conseqüência da regra jurídica normativa, os mesmos poderes e deveres, reconhecidos, assim, direitos e obrigações idênticos a todos que se encontram nessa situação. Como exemplo de situação individual apresentam-se a do vendedor e a do comprador de certo bem, ambos investidos, pela relação jurídica entre eles formada, em virtude da regra jurídica por eles mesmos disposta, dos poderes e deveres especiais dela decorrentes, reconhecidos, somente a eles, os direitos e deveres nela previstos.

A situação jurídica estatutária funda-se em normas objetivas, gerais e abstratas, que se tornam aplicáveis aos indivíduos em virtude de fatos e atos jurídicos que lhes atribuem tal situação. É a situação jurídica de cidadania ou de função pública.

Com o simples fato de completar a idade constitucional ou legalmente prevista, aplica-se ao nacional o texto constitucional ou legal que o torna cidadão para os efeitos políticos. Tais poderes e deveres são iguais para todos que preenchem as exigências do fato da idade fixada, o qual atribui a eles essa situação, que estava de antemão prevista pelo texto. Daí se chamar a esse fato material de *fato jurídico*, por relevante para o Direito.

Por outro lado, ao ser nomeado alguém funcionário público, nos termos de direito, se lhe estende o Estatuto dos Funcionários, e seus poderes e deveres são os mesmos de todos os funcionários sujeitos a dito Estatuto. O ato jurídico, em si, de nomeação nada acrescenta ao conteúdo dos poderes e deveres da situação jurídica, corresponde ao que já existia previsto pelo texto, pois tão-somente a atribui ao nomeado, quanto àqueles direitos e obrigações.

Outras vezes, o ato jurídico, e mesmo o fato material, tem por objeto a alteração ou afirmação de uma situação jurídica particular e concreta. A situação jurídica altera-se ou se afirma em virtude do exercício pelo indivíduo de faculdade abstrata, que lhe é atribuída pela norma objetiva, ou em conseqüência de fato material, praticado pelo indivíduo ou decorrente da própria natureza das coisas, a que a norma objetiva havia, abstratamente, previsto tal efeito concreto de direito, se ocorrido. É a situação jurídica de haver um bem por acordo ou sucessão.

A compra e venda de um bem, desde que perfeita e acabada, nos termos da lei em vigor, faz surgir, em virtude do ato jurídico do acordo de vontades, para o comprador o direito à coisa e para o vendedor ao preço. Por sua vez, ocorrendo o falecimento de ascendente, desde então, o herdeiro, nos termos da lei vigente, em razão do fato jurídico, a *morte*, torna-se titular dos direitos à herança.

Os direitos e obrigações integram-se ao patrimônio ativo ou passivo dos respectivos sujeitos. Surge situação jurídica definitivamente constituída, com direitos adquiridos e obrigações irreversíveis, mesmo se altere a ordem jurídica, posteriormente, quanto ao regime de direito da compra e venda ou da sucessão hereditária.

No caso de situações jurídicas de extensão geral e impessoal há, portanto, a particularização das regras normativas a favor de certas pessoas, sujeitos ativos, com a simples circunstância de existirem, com o acontecimento posterior de certo fato jurídico, ou a realização de determinado ato jurídico. Assim, a situação jurídica surge de pleno direito com a simples existência da pessoa, ou após a efetivação de dado fato ou ato, que dá força para sua exteriorização, e atua como "condição", como "instrumento", para o aparecimento da situação estatutária, a qual sucede, no tempo, ao fenômeno do estabelecimento da regra jurídica normativa.

As situações gerais oriundas das normas objetivas não se tornam, em princípio, entretanto, automaticamente aplicáveis aos indivíduos, mas em virtude desses fatos ou atos jurídicos posteriores que atribuem a eles tais situações. Só excepcionalmente elas surgem, de pleno direito, com a simples existência, como seja a capacidade das pessoas de serem titulares de direitos e obrigações e, assim, poderem exercer sua liberdade e limitá-la, como adquirir coisas e delas dispor.

Esses atos jurídicos da vontade, suplementares e necessários, portanto, chamam-se *atos-condições* ou *instrumentais*. Eles têm, de um lado, o aspecto de um ato concreto, particular e pessoal, pois visam a um ou vários indivíduos, precisamente designados. De outro, entretanto, eles não criam situação jurídica individual, pois se limitam a atribuir a certo ou a certos indivíduos uma situação jurídica geral, em virtude de um texto legal que já previa essa situação, sem nada ajuntar a ela, tomando-a tal como existe para atribuí-la a ditas pessoas. A situação jurídica criada pelo ato-condição, e em razão dele, resulta, necessariamente, do texto legal e nos seus termos, cabendo-lhe função meramente atributiva da nova situação.

Assim, a nomeação de um funcionário faz com que se atribua a ele uma situação estatutária. A nomeação apenas investe o nomeado nela, em virtude da qual passa a ter os poderes e deveres constantes da lei, e preexistentes à sua nomeação. Por isso, constitui ato-condição.

Às vezes o ato-condição confere simples faculdade. Outras, outrossim, um dever, quando a faculdade envolve uma função. Ao atingir alguém a maioridade política, se o voto não for obrigatório, desse fato lhe decorre a faculdades de votar nos termos legais. Mas se, ao contrário, for obrigatório, obtém não só a faculdade, como assume o dever de exercê-la, como função que incumbe a todo cidadão.

Mutatis mutandis, o mesmo ocorre com certos fatos, como observaram Duez e Debeyre (*Traité de Droit Administratif*, 2ª ed., pp. 195-199, n. 298), completando o pensamento de Duguit a respeito.

Quando têm tão-somente a função de provocar a aplicação dos efeitos de direito, previstos por regra geral e abstrata, a um determinado indivíduo, funcionam como *fatos-condições ou instrumentais*. Realmente, eles se limitam a atribuir a um ou a alguns indivíduos uma situação jurídica geral, previamente estabelecida, que já existia; enfim, uma situação estatutária, legal ou regulamentar.

É o caso da maioridade, retro-referido, política ou civil, pelo qual, ao se atingir determinada idade, prevista por texto constitucional ou legal, alguém se torna cidadão, para o exercício dos atos políticos, ou civilmente apto para os atos da vida privada.

Já, as situações jurídicas de extensão especial e pessoal dimanam, concomitantemente, no tempo, com o fenômeno de estabelecimento, pelas próprias partes, de regras jurídicas imperantes entre elas, e que criam, então, vinculação jurídica entre os sujeitos, titulares de poderes e deveres recíprocos, dada a peculiaridade especial e pessoal dessas regras, concretizadas na relação jurídica então firmada. O ato jurídico de manifestação da vontade é *causa* das situações jurídicas. Esses atos denominam-se *atos subjetivos*, concretos. É o caso de contrato firmado entre partes interessadas.

Mas a situação individual não poderá se formar senão em virtude de exercício, pelos indivíduos, de poder abstrato que lhes é atribuído por ato objetivo, ou normativo, isto é, do seu poder normativo de querer, de sua capacidade jurídica. A base, portanto, do ato particular encontra-se em poder derivado de ato objetivo ou normativo.

Por sua vez, os fatos materiais, já referidos, podem produzir efeitos jurídicos não só como *condição*, e, outrossim, como *causa* do aparecimento de situação jurídica. Têm, nessa oportunidade, não só a função de provocar a aplicação de efeitos de direito previstos por regra geral e abstrata a um determinado indivíduo, porém, mais ainda, a de criar situação jurídica pela qual se atribui um poder específico a favor ou em detrimento de certa pessoa, estabelecendo entre elas uma relação jurídica específica.

São fatos, destarte, que constituem, juridicamente, a *causa* do aparecimento de situação jurídica individual, dada a natureza particular de cada fato que a provoca e a peculiaridade da situação jurídica que faz surgir. Então, o fato material traz o nascimento de situação individual a favor de determinada pessoa pela sua simples ocorrência, em face do preceito legal, e ante a relação jurídica conseqüente, determinada, que faz surgir.

Assim, o abalroamento praticado em bem jurídico de alguém por um motorista estabelece um laço de responsabilidade criminal e civil entre eles. Funcionam acontecimentos que tais como fatos subjetivos ou individuais.

45.4 Características das situações estatutárias e individuais

As *situações estatutárias*, como salientado, são situações jurídicas gerais, impessoais e abstratas.

Afirma-se sua *generalidade* porque esses poderes e deveres pertencem a todas as pessoas, ou, ao menos, a uma categoria delas, que se encontram na mesma situação, não obstante em dado momento possa ser uma só. Manifesta-se sua *impessoalidade* porque esses poderes e deveres apresentam o mesmo conteúdo jurídico para todas essas pessoas. Reconhece-se sua *abstração* porque esses poderes e deveres existem independentemente da consideração de tais pessoas.

Assim, os poderes e deveres de proprietário são os mesmos para todos que se acham nessa situação jurídica, o que também ocorre com os poderes e deveres dos cônjuges, pouco importando, em dada ocasião, só exista um proprietário ou um casal. Mas, quando surgirem outros proprietários ou outros cônjuges, terão seus poderes e deveres regidos de igual maneira. Por isso, seus atributos não se esgotam com o respectivo exercício.

Portanto, os poderes de uso e gozo da propriedade, nas suas mais diversas modalidades, podem ser exercidos indefinidamente, sem que desapareçam. Igualmente, os poderes de representação legal da família e de fixar e mudar seu domicílio, por exemplo, do cônjuge varão, podem ser exercidos indefinidamente, sem que desapareçam, desde que exercidos nos limites da ordem jurídica vigente, disposta pela lei. Existirão sempre, uma vez que seus titulares continuem proprietários ou cônjuges. Perdura a prerrogativa de desempenharem os direitos que lhes são próprios, segundo a ordem jurídica.

Demais, são irrenunciáveis de modo absoluto, isto é, enquanto proprietário ou cônjuge não podem, obviamente, abdicar de todos os poderes próprios dos proprietários ou dos cônjuges, a menos que deixem de ter tal situação jurídica. Sua vontade não pode derrogar de modo completo a ordem jurídica no que dispõe a respeito, sob pena de fazer com que perca seu caráter de generalidade e de abstração.

Todavia, lícito lhes será, se tanto não for legalmente proibido, renunciar, de forma relativa, a certos poderes. Destarte, ao proprietário seria lícito restringir o uso e gozo da propriedade, constituindo a favor de um vizinho servidão de luz, o que restringiria seu direito de construir.

Não se confunde, por outro lado, a renúncia absoluta dos poderes de uma situação estatutária com o não-exercício deles. Assim, o cônjuge varão pode deixar de exercer os poderes de chefe da sociedade conjugal, permitindo, tacitamente, que o outro cônjuge os desempenhe em várias eventualidades. Outrossim, um eleitor pode, em país onde o voto não seja obrigatório, deixar de votar, abstendo-se de exercer o poder que lhe compete em virtude de estar naquela situação jurídica.

Aliás, essas permanência e irrenunciabilidade da referida situação correspondem a aspectos da própria generalidade, isto é, à generalidade no tempo. Tal não impede, todavia, que seja por tempo prefixado. Por exemplo, os poderes conferidos a um concessionário de uso de bem público a prazo certo.

A fonte imediata dos poderes e deveres de tal situação é a lei. Existem em razão dela. Conseqüentemente, podem ser revogados por outra lei que acaso venha a ser promulgada. Por conseguinte, os poderes do proprietário podem ser alterados por nova lei, estabelecendo mais limitações ao direito de construir; outrossim, as prerrogativas do marido, como chefe da sociedade conjugal, podem ser restringidas por nova lei, alterando-as. Tais modificações alcançam todos os proprietários, embora já o fossem antes da lei limitadora, bem como todos os cônjuges, apesar de seus casamentos se terem realizado antes da lei mais liberal.

As *situações individuais*, como também salientado, são situações jurídicas particulares, pessoais e concretas.

Afirma-se sua *particularidade* porque esses poderes e deveres se exercem e se cumprem em consideração a pessoas especificadas, limitados aos sujeitos ativos e passivos, individuados, de dada relação, ou seus sucessores. Manifesta-se sua *pessoalidade* porque esses poderes e deveres têm conteúdo próprio apenas para essas pessoas. Reconhece-se sua *concreção* porque esses poderes e deveres, ainda quando existam, simultaneamente, entre vários titulares, são devidamente determinados para cada um.

Assim, os direitos e obrigações de comprador e vendedor de certo bem são fixados através de vínculos firmados entre eles. Por isso, extinguem-se tais atributos com o próprio exercício. Cumprida a obrigação, desaparece a situação então existente. O comprador libera-se com o pagamento do preço; e o vendedor, com a entrega da mercadoria, uma vez deixe de ocorrer, nos prazos legais, qualquer reclamação das partes. Conseqüentemente, a situação jurídica relativa a elas cessa.

Demais, são renunciáveis. O credor pode abdicar do seu poder de cobrar certa importância emprestada ao devedor, desvinculando-o desse dever. Feita a renúncia legalmente, aniquila-se a relação de crédito e débito até então existente.

Dita transitoriedade de situação, porém, não implica que os poderes e deveres se realizem em uma só vez. Podem, progressivamente, quando se estabelece termo para a solução jurídica, como seja o contrato de locação por certo prazo. Então, os direitos e as obrigações do locador e do locatário permanecem durante a vigência do contrato de locação, satisfeitos dia por dia, mês por mês e ano por ano. Todavia, levada a efeito, no seu termo final, a situação jurídica criada se exaure.

Tais situações jurídicas não são fruto direto da lei, mas de ato jurídico particular, que as cria, ou de fato especial, que as faz surgir, e vinculam as partes interessadas. Por isso, não são modificáveis por nova lei.

Se Fulano faz empréstimo de certa importância a Beltrano, a juros de 1% ao mês, pelo prazo de dois anos, pagáveis quinzenalmente e capitalizáveis, uma vez ocorrendo atraso, mediante depósito deles no Banco "X", segundo lei em vigor, não pode lei posterior, que limitar os juros a 6% ao ano, pagáveis só semestralmente, e com proibição da capitalização deles, alcançar as situações jurídicas derivadas desse contrato de mútuo, durante sua vigência. Se as partes quiserem fazer outro contrato de empréstimo, em prorrogação ao anterior, então, deverão se sujeitar às novas disposições legais. O antigo, no entanto, firmado antes da nova ordem jurídica, não é envolvido por ela, pois as regras individuais dispostas pelos interessados, segundo o ordenamento de direito então em vigor, fazem lei entre as partes.

Por outro lado, se Fulano, em velocidade, ao dirigir veículo do patrão, causa dano a terceiro, desse fato realizado, em concreto, surge para o terceiro o direito de indenização, pelos prejuízos sofridos, contra o preposto, por se conduzir culposamente na direção do veículo, e contra o preponente, por culpa presumida, por ter entregue veículo perigoso nas mãos de pessoa que se apurou culpada. Se, posteriormente, vier uma lei e declarar que o preponente não se considera mais presumidamente culpado pelos atos do seu preposto, não atinge a relação de direitos e obrigações formada entre a vítima e o preponente, por fato individual, causa desse vínculo.

Situações existem, estatutárias, sob certo aspecto, e, sob outro, individuais. São as *situações complexas*. Envolvem, concomitantemente, poderes e deveres gerais, impessoais e abstratos, portanto, estatutários, bem como poderes e deveres particulares, pessoais e concretos, individuais. Assim, a situação de certo credor de determinada importância em dinheiro é particular com referência ao devedor, relativamente aos poderes respectivos de exigir o cumprimento da sua obrigação; e geral para com o Estado, de promover, perante a Justiça, o processo para obtê-lo coercitivamente, como credor, se não satisfeita amigavelmente pelo devedor.

A multiplicidade das relações jurídicas, na verdade, faz com que todas as pessoas de direito fiquem abrangidas por várias situações jurídicas, ao mesmo tempo, individuais e estatutárias. Assim, por ocasião da aquisição de um imóvel forma-se a relação jurídica individual de comprador e vendedor. Após sua efetivação, cada um já se acha numa situação estatutária de proprietário do bem e do preço. Ao depois, podem formar, mesmo entre eles, nova relação individual, ante a locação do imóvel ao vendedor e o empréstimo do dinheiro ao comprador.

45.5 Classificação dos atos jurídicos
quanto ao modo ou manifestação da vontade[2]

Examinada a classificação dos atos jurídicos segundo seus efeitos, estudemo-los sob o modo de manifestação das vontades que par-

2. Cf. Lafayette Pondé, "A vontade privada na formação ou na eficácia do ato administrativo", *RDA* 63/16.

ticipam na sua exteriorização, ainda na esteira das lições de Duguit (*Traité de Droit Constitutionnel*, 2ª ed., vol. I, 1921, pp. 268-317) e seus discípulos (cf. Jèze, *Principios Generales del Derecho Administrativo*, 3ª ed., vol. I, 1948, pp. 42-53; Bonnard, *Précis de Droit Administratif*, 2ª ed., pp. 38-41).

Atos jurídicos existem cuja perfeição se obtém com a manifestação unitária de vontades, ao passo que outros exigem acordo de vontades que se contrapõem. Daí se distinguirem em *atos unilaterais* e *atos convencionais*.

O *ato unilateral* divide-se em *singular* e *plural*.

Unilateral singular, quando para sua formação concorre a vontade de uma só pessoa de direito, como no caso da permissão de uso especial e precário de um bem público.

Unilateral plural, quando para sua formação concorrem vontades de várias pessoas de direito, porém com unidade de objeto e de fim do ato jurídico. Querem, na verdade, essas vontades manifestadas, a mesma coisa, e a querem para alcançar o mesmo fim jurídico. São vontades paralelas, em igual direção, por isso independentes, mas elementos de um único efeito jurídico, que resulta da soma desse feixe de vontades. Por essa razão, o ato jurídico por elas formado denomina-se, outrossim, *ato coletivo*. Recorda-se, a respeito, a manifestação de vontades convergentes de um colégio eleitoral, que traz como conseqüência a eleição do candidato mais votado.

O *ato unilateral* pode ser *absoluto* ou *relativo*, segundo sua independência, ou não, do concurso da vontade de outra pessoa.

Assim, são *atos unilaterais absolutos* as manifestações de vontade dos particulares que têm eficácia sem qualquer manifestação de vontade da Administração, como as denúncias de determinados fatos, como a declaração de nascimento ou morte perante o oficial público, as opções para certas situações, que independem de aceitação da Administração, como de cargos públicos, insuscetíveis de acumulação.

O *ato unilateral relativo* é o que depende do concurso de outro ato unilateral, que constitui pressuposto para sua emanação, ou, ainda, condição da sua eficácia ou, afinal, formalidade necessária para sua validade. São atos jurídicos autônomos, por um se distinguir do outro, embora constituam partes de procedimento administrativo de efeito parcial, em face do ato administrativo principal.

Destarte, a expedição de certidão relativa a fato de interesse de terceiro *pressupõe* o requerimento deste, solicitando-a. Concorre para seu exercício, provocando-o. Por sua vez, a aceitação da naturalização e a prestação solene do compromisso de cumprir os deveres desse novo estado jurídico são *condição de eficácia* do ato unilateral de naturalização. A primeira não produz seus efeitos legais se não ocorrer esse ato complementar. A inscrição do juiz no concurso para promoção é elemento necessário para a validade do último ato unilateral, o qual se considera ilegítimo se emanado sem aquele consentimento, *formalidade indispensável* para sua perfeição. Sem ela, será nulo o ato jurídico da promoção.

O *ato unilateral* geralmente corresponde a simples aplicação da lei, de regra geral, abstrata, impessoal. Ela, então, é a fonte da obrigação, e não a vontade manifestada, individual. Porém, às vezes esta prescreve regras concretas, específicas, dentro dos limites legais. Sirvam de exemplos o testamento e a promessa de recompensa.

Ao contrário, o *ato convencional* pede o encontro de duas vontades, que se integram em um ato jurídico único, mediante acordo quanto ao fim querido. Divide-se, por sua vez, em *convenção-contrato* e *convenção-união*, segundo haja oposição do ao objeto do acordo de vontades ou identidade a respeito, ante a divergência ou convergência de interesses das partes formadoras do ato. Cite-se como exemplo do primeiro o ato jurídico de compra e venda; e do último, o do casamento.

Na compra e venda o objeto da relação jurídica para o comprador é oposto ao do vendedor, pois um quer haver a coisa, enquanto o outro quer seu pagamento em dinheiro. Daí a obrigação deste de entregar a coisa, e daquele de pagar o preço. Há efeitos jurídicos distintos para cada um. No casamento o objeto da relação jurídica, para ambos os contraentes, é o mesmo, a instituição da família, a fim de se alcançar a procriação da espécie e a felicidade dos seus participantes. Daí a obrigação recíproca de mútua assistência moral e material. Há o mesmo efeito jurídico para ambos.

Demais, no *contrato* os direitos e obrigações que resultam para as partes, embora em consonância com a lei, não são, todavia, por ela estabelecidos, e derivam, realmente, da manifestação dos dois consentimentos; ao passo que na *união* os direitos e obrigações que resultam para as partes são estabelecidos pela lei, e as manifestações dos dois consentimentos constituem simples condição jurídica para aplicação a eles, em conseqüência, do direito vigente.

Assim, os direitos e obrigações pertinentes à compra e venda são estabelecidos livremente pelas partes e especialmente para elas, respeitados apenas os lindes da ordem pública, que especificam a natureza desse contrato; já, no casamento as vontades dos cônjuges se acordam em se unir sob regime jurídico legal, sem nada acrescentar de próprio, pois as manifestações de vontades constituem mero instrumento para os tornar sujeitos às mesmas regras jurídicas gerais aplicáveis a todas as pessoas que se casam.

O *contrato* corresponde a acordo de vontades entre partes pelo qual se criam direitos e obrigações, que tornam seus interesses individuais interdependentes, isto é, mutuamente vinculados.

O essencial nele é a *liberdade* jurídica de cada um dos contratantes de firmar a relação recíproca e a *autoridade* do vínculo então formado, ou seja, sua intangibilidade depois de estabelecido, pelo mútuo acordo das vontades. Daí se dizer que equivale à lei feita entre as partes. Não importa que as cláusulas desse acordo sejam estipuladas por um dos contratantes e aceitas pelo outro, e mesmo que sejam estabelecidas por uma das partes em instrumento típico, estereotipado, para ser objeto de acordo com vários e diferentes interessados.

Desde que as partes livremente acordem, cada uma por sua vez, sobre seus termos, aderindo a eles, apesar de oferecidos a indeterminadas pessoas, e, depois de formado o vínculo, obriguem a ambas imperativamente, como se lei fossem entre elas, há *contrato*.

Ao contrário, se uma das parte puder alterar seus termos ou, mesmo, se a nova lei, regendo o instituto jurídico objeto do acordo de vontades, puder modificar o regime do ajuste firmado, com desprezo à intenção das partes, esse acordo de vontades não constitui contrato, embora ato convencional. Será *ato-união*.

Através do *ato unilateral* podem-se criar situações estatutárias ou objetivas, como individuais ou subjetivas. Isso porque a manifestação da vontade no ato unilateral pode ser simples *condição* para o investimento da pessoa em situação estatutária, como pode ser *causa* originária de situação individual.

O *ato unilateral singular* de admissão de certo aluno em estabelecimento oficial de ensino sujeita-o ao regime jurídico geral de todos os alunos. Já, o ato unilateral singular do testamento faz com que a manifestação da vontade do testador, nele consubstanciada, crie situação individual, direito adquirido, a favor do legatário, nos termos dispostos pelo testador e segundo a lei em vigor na data do seu falecimento.

Igualmente, isso ocorre com o *ato unilateral plural*. Ora é condição, ora causa, das situações jurídicas dele oriundas, isto é, estatutária ou objetiva, e individual ou subjetiva. Assim, o ato unilateral plural de eleição de determinado deputado, resultante da manifestação de vontades iguais da maioria dos eleitores, o investe pessoalmente no cargo para que foi eleito e o sujeita ao regime jurídico geral, abstrato, de todos os deputados. Já, o ato unilateral plural da cambial, com o aceite dos eminentes e garantia dos avalistas, em conseqüência das suas vontades, ao assumirem a responsabilidade do pagamento do título, os vincula individualmente quanto aos deveres do seu pagamento a terceiro beneficiado, nos termos nele dispostos, sobre o *quantum* a solver e no prazo especificado.

Já, o *ato convencional-união* só constitui situação estatutária para as pessoas que dele participam, ao passo que o *ato convencional-contrato* só cria situação individual.

Sirvam de exemplos, do primeiro, o acordo de vontades no casamento, para instituição da família, e a concessão de serviço público, para instituição de certo regime de prestação pública de serviço; e, do segundo, qualquer obrigação patrimonial livremente acordada entre as partes, como o regime de bens no casamento e o regime econômico-financeiro nas concessões de serviço público. Por conseguinte, a vida familiar, a prestação do serviço público, se fazem nos termos legais, alteráveis segundo o disposto em novos diplomas legislativos; já, o regime de bens, no casamento, ou a equação econômico-financeira, na concessão, são sempre os ajustados por ocasião da formação desses atos jurídicos.[1]

Os atos unilaterais são mais raros no direito privado e nas relações entre Estados e muito comuns no Direito Público Interno, en-

---

1. *Nota dos Editores*: Pelo atual Código Civil, o regime de bens pode ser alterado (art. 1.639, § 2º).

quanto os atos convencionais existem em menor número no Direito Público Interno, principalmente, em caráter contratual, e são a regra no direito privado.

Aliás, discute-se sobre a existência do contrato no Direito Público Interno, pois seus atos convencionais são antes atos-união que contratos. Isso se explica pela diversidade dos métodos de atuação desses dois ramos do direito, em face da posição jurídica dos sujeitos da relação, tendo em vista os interesses que visam a resguardar.

No Direito Público Interno as partes sujeitam-se a uma ordem imperativa, emanada do Estado ou de pessoas jurídicas menores públicas, que constituem seus desdobramentos, ou, então, de pessoas jurídicas privadas, que se tornam auxiliares da sua ação, dados a natureza das suas funções e os fins colimados; enquanto no direito privado as partes se encontram em posição de liberdade e igualdade.

Por outro lado, os bens e as atividades dos particulares podem se sujeitar a regras por eles dispostas, segundo seus respectivos. interesses, respeitadas apenas as normas da ordem pública e dos bons costumes; enquanto os bens e serviços públicos não podem se sujeitar, respectivamente, no seu regime ou na sua organização e funcionamento, a regras dispostas segundo os interesses momentâneos dos contratantes, mas ao interesse geral e permanente da coletividade.

Destarte, a regulamentação dos bens públicos e dos serviços públicos deve sofrer as modificações impostas pela oportunidade e conveniência públicas, como coisa normal do regime jurídico dos bens e da organização e funcionamento dos serviços, assegurados, entretanto, aos particulares, que acordaram com o Estado a respeito deles, tão-somente o direito de haver a composição dos danos, a indenização dos prejuízos, o restabelecimento do seu equilíbrio econômico-financeiro perturbado com essa regular e perfeitamente justificável alteração dos termos do acordo entre eles firmado.

45.6 Equivalência de prestações no contrato

Os dois elementos que presidem o contrato, qual seja, a liberdade na perfeição do acordo e a autoridade das suas cláusulas, de modo que, uma vez formado, faz lei entre as partes, pressupõem a existência de *equivalência de prestações* de cada uma, tendo em vista seus recíprocos interesses. Do contrário essa liberdade na sua perfeição será simplesmente formal, e essa lei entre as partes será injusta, pela situação desigual a que se sujeitariam.

Conseqüentemente, inspiradas pela eqüidade, como justiça do caso concreto, duas teorias informam o contrato, como instituto jurídico, ou seja como acordo de vontades sobre interesses opostos: a *da lesão* e a *da imprevisão*.

45.7 Teoria da lesão

A *teoria da lesão* tem por objetivo estabelecer a nulidade do ato jurídico em virtude da desproporcionalidade das prestações a que se obrigaram as partes, pela qual uma delas venha a ter ou tenha a possibilidade de auferir ou obter lucro patrimonial excedente do razoável e com prejuízo avultado para a outra, que aquiesceu no negócio jurídico, ante a posição de inferioridade em que se encontrava. Tal situação de inferioridade de uma das partes decorre de ela estar premida pela necessidade, ou ter sido induzida pela sua inexperiência, ou conduzida por leviandade, por ingenuidade, ou por circunstâncias especiais de emotividade.

São requisitos, portanto, para configuração da lesão o lucro excedente do normal de uma parte, e obtido em prejuízo de outrem, sem justa causa, por se haver aproveitado da situação da outra, em condições de inferioridade. Consiste, em última análise, em negócio usurário. A *usura* ocorre não só no mútuo de dinheiro acima da taxa legal permitida, como, também, em todo negócio jurídico em que se verifica a exploração de uma das partes pela outra, valendo-se de sua posição de superioridade, que o vicia e o torna nulo, por objeto ilícito ou juridicamente impossível.

O art. 154 da CF Brasileira de 1946 proscrevia a usura "em todas as suas modalidades".

Comentando esse texto, Pontes de Miranda o considerou auto-aplicável e concluiu que se, para imposição de pena criminal, se tornava preciso lei, para repudiar civilmente um negócio usurário, um ato lesivo ao patrimônio de terceiro – enfim, um contrato leonino –, nos casos omissos, o Poder Judiciário a supriria, opondo-se a todo enriquecimento injustificado (*Comentários à Constituição de 1946*,

2ª ed., vol. IV, pp. 523 e 525). Aliás, o Direito Penal já legislara a respeito, através do art. 4º, "b", da Lei 1.521/1951. O Direito Civil relegou sua aplicação à obra pretoriana.

Igualmente, Carlos Maximiliano entendia ficar "ao prudente arbítrio do juiz aquilatar o grau de excesso que se encontra em qualquer negócio, e decidir se importa ou não em usura" (*Comentários à Constituição Brasileira*, 4ª ed., vol. III, p. 189, n. 598). Cumpria ao juiz, portanto, verificar a existência, ou não, da lesão objetiva, de uma cláusula contratual, na falta de norma regulamentando o texto constitucional, diante da desproporcionalidade entre a prestação obtida e o contravalor da concedida, na avaliação do *justum contra passum*. O texto penal serviria, ademais, de índice de orientação com aplicação analógica.

Para tanto, ter sempre em mira o dilema posto por Caio Mário no "Prefácio" da sua notável monografia sobre o tema: "Quando duas pessoas ajustam um negócio, pode acontecer que ambas sejam iguais civil e economicamente, por isso mesmo capazes de autolimitação de suas vontades, e então a avença que cheguem a concluir participa da natureza livre dos contratantes; mas pode também ocorrer que elas se achem em desigualdade manifesta, de tal forma que uma está em posição de inferioridade em relação à outra, ensanchando a esta aproveitar-se da desigualdade para tirar proveito exagerado de sua condição, e sacrificar-lhe o patrimônio. (...). Deve o Direito fechar então os olhos a este aspecto da vida, ou, ao revés, cumpre-lhe interferir para disciplinar o proveito das partes contratantes? Aí temos a questão da justiça no contrato, ou seja, o problema da lesão" (*Lesão nos Contratos Bilaterais*, 2ª ed., pp. 7-8).

45.8 Teoria da imprevisão[3]

A *teoria da imprevisão* ou *da superveniência* coloca em oposição duas maneiras de entender os acordos de vontades constantes do

---

3. Cf. Arthur Rocha, *Da Intervenção dos Estados nos Contratos Concluídos*, 1932; Arnoldo Medeiros da Fonseca, *Caso Fortuito e Teoria da Imprevisão*, 3ª ed., 1958; Nehemias Gueiros, *A Justiça Comutativa no Direito das Obrigações*, 1940; Abgar Soriano de Oliveira, *Da Cláusula "Rebus Sic Stantibus"*, 1940; Darcy Bessone de Oliveira Andrade, *Aspectos da Evolução da Teoria do Contrato*, 1949; Paulo

contrato. De um lado, o princípio *pacta sunt servanda*, de absoluto respeito das vontades manifestadas por ocasião da sua formação, de modo a se considerar como de inteira justiça a exigência do comprometido, quaisquer que venham a ser os acontecimentos supervenientes, imprevisíveis mesmo no momento do ajuste, uma vez que faz lei entre as partes; e, de outro, a cláusula *rebus sic stantibus*, pela qual se quebra a rigidez do convencionado, tendo como subentendido que as obrigações assumidas só subsistiriam se, por ocasião do seu cumprimento, permanecessem as condições econômicas do tempo de sua celebração.

Destarte, o vínculo jurídico contratual oscila entre a irretratabilidade do acordo de vontades perfeito e acabado e a impossibilidade de prestação da obrigação, em virtude de fato superveniente, imprevisível, que, certamente, conhecido da parte, que tem que suportar esse ônus, jamais consentiria nisso, segundo a consciência comum das pessoas normais, ante a alteração do equilíbrio das prestações recíprocas.

Embora na última fase da história do Direito Romano houvesse amainado, de muito, o rigor da Lei das XII Tábuas – que determinava, ao se referir aos acordos de vontade, "seja lei tudo aquilo que a língua tiver proferido" – e ainda, em vigor nos tempos de Ulpiano, quando se afirmava, no *Digesto*, a mantença do que de início se combinara, porque o contrato faz lei entre as partes, inexiste preceito que se possa apontar como forte originária dessa teoria. Certo, há textos correlacionados com o tema, mas eles não firmam o princípio que a domina.

São os doutores da Igreja, com Santo Tomás à frente, seus inspiradores, e com larga aplicação na Idade Média, pelos pós-glosadores. Aliás, a expressão *rebus sic stantibus* foi consagrada na fórmula dos canonistas, então muito divulgada: "Os contratos que têm prolongamento sucessivo e que dependem do futuro são entendidos como se tudo permanecer como no início". Essa cláusula se afirmou definitivamente com Aliciato, no início do século XVI.

Carneiro Maia, *Da Cláusula "Rebus Sic Stantibus"*, 1959; Tito de Oliveira Hesketh, "Da cláusula *rebus sic stantibus* – Seu desempenho na esfera das obrigações civis", Separata da *Revista dos Tribunais*, 1960; J. M. Othon Sidou, *A Cláusula "Rebus Sic Stantibus" no Direito Brasileiro*, 1962.

Longo foi o período de sua vitalidade, pois só nos últimos anos do século XVIII entrou em declínio, para receber seu golpe de morte no Código Napoleônico, ao reviver, no seu art. 1.134, o princípio de que o contrato faz lei entre as partes. E esse documento inspirou toda a legislação civil dos tempos modernos, dominada pelo individualismo jurídico.

Porém, a alteração do fenômeno econômico na conjuntura social, sob a inspiração da reviravolta de ordem política do mundo contemporâneo e as conseqüências da I Guerra Mundial, fez, em novo figurino, se ressuscitasse, sob a denominação de *teoria da imprevisão*, ou *da superveniência* – para atender a outras circunstâncias históricas, porém com o mesmo anseio de humanização dos contratos –, a velha cláusula *rebus sic stantibus*.

E, então, apresenta-se como fundamento jurídico para justificar a alteração de cláusulas contratuais, ou mesmo a rescisão do contrato, em virtude de acontecimentos supervenientes e imprevistos ao tempo de sua formação, se a exigência do seu adimplemento vier a acarretar a ruína de um dos contratantes e lucros excessivos ao outro, rompendo a eqüipolência de posição das partes. Como a vontade destas seja estranha àqueles fatos, considera-se que, certamente, se fossem conhecidos por quem irá sofrer suas conseqüências, jamais teria aquiescido, tendo em vista a consciência comum de pessoas normais, sob pena de praticar ato temerário.

Divergem os autores quanto aos fundamento doutrinário da teoria. Pode-se, contudo, dividi-los em dois grupos.

Um a estrutura na própria natureza jurídica do ato, ou, melhor, da convenção, não obstante desenvolva a tese apoiada em diferentes razões teóricas, a permitir a divisão em várias correntes. No fundo, entretanto, afirma que a força jurídica do contrato resulta do acordo de duas vontades contrapostas sobre determinados bens ou serviços. Esse consentimento, porém, se faz dentro da álea própria do negócio jurídico, dos fatos futuros previsíveis a que se prendem os poderes e deveres de que ficam investidas as partes. Ninguém normal se obriga além desses limites, do que razoavelmente poderia admitir como risco suportável, ante o interesse que tem em mira a delimitação da esfera do seu consentimento, pois fora daí só existe temeridade.

Assim, os efeitos jurídicos devem ser os que constituíram pressupostos da sua conclusão, no dizer de Cogliolo; segundo os contornos da eficácia vinculativa das declarações, objetivadas na representação mental dos contratantes, na palavra de Osti; ou na base da estrutura externa do negócio, na expressão de Oertmann; sob pena de se ter como manifestada com vício de vontade, em erro substancial, consoante Giovene.

O outro grupo se apóia nos princípios éticos que devem informar o contrato. Oferece também variantes de justificativa de sua aplicação. Ora a embasa no princípio moral da equivalência das prestações, tanto no momento de sua formação como no do seu cumprimento, como Voirin; ou na boa-fé que deve existir nas relações jurídicas, como condição para a ordem social, defendida por Naquet; ou a situa como forma de aplicação da eqüidade nas vinculações contratuais, na conformidade do ensinamento de Dabin.

Essas teorias, ora enunciadas, acham-se amplamente expostas nas monografias dos juristas nacionais, que lhe dedicaram estudos especiais, citadas.

Na realidade, o fundamento do instituto jurídico não está tão-somente no ato jurídico, ou, melhor, na própria convenção, e menos ainda no elemento ético, considerados um ou outro com exclusividade. Teve perfeita noção do problema Abgar Soriano de Oliveira (*Da Cláusula "Rebus Sic Stantibus"*, pp. 155-162) ao declarar que a respeito se impõe conciliar ambos os aspectos.

Isso porque o Direito, como Ciência operativa ou prática, aliás, já se salientou, depende dos princípios da Moral, e, por conseguinte, os institutos jurídicos devem estar informados de um mínimo ético; e, como Ciência autônoma, há de se encontrar a justificativa das teorias pertinentes aos seus institutos na própria natureza deles. O imperativo jurídico está condicionado pelo imperativo moral, de forma as instituições jurídicas tirarem a sua força do conceito moral do objeto do Direito, isto é, da Justiça. Mas essa subordinação de princípios antes afirma que aniquila a independência dessas duas Ciências, e, assim sendo, a explicação dos institutos jurídicos há de se procurar neles mesmos, embora sob o hálito da moralidade.

Conseqüentemente, o contrato é acordo de vontades, que faz lei entre as partes, sobre determinados bens e serviços, porém nos limites próprios de um consentimento normal, tendo em vista as possibilidades efetivas de as partes poderem satisfazer o ajustado e haver seus benefícios, no interesse recíproco, dentro da álea própria do negócio. Jamais se sujeitando a fatos supervenientes, absolutamente imprevisíveis, de modo a alterarem os compromissos que teriam em mira assumir, o que só se efetivaria por vício de vontade, além da esfera exata do consentimento. Destarte, a equivalência de prestações no momento da sua formação não pode se distanciar, com tal amplitude, no da sua execução, a ponto de arruinar uma das partes, não obstante homem previdente, e beneficiar excessivamente a outra, muito além do que pressupunha, sem qualquer causa em sua justificativa.

Os direitos e deveres contratuais devem vincular, dentro de balizas em que se comportam, as partes de boa-fé e sem temeridade. Essa álea extraordinária superveniente, distante de qualquer previsão e independente da interferência dos participantes no contrato, produz tal perturbação, com fazê-lo exceder os limites normais de sua equação econômico-financeira, que faz surgir situação jurídica extracontratual. Ultrapassando barreiras contratuais, em virtude de fatos supervenientes e imprevisíveis, o poder e o dever dos contratantes desbordam os contornos reais das cláusulas contratuais.

Entretanto, essa apreciação só pode ser feita pelo juiz, ao verificar a aplicação do ato jurídico, tendo em vista as circunstâncias do caso concreto, e, portanto, segundo os ditames da eqüidade.

Não tem cabida a crítica de que a intenção das partes não pode elidir o vínculo contratual. Com o afirmado não se pretende vincular o liame jurídico do contrato aos motivos psicológicos que solicitaram a vontade livre para concluí-lo, às representações psíquicas, ao íntimo da consciência das partes. Entende-se encontrar a solução na natureza do contrato, que, para produzir seus efeitos, precisa assentar-se em vontades sem vícios e conscientemente livres.

Se há vícios objetivos de vontade que perturbem sua manifestação conscientemente livre, e, por isso, a nulificam, outros elementos, de ordem subjetiva, outrossim, devem ser considerados como imprescindíveis para se ter uma vontade sem vícios e conscientemente livre, tendo-se em vista pessoas de boa-fé e ausente a temeridade, qual seja, que se obrigam dentro da álea normal do negócio, jamais em consideração a fatos supervenientes, absolutamente imprevisíveis. Portanto, se estes foram estranhos às bases da estrutura do negócio, o acordo de vontades se concretizou e fez lei entre partes em âmbito fora de sua área, e, por isso, não podem e não devem sofrer seus efeitos, por enlaçadas em outra esfera de consentimento.

E menos ainda oferece qualquer procedência a outra objeção de que, a acolher-se o acordo de vontade nesses termos, se estaria atentando contra a estabilidade das operações jurídicas concluídas e, mesmo, facultando fosse a eficácia de contrato bilateral destruída por uma das partes. A estabilidade das operações jurídicas, em princípio, perdura e deve perdurar. Contudo, se fato superveniente e imprevisível ocorrer, a alterar a álea normal do contrato, acima da estabilidade de negócio feito em outras bases estruturais, cumpre considerar a realização efetiva da justiça nas relações sociais.

As bases do Estado-sociedade, na verdade, periclitam quando se dissocia o Direito Positivo de um sentido humano, pois ele existe como meio para ordenar harmonicamente a vida social. Por outro lado, não se deixa ao arbítrio de uma das partes destruir a eficácia bilateral do contrato. O juiz, no aplicá-lo – ante a verificação de acontecimentos supervenientes e imprevisíveis, que, se possível fosse admiti-los como realizáveis quando da formação do acordo de vontades, este se não efetivaria, tendo em vista a justiça do caso concreto, ou seja, a eqüidade –, abranda a eficácia jurídica do contrato e, até, conforme as circunstâncias, decreta sua rescisão.

Por acaso acolheu o direito pátrio uma regra normativa geral sobre a teoria de imprevisão? Sim e não. Inexiste texto expresso declarando que qualquer das partes poderá pleitear, em juízo, a resolução do contrato, ou a alteração da eficácia das suas cláusulas, se não houver acordo para a revisão, desde que ocorram circunstâncias supervenientes ao tempo da conclusão do contrato, e absolutamente imprevisíveis, que tragam como conseqüência ônus excessivo no seu cumprimento, com vantagem injustificável para a outra. Entretanto, encontra-se no art. 85 do Código Civil preceito em que se pode apoiar o juiz para, examinando os termos do contrato e as circunstâncias posteriores, aplicar a teoria da imprevisão, no exercício do seu poder de julgar com eqüidade. Diz o dispositivo invocado: "Nas declarações de vontade se atenderá mais à sua intenção que ao sentido literal da linguagem".

Trata-se de princípio de Hermenêutica, convertido em preceito legal, para guiar o juiz na descoberta do alcance dos atos jurídicos.

Analisando a vontade contratual em consonância com acontecimentos supervenientes e imprevisíveis, pode concluir que a vontade real das partes excede os limites do sentido literal, pois não estaria na intenção de qualquer delas eleger sua ruína. Então, ante a regra da interpretação, que encerra, oferece, por determinação do legislador, rumo para a descoberta equânime do sentido dos atos jurídicos. A justiça do caso concreto tem nela a diretriz traçada para chegar à meta da teoria da imprevisão.

Portanto, embora não contenha esse art. 85 do Código Civil a inserção no direito brasileiro da teoria da imprevisão, lícito se afigura, com amparo na regra de Hermenêutica nele constante, considerar que, pela sistemática jurídica pátria, os acordos de vontades ficam limitados dentro da área normal dos respectivos negócios, apreciáveis em cada caso concreto, e tendo por norte a eqüidade. E, nessa conformidade, o juiz interpretará e aplicará o direito em todos os contratos, sejam os de obrigação sucessiva ou futura, e mesmo em outros, até em quaisquer atos jurídicos, se no seu entender se configurar a possibilidade de dar guarida à teoria da imprevisão; e, então, fará a revisão de certas cláusulas, ou decretará sua rescisão.

Distingue-se do *caso fortuito* ou *força maior*, porquanto esta também é um acontecimento independente da vontade dos contratantes, mas que impede, realmente, de modo absoluto, a execução do contrato. Então, fica o contratante, que sofre seu impacto, liberado da obrigação assumida. Portanto, cogita a força maior ou caso fortuito da inevitabilidade do evento e da impossibilidade conseqüente de ser cumprida a obrigação.

46. Fatos jurídicos objetivos no Direito Administrativo

46.1 O tempo como fato jurídico

Entre os fatos jurídicos objetivos destaca-se o *tempo*. Realmente, consiste em um fato de grande importância na produção de efeitos jurídicos. Assim, ele serve para estabelecer a capacidade do sujeito de direito, para fixar a decorrência dos efeitos da relação jurídica, para determinar a lei reguladora da eficácia e validade do ato jurídico. Enfim, é pertinente a múltiplos efeitos de direito.

A contagem material do tempo é fixada por meio de calendário, e se calcula de momento a momento e de forma matemática. O calendário adotado é o Gregoriano. Já, a contagem jurídica do tempo se faz nos termos dispostos pela lei.

De regra, os dias são contados de meia-noite a meia-noite, e se consideram os dias inteiros como um todo indivisível e de modo contínuo, incluídos, salvo as exceções expressas, os dias úteis, os feriados, os domingos. O Código Civil, no seu art. 125, na parte geral,[II] regula o assunto, e, na falta de disposição expressa com referência aos atos administrativos, ele tem aplicação, outrossim, no Direito Administrativo.

Dispõe esse dispositivo citado que, salvo disposição em contrário, computam-se os prazos excluindo o dia do começo e incluindo o do vencimento. Se este cair em dia feriado, considerar-se-á prorrogado o prazo até o seguinte dia útil. Considera *mês* o período sucessivo de 30 dias completos, e *meados*, em qualquer mês, o décimo-quinto dia. Estabelece, ainda, que os prazos fixados por hora contar-se-ão de minuto a minuto.

A Lei 810, de 6.9.1949, completou o citado art. 125,[III] e ainda alterou quanto ao período por ele tido como de um mês. Por esse diploma legal considera-se *ano* o período de 12 meses contados do dia do início ao dia e mês correspondentes do ano seguinte, e *mês* o período de tempo contado do início ao dia correspondente do mês seguinte. Esclarece que se no ano ou mês do vencimento não houver o dia correspondente ao do início do prazo, este findará no primeiro dia subseqüente.

Por sua vez, a Lei 4.178, de 11.12.1962, prescreve que as obrigações em cobrança nos estabelecimentos de crédito cujos vencimentos estiverem marcados para um sábado serão pagáveis no primeiro dia útil imediato – isso, naturalmente, porque no art. 1º suprimiu o trabalho nesses estabelecimentos aos sábados.

O Decreto-lei 3.602, de 9.9.1941, no seu art. 2º, dispõe sobre o dia do início e término dos prazos em processos ou causas de nature-

---

II. *Nota dos Editores*: Hoje, art. 132.
III. *Nota dos Editores*: Vide nota anterior.

za fiscal ou administrativa, isto é, que se exclui o do começo e se inclui o do vencimento; e, outrossim, que os prazos fixados em hora se contam de minuto a minuto. Portanto, reproduz o que já dispunha o art. 125 do Código Civil. Deixando de regular sobre o mais que consta deste artigo e da Lei 810, que o completou e o alterou em parte, esses textos têm aplicação nos processos e causas de natureza fiscal ou administrativa.[IV]

A Lei 4.388, de 28.8.1964, no seu art. 12, havia estabelecido que só se contariam os dias úteis no cômputo dos prazos em matéria fiscal. Mas esse texto foi modificado pelo art. 9º da Lei 4.481, de 14.11.1964, no qual se estabelece que ditos prazos serão corridos e, se vencerem em sábados, domingos, feriados ou dias em que não haja expediente nas repartições, terminarão no primeiro dia útil seguinte. Exatamente como prescreve a legislação civil já examinada.

Segundo o art. 11 da Lei 605, de 5.1.1949[V] com a redação que lhe deu o Decreto-lei 86, de 27.12.1966, são feriados civis os declarados em lei federal, e religiosos os dias de guarda assim declarados em lei municipal, de acordo com a tradição local, e em número não superior a quatro, incluída a Sexta-Feira da Paixão.

Conforme a Lei 662, de 6.4.1949, são feriados nacionais os dias 1º de janeiro, 1º de maio, 7 de setembro, 15 de novembro e 25 de dezembro.[VI] Nesses dias só são permitidas atividades privadas e administrativas absolutamente indispensáveis. Ainda por esse texto legal, os chamados *pontos facultativos* não suspendem as horas normais de ensino, nem prejudicam os atos da vida forense, dos tabeliães e dos cartórios de registro.

A Lei 1.266, de 8.12.1950,[VII] acrescentou mais dois feriados nacionais: o dia 21 de abril e o dia em que se realizarem eleições em todo o país. Ainda estabeleceu que, se estas se circunscreverem a de-

---

IV. *Nota dos Editores*: Hoje, art. 66 da Lei 9.784/1999 (Processo Administrativo) e art. 5º do Decreto 70.235, de 6.3.1972 (Processo Administrativo Fiscal).

V. *Nota dos Editores*: Revogado pela Lei 9.093, de 12.9.1995, a qual disciplinou de outro modo o tema dos feriados.

VI. *Nota dos Editores*: Na redação dada pela Lei 10.607, de 19.12.2002 são feriados nacionais os dias 1º de janeiro, 21 de abril, 1º de maio, 7 de setembro, 2 de novembro, 15 de novembro e 25 de dezembro.

VII. *Nota dos Editores*: Revogada pela Lei 10.607/2002. Há, ainda, a Lei 6.802, de 30.6.1980, que declarou feriado nacional o dia 12 de outubro.

terminado círculo ou círculos eleitorais, será feriado nessas regiões.

Por outro lado, estabeleceu que, se as datas para as eleições nacionais ou locais não estiverem fixadas pela Constituição ou por lei ordinária, deverão ser marcadas para um domingo, ou dia já considerado feriado por lei.

Vigoram com referência ao tempo determinados cânones. Assim, presume-se o prazo a favor do sujeito passivo, salvo disposição em contrário ou o que resulte das circunstâncias. Por outro lado, os atos sem prazo são exigíveis desde logo, exceto se a execução tiver que ser feita em lugar diverso ou depender de tempo. Sobre o assunto dispõe o Código Civil em seu art. 127.[VIII]

O decurso de certo lapso de tempo acarreta efeitos jurídicos de relevo, pois através dele se pode adquirir ou perder direitos. Em conseqüência, surgem os institutos jurídicos da *prescrição extintiva e aquisitiva* e da *extinção ou decadência do direito*.

46.2 Prescrição aquisitiva ou extintiva de direitos e decadência ou extinção de direitos[4]

Outrora, em virtude de conclusões menos precisas do Direito Romano, enfeixava-se dentro de um mesmo conceito a prescrição tanto aquisitiva como extintiva de direitos. A orientação moderna separa, entretanto, os dois institutos jurídicos. Ela foi perfilhada pelo Código Civil Brasileiro.

Assim, cogita da *prescrição extintiva* na sua Parte Geral, enquanto trata de *prescrição aquisitiva* ao regular os direitos reais. A *prescrição aquisitiva* hoje é mais comumente denominada *usucapião*. Embora não se possa mais considerar a prescrição aquisitiva e a extintiva como duas faces de um mesmo fenômeno jurídico, deve-se reconhecer existir entre esses institutos, de igual denominação, certos pontos de contato, presidindo os princípios peculiares a cada um. Realmente, fundam-se em uma base comum: o decurso do tempo. Por is-

---

VIII. *Nota dos Editores*: Hoje, Código Civil, art. 134.
4. Cf. L. Carpenter, "Da Prescrição", vol. IV do *Manual do Código Civil*, de Paulo de Lacerda, 1919; Câmara Leal, *Da Prescrição e da Decadência*, 2ª ed., 1959; Nicolau Nazo, *A Decadência no Direito Civil Brasileiro*, 1959; Giacomo Falco, *Decadenza e Prescrizione nei Procedimenti Amministrativi*, 1921.

so, as regras para cálculo de duração necessária do estado das coisas para gerar a aquisição ou perda do direito são as mesmas.

Mas os regimes jurídicos referentes ao funcionamento dos institutos são diferentes, visto que a *prescrição aquisitiva* limita seu campo de ação aos direitos reais: a propriedade e seus desmembramentos. Consiste em modo de haver a propriedade, plena ou limitada, pela posse da coisa, nos termos da lei. A *prescrição extintiva* tem aplicação em quase todas as relações de direito. Vale como meio de repelir ações que sejam intentadas por alguém, como titular de direito.

Por sua vez, da prescrição extintiva se distingue outro instituto de direito, a *decadência*. Por isso, a perda dos direitos pode se dar por *prescrição extintiva* e por *decadência*. Esta distinção, entretanto, não foi considerada pelo nosso Código Civil.

46.3 Prescrição extintiva

A *prescrição extintiva* é o fato pelo qual, dada a inércia do titular de direito, durante um certo tempo, esse direito se extingue. Constituem seus requisitos: a existência do direito; o não-exercício por parte do titular; e o decurso do tempo. Reunidos esses elementos, os direitos cessam e, assim, os atos jurídicos que lhe deram origem perdem sua eficácia.

Discute-se na doutrina se o que ocorre é a perda do direito ou da ação relativa à sua defesa. Segundo alguns, o desaparecimento do direito verifica-se como conseqüência da prescrição da ação; para outros, a prescrição do direito acarreta a extinção da ação. No Direito Romano dominava a idéia de que a prescrição era da ação, e tal orientação prevaleceu durante muito tempo. Modernamente, todavia, acentua-se nova doutrina, em que se tem como efeito da prescrição a extinção do próprio direito.

Realmente, o que se extingue é o direito, e, como conseqüência, a possibilidade de ação. Na verdade, a todo direito deve corresponder uma ação, e essa só pode deixar de existir, na ordem positiva, com referência a determinado direito, quando este desaparece. Aliás, o art. 75 do Código Civil é expresso a respeito. A prescrição extintiva diz respeito à extinção das obrigações, e, certamente, importa extinção dos direitos correspondentes. A perda da ação é uma conseqüência da perda do direito, que ela protege. Portanto, o que se extingue é o direito, e, assim, desaparece a possibilidade da ação.

Contra esse ponto de vista se alega que a satisfação da dívida prescrita pelo devedor o impede de repetir o pagamento, na conformidade do art. 970 do Código Civil. Portanto, a ação achava-se prescrita, e não o direito, pois do contrário seria indevido o referido pagamento.

Contudo, improcede a argumentação. O direito, em face da ordem positiva, extinguiu-se na hipótese aventada, e, destarte, deixou de existir ação para ampará-lo judicialmente. Entretanto, o dever moral subsistiu, o princípio jurídico de direito natural de que se deve pagar o devido continuou a persistir. O direito positivo conciliou o interesse social em estabelecer a prescrição da dívida, a bem da tranqüilidade da ordem jurídica, ante a inércia do credor durante certo lapso de tempo, com a regra superior da Moral de que ninguém deve locupletar-se à custa alheia; e dispôs que, paga a dívida prescrita, não pode o devedor pedir sua repetição.

O cumprimento de obrigação prescrita não dá direito à repetição do indébito porque ela permanece como obrigação natural, mas porque existe o direito do credor, em face de texto legal, de direito positivo, de conservar o devido, de não devolvê-lo, de integrá-lo ao seu patrimônio, embora prescrito, uma vez espontaneamente pago. Consiste em direito análogo ao de dívida de jogo paga.

46.4 Direitos imprescritíveis

Há direitos que são *imprescritíveis*; assim, as ações que lhes dizem respeito não se extinguem. Sirvam de exemplo os chamados *direitos personalíssimos*. Como são inalienáveis, não são suscetíveis de prescrição. Por essa razão, os direitos patrimoniais são, em princípio, prescritíveis.

Já, os bens públicos são imprescritíveis. A respeito houve grande polêmica entre os Mestres. Alguns sustentam ser de tradição de nosso direito essa imprescritibilidade, outros pretendem que ela se estabelece pelo Código Civil, através dos seus arts. 67 e 68, ao declararem, respectivamente, os bens públicos inalienáveis e fora do comércio, insuscetíveis de apropriação. Conseqüentemente, torna-se impossível sua aquisição por usucapião, e daí sua imprescritibilidade. Presentemente o assunto não comporta mais discussões, em face dos seguintes textos: Decreto 20.910/1932, Decreto 22.785/1933 e Decreto-lei 9.760/1946, art. 200.

A rigor, o direito de propriedade, em si, é imprescritível, isto é, pelo não uso tão-somente, embora suscetível de perda, pela aquisição por outro, em virtude do não-uso, por parte do seu titular, e do uso por outrem, satisfeitas determinadas exigências legais, que consubstanciam o usucapião.

Também, embora objeto de divergência entre os autores, se não prescrevem os direitos de estado, isto é, os relativos à situação das pessoas, atribuída pela ordem do direito em determinadas circunstâncias. Assim, o estado de brasileiro. Já, os direitos patrimoniais, que decorrem do estado, são suscetíveis de prescrição.

Afinal, são imprescritíveis outros direitos acaso por lei especificadamente colocados em tal regime de exceção.

46.5 Prescrição de direitos da Administração Pública e de terceiros para com ela

No direito público pode-se cogitar da *prescrição de direitos da Administração Pública* como também *de direitos de terceiros para com ela*. Por isso, podem prescrever o direito de haver tributo como, também, o de receber estipêndio.

O Código Civil Brasileiro, nos arts. 177 e ss., regula a prescrição em geral. Nesse capítulo trata-se não só de prescrição de relações privadas, como, também, de relações públicas. Assim, o art. 178, § 10, n. 4, estabelece que prescrevem em cinco anos as dívidas da União, dos Estados e dos Municípios, e bem assim toda e qualquer ação contra a Fazenda Federal, Estadual ou Municipal. E amplamente ratificado pelo Decreto 20.910, de 6.1.1932.[ix]

O prazo da prescrição corre da data do ato ou do fato do qual se originar a mesma ação. Todas as pessoas físicas ou coletivas, isto é,

---

ix. *Nota dos Editores*: Hoje os prazos de prescrição, no Código Civil vigente, estão regulados no art. 205 e ss. Além disto, o art. 174 do CTN estabelece que a ação para a cobrança do crédito tributário prescreve em cinco anos.

naturais ou jurídicas, sujeitam-se aos efeitos da prescrição, e poderão invocá-los sempre que lhes aproveitarem. Entre as pessoas jurídicas incluem-se não só as de direito privado, como as de Direito Público Interno: União, Estados e Municípios.

Por sua vez, no seu art. 164[x] declara que as pessoas que a lei priva de administrar o próprio bem têm ação regressiva contra seus representantes legais quando estes, por dolo ou negligência, derem causa à prescrição. Conforme a interpretação da doutrina e o pronunciamento da jurisprudência, tal preceito diz respeito não só aos incapazes, absolutos ou relativos, como também às pessoas jurídicas, sejam elas de direito privado ou de direito público. É o asseguramento da ação regressiva, como garantia de indenização por perdas e danos sofridos em virtude da ocorrência da prescrição, por culpa de seu representante ou assistente.

Na verdade, tal dispositivo era dispensável, pois o Código Civil, no art. 159, já dispõe que "fica obrigado a reparar o dano aquele que, por ação ou omissão voluntária, negligência ou imprudência, violar direito, ou causar prejuízo a outrem".[xi]

46.6 Curso da prescrição: impedimento, suspensão e interrupção

A prescrição só é aplicada pelo juiz quando invocada pelos interessados, consoante o art. 166 do Código Civil. Não a declara, portanto, de ofício. Contudo, o art. 219, § 5º, do novo CPC – Lei 5.869, de 11.10.1973 – prevê exceção a essa regra. Mas sua alegação pode ser feita em qualquer instância pela parte a quem aproveita, como se inscreve no art. 162 do Código Civil.

O *curso da prescrição* inicia-se no momento em que o titular do direito deixa de exercê-lo. Com referência aos *direitos reais* esse momento surge quando alguém perturba um desses direitos, ao praticar atos incompatíveis com ele. No *direito pessoal* as prescrições distinguem-se em *positiva* e *negativa*. Se a obrigação for positiva, por parte do devedor, a violação do direito do credor se dá no momento em que aquele deixou de cumpri-la. Então, começa a correr o prazo de um es-

---

x. *Nota dos Editores*: O dispositivo correspondente é, hoje, o art. 195.
xi. *Nota dos Editores*: O dispositivo correspondente é, hoje, o art. 186.

tado contrário ao direito deste. Já, na obrigação negativa, em que cabe ao devedor não fazer alguma coisa, a violação do direito do credor surge quando aquele pratica o ato contrário à inação, a que se tinha obrigado.

As causas que impedem o começo da prescrição e, assim, fazem com que ela não comece a correr – isto é, os motivos que obstam ao seu início – chamam-se *impedimentos*. Por outro lado, o curso da prescrição pode ser suspenso ou interrompido. A *suspensão* é a paralisação temporária do curso da prescrição, quando sobrevém uma das causas que se opõem ao prosseguimento do seu curso, que continuará a correr logo que ela desapareça, adicionando-se dois períodos para completar o prazo. A *interrupção* da prescrição é a eliminação do tempo já decorrido, que começa a correr de novo da data do ato interruptivo ou do último ato, ou quando este pode se desdobrar em vários.

O *impedimento* e a *suspensão* resultam das mesmas causas jurídicas. Por isso, o Código Civil trata de ambas no Capítulo II do Título III da Parte Geral, arts. 168 a 171. A *interrupção* já é conseqüência das outras duas, e o Código Civil a regula no Capítulo III do mesmo Título III da Parte Geral, arts. 172 a 176.[XII]

Aos casos previstos no Código Civil de suspensão da prescrição acrescentou-se mais um de interesse para o Direito Administrativo, através dos Decretos 5.761 de 25.6.1930, arts. 1º e 2º, e 20.910, de 6.1.1932, art. 4º.

Assim, não corre a prescrição com a demora que, no estudo, no reconhecimento ou no pagamento da dívida, considerada líquida, tiverem repartições ou funcionários encarregados de estudá-la e apurá-la. E essa suspensão da prescrição verifica-se pela entrada do requerimento do titular de direito ou do credor nos livros ou protocolos das repartições públicas, com designação do dia, mês e ano, ou exibição de certificado do Correio da data da remessa a tempo dos esclarecimentos reclamados.

Com a demora do interessado em prestar os esclarecimentos que lhe foram reclamados, com referência aos recursos interpostos, ou com o fato de não promover o andamento do feito judicial ou do pro-

---

XII. *Nota dos Editores*: Hoje a matéria está regulada no Tit. IV, Cap. I, arts. 202 a 204 do Código Civil vigente.

cesso administrativo durante o prazo, respectivamente, estabelecido para a extinção do seu direito ou reclamação, cessa a suspensão em causa, conforme preceituam o parágrafo único do artigo 1º do Decreto 5.761/1930 e, outrossim, o art. 5º do citado Decreto 20.910/1932. Estes dispositivos não se aplicam nos casos de pensão de montepio, *ex vi* do art. 1º da Lei 2.211, de 31.5.1954.

O impedimento e a suspensão operam pela força da lei, independentemente de qualquer ato das partes interessadas. Já, a interrupção da prescrição depende de tal providência. O antigo Código do Processo Civil e Comercial, no seu art. 166, regulava o processamento em juízo de tal medida. Isso igualmente faz o novo, no art. 219.

Como se disse, a interrupção da prescrição inutiliza o prazo já decorrido, que recomeça a correr da data do ato que a interrompeu ou do último do processo para a interromper, conforme o art. 173 do Código Civil. Com referência às interrupções de prescrições qüinqüenárias de direito de terceiros em face da União, dos Estados e Municípios há legislação especial.

Assim, em virtude do Decreto 20.910/1932, a interrupção só se pode operar uma vez, restituído o prazo por metade, nos termos dos arts. 8º e 9º do citado decreto, isto é, da data do ato que a interrompeu ou do último ato ou termo do processo para a interromper, e só poderá ser feito uma vez. A prescrição intercorrente, no curso da lide, consuma-se no prazo de dois anos e meio, *ex vi* do art. 3º do Decreto-lei 4.597/1942. Quanto ao crédito tributário acha-se regulada nos arts. 173 e 174 do CTN, Lei 5.172, de 25.10.1966.

46.7 Decadência de direitos

Distinta da prescrição, como foi dito, há uma outra forma de perda de direito. É a *decadência*, que diz respeito à extinção de direitos, pelo decurso do tempo assinado para sua duração, que começa a correr com sua aquisição.

Assim, a prescrição depende de fato estranho ao nascimento do direito. Após o decurso de tempo, relativamente longo, de inércia no exercício do direito primitivo, este se perde. A extintiva atinge o direito e a ação que o protege, e a aquisitiva é modo de adquirir o domínio sobre uma coisa, pleno ou limitado, pela sua posse, nos termos legais. Faz, então, estado de fato corresponder a estado de direito.

Se o titular de direito não age na sua tutela, produz-se uma antítese que o Direito não pode tolerar. Como tal situação não deve perdurar indefinidamente, a lei positiva põe fim a ela, fazendo prevalecer o interesse social, que ampara, contra o interesse individual negligenciado, ante este estado de fato contrário ao direito subjetivo. A inércia do titular do direito faz com que o perca, bem como os elementos de sua defesa, depois de certo lapso de tempo, para a certeza das relações jurídicas; suscetível, no entanto, essa prescrição, de suspensão pelo tempo em que o titular está impossibilitado de exercê-lo, e de interrupção pelas medidas jurídicas adequadas.

Enquanto na prescrição o que determina a extinção do direito é o seu não-uso durante um lapso de tempo, na decadência é a simples circunstância de se verificar o término do tempo fixado da sua duração, quer ele tenha sido exercido ou não, pois foi conferido por prazo certo.

A decadência depende de fato originário, que nasce com o direito. Este deve ser exercido dentro de prazo breve, fixado para ele, isto é, dentro do limite conatural para seu exercício, utilizando-se das medidas adequadas, sob pena de não poder mais valer-se dele contra quem fora de início estabelecido. É a perda que a pessoa sofre de um direito, pela expiração do prazo extintivo, determinado na lei, para seu exercício. O direito se tem para ser exercido no prazo marcado; não sendo exercido, não o pode mais ser.

Na verdade, a decadência diz respeito à caducidade de prazo, pelo seu decurso, para exigir determinado ato, relativo ao asseguramento de direito. Houve prazo peremptório, previsto por lei, para conservação do direito, e que se deixou escoar sem o exercício de dita prerrogativa de defesa do estado de direito coexistente. Consiste no termo natural do exercício do direito, em virtude de ter sido atingido o limite máximo de sua duração. Trata-se de direito temporal, isto é, que se tem dentro de um período de tempo. Decorrido esse, sem ser exercido, deixa de existir, porque foi atribuído com tal modalidade.

Corresponde a um direito potestativo, isto é, a direito que alguém tem contra outrem, a que corresponde uma prestação negativa de suportar os efeitos do poder jurídico do titular do direito. Em virtude de ato de vontade do titular modifica sua esfera de direito, e de terceiro que se sujeita àquela manifestação e à produção dos seus efeitos.

Pode ser declarada de ofício e a requerimento do Ministério Público. Visa a limitar o tempo em que é lícito fazer valer o direito, isto é, o tempo em que o sujeito passivo está exposto ao exercício da ação contra ele. Não se suspende nem se interrompe o seu curso.

Há, também, divergência entre os autores sobre ser a decadência perda do direito ou da ação. Prevalece, entretanto, a orientação tradicional, que a considera como extinção do direito, e, conseqüentemente, da ação; ou, melhor, como a perda do direito, pelo não-exercício, através da não-utilização de remédio processual ou administrativo previsto para ampará-lo.

Assim, tanto a decadência como a prescrição consistem em perda de um direito. Mas aquela depende de um fato originário com o qual nasce o direito, enquanto esta não tem relação com o fato que faz nascer o direito, e lhe é posterior.

Assim, por exemplo, o nascimento do direito de propriedade de uma pessoa, ou de crédito com referência a importância emprestada, nada tem que ver com o fato que vai acarretar a perda desses direitos. Ela primeiro adquire esses direitos. Depois, pela decorrência do tempo, por não exercê-los por um certo prazo, isso faz com que perca o direito de propriedade, pelo não-uso, e outro o adquira, pelo uso; ou perca o direito de crédito, e outro fique eximido de pagar o débito, por não-exigência do seu pagamento desde o vencimento do empréstimo e até determinado prazo. Tem-se aí a figura da prescrição.

Já, a decadência é justamente a decorrência de prazo que faz com que perca uma pessoa direito que se estabeleceu a seu favor, para ser exercido em determinado tempo, utilizando-se dos remédios jurídicos adequados. Isso porque deixa de exercê-lo no seu termo.

Há, por exemplo, ato de lançamento de tributo com referência a dado imóvel. Ao ser lançado pela Administração Pública o tributo, surge em favor do contribuinte o direito não só de examinar se esse lançamento foi feito nos termos da lei mas, ainda, de se opor a esse lançamento, na hipótese de não ter sido feito nos termos da lei. Quer dizer, ao produzir-se o fato do lançamento, surge um direito – que apenas potencialmente está previsto na lei, indeterminadamente, a todos aqueles que têm imóvel e que são lançados – de se opor ao lançamento errado, num prazo "x"; e, se isso deixar de ser feito dentro desse prazo, há decadência do direito, por decorrência do prazo, e não pode mais recorrer.

Na decadência, portanto, o direito surge concomitantemente com o fato que dá origem a ele, enquanto na prescrição não há relação alguma entre o fato que a suscita e o direito de que se é titular. Esses institutos têm efeitos diferentes. Na prescrição, pela circunstância de não haver relação entre o direito que o indivíduo possuía e o fato de ele perder esse direito, a perda desse direito ocorre depois de passado um longo tempo. Já, na decadência ocorre exatamente o contrário. Os prazos são curtos, porque surge o direito concomitantemente com o fato. Se a pessoa não exerce o direito, perde-o. E, por o prazo na prescrição ser longo, pode ele ser interrompido e suspenso. Na decadência, como se trata de direito para ser exercido em certo prazo, não pode ser interrompido ou suspenso.

A decadência consiste, como salientado, na perda de direito pelo seu não-exercício dentro de prazo certo. Corresponde a direito potestativo com prazo de exercício. Esse exercício do direito a termo verifica-se pela exteriorização da vontade do seu titular, fazendo-o atuar. Para tanto, utiliza-se de providências jurídicas. Muita vez essas providências consistem no exercício de remédios jurídicos, reclamação administrativa ou ação judicial. Então, o exercício do direito realiza-se em virtude desse remédio jurídico. Daí se poder ter a impressão de que se trata de perda da ação. Mas, na verdade, a perda é do direito, que se deixou de exercer, do qual a ação consiste em simples procedimento para tanto.

Melhor se verifica a procedência do afirmado ao se atentar para a circunstância de haver decadência de direito sem qualquer perda direta de ação para seu exercício. Tal se dá quando a manifestação da vontade, no prazo certo, se deve levar a efeito mediante outra providência jurídica. Sirva de exemplo a prorrogação da concessão, ao seu término, mediante notificação do concessionário ao concedente, no prazo fixado em texto legal ou cláusula contratual, que lhe assegura esse direito. Decorrido o prazo sem essa notificação, ocorre a decadência do direito à prorrogação da concessão.

Já, a prescrição pressupõe a lesão de direito anterior e que seu titular deixe de defendê-lo, através de ação judicial adequada que lhe cabe para isso.

A lesão de direito, dada sua natureza, pode gerar, a favor do seu titular, o direito a remédio judicial de rito especial. É o caso de violação de direito líquido e certo. Em se verificando, surge o direito do lesado de obter ordem judicial de força imediata para restabelecer sua situação jurídica anterior perturbada, ação de rito especial, mandamental, consistente em mandado de segurança contra o violador, sem prejuízo da ação de rito ordinário que assegura seu direito de obter essa ordem judicial, de promover dita ação de rito especial, que cumpre ser exercida em curto prazo, sob pena de decadência desse direito. Todavia, tal não impede a defesa do seu direito líquido e certo desconhecido, mediante a utilização de ação ordinária, para defesa de qualquer direito.

Tem o instituto da decadência grande aplicação no Direito Administrativo.

46.8 Fatos jurídicos: espaço e medida

Interessam especialmente ao Direito Administrativo o *espaço* e a *medida*.

O *espaço* é um fato a que se liga o direito. É, justamente, o local onde vão dar-se os efeitos do direito. Tem importância como área ou volume correspondente à circunscrição administrativa. Pode constituir elemento integrante do ser. Tendo em vista essa circunstância, distinguem-se as pessoas de direito público denominadas *autarquias* em autarquias geográficas ou de serviço, segundo o espaço seja elemento da sua entidade ou simples limite da sua ação.

A *medida* é um elemento que no direito público tem grande alcance, não só em virtude do sistema métrico decimal, oficial, como porque todos os atos dos particulares estão sempre sujeitos à própria medida. Por isso, há fiscalização do Poder Público quanto à medida. Haja vista a que o Poder Público exerce sobre as balanças dos comerciantes, para verificar se sua medida é exata. A Constituição de 1891 dizia que competia ao governo legislar sobre "pesos e medidas". Na verdade, bastaria dizer, apenas, "sobre medidas", porque o peso já é uma medida e porque, legislando sobre medidas, já estaria legislando sobre o peso.

Este fato da medida é de grande relevo, principalmente para a Administração Pública, porque cumpre a ela zelar para que, nas relações entre particulares e comerciantes, as medidas sejam respeitadas. Verifica, por exemplo, se um quilo tem, de fato, um quilo. É a aferição de balanças, caso em que o comerciante paga ao Poder Público uma taxa de aferição. E não se trata só da aferição de peso, mas também do volume, para saber se um litro contém realmente um litro, e se o que chamamos *garrafa* é realmente o tamanho de uma garrafa, que normalmente tem 3/4 de litro, e também para saber se o preço da mercadoria não continua sendo aparentemente o mesmo, diluído através do tamanho do volume.

Dá-se, então, a atuação do Poder Público dentro da vida social, e este é problema do Direito Administrativo: verificar justamente esse fato da medida, porque se prende a ela um efeito de direito, previsto pela legislação.

E aí se têm, pois, os mais importantes fatos objetivos que interessam ao Direito Administrativo.

47. Atos jurídico-administrativos [5] (cf. item 45)

47.1 Ato administrativo. Origem da expressão e do seu sentido

A expressão *ato administrativo* surgiu no direito após a Revolução Francesa.

Antigamente conheciam-se, sem gênero, os atos do Rei, os atos do Fisco etc. O primeiro texto legal que fala em atos da Administração Pública, em geral, foi a Lei de 16.8.1790, a qual vedava aos Tribunais Judiciários conhecer de "operações dos corpos administrativos". Depois, a mesma interdição constou da Lei de 16 Frutidor, do Ano III, relativamente aos "atos de administração de qualquer espécie". Referindo-se a essa lei, o Diretório, de 2 Germinal, do Ano V, declarava que por "atos de administração" se deviam entender os exe-

---

5. Cf. Alcino de Paula Salazar, "Conceito do ato administrativo", *RDA* 1/401; Fernando Mendes de Almeida, *Os Atos Administrativos*, 1969; Themístocles Cavalcanti, *Teoria dos Atos Administrativos*, 1973; José Cretella Jr., *Do Ato Administrativo*, 1972; Rolando E. Pantoja Banzá, *Concepto de Acto Administrativo*, 1960.

cutados por ordem do governo, por seus agentes imediatos, sob sua fiscalização, e com fundos fornecidos pelo Tesouro.

A primeira explicação científica de *ato administrativo* encontra-se no *Repertório Guizot-Merlin*, na sua 4ª edição, de 1812, onde se define como "ordenança ou decisão de autoridade administrativa, que tenha relação com a sua função". O *Repertório Denizart-Guizot*, o primeiro a ser editado depois da Revolução Francesa, não conhecia, ainda, dita expressão. Para ele a palavra "ato" só tinha significado no Direito Civil e no Processual.

Ao conceito de *ato administrativo* se opõe o de *ato de administração*. Este enfeixa qualquer ato da Administração Pública, tanto o de atividade material, de execução de obra e prestação de serviço, como o jurídico, seja praticado enquanto Poder Público, ou nas mesmas condições de um particular; portanto, compreende o ato jurídico da Administração Pública, regido pelo Direito Administrativo, como o regido pelo direito privado. Destarte, *ato de administração* é o material de limpeza de livros de uma biblioteca pública, como o jurídico-privado de compra e venda dos livros dessa biblioteca, no mercado da oferta e da procura, como o jurídico-administrativo de expropriação de livros raros de um colecionador para integrar seu acervo. Já, os *atos administrativos* são só os atos jurídicos dos órgãos administrativos, enquanto Poder Público, isto é, em que há manifestação da vontade autoritária estatal.

Passou-se a empregar o termo "ato administrativo" para determinar matéria objeto da competência do contencioso administrativo ante a proibição de sua apreciação pelos Tribunais Judiciários. Em conseqüência, surgiu a distinção entre países de "regime administrativo", como a França, cujas questões contenciosas eram de competência de Tribunais Administrativos especializados, e países "sem regime administrativo", como a Inglaterra, cujas questões contenciosas eram de competência dos Tribunais de Justiça comuns.

Conceituavam-se como *atos administrativos*, que se denominavam, preferencialmente, de *decisões executórias*, as manifestações de vontade dos órgãos de Administração Pública, como Poder Público, para produzir efeitos jurídicos, isto é, suscetíveis de produzir efeitos de direito, por si mesmas. Presentemente considera-se como tal qualquer manifestação de vontade da Administração Pública para produzir efeitos de direito próprios da função administrativa; portanto, regida pelo Direito Administrativo, isto é, desde que tenha latente a força do Poder Público, mesmo que não se exteriorize a manifestação da vontade de forma executória.

Destarte, nos tempos modernos conceitua-se o *ato administrativo* em atenção ao entendimento que se possua dos órgãos administrativos e da função administrativa, ou seja, do Direito Administrativo. Daí a possibilidade de se ter um conceito subjetivo, orgânico-formal, e objetivo, material.

Ainda se pode ter do ato administrativo um conceito lato, em que se envolvam manifestações de vontade de atos normativos, gerais, abstratos e impessoais, compreendendo o regulamento, a instrução e até a lei – para os que incluem a ação de legislar dentro do Direito Administrativo, e participando da função administrativa, e, por conseguinte, levada a efeito por órgãos considerados administrativos –, como de atos executivos, individuais, concretos e pessoais, igualmente participando dessa função e, conseqüentemente, efetivados por órgãos como tais considerados. Aliás, a ação de legislar, distinta da matéria legislada – esta, objeto de diferentes ramos jurídicos, dispostos em caráter normativo mediante regras gerais, abstratas e impessoais –, consiste em ato jurídico individual, concreto e pessoal.

Então, só se exclui da expressão "ato administrativo" o ato jurisdicional, de dizer o Direito em controvérsia, por parte dos órgãos judiciários. Daí as duas espécies de atos administrativos: *normativos* e *executivos*.

47.2 Conceito de ato administrativo

Contudo, o uso tradicional e comum da expressão corresponde a esta espécie de ato executivo, individual, concreto e pessoal. Seja no sentido material, ou objetivo, seja no orgânico-formal, ou subjetivo.

Então se pode defini-lo, no sentido material, ou objetivo, como manifestação da vontade do Estado, enquanto Poder Público, individual, concreta, pessoal, na consecução do seu fim, de realização da utilidade pública, de modo direto e imediato, para produzir efeitos de direito. Já, no sentido orgânico-formal, ou subjetivo, pode-se conceituá-lo como ato emanado de órgãos encarregados da Administração

Pública, compreendendo os integrantes do Poder Executivo, ou mesmo dos outros Poderes, desde que tenham a mesma estrutura orgânico-formal daquele, como sejam as Secretarias do Legislativo e do Judiciário.

Este significado deve ser considerado como secundário em face do outro, principal, porquanto aquele dá a natureza do ato pelo seu conteúdo, enquanto este só o faz em razão do órgão.

Embora perfeitamente exata a denominação *ato executivo* para cognominar essa espécie de ato, foi repudiada e substituída pela de *ato administrativo*.

Pretende-se que aquela não conota satisfatoriamente seu objeto, porquanto o ato administrativo não se reduz à execução autômata da lei, sendo que, na maioria das vezes, há largo campo de apreciação discricionária, não só quanto ao momento azado para praticá-lo, como sobre seu próprio conteúdo. Mas a expressão "ato executivo" não significa ato de execução autômata, e, tão-somente, de execução de outro ato. Ora, o chamado *ato administrativo*, em sentido estrito e ordinário, acima definido, só pode ser praticado nos termos da lei, para realizar preceito normativo.

Preferível, portanto, seria a adoção da expressão "ato executivo", como espécie do gênero "ato administrativo", que se reservaria apenas para o sentido lato, envolvendo este e o normativo. Entretanto, a outra orientação ganhou a preferência dos juristas, e hoje se acha consagrada a expressão "ato administrativo", tão-somente, nesse sentido estrito. Opõe-se, até, aos atos normativos. Nesse sentido estrito, equivalendo a ato executivo, e com o significado tradicional, será agora estudado, mesmo porque os atos administrativos normativos já o foram anteriormente.

Acontece, há pessoas que fazem as vezes do Estado, enquanto Poder Público, principalmente na consecução do seu fim de realização de utilidade pública, de modo direto e imediato. Portanto, considera-se, outrossim, *ato administrativo* a manifestação da vontade individual, concreta e pessoal, em tal caráter, dessas pessoas.

Elas podem ser pessoas jurídicas de direito público, desdobramentos do Estado, como os Estados Federados ou Municípios e os Institutos de Aposentadorias e Pensões ou as Corporações Profissionais, a que toca uma posição específica de cometimentos estatais; ou pessoas naturais ou jurídicas de direito privado, colaboradoras do Estado, como serventuários, tabeliães e escrivães, concessionários de obras e serviços e prestacionistas de atividades contratadas ou de eventual gestão de negócios, quando efetivam atos jurídicos daquela natureza.

Ainda se têm como tais os praticados por pessoas naturais ou jurídicas como pressuposto ou condição da manifestação da vontade do Estado, de modo a concorrerem para a prática de ato administrativo por parte deste ou tornarem eficaz o ato administrativo por este emanado. Assim, os atos de particulares requerendo perante a Administração Pública ou tomando posse em cargos públicos.

Por outro lado, estão excluídos dos atos administrativos os praticados pelo próprio Estado pertinentes à sua ação material ou os que se regem pelo direito privado – estranhos ao regime autoritário próprio do Direito Administrativo, em que se acha sempre latente a força do Poder Público –, mesmo que objetivem a realização da utilidade pública, de modo direto e imediato, como seja a compra e venda de imóvel para realização de obra pública.

E os atos materiais, que antecedem ou sucedem à declaração da vontade, como requisitos de preparação ou execução, para que esta atinja efeito jurídico? Eles, certamente, são partes do procedimento jurídico-administrativo, quando supõem uma série de operações, mas só a manifestação da vontade tem relevância jurídica. Portanto, em si e por si estão fora do direito, embora subordinados a ele quanto à sua forma e condição, cuja violação pode torná-los relevantes para o direito.

Porém, constituem atos administrativos – como manifestação de vontade do Estado, para produzir efeitos jurídicos, ou de quem faça as suas vezes – os atos materiais que correspondem a *facta concludentia* da declaração de vontade, pois encerram forma exterior dela.

47.3 Atos administrativos internos e externos [6]

Muito se discute, outrossim, se os *atos internos da Administração Pública* estão compreendidos no conceito de *ato administrativo*.

---

6. Cf. Enzo Silvestri, *L'Attività Interna della Pubblica Amministrazione*, 1950.

Os *atos externos* são os praticados para produzir efeitos com relação a terceiros; enquanto os *internos*, dentro da organização administrativa, na relação entre seus órgãos. Estes se distinguem, entretanto, em *juridicamente relevantes* e *irrelevantes*.

Se constituem simples atos materiais preparatórios do ato jurídico, operações preliminares do procedimento administrativo, estão em si e por si excluídos dos atos administrativos. Como tais devem ser recordados as propostas ou os pareceres facultativos. Porém, se o ato administrativo se efetivou tendo em vista essas propostas e esses pareceres e com assento neles, passam a integrá-lo.

Ao contrário, são atos *jurídicos relevantes*, e, destarte, atos administrativos, se, apesar de praticados dentro da organização administrativa, têm conseqüência atingindo terceiros, seja imediata seja mediatamente.

Assim, alguns têm conseqüência imediata fora da organização administrativa, como os procedimentos disciplinares, em virtude de atos com terceiros, e os pareceres obrigatórios de órgãos consultivos, que informam decisões dos órgãos ativos pertinentes a assuntos de terceiros.

Outros só têm conseqüência mediata fora da organização administrativa, não obstante atinjam terceiros. As ordens do superior hierárquico ao inferior, embora digam respeito ao ordenamento do serviço, se emanadas nos termos de direito, são atos jurídicos internos, pois sua inobservância gera responsabilidade do titular do órgão a que foram dirigidas, e, eventualmente, até civil e mesmo penal, em casos de culpa. Igualmente, as ratificações ou confirmações de atos do inferior pelo superior são atos jurídicos internos, que dão força jurídica aos atos praticados por aquele com relação a terceiro, uma vez que, faltando, acarretariam alteração na ordem jurídica estabelecida.

47.4 Atos de governo ou políticos[7]

Afinal, impõe-se indagar se os chamados *atos de governo ou políticos* se enfeixam entre os atos administrativos. A respeito, já se teve

---

7. Cf. Paul Duez, *Les Actes de Gouvernement*, 1935; Michel Dendias, *La Fonction Gouvernementale et les Actes de son Exercice – Les Actes de Gouvernement*, 1936.

oportunidade de criticar a orientação da maioria dos publicistas do Continente Europeu que pretendem estar fora do Direito Administrativo, e, por conseguinte, excluídos do conceito de *ato administrativo*. A criação dessa categoria de atos objetivou justamente excluir uma série de atos, de caráter político, do controle da Justiça. Consideram esses atos de governo como procedimento de alta polícia, de salvação do Estado. Nessa expressão envolvem não só os tendentes a defender o Estado-sociedade contra os ataques dos inimigos externos, como o próprio Estado-poder contra os que internamente buscam derribar os fundamentos das instituições vigentes, e também os elementos pertinentes à organização e funcionamento dos órgãos a que compete essa elevada atividade.

Já foram oferecidos exemplos, unanimemente proclamados, desses atos de governo. No entanto, falta critério aceitável para delimitá-los perfeitamente, como reconhecem seus adeptos.

Para certos autores o móvel político especifica esses atos, e como tais devem ser considerados aqueles a que o Executivo empresta tal caráter ao praticá-los. Então, a lista dos atos de governo cresce ou diminui conforme as circunstâncias.

Outros pretendem que são os assim qualificados, tendo em vista sua natureza, pelo Judiciário, se não forem discriminados pelo Legislativo. Seriam os atos de execução direta das disposições formalmente constitucionais, ou, então, em nova divergência, os que se referem ao exercício da atividade livre do Executivo, nos termos legais ou constitucionais, isto é, que se não acham regrados quanto ao seu conteúdo. Neste último significado, equivalem aos atos discricionários. Contudo, se não catalogados pelo Legislativo, cabe ao Judiciário especificá-los. Então, em face dos elementos jurisprudenciais, a doutrina passa a enumerá-los.

Nada justifica no Estado de Direito essa figura de atos de governo em oposição aos atos administrativos. Se dizem respeito à manifestação da vontade individual, concreta, pessoal, do Estado, enquanto Poder Público, na consecução do seu fim, de criação e realização da utilidade pública, de modo direto e imediato, para produzir efeitos de direito, constituem atos administrativos. Se violarem a lei e ofenderem direitos de terceiros ou lhes causarem danos, cumpre estejam sujeitos à apreciação do Judiciário. No Estado de Direito torna-se inadmissível atividade insuscetível de controle do Judiciário quando viola direitos e causa danos.

Sem dúvida, verificam-se na atividade estatal atos jurídicos que imprimem a direção superior da sua vida política, que formam e manifestam originariamente sua vontade e cogitam dos órgãos a quem competem essas atribuições, ao lado de outros, mais subalternos, que completam e desenvolvem aqueles, na afirmação da utilidade pública, condicionando as relações internas com os próprios órgãos ou com terceiros. Mas todos são atos administrativos, ante o objetivo que têm em mira.

47.5 Atos de império e de gestão

Outrora se procurou distinguir, na França e na Itália, os atos da Administração Pública em *atos de império* e *atos de gestão*, o que correspondia, de certo modo, na Alemanha, a atos de pessoa pública ou de pessoa patrimonial.

Os *atos de império* seriam aqueles que a Administração Pública tão-somente pratica no uso das suas prerrogativas de autoridade, e se impõem aos cidadãos, obrigados coercitivamente, sem prévio pronunciamento judicial, em virtude do plano diferente das partes, e cujas conseqüências jurídicas verificam-se *ipso jure*.

Os *atos de gestão* seriam aqueles que a Administração Pública pratica no uso das prerrogativas comuns a de todos os cidadãos, particulares, na conservação e desenvolvimento do patrimônio público e efetivação dos seus serviços. É de se salientar que não se reduziam aos atos da Administração Pública como particular, de direito privado, com intenção de lucro, sem preocupação imediata e direta do interesse público, mas compreendiam também os atos praticados nas mesmas condições que os particulares, porém feitos na consecução de objetivo público, relativos ao seu patrimônio e aos seus serviços.

Com o evolver dos tempos surgiu forte movimento de oposição a essa classificação dos atos administrativos, tanto na França como na Itália, o que acarretou sua rejeição pela maioria dos juristas. Procurou-se demonstrar que não correspondia à realidade das coisas.

Tinha uma explicação e, mesmo, uma justificação histórica.

Ante a irresponsabilidade do Monarca pelos atos levados a efeito, na época do Estado de Polícia, quando se começou a distinguir a pessoa do Rei da pessoa do Estado, para se efetivar parcialmente a responsabilidade dos atos de prepostos deste, procurou-se ver no Estado uma dupla personalidade, a que correspondiam os atos de império do Rei e os atos de gestão do Fisco, ou seja, pessoa de direito público e pessoa patrimonial. Tal posição encontra-se nos tempos relativamente modernos defendida por Giorgi (*La Dottrina delle Persone Giuridiche o Corpi Morali*, vol. II, pp. 15-74).

Outros, não querendo admitir uma dupla personalidade no mesmo ser, só admitiam a personalidade do Estado enquanto Fisco, isto é, com referência à prática dos atos de gestão. É a solução de Berthélémy (*Traité Élémentaire de Droit Administratif*, 12ª ed., pp. 48-53).

Mas qualquer das duas posições é insustentável, e se acham ultrapassadas, pois um mesmo ser, na ordem temporal, não pode constituir, ao mesmo tempo, duas pessoas distintas ou ser considerado pessoa com referência a certos atos e deixar de o ser relativamente a outros, concomitantemente (cf. Oswaldo Aranha Bandeira de Mello, "A personalidade do Estado", in *Estudos Jurídicos em Honra de Soriano Neto*, vol. II, pp. 193-217).

Por outro lado, procurou-se, sem qualquer fundamento, aplicar a distinção aos fatos materiais do Estado, em especial sua atividade ilícita. Como, de início, se fez a separação desses atos para permitir responsabilizar-se o Estado ao menos pelos pretensos atos de gestão, quando se verificava ato ilícito dele, portanto, ato material, discutia-se se correspondia a fato jurídico de império ou de gestão, o que, sem dúvida, constituía um contra-senso, por haver incompatibilidade entre o ato jurídico, que se dividia em de império e de gestão, e o ato material ilícito, que não pode admitir, nem teoricamente, tal discriminação.

Afinal, verificou-se que na conservação e desenvolvimento do patrimônio público e na efetivação dos serviços públicos se pratica uma série de operações materiais e de atos jurídicos, com manifestação do poder de império. Daí a impossibilidade de se classificarem os atos administrativos em dois tipos opostos, atos de império e de gestão.

Contudo, por iniciativa de Ranelletti (*Teoria degli Atti Amministrativi Speciali*, pp. 13-15, e especialmente nota 22), buscou-se reviver essa distinção. Sustenta que o Estado pratica atos regidos pelo direito público, que constituem os atos de império, e pelo direito privado, que correspondem aos atos de gestão. Reconhece que o Estado não pode ter dupla personalidade. Entretanto, nada impede se lhe atribua dupla capacidade: na ordem do direito público e do privado.

Com isso, entretanto, altera-se, de certo modo, o conceito anterior desses atos, pois eram considerados como atos da Administração Pública no exercício da atividade pública. Mas, se os atos de gestão passam a ser simplesmente os de direito privado, e os de império os de direito público, levados a efeito pelo Estado, qual a razão para substituir a denominação tradicional, bem mais expressiva, de *atos de direito público* e *atos de direito privado*, pela de *atos de império* e *atos de gestão*?

Demais, há atos jurídicos do Estado, regidos pelo direito público, que visam à gestão do seu patrimônio e dos seus serviços e que, outrossim, dependem do exercício do poder de império. Sirva de exemplo a prestação de serviços pró-cidadão, de fornecimento de gás, água e luz etc., cujas tarifas são fixadas unilateralmente pelos órgãos executivos, nos termos legais, dentro de largo campo de apreciação, e cujo exercício requer a prática de atos jurídicos autoritários de comando, quanto à entrega de bens, mediante expropriação, e quanto ao regime de prestação do próprio serviço.

Por conseguinte, o Estado, na consecução de seus fins, realiza atos de gestão pública, pertinentes à formação, conservação e desenvolvimento do patrimônio público e à efetivação de obras e serviços públicos, regidos pelo direito público, e que dependem do exercício do poder de império. Outrossim, realiza atos de gestão privada, mesmo relativos ao seu patrimônio e à prestação dos seus serviços, regidos pelo direito privado, de natureza análoga aos praticados por qualquer particular, como sejam os de locação a terceiros de um imóvel seu, ou de compra e venda de material necessário ao desempenho de seus trabalhos.

Porém, mesmo esses atos jurídicos de direito privado ficam sujeitos a outros atos jurídicos preliminares de direito público, que facultam sua prática, para que seja regular, como a prévia concorrência. Isso se explica porque a atividade pública é a peculiar do Estado, sendo-lhe a privada simplesmente acessória.

Afigura-se acertada a conclusão de que o Estado, na gestão de seu patrimônio e dos seus serviços, para alcançar seu fim, de criação e de realização de utilidade pública, exerce poderes de império, isto é, de comando, e, por conseguinte, deve ser abandonada a pretensão de classificar seus atos em de gestão ou de império. Falta utilidade prática nessa divisão e há, mesmo, dificuldade na colocação dos atos nesta ou naquela categoria, por apresentarem ambos os aspectos, conforme a face em que sejam considerados e as diferentes fases dos procedimentos administrativos ao levar a efeito a atividade estatal.

47.6 Atos no exercício de poderes vinculados e discricionários [8]

O Estado, ou quem faça as suas vezes, na prática de atos administrativos, pode se encontrar em duas posições antagônicas: ora deve se cingir a estritas determinações legais, a obedecer ao comando da norma, verificando-se as condições de fato por ela prescritas, no caso particular considerado; ora pode apreciar a conveniência ou oportunidade dentro das soluções legais admitidas de forma indeterminada, de modo a proceder desta ou daquela maneira.

No primeiro caso diz-se que a Administração Pública, a respeito dessa matéria, tem poderes vinculados ou legais, e, assim, o ato administrativo é de caráter vinculado ou legal. Sirva de exemplo o ato administrativo de licença de construção, pelo qual faculta a particular a construção em imóvel da sua propriedade, aprovando a planta, que está obrigado a fazer, verificado que esta obedece a todas as exigências legais. Sua atividade reduz-se à apreciação da legitimidade do ato que terceiro pretende efetivar e, previamente, depende dessa verificação dos órgãos administrativos competentes.

Sobrepondo-se ao comando do texto, isto é, contrariando sua determinação, como na hipótese de deixar de deferir licença de constru-

---

8. Cf. Jean-Claude Venezia, *Le Pouvoir Discrétionnaire*, 1959; Bartolomé A. Fiorini, *La Discrecionalidad en la Administración Pública*, 1948; Antonio Amorth, *Il Merito dell'Atto Amministrativo*, 1939; Afonso Rodrigues Queiró, *O Poder Discricionário da Administração*, 2ª ed., 1948; André Hauriou, "O poder discricionário e a sua justificação", *RDA* 19/27; L. Lopes Rodó, "Poder discricionário da Administração. Evolução doutrinária e jurisprudencial", *RDA* 35/40; João Leitão de Abreu, "A discrição administrativa", *RDA* 17/10; Seabra Fagundes, "Conceito de mérito no Direito Administrativo", *RDA* 23/1.

ção, cabe ao particular, cuja planta satisfaz os requisitos legais, o direito de pleitear o amparo do Judiciário, sob a alegação de violação da lei, por comportamento ilegal por parte da Administração Pública, que violou seu direito subjetivo.

No segundo caso diz-se que a Administração Pública, a respeito da prerrogativa de emanar o ato, ou seu conteúdo, tem poderes discricionários ou políticos, e, assim, o ato administrativo é de caráter discricionário ou político. Sirva de exemplo o ato administrativo de autorização de porte de arma, pelo qual faculta a particular trazer consigo arma, que sem ela envolveria a prática de ato legalmente proibido. Tem a prerrogativa de verificar, ante as condições de fato alegadas pelo particular, a conveniência ou oportunidade de deferir ou indeferir o pedido, em atenção aos elementos considerados, segundo seu alto critério.

Então, apreciará se não haverá risco em autorizar esse porte de arma, tendo em vista os antecedentes do particular que o solicita, os perigos a que se acha exposto, as dificuldades de ser bem defendido pelos órgãos administrativos – enfim, todas as circunstâncias que envolvem o pedido. Sua atividade, portanto, não se restringe ao exame do aspecto legal da pretensão. É muito mais ampla, pois se estende ao seu mérito.

Negando a autorização, após pesar os prós e contras do pedido, não cabe, em princípio, ao interessado o direito de pleitear o amparo do Judiciário, sob alegação de violação de lei, por comportamento ilegal da Administração Pública. Não obstante, não fica completamente trancada a via judiciária. Poderá ser admitida se, no exercício do poder discricionário, se verificar abuso de direito, como se exporá a seguir.

Os poderes vinculados ou discricionários distinguem-se: quanto à emanação do ato, que será obrigatório ou facultativo; quanto ao seu conteúdo, que será livre ou regrado; e quanto à forma, que será necessária ou contingente.

Assim, a Administração Pública pode, relativamente à emanação do ato, ser obrigada a despachar petição de particular, e mesmo em certo prazo, e, entretanto, no tocante ao seu conteúdo, possivelmente, se achar livre de qualquer determinação legal, e, destarte, decidirá desta ou daquela maneira; e, ainda, isso lhe ser lícito fazer independentemente de qualquer forma preestabelecida. Já, com referência a outros atos a liberdade está no seu exercício; entretanto, resolvendo praticá-los, deverá ser obrigada a se restringir aos termos legais estritos e segundo a forma considerada da sua essência.

Destarte, em atenção aos poderes vinculados ou discricionários da Administração Pública na emanação de seus atos, classificam-se estes em atos obrigatórios ou facultativos, livres ou regrados e de solenidades essenciais, necessárias, ou acidentais, contingentes.

Contudo, costuma-se denominar de *atos vinculados* os que a Administração Pública é obrigada a praticar e nos termos regrados por lei; e de *atos discricionários* os que ela tem a faculdade de emanar e segundo seu critério, livre nos limites do Direito. E, completando tais nomeações, diz-se o ato *parcialmente vinculado* quando só obrigatório, mas não regrado, ou vice-versa; ou *parcialmente discricionário*, quando só facultativo, porém não-livre, ou vice-versa.

Embora os poderes discricionários da Administração Pública, ao contrário dos vinculados, se achem libertos de estritas determinações legais, de maneira a poder escolher como deve proceder, tendo em vista considerações de conveniência e oportunidade, não se confundem com poderes arbitrários. Ao passo que estes correspondem a atividade sem limites jurídicos, em que o agente atua segundo seu exclusivo critério, aqueles dizem respeito à atividade circunscrita dentro de limites jurídicos. No Estado de Direito não se admitem poderes arbitrários.

Esses limites dos poderes discricionários encontram-se nos motivos determinantes do ato jurídico e no fim com que é praticado, tendo em vista a preocupação do seu agente e a razão de ser do próprio instituto jurídico. Toda atividade do Estado-poder tem por baliza o interesse coletivo.

Por conseguinte, não se tolera motivo determinante estranho ao interesse coletivo, e nem preocupação da autoridade pública em conflito com ele. Por outro lado, não basta seja praticado o ato tendo em mira o interesse coletivo; outrossim, impõe-se a consideração do interesse coletivo específico, objeto do instituto jurídico a que se refere o ato. Portanto, mesmo os atos administrativos praticados pela Administração Pública no exercício dos seus poderes discricionários encontram os limites acima apontados. Não podem transpô-los, sob pena de envolver exercício abusivo de direito.

Nos termos legais, por exemplo, fica a critério da Administração Pública estabelecer o momento para efetivar a promoção dos funcionários. Entretanto, não poderá protelá-la, com o intuito de impedir a promoção do primeiro classificado, porque seu desafeto; nem para fazer economia injustificada para o Erário Público. No primeiro caso há má-fé no comportamento; e, neste, desnaturamento do instituto da promoção. Destarte, mesmo os atos discricionários sujeitam-se à apreciação do Judiciário, como já observado, para verificar se existiu, na sua prática, abuso de direito.

Os atos administrativos executivos estão sempre limitados por atos administrativos normativos; ou, melhor dizendo, os atos administrativos têm seu exercício condicionado por leis e regulamentos, pois a Administração Pública só pode agir na conformidade dos textos normativos. Enquanto o ato jurídico privado é regido pelo princípio da autonomia da vontade, segundo o qual o particular pode formá-lo a seu líbito, desde que não vá de encontro à lei, o ato administrativo deve estar sempre baseado na lei e a autoridade administrativa não pode querer senão o que a lei permite, e na medida em que o permite.

Não obstante, existe presunção em favor dos poderes discricionários da Administração Pública em escolher a ocasião oportuna para agir, quando falta texto expresso a respeito. Em princípio, não se admite, por ilações – do exame em conjunto dos textos, mediante interpretação extensiva ou aplicação analógica –, estar a Administração Pública presa a poderes vinculantes de ação.

Por outro lado, quando falta texto expresso obrigando-a a agir desta ou daquela maneira, de forma regrada, se há de entender que lhe cabem poderes discricionários para atuar segundo seu critério. Igualmente se deve concluir pela outorga de poderes discricionários quando do a lei, embora preveja a ação e a faça depender de elementos ou requisitos de fato, esses elementos ou requisitos são acertados por juízo subjetivo da autoridade pública, segundo o interesse coletivo, ou, ainda, quando o juízo objetivo não pode fornecer dados técnicos decisivos, peremptórios, e, por isso, deixa margem à apreciação individual da autoridade administrativa.

Costumam os autores – especialmente os italianos – distinguir os *poderes discricionários* em *puros* e *técnicos*.

Os *puros* são aqueles em que a atividade livre se circunscreve dentro de limites latos da lei, tendo como única diretriz restritiva o interesse coletivo, a que cumpre atender. Sirva de exemplo a apreciação de utilidade pública quanto à execução de obra pública.

Os *técnicos* são aqueles em que a atividade livre se circunscreve dentro de limites mais estritos da lei, tendo como diretriz restritiva o acertamento de elementos de fato em face de juízo qualificado a seu respeito, de modo a serem satisfeitas as exigências técnicas, dispostas pela lei, quanto à sua natureza, e que explicam a atuação administrativa. Sirva de exemplo hipótese legal que autoriza a demissão de funcionário por procedimento irregular. Cumpre haver processo administrativo, e nele se verificar se a falta imputada ao funcionário existiu e, ainda, se seu procedimento é irregular, tudo segundo convicção da autoridade administrativa.

Assim, relativamente aos primeiros basta respeitar, de forma genérica, o interesse coletivo, ao passo que, com referência aos últimos, devem considerar, ainda, os elementos de fato especificados pela lei. Daí a possibilidade de maior controle do Judiciário nestes casos que naqueles, quanto ao exercício abusivo de direito.

Lá, restringe-se ao controle de má-fé da autoridade pública sob a capa de interesse coletivo, como na decretação de utilidade de bem a ser expropriado, cuja apuração é bem difícil. Aqui, estende-se à verificação da realização desses requisitos legais ou elementos de fato cogitados pela lei; portanto, se o procedimento irregular do funcionário não é tão insignificante, a ponto não só de induzir má-fé na conclusão da autoridade administrativa, como desnaturamento do seu conceito, por faltar proporcionalidade razoável entre falta e pena.

Realmente, verificam-se hipóteses de discricionariedade pura e outras de discricionariedade qualificada. Porém, não se pode falar propriamente em discricionariedade técnica. Esta, na verdade, elucida a atividade administrativa ou coopera para seu bom desempenho. Os requisitos ou elementos técnicos podem ser de natureza flexível, elásticos, ou, ao contrário, de caráter rígido, precisos. Naquele caso deixam margem à apreciação subjetiva da autoridade administrativa, enquanto neste estabelecem dados objetivos para seu exame. Então, em um caso a técnica faculta poderes discricionários, enquanto em outro prescreve poderes vinculados.

Portanto, em certas hipóteses o critério técnico fica efetivamente ligado ao administrativo, absorvido por este, de modo que se aprecia em função dele.

Assim, as condições de segurança e higiene de construção, apesar de não satisfatórias tecnicamente, podem ser toleradas, segundo a conveniência e a oportunidade administrativas, porque, se não atendem às condições de perfeição, têm um mínimo de suficiência de segurança e higiene, em se realizado tais ou quais providências de adaptação. São os casos de conservação de obras que desrespeitam as posturas ou leis de polícia de construção quanto à segurança e higiene, mas a Administração Pública admite que sejam toleradas se tiverem um mínimo de suficiência, uma vez realizadas tais ou quais providências de adaptação.

Os *elementos técnicos* constituem pressupostos ou condições da ação administrativa. Hão de ser considerados entretanto, com faixa ampla de poderes, para atuar num ou noutro sentido. Então, a Administração Pública pratica o ato administrativo que lhe pareça mais adequado, deferindo, por exemplo, a conservação da obra, com a exigência destas ou daquelas obras complementares, ou interditando-a, por não satisfazer as condições mínimas de habitabilidade.

Já, em outros casos o critério técnico não se liga ao administrativo, e a apreciação daquele independe da apreciação discricionária deste, por distintos. Tal ocorre com referência ao acertar condições de fato consistentes em uma qualidade ou atributo de natureza técnica.

Assim a verificação sobre se devem ser abatidos certos animais ou erradicadas determinadas plantações, por se acharem atacados de moléstias contagiosas, prejudiciais à pecuária ou à agricultura. Só em ocorrendo laudo técnico nesse sentido devem ser determinados pelos órgãos administrativos o abatimento dos animais e a erradicação das plantações.

47.7 Teoria do abuso de direito
como limite ao exercício dos poderes discricionários

A *teoria do abuso de direito*, como demonstrou o jurista português Tito Arantes (in *RT* 100/355-387), bem examinados, em um panorama de conjunto, os estudos a seu respeito, reduz-se a duas concepções fundamentais: *psicológica ou subjetiva* e *realista ou objetiva*.

Pela *psicológica ou subjetiva* ocorre o abuso de direito quando seu titular o exerce com intuito de prejudicar terceiro. Sirva de exemplo propor ação judicial por espírito de emulação ou mero capricho, a que se refere o art. 3º do antigo CPC.[XIII]

Já, pela *realista ou objetiva* verifica-se o abuso de direito quando seu titular o exerce com desnaturamento do instituto jurídico, de maneira a contrariar sua categoria jurídica. Está acolhida no art. 160, I, do Código Civil,[XIV] ao declarar que não constitui ato ilícito o exercício regular de um direito reconhecido. Portanto, *a contrario sensu*, o exercício irregular de um direito envolve ato ilícito, por exceder seus limites éticos.

A primeira pressupõe má-fé do titular do direito, enquanto a segunda tão-somente o exercício anormal do direito, com danos conseqüentes aos interesses de outrem. Esta última orientação envolve a outra, pois basta que o exercício do direito seja anormal para configurar o abuso de direito, independentemente da consideração da vontade consciente de praticar ação ou ter omissão dolosa, ou, mesmo, de previsão do resultado danoso.

Contudo, em ambas as hipóteses ocorre ilicitude, por ação ou omissão, pois o titular do direito, embora o exerça, formalmente, em consonância com a lei, agrava o ordenamento jurídico, segundo o interesse social, que ela visa a resguardar. Tal pode se dar, repita-se, com intuito de prejudicar terceiro, o que revela má-fé e, assim, fraude intencional à ordem jurídica, ou desnaturamento do instituto jurídico, com danos conseqüentes aos interesses de outrem. Isto importa contrariar suas finalidades, exercê-lo de maneira antifuncional, e, assim, com impropriedade, na apreciação do seu alcance social, segundo a ordem disposta pelo direito, o que envolve defeito técnico na sua realização, tendo em vista sua categoria jurídica.

Por conseguinte, mesmo os adeptos da teoria realista ou objetiva entendem que o abuso de direito se insere dentro do ilícito jurídico, por corresponder a um mau uso de seu direito. A distinção da sua po-

---

XIII. *Nota dos Editores*: V. arts. 17 e 273, II do CPC atual.
XIV. *Nota dos Editores*: Hoje art. 181.

sição a respeito com referência aos filiados à teoria psicológica ou subjetiva está em que para esta a ilicitude é seu objeto direto, a preocupação do ato, enquanto para aqueles, o indireto, uma conseqüência do ato, simplesmente. Por isso, partidários da corrente objetiva vão, por vezes, ao exagero de afirmar que o abuso de direito constitui figura jurídica autônoma do ilícito jurídico, como se manifesta Pedro Batista Martins (*O Abuso do Direito e o Ato Ilícito*, 2ª ed., pp. 236-247). De fato, o abuso de direito não se confunde com o ilícito jurídico, mas corresponde a uma espécie, entre muitas, de atos ilícitos. Se, no exercício de direito, se pratica ato material ou mesmo ato jurídico que lese terceiro, ainda que sem intenção de que tal ocorra, pelo mau uso desse direito, esse ato material ou ato jurídico se acha enfermo de ilicitude, embora assuma posição autônoma, como instituto jurídico.

Por outro lado, exagera Everardo da Cunha Luna ao sustentar que é impossível conciliar a teoria realista ou objetiva com os princípios fundamentais do ato ilícito (*Abuso do Direito*, pp. 105-113). Realmente, não há terreno reservado ao abuso de direito fora do dolo ou culpa. Mas, enquanto no dolo a ilicitude é a razão de ser da prática do ato, na culpa esta é uma mera conseqüência. Daí o relevo emprestado a ela pelos defensores da concepção psicológica ou subjetiva e a pouca cogitação dela pelos paladinos da realista ou objetiva.

A teoria do abuso de direito é uma decorrência da relatividade dos direitos subjetivos em face do conceito de justiça, que deve dominar a ordem social, ínsita na norma, formalmente disposta, que objetiva resguardar o bem jurídico de outrem contra qualquer dano, previsto por ação ou omissão de titular de direito ou decorrente de impropriedade por parte dele no seu exercício, em virtude de imperícia, imprudência ou negligência na sua apreciação, o que se pode dar até por erro ou imprecisa interpretação, efetivando-o, destarte, de maneira anormal.

Por conseguinte, o exercício abusivo de direito inclui-se entre uma das muitas variedades de atos ilícitos, como ato anti-social, com a ruptura, por um desses fundamentos, do equilíbrio dos interesses estabelecidos pela ordem jurídica, no condicionamento da harmonia social. Daí se impor a obrigação de reparar as conseqüências danosas de dito ato, seja na decretação, sendo o caso, da nulidade do ato jurídico, com o desconhecimento dos seus efeitos, ou da composição econômica do prejuízo, com o restabelecimento do *statu quo ante*, isto é, o retorno à situação anterior, sendo possível. Por vezes há, concomitantemente, a decretação da nulidade do ato e da composição econômica dos danos.

Realmente, quem fala em *abuso de direito* pressupõe a existência de direito pelo seu titular, que o exerce, entretanto, abusivamente, isto é, faz mau uso dele. Por isso, L. Campion deu como título da sua obra sobre o abuso de direito a seguinte expressão: *Do Exercício Anti-Social dos Direitos Subjetivos*, e a clássica monografia de Louis Josserand sobre o assunto denomina-se *Do Espírito dos Direitos e da sua Relatividade*.

As primeiras manifestações da concepção subjetiva ou psicológica da teoria do abuso do direito se pode ir buscar no Direito Romano, no conceito do *ato emulativo*. Por seu turno, a objetiva ou realista vai haurir seus contornos na doutrina dos doutores da Igreja, especialmente em São Tomás de Aquino, com sua concepção finalista do Direito, e teve oportunidade de ressurgir modernamente, depois que Ihering ressaltou a importância desse problema (*L'Évolution du Droit*, 1901).

A expressão "abuso de direito" foi considerada por Planiol (cf. Planiol e Ripert, *Traité Élémentaire de Droit Civil*, 3ª ed., vol. II, n. 978, p. 336) como logomaquia, porque o direito cessa onde o abuso começa, pois um mesmo ato não pode ser, ao mesmo tempo, conforme e contra o direito. Atentando-se para o sentido analógico da palavra "direito" e o alcance absoluto da expressão "direito objetivo", como norma geral, abstrata e impessoal, e relativo do direito subjetivo, como poder de cada qual, é perfeitamente possível falar em abuso de direito, pois o que se pretende é afirmar que o titular de direitos subjetivos, ao exercê-los, o faz de forma abusiva em face do direito objetivo. Como titular de direitos, omite ou pratica atos que se apresentam ilícitos em face do direito, como sistema normativo, tendo por objeto a justiça.

Aliás, na objeção há uma confusão entre o exercício abusivo de direito e a falta de direito. Nesta não se tem, realmente, direito; enquanto naquele se o possui, apenas se exerce de forma contrária à ordem jurídico-normativa. Portanto, o abuso é cometido no exercício de um direito subjetivo, em ato formalmente lícito, mas padecendo, materialmente, de ilicitude, por transbordar dos limites da justiça; enquanto a falta de direito consiste na prática de atos à margem do direito – portanto, sem direito.

Assim, se alguém levanta construção em terreno alheio, o faz sem direito. Ao contrário, o proprietário do terreno tem direito de efetivar essa construção. Se, entretanto, a leva a cabo para prejudicar a vista do vizinho, ou mesmo que tal ocorra sem dita intenção e, outrossim, o ato é realizado sem proveito apreciável para ele, o que constitui utilização inadequada da propriedade, caracteriza-se o abuso de direito, subjetivo ou objetivo, pelo titular, segundo a má-fé com que foi praticado ato, ou em virtude de sua inadequação.

A teoria do abuso de direito, vulgarizada, modernamente, no direito privado, aplica-se, na realidade, nos diferentes ramos jurídicos, e, portanto, também no direito público. E essa expressão "uso abusivo de direito", ou "exercício abusivo de direito", começa a aparecer na doutrina, com base na jurisprudência, a qualificar atos da Administração Pública e a suscitar, mesmo, monografias a respeito. Haja vista os trabalhos de J. Chatelain (*Contribution à l'Étude de la Notion d'Abus de Droits dans le Contentieux Administratif*, 1945) e de Louis Dubois (*La Théorie de l'Abus de Droit et la Jurisprudence Administrative*, 1962).

Com efeito, examinando-se a jurisprudência do Conselho de Estado da França, o maior manancial do Direito Administrativo, verifica-se haver ele criado hipóteses de ilegalidade de atos administrativos que não decorrem diretamente do seu objeto, por ilícito ou juridicamente impossível, mas apenas indiretamente, das circunstâncias em que o ato foi ou deixou de ser praticado. Assim, distingue os casos de ilegalidade em direta ou indireta.

Há *ilegalidade direta* no ato da Administração Pública quando, em virtude dele, ocorre violação frontal da lei. Isso porque se acha a Administração Pública vinculada a comportamento nos estritos termos dos seus dispositivos e seu ato se opõe a esse comando, ao qual ela devia se conformar. Por exemplo, a lei determina que se nomeie para cargo vago o candidato classificado em primeiro lugar em concurso, e, no entanto, a nomeação recai no segundo colocado.

Há *ilegalidade indireta* no ato da Administração Pública quando, em virtude dele, ocorre violação circunstancial da lei. Nesses casos, esta lhe confere elasticidade de ação dentro de certos limites, relativos aos motivos e ao fim do ato.

Sua discrição não pode exceder os limites do razoável na apreciação dos fatos que constituem o *motivo* do ato administrativo. Deve haver proporcionalidade entre o ato administrativo e o fato que o originou. Este deve ser suficiente para justificar aquele. Conseqüentemente, impõe-se examinar se os fatos objetivos que motivaram o ato foram devidamente observados. É a *teoria dos motivos determinantes dos atos administrativos*, criada pela jurisprudência do Conselho de Estado de França, por volta do início do presente século, e, ao depois, acolhida pelo Direito Administrativo de outros povos (cf. Leo Goldenberg, *Le Conseil d'État – Juge du Fait*, 1932; Georges Vedel, *Essai sur la Notion de Cause en Droit Administratif Français*, 1934).

Assim, há ilegalidade indireta, por inobservância devida do motivo determinante do ato, quando a lei autoriza a dissolução de comício em ocorrendo desordem, e a polícia leva a termo essa medida pelo simples fato de alguns populares apuparem, sem maiores conseqüências, o orador.

Isso porque não houve proporcionalidade entre o fato e a medida administrativa, uma vez não que constituía motivo suficiente para o ato administrativo ser levado a efeito. Excedeu-se a Administração Pública no exercício do seu poder discricionário.

Por outro lado, não lhe é lícito se *desviar* dos fins do ato administrativo, e tal se verifica quando pratica ato de sua competência tendo em vista objetivo diverso do legalmente considerado como próprio da sua atribuição. Por conseguinte, impõe-se, neste caso, perscrutar a intenção do agente público, para se verificar se se conformou ao interesse geral ou, ao contrário, se se prendeu a razões subalternas, pessoais, e, ainda, se, praticando o ato no interesse geral, o realiza em atenção a razões estranhas à finalidade por que lhe foi outorgada a competência para praticá-lo. É a *teoria do desvio do poder*, criada pela jurisprudência do Conselho de Estado de França, por volta de 1840, e acolhida pelo Direito Administrativo de outros países (cf. Marcel Beurdeley, *Le Détournement de Pouvoir dans l'Intérêt Financier ou Patrimonial de l'Administration*, 1928; Coutelan, *Le Détournement de Pouvoir de Police dans l'Intérêt Financier*, 1947; Raynaud, *Le Détournement de Procédure*, 1950; Afonso Rodrigues Queiró, *Reflexões sobre a Teoria do Desvio de Poder em Direito Administrativo*, 1940, e "A teoria do desvio do poder no Direito Administrativo",

RDA 6/41 e 7/52; Antônio José Brandão, "Moralidade administrativa", RDA 25/454; José Cretella Jr., *Do Desvio de Poder*, 1964).

Isso ocorre quando o agente público anula concorrência pública para impedir seja adjudicada a favor de quem quer prejudicar, por animosidade política; ou mesmo quando, no exercício do poder de polícia de construção, que, em princípio, visa a alcançar a segurança e salvaguardar a saúde dos que nela vão habitar, se nega a aprovação de planta por finalidade puramente estética.

Hauriou chegou a afirmar que dito controle judicial excedia ao da *legalidade*, para se transformar no da *moralidade administrativa*; e nesse sentido a tese de Doutoramento do seu discípulo Henri Welter (*Le Contrôle Juridictionnel de la Moralité Administrative*, 1929).

Realmente, nesse controle se vai além da verificação da violação frontal da lei. Nele se cogita dos motivos de fato discricionariamente considerados pela Administração Pública, ou dos propósitos da autoridade administrativa, no exercício da finalidade dos atos da sua competência.

Objetiva, destarte, impedir uma conclusão despropositada dos fatos objetivos, determinantes do ato; ou os efeitos de intenção malévola ou de móvel diferente do enunciado pela lei ou proposto por ela, tendo em vista a natureza da competência conferida. Mas sempre é contraste da legalidade, pois a prática do ato em contrário envolve ilicitude, como desrespeito ao mínimo ético coercitivamente imposto a ele. Assim, mantidas as teorias dos motivos determinantes e do desvio do poder dentro da legalidade, se lhes reconhece apenas um fundamento moral.

Aliás, o Direito, como Ciência prática ou operativa, particular, depende da Moral, como Ciência prática operativa geral e propedêutica dele. Na realidade, retirar do Direito esse fundamento é transformar essa Ciência, que tem por objeto a ordem social, em instrumento de opressão, ao influxo da vontade anônima das massas ou da vontade insolente do ditador.

Muitos juristas pretendem que as teorias do desvio do poder e do abuso do direito se assemelham. Tal o pronunciamento de Josserand (*De l'Esprit des Droits et de leur Relativité*, 2ª ed., pp. 257-265), embora reconhecendo que constituem florações, respectivamente, do direito público e do privado. Outras chegam, mesmo, a identificá-las, como faz R. Chapus (*La Responsabilité Publique et la Responsabilité Privée*, 2ª ed., n. 382).

Todavia, a teoria do abuso do direito abrange área mais extensa. Aplicada no Direito Administrativo, ante sua maleabilidade, abraça já a teoria dos motivos determinantes dos atos administrativos, já a do desvio do poder, quanto ao exercício dos poderes discricionários da Administração Pública. Essas teorias tiveram, na oportunidade, razão de existir em caráter autônomo, na França, para atender à evolução das soluções jurisprudenciais em face dos casos concretos, e sua manutenção fundamenta-se nessa tradição histórica. Mas, presentemente, pode-se unificá-las, se não, mesmo, diluí-las, na teoria do abuso de direito, e com maior razão em outros países, onde aquelas teorias não têm razões históricas e fundamentos peculiares.

Se o ato administrativo envolve o exercício de direito com desnaturamento do instituto a que ele se refere, com falseamento, portanto, da razão de existir desse instituto, tem-se como verificado o abuso de direito, independentemente de apuração do móvel que o provocou, relegada para plano inferior, ainda, a cogitação da intenção do titular do direito. Basta a verificação objetiva da impropriedade do exercício do direito para se configurar seu exercício abusivo.

Portanto, a diferença entre abuso de direito e desvio do direito não está, como pretendem muitos juristas franceses, em que um suscita o contencioso de reparação patrimonial do dano e o outro o de nulidade do ato jurídico. Já se verificou que se pode, em contrapartida ao abuso de direito, pleitear não só a reparação econômica do dano conseqüente, como a nulidade do próprio ato. Se a ilicitude decorre da ação material no exercício de direito, a condenação há de ser a reparação patrimonial, e com o restabelecimento da situação de fato anterior, se possível. Porém, se a ilicitude decorre de ato jurídico no exercício de direito, a condenação há de ser a declaração ou decretação da nulidade desse ato jurídico, ou de que não produzirá os efeitos jurídicos pretendidos.

A diferença entre eles encontra-se na circunstância de que o abuso de direito envolve campo de aplicação mais amplo. Compreende todas as hipóteses de exercício de direito em que seu titular excede os limites morais mínimos que o fundamentam, os princípios que informam a *categoria jurídica* de que participa, contrariando o interesse social que a norma jurídica teve em mira ao qualificar esses tipos de situações jurídicas, em que se verifica seu exercício de maneira anormal, além do razoável, segundo uma concepção objetiva de justiça, de proporcionalidade admissível entre o poder jurídico do titular do direito e do terceiro a ele vinculado.

Já, o desvio de poder restringe-se aos casos de exercício, por órgão da Administração, da sua *competência* em desrespeito ao fim a que essa competência está sujeita, que o direito objetivo lhe demarcara. Destarte, transborda do poder que lhe fora confiado. É um controle *sui generis* de vício de competência, diferente dos praticados pelos órgãos administrativos incompetentes.

Nestes, o agente não tem os poderes para praticar o ato, porque lhe falta atribuição. Lá, ele tem atribuição – e, portanto, poderes para praticar o ato –, mas o efetiva tendo em vista fim diferente do cogitado pela ordem jurídica ao lhe confiar essa atribuição, e, conseqüentemente, o poder de atuar. Cabe, então, o exame da intenção do agente público, isto é, se ele praticou o ato tendo em vista fim estranho ao interesse geral, ou, mesmo se no interesse geral, em atenção a fim diverso do que a lei atribuíra ao ato, em virtude da sua competência.

Assim, há desvio de poder, segundo a jurisprudência do Conselho de Estado, por ato estranho ao interesse geral, na medida de polícia de segurança que proíbe procissões nas ruas se por objetivos anticlericais; e, outrossim, por ato diverso do fim que a lei atribuíra ao ato, na medida de polícia de costumes que proíbe aos banhistas trocar de roupa em outras cabinas ou locais em frente à praia que não as municipais aí colocadas, com objetivo de receita, em vez de decência pública.

Cogita a teoria do abuso do direito da intenção do titular do direito, na sua concepção subjetiva, e, então, se o exercício de direito se fez com má-fé. Aí se assemelha à teoria do desvio do poder, que considera a intenção do agente no exercício da sua competência para verificar se não excedeu seus limites, isto é, se não praticou por fim estranho ao interesse geral, ou, mesmo se no interesse geral, por fim estranho ao que a lei assinou ao ato. Em ambas as hipóteses há intenção maléfica – uma contrária ao interesse coletivo, outra contrária ao interesse coletivo restrito, particular, que a lei entendeu proteger – no ato desse agente, enquanto ele pretendeu atender, a seu arbítrio, a outro interesse coletivo não querido pela lei ao lhe dar a respectiva competência.

Mas a teoria do abuso do direito, na sua concepção objetiva, relega para segundo plano a intenção do titular do direito, e só cogita do tipo do ato jurídico praticado, e tem por abusivo o exercício de direito desnaturando-o, isto é, em inobservância da sua categoria jurídica, por exceder os limites morais mínimos que o fundamentam, o interesse social que a norma jurídica teve em mira, a proporcionalidade razoável entre o poder do titular do direito e a sujeição de terceiro a ele, segundo concepção objetiva de justiça.

Aí se assemelha à teoria dos motivos determinantes dos atos discricionários, a qual considera as circunstâncias de fato que legitimam o ato administrativo, que o agente, no exercício do seu poder discricionário, deve verificar, ao praticá-lo. Assim, não pode fundamentar o ato em motivo inexistente ou impróprio, nos termos qualificados pela lei. Suponha-se a proibição de construir em dado local, fundada em lei que permite essa medida, mas para resguardar perspectivas monumentais, quando tais perspectivas, na verdade, são mesquinhas. Desnatura, então, o ato jurídico, exerce a discrição de forma anormal, além do poder que lhe cabe, em função do ato jurídico e do fato que o suscita, e, portanto, fora do seu motivo legal determinante.

A teoria do desvio do poder acha-se em declínio na França, como salientam seus mais modernos administrativistas, pois o Conselho de Estado prefere, sempre que possível, aplicar a teoria dos motivos determinantes, dada a dificuldade maior em apreciar a *intenção do agente público* que verificar o *fato que constitui fundamento do ato*, e se suficiente para justificá-lo. Então, o exame é objetivo, tendo em vista a importância e os elementos que provocaram o ato, na indagação da proporcionalidade deste com referência àqueles.

Em vez de verificar se a proibição de processão se deu por objetivos anticlericais, para se anular o ato por desvio de poder, apura-se, para igual efeito, se ocorreu motivo razoável na proibição. Uma vez que nenhum prejuízo haveria para a polícia de segurança na autorização da procissão, desde que passaria por local pouco movimentado e não acarretaria perturbação ao trânsito, considera-se inexistiu motivo suficiente para a medida tomada, e surge o fundamento para anular o ato administrativo.

Daí a razão pela qual, mesmo na França, certos autores, como Jèze, pretendem substituir a teoria do desvio do poder pela dos motivos determinantes, nesta incluindo também aquela (*Principios Generales del Derecho Administrativo*, 3ª ed., vol. II, t. I, pp. 223-290); outros, pela da causa dos atos jurídicos, conceituada esta como categoria do ato jurídico, como Vedel, na obra retrocitada; e, afinal, se encontram os que propugnam pela extensão ao direito público da teoria do abuso de direito, como Chatelain e Louis Dubois, já referidos (Roger Vidal, "A evolução do desvio do poder na jurisprudência administrativa", *RDA* 30/45; Cretella Jr., *A Teoria do Desvio do Poder*, 1965).

Sem dúvida, é teoricamente fácil distinguir entre o motivo e o fim do ato administrativo. Contudo, em virtude de existir, psicologicamente, liame entre um e outro, na prática o problema torna-se mais difícil. Se ambos, com referência aos poderes discricionários da Administração Pública, configuram o exercício abusivo de poder, ou, melhor, abuso de direito, quando falta suficiência ou proporcionalidade no motivo invocado como determinante do ato e, outrossim, quando se verifica desvio do poder por exercício contrário ao fim a que competência lhe foi atribuída, indiscutivelmente, é preferível englobar essas duas teorias na do abuso de direito, como limites ao exercício do poder discricionário da Administração Pública. É o que ora se sustenta.

Conseqüentemente, fica o exercício dos poderes discricionários limitado pelo exercício normal, regular, desses poderes. Transbordando esses lindes, verificar-se-á o abuso de direito, exercício. abusivo desses poderes. Tal se apura, na prática, quando se verifica que o titular do poder discricionário o exerceu com desnaturamento do instituto jurídico a que correspondia o ato realizado, de maneira a desconhecer sua categoria, os princípios que a informam, como figura jurídica, ante o mau uso do seu direito. Sob a aparência de legalidade, pratica-se ato arbitrário, conseqüentemente nulo, por desrespeito sub-reptício, indireto, ao texto legal, tornando ilícito ou impossível juridicamente o objeto do ato administrativo.

48. Elementos do ato jurídico-administrativo[9]

48.1 Causa como elemento do ato jurídico[10]

Ao se cogitar dos elementos dos atos jurídicos, problema que suscita grande discussão é saber se a *causa* deve ser incluída entre eles. Isso dada a diversidade de orientação entre dois monumentos legislativos que influíram na codificação civil dos povos civilizados: o Código Napoleônico, que a acolheu, e o Código Civil alemão, que, na verdade, a repudiou, utilizando-se dela só quando trata do enriquecimento ilícito. Em vez da consideração apenas de falta de objeto, de falso objeto, ou de objeto ilícito do ato jurídico, aduziu-se no Código Napoleônico a falta de motivo, de motivo falso ou de motivo ilícito, pois se emprestou esse significado à causa.

Aliás, a crítica à *causa* como requisito dos atos jurídicos é de iniciativa dos juristas de Língua Francesa. Pretende-se, mesmo, que sua inserção no Código Napoleônico resultara de *qui pro quo* filológico, pois no Francês antigo a palavra *coze* significava coisa material, e, assim, as expressões *sans coze, sur une fausse coze* e *sur coze illicite* foram erradamente consideradas como causa, e permitiu o desenvolvimento doutrinário a respeito e sua introdução no Código de Napoleão.

E concluíam sua objeção contra esse requisito por sua inutilidade, porquanto se confundia com o objeto da prestação ou com o consentimento, tendo em vista a intenção do agente, e arrematavam ponderando que no Direito Romano o termo "causa" tinha outro significado, pois se referia ao título jurídico, ao fundamento legal da obrigação.

Esse debate teve repercussão na elaboração do Código Civil Brasileiro e prevaleceu no contexto a exclusão da *causa* dos requisitos do ato jurídico, na conformidade do pensamento de Clóvis, como se verifica do art. 82,[xv] ao enumerá-los, reduzindo-os ao agente capaz, objeto lícito e forma prescrita ou não defesa em lei. Ressalvou ape-

---

9. Isaac Rubio Godoy, *Proceso de Formación de un Acto Administrativo*, 1960; Carlos Fernando Urzúa Ramirez, *Requisitos del Acto Administrativo*, 1971.

10. Cf. Tito Prates da Fonseca, "A causa em Direito Administrativo", *Direito* 14/31.

xv. *Nota dos Editores*: Hoje, art. 104.

nas hipótese prevista no art. 90,[xvi] em que tenha sido qualificada como motivo do negócio jurídico. Então, se falsa a causa, o vicia, uma vez posta de modo expresso "como razão determinante" ou "forma de condição" dele.

Não obstante, juristas pátrios sustentam não constituir impedimento essa redação do citado art. 82 para se concluir que a causa faz parte dos elementos do ato jurídico. Isso porque não poderia ser dispensado o escopo prático do negócio jurídico, ínsito em toda manifestação de vontade, isto é, o fim que o agente se propõe a alcançar com o ato jurídico, que lhe dá individualidade, informando-o. Considerando-o como elemento autônomo do ato jurídico ou compreendido no objeto, tomado este em senso lato, envolvendo a coisa ou prestação, como seu conteúdo, e, outrossim, a intenção dos seus participantes, vem a jurisprudência dando-lhe papel de relevo ao apreciar a validade dos negócios jurídicos (cf. Paulo Barbosa de Campos Filho, *O Problema da Causa no Código Civil Brasileiro*, s/d).

48.2 Substituição da expressão "causa" por outra

Como os requisitos dos atos jurídicos hão de ser os mesmos tanto no direito privado como no Público, guardadas as peculiaridades técnicas de cada um desses dois ramos fundamentais do direito, o problema da causa suscitou iguais discussões no Direito Administrativo.

Os anticausalistas são em menor número. Entre eles se destaca Alessi (*Intorno ai Concetti di Causa Giuridica, Illegittimità, Eccesso di Potere*, 1934). Mortati, embora admitindo-a, a limita aos atos discricionários (*La Volontà e la Causa nell'Atto Amministrativo e nella leggi*, 1935).

Entre os que a defendem verifica-se, também, diversidade de entendimento, pois não estão acordes sobre seu conceito. Uns a confundem com o motivo, outros com o fim subjetivo do agente, e terceiros, com sua função jurídica, com sua categoria na ordem do direito ou com o fim objetivo do próprio ato (cf. Vedel, *Essai sur la Notion de Cause dans le Droit Administratif Française*, 1934; Bodda, *La Nozione di Causa Giuridica della Manifestazione di Volontà in Diritto Amministrativo*, 1933; Gasparri, *La Causa degli*

---

xvi. *Nota dos Editores*: Hoje, art. 140, mas falando em motivo e não em causa.

Atti Amministrativi, 1942; Rossi, *La Nozione di Causa Giuridica negli Atti Amministrativi*, 1942).

Ao analisar o ato jurídico, Duguit (*Traité de Droit Constitutionnel*, 2ª ed., vol. I, 1921, pp. 246-252) sustenta que se impõe distinguir seu objeto mediato do imediato, bem como seu motivo ou fim O objeto imediato é a manifestação da vontade sob determinada forma; o mediato é o efeito que essa manifestação acarreta na ordem jurídica; e o motivo ou fim é o que determina o ato jurídico.

Assim, no empréstimo o objeto imediato é a manifestação de vontade sob determinada forma, de alguém dar e de outro receber o bem; o objeto mediato é a obrigação deste de devolvê-lo, no prazo ajustado, e o direito daquele de reavê-lo; e o motivo ou fim é a razão que fez pedisse o empréstimo, a fim de desfrutar, segundo a intenção, do bem e, assim, atingir a finalidade que tinha em mira.

Tendo em vista a polêmica que o problema da causa dos atos jurídicos tem provocado, Duguit deixa de considerá-la, e a substitui pelo motivo ou fim do ato jurídico.

Adotando o pensamento do Mestre, Bonnard o completa, e distingue o motivo da manifestação da vontade, que a fundamenta, do fim que ela tem em mira alcançar, isto é, do seu resultado prático. Então, além do sujeito e do objeto, considera mais esses dois elementos e, ainda, a forma do ato (*Précis de Droit Administratif*, 2ª ed., pp. 33-35). É a posição de Philibert (*Le But et le Motif dans l'Acte Administratif*, 1931).

Tal orientação mereceu os aplausos de Seabra Fagundes, que enumera, nos seguintes, os elementos do ato administrativo, sem cogitar se próprios igualmente dos atos jurídicos privados: (a) manifestação de vontade – impulso gerador do ato; (b) motivo – fundamento em que se assenta o ato; (c) objeto – modificação que se visa a trazer à ordem jurídica com o ato; (d) finalidade – resultado prático que se visa a atingir com o ato; (e) forma – instrumento de exteriorização do ato (*O Controle Atos Administrativos pelo Poder Judiciário*, 3ª ed., pp. 40-42).

Deve-se eliminar a causa como elemento do ato jurídico, por considerá-la desnecessária, ou, melhor, trocá-la por requisitos mais expressivos, que esclareçam os diferentes sentidos que lhe quiseram atribuir, acabando-se, destarte, com a balbúrdia existente? Ou, ao contrário, impõe-se considerá-la e lhe dar o verdadeiro significado? A expressão "causa", na verdade, é tradicional para dizer o que um ser é, para expressar o modo de existir das coisas. Portanto, não deve ser abandonada. E, tendo esse sentido, não poderá dele prescindir o ato jurídico. Mas em que consistirá a sua causa?

48.3 Causas e não-causa do ato jurídico

Os elementos do ato jurídico são os princípios que influem positivamente na sua formação e dão sua razão de existir. Ora, esses princípios que constituem as razões de existir de um ser denominam-se *causas*, e o ser produzido se chama *efeito*. As causas de tudo que existe, ou, melhor, do ser, distinguem-se em *essenciais* e *acidentais*. As *essenciais* são quatro: *eficiente ou agente*, *material*, *formal* e *final*; e as *acidentais* correspondem a duas: *ocasional ou motivo* e *exemplar ou modelo*. *Essenciais* porque elementos da sua própria estrutura, da existência do ser como tal; e *acidentais* porque pressupostos ou fundamentos para a existência do ser a que precedem, provocando-o como condição necessária para surgir.

Tome-se, por exemplo, o ser "mesa". Para ela existir, exige-se a ação física de alguém que a fabrique, e isso faz valendo-se de maquinaria necessária. Então, têm-se a causa agente ou eficiente principal – o ser humano – e a instrumental – a maquinaria utilizada para tanto.

Mas o ser é criado para um fim prefixado, para o qual o efeito é produzido, e aí está a causa final. A mesa se faz, pois, para determinado fim, que ela se destina a alcançar. Confunde-se com o bem a que serve. Essa causa final ou esse bem divide-se em do próprio ser em si, da mesa enquanto serve como mesa, objetiva, ou de quem a produziu, tendo em vista razões do agente, subjetiva, de lucro, de vaidade artística.

As causas agente e final são as causas essenciais externas do ser.

Todavia, para existir, realmente, a mesa, impõe-se a concorrência da matéria, de que é feita, como parte intrínseca determinável, sua causa material. Corresponde à madeira, ao ferro ou à pedra, segundo se trate de mesa de madeira, de ferro ou de pedra.

Essa matéria, porém, é disposta de tal maneira, recebe determinada perfeição, que consiste na parte intrínseca determinante e especificadora dela, que a distingue de uma cadeira, de um banco, de uma estante, de uma cômoda etc., e, assim, lhe dá uma forma que a diferencia de todos os outros seres, e encerra, portanto, a causa formal. Entretanto, entre as mesas existem as de sala de jantar, as de escritório, as de sala de visitas, as de cabeceira de cama etc. Destarte, há uma causa formal essencial que a diferencia dos demais seres e a qualifica como mesa, e uma causa formal acessória, que faz apresente diversas modalidades acidentais, dentro do mesmo ser "mesa".

As causas material e formal são as causas essenciais internas do ser.

O agente, no produzir a mesa, para satisfazer seu bem pessoal, dispôs-se a isso solicitado por determinado motivo, que criou os requisitos favoráveis à sua ação, ocasionando-a. Circunstância que se classifica como causa ocasional ou motivo, porque pressuposto da sua existência, fundamento ou condição para tanto. E, no produzi-la, toma, de regra, um modelo, ou cria novo, e se tem a causa exemplar.

O ato jurídico, como ser que existe, correspondendo a manifestação de vontade para produzir efeitos de direito, igualmente há de ter como elementos da sua razão de existir todas essas causas, influindo positivamente na sua formação. E, outrossim, o ato jurídico administrativo, que se definiu como a manifestação da vontade do Estado, enquanto Poder Público, ou de pessoa que faz as suas vezes, para produzir efeitos de direito, na criação concreta de utilidade pública, de modo direto e imediato.

A causa agente ou eficiente principal é a pessoa que manifesta a vontade, a causa eficiente instrumental é a maneira pela qual a pessoa exterioriza a vontade; a causa material é o bem objeto do ato jurídico, da manifestação da vontade, coisa ou prestação; a causa formal é o elemento definidor do ato jurídico, da manifestação da vontade, dando-lhe determinada categoria, certo tipo, que o diferencia dos outros quanto aos efeitos jurídicos, e será essencial, se própria da natureza do ato em si, ou acidental, se estabelecida em caráter acessório; e a causa final, objetiva, será o fim prático do ato jurídico, do objeto próprio da manifestação da vontade, e a subjetiva, o da pessoa que manifestou a vontade. A causa ocasional ou motivo é o fundamento do ato jurídico, que solicita sua vontade a manifestar-se. E a causa exemplar é o modelo do ato jurídico praticado.

Portanto, a questão de saber se a causa é elemento do ato jurídico se resolve, demonstrando-se que todos os elementos que o constituem são, na verdade, suas causas. Em lugar de uma discutida e discutível causa, a que se emprestam diferentes significados, reconhecem-se como seus elementos todas as causas que, realmente, influem, de modo essencial ou acidental, na existência de qualquer ser. Aliás, como ensina a filosofia aristotélico-tomista. Dissipa-se, assim, a dificuldade criada com o problema da causa no ato jurídico, o qual ocorreu por haverem os juristas deixado de considerar esse ensinamento da Filosofia perene. Na verdade, a dissensão entre os juristas quanto à existência da causa no ato jurídico provém, em parte, da diversidade de sentidos atribuídos a ela, segundo sua participação na criação do ser "ato jurídico", e como já salientado (cf. item 48.2).

48.4 Causa agente ou eficiente principal do ato administrativo

A *causa agente ou eficiente principal* do ato administrativo é o Estado, ou são as pessoas que façam as suas vezes. Em princípio, pessoa jurídica, e excepcionalmente pessoa natural.

Pressupõe a capacidade de direito daquele ou destas para a formação e expressão da vontade, isto é, que verse sobre matéria objeto das suas atribuições, a ele ou a elas conferidas constitucional ou legalmente, isto é, que tenham aptidão e o exercício dos poderes correspondentes, ante o ordenamento jurídico em vigor.

Admita-se que o Município da Capital do Estado de São Paulo pretenda praticar ato jurídico administrativo. Impõe-se verificar se, pela Constituição Federal, mais a Estadual, e pela Lei Orgânica dos Municípios, tem atribuição para isso.

Mas não basta seja titular dessas atribuições. Necessita, como pessoa jurídica, que o órgão, isto é, a unidade funcional, que as vai exercer possua competência para isso, isto é, lhe tenha sido outorgada, constitucional ou legalmente, essa quantidade de poder. Não se confunde a capacidade da pessoa jurídica, ou seja, sua aptidão de ter e exercer direitos, com a competência do órgão, medida dessa capacidade; ou, melhor, com a quantidade de poder que lhe cabe, entre as atribuições do organismo moral. A competência verifica-se em razão da matéria, objeto da ação, tendo em vista o conteúdo do ato, ou em razão da organização do serviço, que se faz em atenção ao grau hierárquico dos órgãos ou à região em que atuam, segundo a estrutura da pessoa jurídica e as co-respectivas atribuições.

Assim, a matéria do pessoal, tendo em vista o conteúdo do ato, compete à repartição do serviço do pessoal, e não à jurídica, a que compete o serviço jurídico. Por outro lado, em virtude da organização administrativa, compete a decisão da matéria fazendária ora à chefia da respectiva seção, por exemplo, de lançamento do imposto predial, ou, então, em consideração à hierarquia, à chefia de divisão de tributos imobiliários, ou à diretoria do departamento da receita, etc., e, ainda, em consideração à região, às chefias de seção da sede do Município ou às de diferentes distritos.

Apuradas a capacidade da pessoa jurídica e a competência do órgão, faz-se necessário verificar se seu titular, o agente público – pessoa natural que age em nome e por conta da pessoa jurídica, cujos atos praticados são imputados a ela, como próprios dela, e nos limites de competência do órgão –, se encontra regularmente investido nessa situação, como agente público, e mais como titular do órgão a que compete o exercício desse poder.

Além disso, precisa estar qualificado para o ato pessoalmente, isto é, não se achar em condições que lhe impeçam, na espécie ou no tempo, a prática do ato, embora genericamente esteja habilitado para tanto. Acontece, por vezes, embora tenha o Município as atribuições que o capacitem para a prática de certo ato administrativo e sejam de competência do órgão que pretende emaná-lo, por intermédio do seu titular, agente público, regularmente investido, este, por situação pessoal, se acha legalmente impossibilitado para expressar a vontade do órgão competente e do Município capaz.

Consistem em impedimentos de caráter especial, como seja o parentesco que tem com a outra parte interessada na relação jurídica a ser formada em virtude do ato administrativo; ou mesmo de caráter geral, como seja a perturbação das faculdades mentais, a que fica atacado, na ocasião em que efetiva o ato administrativo ou por já ter sido exonerado do cargo ou ainda se achar, em virtude de penalidade administrativa, suspenso do seu exercício.

A prática de ato administrativo por ente sem atribuição – portanto, incapaz –, ou por órgão sem a competência, ou, ainda, por agente não regularmente investido como titular do órgão, ou, afinal, por quem se acha impedido, torna-o viciado.

Pode tal se dar sem interferência em área alheia, embora não possua atribuições ou competência. Então há vício de ilegalidade, simplesmente. Seria o caso em que, em matéria de atribuição do Município, a legislação só tolerasse o controle em caráter repressivo. Não poderia, mesmo através do órgão a que incumbe aquela fiscalização, exercê-la em caráter preventivo. Outras vezes, entretanto, invade atribuição de outra pessoa jurídica ou a competência de outro órgão. Então, usurpa essa atribuição ou competência. Há, além do vício de ilegalidade, usurpação de poderes alheios.

Um Município usurpa atribuição quando pratica atos de atribuição de outro Município, de Estado Federado ou do Estado Federal, como lançar imposto predial em imóvel já fora da sua circunscrição geográfica, situado em Município vizinho, ou imposto predial em zona rural, onde o tributo próprio é o territorial, e se este for de atribuição do Estado Federado.

Verifica-se usurpação de competência quando um órgão do Município pratica ato de competência de outro órgão ou, embora da sua competência, venha a ser levado a efeito por agente público, seu titular, que tem poderes mais limitados, cabendo a prática dele a outro mais graduado dentro da hierarquia. Na primeira hipótese a incompetência é absoluta, enquanto na segunda é relativa.

O vício de incompetência é absoluto, por exemplo, se o Executivo nomeia funcionário do Judiciário ou Legislativo; já, será relativo se chefe de seção despacha processo de pedido de isenção de imposto e, na verdade, a competência para isso é do diretor do departamento sujeito à mesma hierarquia, por integrar agrupamento de órgãos que se unificam em um superior.

Ocorre usurpação pessoal quando particular, sem investidura em cargo público, por conseguinte sem título para agir em nome e por conta do Estado, imputando a ele sua vontade, pratica ato administrativo como se fosse titular de órgão a quem cabe a competência a respeito. Esse ato é nulo. Na verdade, é materialmente inexistente.

O usurpador se não confunde com o funcionário de fato, investido no cargo de modo regular sob o aspecto formal, embora irregular sob o aspecto material. Destarte, apresenta-se como titular do cargo e o exerce, em virtude de nele ter sido provido. É o caso de alguém nomeado e empossado em cargo público de carreira, por quem tem competência para isso, cujo provimento, entretanto, exige concurso, e, sem satisfação dessa exigência legal, passa a exercer as atividades próprias do cargo. Enquanto não declarada a nulidade da sua investidura, seus atos são válidos. Equivalem aos atos dos funcionários de direito.

48.5 Causa agente ou eficiente instrumental do ato administrativo[11]

O Estado, ou quem faça as suas vezes, é a *causa agente ou eficiente principal* do ato administrativo. Mas a manifestação da vontade por ele expressa, ou quem faça as suas vezes, para produzir efeitos de direito, necessita de instrumento, por meio do qual ela se revela, isto é, de *causa agente ou eficiente instrumental*, que lhe dá aparência, que a exterioriza, denominada na técnica jurídico-positiva de *forma do ato jurídico*; e melhor se chamaria de *fórmula* ou de *forma exterior do ato jurídico*.

A *fórmula ou forma exterior do ato* pode ser considerada sob diferentes aspectos, e daí suas classificações.

Quanto à estrutura, distingue-se em *expressa* e *tácita*. *Expressa*, quando a fórmula de manifestação da vontade é feita diretamente com referência ao próprio ato jurídico em consideração. *Tácita*, quando a fórmula de manifestação da vontade resulta indiretamente com referência a dado assunto, pela prática de outro ato jurídico ou ato material, ou mesmo pela falta de qualquer exteriorização de manifestação de vontade.

A manifestação de vontade expressa pode ser *escrita*, *oral* ou *mímica*, por sinal ou gesto.

---

11. Cf. Umberto Fragola, *La Dichiarazione Tacita di Volontà della Pubblica Amministrazione*, 1938; Miguel Montoro Puerto, *Teoría de la Forma de los Actos Jurídicos en Derecho Público*, 1976.

Como exemplo de *escrita* tem-se a nomeação de funcionário, que se formaliza mediante despacho em processo administrativo e conseqüente expedição de decreto ou portaria. A *oral* encontra-se no matrimônio civil, com o acertamento, pelo juiz de casamento, da vontade das partes e a declaração de que os considera casados; ou na ordem aos promotores de comício para que o interrompam. A *mímica* está na sinalização de trânsito, através dos sinais luminosos, ou no gesto do guarda, com seu bastão, indicando-se, em ambas as hipóteses, o comportamento dos transeuntes.

A manifestação tácita deduz-se em conseqüência de ato positivo, jurídico ou material, ou negativo, o silêncio.

Assim, o particular requer a devolução de determinado imóvel, sob alegação de estar indevidamente na detenção da Administração Pública, por lhe pertencer. Em vez de proferir despacho, de modo favorável ou negativo ao pedido, no processo em que se encontra essa petição, a Administração Pública determina que nesse imóvel se construa uma escola pública. De modo tácito fica indeferido o pedido. Igualmente, do silêncio, por vezes, decorre a manifestação da vontade da Administração Pública, se a lei lhe der esse alcance. A manifestação tácita pode corresponder tanto a uma recusa como a um consentimento.

A causa instrumental dos atos administrativos ainda pode ser classificada, quanto ao elemento, em *substancial* ou simplesmente *acidental*, segundo seja prevista por lei como própria do ato, ou não – e, portanto, como obrigatória ou facultativa. Assim, a nomeação de funcionário há de ser feita por escrito, como requisito da sua validez; já, uma ordem, na falta de texto em contrário, pode ser escrita ou verbal, segundo aprouver ao superior hierárquico.

A fórmula ou forma exterior substancial muita vez, ainda, pressupõe solenidade essencial para sua existência jurídica, que melhor se cognominaria de *formalidade*, e consiste em ritual necessário a ser observado pelo ato jurídico na sua perfeição, como elemento da figura jurídica resultante da manifestação da vontade. Não respeitada essa solenidade, o ato jurídico padece do vício de nulidade, porquanto inexiste juridicamente sem ela. Constitui requisito imprescindível para a manifestação da vontade com efeitos jurídicos. Essa solenidade essencial, ou formalidade, que se não confunde com a forma exterior do ato jurídico, sua causa instrumental, consiste, na realidade, em causa formal interna do ato jurídico, que será a seguir apreciada (cf. item 48.7).

Assim, a escritura pública é forma externa de manifestação de vontade e exigida como substancial de certos atos jurídicos. Ela pressupõe solenidades essenciais de que se reveste, como sejam: oficial público competente, declaração de que o ato jurídico se fez perante ele, de que a manifestação de vontade exteriorizada pelas partes foi livre e em que consistiu, que por ele foi tomado o assento e, ao depois, lido e achado conforme, a designação de lugar e tempo precisos em que o ato jurídico se levou a efeito, obedecidas as formalidades legais, a assinatura das partes e das testemunhas em seguida à data do ato.

Já, sendo acidental a fórmula, não afeta o ato jurídico. Ele é perfeito e eficaz sob qualquer fórmula ou forma exterior pela qual se exteriorize.

Sempre que a lei exige certa fórmula ou forma exterior para o ato administrativo deve-se considerá-la requisito indispensável para sua validade, salvo disposição em contrário, ou quando seja prescrita apenas para melhor disciplina e rendimento do serviço, isto é, por motivos burocráticos, ou quando sem ela se alcança o mesmo resultado que se obteria com sua obediência. Então, sua desobediência só acarreta a responsabilidade disciplinar do agente pela sua omissão, ou outra conseqüência legalmente prevista.

A fórmula ou forma exterior escrita é á regra no ato administrativo. Ela resulta de taxativa disposição da lei, ou da própria natureza do ato, ou, implicitamente, de outra disposição, atinente ao processo da sua formação ou ao processo da sua eficácia e exigibilidade, como quando a parte, para recorrer, deve exibir o documento em que se estriba sua pretensão.

Portanto, mesmo que a lei não exija a forma escrita, é necessária nos casos em que ela se impõe pelo próprio mecanismo da organização administrativa ou resulta da analogia, tendo em vista matérias semelhantes, ou dos princípios gerais do Direito, ante a incompatibilidade do ato com sua inobservância.

Às vezes a fórmula ou forma exterior escrita é solene, constitui formalidade essencial do ato, como observado, e, assim, deve ser obedecido rito especial, na exteriorização da vontade, para produzir efeito jurídico. É o caso do decreto ou da ata de sessão de corpos colegiados.

Mas há, outrossim, fórmula ou forma exterior oral solene. Haja vista a do juiz de casamento, porquanto exigida por lei, e depois trasladada por escrito em documento, para comprovação do ato e, também, da sua validade. Aliás, muitos atos administrativos orais, ao depois, ficam constando de registro escrito.

Em vez de prescrever fórmula ou forma exterior determinada, pode a lei vetar certa forma para a prática de um dado ato jurídico, prescrevendo, por exemplo, que jamais resultará de manifestação tácita de vontade. Assim, os limites pedem ser: positivo, quando especifica á fórmula ou forma exterior; ou negativo, quando veda uma dada fórmula ou forma exterior.

O ato administrativo expresso e escrito compõe-se de dois elementos fundamentais: o que lhe dá força jurídica, e decorre do valor formal da ação de manifestar a vontade; e o pertinente ao conteúdo do ato, isto é, à matéria objeto da manifestação da vontade. A ação de manifestar a vontade abrange duas partes do ato administrativo: o preâmbulo e o fecho; enquanto o conteúdo cobre sua terceira parte, a matéria ou o corpo do ato.

O preâmbulo antecede a declaração jurídica e envolve a intestação, ou seja, o nome da autoridade pública que o emana; a atestação, isto é, o fundamento legal em que se estriba para tanto; e a justificação do ato, o motivo pelo qual o praticou. Já, o fecho encerra o ato, como requisito da sua efetivação, e compreende o local e a data em que foi manifestada a vontade e a assinatura de quem manifesta a vontade.

O corpo do ato corresponde à matéria objeto da manifestação da vontade com efeitos jurídicos, seu dispositivo natural, que configura o ato jurídico, distinguindo-o de outros, especificador da sua natureza, e o acessório, que a ele acresce, como modalidade acidental do ato, pois não afeta sua essência, como conceito em abstrato. Corresponde à parte dispositiva do ato jurídico.

Além desses elementos de existência formal exterior do ato administrativo, cumpre serem consideradas as operações instrumentais distintas do próprio ato, mas a ele referentes como requisitos anteriores ou posteriores ao processo da sua formação. São pressupostos ou condições da eficácia ou validade do ato jurídico.

Como pressupostos do ato, merecem ser lembradas a citação do particular, a provocação de interessado, para sua emanação, ou mesmo de outro órgão da Administração Pública. Como condições de eficácia ou validade do ato, que o completam, merecem ser recordadas sua publicação ou comunicação para obrigar terceiro e seu registro.

Constituem atos jurídicos autônomos ou partes de atos jurídicos autônomos que enfeixam o procedimento administrativo, e, assim, emprestam à fórmula ou forma exterior do ato jurídico o caráter de fórmula ou forma exterior solene.

Como se salientou, o ato administrativo distingue-se em *expresso* e *tácito*. As considerações acima dizem respeito ao expresso, embora tenham aplicação relativamente ao tácito, guardadas as proporções das suas peculiaridades. A manifestação tácita da vontade, como se ponderou, deduz-se de ato material ou jurídico praticado pela Administração Pública.

Particular solicita a devolução de imóvel que entende de sua propriedade e se acha, a seu ver, indevidamente ocupado por agentes públicos municipais como depósito. O prefeito, ao apreciar esse requerimento, pode indeferi-lo de forma tácita, ao despachar, no processo encaminhado para sua decisão, que se procedam os estudos, pela repartição competente, para ser nesse terreno construído grupo escolar. Exemplo já citado.

Como princípio geral, entretanto, não se pode aceitar o ato administrativo tácito, pois a Administração Pública deve proceder mediante atuação regular dos seus órgãos, em vez de por vias indiretas, que levam a elidir a intervenção deles e o cumprimento de formalidades legais prescritas para a manifestação da sua vontade.

Os casos que se exemplificam, comumente, como de consentimento tácito correspondem, na verdade, a situações de fato, que poderão fazer surgir conseqüências jurídicas, porém não autorizam inferir a existência normal dos atos administrativos tácitos. Porém, excepcionalmente se verifica a manifestação tácita de vontade da Administração Pública, equivalente a ato jurídico administrativo, deduzida de *facta concludentia.*

A manifestação tácita de vontade só se tolera se decorre de comportamento querido pela Administração Pública, cuja conseqüência tenha previsto. Não pode provir de inação inconsciente. A manifestação tácita de vontade equivale a uma declaração expressa que deixou de existir, e através daquela esta se deduz, quanto aos efeitos de direito.

Assim, a circunstância de uma pessoa estar ocupando, durante vários anos, sem qualquer ato administrativo expresso, bem público, de uso público, não basta para considerar essa situação de fato como ato tácito de concessão de uso. Há, na melhor das hipóteses, tão-somente ocupação tolerada e precária, que poderá acarretar, em qualquer tempo, medidas adequadas da Administração Pública para desalojá-la do bem público. Aliás, tal ocupação tolerada e a título precário, tendo em vista a boa-fé do ocupante, permite apenas a conclusão de que ocorreu permissão de uso, em caráter gratuito, e revogável a qualquer tempo.

De regra, as manifestações tácitas de vontade são as pertinentes a situações que configuram atos implícitos, como resultante de outros atos expressos que os pressupõem. Tal ocorreria, *v.g.*, se autoridade competente decidisse vender bem público já materialmente desafetado, mas sem a prévia declaração formal de desafetação, pois o ato jurídico de decisão da venda implica, necessariamente, de modo indireto, a declaração formal dessa desafetação.

Todavia, para o ato implícito ser válido se faz necessário emane do mesmo órgão competente para ditar o ato expresso. Então, não se violam as regras de fundo e de forma exterior, que deviam ser obedecidas.

Portanto, não se pode concluir tenha havido manifestação de vontade implícita se para ato relativo a dada matéria for necessário trâmite prévio ou maioria especial e o comportamento do qual se pretende defluir manifestação implícita se perfaz independentemente dessas exigências, pois sua manifestação dispensa essa solenidade. Isso porque não se pode admitir decisão, implícita, com desrespeito a requisitos formais exteriores obrigatórios, quer dizer, com desrespeito a formalidades legais.

Entre as manifestações tácitas da vontade se inclui o silêncio. Através dele por vezes se pode inferir comportamento da Administração Pública equivalente a ato administrativo. Essa manifestação decorre da inação, e jamais da inércia, visto que aquela gera manifestação da vontade e esta, decadência de direito. O problema precisa, entretanto, ser examinado sob diferentes aspectos, ante as hipóteses que podem ocorrer.

Se a lei atribui ao silêncio efeito jurídico após o decurso de certo prazo, não há dificuldade em dar-se resposta, afirmativa, pois lhe conferiu determinado significado. Segundo dispõe a lei, esse silêncio será havido como assentimento ou recusa. A lei pode declarar, por exemplo, que, não despachado qualquer requerimento no prazo de 30 dias, deve haver-se como indeferido.

Outras vezes, sem, expressamente, afirmar o efeito positivo ou negativo do silêncio, empresta-lhe, indiretamente, uma dessas conseqüências. Assim, a lei pode declarar que, decorrido o prazo probatório sem manifestação em contrário dos órgãos administrativos competentes, o funcionário nomeado para cargo público efetivo adquire tal situação jurídica. Por conseguinte, através da lei se presumiu, ante o silêncio, dada conseqüência jurídica.

Pretendem certos autores que, na realidade, o efeito decorreu da lei, e, portanto, não se pode falar em manifestação tácita da vontade da Administração Pública pelo silêncio. Porém, a circunstância de reconhecer a lei certo efeito jurídico ao silêncio envolve, na verdade, sua qualificação como forma tácita de manifestação da vontade, porquanto ciente está a autoridade pública, segundo o preceito legal, do alcance que trará esse seu comportamento, isto é, sua inação.

A questão apresenta maior dificuldade quando a lei não diz como interpretar-se o silêncio da Administração Pública. Se, entretanto, a obriga a praticar determinado ato em certo prazo e, decorrido este, ela se mantém indiferente, pode o interessado notificá-la para que, em prazo que lhe marcará – nunca inferior ao já esgotado e legalmente prefixado –, se pronuncie a respeito, sob pena de haver-se como negativa sua manifestação.

Se a Administração Pública, porém, não tem, por lei, obrigação de praticar o ato em prazo prefixado, discute-se sobre a possibilidade de o interessado notificá-la, com igual efeito, estabelecendo prazo razoável para isso, variável segundo as hipóteses. Se essa manifestação é condição para que o interessado possa utilizar-se de outras medidas em defesa dos seus direitos e recorrer a outras autoridades administrativas ou judiciais, é de se admitir essa possibilidade de fixação de prazo.

Certo, a Administração Pública não pode subordinar-se ao emprazamento de qualquer impaciente, restringindo o tempo necessário que necessita para bem estudar os problemas de interesse coletivo que lhe são afetos. Contudo, é preciso dar ao administrado meios para pôr fim à incerteza em que se acha pela sua inércia ou má vontade, com grandes prejuízos, muitas vezes, para ele. E esse meio é a cominação de prazo para agir, pois é inadmissível reconhecer-se a ela o privilégio do silêncio.

Caberá ao Judiciário apreciar as circunstâncias do caso, ante as demoras anormais, e atribuir, então, ao silêncio efeito jurídico, fluído o prazo cominado pelo interessado, se danoso aos seus interesses, configurando exercício abusivo de direito por parte da Administração Pública.

Entretanto, na falta de dispositivo legal marcando prazo para manifestação de órgão da Administração Pública, não há possibilidade de interpretação do silêncio, quanto aos administrativos de controle, para considerá-los como recusa ou aceitação do ato controlado. Se esse prazo existir e decorrer sem manifestação, fica caduco seu direito de contraste na hipótese. O silêncio terá efeito positivo. O ato administrativo torna-se eficaz, desde então.

Por outro lado, o silêncio da Administração Pública quanto aos atos espontâneos não gera outras conseqüências que sua responsabilidade. Se há prazo marcado, a falta de decisão acarreta a responsabilidade civil, perante o Judiciário, pelos danos. Se inexiste prazo, a responsabilidade política, pela má administração.

Ao contrário, quanto aos atos provocados, se há prazo marcado ou se acham sujeitos a condição a favor dos particulares, a falta da decisão após seu decurso torna a pretensão indeferida ou caduca; e se inexiste prazo, mas foi cominado, seus efeitos jurídicos serão apreciados pelo Judiciário, caso se constituam em elementos para o particular levar a cabo atividades no seu interesse, na conformidade do acima exposto.

Pode o interessado, ainda, em vez de cominar prazo à Administração Pública para despachar seu pedido, ir diretamente ao Judiciário e pleitear ordem deste àquela no sentido de que se pronuncie a respeito do seu pretendido direito.

Mesmo vencido o prazo para se pronunciar, pode sempre a Administração Pública se manifestar. Se já exercitado o direito de ação pelo interessado e a manifestação administrativa lhe vier a ser favorável, a ação judicial fica prejudicada, sofrendo, entretanto, aquela as conseqüências naturais desse procedimento, isto é, as despesas judiciais. Se for contrária ao interessado, a ação prossegue para, afinal, ser apreciado o direito, ou não, do interessado.

48.6 Causa material do ato administrativo

A *causa material* do ato jurídico acha-se no bem que constitui objeto das relações jurídicas. "Bem" é aquilo que é desejável, porque conveniente a um fim, por apto a alcançá-lo. Distingue-se em *honesto ou moral, útil e deleitável*.

Bem honesto ou moral é o que completa e integra a natureza do ser humano, por constituir seu fim último, que se alcança com a conformidade dos seus atos às exigências da sua natureza, de ente racional e livre. O *bem útil* é o apto a alcançar dado fim, segundo a ordem dos interesses em mira, como fim intermediário, e, portanto, meio para obter bem maior. O *bem deleitável* é o que resulta àquele que pratica atos para alcançar o bem moral ou útil, como satisfação conseqüente; enfim, é a sensação de agrado proporcionada por um bem objetivo. Portanto, nesse último sentido, o bem tem significado subjetivo.

São *bens jurídicos* os que podem ser objeto de relação jurídica para dar satisfação ao titular de poder sobre ele.

Em primeiro lugar estão os de natureza patrimonial, ou seja, os *bens econômicos*, suscetíveis de utilidades individuais, portanto apropriáveis, para servir aos interesses materiais do homem, como tal, isto é, como pessoa natural, e das pessoas jurídicas por ele formadas. Mas os interesses materiais dos homens se atendem através de coisas, corpóreas, concretas, ou de direitos patrimoniais, bens incorpóreos, abstratos. Coisas são, por exemplo, um imóvel, um cavalo, uma cesta de frutas, uma quantidade de dinheiro; e direitos patrimoniais, os créditos que alguém tem.

Além desses bens econômicos, há os que se não traduzem em expressão pecuniária, mas são objeto de relação jurídica, pois sobre eles há o poder do respectivo titular, e se denominam *bens não-patrimoniais*. São objeto de relações jurídico-familiares, como o pátrio poder, ou de relações da própria pessoa, na sua dignidade de ser racional e livre, portanto, personalíssimos, como a honra ou a liberdade, porque só podem ser exercidos pelo próprio titular.

Não obstante ser concreto e corpóreo, o homem não é considerado bem, pois este existe para ele, para atender às exigências do seu ser, como pessoa, indivíduo racional e livre. Portanto, dotado de personalidade, apto para ter poder sobre os bens, que se tornam objeto de relações jurídicas por ele formadas.

Contudo, se na sua integridade não pode ser objeto de relação jurídica, já isso é possível com referência à ação humana, que se denomina *prestação*. Então, há a possibilidade de um poder sobre ela, diversificado em prestação de dar determinada coisa, de fazer certo serviço, ou de não fazer qualquer atividade e, mesmo suportar a de outrem. São prestações que constituem bens a favor de terceiro.

Os bens, como causa material do ato jurídico, podem se prender a uma relação jurídica determinada, a que se refere o poder de exigir uma prestação de dar, fazer e não-fazer ou suportar, pertinente a certa pessoa, que a tanto está obrigada. Ou, então, podem eles designar o objeto de direitos absolutos, em relação indeterminada, com todas as pessoas, que estão obrigadas a respeitar seu poder sobre a coisa, como o exercício da propriedade, ou a manifestação da sua personalidade, como a exteriorização da sua existência e da sua liberdade.

48.7 Causa formal do ato administrativo: essencial e acidental

Como se verifica, a *causa material* do ato jurídico corresponde à coisa, corpórea ou incorpórea, ou à prestação, determinada ou indeterminada, pertinente à relação jurídica. Já, a *causa formal*, ou, melhor, a *causa formal interna*, especifica o modo como a coisa ou prestação é objeto do ato jurídico. Informa as diferentes categorias de atos jurídicos, frutos da declaração da vontade dos sujeitos, a fim de obter a realização dos respectivos interesses. Então, constitui a razão de ser de dado ato jurídico, que o distingue de outros, de maneira a lhe dar natureza própria, específica, e mesmo individual.

Os requisitos ou modalidades dos atos jurídicos podem ser próprios de certo tipo de ato jurídico e corresponder às notas que o estremam de outro na sua essência, por serem simplesmente dele, segundo a ordem jurídica, que o qualificam na sua pureza abstrata, e contingentes ou eventuais, que o integram como elementos secundários, em caráter acessório, para individualizá-lo em dada relação jurídica concreta.

Delimitam ambos esses requisitos ou modalidades o conteúdo da manifestação da vontade, que sempre cumpre sujeitar-se, na declaração que a expressa, à licitude moral e jurídica, segundo a ordem normativa vigente, e, outrossim, às solenidades essenciais para sua validade. O conteúdo da manifestação da vontade que estabelece poderes e deveres, direitos e obrigações, constitui o objeto do ato jurídico. As solenidades essenciais são as formalidades consideradas substanciais de que deve revestir-se o ato jurídico para sua existência como tal.

O conteúdo da manifestação de vontade, como salientado, é o objeto do ato jurídico. Este deve ser lícito e possível, pois se ilícito ou impossível o ato será nulo, por irrealizável ou insubsistente.

A impossibilidade pode ser física ou jurídica. Fisicamente impossível será o ato jurídico que disser respeito a coisa que não existe ou inapropriável, e, destarte, impossível qualquer prestação com relação a ela, ou o exercício de qualquer direito sobre ela. Assim, será impossível fisicamente a prisão de agente público falecido. Juridicamente impossível considera-se o objeto do ato jurídico quando a lei impede a formação deste com dito objeto. Assim, será impossível juridicamente a transferência de funcionário para cargo que se acha preenchido.

Já, objeto ilícito de ato jurídico considera-se aquele que a lei veda, embora não impeça sua formação com ele. Efetivado o ato jurídico, ocorre infringência à lei, por contrário à ordem pública vigente – como seja a nomeação de funcionário sem título universitário para cargo que exija o referido diploma – ou, então, aos bons costumes sociais, ao sentimento ético da comunidade – como seja a "venda" de cargo público.

O desrespeito à lei pode ser frontal, direto, quando o pretendido ato jurídico tem por objeto aquilo que a lei proíbe. Outras vezes pode ser sub-reptício, indireto, quando fraude a lei com aparência de conformidade a ela. Com referência ao ato administrativo verifica-se desrespeito frontal no que a Administração Pública pratica no exercício de poderes vinculados e sem observância das determinações legais. Já, relativamente à fraude legal indireta isso se dá nos atos administrativos praticados no exercício de poderes discricionários com abuso de direito, quanto à causa ocasional ou quanto à causa final do ato jurídico. Sob aparência legal, pratica ato arbitrário.

Por vezes o conteúdo da vontade, seu objeto, pressupõe solenidades essenciais, que constituem formalidades indispensáveis para a exteriorização do ato, pelo seu caráter substancial. Elas dizem respeito à preparação da manifestação da vontade ou à sua própria formação. A preterição dessas solenidades essenciais acarreta a nulidade do ato.

São, por exemplo, solenidades essenciais da sua preparação: (a) concorrência pública para adjudicação de obra ou de fornecimento a favor do candidato com que a Administração vai contratar a execução de obra pública, o fornecimento de materiais etc.; (b) concurso para o provimento de cargo público; (c) processo com ampla defesa antes da aplicação de penalidade administrativa; (d) parecer de órgão consultivo obrigatório.

São solenidades essenciais da sua formação: (a) nos atos colegiados, a convocação dos membros para a sessão, a ordem-do-dia dos trabalhos, o *quorum* quanto aos presentes para abertura dos trabalhos e para deliberação; (b) nos atos complexos, o concurso das vontades, e na ordem legal determinada; (c) nos atos compostos ou de coordenação, a observância desses atos na oportunidade legalmente prevista; (d) nos procedimentos administrativos, a sucessão dos atos autônomos, porém interdependentes, segundo a ordem legal estabelecida.

O requisito essencial do ato jurídico distingue-se em *natural* e *implícito*. O *natural* é próprio de cada categoria de ato jurídico, de caráter cogente, que o identifica e o diferencia de qualquer outro. Por isso, deve constar da manifestação da vontade, para lhe dar o respectivo tipo, fixado pelo direito objetivo. O *implícito* tem-se como subentendido no ato jurídico quando não expresso, mas que a ele se refere, como modalidade essencial contida inerentemente na natural.

Assim, o requisito essencial natural da autorização é facultar a alguém o exercício de atividade, que sem ela seria proibida; enquanto o essencial implícito é a precariedade dessa autorização.Portanto, só existe o ato jurídico *autorização* quando se verifica a manifestação da vontade do Estado, ou de quem faça suas vezes, pela qual se faculta discricionariamente a alguém o exercício de atividade material que sem ela seria proibida. Do contrário inexiste o ato jurídico *autoriza-*

ção. Por isso, ainda que denominado de "autorização", deixaria de qualificar-se como tal se faltassem esses requisitos. Não há, entretanto, necessidade, para caracterizar o ato jurídico "autorização", que nessa manifestação de vontade se declare que a atividade facultada é a título precário, porque conseqüência da sua natureza, ainda quando não salientado no ato jurídico.

Igualmente, a modalidade essencial natural da desapropriação é a manifestação da vontade na aquisição compulsória pelo Estado, ou quem faça as suas vezes, de bem de terceiro, mediante o pagamento do seu justo valor. Por isso, deixaria de existir o ato jurídico *expropriação* se a aquisição do bem se fizesse por livre acordo de vontades – o que caracteriza a compra e venda –, ou sem o pagamento do seu justo valor, embora mediante aquisição compulsória – o que caracteriza o confisco. Por outro lado, dispensável constar do ato jurídico que a indenização será prévia, por implícito no ato jurídico expropriatório, segundo a sistemática do Direito Constitucional pátrio.

A modalidade acidental, ou requisito acessório, consiste em uma variedade infinita de modalidades individuais, particulares de cada ato jurídico, segundo a vontade dos que participam da relação jurídica. São fixadas pelos interessados dentro do lícito moral ou jurídico disposto pela ordem normativa vigente. São acréscimos aos requisitos ou modalidades naturais e implícitos do ato, na sua tipologia abstrata, complementando o ato jurídico, individualizando-o e distinguindo-o de outros atos jurídicos da mesma categoria, no seu cunho concreto.

Como não fazem parte da categoria natural, do ato jurídico, do esquema essencial do seu tipo, pois pode existir sem eles, como figura jurídica abstrata, ao contrário da modalidade ou requisito essencial, natural ou implícito, consideram-se acidentais ou acessórios do ato jurídico puro.

Contudo, com referência ao ato jurídico em concreto, constituem elementos essenciais, por decorrentes da manifestação da vontade que o aperfeiçoou. São necessários, pois, para sua eficácia, individualizam o ato jurídico e dele não se desprendem. Atuam decisivamente no efeito do ato jurídico, e o vício deles pode afetar a validade do ato jurídico e acarretar sua rescisão.

Entre as modalidades acidentais destacam-se determinadas cláusulas acessórias na manifestação da vontade relativa a dado ato jurídico, que influem sobre seus efeitos. Fazem-no depender de eventualidade futura e incerta; ou fixam, no tempo, seu início e sua cessação; ou lhe estabelecem imposições adicionais. Denominam-se, respectivamente, *condição*, *termo* e *encargo*. Além dessas, de se recordar a *reserva de revogação* de ato jurídico, isto é, a prática de ato com essa limitação.

A causa formal natural é imprescindível para a definição do ato jurídico, para sua determinação, como requisito ou modalidade da sua existência. Já, a causa formal acessória é dispensável, pode existir ou não, pois não é própria da tipologia do ato jurídico, em abstrato, mas acréscimo ao praticado em concreto.

Essas modalidades acessórias, dispostas por acordo de vontades, ou mesmo por ato unilateral de uma parte e que a outra aceita, não se confundem com a condição, o termo e o encargo legal, pois, então, constituem modalidades naturais do ato em abstrato, requisitos da sua perfeição, exigências legais para sua existência.

Sobre os elementos acidentais dos atos administrativos, Roberto Lucifredi publicou exaustiva monografia (*L'Atto Amministrativo nei suoi Elementi Accidentali*, 1941), em que estuda essas modalidades, depois de distingui-las dos elementos essenciais dos atos jurídicos.

Não se confundem, como salientado, as condições, os termos e os encargos que decorrem da lei e constituam elementos naturais do negócio jurídico, partes principais dele, com as condições, os termos e os encargos que correspondem a cláusulas acessórias dos negócios jurídicos, elementos acidentais, a que uma das partes, voluntariamente ou mediante acordo, subordinou os efeitos do ato jurídico. Estes últimos são raros no Direito Administrativo, enquanto os primeiros são muito comuns.

Muitos atos, embora perfeitos e acabados, estão em estado de pendência, isto é, ficam com sua eficácia legalmente subordinada a determinado fato futuro, certo ou incerto, ou à satisfação de dado ônus. São, no Direito Administrativo, a *condição*, *termo* ou *encargo legal*.

Há atos administrativos que, para produzirem seus efeitos, devem ser aceitos pelos interessados. Sirvam de exemplo a conferição de um título honorífico ou a outorga de bolsa-de-estudo ou de prêmios.

Outros, para que possam produzir seus efeitos, devem ser participados aos interessados. Às vezes, todos os efeitos do ato estão subordinados à participação ao sujeito. São os que pedem dele um comportamento negativo ou positivo. Ou, então, só os efeitos secundários do ato estão subordinados à sua participação, e, nesse caso, são eficazes os efeitos principais sem ela. Assim os que determinam o momento para decorrência de prazo para a impugnação do próprio ato.

Perfeito o ato, ele obriga desde logo a Administração Pública, embora o particular, para se sujeitar a ele, dependa de participação, se outro não for o regime adotado. A participação tem um duplo efeito: direto, para tornar possível a produção dos efeitos do ato; indireto, para tornar possível, mediante conhecimento do ato, a decorrência do tempo, pela cominação de prazo, para que a parte possa praticar determinado ato. Então, integra outros atos jurídicos: citação, intimação ou notificação.

Outras vezes o estado de pendência não é a aceitação pelo interessado, ou a simples participação a ele do ato jurídico, mas a subordinação a controle de terceiro. Este pode ser preventivo ou repressivo e de conveniência ou legalidade. São a autorização ou a aprovação prévia e a homologação ou a aprovação posterior. Nesses casos, só pode produzir seus efeitos após essas manifestações complementares da vontade. Satisfeitas tais exigências, o ato retroage à data da sua perfeição.

Afinal, há ato jurídico perfeito e eficaz que posteriormente se torna ineficaz, por sobrevir acontecimento que produz tal conseqüência. Assim, um ato jurídico perfeito e produzindo sua eficácia que, dentro do prazo legal, é objeto de recurso de efeito suspensivo.

Na prática dos atos administrativos, a Administração Pública cinge-se ao exercício de poderes vinculados ou opera com poderes discricionários.

Nos atos vinculados, salvo modalidade prevista por lei – a qual, aliás, não se classifica como cláusula acessória, pois se trata de preceito implícito no elemento principal – não são admissíveis modalidades eventuais ou contingentes, isto é, cláusulas acidentais dispostas pela Administração Pública.

Ao contrário, nos atos discricionários, desde que lícitas e não sejam proibidas por lei, nem repugnem à natureza do instituto e a determinados tipos de atos ou situações determinadas, são, em princípio, possíveis. Só, entretanto, nos negócios jurídicos. Se os efeitos do ato decorrem diretamente da lei e dizem respeito à expressão de conhecimento ou de sentimento, tal entendimento não se afigura acertado. Impossíveis parecer, proposta ou certificado sob condição, termo ou encargo.

Lucifredi (*L'Atto Amministrativo nei suoi Elementi Accidentali*, pp. 394-413), no entanto, pretende serem elas possíveis também nos atos vinculados, recognitivos de direito, como nos puros atos jurídicos.

Cita esporádicas hipóteses de atos vinculados com modalidade acidental, quando em favor de quem deve ser declarado ou assegurado o direito a que se refere o ato. Assim, a possibilidade de deferimento de admissão ainda que o interessado não apresente documento necessário, além dos já exibidos, com a condição de fazê-lo antes de começar a obter a prestação do serviço, como seja, em estabelecimento de ensino, antes do início das aulas, porém depois do prazo da matrícula.

Na realidade, verifica-se liberalidade quanto ao prazo para a satisfação das exigências legais a fim de terceiro obter o asseguramento ou declaração de direito, que só se reconhece desde que venham a ser atendidas posteriormente. Se não apresentar o interessado todos os documentos legalmente exigidos para obter a admissão, ainda não se configura como vinculado o ato da Administração Pública, deferindo-a, o que será só quando preenchidos todos os requisitos legais.

As pronúncias ou puros atos jurídicos apontados como praticados sob condição ou termo, outrossim, não convencem. São eles: parecer favorável a dada providência, se observadas determinadas cautelas; proposta para nomeação em cargo de professor, esclarecendo que consiste em obrigação do cargo ser diretor do instituto anexo à cadeira – e, portanto, provido para aquele lugar, cumpre exercer este; certificado de navegabilidade de navio só até o primeiro porto, onde devem ser refeitas as avarias sofridas pelo barco. Consistem, na verdade, em pronúncias jurídicas com ressalvas, que constituem coisa distinta ou correspondem a outro ato jurídico.

Como exemplo de ato discricionário, que não admite a condição, por contrariar a natureza do instituto, isto é, a própria situação jurídica criada pelo ato, de citar o de nomeação de funcionário para um cargo isolado, de livre provimento do chefe do Executivo, mas que no momento, tem titular, sob a condição de se vagar, ou quando o nomeado tiver atingido determinada idade. Do mesmo modo, não se tolera no ato discricionário da naturalização a oposição de determinada condição, como seja a de que o país do naturalizado, dentro de prazo "x", conceda aos brasileiros, que se naturalizam nesse país, as mesmas vantagens que o Brasil oferece aos que se naturalizam brasileiros.

São incompatíveis essas cláusulas acessórias com os referidos atos administrativos. E os tornam juridicamente impossíveis, pois ditas cláusulas não se adaptam a tais tipos de atos.

48.8 Causa formal acessória do ato administrativo

Condição é a cláusula que subordina o efeito de ato jurídico a evento futuro e incerto. Através dela os efeitos normais do ato jurídico sujeitam-se a um acontecimento futuro e incerto, prescrito na cláusula. Constitui limitação imposta voluntariamente pelas partes, mediante acordo, ou aquiescência de uma ao ato unilateral de outra neste sentido, quanto à eficácia do ato jurídico.

Assim, a Administração obriga-se a tomar determinadas providências desde que receba certos auxílios dos particulares; ou, então, outorga procuração a um advogado, para representá-la em juízo, enquanto não se verifique sentença em contrário.

Desse modo, o ato jurídico de tomar certa providência – por exemplo, a extensão de linhas de bonde para determinado bairro – condiciona-se à obtenção de auxílios particulares, correspondente a uma percentagem das despesas – acontecimento, esse, futuro e incerto. O início dos efeitos do ato jurídico, ou, melhor, sua realização, fica na dependência desse evento, e aqueles só começam a se produzir quando este se verificar.

Já, no outro exemplo, o ato jurídico da outorga da procuração começa, desde logo, a produzir seus efeitos, mas são sustados uma vez ocorrido o acontecimento futuro e incerto: ser proferida uma sentença, em causa da qual é patrono, contrária à Administração Pública. O efeito do ato realiza-se desde logo, mas se resolve, também, quando se verifica o evento.

Portanto, as condições distinguem-se em *suspensiva* e *resolutiva*. *Suspensiva*, quando suspende o início dos efeitos do ato até ela ocorrer, que só então começam a se produzir. Assim, a aprovação, por órgão superior, de ato do inferior, desde que se faça determinada alteração. O ato do inferior, embora aprovado pelo superior, só começa a produzir seus efeitos depois de verificada a condição, isto é, depois de feita a alteração determinada. *Resolutiva*, quando, ao se verificar, resolve os efeitos que já estava o ato produzindo. Assim, a permissão para derivar água de um rio, em certa quantidade, enquanto o nível dele se mantiver com determinada cota. Portanto, obtida a permissão, o interessado passa a poder derivar as águas do rio, e deixa de ter esse poder no momento em que ditas águas atingem a cota prefixada.

As condições, tanto suspensivas como resolutivas, têm três fases, a saber: de pendência, sob a ameaça de sua realização; realizadas, no momento em que se verificam; frustradas, quando definitivamente já não se pode produzir o evento.

As condições suspensivas, como se disse, são as que suspendem os efeitos do ato jurídico, isto é, impedem ou retardam a eficácia do direito resultante do ato jurídico, de modo que, tão logo se dê sua verificação, o ato jurídico produz seus efeitos. Subordinada a eficácia do ato a condição suspensiva, enquanto essa não se verificar, não produz seus efeitos. Esse é seu característico: impedir ou retardar a eficácia do direito resultante do ato jurídico, que só se adquire realmente quando ocorrer o evento que constitui a condição para isso. Até então, o direito da parte é meramente eventual, na dependência do acontecimento futuro e incerto.

Verificando-se a condição suspensiva, quer dizer, realizando-se o evento que suspendia os efeitos do ato, estes se produzem retroativamente, desde sua perfeição, o que se explica porque o ciclo de sua formação já se tinha cabalmente efetuado, apenas a eficácia dele é que ficara condicionada a um acontecimento futuro e incerto. Por outro lado, frustrando-se a condição suspensiva, reputa-se jamais tenha existido a obrigação, porquanto esta tinha seus efeitos pendentes de um acontecimento incerto e futuro, que falhou.

As condições resolutivas, como se ponderou, são as que resolvem o ato jurídico, isto é, fazem cessar seus efeitos, de modo que, uma vez verificadas, se considera o ato, desde então, como se não tivesse existido. Subordinado um ato a condição resolutiva, enquanto esta se não realizar vigorará o ato jurídico, e se pode exercer, desde esse momento, o direito por ele estabelecido. Porém, verificada a condição, para todos os efeitos, extingue-se o direito a que ela se opõe. Esse é seu característico: desfazer o direito resultante do ato jurídico, uma vez verificada, que só se dará quando ocorrer o evento, futuro e incerto.

Verificada a condição, dissolve-se o vínculo obrigacional. Frustrada a condição resolutiva, o ato jurídico considera-se puro e simples, pois, deixando ela de ocorrer, o ato continua a produzir os efeitos que já vinha produzindo.

Não são havidas como condições as que privarem de todo efeito o ato, por contraditórias ou perplexas, como, também, as que o sujeitarem ao arbítrio de uma das partes, na sua inteireza. São as chamadas condições simplesmente *potestativas*, por contrariarem seu conceito de evento futuro e incerto, visto que ficaria incerto só para uma das partes, e não para a outra. Também não se considera condição a que decorra, necessariamente, da natureza do ato, isto é, do direito a que acede.

Para que ela ocorra, impõe-se que derive exclusivamente da vontade das partes, senão teremos pseudomodalidade, conforme salientado, imposta por lei, isto é, cláusula implícita do elemento natural do ato. A condição é modalidade eventual ou contingente, correspondendo a elemento acidental do ato, fixado pelas partes. Por isso, considera-se como condição só a voluntária, ou seja, a que resulta da livre estipulação das partes; jamais a necessária, inerente à natureza do ato. Em todos esses casos, o ato jurídico será considerado puro e simples.

São elementos substanciais da condição a futuridade e a incerteza. Assim, inexiste condição se o evento for passado ou presente, embora ignorado pelas partes, que o consideram como ainda não ocorrido – e, por conseguinte, futuro. A incerteza há de ser objetiva. O evento futuro pode ser um fato natural, como um ato da Administração Pública ou mesmo do particular.

Sendo a condição uma declaração acessória de vontade, como tal está subordinada aos mesmos princípios que regem as declarações de vontade em geral, para formação do ato jurídico. Por isso, conforme salientado, sujeita-se o objeto do efeito futuro e incerto à liceidade jurídica ou moral.

Conseqüentemente, as condições precisam ser conforme à lei, isto é, não estar por ela vedadas e se apresentar como possíveis. As fisicamente impossíveis bem como as de não fazer coisa impossível têm-se por inexistentes, e as juridicamente impossíveis invalidam os atos a elas subordinados.

Consideram-se as condições fisicamente impossíveis como inexistentes porque lhes falta o caráter de condição, isto é, a incerteza do evento. Assim, as condições "se tocar o céu com o dedo" ou "se beber toda a água do mar" não são condições, pois inexistem, em tais casos, acontecimentos incertos, uma vez que são absolutamente certos, pois não podem acontecer, dada a impossibilidade física de que padecem. A simples enunciação faz com que desapareça a incerteza do acontecimento a que se referem, elemento indispensável para que ocorra a figura jurídica da condição. Só se pode falar em dita cláusula quando se subordina o ato jurídico a evento futuro e incerto.

Já, as condições juridicamente impossíveis ou ilícitas são perfeitamente realizáveis, embora contrárias ao Direito. Por isso, o Direito intervém para, em princípio, invalidar esses atos, por falta de licitude, isto é, por pretenderem situação jurídica em oposição a ele.

Mas, se o ato principal é vinculado para a Administração Pública, a cláusula acessória secundária considera-se como não colocada, isto é, inexistente, equivale a condição fisicamente impossível, pois a Administração Pública devia manifestar-se obrigatoriamente e segundo o preceito legal, e não tendo em vista a cláusula acessória, que aduziu naquele ato.

Se o ato principal da Administração Pública é discricionário e se trata de cláusula juridicamente impossível, o ato em principio considera-se nulo. Contudo, pode-se considerar a vontade da Administração Pública quanto à prática do ato essencial e do acessório. Na hipótese de não contrariar sua natureza e desejado mesmo sem a cláusula, então, será válido, sendo de se propender, na dúvida, para essa solução. Assim, examina-se, preliminarmente, a possibilidade do ato independentemente da modalidade acessória. Só no caso de isso se tornar difícil, tem-se como inválido o ato.

Tal parece ser a melhor solução, por mais consentânea com o Direito Administrativo, nos seus princípios fundamentais: legalidade que condiciona a validade de todos os atos e a segurança que exige a conservação, quando possível. Os efeitos das declarações unilaterais de vontade da Administração Pública devem prevalecer, pela necessidade de garantir a confiança do público e a estabilidade das situações jurídicas criadas.

As condições potestativas são defesas, e, assim, sem qualquer efeito de direito. Portanto, não invalidam o ato principal, o qual deixa de ser atingido pelo vício do ato acessório, ou, melhor, não pode ser atingido por ato acessório considerado como não-escrito. Por conseguinte, realiza o ato jurídico seus efeitos normais.

Se há vício na condição legal, o ato é considerado inválido. Mas por outro fundamento. Não se trata de vício na cláusula acidental do ato, mas no próprio ato principal.

O *termo* é a cláusula acessória que subordina o efeito do ato jurídico a evento futuro e certo. Portanto, ao contrário da condição, é acontecimento futuro, mas certo. Essa certeza, todavia, pode ser *determinada* e *indeterminada*. *Determinada*, quando fixados o dia, mês e ano, ou certo lapso de tempo, para o acontecimento futuro e certo. *Indeterminada*, quando fixados com referência a um fato futuro e certo, mas sem data preestabelecida.

No primeiro caso têm-se as obrigações cujos efeitos subordinam-se a uma data especificada – por exemplo, dia 1.1.1966 ou, então, de hoje a 90 dias.

Já, no segundo caso têm-se as obrigações cujos efeitos são sem data conhecida, embora inevitável, como as que decorrem em virtude do falecimento de "a" ou "b".

O termo pode ser *inicial*, também chamado *suspensivo*, ou *final*, também chamado *resolutivo*. O *termo inicial* rege-se pelos mesmos princípios da condição suspensiva, e o *final ou resolutivo* pelos da condição resolutiva, quanto a sua existência e validade. Como exemplo de termo inicial pode-se apresentar a nomeação de funcionário para ser investido no cargo a contar de determinada data. E como final pode-se apontar a permissão para utilização especial da via pública, até certa data.

O termo inicial suspende o exercício, mas não a aquisição do direito. Por conseguinte, praticado o ato jurídico, o direito que dele adveio integra-se no patrimônio da pessoa interessada, isto é, estabelece-se, a seu favor, a aquisição do direito. Seu exercício, porém, pelo respectivo titular só poderá ocorrer com a efetivação do evento futuro e certo a que se subordinou. Portanto, o termo inicial, ou suspensivo, não impede o nascimento de direito, mas retarda seu exercício.

O termo final ou resolutivo, ao contrário do termo inicial ou suspensivo, faz com que, ao se realizar o evento futuro e certo, se extinga o direito. É exercido desde a formação do ato até o momento em que se verifica o termo, quando finaliza sua existência. Existe puro e simples antes do termo, e, alcançado este, cessa, desde então, de existir. Assim, se for resolutivo o termo, enquanto ele não se realizar vigorará o ato jurídico, podendo exercer-se, desde o momento de sua formação, o direito por ele estabelecido. Verificado, porém, o termo, para todos os efeitos extingue-se o direito a que ele se apõe.

Pelo exposto verifica-se que *termo* e *condição* não se confundem. Já se salientou que a condição é um acontecimento futuro, porém incerto, enquanto o termo é um acontecimento futuro, porém certo. Demais, a condição suspensiva retarda a aquisição do próprio direito, enquanto o termo suspensivo somente seu exercício. Por isso, o pagamento, por erro, de obrigação sob condição antes da sua realização é indevido, e, por conseguinte, suscetível de repetição. Na hipótese de obrigação sob termo o pagamento é válido, pois já existe o direito, embora ainda não se possa exercê-lo. Portanto, se o devedor efetivar antecipadamente sua obrigação não pode repeti-la, pois só fica obrigado a restituir aquele que recebeu aquilo que lhe não é devido, como acontece no caso de recebimento de dívida sob condição antes de esta se realizar. A obrigação sob condição, por esta razão, tem efeito retroativo, ao contrário do que acontece com o termo, uma vez se deu o acontecimento futuro.

Não se confundem o *termo* e o *prazo*. O *termo* é a cláusula que subordina o efeito do ato jurídico a acontecimento futuro e certo. Já, o *prazo* é o lapso de tempo que medeia entre o ato jurídico e a superveniência do termo. Na verdade, o termo é um limite posto ao prazo, isto é, ao decurso do tempo, que existe entre a declaração da vontade e o começo do exercício, ou o fim do direito que dele resulta.

Como já se teve ocasião de salientar ao se estudar o fato jurídico, há regras legais para contagem do prazo. O Código Civil e legislação complementar dispõem sobre a matéria.

Como se salientou com a condição, igual consideração cabe ao termo: uma coisa é o *termo*, modalidade acidental, e outra o *termo legal*, modalidade essencial do ato administrativo. Em alguns casos este precisa delimitar seus efeitos no tempo, sob pena de seu conteúdo não ficar satisfatoriamente determinado, e, assim, afetar seu objeto. Destarte, a penalidade disciplinar de suspensão necessita esclarecer seu prazo para produzir os respectivos efeitos, como a interdição temporária de funcionamento de certa indústria. Por outro lado, os órgãos colegiais têm sua competência limitada no tempo. As suas deliberações cumpre ser tomadas no período das sessões e nos dias e horas para que foram convocadas, na conformidade da lei ou do regulamento que rege seu funcionamento.

Encargo é a cláusula que impõe um ônus à pessoa em cujo proveito, por liberalidade, se pratica ato jurídico. Essa pessoa pode ser, ou não, parte na declaração da vontade. Como exemplo de encargo tem-se a isenção tributária a estabelecimento de ensino, com a obrigação de reservar certo número de lugares a indigentes, indicados pelos Poderes Públicos. Ele só se aplica nos atos jurídicos gratuitos. Nos negócios onerosos os encargos da outra parte são contraprestações co-respectivas da relação de direito.

É preciso não confundir os ônus impostos como decorrência natural do próprio ato, isto é, o encargo, que constitui elemento principal do ato, com os de caráter acidental e acessório. Sirva de exemplo a obrigação de pagar determinada taxa para usufruir de uma permissão ou concessão. Na hipótese, não se trata de encargo, acessório ao ato jurídico, mas próprio do instituto em causa. Trata-se de encargo legal.

Outrossim, é preciso não confundir o encargo com a condição. Esta é incoercível, isto é, não há ação para obrigar à satisfação da condição. Ao contrário, o encargo é coercível; quem recebe o benefício é obrigado a cumprir o encargo co-respectivo.

A condição suspende a aquisição do direito, o termo seu exercício, e o encargo não suspende nem a aquisição nem o exercício. Por vezes fica-se em dúvida se se trata de encargo ou condição. Na impossibilidade de chegar a uma solução satisfatória após análise do ato, a presunção deve ser a de que a cláusula é um encargo. Por vezes apresenta-se sob forma de condição. Nesta hipótese, terá os mesmos efeitos desta.

Em princípio, como já salientado, o ato jurídico a que se prende o encargo produz os efeitos independentemente dele. Aliás, a invalidade do encargo não vicia o ato a que acede, salvo dispositivo em contrário ou prova de que outra era a intenção das partes. O inadimplemento do encargo não faz, portanto, cessar os efeitos do negócio jurídico. Ele só dá lugar à ação para obter seu implemento ou à pronúncia de resolução do negócio, por parte do interessado. No Direito Administrativo, entretanto, há a possibilidade de revogação de ofício do ato principal da Administração Pública, ou mesmo a de execução de ofício do encargo, conforme a hipótese.

Autores há que negam caráter autônomo à *reserva da revogação* de ato administrativo. Uns pretendem constituir uma espécie de termo; e outros, de condição. Não se confunde com o termo, porque este é acontecimento futuro mas certo, enquanto a revogação pode jamais ocorrer. Outrossim, distingue-se da condição, porquanto opera *ex nunc*, sem efeito retroativo, e o ato anterior só cessa seus efeitos com o ato formal de sua retirada; ao contrário da condição, que, em verificada, o ato a que se prende, automaticamente, cessa seus efeitos.

A *reserva de revogação* não se refere aos casos de revogação, previstos por lei, e, também, aos que têm caráter precário, pois essa revogação está implícita no ato. Diz respeito aos atos que sem essa reserva constituiriam direito adquirido em favor do interessado; assim, objetiva-se, com ela, efetivar a revogação sem pagamento de indenização e, outrossim, obstar às hipóteses em que, sem essa ressalva, não poderia ocorrer a revogação. A reserva de revogação sujeita-se ao interesse público. Não se confunde, destarte, com a condição potestativa.

48.9 *Causa final do ato administrativo: subjetiva e objetiva*

A *causa final* do ato jurídico é o resultado prático a que ele visa. Distingue-se em *objetiva* e *subjetiva*.

Objetiva, quando se considera o resultado prático do próprio ato, o efeito jurídico que sua categoria mesma, sua figura peculiar, tem em mira alcançar, diferente dos outros atos jurídicos, em atenção à respectiva natureza, objeto da causa formal. Consiste na efetiva realização desta.

Subjetiva, quando se considera o resultado prático do agente, de quem praticou o ato, que não se confunde com aquele, mas o excede, visto que acresce ao efeito jurídico próprio do ato a vantagem que visa a obter, o benefício que entende conseguir.

Não se confunde esta causa final subjetiva, como pensam muitos, com o motivo do ato, isto é, com sua causa ocasional, que solicitou a vontade do agente tendo em vista a causa final subjetiva, que é bem delectável.

Outrossim, não se assimila a causa final objetiva com a forma interna, que estrutura cada ato jurídico, especificando-o, definindo as linhas que o configuram, distinguindo-o de outros, ao lhe atribuir dada categoria jurídica. Aquela é o resultado jurídico da realização do ato, é o efeito jurídico que dada figura jurídica, que certa categoria jurídica, produz, em praticado o ato.

Assim, tenha-se como exemplo o ato de demissão do funcionário. A causa formal interna é o elemento que o classifica como tal, ou, melhor, o conceitua. Portanto, caracteriza-se no ato jurídico que configura o desligamento de funcionário do cargo público, como punição, desvinculando-o da relação de emprego entre ele e o Estado, pela prática de ato ilegal. A causa final objetiva é a conseqüência da prática do ato de demissão, isto é, o próprio desligamento punitivo efetivado. A causa ocasional ou motivo é a falta praticada, que, nos termos legais, autoriza tal ato jurídico. E a causa final subjetiva é o fim do agente ao praticá-lo, sua intenção, como seja resguardar o interesse público, no cumprimento da lei que permite essa medida, ou obter vaga para aproveitar afilhado político.

Ante o exposto, verifica-se que a causa final objetiva deve conformar-se com a categoria do ato, com sua figura jurídica, jamais desnaturando-a ao praticá-lo, acarretando efeito jurídico diverso do que ele tem em mira, ou perturbando-o. Já, a causa final subjetiva subordina-se ao interesse do agente. Este, entretanto, jamais deve ter intuitos subalternos, de prejuízo de terceiros; e, tratando-se de ato administrativo, cumpre sempre ter em consideração o interesse coletivo, o bem comum. O interesse público vincula todo ato administrativo, devendo ser esta a finalidade do agente ao efetivá-lo, embora a ele alie outra, de caráter pessoal.

Conseqüentemente, deve o agente público obedecer ao interesse público em geral e ao específico que o ato praticado objetiva, segundo a categoria disposta pela norma jurídica.

Se se trata de ato em que a manifestação de vontade se acha vinculada, seja quanto à emanação ou ao conteúdo, cumpre observar os estritos termos legais. Se deixar de obedecer a eles, o ato será nulo, por ilegal.

Ao contrário, se se trata de ato em que a manifestação de vontade desfruta de poderes discricionários, embora lhe caiba a apreciação de conveniência ou oportunidade de sua emanação ou de fixação de seu conteúdo, jamais poderá desviá-la do interesse geral que deve nortear quaisquer dos seus atos, e sequer perturbar os efeitos próprios que a figura do ato jurídico objetiva alcançar.

A alteração dessa finalidade genérica ou específica gera a nulidade do ato, sob o fundamento de abuso no exercício de direito.

48.10 Causa ocasional do ato administrativo[12]

A *causa ocasional* do ato administrativo consiste no motivo que solicita a vontade do agente para praticá-lo. Corresponde, na realidade, à consideração do fato em face do Direito, que influi sobre a vontade do agente para fazê-lo decidir-se pela prática do ato ou sobre o modo de praticá-lo, isto é, ao seu fundamento.

O motivo, como elemento que atua sobre a vontade do agente para provocar o ato administrativo, pode estar expresso em lei, e o agente se acha vinculado à sua determinação, seja na obrigação de manifestar a vontade, seja no modo preciso e único de levá-la a efeito segundo imposição legal; ou pode estar relegado à discrição do agente, seja na faculdade para manifestar, ou não, a vontade, seja no modo de levá-la a efeito, conforme ponderações de conveniência e oportunidade.

No primeiro caso apresenta-se como elemento vinculante da vontade do agente, a quem cabe, verificado o fato, nos termos legais, a

---

12. Cf. Maria Rivalta, *La Motivazione degli Atti Amministrativi*, 1960; Raffaele Juso, *Motivi* e *Motivazione nel Provvedimento Amministrativo*, 1963; Juan Luis de la Vallina Velarde, *La Motivación del Acto Administrativo*, 1967.

obrigação de efetivar o ato administrativo no modo prescrito pela lei. Enfeixa o motivo legal, ou a razão jurídica do ato, quanto à emanação ou quanto ao conteúdo. Já, no segundo caso apresenta-se como elemento discricionário da vontade do agente, a quem cabe apreciar o fato em razão do seu mérito, da conveniência ou oportunidade de exercer a faculdade de efetivar o ato administrativo, ou no modo mais adequado, segundo seu critério valorativo.

Constitui, na realidade, o pressuposto do ato jurídico, da emanação da vontade ou do seu conteúdo, seu fundamento de direito.

O motivo legal ou causa ocasional do ato administrativo, que vincula a vontade do agente, encontra-se nas hipóteses em que deve aplicar a norma jurídica pertinente à efetivação obrigatória do ato, ou segundo determinado conteúdo cogente.

Assim, quando a lei estabelece que dentro de determinado prazo cumpre ser despachadas, pelo agente público, as petições a ele submetidas, o exercício do ato administrativo, deferindo ou indeferindo esses requerimentos, tem como causa ocasional o texto legal. É o motivo propulsor da sua ação obrigatória. Igualmente, o ato administrativo de promoção de funcionário regularmente classificado como o mais antigo no preenchimento de vaga, legalmente prevista, para provimento por antigüidade tem nesse dispositivo seu motivo, sua causa ocasional. Encerra não só o fundamento legal do ato administrativo, como o dever de praticá-lo segundo predeterminado conteúdo.

Por vezes o motivo legal ou a causa ocasional vinculante não deflui imediatamente da colocação do fato em face do texto jurídico, e se impõe sua qualificação jurídica. Isso se dá quando a submissão do fato à lei exige percepção mais complexa, não dimana de simples verificação, e, ao contrário, de exame que pede conhecimentos especializados. Por exemplo, moléstia no gado ou na plantação como justificativa de ato administrativo, fundado em lei, de eliminação desse gado ou de erradicação dessa plantação, a fim de evitar o contágio.

O desconhecimento da causa ocasional vinculante do ato, isto é, do motivo legal, acarreta conseqüências jurídicas, contrárias ao ato administrativo.

Destarte, atribui-se certo efeito jurídico ao silêncio do agente público, não manifestando sua vontade, ao deixar de despachar petição no prazo, apesar do motivo legal, embora sob alegação de falta de tempo; ou se anula o ato administrativo de promoção se em infringência à causa ocasional vinculante, ao promover outro funcionário com menor tempo de serviço, mesmo sob alegação de ser o mais antigo; ou se condena a Administração Pública a compor perdas e danos por eliminar gado ou arrancar plantação não afetadas pelo mal pretendido.

Ocorre, em última análise, o desrespeito ao direito vigente, e se considera o objeto do ato como ilegal ou ilícito. Portanto, cabe o contraste judicial para verificar se, realmente, o funcionário promovido por antigüidade era o mais antigo, ou o gado abatido e a plantação arrancada, efetivamente, estavam atacados do mal que se lhes atribuía; como, ainda, verificação judicial do efeito do silêncio sobre a pretensão de interessado ante o decurso do prazo sem despacho.

O motivo de mérito ou causa ocasional discricionária do ato administrativo verifica-se nas hipóteses em que o agente manifesta sua vontade facultativamente, tendo em vista circunstâncias de conveniência e oportunidade, ou manifesta a vontade segundo juízo valorativo, na escolha do seu conteúdo. Então, inexiste causa ocasional legal que ligue a vontade do agente ao exercício do ato e ao seu conteúdo, pois a ele cabe decidir na conformidade do seu alto critério.

Assim, na decisão de expulsar estrangeiro cujas atividades tem como contrárias ao interesse nacional; na declaração de imóvel de utilidade pública, tendo em vista plano adotado na consecução de melhoramento público; na escolha de época propícia para os funcionários gozarem férias; na autorização de porte de armas; etc. Contudo, o agente considera determinadas circunstâncias de fato para manifestação de vontade, que constituem o motivo de mérito do ato administrativo, relativo à emanação ou ao conteúdo, que justificam seu comportamento e explicam o porquê do exercício do seu poder discricionário, e neste ou naquele sentido.

Se, na verdade, ao praticar o ato no exercício do poder discricionário que lhe cabe, o transforma em poder arbitrário, porquanto o faz em abuso de direito, o conteúdo da manifestação de vontade, o objeto do ato administrativo, considera-se ilícito ou juridicamente impossível, e ele padece de nulidade. Há infringência indireta à lei, de modo sub-reptício.

Os atos jurídicos públicos levados a efeito pelo Estado, ou por quem faça as suas vezes, e mesmo pelos particulares, provocando os atos daquele ou completando-os, em princípio, cumprem ser motivados, a fim de que se possa efetivar controle externo sobre eles, seja para verificar se houve infração frontal ao texto de lei, no caso de exercício de poderes vinculados, seja para verificar se existiu abuso de direito, no caso de exercício de poderes discricionários.

Destarte, apura-se se o ato é conforme à lei, se não desrespeitou diretamente o texto a que se acha ligado, ou indiretamente os princípios jurídicos da conformidade do ato com o interesse coletivo, que ele deve objetivar, colocando razões pessoais em lugar do interesse coletivo ou desnaturando o instituto jurídico na sua razão de ser, sob a capa de critério valorativo.

Portanto, a menção do motivo permite melhor controle da licitude do ato administrativo, constituindo processo técnico para harmonizar a manifestação da vontade do agente com a vontade da lei, na realização da justiça.

Tratando-se de ato administrativo no exercício de poderes vinculados, a motivação do ato consiste em se reportar ao texto legal, ou em expressar a interpretação que empresta a ele, ou, ainda, em afirmar que o fato se subsume ao texto. Por conseguinte, ao indeferir pretensão de terceiro, o agente declarará que lhe falta apoio legal, mencionando o diploma e o artigo em referência. Se suscetível de mais de uma interpretação, e contraria a sustentada pela parte, dará as razões do seu entendimento. Por outro lado, se o ato administrativo se prende à verificação de fato, explica a relação entre este e o dispositivo legal, mencionado os elementos concretos e seu alcance.

Então, não determinará o fechamento de estabelecimento porque contrário ao texto legal, mas mencionará o dispositivo infringido e explicará em que consiste seu desrespeito. Certo, não se impõem, no despacho decisório, pormenores justificativos; basta reportar-se aos dados constantes do processo, desde que facultado aos interessados seu conhecimento, seja mediante consulta ou informação autenticada.

No caso de resultar o ato administrativo do exercício de poder discricionário, deve consistir em considerações precisas, de modo a se ter realmente sua explicação, se não, mesmo, sua justificação. Assim, pouco satisfatória é a declaração, como motivo determinante do ato administrativo de remoção de funcionário, de que se faz por motivos de serviço, sem qualquer esclarecimento sobre no que consistem.

A respeito da obrigatoriedade de enunciação da motivação dos atos administrativos há duas posições antagônicas, segundo se trate de atos decorrentes de poderes vinculados ou discricionários. Uma entende que os frutos de poderes vinculados não precisam trazer a declaração dos seus motivos, porquanto fácil é a verificação, para efeito de controle judicial, se seu objeto é lícito; enquanto os decorrentes de poderes discricionários necessitam vir motivados, a fim de se verificar, para efeito de controle judicial, se o ato foi praticado segundo o interesse coletivo em geral e, ainda, em conformidade com o interesse coletivo que especifica sua natureza, próprio de sua categoria jurídica. Já, a outra pretende que, tratando-se de exercício de poderes vinculados, impõe-se a motivação do ato, sem o quê ele será inválido; ao passo que no caso de exercício de poderes discricionários, se não constitui exigência legal, é dispensável.

Nenhuma das posições antagônicas, todavia, está com inteira razão.

Dispensável se afigura a enunciação da motivação de ato administrativo resultante da prática de poderes vinculados se envolve, pura e simplesmente, a aplicação de lei em questão de direito, em que não há dúvida relativa ao fato, pois a motivação encontra-se no próprio texto, e se isenta de maior consideração, embora possa haver a justificação da interpretação emprestada aos seus dizeres.

Por outro lado, menos importantes que nas hipóteses de ato administrativo decorrente do exercício discricionário é a motivação em ato que se funda em poderes vinculados, mesmo que haja fato a ser apreciado e discutido, porquanto o controle judicial, no caso de erro ou má-fé na sua apuração, realiza-se com facilidade, independentemente de a motivação legal constar do ato. Certo, melhor seria viesse motivado, para demonstrar que obedeceu efetivamente aos ditames legais, perfeitamente regrado.

Portanto, mesmo que falte a motivação, e ainda que a lei expressamente a exija, sua ausência não invalida o ato se provado, em juízo, que se conformou absolutamente às prescrições legais. É preciso não confundir a motivação legal, a que está sujeito o ato administrativo de poderes vinculados, com a enunciação dessa motivação quando se pratica o ato. A falta daquela invalida o ato; a desta, não.

Já, a motivação de ato administrativo que deflui do exercício de poderes discricionários apresenta-se de especial relevo, e explica o movimento na doutrina, na jurisprudência e na legislação, cada vez mais extenso, no sentido de estabelecer sua obrigatoriedade, e pelas razões retro-apontadas, para efeito de controle judicial. Entretanto, não se pode afirmar, de modo absoluto, que todos eles devem ser motivados. Qual o critério, nesse caso, para se exigir a menção do motivo?

Há hipóteses em que a motivação vem prescrita na lei, e outras em que dimana da própria natureza do ato, segundo o entendimento da doutrina e da jurisprudência. Então, sua falta, em princípio, invalida o ato, salvo se, comprovado em juízo, constou no processamento que o precedeu e, ainda, não envolveu abuso de direito, por convencida sua prática não só no interesse coletivo em geral, como no do próprio ato, que o especifica como elemento de sua categoria jurídica, e, portanto, deve ser considerado como adequado o motivo determinante do ato. Dita demonstração, entretanto, incumbe à Administração Pública, e na dúvida se impõe solução contra ela.

Segundo sua natureza peculiar, devem ser motivados os atos praticados no exercício de poderes discricionários que: (a) limitam a esfera jurídica dos administrados, como o que determina a ocupação de terreno de particular por dele necessitar a Administração Pública para construir indispensável obra pública, ou que declara a utilidade pública na decretação de expropriação de imóvel de terceiro; (b) recusam pretensões dos administrados, como o que nega a autorização de porte de armas de viajante ou de pessoa que se pretende ameaçada, por improcedentes as razões invocadas no pedido; (c) revogam atos anteriores, e, em conseqüência, situações jurídicas dos administrados, como o que exonera funcionário público sem estabilidade; (d) alteram os precedentes administrativos, como o que modifica a orientação que se vinha tendo quanto a certo problema administrativo; (e) reformam decisão inferior, porque a proferida melhor atende ao interesse coletivo; (f) resolvem em contrário aos pareceres técnicos ou aos elementos constantes do procedimento administrativo, por considerá-los errôneos ou contrários aos interesses coletivos; (g) determinam comportamento, como as ordens para prática de certa atividade; (h) aplicam sanções em decorrência de processo disciplinar, como as penalidades de suspensão ou de demissão de funcionários; (i) emitem opiniões a respeito de dada matéria, como os pareceres dos órgãos consultivos.

Por outro lado, é de se recordar que há atos administrativos cuja motivação é vedada pela lei por exigência de sua natureza, como alguns atos enumerados como políticos ou de governo, ante seu caráter sigiloso.

A motivação nos atos de poderes discricionários resume-se na fundamentação do ato, na alegação das razões essenciais que o justificam, sem necessidade de pormenores de argumentação. Basta ressaltar como, através dele, se atende ao interesse coletivo em geral e ao próprio do ato, segundo sua categoria jurídica. Impõe-se, todavia, distinguir a motivação formal da real, isto é, a apresentada pelo agente da que, efetivamente, o presidiu.

Nos casos de deverem os atos discricionários ser motivados em virtude de disposição legal ou da sua natureza, a sua falta envolve presunção de motivos diferentes dos reais e lícitos, e faz pressupor tenham sido praticados com abuso de direito, salvo prova documental em contrário, existente antes de praticado o ato, conforme salientado.

Se desobrigado, o ato, de motivação, nas hipóteses de ato de poderes discricionários, mas espontaneamente é invocado motivo para ele, e se se apura ser infundado, esse ato padece de vício de abuso de direito, e se tem como inválido. Então, não pode de novo ser levado a efeito licitamente sem motivá-lo, porquanto envolveria dissimulação do mesmo motivo, anteriormente repudiado.

48.11 Causa exemplar

A *causa exemplar* do ato administrativo corresponde ao modelo para sua produção. Trata-se de ato jurídico anterior que serve como figurino para a execução do novo, igual. Não existindo modelo algum equivalente, o primeiro há de ser a causa exemplar dos que lhe sucederem do mesmo tipo. Ela consiste em elemento figurativo quanto à forma externa ou instrumental e mesmo quanto à forma interna ou conteúdo do ato administrativo a ser praticado. Assim, ao baixar-se um decreto verificam-se anteriores e com base neles se redige o novo. Igualmente isso ocorre com quaisquer outros atos administrativos. Então, formaliza-se o novo. Servem, na realidade, de *formulários* do ato administrativo que se pretende expedir. Aliás, os formulários de atos jurídicos pululam, na ordem jurídica, com referência ao exercício da Advocacia, para ajudarem os que iniciam a profissão, como causas exemplares de petição, de contestação, de recurso – enfim, como modelos dos diferentes atos jurídicos no pretório.

49. Classificação dos atos administrativos quanto à causa eficiente principal[13]

49.1 Classificação

O ato administrativo, como manifestação de vontade do Estado, ou de outras pessoas que façam suas vezes, quando exteriorizado por pessoa jurídica, que constitui organismo moral, pressupõe órgãos que o formem e o expressem. Então, em atenção aos órgãos da pessoa jurídica, que participam na manifestação da vontade, os atos administrativos podem ser *simples, complexos, compostos* e *simultâneos*. Eles formam o procedimento administrativo.

49.2 Ato administrativo simples

O *ato simples* é o de manifestação de vontade exteriorizada tão-somente por um órgão administrativo.

Será *simples individual* o praticado por órgãos individuais, isto é, constituído por uma só pessoa natural, por ter um só titular. É o ato jurídico da Presidência da República, através do Presidente.

Será *simples colegial ou colegiado* o praticado por órgão colegial ou colegiado, isto é, constituído por várias pessoas naturais, por ter

---

13. Cf. Aldo M. Sandulli, *Il Procedimento Amministrativo*, 1959; Borsi, *L'Atto Amministrativo Complesso*, 1903; Donato Donati, "Atto complesso, autorizzazione e aprovazione", in *Archivio Giuridico* 71, 1903; Bracci, *L'Atto Complesso in Diritto Amministrativo*, 1927; Pietro Gasparri, *Studi degli Atti Giuridici Complessi*, 1939; Isaac Rubio Godoy, *Proceso de Formación de un Acto Administrativo*, 1960; Alberto Xavier, *Do Procedimento Administrativo*, 1976; Francisco Lopez-Nieto y Mallo, *El Procedimiento Administrativo*, 1960; Jesus Gonzalez Perez, *El Procedimiento Administrativo*, 1964; Agustín A. Gordillo, *Procedimiento y Recursos Administrativos*, 1971; Héctor Jorge Escola, *Tratado General de Procedimiento Administrativo*, 1975.

vários titulares, que atuam em conjunto e decidem em colégio. A manifestação de vontade, então, é a resultante dessas diversas vontades individuais. Formam e exteriorizam a vontade do órgão administrativo, por processos determinados pelo Direito, em lei ou no regimento interno. Os pronunciamentos das pessoas naturais perfazem a vontade do órgão, como partes estruturalmente unitárias dele. É o ato jurídico do Tribunal de Contas, através de acórdãos dos seus ministros.

49.3 Ato administrativo complexo

O *ato complexo* é formado pela manifestação de vontade que se expressa pela participação de dois ou mais órgãos, cujas exteriorizações se verificam em uma só vontade. Há como um feixe unitário de impulsos volitivos, de forma que o ato jurídico é produto da ação conjugada da vontade desses órgãos. Nesse ato há unidade de conteúdo e unidade de fins de várias vontades que se congregam, operando em fases simultâneas ou sucessivas, para formar um único ato jurídico, como vontades concorrentes que cooperam na sua constituição.

Tome-se como exemplo a lei, que, nos termos constitucionais, se perfaz com a participação de órgãos legislativos autônomos, a Assembléia deliberante e o Presidente e seus ministros, ou, o decreto, que resulta da ação conjugada de órgãos executivos autônomos, o Presidente e seus ministros. Essa complexidade pode ser igual ou desigual, segundo a força dos órgãos que participam da sua formação.

O ato complexo pressupõe operações de vontades de vários órgãos, que se completam para sua criação. Elas são juridicamente homogêneas, pois agem pelos mesmos interesses, ou por interesses idênticos. Portanto, ocorre fusão de vontades ideais de vários órgãos, que funcionam, destarte, como vontade única para formação de um ato jurídico.

Não se confunde com o ato unilateral plural, pois este resulta da junção de vontades paralelas, de várias pessoas de direito, independentes, embora constituam elementos para produção de único efeito de direito. Por conseguinte, há várias manifestações unilaterais de vontade, isto é, há vários atos jurídicos que se unificam, para produzir dado efeito jurídico. Por isso, denomina-se, também, *ato coletivo* ao *ato unilateral plural*.

Assim a manifestação de vontades convergentes de eleitores, através do voto em dado candidato, que acarreta sua eleição. Igualmente a manifestação de vontades convergentes de aceitante, avalistas e endossantes de título de crédito, que traz como conseqüência a responsabilidade de todos e de cada um pelo pagamento do seu montante.

Trata-se de espécie de ato jurídico em geral, na classificação quanto aos seus efeitos, de qualquer pessoa de direito, ao passo que o ato complexo é o ato jurídico de uma pessoa jurídica resultante da conjugação da manifestação de vontade de dois ou mais órgãos. Num há pluralidade de manifestação de atos jurídicos autônomos, e no outro há um só ato jurídico.

49.4 Ato administrativo composto

O *ato composto* é aquele em que se acha, a manifestação de vontade por ele expressa, unida por vínculo funcional a outro. Mas eles não se fundem em um complexo unitário, pela falta de homogeneidade das respectivas vontades. A relação entre eles é de caráter instrumental. Pode existir entre a manifestação de vontade de dois órgãos de uma mesma pessoa jurídica ou entre os de duas ou mais pessoas de direito. A natureza formal de um deles, com referência ao outro, principal, os torna interdependentes.

Pode ser: pressuposto do ato principal, como a solicitação do interessado ou a proposta de um órgão para outro praticar o ato principal; complementar a ele, como a aprovação ou homologação; e até concomitante ao próprio ato. Esse ato instrumental constitui elemento propulsor para prática do principal, ou elemento para a sua eficácia, ou formalidade para sua validade.

De regra, tem função meramente autenticadora, como o visto de um chefe de repartição administrativa em requerimento de seu funcionário, para que possa ter processamento; a assinatura de diretor do expediente aposta em lei, declarando que ela foi regularmente publicada. Por vezes, entretanto, tem, outrossim, caráter constitutivo de direito, embora de alcance formal. Aí estão a homologação pelo juiz do acordo de vontades dos cônjuges em desquite amigável e a formalização pelo juiz do acordo de vontades dos cônjuges no casamento.

A falta ou nulidade de um pressuposto ou de ato complementar para a perfeição ou eficácia do ato principal o invalida?

A falta ou nulidade de ato complementar, elemento de eficácia do principal, de regra pode ser suprida ou sanada, e apenas suspende os efeitos deste. Já a falta ou nulidade de ato pressuposto do principal só pode ser suprida ou sanada se essa precedência não for necessária, por não constituir requisito prévio imposto para que pudesse haver sua emanação, ou quando dessa falta ou nulidade não decorrem conseqüências prejudiciais à perfeição do ato principal.

Já, com referência ao ato complexo, a falta ou nulidade de qualquer operação, elemento de sua formação, na ordem legal para sua atuação, constitui fundamento para invalidar o ato. Essa deficiência não pode ser posteriormente suprida ou sanada. Entretanto, a nulidade decorrente só pode ser apreciada depois de sua perfeição.

Assim, se a iniciativa privativa do Presidente da República constitui requisito previsto pela Constituição para a apresentação de projeto de determinadas leis, na hipótese de inexistir essa iniciativa e vir a ser aprovada lei proposta por deputado, embora sancionada e promulgada pelo Presidente da República, dita lei padece do vício de inconstitucionalidade, por ter faltado pressuposto essencial. Não é admissível sua sanatória, ante o vício, de que padece, por falta de operação indispensável, na ocasião adequada. Uma coisa é a iniciativa privativa, outra a sanção e a promulgação. Esta, própria de todas as leis; aquela, reservada apenas a algumas.

Enquanto o ato complexo só se forma com a conjugação de vontades de órgãos diversos, que perfazem um único ato jurídico, o ato composto principal pode ser formado de uma só vontade, por órgão simples de uma pessoa jurídica, e até pela manifestação de mais de uma pessoa de direito, natural ou jurídica, que se liga a outro ato autônomo, instrumental, que lhe serve de pressuposto ou complemento, posterior ou concomitante, e lhe dá exeqüibilidade. Portanto, compreende sempre dois atos jurídicos autônomos: o principal e o instrumental ou de coordenação.

Ante essa diversidade exposta, se há de concluir que não se justifica a distinção que fazem certos autores, como Zanobini (cf. *Corso di Diritto Amministrativo*, vol. I, 1936, pp. 293-294), entre atos de complexidade interna e externa. Aquela, quando as vontades concorrentes são próprias de órgãos de uma mesma pessoa jurídica; e, esta, quando são de pessoas jurídicas distintas.

Na verdade, o ato complexo se reduz ao de vontades concorrentes de órgãos de uma mesma pessoa jurídica. Se se verifica a participação de vontades de órgãos de pessoas jurídicas distintas, há vontades de dois entes separados – portanto, heterogêneas –, a constituir atos jurídicos autônomos, que não se fundem em um só; e, assim, um deles é instrumento de outro, principal. Classifica-se como espécie de ato composto.

Por outro lado, não se pode incluir – como pretendem, em geral, os autores italianos – os atos colegiais entre os atos complexos ou compostos em sentido lato, pois, na realidade, expressam a vontade de um só órgão; e, por isso, melhor ficam sistematizados entre os atos simples, que se distinguem em individuais e colegiados.

A vontade dos indivíduos que compõem o ato colegial é irrelevante em si para o direito, visto que a vontade do órgão é a resultante da vontade deles. Pouco importa, ainda, sejam as deliberações unânimes ou majoritárias, pois o *quorum* encerra acidente na formação da vontade. O ato colegial é perfeito desde que seja aprovado pelo *quorum* legalmente admitido.

49.5 Ato administrativo simultâneo

O *ato simultâneo* é o que resulta das várias vontades de conteúdo e finalidades iguais, porém distintas, as quais se unem formalmente no instrumento de manifestação da vontade, ficando, entretanto, juridicamente autônomas. Há entre elas prévio acordo, que constitui o momento primeiro do ato simultâneo, e sem vida própria, nele se diluindo.

Sirva de exemplo ordem assinada por vários ministros e dirigida, respectivamente, a cada um dos funcionários pertencentes aos Ministérios de que são titulares ou, então, contrato feito por várias Municipalidades em conjunto com dois ou três hospitais especializados para cura dos indigentes das respectivas cidades.

Não se confunde com o ato complexo, porquanto, ao contrário dele, no simultâneo a falta ou a nulidade de uma das vontades singulares ou, melhor, de um dos atos jurídicos autônomos não influi sobre as outras vontades e, portanto, sobre a validade dos outros atos jurídicos, embora englobados formalmente em um só instrumento.

Ora, no ato complexo a falta ou nulidade de uma das vontades, elemento de sua formação, traz como conseqüência a invalidade do ato jurídico. Não se pode tolerar no ato complexo a falta ou nulidade de qualquer operação, conforme o momento exato de sua prática, pois cada uma constitui fase do todo, elemento para sua perfeição, que resulta da ação conjugada da manifestação de vontade desses vários órgãos.

49.6 Procedimento administrativo

Os atos administrativos simples, complexos, compostos e simultâneos, na maioria das vezes, apresentam-se como integrados em um *procedimento administrativo*. Este tem aspectos análogos ao procedimento judicial. Aliás, no último, outrossim, encontram-se, salvo os atos simultâneos, todos os demais acima mencionados.

O procedimento compreende várias manifestações de vontade sucessivas, de diferentes órgãos administrativos, exteriorizando atos jurídicos autônomos, que constituem etapas a anteceder a manifestação de vontade consubstanciada no ato jurídico final, a que se ligam. Aqueles atos perfazem o ciclo para a prática deste. Por isso se chamam *atos preparatórios*. São pressupostos do ato jurídico conclusivo. Aliás, após este, pode, ainda, continuar o procedimento, com os atos jurídicos complementares.

Por conseguinte, há pluralidade de atos jurídicos para se obter resultado último. Embora não tenham todos a mesma natureza e não sejam contemporâneos, são ordenados em processo logicamente preestabelecido. Cada um é distinto do outro e cada um constitui parte do todo, presos por liame de interdependência. O procedimento diz-se *perfeito* quando efetivados todos os momentos previstos para sua completa realização.

O processamento dos atos jurídicos de manifestação de vontade das pessoas jurídicas, como organismos morais, se faz, conforme já salientado, por órgãos que a formam e a expressam. Isso se verifica, por vezes, mediante várias operações administrativas. Porém, estas não se confundem com o procedimento jurídico-administrativo.

Há operações administrativas dentro de um órgão administrativo e, mesmo, entre mais de um órgão administrativo que não constituem atos jurídicos autônomos, e correspondem, simplesmente, a manifestação de vontades parciais para perfazer vontade única e, portanto, para expressar um só ato jurídico. São as operações que se verificam na elaboração dos atos jurídicos colegiais e complexos.

Sendo essas operações parcelas de único ato, elas não têm, isoladamente, relevância jurídica; e, destarte, tão-somente após todos os seus trâmites, com a manifestação da vontade do ato acabado, se pode cogitar de impugná-lo, se se pretender padeça de qualquer vício, de forma ou de fundo. Impõe-se tenha percorrido o ciclo das operações para sua elaboração.

Essas operações administrativas são momentos do processo de formação do ato jurídico, esquemas para a manifestação de vontade jurídica autônoma, que ainda se acha em fase de projeto, sem existência perfeita e completa, para que possa produzir efeitos na ordem jurídica do Estado-sociedade.

Devem ser praticadas na ordem legalmente prevista para a perfeição do ato, e a falta ou nulidade de qualquer dessas operações não pode ser suprida ou sanada após a realização de operação posterior. Conseqüentemente, afinal, verificada a existência daquela falta, poderá ser pleiteada a decretação de invalidade do ato complexo ou colegiado.

Como se ponderou, o ato complexo é uma manifestação unitária de vontades, na expressão de um único ato jurídico. Assim, a proposta do Executivo de projeto de lei, sua discussão nas duas Casas do Congresso, as emendas recebidas, os pareceres das Comissões, os substitutivos apresentados, as discussões e a final aprovação do projeto e sua decretação pelo Legislativo, com a conseqüente sanção e promulgação pelo Executivo, envolvem várias operações para a manifestação de uma só vontade, de um só ato jurídico: a lei.

Por seu turno, o ato simples colegiado é, outrossim, uma só manifestação unitária de vontade, na expressão de um único ato. A deliberação de um Conselho de Contribuintes, na apreciação de recurso do interessado, pressupõe uma série de operações para a prática do ato jurídico de deferimento ou indeferimento da pretensão, a saber: a convocação da reunião, a ordem-do-dia dos trabalhos, o número legal de presentes, o relatório do caso, a discussão, os votos e a proclamação do resultado. O ato jurídico *decisão* resulta da perfeição de todos esses momentos, que, isolados, não têm alcance jurídico.

Por conseguinte, essas operações, que perfazem o ato complexo e o simples colegiado, como partes na elaboração de um só ato, são insuscetíveis de ser objeto de recurso de terceiro. Só o ato perfeito e completo, a decisão ou a lei, admite sua interposição.

Já nos procedimentos se encontra uma série de atos jurídicos autônomos, que envolvem fases interlocutórias, em cujo desenvolvimento surgem efeitos jurídicos menores, antes do efeito jurídico final, do ato conclusivo. Por isso, contra esses atos jurídicos preliminares e, mesmo, complementares àquele cabe impugnação, por infringência de situação de direito; admite-se recurso administrativo e até ação judicial. A razão está em que não correspondem a uma manifestação unitária de vontade, a um único ato jurídico.

Ao contrário, englobam várias manifestações de vontades autônomas, por constituírem atos jurídicos distintos, mas que se sucedem e se ligam com o objetivo de produzir uma manifestação de vontade final, um ato jurídico conclusivo. São atos simples, individuais ou colegiados, complexos, compostos e simultâneos que colaboram para uma meta final. Cada qual traz sua participação própria na formação do ato conclusivo, que resulta dessas etapas gradativas de atos sucessivos e com individualidade jurídica. Verifica-se a ação de vários atos autônomos para dar vida a um conclusivo ou final. Constituem atos jurídicos acessórios deste, em torno do qual gravitam. Pode-se mesmo dizer que formam com ele vontade funcionalmente unitária, embora tenham individualidade própria, e, por isso, não se integram em um único ato jurídico. Antes, são vários atos jurídicos interdependentes na realização de um interesse comum.

Sirva de exemplo o concurso para o provimento de cargos públicos. Há a deliberação de abertura de concurso, em seguida a convocação dos candidatos por edital, após a inscrição com acertamento dos títulos apresentados, ainda o processamento das provas e a classificação e, afinal, a indicação dos melhores classificados para a nomeação. O ato de nomeação completa-se com os de posse e entrada em exercício dos providos nos cargos. Engloba o procedimento do concurso uma série de atos jurídicos autônomos, preparatórios, para culminar no ato jurídico de nomeação, razão última do procedimento, que ainda se completa com outros atos jurídicos.

O procedimento administrativo compreende os atos *preparatórios*, *complementares* e *finais ou conclusivos*.

Os *preparatórios* são os que se praticam previamente para tornar possível o ato final ou conclusivo, posterior, e informam as etapas de um procedimento administrativo. Os *complementares* são os que se praticam ulteriormente, para tornar eficaz o ato final ou conclusivo. O *final ou conclusivo* é o que encerra a manifestação de vontade principal do procedimento administrativo, para produzir o efeito por ele realmente pretendido.

Quanto à falta ou nulidade de um ato preparatório ou complemento do conclusivo do procedimento administrativo cabe a mesma consideração feita relativamente ao ato composto. A falta ou nulidade de ato complementar, elemento de eficácia do conclusivo, de regra, pode ser suprida ou sanada, pois apenas suspende a eficácia deste. Já a falta ou nulidade do ato preparatório do conclusivo só pode ser suprida ou sanada se sua precedência não for necessária, por não constituir requisito prévio imposto para que pudessem ser emanados os atos sucessivos do procedimento, ou quando não decorram dessa falta ou nulidade conseqüências prejudiciais à perfeição do ato conclusivo.

Pressupostos processuais do procedimento administrativo, os *atos preparatórios* classificam-se em vários tipos de atos jurídicos autônomos. São chamados atos *propulsivos*, pois dão impulso inicial a essa atividade.

Compreendem: (a) os requerimentos ou petições de particulares, ou mesmo de órgão da Administração Pública, pleiteando interesse ou direito e as propostas ou iniciativas para emanação do ato, de membro de um órgão colegial ou mesmo de órgãos da Administração Pública, como a iniciativa de projeto de plano administrativo ou a proposta em lista tríplice, pela Comissão de Concurso, de novas nomeações; (b) o visto do chefe de repartição, em petição ou requerimento de agentes públicos, na verificação se está redigido em termos próprios e, assim, pode ser processado; (c) a aprovação prévia ou autorização pelo órgão superior, solicitada por órgão inferior, para a prática de determinado ato, como a aprovação prévia de proposta ou autorização a pedido de propositura de ação judicial, por parte da Municipalidade, pelo prefeito, ao Departamento Jurídico; (d) os pareceres em que órgãos consultivos emitem sua opinião sobre assuntos objeto de deliberação dos órgãos ativos ou de controle, tal seja o pronunciamento jurídico de legitimidade de uma concorrência, antes do despacho de adjudicação a favor do candidato que apresentou a melhor oferta, ou a manifestação da Comissão de Sindicância antes do ato de punição do funcionário acusado de comportamento irregular; (e) os acertamentos preliminares de situações de fato e de direito para verificação da satisfação de determinados requisitos previstos, como a existência de enfermidade contagiosa entre alguns alunos, para ordenar a interdição temporária de escola, através de inspeção ou de inquérito.

Integrativos do ato final ou conclusivo, os *atos complementares*, como requisitos de sua exeqüibilidade, distinguem-se em atos com objetivo de produzir efeitos jurídicos ou sem essa cogitação imediata e, ainda, em atos materiais de execução, que constituem fatos concludentes da manifestação da vontade.

Capitulam-se entre os atos com objetivo direto de produzir efeito jurídico os seguintes: (a) os de assentimento discricionário – a saber, a aprovação *a posteriori* por órgão superior de ato praticado pelo inferior – ou de assentimento vinculado – a saber: a homologação de órgãos de controle, o Tribunal de Contas, por exemplo, relativamente às despesas feitas pelo Executivo; (b) os de adesão, como a posse em cargo público, que envolve a aceitação da nomeação e o compromisso de bem desempenhá-lo; (c) os de resolução de recurso, que suspendem os efeitos do ato perfeito, em vista daquela providência; (d) aqueles cuja eficácia subordina-se à participação aos interessados.

Enfeixam-se entre os atos sem objetivo imediato de produzir efeito jurídico: (a) os de documentação, como as atas de sessões; (b) os de certificação, como os de reconhecimento de firma.

Afinal, há os *atos materiais de execução*, como fato concludente. Sirva de exemplo o internamento de doente, pessoa atacada de mal contagioso, por determinação de autoridade sanitária.

50. Classificação dos atos administrativos quanto à causa eficiente instrumental

50.1 Enumeração dos atos administrativos quanto à forma exterior

Relativamente à *forma exterior*, ao instrumento da sua manifestação, o ato jurídico corporifica-se em diferentes fórmulas, a saber: decretos; mensagens, proclamações e manifestos; portarias; avisos; ofícios; circulares e ordens internas; despachos e resoluções; alvarás; editais e pregões.

50.2 Decreto

Decreto é o instrumento pelo qual se manifesta, em geral, a vontade do Estado-poder, por intermédio do chefe do Governo, isto é, do Poder Executivo. Consiste em fórmula pela qual se emanam atos normativos e concretos do Poder Executivo, do Monarca ou Presidente – enfim, de quem enfeixa os poderes governamentais.

Os que expressam regras jurídicas gerais e abstratas, de caráter impessoal, denominam-se *regulamentares*; e os que expressam regras jurídicas especiais e concretas, de caráter pessoal, denominam-se *decretos*, simplesmente.

Estes últimos dividem-se em *de autoridade* e *de instituição*. Os *de autoridade* dizem respeito aos atos jurídicos quando proferem decisões ou resoluções sobre casos presentes, como a declaração de fatos, aprovação de contratos etc. Os *de instituição* dizem respeito aos atos de provimento ou desligamento de alguém de cargo ou função pública. Assim, a nomeação de um funcionário em cargo público ou a aposentadoria, desvinculando-o de cargo público, em que passa da ativa para situação de previdência social.

A palavra "decreto" se emprega, outrossim, em sentido lato, para significar ato de comando de qualquer dos Poderes Públicos. Nessa acepção fala-se em decreto *legislativo, executivo* ou *judiciário*. Emprega-se o termo em tal extensão, principalmente, ao dizer-se: "O Poder Legislativo decreta e o Presidente da República sanciona a lei 'x'" – segundo fórmula usual e tradicional de direito.

50.3 Mensagens, proclamações e manifestos

Mensagens, proclamações e manifestos são instrumentos de manifestação da vontade do chefe do Poder Executivo sem caráter decisório.

As *mensagens* formalizam a exposição do chefe do Governo ao Congresso da situação do país com referência ao assunto de que são objeto e sobre o qual pede, da parte deste, as providências julgadas acertadas e necessárias.

As *proclamações* formalizam falas dirigidas pelo chefe do Governo a toda a Nação ou somente a parte dela, por ocasião de algum acontecimento importante – como, por exemplo, o discurso do Presidente ao povo no Dia do Trabalho.

Os *manifestos* formalizam justificativas apresentadas pelo chefe do Governo de atos de suma relevância política – tais sejam: declaração de guerra, dissolução do Congresso etc.

50.4 Portaria

Portaria é o instrumento pelo qual ministros ou secretários de governo fazem nomeações para cargos de secundária importância, ou concedem licenças aos funcionários, ou aplicam penas disciplinares. É, ainda, usada para baixar instruções sobre o andamento dos serviços ou para transmitir determinações aos cidadãos em geral ou a particulares diretamente interessados, conforme o assunto em foco, dando-lhes conhecimento do procedimento a seguir em casos especificados, nos termos da lei.

É publicada na porta da repartição, ou na repartição do expediente do Governo, bem como em órgão de divulgação dos atos oficiais.

50.5 Aviso

Aviso é o instrumento pelo qual os ministros ou secretários de governo dirigem-se uns aos outros comunicando fatos ou dando informações. Também é usado quando os ministros ou secretários de governo se dirigem a altas autoridades a eles não subordinadas, por estarem sujeitas a outros Ministérios ou Secretarias. Afinal, corresponde a fórmula empregada para transmitir pareceres ou dar orientações em casos que lhes são submetidos, mediante consultas, por funcionários de alta graduação, relativamente a assuntos administrativos. Vão sendo substituídos pelos *ofícios* nos primeiros sentidos.

50.6 Ofício

Ofício é a fórmula usada pelos agentes públicos em geral, na correspondência ordinária, quando se dirigem a outros de igual ou superior categoria, especialmente para pedir determinada providência. Também se utiliza quando o agente público se dirige a outrem que está colocado fora da hierarquia.

50.7 Circular e ordem interna[14]

Circular é a fórmula pela qual autoridades superiores transmitem determinações uniformes a toda uma classe de funcionários a elas subordinados.

Ordem interna é a fórmula pela qual autoridades superiores transmitem determinações a certos funcionários a elas subordinados.

São expedidas pelos chefes de repartições ou encarregados de serviços ou pelos ministros e secretários, mediante instruções. Circulam nas repartições ou são remetidas aos interessados.

50.8 Despacho e resolução

Despacho é a denominação formal da declaração de vontade emanada de órgão singular da Administração, portanto, pela qual dá solução pessoal sobre determinado assunto.

Resolução é a denominação formal de declarações de vontades emanadas de órgão colegial da Administração, portanto, em que há deliberação coletiva, tomada por pluralidade de votos, sobre determinado assunto.

---

14. Cf. Giovanni Salemi, *Le Circolari Amministrative*, 1913; Jean Rivero, *Les Mesures d'Ordre Intérieur Administratives*, 1934.

Constituem, ambos, manifestações de vontades, emanadas das autoridades administrativas, que resolvem requerimento das partes ou papéis e processos administrativos. Se tal se verificar em face do direito estrito, denominam-se *decisão*.

50.9 Alvará

Alvará é o instrumento pelo qual o agente público dá ordem para que se cumpra despacho ou resolução administrativa, ou declara que ao particular ficou assegurado o exercício de determinada atividade, em virtude de despacho ou resolução administrativa. Encerra, assim, mandado de obediência a despacho ou resolução administrativa por parte daquele a quem é endereçado, ou dos órgãos da Administração Pública com referência a terceiro, em favor de quem foi expedido.

50.10 Edital e pregão

Edital é o instrumento pelo qual se faz pública, pela imprensa ou em lugares apropriados das repartições, certa notícia, fato ou ordenança às pessoas nele referidas e a outras que possam ter interesse a respeito do assunto que nele se contém – edital de concorrência pública, de concurso.

Pregão é o instrumento pelo qual se faz público, por palavras ditas em altas vozes, o teor de certas notícias, fato ou ordem às pessoas que se pretende tenham ciência a respeito.

50.11 Formalidade dos instrumentos

No alto da primeira página esses instrumentos escritos trazem a indicação da repartição que os emana e da Diretoria, Secretaria ou Ministério a que ela pertence e o respectivo número-de-ordem ou a ementa do ato, e por vezes ambos. Em seguida contêm a matéria de que tratam. A final vêm a data e a assinatura da pessoa que os emana e a indicação do respectivo cargo.

Os avisos e ofícios encerram-se com a saudação de estilo e em baixo se colocam o nome e cargo do funcionário a quem são dirigidos.

50.12 Instrumentos de assentamento ou documentação

Ainda merecem lembrança os *instrumentos de assentamento ou documentação*, a saber: (a) *ata* – que documenta, através de relatório, os fatos de interesse pertinentes à reunião de órgão colegiado; (b) *auto* – que documenta, mediante termo circunstanciado, diligência ou ocorrência, como o flagrante de criminoso ou a infração de legislação administrativa; (c) *escritura* – que documenta, por intermédio de escrita em livro próprio, a formalização de ato jurídico, como a compra e venda, o testamento; (d) *registro* – que documenta, por meio de escrituração em livro próprio, o fato ou ato jurídico, mediante os atos jurídicos de assento, arquivamento, averbação, inscrição ou transcrição.

50.13 Atos administrativos expressos em fórmulas gerais[15]

Há atos administrativos, individuais, concretos e especiais, que se expressam em fórmula geral. São atos administrativos, porquanto não têm caráter normativo. Embora dirigidos a uma generalidade de destinatários, correspondem a manifestação de vontade individual, para satisfazer específicas exigências públicas. Eles são gerais na formulação, porém individuais no conteúdo, porque dirigidos determinadamente a cada um, ou para alcançar objetivo concreto.

Sirvam de exemplo os atos de fixação de tarifas de serviço público concedido ou de alíquota de imposto ou taxa, nos termos de critérios legais; os que publicam as condições de concurso ou de concorrência, na conformidade da lei, divulgados mediante editais; os tabelamentos de preços de mercadorias, divulgados mediante portarias; os que cogitam de planos de governo ou de programas de ação em setores técnicos ou econômicos, aprovados mediante decretos; e, ainda, os atos que correspondem a ordem dada a uma generalidade de cidadãos, através de pregão, para dissolução de comício, ou a uma generalidade de funcionários, através de circular.

---

15. Cf. Giuseppe Santaniello, *Gli Atti Amministrativi Generali a Contenuto Non-Normativo*, 1963.

51. Classificação dos atos jurídicos quanto à causa formal

51.1 Sistema adotado

A *classificação dos atos jurídicos quanto à causa formal* diz respeito aos tipos de atos jurídicos que podem existir, segundo as diferentes categorias ou figuras jurídicas.

A matéria é inçada de dificuldades, pois a teoria a respeito da catalogação e conceituação dos atos administrativos ainda não se acha definitivamente elaborada, dadas a falta de terminologia técnica peculiar na legislação e a dissensão entre os autores quanto ao significado de vários institutos jurídicos a eles correspondentes. Por isso, o professor Mário Masagão chegou a afirmar que a respeito se verifica "novo exemplo de confusão babélica" (*Conceito do Direito Administrativo*, p. 36). Passados 40 anos dessa assertiva, ela ainda tem certa procedência.

Tomando posição sobre a sistematização dos atos jurídicos em geral e sobre o conceito dos atos administrativos mais importantes e de utilização mais comum na vida da Administração Pública, far-se-á, ao defendê-la, de passagem, a crítica das contrárias.

Desde logo se coloca contra a assumida por certos publicistas que enfeixam na mesma figura jurídica, como constituindo o mesmo tipo de ato administrativo, institutos que conferem à Administração Pública poderes diferentes, como sejam os em que ela se sujeita aos estritos termos legais ou examina a conveniência e a oportunidade na manifestação da sua vontade – isto é, em que atua com poderes vinculados ou discricionários.

Quanto à tipologia – isto é, à sua natureza –, os atos administrativos, como se viu, distinguem-se em negócios jurídicos, constitutivos e declaratórios de direito, e pronúncias jurídicas de conhecimento ou desejo. Cada uma dessas categorias fundamentais de atos jurídicos enfeixa diferentes atos administrativos.

Os atos administrativos constitutivos de direito compreendem, entre outros: a concessão, a permissão, a autorização, a aprovação, a dispensa, a ordem, a sanção, a renúncia. Entre os atos administrativos declaratórios de direito cabe salientar: a admissão, a licença, a homologação, a isenção, a recusa, a decisão e a habilitação. Os atos administrativos de conhecimento, ou de desejo, de maior relevo são: o visto, o parecer, a proposta, o assentamento ou documentação, a certidão, a participação, comunicação e publicação, a citação, intimação e notificação, o voto.

A) Atos administrativos constitutivos de direito

51.2 Concessão[16]

Entre os atos administrativos criadores de direito, um dos de maior relevo é a *concessão*. Contudo, há divergência entre os juristas quanto à sua compreensão. Em geral, os italianos emprestam-lhe conteúdo bem mais dilatado que os franceses e alemães.

Para aqueles, corresponde à outorga pela Administração Pública de qualquer direito ao particular.

Assim, envolvem na expressão tanto a conferição simplesmente de direito subjetivo como de prêmio de mérito, mediante ato administrativo concedendo-o a alguém pelo valor demonstrado em dado setor da atividade, ou de graça governamental, através de ato administrativo, concedendo ao condenado perdão do seu crime; como, outrossim, a conferição de estado jurídico, isto é, de complexo de poderes e deveres, como de naturalizado, ante o ato administrativo da naturalização, pelo qual se integra certa pessoa natural entre os nacionais, com direitos e obrigações equivalentes, ou de funcionário público, em virtude do ato administrativo de nomeação, pelo qual se enquadra o candidato a cargo público no organismo estatal.

Já, para os últimos conota somente os atos administrativos de delegação a terceiro, por parte da Administração Pública, de poderes e deveres que lhe competem, para, em seu lugar e sob sua fiscalização, desempenhar certos cometimentos, em nome e conta própria. Para es-

---

16. Cf. Ange Blondeau, *La Concession de Service Public*, 1930; Philippe Comte, *Essai d'une Théorie d'Ensemble de la Concession de Service Public*, 1934; Jean Guillouard, *Notion Juridique des Autorizations des Concession Administratives et des Actes d'Exécution*, 1903; Oreste Ranelletti, "Teoria delle autorizzazioni e concessioni amministrative nella giurisprudenza italiana", in *Giurisprudenza Italiana* IV, 1893; Mário Masagão, *Natureza Jurídica da Concessão de Serviço Público*, 1933; Armando Manuel de A. Marques Guedes, *A Concessão*, 1954; Ariel González Vergara, *La Concesión, Acto Administrativo Creador de Derechos*, 1965.

tes o prêmio por mérito ou graça governamental constitui ato administrativo autônomo, pelo qual se outorgam direitos subjetivos, e a naturalização e nomeação correspondem a atos administrativos autônomos pelos quais se atribui novo estado jurídico. Não se confundem com a concessão.

O sentido amplo do termo que predomina no direito italiano não oferece utilidade para efeito de qualificar esse instituto jurídico. A finalidade de criar distintas figuras jurídicas é permitir classificá-las pelo enunciado da sua denominação, diferenciando-as de outras. Destarte, no direito privado distinguem-se entre si, por exemplo, a compra e venda, a troca, o mútuo e a locação. Não obstante todos esses atos jurídicos digam respeito à entrega de coisa, especificam-se pela natureza jurídica diversa da relação de sua transferência. Ora, se debaixo de igual nome se incluem atos jurídicos os mais díspares, não se alcança qualquer resultado proveitoso de sistematização científica.

Entender, portanto, que a concessão abrange a outorga de qualquer direito faz se perca no indeterminado o respectivo conceito, porque direitos os mais diversos podem ser conferidos pela Administração Pública aos particulares. Consiste em transplantar o significado vulgar da palavra para o terreno técnico-jurídico sem qualquer efeito prático. Impõe-se limitar sua extensão para se obter melhor compreensão.

Aí está a razão por que mesmo dentro do direito italiano surgiram vozes dissonantes quanto ao conceito amplo, acima referido, da concessão (cf. Santi Romano, *Corso di Diritto Amministrativo*, 3ª ed., p. 189; D'Alessio, *Istituzioni di Diritto Amministrativo Italiano*, vol. II, 1934, p. 163; Raggi, *Diritto Amministrativo, Corso di*, vol. I, 1936, pp. 103-104). Optam, destarte, pelo alcance restrito, propugnado pelos direitos francês e alemão, que a consideram como espécie de ato de criação de direito em virtude do qual a Administração Pública atribui a particular, mediante delegação, poderes e deveres que lhe cabem – e, portanto, direitos e obrigações de igual ou diferente extensão.

Então, divide-se em dois tipos fundamentais: *translativa* ou *constitutiva de direito*.

Corresponde a *ato administrativo translativo de direito* a concessão pela qual o concedente atribui ao concessionário, inalterados, os poderes e deveres que lhe cabem, para exercê-los e cumpri-los em seu lugar, a fim de praticar ato jurídico - como os de serventuários de ofício público -, ou de construir obra pública - como de retificação de rio -, ou de prestar serviço público - como o fornecimento de energia elétrica.

Esse processo de realização de ato de ofício público, de execução de obra pública e de prestação de serviço se faz em nome e por conta do concessionário, que se paga das despesas do ato jurídico, da construção da obra ou da prestação do serviço e obtém seu lucro diretamente de sua exploração. Entretanto, embora desempenhada por particular, em seu nome e por sua conta, a atividade é pública e, por isso, se sujeita à fiscalização do concedente, que visa a conciliar o interesse privado do concessionário com o da coletividade.

A opção pela prática de ato jurídico, de execução de obra pública ou prestação de serviço público por concessão enfeixa-se entre os poderes discricionários da Administração Pública no desempenho de faculdade que lhe é reconhecida. Porém, seu conteúdo encerra normas relativas aos meios, modos e formas de prática do ato, de feitura da obra e de satisfação do serviço, obedecidos os textos legais, e normas pertinentes às vantagens previstas a favor do concessionário, bem como a equação econômico-financeira posta no seu interesse.

Discute-se a natureza jurídica desse ato administrativo pelo qual Administração Pública e particulares, reciprocamente, assumem direitos e obrigações, criando novo estado jurídico.

Três são as teorias fundamentais: (a) a que pretende tratar-se de ato unilateral do concedente conferindo-a, cuja eficácia se subordina, no entanto, a outro ato unilateral de aceitação do concessionário; (b) a que sustenta cogitar-se de ato contratual, decorrente do acordo de vontades das partes, concedente e concessionário, que delimitam seus direitos e obrigações; (c) a que entende compreender dois atos jurídicos: unilateral, regulamentando o regime do ato de ofício público, de obra ou serviço, disposto pelo concedente e a que se sujeita o concessionário; e contratual, sobre a equação econômico-financeira do concessionário, a que se obriga o concedente.

Na realidade, a concessão resulta de acordo de vontades entre concedente e concessionário. Contudo, esse acordo existe para a formação do vínculo jurídico, pois o regime jurídico da concessão - ante o caráter público do ato jurídico a ser praticado, da obra a ser executada e do serviço a ser prestado – rege-se por normas regulamentares, unilaterais, baixadas pelo concedente, no seu curso, quanto aos meios, modos e formas da prática do ato jurídico, da feitura da obra e da satisfação do serviço, a que o concessionário se subordina. Decorre de ato convencional, mas não contratual; portanto, de ato-união.

É verdade, ao lado existem normas que asseguram a equação econômico-financeira do concessionário e que obrigam os concedentes. Correspondem a cláusulas contratuais adjetas ao ato-união, integrando no patrimônio daquele utilidades concretas e constituindo a seu favor situação jurídica subjetiva de efeitos futuros.

Essa orientação, que procura conciliar as concepções unilateral e contratual, ganha terreno sobre as demais.

Corresponde a ato administrativo constitutivo de direito a concessão pela qual o concedente delega ao concessionário poderes para utilizar ou explorar bem público, mas os atribui em qualidade inferior e quantidade menor dos que os tem, relativos, por exemplo, à exploração de jazidas e fontes minerais, à utilização de terrenos nos cemitérios como túmulos de família, à instalação de indústrias de pesca à margem de rios.

Esse uso se faz por conta e em nome do concessionário e se sujeita à fiscalização do concedente, porquanto se refere ao gozo de bem público. A concessão de uso se confere por ato unilateral, mas nos termos da lei, e cria a favor do concessionário direito do qual só pode ser despojado verificando-se hipóteses legais e compondo a Administração Pública os prejuízos que decorram da sua extinção.

51.3 Permissão[17]

Permissão é o ato administrativo unilateral, discricionário, pelo qual se faculta, a título precário, ao particular a execução de obras e serviços de utilidade pública, ou o uso excepcional de bem público, ou a prática de ato jurídico de ofício público.

Não se confunde com a concessão, seja de uso excepcional de bem público, de execução de obra ou de serviço público, ou de práti-

---

17. Cf. Louis Segur, *Des Permissions des Voiries*, 1912.

ca de ato jurídico de ofício público, porquanto é dada a título precário, sem que envolva, em princípio, portanto, qualquer direito do particular contra a Administração Pública, salvo disposição legal em contrário. Mesmo quando isso ocorra, é de pequena extensão, pois do contrário se terá a figura jurídica de concessão com a denominação imprópria de permissão. Contudo, ela é constitutiva de direito em face de terceiro. Corresponde aos chamados *direitos imperfeitos*.

A concessão de obra ou de serviço público tem cabida nos casos de competir à Administração Pública a execução daquela e a prestação deste e, por conveniência ou oportunidade pública, preferir delegar tal atribuição a terceiro. Já a permissão diz respeito a obra ou serviço de utilidade pública – isto é, que a Administração Pública ainda não considerou como serviço exclusivamente público e, por isso, não o avocou – e, outrossim, de utilidade transitória, sem o caráter de permanência.

Por seu turno, a permissão para a prática de ato jurídico se dá em caráter excepcional, em hipóteses em que o agente normal não pode fazê-lo e há urgência a respeito, como seja a permissão aos capitães de navios de fazerem casamento, em dadas circunstâncias, durante a viagem; ao contrário da concessão de ofício público, que se delega, se não em caráter vitalício, ao menos em forma estável e permanente.

Igualmente, a permissão de uso de bem público se faz a título precário e em caráter transitório, como seja a de colocação de banca para venda de jornais na via pública. Ao permissionário cabem os encargos com referência à instalação a fazer no bem público e à maneira de sua utilização, bem como o de pagamento de taxas, se remunerada a permissão.

51.4 Autorização[18]

Autorização é o ato administrativo discricionário, unilateral, pelo qual se faculta, a título precário, o exercício de determinada ativida-

---

18. Cf. Gustavo Vignocchi, *La Natura Giuridica dell'Autorizzazione Amministrativa*, 1944; Donato Donati, "Atto complesso, autorizzazione e approvazione", in *Archivio Giuridico* 71, 1903; François Promsy, *Essai d'une Théorie Générale des Autorisations Administratives*, 1923; Jean Guillouard, *Notion Juridique des Autorisations et des Concessions Administratives et des Actes d'Exécution*, 1903.

de material, que sem ela seria vedado. A respeito, é de se recordar o porte de armas: salvo os agentes encarregados da segurança pública, ninguém mais pode trazer consigo armas sem prévia autorização da repartição policial competente. O atendimento ao pedido do interessado, entretanto, fica a critério da Administração Pública, tendo em vista considerações de conveniência e oportunidade públicas. Outro exemplo encontra-se na pesquisa e lavra de jazidas.

Pode ser, ante seu caráter precário, revogada livremente e a qualquer tempo, por motivo de interesse público, salvo disposição de lei em contrário ou se dada a prazo certo. Neste caso, sujeita a Administração Pública a compor os danos se naquele não pode prevalecer, por violar texto legal.

Em virtude da autorização, fica seu titular habilitado a exercer a atividade material a que estava impedido por proibição geral. Ela deve ser dada para cada caso em particular, quando surge a faculdade do interessado de agir, ao contrário da norma geral a respeito. Em princípio, o interessado precisa pagar certa taxa pelo serviço despendido pela Administração Pública no estudo da possibilidade de facultar a autorização pretendida.

No direito italiano dá-se à autorização sentido mais amplo. Compreende, outrossim, o ato administrativo discricionário pelo qual se faculta o exercício de ato jurídico que sem ela seria proibido – como seja, dentro do Direito Constitucional pátrio, o do Senado Federal para os Municípios contraírem empréstimos externos.

Esse ato administrativo, no entanto, melhor se enquadra em outra categoria, sob a denominação de *aprovação*. Isso porque não se faculta a prática em branco de ato jurídico. Tal só ocorre depois dele formado para ser executado ou efetivamente realizado. No primeiro caso se exige a aprovação prévia; e no segundo a aprovação posterior.

A autorização deve reduzir-se às hipóteses de atividade material. Aliás, esta pode ser facultada a título precário; a outra não, pois, dada a aprovação para a prática de ato jurídico, não pode ser revogada, salvo se quem tem o poder de aprovar também tem o poder de praticar o ato, pois a revogação é prerrogativa daquele que possui esta atribuição.

Os autores italianos ainda sustentam que a autorização remove obstáculos ao exercício de direito preexistente. Afigura-se sem razão esse entendimento, por incompatível com o caráter discricionário desse ato administrativo. A autorização não remove obstáculo ao exercício de direito preexistente de quem pleiteia o exercício de atividade material; apenas lhe torna possível essa atividade, que sem ela seria proibida. Quem pretende a autorização tem apenas possibilidade jurídica de obtê-la, jamais direito preexistente. Ela amplia suas faculdades jurídicas, simplesmente.

A autorização, como regra, deve ser expressa, mas excepcionalmente se confere de modo tácito. Aquela se verifica quando cumpre à parte solicitar a autorização, e ela só existe após manifestação explícita da Administração Pública; ao passo que esta ocorre quando cumpre à parte, antes de praticar certo ato, participá-lo à Administração Pública, cujo silêncio deve ser entendido como autorização.

51.5 Aprovação[19]

Aprovação é o ato administrativo discricionário, unilateral, de controle de outro ato jurídico, pelo qual se faculta sua prática ou, se já emanado, se lhe dá eficácia. Aprecia a conveniência e a oportunidade da manifestação jurídica do ato controlado.

Diz respeito a atos de particulares ou de órgãos da mesma ou de outra pessoa de direito público. Quando se efetiva sobre atos jurídicos a serem realizados, tem caráter preventivo *a priori*, e equivale à autorização com referência à atividade material; e sobre os praticados tem objetivo *a posteriori*, e corresponde ao seu referendo.

Portanto, distingue-se em *aprovação prévia* e *aprovação posterior*. Como caso de aprovação prévia é de recordar o de empréstimo externo de certo Município pelo Senado Federal, segundo exigência constitucional; e de aprovação posterior o de contrato firmado entre o prefeito e terceiro, que depende, para produzir seus efeitos, de aquiescência da Câmara dos Vereadores.

---

19. Flaminio Franchini, *Le Autorizzazioni Amministrative Costitutive di Rapporti Giuridici fra l'Amministrazione e i Privati*, 1957; Gustavo Vignocchi, *La Natura Giuridica dell'Autorizzazione Amministrativa*, 1944; Donato Donati, "Atto complesso, autorizzazione e approvazione", in *Archivio Giuridico* 71, 1903; François Promsy, *Essai d'une Théorie Générale des Autorizations Administratives*; 1923.

Contrariando orientação tradicional entre os juristas, Hely Meirelles enfeixa a aprovação como ato de controle de oportunidade ou conveniência e de legalidade e, portanto, pode ser tanto discricionária como vinculada, dependendo dos termos em que for instituída (cf. *Direito Administrativo Brasileiro*, pp. 195-197).

Tal posição do ilustre tratadista é inadmissível, pois engloba debaixo da mesma denominação atos jurídicos de natureza diversa, como sejam os atos constitutivos de direito, que interferem no conteúdo da eficácia de faculdades jurídicas, e os atos de acertamento recognitivos, que têm caráter declaratório, isto é, constitutivo meramente formal.

Estes últimos atos de controle formam outra categoria de ato administrativo, que se denomina *homologação*. De fato, limitam-se a ter como eficaz o ato jurídico fiscalizado desde que praticado em conformidade com a lei; enquanto aqueles só tornam eficaz o ato fiscalizado se, a critério do órgão controlador, o tiverem como conforme ao interesse coletivo.

Por outro lado, existe os que entendem que não corresponde a aprovação a ato administrativo autônomo, pois participa de *ato complexo*. Trata-se de posição defendida por Borsi (*L'Atto Amministrativo Complesso*, n. 23, pp. 45 e ss.) e acolhida, de certo modo, por Presutti (*Istituzioni di Diritto Amministrativo Italiano*, 3ª ed., vol. I, n. 74, pp. 157-165). Contudo, improcede essa tese. Os atos complexos são os em que mais de um órgão participa na formação de um só ato jurídico, pois as vontades de cada um têm a mesma preocupação e objetivam o mesmo resultado.

Ora, o conteúdo da aprovação como ato controlador não se confunde com o do controlado; eles visam a efeitos distintos. Assim, o ato jurídico de empréstimo firmado entre certo Município e país estrangeiro, no interesse de empreendimentos locais, tem pressuposto e objetivo diversos do ato de controle do Senado Federal concordando com o empréstimo, por não verificar nele qualquer inconveniente aos interesses nacionais. Basta atentar para a circunstância de ser o empréstimo um contrato a que se obrigam as partes, e o ato de controle, aprovação, mero pressuposto para sua realização por uma das partes, para se convencer das considerações *supra*.

Modernamente acha-se ultrapassada essa orientação, que incluía a aprovação como participante do ato complexo juntamente com o ato controlado. Na realidade, não se integra na formação deste. Constitui elemento de sua eficácia, jamais de sua perfeição. A perfeição do ato controlado não nasce da fusão da vontade deste com a do ato controlador. Decorre tão-somente do ato controlado, embora sua eficácia dependa do ato controlador.

Argumenta-se contra a autonomia da aprovação com a circunstância de nem sempre ter efeito retroativo, como ocorre com a aprovação de novas tarifas do concessionário pelo concedente, para sua entrada em vigor; e, demais, os atos que dependem dela só após sua manifestação produzem efeitos, como seja contrato sujeito a aprovação; e, afinal, antes dela pode o ato jurídico ser revogado por quem o praticou, sem qualquer responsabilidade, e, por isso, não autoriza pedido de composição de danos.

Ora, a circunstância de ficar o ato pendente de aprovação para se tornar eficaz não implica sua retroatividade, embora essa seja a regra. Ela ocorrerá, ou não, conforme a hipótese. Os atos que dependem de aprovação prévia jamais são retroativos, pois tal aprovação os antecede.

Além disso, cumpre não se confundir o ato administrativo pendente de aprovação com a proposta que antecede o ato decisório. Assim, a pretendida aprovação de tabela de tarifas de concessionário pelo concedente, na verdade, corresponde a proposta do concessionário e decisão do concedente, que a fixa nos termos sugeridos, como pode fazê-lo em outras bases.

Por outro lado, se o ato administrativo é praticado pendente de aprovação, negada esta, realmente não se pode falar em lesão de direito de terceiros, pois ainda não tem eficácia. Antes da aprovação, a que ficou subordinado, não pode o ato administrativo produzir qualquer efeito jurídico, apesar de perfeito e válido.

Assim, contrato feito pelo Executivo que depende do *referendum* do Legislativo não produz seus efeitos antes dessa aprovação – e, portanto, não confere direito à outra parte sem essa providência. Contudo, não pode ser revogado, pelo órgão que o firmou, antes da sua aprovação. Isso porque o contrato faz lei entre as partes. Se não se trata de contrato, mas de ato unilateral, pode ser revogado por quem o emanou mesmo depois de aprovado, ressalvadas as hipóteses em que dele resultem direitos adquiridos a favor de terceiros.

51.6 Dispensa[20]

Dispensa é o ato administrativo unilateral, discricionário, pelo qual se exonera o particular de observância de exigência legal – como seja de publicação de proclamas matrimoniais, ou de determinações do código de obras para conservação de construção. Assim se desobriga o particular, em caráter de exceção, da obediência ao princípio geral constante da norma. Ela pode ser total ou parcial.

Não obstante discricionária, a dispensa só se verifica com referência a hipóteses previstas em lei, porque importa derrogação de preceito legal geral, ante as circunstâncias de fato por ela apreciadas.

Há quem entenda que a dispensa se confunde com a autorização. Porém, esta faculta ao particular atividade que sem ela seria proibida, enquanto aquela exime, em caráter excepcional, o particular do cumprimento de formalidade prescrita por lei, como regra geral.

Autores existem que juntam num mesmo conceito a isenção e a dispensa, e então a conceituam como ato administrativo unilateral pelo qual se exonera o particular de obrigação positiva, ou de observância de exigência legal, tendo em vista condições especiais de fato previstas em lei.

Então, misturam, num mesmo conceito, o desobrigar alguém da prestação de dar ou de fazer – ato vinculado – com a satisfação de formalidade legal – ato discricionário –, o que não se afigura aconselhável. Ora, os atos discricionários são constitutivos de direito quanto ao seu conteúdo; e os vinculados, quando constitutivos, o são simplesmente de natureza formal, como acertamento ou remoção de obstáculos.

---

20. Fernando Henrique Mendes de Almeida, "Breve lucubração sobre o instituto administrativo da dispensa", RT 313/35.

51.7 Ordem[21]

Ordem é o ato administrativo unilateral, discricionário, de manifestação de vontade autoritária, pelo qual se impõe a órgão da Administração Pública, ou a particular, ação ou omissão, a que ficam obrigados. Portanto, consiste em ato da Administração Pública impondo determinada conduta a outrem, seja a sujeito de direito preso a ela por vínculos especiais de subordinação, como titular de um dos seus órgãos, ou não submetido a essa relação, mas simples cidadãos.

As ordens emanadas contra os titulares dos órgãos são proferidas como meio para realização dos fins que lhes competem. Já as contra os cidadãos correspondem à consecução desses objetivos. Para órgãos da Administração Pública ditarem ordens aos cidadãos deve haver texto legal expresso conferindo esse poder ou, ao menos, ele deve defluir implicitamente de atribuições expressas. Ao contrário, independem de preceito legal as ordens aos órgãos inferiores. Decorre essa prerrogativa de ordenação hierárquica entre eles, para efetivação dos cometimentos que lhes cabem.

As ordens, em princípio, formalizam-se por escrito. Mas existem verbais e, também, mediante sinais. Compreendem, como se disse, prestação positiva – isto é, consubstanciam-se em comandos para ação – ou prestação negativa – ou seja, consubstanciam-se em proibição, pela qual se deve omitir certo comportamento.

Recalcitrando o terceiro em obedecer à ordem, pode a Administração Pública, para seu cumprimento, valer-se de meios materiais para vencer a oposição a ela – como seja o caso de a Polícia dispersar, mediante o uso de gás lacrimogêneo, os populares que participam de comício e se recusam a obedecer à ordem de dissolução; ou, então, de atos jurídicos de caráter punitivo, autônomos da ordem, que objetivam sancioná-la, quando descumprida.

Vários atos jurídicos possuem certa semelhança com a ordem mas com ela não se confundem, apesar da dúvida existente no espírito de certos autores.

---

21. Cf. Jean Rivero, *Les Mesures d'Ordre Intérieur Administratives*, 1934; Luigi Galateria, *Teoria Giuridica degli Ordini Amministrativi*, 1950.

Assim, distingue-se da *recusa de autorização* a *ordem proibitiva*. Esta é ato jurídico pelo qual se determina a terceiro a omissão de dado comportamento que até então vinha tendo; enquanto por aquela se nega a terceiro pedido de exercício de atividade legalmente proibida sem que previamente ela lhe seja facultada.

Outrossim, diferencia-se do *regulamento* e da *instrução*. Tanto o regulamento quanto a instrução consistem em normas de comportamento; portanto, correspondem a regras gerais, abstratas e impessoais, sendo que as regulamentares são impostas aos particulares e aos órgãos da Administração Pública e as instruções tão-somente a estes. Já a ordem consiste em ato individual, embora muita vez dada a vários órgãos ou cidadãos. Então, encerra os chamados *atos individuais gerais ou coletivos*.

Por outro lado, não se confunde com a *advertência*, porquanto esta é um aviso de cautela, enquanto a ordem corresponde a determinação obrigatória. O policial que indica o perigo de determinado local adverte o terceiro para que tome cuidado ao passar por ele, sugerindo-lhe providência de segurança. Ao contrário, o policial que impede a passagem por determinado local, em virtude do perigo existente, ordena.

Afinal, tem suas balizas estremadas da *notificação* ou *intimação*. A ordem estabelece determinada obrigação a ser obedecida por terceiro. A notificação prescreve termo para alguém cumprir a obrigação a que está sujeito, em virtude de ato jurídico anterior, sob pena de sofrer as conseqüências de direito pela sua omissão. E a intimação prescreve termo para alguém tomar as providências na defesa do seu direito, sob pena de decadência.

Para a maioria dos juristas a ordem modifica sempre a posição jurídica dos atingidos por ela. A lei prevê essa faculdade da Administração Pública de emaná-la, mas pode ou não ser proferida, e é proferida conforme o modo por ela disposto. Embora prevista em lei sua possibilidade, só com a ordem se altera a situação jurídica do que individualmente a recebe. Realmente, só com a ordem se produz o efeito constante de disposição legal e na conformidade discricionariamente ordenada. Aliás, todo negócio jurídico preexistente em potência na lei se atualiza no ato que o concretiza.

Há, entretanto, quem entenda – como Santi Romano (cf. *Corso di Diritto Amministrativo*, 3ª ed., p. 245) – que ora afeta a situação jurídica do ordenado, quando lhe estabelece novos deveres, e ora isso deixa de ocorrer, quando corresponde a mero cumprimento da lei. Zanobini (*Corso di Diritto Amministrativo*, vol. I, 1936, p. 288) atribui aquela natureza à ordem externa, dada às pessoas estranhas à Administração Pública, e esta à ordem interna, aos próprios agentes públicos.

Na verdade, a ordem consiste em negócio jurídico. Não obstante haja o dever de obediência, tanto na externa ou interna, às determinações da Administração Pública em conformidade com a lei, pois sem previsão legal ela não poderá legitimamente ser emanada, o conteúdo da ordem, o modo de cumprir a obrigação, não se acha disposto em lei, mas decorre da manifestação da vontade que ordena tal ou qual comportamento, nos limites legais. Do contrário se confundiria com a notificação.

A manifestação de vontade na ordem possui autonomia para escolher o objetivo do seu comando, a que o ordenado se deve sujeitar, não obstante consignadas em lei as comportas do poder do ordenador. Por conseguinte, ela altera a posição jurídica do titular do órgão inferior ou de particular subordinado à sua determinação, e cuja desobediência faz se torne responsável perante a Administração Pública.

A exemplificação de alguns campos de aplicação da ordem confirma essa classificação da sua natureza. Assim, através da ordem a Administração Pública impõe a terceiros determinada conduta para manter a segurança pública – quando prescreve a dissolução de um comício, ante a possibilidade de atritos, ou proíbe aglomeração em locais próximos aos sanatórios, para sossego dos doentes.

A ordem pode existir concomitantemente com outros institutos jurídicos. Então, assume caráter instrumental. Sirvam de exemplos a expropriação, a encampação, a requisição e a convocação: são atos autoritários, em que está implícita a ordem de entrega de bens por parte do particular à Administração Pública ou a prestação de determinados serviços ou a execução de obras. Contêm, porém, alguma coisa mais, que especifica sua natureza respectiva; e, por isso, se distinguem da ordem.

Expropriação é o ato administrativo pelo qual se adquire de modo compulsório a propriedade de bens de particular, ou um dos direitos a ela inerentes, mediante a correspondente indenização. Adjudica-se, então, imóvel particular, ou se constitui servidão sobre ele.

Encampação é o ato administrativo pelo qual o concedente de serviço público resgata a concessão do concessionário e, destarte, adquire a empresa e seus bens plenamente indenizados, a fim de executar o serviço em continuação ou extingui-lo.

Requisição é o ato administrativo de tomada compulsória, para utilização no interesse coletivo, de bem de particular, com devolução posterior, compondo os prejuízos prefixados ou efetivos sofridos em conseqüência dessa perda transitória de seu uso próprio. Ocupação de imóvel para depósito de material pertinente à execução de melhoramento público próximo a essa obra pública é uma figura específica de requisição.

Convocação é o ato administrativo pelo qual o particular é, em caráter compulsório, chamado à prestação de determinados serviços ou execução de obras, a favor do Estado-poder, no interesse do Estado-sociedade, nos termos legais – como seja a convocação para prestação de serviço militar, para participação no Tribunal do Júri. Essa convocação pode ser geral, tendo em vista todos os indivíduos de certa idade; ou mediante sorteio; ou em atenção a determinados atributos; etc. Mas, ao contrário da ordem, tem seu conteúdo constante da lei. Consiste em ato de acertamento, pois nele se acham dispostos a obrigação e o modo de seu cumprimento e quem a ele se sujeita.

51.8 Sanção administrativa[22]

Sanção administrativa é o ato administrativo unilateral, discricionário, pelo qual se aplicam penalidades a terceiros pela inobservância dos respectivos deveres. Pode consistir em punição aos titulares dos órgãos da Administração Pública – portanto, interna – ou aos particulares em geral – e, destarte, externa.

A *interna* diz respeito a atos punitivos dos servidores públicos pela infringência às determinações ordenatórias do serviço, como as

22. Cf. Zanobini, *Le Sanzioni Amministrative*, 1924.

instruções, ordens individuais ou decisões administrativas e, outrossim, às prescrições legais e regulamentares. Já a *externa* se refere aos atos punitivos dos particulares em geral, pela infração às determinações legais e regulamentares.

Não se pode aplicar sanção aos particulares, em geral, sem previsão legal; ao contrário, independem dela as impostas aos servidores públicos, sejam agentes públicos integrados na organização administrativa, sejam particulares colaborando com a Administração Pública, nos termos legais, como delegados ou prestacionistas de serviço.

Não se confundem a *sanção administrativa* e a *penal*. Esta visa a punir atos contrários aos interesses sociais, e aquela aos da atividade administrativa. A distinção está no fundamento da responsabilidade, tendo em vista o bem jurídico ofendido. Dada a diversidade do fundamento jurídico da punição, pode o infrator se sujeitar a ambas sem que ocorra *bis in idem*, levadas a efeito por órgãos distintos: da Administração Pública e do Poder Judiciário. Esta faz coisa julgada; e aquela, não.

É o direito positivo, entretanto, que estrema os atos considerados de ilícito *administrativo* e *penal*, dentro de uma zona-limite. Certo, não se confunde o crime, o delito penal, que ofende a segurança social e individual e viola os direitos da personalidade humana ou do seu patrimônio, com as infrações administrativas. Mas entre as contravenções criminais e administrativas já o mesmo não acontece.

A sanção não se confunde com a ordem. Ela vem depois desta. A obrigação de obedecer é o conteúdo da ordem, enquanto a sanção é a conseqüência dessa desobediência. É ato constitutivo de direito, e não apenas declaratório. A aplicação da penalidade não consiste em mera verificação da infração, mas vai além, na condenação. Modifica a situação jurídica do por ela atingido. Merecem destaque, entre os tipos da sanção, a multa, a suspensão ou interdição do exercício de atividade, o confisco ou destruição de bens e a caducidade ou decadência de direitos.

Multa administrativa é o pagamento pecuniário a que se sujeita alguém em conseqüência da infração cometida. Ela pode ter caráter coercitivo ou de reparação civil. Se coercitiva, visa a forçar, ante a intimidação da sua aplicação, torne o infrator a desobedecer às determinações ordenatórias de serviço ou legais. É o caso da multa fiscal por sonegação de imposto, que, no mínimo, corresponde ao valor deste, e, portanto, importa sujeitá-lo, ao menos, ao pagamento em dobro. Se de composição patrimonial de prejuízos, objetiva simplesmente compensar o dano presumido pela infração cometida. É o caso da multa fiscal por mora, que corresponde ao acréscimo corretivo do valor do *quantum* devido, tendo em vista o decurso do tempo.

A multa se aplica mediante auto de infração, nos casos de pagamento por verba; e consta do próprio aviso, nos casos de pagamento mediante lançamento fiscal.

Dada a diversidade de natureza entre elas, não se admite a aplicação concomitante de multa coercitiva e de reparação civil. Por outro lado, os textos legais que reduzem a multa coercitiva, mesmo depois da infração, e até da condenação, se ainda não satisfeita, devem ser aplicados por analogia, tendo em vista o princípio jurídico consignado no art. 153, § 16, da CF de 1967, segundo a Emenda Constitucional 1, que gerou a Magna Carta de 1969,[xvii] de que a lei penal mais benigna tem efeito retroativo. Já os que diminuem a multa de reparação civil não têm esse alcance.

Uma coisa, entretanto, é a redução ou abolição da infração disciplinar, e outra a dos elementos de fato que a suscitaram. Assim, pode ser estabelecida a direção única em certa via pública e alguém, em desobediência à determinação vigente, resolver andar com seu veículo na contramão e, multado, deixar de satisfazer o *quantum*, aguardando a cobrança judicial. Se, quando efetivada esta, a rua em referência estiver sujeita a novo regulamento de trânsito, permitida a direção anteriormente proibida, não poderá alegar o infrator, para beneficiar-se do princípio da retroatividade, que não mais existe a infração. Esta continua a existir – qual seja, o desrespeito à mão regulamentar no conduzir os veículos; apenas, naquele local deixou de haver a determinação de mão única. Já, beneficiar-se-ia do preceito que reduzisse o *quantum* da multa pela prática daquela infração, por dizer respeito à própria infração disciplinar.

Discute-se se o juiz pode reduzir a multa administrativa. Se esta é estabelecida em lei dentro de limites legais, lhe é lícito alterá-la para

---

xvii. *Nota dos Editores*: Na Constituição de 1988, art. 5º, XL.

menos, respeitado o mínimo legal, se tiver como exagerado o *quantum* fixado administrativamente, em atenção à falta cometida, como exercício abusivo do agente público de seu direito de dosá-la. Entretanto, não poderá desobrigar o infrator do pagamento de qualquer multa, salvo se considerar inexistente a culpa do multado – e, então, ela não se justifica. O fato de entendê-la excessiva em conformidade com a falta não lhe autoriza redução ou dispensa se essa decisão contrariar as disposições legais taxativas a respeito do *quantum* da multa e da sua aplicação.

Suspensão ou interdição do exercício de atividade é penalidade corretiva ou expulsiva pela qual se afasta servidor público do desempenho do seu cargo, ou particular da sua profissão ou indústria, ou se lhes veda seu exercício. A primeira consiste em afastamento provisório; enquanto a segunda, em afastamento definitivo.

Assim, não só o funcionário público pode receber a pena de suspensão do exercício do cargo ou dele ser demitido por infrações cometidas no seu desempenho, ou mesmo fora dele, que afetem sua situação funcional, aplicada pela Administração Pública; pode recebê-la, outrossim, o profissional liberal, pelos órgãos competentes de ordens profissionais, pessoas jurídicas de direito público, encarregados de fiscalizar e proteger o exercício da profissão; e, ainda, qualquer particular, com referência à sua indústria, pelos danos cometidos ao interesse público: daí a suspensão de comerciar ou a proibição de fabricar certos produtos.

A suspensão ou interdição deve ser precedida de processo administrativo regular, no qual se possibilite ampla defesa ao interessado.

Confisco e destruição de bens é penalidade preventiva pela qual a própria Administração Pública apreende e inutiliza alimentos estragados e nocivos à saúde, plantas e animais atacados de males contagiosos, que podem prejudicar a agricultura ou pecuária, ou instrumentos e materiais de uso perigoso e proibido, e os inutiliza. A destruição pressupõe o confisco. Mas a recíproca tal não exige.

Funda-se no poder de polícia administrativa. Impõe-se, todavia, serem precedidas essas providências de procedimento administrativo que resguarde os direitos dos interessados contra abusos de direito da

Administração Pública. Por isso, exige-se auto de apreensão e inutilização regular, que esclareça a medida tomada, identifique os bens confiscados e dê as razões da destruição deles, para oportuna apreciação da legitimidade do ato.

Caducidade é a penalidade pela qual se declara a extinção de relação jurídica, pelo inadimplemento de obrigação – como seja a concessão de serviço público. *Decadência* é a penalidade pela qual se declara a extinção de relação jurídica, pela decorrência de prazo prefixado dentro do qual devia ser praticado certo ato jurídico – como seja para requerimento de matrícula em escola pública. São atos administrativos unilaterais pelos quais de ofício decreta a Administração Pública, com fundamento na auto-executoriedade dos atos administrativos, essas sanções.

Além da sanção administrativa aplicada especificamente, ante a verificação da inobservância de norma jurídica ou de ordem administrativa, há a sanção legal, que comina genericamente uma penalidade pela inobservância de preceito normativo. Então, a ação da Administração Pública se reduz à mera execução do preceito. Suponha-se texto legal tributário dispondo que, decorrido o prazo prefixado para pagamento de tributo, cuja data também é marcada, fica o contribuinte incurso em multa, pela mora, de 20%. Nessa hipótese, o aviso do *quantum* do tributo já deve prever a multa, e esta automaticamente fica aplicada pelo decurso do prazo.

51.9 Renúncia[23]

Renúncia é o ato administrativo unilateral, discricionário, pelo qual se abdica de um direito. Constitui modo de extinção de direito. É ato puro e simples, por isso não admite condição e é irreversível, uma vez consumado.

Os particulares podem renunciar direitos que tenham perante a Administração Pública. Assim, o funcionário público, titular de

───────────────
23. Cf. Luigi Raggi, *Contributo alla Dottrina delle Rinunzie nel Diritto Pubblico*, 1914.

cargo público estável, com o pedido de exoneração, renuncia direito a ele.

Entretanto, não se afigura possível por parte da Administração Pública quanto a direitos que tenha frente aos administrados. Os direitos públicos do Estado, que defluem do seu direito de supremacia, são irrenunciáveis, por constituírem razão de sua existência e condição de exercício da sua finalidade. Por isso, os direitos personalíssimos privados também são irrenunciáveis, por próprios do ser humano nos seus atributos essenciais.

Os casos apresentados como renúncias de direito da Administração Pública frente aos particulares consistem apenas em não-exercício de direito na hipótese.

Assim, a pretendida renúncia do direito de punir, mediante ato de graça governamental ou de anistia, corresponde ao não-exercício, em caso especificado, daquele direito com referência a certas pessoas, em favor delas. Consiste na desobriga desses particulares, em caráter de exceção, de sujeição às conseqüências do não-exercício pela Administração Pública do seu poder de punir, em dada circunstância, com referência a determinadas pessoas.

Conforme o poder da Administração Pública a respeito, configura-se a isenção ou a dispensa. Jamais, entretanto, se pode admitir a renúncia do direito de punir, simplesmente.

Não se confunde com a *inação*, que consiste na perda de direito por inércia, pelo não-uso, que suscita os institutos jurídicos da prescrição e da decadência. A renúncia é o abandono voluntário de direito, pura e simplesmente, como já salientado; e, destarte, não pode ser feita a favor de quem quer que seja, pois, então, em lugar de renúncia, ocorreria a transmissão de direito, e surgiriam outras figuras jurídicas.

Nada impede, entretanto, que, em virtude dela, terceiro adquira direito. Mas isso não se verifica pelo ato da renúncia, e sim em conseqüência dela. A exoneração a pedido do funcionário titular de cargo estável, que constitui renúncia do cargo público, pode acarretar o direito do imediato à promoção a dito cargo, por se tratar de vaga por antigüidade. Assim, em virtude dela, terceiro adquire direito a ele, mas não pelo ato de renúncia em si.

Embora ato unilateral, sua eficácia por vezes depende de recepção ou aceitação. Neste caso, só se consuma depois de aceita. Isso, todavia, não envolve acolher a tese da renúncia bilateral, porquanto a recepção ou aceitação não constituem elementos da sua perfeição. Têm por objetivo verificar se todas as formalidades legais foram obedecidas pelo renunciante e se o direito do aceitante fica bem resguardado.

Portanto, se feita de modo regular, e isso apurado, não cabe, salvo texto legal em contrário, se opor à renúncia. Pode o aceitante, contudo, pedir ao renunciante reconsideração de sua vontade. Antes de aceita a renúncia, constituindo a aceitação formalidade essencial, cabe a retirada até por iniciativa do renunciante.

A renúncia às vezes concretiza-se em outro ato unilateral de igual relevo. É o caso de pedido de exoneração por funcionário estável do cargo de que é titular, que depende da aceitação por parte da Administração Pública, e ainda de ato unilateral desta de exoneração a pedido.

Por outro lado, os particulares não podem renunciar o direito a que corresponda um dever, que representa, outrossim, o desempenho de função pública. É o caso do direito político de votar. Num país de regime democrático esse direito do cidadão é irrenunciável. Muitas vezes, quando o voto é obrigatório, não lhe é lícito sequer deixar de exercê-lo em qualquer oportunidade, salvo motivo justificável, nos termos legais. Entretanto, há direitos políticos renunciáveis. Sirvam de exemplos os direitos ao Trono e à Presidência.

Além do direito-função, é irrenunciável qualquer direito cuja abdicação importa contrariar os princípios morais, ou, melhor, os bons costumes e a ordem pública, em que se estrutura a sociedade política. Assim, não se tolera a renúncia à liberdade, por constituir direito originário da pessoa humana, universalmente aceito pelos povos da civilização cristã.

Não se confunde a renúncia do direito com a do seu exercício em dada hipótese. Em determinada circunstância, pode ao interessado não convir fazer uso do seu direito – o que não se confunde com desistir dele; e, se a lei não lhe proibir essa atitude, nada impede que a tome, mesmo com os direitos irrenunciáveis.

B) Atos administrativos declaratórios de direito

51.10 Admissão[24]

Admissão é o ato administrativo unilateral, vinculado, pelo qual se reconhece ao particular o direito à prestação especial de certo serviço público. Portanto, verificados, no particular, determinados requisitos legais, a Administração Pública fica obrigada a lhe deferir a prestação especial do serviço público pretendido.

O atendimento à admissão ao serviço público deflui dos pressupostos legais. Sirva de exemplo de admissão a serviço público a matrícula em estabelecimento público ou oficializado, uma vez aprovado em concurso de habilitação e classificado dentro do número de vagas, para conseguir a prestação do serviço público de ensino.

Constitui ato de asseguramento de direito, de declaração de caráter recognitivo de relação jurídica. Pressupõe pedido do interessado e, às vezes, sua aceitação. Não obstante consista em direito reconhecido ao particular, este se sujeita, em várias oportunidades, às obrigações co-respectivas – como seja ao pagamento de taxa, pois pode a prestação do serviço ser gratuita ou onerosa – e ao respeito à disciplina da prestação do serviço, visto que a admissão se faz nos termos legais e regulamentares. A prestação do serviço é limitada, outrossim, às suas possibilidades.

Forti (*Diritto Amministrativo*, 2ª ed., vol. II, 1932, pp. 129-132) distingue *admissão discricionária*, constitutiva de direito, da *vinculada*, recognitiva de direito. Mas afigura-se inadmissível ficar a critério da Administração Pública prestar, ou não, o serviço. Certo, poderá o interessado deixar de obter sua prestação, por exemplo, por falta de vaga. Desde que, porém, a discriminação se faça por critério legal – como sejam a ordem de inscrição, a melhor classificação e até o sorteio –, inexiste discrição. Consiste sempre em ato vinculado, de acertamento constitutivo meramente formal.

---

24. Cf. De Francesco, *L'Ammissione nella Classificazione degli Atti Amministrativi*, 1926; Gustavo Vignocchi, *Gli Accertamenti Costitutivi nel Diritto Amministrativo*, 1950; Michele M. G. Perini, *Osservazioni sull'Acertamento Costitutivo nel Diritto Amministrativo*, 1953.

Alguns discutem se compreende só o serviço, ou também o uso de bem público, como pretende Presutti (*Istituzioni di Diritto Amministrativo Italiano*, 3ª ed., vol. I, 1931, p. 182). Na verdade, consiste em direito à prestação do serviço. Se o gozo do bem público se dá em conseqüência da prestação do serviço, faz parte integrante deste. Ao contrário, se independe dele, configura outras categorias de ato jurídico: permissão ou concessão de uso de bem público.

Há quem lhe dê ampla extensão, a ponto de perturbar sua compreensão. Alguns vêem na admissão a outorga de qualquer situação jurídica com participação de direitos e vantagens, isto é, envolve os casos de conferição de *status jurídico*. Então, incluem na mesma categoria a outorga de cidadania e a conferição de cargo público. É a posição de Zanobini (*Corso di Diritto Amministrativo*, vol. I, 1936, p. 282), acolhida por Sandulli (*Il Procedimento Amministrativo*, pp. 285-286).

Ora, o *provimento* de cargo público como a *naturalização* devem constituir categorias autônomas de atos jurídicos. Aliás, esses institutos existem tanto no interesse da Administração Pública como no do particular. Já a admissão visa a atender a interesse preferencial deste, na realização da utilidade pública. Demais, são atos constitutivos de direito, e ela é simplesmente declaratória de direito. Como confundir em uma mesma categoria jurídica a nomeação para cargo público e a assunção de cidadania com a admissão em escola ou em hospital?

51.11 Licença

Licença é ato administrativo unilateral, vinculado, pelo qual se faculta o exercício de determinada atividade material, que sem ela seria vedado. Como exemplo tem-se a dada para construção de edifício. O proprietário de certo terreno nele só pode construir após a licença obtida, verificando a repartição competente que o projeto de construção atende às exigências legais. Apurado, entretanto, que estas foram obedecidas, impõe-se lhe seja facultada essa atividade material.

Ao contrário da *autorização*, não fica a critério da Administração Pública sua outorga. Isso porque assiste ao interessado o direito a ela, preenchidas as determinações legais. Aqui se pode dizer que a licença remove obstáculo ao exercício de um direito – qual seja, o de construir. Outro exemplo de licença é a para o exercício de profissão, por quem se acha diplomado e simplesmente necessita comprovar tal situação perante a repartição competente.

A maioria dos autores não distingue a licença da *autorização*, e ora se encontra o emprego de uma e de outra como sinônimas. Dada, porém, a diversidade de atos administrativos que removem obstáculos ao exercício de atividade material, uns de caráter discricionário e outros de caráter vinculado, faz-se necessária a diversificação desses dois tipos de atos jurídicos. O primeiro cria direito, ao ampliar as faculdades jurídicas de quem recebe a autorização; enquanto o segundo consiste em acertamento constitutivo formal, pois se trata de declaração recognitiva de direito, de asseguramento de situação jurídica.

Essa distinção foi, entretanto, justificadamente defendida por Santi Romano (*Corso di Diritto Amministrativo*, 3ª ed., p. 249).

Discute-se se ela é constitutiva de direito, porque esse direito preexistia no seu titular. Realmente, não é constitutiva quanto ao gozo de direito, porém o é quanto ao seu exercício. Este só pode licitamente ser levado a efeito depois de licenciada a atividade de que alguém tinha o gozo do direito. Por isso se diz que é constitutiva apenas sob o aspecto formal.

51.12 Homologação

Homologação é o ato administrativo unilateral, vinculado, de controle de outro ato jurídico, pelo qual se lhe dá eficácia ou se afirma sua validade. Examina a legitimidade da manifestação de vontade do ato controlado.

Distingue-se do *visto*, em que pese a opinião em contrário de juristas italianos, que a consideram sob essa denominação (cf. item 51.17).

Diz respeito a atos dos particulares, de órgãos da mesma pessoa jurídica de direito público ou de outra pessoa de direito público. Tem o caráter de *referendum* ao ato controlado, e só se processa depois da sua emanação, pois só após ele se pode verificar sua satisfação às exigências legais. Pode ser preventiva, preventiva *a posteriori* e repressiva.

É o caso do registro pelo Tribunal de Contas de ato da Administração Pública de que resulte obrigação de pagamento pelo Tesouro Nacional e por sua conta. Esse registro, se preventivo, atribui eficácia ao ato; se repressivo, o considera válido.

Há controle preventivo *a posteriori* na hipótese em que se impõe a verificação sobre se a despesa determinada se faz por verba própria e ainda com saldo, cujo acertamento só então torna possível, juridicamente, o pagamento co-respectivo. Há controle repressivo na hipótese em que se impõe a verificação de legalidade da despesa depois de realizada e produzidos os seus efeitos.

Contudo, se o ato padece de ilegalidade que passou desapercebida pelo órgão que o homologa e recebeu seu *referendum*, nem por isso sana o vício. Ele poderá ser declarado pelo Judiciário ou, mesmo, reconsiderado pela Administração Pública na declaração de ofício da sua nulidade.

A razão disso está em que a homologação é ato de controle da legalidade, mas não de convalidação de ilegalidade. Sequer poderá haver alegação de existência de direitos adquiridos em conseqüência da homologação, que tornou o ato controlado eficaz e, assim, permitiu que produzisse seus efeitos, porque os atos nulos jamais possibilitam a aquisição de direitos.

A homologação é ato de vontade que não constitui direito, mas apenas reconhece os já existentes. Consiste em acertamento constitutivo formal, de asseguramento de direitos preexistentes, para que produzam seus efeitos práticos.

Não se confunde a negativa de homologação com a declaração ou decretação de nulidade ou anulabilidade do ato administrativo, embora tenham pontos de contato: eliminar ato jurídico já formado. Isso porque a negativa de homologação apenas priva o ato administrativo de executividade, no exercício pelo órgão competente da atividade de controle, como elemento complementar necessário dele; enquanto a nulidade ou anulabilidade declara ou decreta a invalidade de ato autônomo, distinto dessa declaração ou decretação, e completamente perfeito e eficaz (cf. Virga, *Il Provvedimento Amministrativo*, p. 474).

51.13 Isenção[25]

Isenção é o ato administrativo unilateral, vinculado, pelo qual se exime o particular de obrigação positiva, de prestação de dar ou de fazer – como seja de pagamento de imposto ou de serviço militar. Assim se desobriga o particular da satisfação de obrigação legal, ante a aplicação da norma à hipótese, tendo em vista circunstâncias especiais de fato previstas em lei, que encerram exceções abertas ao princípio geral por ela disposto. Pode ser total ou parcial.

Alguns autores entendem que equivale à *renúncia*. Não obstante tenham afinidades, não se confundem. Na isenção há exoneração de terceiro da obrigação que tinha com a Administração Pública, enquanto na renúncia se dá a abdicação de direito sem cogitação de terceiro que acaso possa se beneficiar em conseqüência dela.

Na renúncia o titular do direito abre mão dele em caráter indeterminado. Já lá, se desobriga alguém de prestação que, pelo princípio legal, é devida, mas dela fica exonerado em virtude de exceção em favor de certas situações, entre as quais se reconhece estar a que obtém a isenção. Trata-se de figura especial de acertamento constitutivo de direito.

Alguns autores a incluem na figura jurídica denominada *dispensa*. Então, admitem a possibilidade de dispensa discricionária e vinculada, como anteriormente observado e criticado.

51.14 Recusa

Recusa é o ato administrativo unilateral pelo qual alguém se opõe a determinado ato. Pode a oposição ser de parte da Administração Pública a ato de terceiro, ou deste a ato daquela. Assim, verifica-se a recusa da autorização pela Administração Pública a pedido de particular ao exercício de certa atividade, como a de particular ao cumprimento de ordem da Administração Pública.

A recusa por parte da Administração Pública permite, de regra, *recurso* da sua manifestação de vontade em contrário. Este é o ato ad-

---

25. Cf. Fernando Henrique Mendes de Almeida, "Breve lucubração sobre o instituto administrativo da dispensa", *RT* 313/43.

ministrativo unilateral pelo qual se objetiva fazer valer um direito ou interesse perante órgão superior contra despacho ou resolução de inferior. Se o recurso é acolhido, ocorre modificação na ordem jurídica preexistente. Tal deixa de se verificar se for rejeitado (cf. Carlos S. de Barros Jr., "Recursos administrativos", *RDA* 13/40; Fernando Henrique Mendes de Almeida, "Recurso administrativo", *RDA* 20/ 367; Lafayette Pondé, "Princípios gerais do recurso administrativo", *RDA* 23/17).

A recusa por parte do particular possibilita, em princípio, a punição pela desobediência. Não é, portanto, em si, ato constitutivo de direito. Entretanto, ela se verifica, nos seus efeitos indiretos e eventuais, por facultar o recurso ou a punição. Por vezes acarreta efeitos reflexos a favor de terceiros. Destarte, a recusa de órgão administrativo à aceitação de legado, por parte da Administração Pública, faz com que os herdeiros recebam essa importância.

A ela se opõe a *aceitação*, ato administrativo unilateral pelo qual se aquiesce a determinado ato jurídico. Constitui elemento complementar para a eficácia de atos administrativos que dependem da manifestação de vontade dos particulares submetendo-se a eles (cf. Virga, *L'Acquiescenza al Provvedimento Amministrativo*, 1948; Mario Napolitano, *L'Acquiescenza al Provvedimento Amministrativo*, 1955).

51.15 Decisão[26]

Decisão é o ato administrativo unilateral, vinculado, pelo qual se declara direito e obrigação de partes em controvérsia.

Ela pode ser simplesmente declaratória – como no caso de decisão prejudicial relativa a conflito de competência; condenatória, quando, além de declarar o direito de uma parte, condena a outra à satisfação de obrigação – como a decisão em processo administrativo disciplinar que declara culpado o funcionário e lhe aplica uma penalidade; e constitutiva, quando, além de declarar o direito e a obrigação, cria nova situação jurídica para as partes – como a decisão em

---

26. Cf. Mario Nigro, *Le Decisioni Amministrative*, 2ª ed., 1953.

requerimento de funcionário que se julga preterido em seu direito de promoção a cargo de chefia, em dada carreira profissional, e faz a competente reclamação, em que se declara seu direito e, ao mesmo tempo, se provê no cargo pretendido, atribuindo-lhe outra situação funcional.

51.16 Habilitação

Habilitação é o ato administrativo unilateral, vinculado, pelo qual se declara estado de pessoa ou coisa, mediante juízo de valor objetivo, a respeito de qualidades de fato, e, em conseqüência, se lhe assegura o direito de desfrutar de certa situação jurídica. Precede, muita vez, o ato de admissão e licença. Sirvam de exemplos o de aluno em exame de admissão ou vestibular e o de motorista para obter carta para dirigir veículo, como profissional ou amador.

C) Atos administrativos de conhecimento ou desejo

51.17 Visto

Visto é o ato administrativo unilateral de controle de outro ato jurídico, pelo qual se afirma sua legitimidade formal.

É o aposto pelo chefe da seção em requerimento de funcionário dirigido ao diretor, pelo qual o declara formalmente em termos legais. Mas, com isso, não examina o conteúdo da pretensão, mesmo sob o aspecto da legalidade – isto é, se tem direito, ou não, ao que pleiteia. É o caso, ainda, do visto de cônsul estrangeiro, no Brasil, em passaporte de brasileiro que deseja viajar para seu país, que equivale à afirmação da legalidade formal desse documento expedido por autoridade brasileira.

Consiste em mera manifestação de conhecimento, de expressão declarativa de juízo. Esse, aliás, é o entendimento da maioria dos juristas.

Contudo, há os que o classificam entre os atos de manifestação de vontade, como Vitta (*Diritto Amministrativo*, 2ª ed., vol. I, 1937, pp. 327-329), porque, além da manifestação de juízo, há uma manifestação de vontade, mediante uma espécie de *nihil obsta* à produção dos efeitos do ato controlado. Nesses casos, porém, trata-se de *homologação*, e não de visto.

É verdade que, por vezes, a autoridade consular estrangeira pode rejeitar o visto em passaporte de brasileiro por entender inconveniente a ida desse brasileiro ao seu país, em virtude das idéias políticas que professa, e admitir, *a contrario sensu*, que, apondo o visto, afirmou nada ter que opor a essa ida. Não é bem assim. A recusa do visto pode ser por motivos estranhos à formalidade do passaporte. Mas a aposição do visto não envolve apreciação direta da inexistência de obstáculo à viagem do interessado com referência ao país, embora possa isso defluir indiretamente, uma vez que, na hipótese contrária, se verifica a recusa do visto.

51.18 *Parecer* [27]

Parecer é o ato administrativo unilateral pelo qual se manifesta opinião acerca de questão submetida a pronunciamento. Diz respeito a problema jurídico, técnico ou administrativo. Os órgãos que emitem pareceres são denominados *consultivos*, e emitem suas opiniões para esclarecer, como elemento auxiliar e preparatório, os órgãos ativos, ou de controle, na consecução dos seus cometimentos.

Embora o parecer se distinga dos atos praticados pelos órgãos ativos ou de controle, e em si não participe desses atos, que têm vida autônoma, integra-os no procedimento administrativo, e mesmo afeta o ato conclusivo, se levado a efeito nos seus termos. Por vezes, o ato ativo ou de controle reporta-se a ele. Então, as conclusões do parecer e até seus fundamentos se relacionam com o ato do órgão ativo ou de controle, bem como com os particulares por ele atingidos. Os órgãos consultivos manifestam-se mediante provocação, jamais de ofício, espontaneamente. Cumpre-lhes, porém, o dever de responder às consultas formuladas.

Os pareceres classificam-se em *facultativos*, *obrigatórios* e *vinculantes*.

---

27. Cf. Franchini, *Il Parere nel Diritto Amministrativo*, 1944; Pompeo Corso, *La Funzione Consultiva*, 1942; Gasparri, *L'Amministrazione Consultiva*, 1942.

O *facultativo* consiste em opinião emitida por solicitação de órgão ativo ou de controle, sem que qualquer norma jurídica determine sua solicitação, como preliminar à emanação do ato que lhe é próprio. Por outro lado, fica a seu critério adotar, ou não, o pensamento do órgão consultivo. Consiste, destarte, em exercício de poder discricionário quanto ao pedido, e à efetivação do ato relativamente ao parecer. Este, portanto, externamente, não tem relevância jurídica, salvo se o ato a ele se reportar.

O *obrigatório* consiste em opinião emitida por solicitação de órgão ativo ou de controle, em virtude de preceito normativo que prescreve sua solicitação, como preliminar à emanação do ato que lhe é próprio. Constituem a consulta e o parecer fases necessárias do procedimento administrativo.

Quando o órgão consultivo for previsto em lei para pronunciamento sobre generalidade de assuntos em dada matéria – como seja uma consultoria jurídica –, para ser obrigatório o parecer, impõe-se expressa exigência legal ou regulamentar enumerando essas hipóteses.

Se se trata, porém, de órgão consultivo previsto em lei para pronunciamento em matéria específica, então, a obrigatoriedade do parecer decorre implicitamente desse texto expresso – como seja o de órgão cogitado em lei para opinar sobre a colocação, ou não, de funcionário em tempo integral. Nesse caso, se a nomeação dos titulares do órgão depende do Executivo, não lhe é lícito deixar de prover os cargos para evitar o pronunciamento dele, pois deve-se considerar o Legislativo teve tal pronunciamento como obrigatório.

O ato praticado sem dito pronunciamento estará eivado de vício de nulidade, por desrespeito a solenidade essencial. A obrigação, entretanto, é só de pedir o parecer, jamais de segui-lo, de emanar o ato ativo ou de controle segundo sua manifestação. O desrespeito ao parecer não invalida o ato; poderá, quando muito, se injustificável a orientação em contrário, sujeitar o órgão ativo ou de controle às conseqüências de responsabilidade administrativa, após regular apuração.

Parecer conforme, ou *vinculante*, é o que a Administração Pública não só deve pedir ao órgão consultivo, como deve segui-lo ao praticar o ato ativo ou de controle. Encerra regime de exceção, e só se admite quando expressamente a lei ou o regulamento dispõem nesse sentido. O ato levado a efeito em desconformidade com o parecer se tem como nulo.

Alguns autores equipararam o parecer vinculante à *autorização*, ou aprovação prévia, e, portanto, o consideraram ato ativo; e outros, como elemento constitutivo de *ato complexo*, como salientam Landi e Potenza (*Manuale di Diritto Amministrativo*, 2ª ed., p. 232). Contudo, improcede a inclusão, por eles feita, de Vitta entre os adeptos de primeira orientação. Este (cf. *Diritto Amministrativo*, 2ª ed., vol. I, 1937, p. 371, n. 89) apenas pondera que em certos casos constantes da legislação italiana o parecer vinculante funciona como uma espécie de autorização, mas a seguir esclarece que não é propriamente tal, pois continua a ser a expressão de um juízo.

Hoje em dia, no entanto, os Mestres o catalogam como um dos tipos de parecer, pois encerra enunciação de conhecimento, mero juízo sobre dado assunto, e, ademais, os órgãos ativos podem se subtrair ao seu império, deixando de praticar o ato.

Por vezes o parecer vinculante é de alcance mais moderado. Assim, o órgão ativo, se deixar de seguir o parecer, há de satisfazer determinada formalidade essencial, que permite o controle de sua ação, em contrário ao pronunciamento do órgão consultivo, como seja o recurso *ex officio* a órgão hierárquico superior. Ou, então, o ato do órgão ativo encontra no parecer apenas limite máximo à sua liberdade de ação; destarte, não pode ir além das comportas postas pelo parecer, mas lhe sobra amplo âmbito discricionário – como seja o caso de não poder aplicar penalidade mais grave que a prevista no parecer.

Ao contrário, se a execução do ato pelo órgão ativo ficar estabelecida de forma absolutamente vinculada, a ponto de não lhe ser lícito mesmo deixar de agir, e dever cumprir o parecer, realmente, o pretenso órgão consultivo corresponderá, segundo a regência legal sobre a formação do ato, a parte do ato complexo, ou a ato ativo autônomo, autorização ou aprovação prévia, conforme faculte o exercício de atividade material ou jurídica.

51.19 Proposta[28]

Proposta é o ato administrativo unilateral pelo qual um órgão faz sugestão a outro para a prática de determinado ato jurídico.

---

28. Cf. Bracci, *La Proposta nel Diritto Amministrativo*, 1961; Biscaretti di Ruffia, *La Proposta nel Diritto Pubblico*, 1936.

Alguns autores – como se faz com o parecer – a classificam em *facultativa, obrigatória* e *vinculante*.

Mas aquela consiste em manifestação autônoma de desejo, e constitui ato interno, sem maior relevância jurídica – como a sugestão de professores ao órgão encarregado da compra de livros da biblioteca de uma Faculdade.

Seria melhor se denominasse de *indicação*, para distinguir-se das duas últimas, que consistem em manifestação autônoma de conhecimento e se inserem no procedimento administrativo e sempre têm relevância jurídica – como a proposta de nomes pela Comissão de Promoções, ao Governador, para provimento de cargo, em lista tríplice, no caso de ser preenchido por mérito, ou do de maior tempo no exercício de cargo, no de antigüidade.

Não se confunde, ainda, com a *iniciativa* de ato jurídico complexo, momento primeiro da formação da vontade unitária deste, como operação que o provoca, através de esquema inicial da manifestação de vontade.

É o caso da lei, que constitui ato unitário, cuja elaboração depende de várias manifestações parciais, das quais resulta o todo, e cada uma *per se* não corresponde a ato jurídico autônomo, que começa com projeto de deputados ou senadores, membros de uma das Casas do Congresso Nacional ou do Presidente da República. Por vezes a iniciativa é privativa dos deputados ou dos senadores, e mesmo do Presidente da República. Isso, porém, não lhe altera essa sua natureza. Outro exemplo está no ato administrativo complexo em que participam para sua formação ministro de Estado e Presidente da República, mediante iniciativa daquele.

A iniciativa não tem existência jurídica distinta do ato administrativo que a integra. Condiciona apenas a existência do ato complexo, como elemento primeiro indispensável para sua formação, que não pode faltar.

Distingue-se, ainda, a proposta de outros atos administrativos autônomos com os quais apresenta certa semelhança: aprovação, requerimento e parecer.

Aprovação é ato jurídico de controle de outro e corresponde a negócio jurídico, enquanto a proposta, mesmo a vinculante, é uma sugestão a outro órgão para a prática de ato jurídico sem caráter negocial. Consiste em ato de colaboração, jamais de coordenação.

Requerimento é manifestação de desejo. Tem afinidades com a indicação. Mas desta se diferencia, porquanto o requerimento envolve pedido, feito por quem se apresenta como titular de direito ou de interesse, para vê-lo reconhecido ou para obter sua proteção. Já a proposta se faz no interesse coletivo, objeto do ato jurídico.

Afinal, o *parecer* é sempre provocado, ao passo que a proposta, de regra, é de iniciativa do proponente, embora excepcionalmente admitida às instâncias de outro. O objeto do parecer é a matéria sujeita à opinião do órgão consultivo, circunscrita aos termos da consulta, e tendo em vista o ato que o órgão consulente pretende praticar; enquanto o da proposta, obrigatória ou vinculante, é previsto por lei ou regulamento e deflui do proponente. Demais, proposta existe que deve ser precedida de parecer de órgão competente.

Todavia, como ocorre com o *parecer*, o ato ativo que depende de proposta, obrigatória ou vinculante, se considera nulo se praticado sem ela, uma vez que corresponde a elemento essencial do procedimento administrativo.

51.20 Assentamento ou documentação[29]

Assentamento ou documentação é o ato administrativo unilateral pelo qual se anotam, segundo os princípios técnicos, fatos e atos dos quais decorrem efeitos jurídicos relativos aos particulares ou que possam interessar à Administração Pública, na efetivação dos seus objetivos, para fazer constar de forma autêntica e, ainda, lhes dar publicidade.

O assentamento pode consistir em conseqüência necessária de ato de acertamento autônomo, com efeitos jurídicos próprios – e, então, corresponde a ato complementar para sua documentação; ou, ao contrário, ao assentamento pode preceder acertamento de fatos ou atos como simples afirmação de conhecimento ao ato jurídico da documentação, sem vida autônoma.

29. Cf. Roger Vidal, *Étude Générale de l'Enregistrement des Actes Administratifs*, 1942.

Conforme disposição legal, o valor probante dessas anotações será *juris tantum*, isto é, admite prova em contrário, ou será *juris et de jure*, isto é, tem eficácia de pleno direito. A anotação se faz, segundo as hipóteses, espontaneamente, *ex officio*, ou mediante provocação, através de denúncia ou informação de particulares, às vezes legalmente obrigatórias, ou por mandado de autoridade competente. O assentamento, portanto, distingue-se em *facultativo*, como medida de segurança, ou *obrigatório*, como elemento da sua eficácia.

O assentamento pode ter efeito, além de documentação e publicidade, outrossim, de legalização ou constituição de direito; então, participa da eficácia ou perfeição do ato jurídico.

Admite vários tipos, entre os quais se destacam: (a) *assento* – ato jurídico pelo qual se faz simplesmente anotação de ato ou fato, como seja a de decisão administrativa dos tribunais; (b) *arquivamento* – ato jurídico pelo qual se faz anotação de documento por meio do seu depósito em repartição competente, como seja o de estatuto de sociedade anônima na Junta Comercial; (c) *apostila* – ato jurídico pelo qual se faz anotação, em documento anterior, de fato que o completa, ou interpreta, como seja o aditamento em título de nomeação; (d) *averbação* – ato jurídico pelo qual se faz anotação, em assento, de fato ou ato que o completa ou altera, como a averbação de casamento no registro de nascimento, de caráter facultativo, ou de desquite no de casamento, de caráter obrigatório; (e) *inscrição* – ato jurídico pelo qual se faz anotação para efeito não só de divulgação como, também, de legalização, de outro ato jurídico, por exemplo, o de escritura de mútuo com garantia hipotecária, em que se anota essa hipoteca, ou de fato, como o nascimento ou a morte, e, assim, tem caráter constitutivo formal; (f) *transcrição* – ato jurídico pelo qual se faz anotação de outro documento, reproduzindo-o na íntegra ou em extrato, com o objetivo não só de lhe dar publicidade como, também, para valer *erga omnes*, como transcrição de contrato de locação em Registro de Títulos; por vezes atribui ao ato jurídico registrado, ademais, efeito constitutivo de direito, quanto ao próprio conteúdo, como seja a transcrição de escritura pública de compra e venda de imóveis no Registro de Imóveis; (g) *alistamento* – ato jurídico pelo qual se faz assento, relacionando, com as características individualizadoras, pessoas que têm determinados direitos ou que estão sujeitas a determinados deveres, como seja a lista de convocados para o serviço militar ou de eleitores de colégio eleitoral; (h) *arrolamento* – ato jurídico pelo qual se faz assento, relacionando coisas, segundo os elementos que as especificam, assinalados para determinados efeitos de direito, como seja o rol dos bens públicos de dado Município.

O assentamento ou documentação leva-se a efeito por diversos instrumentos, retronomeados (cf., neste capítulo, item 50.12).

Pressupõe, por vezes, repartições públicas criadas para esse fim, como os *Cartórios de Registro*: de Pessoas Naturais e Jurídicas, de Títulos e Documentos, de Imóveis, de Propriedade Literária, Científica e Artística; como a *Junta Comercial*: de atividade comercial, de comerciante, de seus livros, de firma, de sociedades etc.; como o *Departamento de Propriedade Industrial*: de marca de fábrica, de sinal de propaganda etc.; como o *Departamento Nacional de Ensino*: de diplomas de atividades profissionais e técnicas.

51.21 Certidão[30]

Certidão é o ato administrativo unilateral pelo qual se fornece ao interessado documento, que merece fé, no qual se afirmam a existência de fato e sua modalidade, com fundamento em verificação feita. Tem efeito meramente probatório da existência de fato e sua modalidade. Como exemplos apresentam-se o contraste posto nos metais preciosos, o traslado de escritura pública, o certificado de boa conduta, o reconhecimento de firma.

O efeito probatório pode ser *juris tantum* – isto é, tolera prova em contrário – ou *juris et de jure* – isto é, afirma-se de pleno direito.

A certidão constitui garantia em favor de terceiro da veracidade do afirmado. Só fará prova absoluta, plena, se houver texto legal expresso conferindo-lhe tal alcance.

Não se confunde com o *assentamento ou documentação*, pois consiste na enunciação da existência de fato e sua modalidade, enquanto o assentamento consiste na verificação e anotação desse fato e sua modalidade. São atos administrativos que podem se perfazer em épocas distintas. Contudo, há relação entre eles, pois a certidão é a afir-

---

30. Carlos Rodrigues Nogueira, "Certidões para defesa de direitos", *RDA* 60/27.

mação pública da existência do assentamento, e muitas vezes constam de um mesmo documento, no qual se certificam os fatos documentados – como o auto de infração.

A certidão, de regra, é registrada na repartição competente, que a fornece, a fim de ficar devidamente anotada sua expedição. Em determinados casos, entretanto, faz-se a entrega do original, independentemente de qualquer assento a respeito.

A certidão pode dizer respeito a fatos regidos pelo direito público – a de quitação de serviço militar – como pelo privado – a de escritura de compra e venda de imóveis. Sua expedição dá-se por provocação do interessado, em solicitando, ou mandado de autoridade competente e, ainda, espontaneamente, por ação de ofício.

Classificam-se as certidões em *atestado ou certificado, reconhecimento ou autenticação* e *pública forma* ou *certidão propriamente dita*.

Atestado ou certificado consiste em afirmação de fato, por conhecimento pessoal ou de terceiros, informantes de confiança de quem o dê, e cuja ciência decorre da razão do ofício – como seja o de boa conduta por autoridade policial, por nada constar contra e ter esse conhecimento por ciência própria ou de terceiros; o certificado de oficial de justiça de que citou o réu, a fim de que compareça em juízo, para se defender em ação proposta pelo autor, e em virtude de mandado judicial.

Reconhecimento ou autenticação constitui conclusão de apurações feitas, utilizando-se mesmo de documentação, mas em que entra critério valorativo, como o reconhecimento de firma por semelhança, entre a de documento em confronto com a autêntica, constante de assentamento. Não deflui, portanto, de existência prévia da documentação de que se tiram os elementos. Ao contrário, segundo sua natureza, tem a qualidade de documento autêntico por ele formado. Por isso mesmo possui menor força probante que a certidão.

Certidão propriamente dita ou *pública forma* consiste em afirmação estrita do que consta pura e simplesmente de assentamento ou documentação. Expressa cópia exata ou transunto, feito por pessoa que tenha fé pública, do teor de ato escrito e devidamente assentado. Pode dita certidão ser de inteiro teor ou extrato. Mas cumpre reproduzir fielmente o que se contém no assentamento ou documentação. Então, possui o mesmo valor probante do original, como documentos públicos que são, nos termos do art. 136, III, do Código Civil. Entretanto, terceiro interessado pode pleitear a conferência da certidão com o original, isto é, seu confronto, para verificação de sua conformidade com ele.

A certidão vincula, em princípio, a Administração Pública quanto ao seu conteúdo. Se falsa ou errada, e acarretar danos a terceiro, este poderá pedir dela a composição dos prejuízos sofridos. Por outro lado, exonera o particular, nos termos legais, de obrigações que tenha com a Administração Pública. Assim, a certidão negativa de débitos relativos a imóveis desobriga o comprador do pagamento de algum imposto acaso não satisfeito, se transcrita na escritura de compra e venda, nos termos do parágrafo único do art. 1.137 do Código Civil.

Incluiu a Constituição de 1967, segundo a Emenda Constitucional 1, que gerou a Magna Carta de 1969, no art. 153, § 35,[XVIII] entre os direitos individuais, o de obter certidões para defesa de direitos e, mesmo, para esclarecimento de situações jurídicas, na conformidade do que dispuser a lei. Se o interesse público impuser sigilo, segundo prescrição legal, a certidão poderá ser negada, se disser respeito a esclarecimentos sobre negócios administrativos.

Há, portanto, obrigatoriedade absoluta de fornecer certidão de interesse da parte e necessária à defesa de seu direito e a esclarecimento da situação jurídica. Já com referência aos atos relativos à ação administrativa, só se precisar para esclarecimento desses negócios e não tenha a Administração Pública interesse em que se guarde segredo a respeito. Cabe, entretanto, ao Judiciário apreciar se se justifica esse silêncio, tendo em atenção a natureza do assunto ou do documento. A negativa de certidão, destarte, enseja remédio judicial para sua obtenção.

Entre as certidões, são de se distinguir as que dizem respeito aos interesses dos particulares nas suas relações recíprocas das que se referem a interesses deles com a Administração Pública.

Quanto às de interesse dos particulares apenas, são de se mencionar as que provam: a situação jurídica das pessoas, pertinentes à existência, modificação ou extinção do estado civil; a qualidade jurídica dos bens, relativas à sua medida, ao contraste dos metais, à pro-

XVIII. *Nota dos Editores*: Hoje, art. 5º, XXXIV, "b", da CF de 1988.

cedência das mercadorias; os negócios jurídicos, referentes à aquisição de bens e à prestação de serviços.

Quanto às de interesse dos particulares vinculados à Administração Pública por direitos e obrigações, são de se recordar as de alistamento militar, eleitoral, de contribuinte e as de arrolamento de bens públicos, segundo a respectiva afetação.

51.22 Participação, comunicação e publicação[31]

Participação é ato administrativo unilateral pelo qual se dá ciência a terceiro de ato jurídico emitido. Consiste, em última análise, em instrumento de exteriorização da vontade. Mas, outrossim, corresponde a elemento necessário para a eficácia desta. Portanto, complemento externo de conhecimento para obrigar. Produz o efeito de direito de tornar obrigatório outro ato jurídico. Sirva de exemplo o documento pelo qual se dá conhecimento a empregado público da sua promoção.

São suas espécies a *comunicação* e a *publicação*. Aquela é a participação individual ao interessado e a ele dirigida, enquanto esta é impessoal, pois objetiva divulgação indeterminada e permite, destarte, sua ciência em geral a qualquer pessoa.

Produz, por vezes, efeito com relação a outrem, que poderá, em conseqüência dela, resguardar seus direitos, violados em favor do interessado no ato. Assim, com a publicação da promoção de colega no funcionalismo público, pode outro empregado público recorrer administrativamente do ato que entende o preteriu, violando seu direito à promoção; e, ainda, dessa publicação começa a correr o prazo para tomar medida judicial na defesa dos seus direitos, como seja impetrar mandado de segurança. Então, para o terceiro corresponde a outro ato jurídico, a *intimação*.

O ato jurídico independe, de regra, da participação para sua perfeição. Apenas sua eficácia, com referência a terceiros, a ela se subordina. Com referência à própria Administração Pública pode produzir certos efeitos antes de divulgado. Encerra processo de dar conhecimento para produção dos seus efeitos e, outrossim, sendo o caso, per-

---

31. Cf. Vittorio Ottaviano, *La Comunicazione degli Atti Amministrativi*, 1953.

mitir os competentes recursos administrativos e as ações judiciais próprias.

A participação pode fazer a eficácia do ato depender do seu conhecimento real ou pressuposto. Naquele, chamado *sistema de recepção*, o efeito do ato só se dá depois do conhecimento real dele. São as hipóteses em que se exige a comunicação à parte, com a declaração de que ficou ciente do ato. Subordina-se à declaração receptícia. Neste, chamado *sistema de emissão*, o efeito do ato se dá com o simples conhecimento presumido dele. Isso ocorre quando o destinatário tenha obrigação, genérica ou específica, de tomar conhecimento das ordens que lhe são dirigidas, ou quando se exige a simples publicação oficial do ato, ou mera remessa de carta ou ofício ao destinatário.

Excepcionalmente pode ser elemento de perfeição do ato jurídico, quando é formado pelo concurso de vontades da Administração Pública e do particular, como ocorre com a função pública ou com a delegação de obra e de serviço público, para os que sustentam a natureza convencional do ato de investimento em cargo público ou de concessão de obra ou de serviço público.

A comunicação se faz mediante remessa de cópia do ato jurídico ou de extrato dele, e a publicação através de divulgação em livros próprios, em boletins, na porta dos edifícios públicos e nas folhas oficiais ou oficializadas. Não se confunde a *publicação*, ato jurídico, com a *publicidade* de atos administrativos, a fim de possibilitar aos cidadãos acompanharem seus diferentes momentos, como o das sessões de certos órgãos administrativos.

As publicações feitas em caráter jocoso não produzem qualquer efeito de direito, em si, uma vez que inexiste ato jurídico realmente objeto dessa participação. Podem, entretanto, constituir fundamento da responsabilidade de quem o praticou, se dele resultar danos à Administração Pública ou a terceiros.

Os autores italianos, em vez da expressão "participação", preferem a expressão "comunicação", como gênero, significando a ciência a terceiro de ato jurídico emitido. Correspondendo à palavra "comunicação" como espécie, empregam a palavra "notificação", que no direito brasileiro tem outro significado, a seguir exposto.

51.23 Citação, intimação e notificação[32]

Citação, intimação e notificação são atos administrativos distintos, que, no entanto, têm uma nota comum que os une genericamente: todos são atos administrativos pelos quais se faz ciente terceiro de ato da Administração Pública em que há cominação de prazo, legalmente disposto, para a prática de ato, facultativo ou obrigatório, tendo em vista determinado efeito de direito.

A *citação* é a ciência a terceiro para comparecer perante a Administração Pública, no prazo cominado, para defender-se, sob pena de revelia, de acusações que lhe são feitas ou pretensões existentes contra ele. Trata-se de *forma de convocação*. É o caso do chamamento de funcionário para apresentar defesa em processo administrativo instaurado por falta funcional.

A *intimação* é a ciência a terceiro de ato praticado pela Administração Pública, para que possa determinar-se, tomando as providências cabíveis, segundo seus interesses, em prazo cominado, sob pena de decadência desse direito. Trata-se de *forma de advertência*. É o caso da ciência a terceiro de que seu requerimento foi despachado desfavoravelmente quanto à redução do *quantum* do imposto exigido, para que, no prazo prescrito em lei, possa apresentar recurso a órgão administrativo hierarquicamente superior. Outro exemplo é o da ciência de terceiro, mediante edital, de abertura de concurso de habilitação, para poder pedir sua inscrição.

A *notificação* é a ciência a terceiro de que, em prazo cominado, deve praticar determinado ato ou ter certo comportamento, sob pena de resultar inadimplente em obrigação que lhe cabe. É a exigência da satisfação de dever que lhe compete, nos termos legais, que se atualiza em ato administrativo, pertinente à obrigação de dar, fazer e nãofazer ou suportar. Considere-se o aviso de lançamento de imposto: contém não só intimação para recorrer, em certo prazo, se entender que houve equívoco, e, outrossim, notificação, não recorrendo dele, para pagamento, em outro prazo estabelecido, mais dilatado, sujeitando-se, em conseqüência, na falta de sua satisfação, aos acréscimos legais e à multa pela mora.

---

32. Cf. Maria Rivalta, *La Diffida in Diritto Amministrativo*, 1961. Cf. itens 48.7 e 52.4.

A *citação*, a *intimação* e a *notificação* podem ser feitas individualmente, por agente público, com mandado para isso, e mediante carta ou ofício registrado, para comprovação do recebimento; ou indeterminadamente, a uma generalidade de pessoas, de modo oral, através de pregão, ou por escrito, sob forma de edital. Portanto, não se confundem com a *participação*, embora dependam dela, através de comunicação ou publicação, para cominar os prazos para a prática dos atos que os especificam.

Não se confundem esses atos administrativos com a *ordem*. Esta estabelece determinada obrigação para com terceiro. Já eles prescrevem termo e modo de cumprir ato do qual decorrem desvantagens pelo inadimplemento de obrigação que lhe compete ou decadência de prerrogativa que lhe cabe. Muita vez num mesmo instrumento pode haver um desses atos e uma ordem. Isso porque a ordem se faz mediante notificação. Esta é o ato administrativo de conhecimento do conteúdo daquela, negócio jurídico. E esse conhecimento se dá utilizando-se de certa forma – por exemplo, o pregão ou o edital.

51.24 Voto

Voto é o ato administrativo unilateral pelo qual se pronuncia cada um dos membros de um colégio, para formação de vontade deste e, assim, obter sua deliberação. Consiste em manifestação de desejo para que surja o ato de vontade.

51.25 Denúncia

Ato administrativo, unilateral, de agente público ou de particular, informando a órgão da Administração Pública de dada situação de fato, que lhe serve de elemento para poder atuar nos termos da sua competência, em atenção ao interesse da coletividade e à ordem jurídica. Na hipótese de denúncia de particular verifica-se a colaboração deste com a Administração Pública.

Ela se classifica em *verbal* e *escrita*, conforme a forma expressa; em *voluntária* ou *obrigatória*, segundo se trata de manifestação espontânea a respeito de acontecimento de seu conhecimento – como seja de dada irregularidade na prestação do serviço público, ou comportamento de agente público na sua vida particular que pode afetar o bom nome da sua repartição pública – ou por imposição legal – como a de moléstia contagiosa, que exige isolamento do doente, por parte do médico que o atendeu; de fato ilícito ou lícito, como se verifica nos exemplos acima enunciados.

A *denúncia* também se denomina *aviso*, quando simplesmente dá conhecimento de certo fato a órgão da Administração Pública, e *reclamação*, quando envolve queixa de como está sendo levada a efeito certa atividade pública ou privada; e *parte* tanto quando avisa de certo fato, como quando reclama dele.

Cabe à Administração Pública apurar a denúncia, averiguando sua procedência, e, então, tomar as providências de direito. Para tramitação da denúncia pode o órgão administrativo exigir a identidade do denunciante e sua qualificação e, mesmo, alguma prova do alegado, a fim de evitar, em certos casos, notícias caluniosas ou, mesmo, sem veracidade alguma, que provoquem sua ação.

52. Efeitos dos atos administrativos[33]

52.1 Vontade declarada e vontade real

O ato administrativo, como qualquer ato jurídico, é uma *manifestação de vontade*, para produzir efeitos jurídicos. Seu conteúdo está na enunciação ou complexo de enunciações que constituem a declaração da vontade, isto é, tudo que se entendeu emitir a fim de obter direta e imediata realização de interesse concreto. A manifestação pode ser *positiva*, quando provê esse interesse, e *negativa*, quando recusa.

O ato da *vontade* consiste sempre em manifestação externa, a qual se conhece por essa declaração, pois a manifestação interna é de ordem psicológica e, por conseguinte, não pode produzir efeitos jurídicos, por não corresponder a fato que altere ou possa alterar a ordem jurídica existente, e, assim, lhe falta a comprovação da manifestação da vontade, para fazer fé e garantir os por ela envolvidos. Contudo, o

---

33. Cf. Flávio Bauer Novelli, "A eficácia no ato administrativo", *RDA* 60/16 e 61/15; Lafayette Pondé, "O ato administrativo, sua perfeição e eficácia", *RDA* 29/16.

ato administrativo, como ocorre com os atos de pessoas jurídicas, principalmente de direito público, é levado a efeito mediante procedimento, cujos atos preparatórios permitem melhor conhecimento da vontade real, acaso em oposição à vontade declarada.

Ambas, *vontade declarada* e *vontade real*, cumprem ser consideradas com referência ao ato jurídico, e, portanto, ao ato administrativo, a fim de bem interpretá-lo e se obter seu exato significado. Como a vontade declarada consiste em processo de divulgação da vontade real, esta deve prevalecer sobre aquela, sempre que possível sua apuração. Aliás, o Código Civil traça tal orientação ao determinar, no art. 85, que nas declarações de vontade se atenderá mais à sua intenção que ao sentido literal da linguagem. Assim, esta se deve ajustar àquela.

52.2 Vícios na manifestação da vontade

Por vezes a manifestação de vontade acha-se inquinada de *vício*, em virtude de erro, dolo, coação moral ou simulação. Eles afetam a legitimidade do ato administrativo e o tornam suscetível de anulação, por defeito na declaração da vontade. O Código Civil, na sua Parte Geral, dispõe sobre essas diferentes figuras de *vícios da vontade*.

Erro é a falsa idéia que se tem de um ser. Já a *ignorância* é a falta de conhecimento a respeito dele. Quanto aos seus efeitos jurídicos, entretanto, são equiparados. Assim, considera-se que padece de vício de vontade por erro o ato jurídico realizado tanto com falta de conhecimento do se, como com falsa idéia sobre ele. Verifica-se sobre a pessoa ou o objeto da relação jurídica, ou mesmo sobre a natureza do ato ou seu motivo determinante.

O erro, entretanto, capaz de viciar a manifestação de vontade é o que, se não tivesse existido, na realidade, a declaração teria sido outra, ou não teria havido. Trata-se de *erro substancial*. Destarte, não se tem viciada a vontade por erro se, apesar de declarada em equívoco ou ignorância, tal circunstância não alteraria sua manifestação. Assim, Fulano é promovido, por merecimento, para determinado cargo; acontece que a vaga era de provimento por antigüidade. O erro, todavia, não invalida o ato se era o mais antigo na classe para efeito dessa promoção. Então, pouco importa o fundamento por que ela se fez. O erro fora acidental.

O *erro sobre a pessoa* pode ser sobre sua própria identidade ou sobre suas qualidades essenciais. Surge sobre a identidade da pessoa, por exemplo, quando o Presidente da República indulta um sentenciado em lugar de outro, em virtude da semelhança de fatos entre eles quanto ao nome, à natureza do crime e à profissão. Já, sobre as qualidades essenciais aparece quando prefeito nomeia alguém para certa comissão supondo ter determinados atributos que, no entanto, não possui.

O *erro sobre o objeto* ocorre quando alguém se equivoca sobre sua identidade, sobre a quantidade do ser, ou a extensão da prestação a que se refere, ou, ainda, sobre suas qualidades essenciais. O *erro sobre a identidade da coisa* se dá, por exemplo, quando o secretário da Segurança Pública impede a circulação de jornal sob alegação de subversivo, por confundi-lo com outro, de nome muito parecido. O *erro sobre a quantidade do ser ou da prestação a que se refere* existe quando, por exemplo, o Governo, ao deferir pedido de passagens gratuitas a estudantes em excursão cultural, engana-se no número delas ou sobre o local até onde estende a isenção. O *erro sobre as qualidades essenciais do objeto* deflui de falhas na sua apreciação. Supõe o governador do Estado que seu ato se acha vinculado a dada manifestação de vontade, em conseqüência de lei, quando, na verdade, é discricionário, ou, então, chefe de serviço, que se acha sujeito a determinada ordem, quando inexiste qualquer determinação a respeito; e, se fossem livres, outra teria sido a manifestação de vontade, tanto daquele como deste.

O *erro sobre as qualidades essenciais da pessoa ou do objeto do ato* aparece quando elas influem na determinação da vontade, porque se supunha existentes. Constituem, portanto, motivos determinantes do ato. Por conseguinte, o erro sobre as referidas qualidades essenciais corresponde a *erro sobre os motivos determinantes do ato.*

O *erro sobre a natureza do ato* apresenta-se quando se equivoca sobre sua categoria. Alguém pleiteia concessão de serviço de transporte aéreo e a Administração Pública lhe dá permissão, a título precário, para essa atividade. Isso porque entende era esse o objetivo do suplicante, e, ele, ao contrário, começa os preparativos para exercer aquele serviço, porque o entende conferido nos termos pedidos.

O erro pode ser *de fato* ou *de direito*, se emanado por equívoco ou ignorância de fato ou de direito.

O *erro de fato* consiste na errônea verificação dos próprios elementos em que se embasa o ato, por falsa suposição ou ignorância quanto à pessoa ou objeto da relação jurídica ou mesmo à natureza do ato ou ao seu motivo determinante, isto é, aos fatos que servem de base à manifestação da vontade.

O *erro de direito* consiste na errônea suposição ou interpretação da sua aplicação aos fatos, por falsa apreciação do texto legal ou desconhecimento da existência da lei. Portanto, esse erro, indiretamente, em princípio, envolve desrespeito à lei, por falsa idéia da sua causa ocasional, ou seja, do seu motivo determinante, que constitui o fundamento legal do ato praticado. Lançador toma por base para cálculo de imposto determinado índice percentual sobre o valor locativo, seja 5% em vez de 10%, por erro na verificação do texto, pois se vale da lei antiga, em vez da nova.

Cabe indagar se só poderá haver vício de vontade por erro de fato, ou também por erro de direito. Embora o erro de fato seja bem mais desculpável, é de se admitir, outrossim, o de direito, desde que sua alegação não envolva oposição à eficácia obrigatória da lei, mas, ao contrário, demonstre a verificação de inexistência ou falta de pressuposto querido pela própria lei para a perfeição do ato. Se na formação do ato jurídico teve influência direta, como razão ou condição de sua emanação, a falsa apreciação desse elemento, ocorre o vício de vontade, por erro de direito.

É conhecida a divergência entre Clóvis e Espínola, no direito pátrio, sobre a possibilidade de afetar a validade do ato jurídico o erro de direito, ao interpretarem o art. 90 do Código Civil, que prescreve: "Só vicia o ato a falsa causa quando expressa como razão determinante ou sob forma de condição". Entendia o primeiro isso não ser possível, porque ninguém pode escusar-se de cumprir a lei (cf. *Comentários ao Código Civil*, 3ª ed., vol. I, p. 324, n. 3). Já o segundo o admitiu se acerca da causa que originou o ato, *error in ipso negotio* e não *error iuris* sobre a própria norma (cf. *Manual do Código Civil*, de Paulo Lacerda, vol. III, Parte 1ª, pp. 276-290, n. 64).

Portanto, o erro de direito é indesculpável quando se refere diretamente ao desconhecimento da lei, em virtude do princípio de que ninguém pode subtrair-se ao império da norma de direito, mesmo sob a alegação de erro ou ignorância. Diz respeito às leis denominadas *obrigatórias*, que impõem coercitivamente determinado comportamento, tais como as normas de Direito Penal ou disciplinar. Então, com seu desconhecimento se verificam perturbações à ordem jurídica. Porém, quando se discute sobre a formação de ato jurídico, de manifestação de vontade para produzir efeitos de direito, nos termos legais, cumpre considerar-se a circunstância em si do conhecimento, ainda que com erro de direito, a viciar a vontade, e, conseqüentemente, a validade do ato feito de boa-fé. Destarte, quando alguém efetiva ato jurídico em erro de direito, ele é escusável, na salvaguarda do seu interesse, que cumpre ser protegido, uma vez que a ordem jurídica, com isso, não fique perturbada.

Assim, repetindo-se hipótese considerada, realizado lançamento de imposto pelo lançador em bases diferentes das determinações legais, por erro ou ignorância de direito, na suposição de texto ou na sua interpretação, cabe à Administração Pública, aliás, com o intuito de estabelecer a eficácia obrigatória da lei, anular esse lançamento e proceder a outro suplementar, enquanto não prescrito o direito de fazer dita retificação. Igualmente, quem paga imposto por erro na interpretação de texto legal, entendendo devê-lo quando tal não acontece, sem dúvida pode repeti-lo sob o fundamento de erro de direito.

O ato administrativo em que a manifestação da vontade se prende ao exercício de poderes vinculantes, sua prática por erro sempre acarreta a violação da lei, por desconhecimento do seu motivo legal, da sua causa ocasional, ou seja, do seu fundamento legal obrigatório ou regrado. Já o ato administrativo em que a manifestação de vontade se efetiva no exercício de poderes discricionários, se expressa por erro, não acarreta a violação da lei, porquanto se cinge à apreciação da oportunidade ou conveniência do ato, ao valor do motivo ou causa ocasional, ou seja, ao seu mérito.

Contudo, mesmo nesse último caso verifica-se erro que vicia o ato, como se viu ante os exemplos oferecidos. Mas o erro sobre o motivo do ato, isto é, sobre sua causa ocasional, só vicia o ato discricionário quando expresso como sua razão ou condição. Pode ser, outrossim, tanto de fato como de direito.

Invocam-se exemplos já dados: (a) a nomeação de alguém para determinada comissão por se supor ter certos títulos que não possui, embora não sejam legalmente exigidos, e essa circunstância se insere no ato como seu motivo, ou isso expressamente consta do processado em que se decidiu tal nomeação; (b) a prática de ato pelo governador do Estado supondo achar-se vinculado a dado preceito legal, e tal fundamento consta do ato como seu motivo determinante, ou expressamente do processamento em que se encontra essa manifestação de vontade, e dela se deflui que outro seria o ato se não fosse o erro de direito em que incorreu (cf. Código Civil, arts. 86-91).

Dolo é o expediente astucioso empregado por alguém para induzir outrem à prática de ato jurídico em seu proveito ou de terceiros.

Na verdade, o dolo corresponde ao erro que resulta de artifício de terceiro. Mas, se não confundem, pois pode o erro, em si, não constituir fundamento para anular o ato por vício da vontade, se não tivesse existido o dolo, como seja o ato praticado em erro sobre qualidades acidentais da coisa ou da pessoa. Entretanto, se oriundo de dolo, isso é possível. Demais, no caso de dolo, quem induziu o agente à prática do ato sujeita-se à reparação dos danos sofridos em conseqüência, tanto o que o efetivou como terceiro que por ele ficou beneficiado.

Não se confunde o dolo com a *fraude*. Esta se configura no ato jurídico em que há intuito de burlar a lei ou lesar terceiro. Por conseguinte, pode ser levada a efeito sem a intervenção da vítima. O dolo, para constituir fundamento para anular o ato, deve ser o motivo determinante dele; portanto, ter sido essencial ao negócio jurídico. Destarte, não se considera como tal o que, a despeito dele, o ato se teria praticado, embora por outro modo.

O dolo pode ser positivo ou negativo. *Positivo* quando, mediante ação, se faz ressaltar circunstâncias falsas e se suprime a verdadeira, de modo a induzir o agente a praticar o ato. *Negativo* quando, através de omissão, se silencia a respeito de fato que, pela natureza do negócio ou por imposição legal ou costumeira, devesse revelar ao interessado, que só em virtude desse desconhecimento pratica o ato (cf. Código Civil, arts. 98-101).

Coação moral é o estado mental em que alguém fica ante intimidação a que se sujeita, e que faz com que perca espontaneidade de querer, e, destarte, espiritualmente constrangido efetiva o ato jurídico que lhe é exigido. A coação moral distingue-se da *física*. Aquela vicia a manifestação da vontade, por ter sido extorquida em virtude de ação sobre a vontade, que, entretanto, atua, mas constrangida pelo temor. Esta exclui a existência de manifestação de vontade, por completa ausência de sua exteriorização livre, pois o agente se transforma em instrumento passivo da vontade de outrem.

Para que se configure a coação moral impõe-se ela seja a causa determinante do ato e o temor seja justificado e diga respeito a dano iminente na pessoa do paciente ou da sua família, ou nos seus bens. No apreciar a coação ter-se-á, entretanto, de ter em conta as condições pessoais do paciente e as circunstâncias em que se encontra, de modo a influírem sobre sua vontade.

Não se considera coação a ameaça de exercício normal de direito, nem o simples temor reverencial. O *temor reverencial* consiste no sentimento de respeito, de reconhecimento e consideração a quem se deve tributar por relações de parentesco, de sentimento de amizade, ou de superioridade hierárquica etc. Mas, se aquele a quem se deve esse temor a ele acresce ameaça, a coação aparece. Já a ameaça de exercício abusivo de direito, de modo a haver excesso e procurar incutir pavor ou grande apreensão no espírito de outrem, constitui coação.

Quando a coação exercida por terceiro for previamente conhecida da parte beneficiada, responderá esta solidariamente pelas perdas e danos pedidas pela vítima. Se a ignorava, só sofrerá a conseqüência da anulação do ato.

Como exemplo de coação no Direito Administrativo pode-se apresentar o ato da Administração Pública que força funcionário a desistir de atrasados para despachar favoravelmente diferença de vencimentos a que tem direito. Tal direito se há de admitir ante pareceres dos órgãos competentes reconhecendo-o e a própria manifestação do presidente, governador ou prefeito, ao despachar o requerimento do interessado nesse sentido.

As circunstâncias econômicas do funcionário em necessitar de imediato desse aumento e a falta de numerário para propor ação judicial, não só dispendiosa como demorada, fazem com que, constrangido, concorde com essa exigência para poder, de então em diante, receber o acréscimo a que tem direito.

Poderá, depois, pleitear os atrasados sob alegação de coação, e vir a obtê-los, se o Judiciário reconhecer esse seu direito a essa diferença e tiver como ocorrida a coação moral para sua desistência. Igualmente como coação deve-se considerar o ato da Administração Pública que faz o funcionário aceitar determinada situação ou desistir de certa vantagem sob ameaça de exoneração, uma vez não gozando de estabilidade (cf. Código Civil, arts. 98-101).

Simulação é a manifestação de vontade enganosa, visando a produzir efeito diverso do ostensivamente expresso; portanto, em que se verifica divergência entre a vontade verdadeira e a declarada.

Haverá simulação nos atos jurídicos quando aparentarem conferir direitos a pessoas diversas das a que realmente se conferem ou transmitem, como seja o ato de agente público de aquisição de bens de parente para o serviço público, mas feito por interposta pessoa, a fim de evitar, de modo sub-reptício, o impedimento legal.

Outrossim, haverá simulação nos atos jurídicos quando contiverem declaração, confissão, condição ou cláusula não verdadeira, como o que faz agente público comprando imóvel, para repartição pública, por preço inferior, mas em que consta preço superior, para ficar com a diferença; ou, então, por parte do contribuinte que diminui o preço da venda do imóvel, a fim de pagar menos imposto de transmissão de propriedade; ou, ainda, por parte de contribuinte que inclui interposta pessoa como recebendo a importância por serviços que não existiram, para evitar acréscimo no imposto de renda.

Afinal, haverá simulação nos atos jurídicos quando os instrumentos foram antedatados ou pós-datados, tal como ocorre em ofício de agente público com data anterior para comprovar medida tomada antes da realização de certo fato a ele prejudicial; ou contrato de agente público com data posterior para beneficiá-lo em certa medida legislativa.

Para que ocorra a simulação impõe-se a intenção de prejudicar terceiro ou de violar disposição legal. A simulação inocente não vicia o ato jurídico. Os que praticam a simulação não podem, em princípio, alegá-la em litígio um contra o outro. Entretanto, conforme as circunstâncias do caso, abre-se exceção à regra, apreciada pelo juiz. Confiram-se, a respeito, os arts. 102 a 105 do Código Civil.

52.3 Interpretação do ato administrativo[34]

Para a *interpretação do ato administrativo*, como prévia consideração, impõe-se conhecer a norma jurídica em que se assenta e mesmo o sistema jurídico a que se liga, perscrutando-se seu exato alcance. Isso porque nenhuma prestação pode a Administração Pública exigir do particular sem lei que a autorize.

A atividade administrativa desenvolve-se nos termos legalmente permitidos. Embora lhe caiba como objeto a utilidade pública, esta se realiza através de execução da lei, que também tem igual objeto. Ao contrário do particular, que tudo pode fazer ou deixar de fazer que não seja legalmente proibido, a Administração Pública só atua nos limites traçados pelo legislador. Por isso, tem o campo de ação que este lhe confere.

Em conseqüência, cumpre, desde logo, distinguir-se se o ato administrativo foi praticado no exercício de *poderes vinculados* ou *discricionários*, segundo a ordem normativa. Naquela hipótese, corresponde a mera aplicação de lei, e deve se sujeitar aos seus preceitos estritos; enquanto nesta se faz necessário ter em vista os fatos que embasaram a manifestação de vontade, as circunstâncias que influenciaram na sua exteriorização.

Cumpre, ainda, nas hipóteses de *discricionariedade*, distinguir a pura da qualificada, bem como as figuras de atos integral ou parcialmente discricionários, em atenção à faculdade de agir e à liberdade de dispor sobre seu conteúdo, segundo a extensão e compreensão do juízo de conveniência e oportunidade. Cabe, então, apreciação dos seus *pressupostos*.

Na falta de texto legal expresso em contrário, deve o intérprete entender que os poderes conferidos à Administração Pública são discricionários. Isso em atenção aos seus objetivos de realizar a utilidade pública. Não se achando vinculada de modo explícito na sua ação, cabe-lhe perfazê-la tendo em vista a conveniência e oportunidade, segundo seu alto critério de valoração.

---

34. Cf. Massimo Severo Giannini, *La Interpretazione dell'Atto Amministrativo*, 1939.

Em virtude de a vontade final da Administração Pública resultar, de regra, de procedimento administrativo, é mais facilmente verificável sua intenção real. Os elementos constitutivos do ato administrativo, suas causas, que o geram mediante a expressão de vontade da Administração Pública, são fatores para esclarecimento do seu exato significado.

De especial relevo é a verificação da *causa ocasional* ou *motivo* e da *causa final*, tendo em vista sua categoria e a mira do agente que o praticou. Há de se conformar com o interesse geral e o interesse próprio que o caracteriza, segundo sua natureza peculiar. Outrossim, deve-se verificar a competência do agente que o levou a efeito, em confronto com outros atos por ele emitidos e por outras autoridades públicas de competência análoga. Igualmente, a fórmula ou forma exterior oferece marcados rumos a respeito. Afinal, as partes do preâmbulo, justificação e intestação, colaboram na elucidação do sentido do ato administrativo.

Empregam-se neste trabalho os mesmos métodos utilizados na interpretação da lei: gramatical e lógica. Vale-se para tanto das Escolas de Hermenêutica. Já se optou a respeito pela Jurídico-Sociológica como a preferível para boa elucidação dos textos legais. O aspecto teleológico do ato administrativo é de maior relevo ainda (cf. Capítulo V, item 44.2).

Os atos administrativos que restringem ou ampliam direitos, que estabelecem ônus ou oferecem vantagens, são interpretados estritamente. Isso não quer dizer que em outras hipóteses não tenham cabida a interpretação extensiva e, outrossim, a analogia (cf. Capítulo V, itens 44.5 e 44.6).

Presumem-se, em princípio, legítimos os atos administrativos e se reconhece possível sempre a manifestação de vontade da Administração Pública, que desenvolve atividade no interesse coletivo. O interesse dos particulares há de ceder diante daquele, e o direito subjetivo deles se sacrifica em face do direito de supremacia do Estado, convertidos em expressão patrimonial que represente seu justo valor.

É norma, portanto, que deve sempre ter presente o intérprete que, salvo prova em contrário do administrado, se há de ter como legítimo o ato da Administração. Essa demonstração cumpre ser cabal, embora possa dizer respeito tanto à ilegalidade frontal como à sub-reptícia, sob a forma de abuso de direito.

Por outro lado, tendo em vista que a Administração Pública existe para atuar no interesse público, deve o intérprete compreender a razão dos poderes exorbitantes que lhe cabem para o exercício dos seus cometimentos e reconhecê-los, ao contrário do que ocorre, de regra, com os particulares. A explicação está em que a justiça, objeto do Direito Administrativo, é a distributiva, enquanto a do direito privado, na maior parte das relações, é a comutativa.

Destarte, o conflito entre o interesse coletivo e o individual se solve a favor daquele; e, outrossim, o direto dos indivíduos se resolve em expressão patrimonial com plena indenização em face do direito de supremacia do Estado-poder, pois jamais podem impedir a ação da Administração Pública, na realização da sua atividade no interesse coletivo.

A legislação de direito privado só pode o intérprete aplicar, nas relações de Direito Administrativo, quando expressamente assim dispuser ou haja outro texto legal determinando sua extensão ao direito público. Não se confunda, entretanto, institutos da Teoria Geral do Direito, insertos na legislação de direito privado, com os institutos deste ramo jurídico. Aqueles institutos são próprios de todo o Direito.

52.4 Perfeição, obrigatoriedade e eficácia do ato administrativo (cf. item 48.7)

O ato administrativo, como ato jurídico, diz-se *perfeito* quando esgotadas as operações necessárias para sua existência jurídica. Portanto, depois de efetuadas todas as atividades constitutivas para determinação e declaração da vontade. Destarte, antes de completamente formado, de realizados todos os elementos da sua perfeição, inexiste sob o plano jurídico, não obstante efetuados os atos preparatórios e parte dos atos constitutivos. Só com a consecução do último momento da declaração de vontade se perfaz o ciclo da sua formação, e se tem por finalizado.

Perfeito o ato administrativo, produz normalmente seus efeitos. Entretanto, sua *eficácia* depende de providências instrumentais ou de eventos futuros, que fazem permaneça em estado de pendência enquanto não se verifiquem e, mesmo, requerem atividade administrativa material da sua execução.

Assim, para obrigar a terceiros se impõe dele tenham conhecimento, através de comunicação ou publicação. A eficácia com referência aos outros, portanto, depende da efetiva ciência da recepção da sua participação, ou da sua divulgação pública, conforme a legislação a respeito. Todavia, com referência à Administração Pública já na sua emissão pode produzir efeitos jurídicos, pois não ignora os próprios atos.

Pelo exposto, verifica-se que não se confunde a perfeição do ato administrativo com sua *obrigatoriedade*. Aquela se dá com a realização do ciclo da sua formação, e esta com seu conhecimento efetivo ou presumido. Constitui elemento da sua vigência, jamais da sua perfeição. O ato administrativo já existe antes do seu conhecimento pelos administrados, embora ainda ignorado.

Só obriga a eles, portanto, quando ocorre seu conhecimento nos termos legais. Então se torna eficaz, começa a produzir seus efeitos. Às vezes necessita ainda de registro, para documentação da sua participação a terceiro. Na falta de disposição legal, deve prevalecer o sistema da comunicação do ato, em virtude de sua natureza concreta e individual. Tratando-se, no entanto, de atos concretos referentes a uma generalidade de indivíduos, entende-se suficiente a publicação. Recebida pelo destinatário a participação, não há que se cogitar de conhecimento efetivo. Basta seja entregue em seu nome e no endereço certo.

Por conseguinte, só depois do conhecimento presumido ou real do ato administrativo se sujeita alguém ao seu império. Destarte, com ele começa a correr o prazo, legalmente cominado, ou pelo próprio ato, para o interessado tomar as medidas de resguardo do seu direito. Tal seja nos casos de citação para comparecer e defender-se de qualquer acusação, de intimação de decisões administrativas para delas recorrer, de notificações para a prática de determinado fato material ou ato jurídico.

A eficácia do ato administrativo, como salientado, não depende só de providências instrumentais para seu conhecimento e, então, começar a obrigar; depende, outrossim, de evento futuro, legalmente exigido, não obstante perfeito. Por vezes precisa ser aceito pelo interessado, como a outorga de título honorífico; ou está subordinado a controle, como a homologação da.despesa, através de registro do Tribunal de Contas, para verificar se a verba é própria e se dentro do saldo. O ato administrativo, entretanto, já está perfeito antes dessas manifestações integrativas, complementares.

A atividade material de execução do ato administrativo junta-se a ele e encerra requisito da sua executoriedade – como a detenção, por policial, de funcionário, em cumprimento ao ato administrativo de determinação de prisão administrativa.

52.5 Efeito imediato e retroativo do ato administrativo[35]

O ato administrativo produz *efeito imediato*. Como todo ato jurídico, em princípio, não tem caráter *retroativo*. Busca reger situações jurídicas presentes e futuras. Respeita os fatos realizados no passado e não desconhece os efeitos futuros dos direitos adquiridos ou das situações jurídicas subjetivas, individuais. Resguarda o efeito futuro do ato jurídico formalmente perfeito no passado e das situações jurídicas definitivamente constituídas. Tudo na conformidade com a ordem normativa (cf. Capítulo V, item 37).

Mesmo inexista texto constitucional ou legal a respeito, quanto aos atos administrativos impõe-se, em princípio, sua irretroatividade com referência aos fatos já realizados e à garantia dos efeitos futuros dos direitos adquiridos ou das situações jurídicas subjetivas definitivamente incorporadas de modo concreto em favor de dada pessoa. Isso ante princípio geral de Direito, expresso na Constituição ou em lei, com relação aos atos normativos, que se estende, outrossim, aos administrativos concretos, e aceito na ordem jurídica dos povos cultos.

Os atos administrativos retroativos que desconhecerem fatos realizados no passado ou que violarem direitos adquiridos, mesmo nos seus efeitos futuros, são nulos, pela ilicitude do seu objeto. Em determinadas hipóteses, entretanto, resolve-se a ilegalidade através da reparação do dano, se suscetível de composição patrimonial, quanto aos efeitos futuros dos direitos adquiridos ou das situações jurídicas, ante

---

35. Renato Perrone Capana, *La Retroattività degli Atti Amministrativi*, 1950; Olivier Dupeyroux, *La Règle de la Non-Retroativité des Actes Administratifs*, 1950.

a alteração da ordem normativa a que se subsumiu o ato administrativo anterior, que gerou o direito adquirido ou a situação jurídica subjetiva. Tal se verifica, por exemplo, nos casos de revogação de ato administrativo em virtude de alteração da ordem jurídica (cf. item 54.6 deste capítulo).

Compulsando-se a coletânea de jurisprudência dos tribunais, encontram-se casos de violação desse princípio geral de Direito, de regra sub-repticiamente efetuada, de modo dissimulado, e excepcionalmente de forma confessada. A retroatividade dos atos administrativos faz-se de maneira dissimulada através de falsas justificações, como seja pretensa interpretação de ato administrativo anterior, de sua alegada confirmação ou retificação. Outrossim, tal se verifica quando se antedata o ato administrativo. Por vezes a retroatividade tem caráter acidental: objetiva reparar as conseqüências de irregularidades ou atraso em atos da Administração Pública, ou quem faça as suas vezes.

Todavia, quando não há texto constitucional proibindo o efeito retroativo da lei, ao menos quando benéfico, ela expressamente apresenta esse caráter, em casos excepcionais. Então, os atos administrativos que lhe dão execução assumem também tal aspecto, uma vez não lesem direitos de terceiros. Assim, se uma lei atribui efeito retroativo à elevação de vencimentos dos funcionários, o ato administrativo de ordem de pagamento há de ter, em conseqüência, força retroativa.

Outras vezes, embora a lei não seja retroativa, pode atribuir efeito retroativo ao ato administrativo que se emana em conseqüência. Isso se verifica quando a lei faculta se compute, para cálculo de serviço público, o prestado a outras entidades, e, então, o ato administrativo deferindo o pagamento da licença-prêmio retroage à data em que surgiu esse direito, em virtude desse acréscimo ao tempo de serviço. Obviamente, os interesses passam a ser protegidos e os direitos se consideram criados desde essas datas.

Relativamente a certos atos administrativos a retroatividade é da natureza do ato jurídico. Tal se verifica com os atos declaratórios, que remontam seus efeitos à época em que os fatos se verificaram, e desde essa data lhes atribuem conseqüências jurídicas. Sirvam de exemplo os que declaram o tempo de serviço do funcionário para efeito de adicional. Igualmente, isso se verifica com os atos que constituem condição legal para eficácia de outro. Assim, a aposentadoria de funcionário que depende de homologação do Tribunal de Contas.

Na verdade, em ditas hipóteses os interesses tutelados e os direitos constituídos existem desde o momento em que ocorreu o fato, posteriormente apurado, ou a perfeição do ato jurídico, de modo regular, embora em estado de pendência. Por isso, os efeitos jurídicos protraem à data do fato ou da entrada em vigor do ato jurídico.

Outrossim, são retroativos os atos de convalidação de atos administrativos anuláveis, em virtude dos quais se corrigem os vícios de que estavam inquinados, ratificando-os e confirmando-os.

Outra categoria de ato retroativo é o de decretação de invalidade de ato administrativo por padecer de vício de nulidade ou anulabilidade, que faz se tenha como juridicamente inexistente. É da essência da nulidade ou da anulabilidade a retroação. Isso porque, considerado nulo ou anulado o ato administrativo, as partes que em virtude dele se vincularam retornam à situação anterior, ao estado em que se achavam antes da formação dessa relação, reconhecida como juridicamente inexistente. Só se impossível essa restituição serão indenizadas do equivalente. Aliás, a respeito é expresso o art. 158 do Código Civil.[XIX]

Encerram casos comuns de retroação os em que se proclamam injustiças sofridas por funcionário. Então, se lhe reconhece a promoção em época anterior, por indevidamente preterido, e, em conseqüência, se conta o tempo de serviço no cargo mais elevado da data em que deveria ter sido promovido e se lhe paga a diferença de vencimentos, entre os cargos, durante esse período.

São retroativos não só os efeitos da declaração ou decretação da nulidade ou anulabilidade de atos administrativos pela Administração Pública como, outrossim, os desta na execução de decisões judiciais que declaram nulos ou decretam a anulabilidade de ditos atos jurídicos. Trata-se, nesta última hipótese, de *retroatividade derivada*.

Assim, a decretação judicial da nulidade de promoção de funcionário que não tinha esse direito em detrimento daquele a quem cabia esse acesso suscita ato administrativo com efeito retroativo, em cumprimento da decisão judicial transitada em julgado que assegurou o

---

XIX. *Nota dos Editores*: O artigo correspondente é hoje o art. 182.

direito do funcionário, qual seja, sua promoção e o pagamento da diferença de vencimentos.

Tal retroatividade ocorrerá também em hipóteses de admissão ilegalmente negada de aluno em escola oficial ou oficializada, de licença dada a particular para construção em imóvel de sua propriedade etc. que venham a provocar decisão judicial a respeito, e, conseqüentemente, a obrigar a Administração Pública a praticar atos em seu cumprimento, isto é, quando a esta caiba cumprir decisão judicial assegurando direito por ela desconhecido.

52.6 Suspensão e cessação dos efeitos dos atos administrativos[36]

O ato administrativo tem um ciclo de vida. Começa com a sua perfeição e dura enquanto produz efetiva ou virtualmente efeitos jurídicos. A *cessação dos efeitos* corresponde ao fim do ato administrativo – em última análise, à sua extinção.

Por se ter extinguido, não produz mais efeitos jurídicos novos, mas perduram, muita vez, os anteriormente produzidos. A revogação de nomeação de funcionário, que se verifica na sua exoneração a pedido ou no interesse da Administração, não prejudica os atos jurídicos por ele praticados, que podem continuar a produzir efeitos, a ter relevância, na ordem do direito. Portanto, a cessação dos efeitos jurídicos do ato, ou seja, sua extinção, não perturba os efeitos jurídicos legitimamente efetivos, que se não eliminam.

Cumpre distinguir, quanto aos efeitos jurídicos, os atos administrativos em atenção ao conteúdo. Alguns são de *prestação única*, enquanto outros são de *prestação continuada*.

Nos de *prestação única* seus efeitos se produzem com a própria execução. Destarte, com a prática do ato se esgota seu ciclo natural de vida, realiza de modo integral e instantâneo seus efeitos. É o caso do ato administrativo de multa a terceiro ou de censura ao funcionário.

Nos de *prestação continuada* seus efeitos perduram e o tempo de sua duração pode ser determinado ou indeterminado.

---

36. Cf. Emilio Bonaudi, *Della Sospensione degli Atti Amministrativi*, 1908; Hugo Olguín Juarez, *Extinción de los Actos Administrativos*, 1961; Doris Piccinnini García, *Teoría del Decaimento de los Actos Administrativos*, 1968.

Como *ato administrativo a prazo determinado* é de se recordar a licença ao funcionário, por 90 dias, para tratamento de saúde, período em que fica autorizado a faltar ao serviço. A vida do ato, seu conteúdo próprio, se escoa com o transcurso desse prazo. Sua decorrência ou expiração constitui a causa natural da extinção. Nessas hipóteses cumpre os efeitos normais da sua existência, ou seja, seu ciclo de vida. Entretanto, pode seu término ser prolongado além do prazo prefixado. Dá-se por *prorrogação tácita* quando, nos termos legais, se atribui tal efeito ao silêncio das partes, ou de uma delas, como seja a concessão a prazo determinado para prestação de serviço público, com a possibilidade de se ter como prorrogado, por igual prazo ou por prazo indeterminado, quando as partes não notificam desejar seu término. Ocorre por *prorrogação expressa* quando necessário outro ato administrativo, como sejam o pedido de prorrogação de licença e seu deferimento.

Já o *por tempo indeterminado* prolonga seus efeitos até a ocorrência de fato natural ou de ato jurídico que o extingue, e que precisa, em princípio, a cessação dos seus efeitos. A nomeação de funcionário permanece no tempo, salvo ato administrativo de exoneração ou demissão, ou o fato de sua morte.

Às vezes posterior ato administrativo modifica ou suspende os efeitos de outro, alterando seu conteúdo, quando de prestação continuada e indeterminada. Assim, o de suspensão de funcionário como penalidade, por 30 dias, suspende os efeitos jurídicos da nomeação, porquanto nesse período não pode praticar os atos próprios do seu cargo e deixa de receber seus vencimentos, e se não computa tempo de serviço. O de aposentadoria do funcionário modifica os efeitos jurídicos da nomeação, pois objetiva passá-lo da situação de funcionário da ativa para a de funcionário em repouso, em regime de pensão.

O ato administrativo com conteúdo de prestação continuada pode cessar seus efeitos, se por prazo determinado, antes de sua decorrência, em virtude de fato natural ou ato jurídico que antecede seu término; e o por tempo indeterminado, justamente em conseqüência de um ou de outro, perde sua vigência. Destarte, provocam a cessação dos seus efeitos, extinguindo-os, conseqüentemente.

A *cessação dos efeitos do ato jurídico administrativo* pode verificar-se com a *falta da pessoa* que desfruta ou desfrutaria da situação jurídica por ele criada – assim, a morte do funcionário público faz extinguir os efeitos da sua nomeação como funcionário; com o *perecimento do objeto do ato jurídico* – como seja bem público relativo a permissão de uso que, em deixando de ser de domínio público, acarreta a expiração dela; com o *desaparecimento dos pressupostos de fato*, em face do direito, indispensáveis para a manutenção do ato jurídico – como o inadimplemento das obrigações próprias desse ato, e que ocasiona sua *rescisão* ou *caducidade*; como o não-exercício do direito no prazo legal, que acarreta sua *decadência*, qual seja, não interpor recurso contra ato administrativo; a não-tomada de posse pelo nomeado no prazo legal; ou a *efetivação de acontecimento futuro e incerto*, a que se refere o ato jurídico, como a realização de condição resolutiva; ou, ainda, a *ocorrência de fato estranho ao ato jurídico*, mas que provoca conseqüências jurídicas nele, como a condenação penal de funcionário, em pena de prisão superior a dois anos, por crime cometido, o que faz com que perca seu cargo e se extingam os efeitos da sua nomeação como funcionário; ou a proibição em virtude de lei superveniente do exercício de cargo de delegado de polícia por quem não seja bacharel em Direito, que faz com que o delegado leigo não mais possa exercer esse cargo em que anteriormente fora nomeado; com a *manifestação de vontade em tal sentido*, ao deixar de ser conveniente ou oportuna a mantença do ato jurídico – como a *revogação* de permissão de uso de bem público, ou a *encampação* de concessão de serviço público, ou a *reforma* da decisão administrativa, ou a *renúncia* de dado direito; afinal, com o *desconhecimento do próprio ato jurídico*, que faz se tenham não só como cessados seus efeitos, como, mesmo, jamais tenha o referido ato jurídico existido – nos casos de decretação ou declaração administrativa ou judicial da sua *invalidade*, isto é da sua *anulabilidade* ou *nulidade*.

A cessação dos atos administrativos pode ser provocada pelo particular, com a renúncia de benefício que lhe fora outorgado, ou seja, o não-exercício do seu direito dentro do prazo legal – como o de impetração de mandado de segurança contra violação do seu direito dentro de 120 dias do fato –, o que traz como conseqüência sua *decadência*; ou pela Administração Pública, com a revogação regular de ato administrativo. Por vezes essa cessação dos efeitos necessita da provocação do particular mas depende de deliberação da Administração Pública – como a exoneração a pedido de funcionário estável.

Algumas hipóteses de extinção de ato administrativo suscitam outras situações jurídicas, como a morte do funcionário. Esta faz cessar os efeitos de nomeação, mas cria o direito à pensão da família.

Há figuras de cessação dos efeitos do ato jurídico de prestação continuada que se verificam pela ocorrência, como exposto, de fato natural ou de ato jurídico que antecede seu termo ou faz com que esse venha a se efetivar, quando indeterminado, e que são aplicáveis à totalidade ou à grande maioria das relações jurídicas, como a *revogação* ou *invalidade*, enquanto outras são só aplicáveis a determinadas relações jurídicas, como a *encampação*. Demais, algumas hipóteses são suscetíveis de mais de uma denominação, por se desdobrarem em diferentes espécies de igual alcance quanto ao fundamento da cessação dos efeitos do ato jurídico, como *revogação*, *reforma*, *cassação* etc.

53. Exigibilidade e auto-executoriedade dos atos administrativos [37]

53.1 Espécies de atos administrativos e modos diferentes da sua efetivação

Como regra geral, os atos administrativos podem ser classificados como pertencentes a duas espécies diferentes.

(a) A primeira espécie compreende os atos que atribuem situações jurídicas aos particulares, isto é, constituem atos pelos quais se lhes conferem prerrogativas jurídicas, ou criam, mesmo, a favor deles, direitos subjetivos. Na primeira hipótese tornam possível determinada atividade; e na segunda atribuem o poder de agir e de exigir de terceiros o cumprimento de certas obrigações, na satisfação dos seus interesses individuais, juridicamente protegidos.

(b) E a segunda espécie compreende os atos que estabelecem deveres e limitações à atividade dos particulares.

---

[37]. Cf. Umberto Borsi, *L'Esecutorietà degli Atti Amministrativi*, 1901; Nemesio Rodrigues Moro, *La Ejecutividad del Acto Administrativo*, 1949; Chinot, *Le Privilège d'Exécution d'Office de l'Administration*, 1945; Oswaldo Aranha Bandeira de Mello, "A executoriedade dos atos administrativos", *Direito* 15/43; Tomás de Vilanova Monteiro Lopes, "A execução forçada do ato administrativo unilateral", *RDA* 45/605; Juan Carlos Cassagne, *La Ejecutoriedad del Acto Administrativo*, 1971.

Os atos administrativos da primeira espécie produzem, de regra, seus efeitos de modo espontâneo com relação aos interessados. Entretanto, caso sejam perturbados por terceiros ou, mesmo, pela própria Administração Pública, os particulares podem provocar, por meio de recurso ou ação, os procedimentos previstos em lei e o conseqüente pronunciamento das autoridades administrativas e, principalmente, judiciais. Em tais casos, aos titulares das prerrogativas atribuídas ou dos direitos reconhecidos é permitido recorrer às autoridades administrativas ou aos tribunais para torná-los efetivos.

Os atos administrativos da última espécie, por traçarem barreira à ação dos particulares, às vezes não são obedecidos por eles. Porém, sua eficácia, uma vez perfeito o ato, não pode ser obstada por terceiros; e, se não for espontaneamente respeitado, cabe à própria Administração Pública exigir seu cumprimento. Conseqüentemente, de moto próprio realiza sua efetivação ou, então, vale-se de ação judicial adequada perante o Judiciário.

A *exigibilidade* ou a *imperatividade* do ato administrativo consiste na qualidade inerente ao ato administrativo de atuar de modo executivo, ou, melhor, de obrigar terceiro a se comportar de conformidade com o por ele disposto, a se sujeitar aos seus ditames. Na verdade, a idoneidade jurídica do ato administrativo de ser exigível deflui da presunção, que ele tem, de verdade, salvo prova em contrário, com referência a terceiros, órgãos da Administração ou particulares, sem necessidade do juízo probatório preventivo da sua validade. É o chamado *privilège du préalable*.

Não se há de cogitar de exigibilidade quando o ato não necessita de execução por parte de terceiro para produzir efeitos, pois, então, se confundiria com a própria eficácia do ato. Ela é alguma coisa mais que a eficácia propriamente dita dos atos jurídicos em geral. É uma propriedade da eficácia de certos atos administrativos. É a eficácia com caráter coercitivo.

Já *auto-executoriedade* é a execução coativa, por ato próprio da Administração Pública, sem intervenção do Poder Judiciário, dos atos administrativos. Decorre de sua exigibilidade prévia, como conseqüência natural. Assim, a auto-executoriedade é a prerrogativa da Administração Pública de executá-lo de ofício, por ação direta. É o *privilège d' action d' office*. Nessa eventualidade, a Administração Pública, sendo necessário, coage o particular à efetivação do ato administrativo, exercendo, mediante autotutela, sua execução forçada, através do emprego da força pública.

A faculdade da Administração de proceder à autotutela dos seus atos administrativos, por meio da sua execução forçada, é criação do Direito Administrativo Francês e se estendeu por todo o Continente Europeu e América Latina. A ele se deve o reconhecimento desses privilégios supramencionados, em favor dos atos administrativos. Consistem em prerrogativas que lhes são inerentes, no dizer de Hauriou (*Précis Élémentaire de Droit Administratif*, 4ª ed., pp. 233-237). Por isso, eles são denominados de *décisions exécutoires*.

A exigibilidade e a auto-executoriedade dos atos administrativos justificam-se por várias razões, a saber: jurídica – em face da presunção de legitimidade dos atos públicos; política – ante a necessidade de satisfazer o bem comum; social – pela circunstância de que o uso da força pela Administração Pública não perturba a ordem social; administrativa – porque há casos em que só se realiza o interesse coletivo pela aplicação do ato administrativo; econômica – em virtude da possibilidade de indenização do dano por parte do Poder Público.

O ato administrativo, por ser regido pelo direito público, obriga ou confere direitos a quem é dirigido, independentemente da manifestação da vontade deste; enquanto os atos jurídicos, regidos pelo direito privado, só podem estabelecer obrigações e criar direitos mediante consentimento ou aquiescência dos por eles envolvidos.

Os atos praticados pelos particulares, mesmo os unilaterais, precisam do consentimento do outro por eles atingido, até quando lhe conferem eventuais direitos, e com maior razão quando lhe atribuem obrigações. Realmente, os legados, para produzirem seus efeitos, necessitam ser aceitos pelos beneficiados, e a sujeição de um particular a instruções de terceiro só se compreende nos termos contratuais – como, por exemplo, a prestação de serviço locado.

Excepcionalmente concebem-se títulos com força executiva, como as cambiais. Porém, para isso devem ter sido aceitos pelo sacado. Outrossim, admite-se a justiça pelas próprias mãos. Mas tão-somente nas hipóteses de legítima defesa, ocorrendo agressão pessoal, e de desforço imediato, para manutenção ou restituição de posse, como repulsa a usurpador de direito, para assegurar um bem maior em perigo iminente, o direito à vida e ao patrimônio, e ante a impossibilidade de recurso eficiente e imediato à Justiça Pública.

Entretanto, a decisão executória é peculiar aos atos administrativos. Fazem nascer, independentemente da vontade de terceiros, obrigações e encargos para estes e direitos e vantagens para a Administração Pública.

Por isso, adquire a propriedade declarada de utilidade pública de forma compulsória contra a vontade do particular, e, embora sua adjudicação se faça por ato judicial, não pode o juiz apreciar o mérito da decretação, a conveniência ou não da expropriação do bem do particular, pois apenas lhe cabe verificar se foram obedecidas as formalidades legais. E o particular só pode pretender o justo pagamento da indenização co-respectiva ao seu valor.

Igualmente, requisita bens móveis, para usá-los, e imóveis, para ocupá-los, sem qualquer intervenção judicial. Ao particular só resta exigir que seja feita, nos termos de direito, a composição dos danos que desse uso ou ocupação venha a sofrer.

Lança e arrecada tributos, numerários necessários para atender à execução de obras e serviços gerais, denominados *impostos*, ou como co-respectivos de serviços prestados e obras executadas, de natureza indivisível, facultativa ou mesmo obrigatoriamente levados a efeito, por solicitação dos interessados ou provocados por atividade por eles desenvolvidas, denominados *taxas*. Mesmo tenha dúvidas o particular sobre a legitimidade de ditos tributos, deve pagá-los, para só ao depois pedir sua repetição.

Comanda o exercício da liberdade e da propriedade pelos particulares, ante o chamado poder de polícia, unilateralmente, na conformidade com as normas legais ou regulamentares. O exercício da liberdade e da propriedade dos particulares sujeita-se à autorização da Administração Pública, muitas vezes, sob pena de ser considerado ilícito, e se subordina outras vezes às suas ordens.

Destarte, condiciona, através da censura prévia, a publicação de notícias e a apresentação de peças teatrais ou cinematográficas, fixa o preço das mercadorias e fiscaliza a quantidade e qualidade do produto, interna em sanatórios, compulsoriamente, pessoas atacadas de moléstia contagiosa, ou inutiliza plantações e mata animais com pragas e pestes, na efetivação de atos unilaterais administrativos que façam esses diagnósticos e determinem essas medidas.

53.2 Classificação da auto-executoriedade

Essa *auto-executoriedade* distingue-se em *imprópria*, ou *parcial*, e *própria*, ou *integral*.

Ocorre a *auto-executoriedade imprópria ou parcial* quando compete à Administração Pública formar o título jurídico exigível mas a eficácia, pela execução, é feita perante a autoridade judiciária. Esta, porém, está obrigada a lhe dar execução, sem exame do mérito do ato.

Destarte, um lançamento de imposto, *ex officio*, contrário até ao declarado pelas partes, que deixam mesmo de pagá-lo, por entenderem que não representa a verdade, no prazo legal, uma vez inscrito na repartição fazendária própria, vale como título executivo de dívida. É dotado de exigibilidade.

Com base nele, a Fazenda Pública pode promover ação executiva de cobrança, que se inicia com a penhora dos bens do particular havido como responsável pelo tributo, ante a presunção de legitimidade do lançamento do imposto e respectiva inscrição. E essa penhora permanece até ser levantada pelo juízo, ante o julgamento do executivo, na hipótese de, embargada a ação e não acolhida a contestação da Fazenda, sentenciar em favor do particular.

Aí se verificam não só a exigibilidade ou imperatividade do ato administrativo, ante a presunção de legitimidade do título, bem como a auto-executoriedade do ato administrativo, através da penhora inicial, para a garantia do crédito da Fazenda Pública, que não pode ser negada pelo juiz, embora imprópria ou parcial, porque sua cobrança só se efetiva através de autoridade judiciária.

O mesmo ocorre no caso de desapropriação de um bem. Declarado de utilidade pública um imóvel, para a execução de certo melhoramento público, nos termos da lei, isto é, para execução de obra pública, prevista pelo legislador como possível, entre os casos de expropriação, não cabe ao particular cujo imóvel tenha sido declarado de utilidade pública alegar a inconveniência ou inoportunidade do melhoramento. O único árbitro do caso é a Administração Pública.

Entretanto, a fim de garantir plenamente a propriedade privada, na fixação do preço do imóvel declarado de utilidade pública o ato constitutivo de aquisição da propriedade, pelo Poder Público, só se efetiva através de procedimento judicial, uma vez a parte não entre em acordo quanto ao preço do bem e não acorde, amigavelmente, na sua transferência para o Poder Público.

Nesse processo judicial, todavia, não se aprecia o mérito da desapropriação. Falta ao juiz competência para tanto. A ele cabe tão-somente fixar o preço do bem expropriado, através do processo regular de expropriação, e, conseqüentemente, proferir a sentença constitutiva de aquisição da propriedade pelo Poder Público, que fica com sua eficácia subordinada à condição do depósito do preço, a fim de que haja prévia indenização.

Nesse caso verifica-se, também, a exigibilidade do ato administrativo, pois o simples título de declaração de utilidade pública é o bastante para instruir o processo expropriatório, e também a auto-executoriedade do ato administrativo, através da aquisição da propriedade do particular mesmo contra sua vontade, uma vez que seja depositado o justo valor dela, e sem exame pelo Judiciário do mérito da expropriação – auto-executoriedade, entretanto, imprópria ou parcial, porque só se consuma através do Poder Judiciário, a quem cabe fixar o preço do bem expropriado e declarar a perda da propriedade do particular e sua aquisição pelo Poder Público.

Essa auto-executoriedade ainda se verifica na possibilidade que tem a Administração Pública de se apropriar do imóvel mesmo antes da sua desapropriação, desde que deposite em juízo importância que garanta as possíveis lesões à propriedade privada com essa posse provisória.

De fato, declarado de utilidade pública determinado bem, antes mesmo de citada a parte para a ação expropriatória, embora já iniciada, é lícito ao Poder Público requerer ao juiz – depositando 20 vezes o valor locativo do imóvel, segundo lançamento do imposto predial anual, ou quantia correspondente ao valor lançado para a cobrança do imposto territorial, proporcional à área expropriada –, e obter seu deferimento, que não lhe pode ser negado, se satisfeita essa formalidade, para sua posse de urgência. Afinal, inexistindo lançamento de imposto predial ou territorial, por se tratar de bem de outra natureza, poderá ainda requerer o Poder Público avaliação prévia do bem para efeito da imissão na posse provisória, que cumpre ser processada pelo juízo.

Por aí se têm, ante o exposto, exemplos de exigibilidade ou imperatividade do ato administrativo, bem como da sua auto-executoriedade, apesar de imprópria ou parcial.

Mas essa executoriedade, como salientado, pode ser própria ou integral. Isto se dá quando compete à Administração Pública não só formar o título, fundamento da execução do ato, como proceder ela própria, através da autotutela, à sua execução, independentemente da ingerência do Poder Judiciário, mesmo formal.

Esta execução coativa, pela própria Administração Pública, que força o particular ao cumprimento do ato administrativo, não consiste em ato arbitrário, mas em ato regular de direito, dentro de formas assecuratórias da situação das partes, a fim de evitar abusos.

Sirva de exemplo a apreensão dos bens de contrabando. Verificada pelo serviço aduaneiro a entrada de bens do Estrangeiro no país sem regular pagamento dos direitos alfandegários – por conseguinte, em desrespeito à lei –, que, pela sua própria natureza, é obrigatório – portanto, com inobservância da ordem jurídica e prejuízo à Administração Pública e ao interesse coletivo –, tem o Poder Público a possibilidade de execução coativa do ato administrativo desconhecido, qual seja, a cobrança do tributo devido, lançado, então, *ex officio*.

A auto-executoriedade, na hipótese, dá-se através da apreensão do bem que entrou irregularmente no país, sem o pagamento dos direitos alfandegários; apreensão feita diretamente pela Administração Pública, independentemente de qualquer pronunciamento judicial, e depósito de ditos bens nos seus armazéns, os quais só poderão ser retirados mediante o pagamento dos direitos alfandegários e das respectivas multas.

Se isso não for feito pelo interessado dentro do prazo legal, ditos bens irão a leilão público, para que, com o preço de sua venda, seja indenizado o Fisco não só dos direitos alfandegários como, também, das multas respectivas.

Recorde-se outra hipótese. Admita-se que vários indivíduos se achem atacados do "mal de Hansen". A autoridade sanitária, após os exames médicos competentes, determina que se faça o internamento compulsório de tais doentes em sanatórios, afastando-os do convívio social, ante os riscos de contágio da moléstia.

Se não fosse possível, administrativamente, apreender o contrabando e depois vender o bem em leilão público, para pagamento do imposto e multa, a entrada irregular de mercadorias estrangeiras no país se tornaria a regra, com grandes danos à política financeira e econômica da Nação.

Por outro lado, se não fosse possível, administrativamente, cumprir a ordem médica de internamento e, portanto, deter o doente atacado de lepra e obrigá-lo a exame comprovante da moléstia, ante a suspeita visível do mal, e interná-lo obrigatoriamente, independentemente de qualquer juízo probatório em processo judicial, o isolamento desses doentes só seria levado a efeito depois de contagiado um grande número de membros da população, ante a demora no processamento da prova da existência da moléstia e obtenção da decisão judicial determinando o recolhimento do doente para o tratamento compulsório.

Por aí se vê a importância da auto-executoriedade dos atos administrativos e como ela é indispensável na vida da Administração Pública.

O princípio da auto-executoriedade dos atos administrativos impõe aos particulares, como preliminar, o dever de obedecer, e só lhes permite, posteriormente, recorrer. Faz com que não haja, por assim dizer, "solução de continuidade" entre a determinação administrativa e sua execução. Traduz-se, na ordem patrimonial, no aforismo jurídico de aplicação constante entre os Mestres de Direito Financeiro, ao estabelecerem as relações entre os administrados e o Fisco, e cujo enunciado é *solve et repete*.

Em virtude de tal princípio, o Estado-poder desfruta da posição de réu e os particulares da de autores, ao pleitearem o pronunciamento do Poder Judiciário contra atos praticados pela Administração Pública e por eles julgados ilegais.

Os particulares, nas relações recíprocas, não podem obter a efetivação dos seus direitos senão por meio de recurso ao Poder Judiciário, o qual, depois de reconhecer no juízo probatório a juridicidade das suas pretensões, lhes faculta o emprego do processo executivo para forçar o reconhecimento do seu legítimo direito por parte dos terceiros opositores.

A Administração Pública, ao contrário, pode obter a efetivação das suas prescrições, fundadas em título regularmente expedido, sem necessidade de se utilizar do Poder Judiciário na sua execução forçada.

Como acontece com os atos legislativos e judiciais, os atos administrativos também devem gozar da prerrogativa de se impor imediatamente à obediência dos cidadãos, porque são atos públicos, isto é, atos do Poder Público, tendentes à satisfação das necessidades coletivas, para realização do bem comum.

53.3 Casos de aplicação e de não-aplicação

No Direito Administrativo do Continente Europeu e da América Latina impera, na doutrina, o ponto de vista de ser o *princípio da auto-executoriedade dos atos administrativos* inerente a todos os preceitos que estabelecem deveres e prescrevem limites às atividades particulares. Assim, a Administração Pública pode executar tais determinações independentemente de haver preceito legal, expresso, outorgando-lhe esta prerrogativa. Em princípio, reconhece-se a auto-executoriedade do ato administrativo.

Já no Direito Administrativo anglo-americano vigora concepção diversa, a qual só admite tenha a Administração Pública a autotutela das suas determinações quando lhe for reconhecida expressamente tal faculdade. Impõe-se texto legal, explícito, facultando a auto-executoriedade. Isso mesmo constitui evolução em orientação anterior que lhe negava em absoluto essa prerrogativa.

Ao contrário, a auto-executoriedade dos atos de direito privado, mesmo os da própria Administração Pública, dimana, em qualquer orientação doutrinária, somente de dispositivo legal expresso, pois constitui exceção. Nesses casos, salvo hipóteses raras, exigidas pelo interesse público, não há necessidade da execução forçada pela Administração Pública, sendo mais aconselhável o recurso ao Poder Judiciário para sua consecução.

Apesar de a auto-executoriedade decorrer da natureza dos atos administrativos, há casos em que ela não tem aplicação. Já se teve oportunidade de salientar a respeito quanto aos atos em que falta a possibilidade prática de uma execução. São os atos públicos lícitos que não opõem qualquer obrigação a outro sujeito, ou os atos negativos, cujo intento é um não-efeito.

Além dessas hipóteses, são insuscetíveis de auto-executoriedade os atos cuja execução é assegurada pela cominação de uma punição de caráter penal, pois à Administração Pública não compete aplicar penas, previstas pelo Código Penal e legislação complementar de natureza criminal, visto que tal prerrogativa é de alçada do Judiciário.

De outro lado, outrossim, são insuscetíveis de auto-executoriedade os atos que, embora perfeitos, estejam ainda dependentes de aprovação ou homologação, uma vez não se poder proceder à execução de um ato cuja eficácia ainda está pendente de fato ou ato.

Afinal, não tem cabida a auto-executoriedade nos atos em que a lei expressamente exclui tal prerrogativa, quando houver oposição do interessado, ou indiretamente isso faça, ao prever a possibilidade de sua execução mediante procedimento judicial, e uma vez esse processo não comprometa os efeitos jurídicos urgentes do ato administrativo.

Assim, no direito pátrio, no caso de construção de prédio sem licença, ou com infração das posturas sobre edificações, previra o legislador brasileiro ação cominatória, com possibilidade de a Administração Pública obter sua destruição incontinenti, *ex vi* do art. 302, XI, combinado com o art. 305, do antigo CPC. Por conseguinte, em princípio não se aplicava a execução de ofício, de forma coercitiva e direta, por parte da Administração Pública, para demolição de prédio construído em infringência às posturas municipais. Devia valer-se da medida judicial legalmente prevista.

Entretanto, se houvesse risco iminente no seu desmoronamento e se tivessem como tardio o deferimento liminar de demolição incontinenti, cabia aos órgãos administrativos, que anteriormente já haviam intimado os proprietários para fazê-la, executá-la de ofício, de modo direto. Examina, em provocado pelo interessado, o Poder Judiciário, se ocorreu ilegalidade ou abuso de poder, em ação própria, para julgar o ato inválido e compor os prejuízos devidos.

Modernamente, administrativistas franceses afirmam constituir exceção à regra o emprego da força pública para efetivação dos atos administrativos. Pretendem que, em princípio, a Administração Pública, para fazer valer sua vontade, deve dirigir-se aos tribunais. Enumeram os casos de execução direta forçada. Em primeiro lugar consideram os previstos expressa ou implicitamente por lei. Em seguida, os em que a desobediência ao ato administrativo não acarreta, como conseqüência, uma sanção penal ou não haja processo judicial para torná-la obrigatória, na ordem civil. Porém, mesmo quando prevista a aplicação judicial de penalidade criminal ou exista processo civil especial, como meios de coação para efetivação do ato administrativo, consideram legítima sua execução direta pela Administração Pública, a seu juízo, apreciável ao depois pela Justiça, nas circunstâncias de urgência, de necessidade pública, para que não se torne, ao depois, o ato inútil ou impróprio, inconveniente ou inadequado (cf. Vedel, *Droit Administratif*, 3ª ed., vol. I, pp. 169-172).

Entretanto, isso não envolve considerar a auto-executoriedade uma exceção. Significa apenas que deve a Administração Pública usar da coação para cumprimento dos seus atos tão-somente quando ela se faça mister. Claro, se sua obediência se pode obter sem medida violenta, pelas vias judiciais, por certo, esta se impõe no Estado de Direito. Se não existe urgência, nem a natureza do ato pede essa providência, sem dúvida violenta, seu emprego configura o exercício abusivo de direito. Aliás, acima se cogitou das hipóteses em que tem aplicação.

Já na Inglaterra e nos Estados Unidos da América, como se disse, se desconhece, realmente, em princípio, o poder de autotutela da Administração Pública. As relações da Coroa Inglesa e da Presidência Norte-Americana, bem como dos seus corpos administrativos, regem-se pelo direito comum dos particulares. A fim de obterem o cumprimento de ato administrativo a que o particular se oponha, necessitam pedir ordem judicial ou promover ação judicial para puni-lo criminalmente pela desobediência. Os organismos administrativos não podem, por ação direta, fazer prevalecer suas vontades. Isso só conseguem mediante atuação do Poder Judiciário, através dos Tribunais Comuns.

Ultimamente, entretanto, houve certa modificação no regime jurídico anglo-americano a respeito. A auto-executoriedade do ato administrativo passou a ser admitida tanto em um como em outro país. No entanto, só quando tal prerrogativa estiver expressamente conferida por lei. Denomina-se *summary power*. Nesses casos esse privilégio de execução direta, forçada, se dá nos termos estritos da lei. Dia a dia aumentam, todavia, as hipóteses de previsão legal a respeito. Contudo, continua a ser considerado como processo de exceção.

É verdade que, ao contrário do que se verifica no Continente, e, especialmente, na França, na Inglaterra e nos Estados Unidos da América não ocorre falta de sanção penal por desobediência a ato administrativo. Assim, deixando o *statute law* de prever sanção especial para o não-cumprimento dele – o que é raro –, tal deficiência se supre com as penalidades gerais do *common law*. Além disso, se a sanção penal for de alcance pouco intimidante, resta aos organismos administrativos a utilização de remédio jurídico enérgico e rápido, perante a Justiça, que consiste na obtenção de ordem judicial denominada *writ of injunction*, a qual determina a imediata sujeição do particular ao ato administrativo, e cujo desrespeito torna o ordenado sujeito a severas penas de multa e de prisão.

A respeito dessa matéria, são de se consultar os trabalhos de Marcus Lefèbure, *Le Pouvoir d'Action Unilatérale de l'Administration en Droit Anglais et Français* (1961, 2ª Parte, e em especial o Capítulo II), Ernst Freund, *Administrative Powers over Persons and Property* (2ª impr., pp. 198-210), e John Clarke Adams, *Il Diritto Amministrativo Americano* (pp. 24-25).

*53.4 Atuação jurídica e material da auto-executoriedade
e os direitos dos particulares*

Os *meios de atuação da auto-executoriedade dos atos administrativos* podem ser diretos ou indiretos. Os *meios indiretos* são as penalidades aplicadas às pessoas privadas nos termos legais, para coagi-las à obediência da determinação administrativa; e os *meios diretos* estão compreendidos na ação imediata, por parte da Administração Pública, contra as pessoas privadas, na substituição por elas na prática do ato administrativo prescrito.

Essa execução forçada dos atos administrativos, que estabelecem deveres e prescrevem limites à atividade das pessoas privadas, não faz periclitar os direitos destas. Realmente, a auto-executoriedade dos atos administrativos é realizada mediante processo regular, e não em forma arbitrária; e, além disso, cabe aos que se julgarem prejudicados a faculdade de recorrer ao Poder Judiciário, para garantia dos seus legítimos direitos, acaso violados.

A auto-executoriedade do ato administrativo, na falta de disposição expressa que prescreva forma determinada para tanto, realiza-se através de documento escrito, datado e assinado pela autoridade competente. Antes deve preceder notificação ao particular cominando prazo para executá-lo livremente.

A auto-executoriedade do ato administrativo pode ser estritamente jurídica – como seja a apreensão de um bem mediante a lavratura do ato de apreensão nos termos legais, por escrito, datado e assinado pela autoridade competente. Outras vezes, entretanto, ele tem uma parte material coativa, pois para levar-se a bom termo a auto-executoriedade do ato administrativo se impõem a requisição e o uso da força policial.

Na hipótese de ser oposta resistência por terceiro, atingindo o ato administrativo, e mesmo a auto-executoriedade jurídica do seu mandamento, impõe-se o uso de coação pela força policial. É admissível, quando prevista a auto-executoriedade do ato, ainda que não prescrito, o uso da força policial, uma vez seja indispensável para o cumprimento, *ex officio*, daquela e não haja outras sanções possíveis a se aplicar, que atingissem o mesmo fim colimado.

Assim o fechamento, através de auto regular, de casa comercial que desobedeceu às intimações administrativas, advertida de que estava violando a legislação sobre o silêncio. Nessa eventualidade, lavrado o auto de fechamento da casa comercial, ou feita a apreensão do objeto causador do ruído proibido, e não respeitadas tais prescrições jurídicas da Administração Pública, cabe o emprego da força policial para impor ao infrator o respeito à determinação administrativa.

Chamam-se *vias de fato administrativas* todas as decisões executórias que desrespeitam as condições legais que deviam possuir para serem regularmente expedidas. Então, acarretam a invalidade do ato e a responsabilidade do Poder Público, apreciadas tais conseqüências pelos tribunais. O magistrado, se houver possibilidade de sofrer o particular dano irreparável pela execução direta forçada do ato administrativo que se apresenta com feições de ilegalidade, pode, mesmo, suspender ou proibir o cumprimento do ato administrativo até solução definitiva da pendência judicial.

Embora, à primeira vista, se possa ter a impressão de que a auto-executoriedade do ato administrativo constitui um meio para o exercício abusivo de poder, ela, na verdade, está incorporada ao direito público moderno dos países democráticos, sendo o berço dessa concepção o Direito Administrativo francês.

Realmente, não há risco para as liberdades dos cidadãos e para seu patrimônio no reconhecimento da auto-executoriedade dos atos administrativos. Ao mesmo tempo que se faculta tal prerrogativa à Administração Pública, com referência aos seus atos de direito público, se atribuem aos particulares remédios judiciais que permitem a suspensão ou proibição da auto-executoriedade quando envolver via de fato, isto é, corresponder a uma violação de direito. Além disso, o ato poderá ser anulado e o particular haver a indenização dos danos sofridos, apurada perante os tribunais a plena responsabilidade da Administração Pública.

Verifica-se, conseqüentemente, que é da própria natureza do ato administrativo a sua auto-executoriedade, ao contrário dos atos de direito privado. A auto-executoriedade é a regra, nos casos em que ela seja efetivamente necessária, e retroexpostos, no direito público; e a exceção no direito privado. Neste, a justiça pelas próprias mãos só se admite em casos excepcionalíssimos, como seja a legítima defesa contra agressão injusta, ou o desforço pessoal nos casos de esbulho de posse. Naquele, ao contrário, ela se realiza em princípio, desde que não haja proibição legal, direta ou indireta, como salientado.

Essa auto-executoriedade, no entanto, se faz com respeito ao direito dos terceiros interessados e por ela atingidos. Concilia o direito do particular com o interesse público.

Para coibir excessos da Administração Pública, previu o legislador constituinte brasileiro de 1967, mantendo institutos constantes das Constituições anteriores, a possibilidade de se valerem os administrados, sempre que sofram ou estejam na iminência de sofrer violência ou coação, por ação ou omissão, à liberdade de locomoção, do mandado de *habeas corpus*, consignado no art. 153, § 2º, da EC 1/1969, isto é, da Magna Carta de 1969;[xx] e, verificando-se desconhecimento ou ameaça de desconhecimento de outro seu direito, lí-

---

xx. *Nota dos Editores*: Art. 5º, LXVIII, na Constituição vigente.

quido e certo, do mandado de segurança, na conformidade do art. 153, § 21, dessa mesma Magna Carta.[XXI]

São ações de rito especial, sumariíssimo, para assegurar direitos, respectivamente, de locomoção ou qualquer outro que se apresentem com o caráter de liquidez e certeza. Através dessas ações mandamentais pedem-se ordens judiciais contra autoridades coatoras, preventivas, ante a ofensa iminente, ou repressivas, em virtude de ofensas consumadas. Cabem contra ato de qualquer autoridade, de entidades públicas ou delegadas de ofício, obras ou serviço público, como os concessionários e prestacionistas de atividade pública.

Assim, na hipótese de pretender autoridade sanitária internar alguém em sanatório, sob o fundamento de atacado de moléstia contagiosa, que exige isolamento, se, na verdade, não estiver padecendo desse mal, terá a vítima desse ato lesivo da sua liberdade de locomoção, para ampará-la, o remédio judicial da ordem de *habeas corpus*. Ele poderá ser impetrado por qualquer pessoa, em seu favor ou de outrem, bem como pelo Ministério Público.

Então, deverá a autoridade administrativa, ante a ordem impetrada, apresentar aquele havido como doente ao juiz, se já sob sua custódia, com a comprovação de que realmente se acha doente e necessita ser internado. O juiz, ante a documentação exibida, dará ou não a ordem de soltura. Poderá, preliminarmente, fazer a diligência que julgar necessária.

O processamento do *habeas corpus* está regulado pelos arts. 647 a 667 do CPP.

O mesmo ocorre quando pretender a Administração Pública desalojar alguém, compulsoriamente, de situação a que se julga com direito. Aí poderá recorrer ao mandado de segurança. Sirva de exemplo o caso de ocupantes de bancas nos entrepostos ou nos mercados municipais: entendendo a Administração Pública que a ocupação desses locais, nos ditos estabelecimentos públicos, foi permitida aos comerciantes a título precário, enquanto atuassem no interesse da coletividade, e tendo sido desnaturados no seu uso, pode intimá-los para desocupar esses compartimentos.

XXI. *Nota dos Editores*: Art. 5º, LXIX.

Cabe aos interessados, para assegurar seus direitos, uma vez entendam ser locatários a prazo certo dos referidos locais, impetrar mandado de segurança, a fim de impedir que o ato administrativo de desalojamento se cumpra, e solicitar mesmo ao juiz que, antes de ocorrer o julgamento do petitório, defira *sic et in quantum* a suspensão liminar dessa determinação. Destarte, fica relegada ao Judiciário a apreciação do ato administrativo, e concederá ou negará a ordem, segundo se convença exista a respeito, em face de documentação juntada pelas partes e não contestada pela outra, vínculo jurídico de locação ou de simples permissão de uso.

Para a concessão do mandado de segurança impõe-se a comprovação de plano do pretendido direito líquido e certo. Portanto, se houver necessidade de prova de fato, ante a contestação da outra parte ao alegado ou à existência de situação jurídica da qual deflui esse direito, a pretensão do requerente não será acobertada por esse remédio judicial.

O mandado de segurança pode ser utilizado para resguardar direito líquido e certo de qualquer pessoa física ou jurídica, e mesmo de órgãos dessa pessoa jurídica contra os de outra, como os de pessoas jurídicas de direito público, embora despersonalizados, se dotados de capacidade processual, dada a independência de uns em face dos outros, se desconhecido por estes o direito daqueles, como sejam Executivo e Legislativo, através dos chefes respectivos. E pode ser pleiteado não só para amparar direito violado de modo frontal, como mediante exercício abusivo de poder.

A Lei Federal 1.533, de 31.12.1951, que alterou as disposições a respeito do antigo Código de Processo Civil, e ainda em vigor, regula o processamento do mandado de segurança, com as modificações sofridas pelas Leis Federais 4.166/1962, 4.348/1964, 6.014/1973, 6.071/1974 e 9.529/1996.

53.5 Hipóteses de auto-executoriedade
  em face dos tipos de obrigação

Convém, para melhor esclarecimento da matéria, examinar a auto-executoriedade dos atos administrativos nos diferentes tipos de obrigações que se podem estabelecer entre o particular e a Administração Pública, isto é, nas obrigações de dar, de fazer, de não-fazer e de suportar.

No caso de dar coisa certa, a Administração Pública pode ocupar bem imóvel ou apossar-se de bem móvel dos particulares, para cumprimento das suas obrigações. À Administração Pública, nas ocasiões de necessidade pública – como guerra ou comoção intestina, exemplificativamente –, é de se facultar a ocupação de imóveis ou a requisição de móveis pertencentes a terceiros.

Quando se tratar de dar dinheiro e não for satisfeita tal obrigação, à Administração Pública é admitida a execução coativa sobre o patrimônio mobiliário ou imobiliário do particular, embora isso constitua medida delicada e que envolve, muitas vezes, não só os interesses da parte como, também, os de outrem. Conseqüentemente, na circunstância de o particular ser fraudador do Fisco, por não haver pago tributos regularmente lançados, à Administração Pública deve competir a atribuição de fazer a apreensão dos bens do contribuinte faltoso e vendê-los, posteriormente, em hasta pública, para reembolsar-se do devido (imposto, multas e despesas pela execução forçada), colocando as sobras à disposição daquele.

Essa forma direta de cobrança, *manu militari*, dos tributos devidos ao Poder Público, cumpre ser utilizada não como regra geral, mas apenas em certas hipóteses especiais, como as de selagem irregular das correspondências e, ainda, nas fraudes feitas aos direitos alfandegários e, enfim, nos casos de não-pagamento ou cassação de licença dos estabelecimentos comerciais, isto é, nas hipóteses em que ficaria completamente frustrada a cobrança se não fosse feita de forma executória pela própria Administração Pública.

Quando se exige dos particulares a prestação de atividade que pode ser executada por outrem – isto é, o cumprimento de obrigações fungíveis de fazer –, é de se conferir à Administração Pública, não sendo satisfeita, a incumbência de efetivar o ato por meio de seus agentes e por sua conta, ou por intermédio de terceiros, debitando contra os relapsos as despesas havidas, como dívida de caráter tributário a favor do Poder Público.

Assim, por exemplo, à Administração Pública deve ser permitido reparar os passeios das vias públicas quando essas providências estejam sendo exigidas pelo bem-estar coletivo, senão mesmo pela segurança do transeunte, e seus proprietários deixem de cumprir as determinações das repartições administrativas competentes. As despesas para a execução das obras e serviços serão posteriormente cobradas deles, por forma executiva, as quais se inscreverão na contabilidade pública como tributos devidos ao Poder Público.

Já, quando se exige dos particulares a prestação de atividade que não pode ser executada por outrem – isto é, a obrigação de fazer obra infungível –, é de se outorgar à Administração Pública, não sendo ela satisfeita em algumas hipóteses, o poder de exigir deles próprios, coercitivamente, a efetivação do ato. Em geral, porém, a providência preferível, em casos dessa natureza, é a coação indireta, quer dizer, a aplicação de penalidades, como seja a multa ou a prisão administrativa, sendo de notar que esta última, hoje em dia, só é tolerada em casos excepcionalíssimos pelo direito brasileiro.

Por conseguinte, à Administração Pública é de se admitir, em circunstâncias especiais, a faculdade de compelir os particulares, *v.g.*, a comparecer perante as autoridades para prestar depoimento sobre certos fatos do seu conhecimento, a fim de elucidar questões de interesse público. Mas, como via de regra, ao invés de se tomar essa medida de caráter excessivamente violento, é preferível a utilização de meios reflexos para conseguir o mesmo objetivo, como seja a aplicação de sanções.

Nas hipóteses de não fazer obra material e esta tenha sido executada, é de se reconhecer à Administração Pública – após haver intimado os particulares para que a desfaçam, e tal intimação não tenha sido tomada na devida consideração – a tarefa de substituir a administração do interessado pela dos agentes do Poder Público e, com os meios de que dispõe, efetivar sua determinação, destruindo a obra irregularmente feita.

Desse modo seria aconselhável se procedesse, por exemplo, nas circunstâncias de edificação de prédios sem licença e com infração da legislação sobre construções e que ameaçam ruir, com danos para terceiros.

As despesas pela execução *ex officio* dessa medida serão inscritas, então, como dívida ativa do Poder Público contra o recalcitrante.

Na consideração de obrigações em que os particulares devem suportar restrições impostas à sua liberdade pessoal ou mesmo operações sobre seu próprio corpo, a Administração Pública deve, por autoridade própria, obrigá-los a aceitar tais determinações. Assim, exemplificando, é facultado a ela dissolver assembléias reunidas na praça pública com armas, ou expulsar do seu território indivíduos nocivos à sociedade; bem como coagir terceiros a se sujeitarem ao tratamento de moléstias contagiosas, como seja a lepra, internando-os em sanatórios, ou a receber vacinas preventivas de moléstias, como seja a varíola, em épocas de epidemia.

54. Revogação dos atos administrativos[38]

54.1 Conceito e fundamento

A *revogação* ou *reforma* dos atos administrativos não se confunde com a nulidade ou anulabilidade. Divergem, entretanto, os autores na sua distinção.

Alguns consideram a nulidade como espécie do gênero *revogação*, isto é, a revogação por vício de legitimidade, em oposição à revogação por interesse público. Então, atribui-se-lhe sentido amplo, compreendendo qualquer retirada de ato administrativo precedente.

Outros divèrsificam esses institutos jurídicos com base nos órgãos que retiram os atos anteriores. Assim, pretendem haver *revogação* se levada a efeito pelo mesmo órgão que a praticou; e *nulidade*, se por outro órgão.

Afinal, há os que os diferenciam em atenção ao fundamento da retirada do ato administrativo. Então, qualifica-se como *revogação* ou *reforma* a retirada de precedente ato administrativo pela sua incon-

---

38. Cf. Raffaele Resta, *La Revoca degli Atti Amministrativi*, 1935; Renato Alessi, *La Revoca degli Atti Amministrativi*, 1956; Antonio Amorth, *Il Merito dell'Atto Amministrativo*, 1939; José Robin de Andrade, *A Revogação do Ato Administrativo*, 1969; Aparicio Mendes, *Notas para un Estudio sobre los Caracteres de la Revocación*, 1949; Carlos S. de Barros Jr., "Considerações a propósito da revogação dos atos administrativos", *RDA* 61/9; Seabra Fagundes, "Revogação e anulação do ato administrativo", *RDA* 2/482 e 3/1; Fernando Henrique Mendes de Almeida, "Revogação dos atos administrativos", *RDA* 56/42; José Frederico Marques, "A revogação dos atos administrativos", *RDA* 39/16; Miguel Reale, *Revogação e Anulação do Ato Administrativo*, 1960.

veniência ou inoportunidade; e como *nulidade* ou *anulabilidade*, pela sua invalidade ou ilegitimidade.

Na verdade, esta última é a melhor orientação doutrinária.

Realmente, não se justifica incluir num mesmo instituto jurídico atos inconvenientes ou inoportunos e atos inválidos ou ilegítimos, dada a natureza diferente dos seus efeitos jurídicos. Uns consideram o problema de mérito do ato administrativo, anteriormente praticado, em face do interesse público atual, enquanto os outros o da sua validade ou legitimidade diante da ordem jurídica em que foram praticados. Por outro lado, não altera o caráter do instituto jurídico vir a retirada do ato do mesmo órgão que o produziu ou de outro que o substitui nesse encargo.

O poder de revogar, total ou parcialmente, os atos administrativos inconvenientes ou inoportunos ou de reformá-los, substituindo-os por outros, bem como o poder de declarar a nulidade ou decretar a anulabilidade, total ou parcialmente, dos atos administrativos, por inválidos ou ilegítimos, ambos estão implícitos na prerrogativa que compete à Administração Pública de autotutela dos atos administrativos. Correspondem ao reverso do privilégio que lhe cabe de execução prévia dos atos administrativos.

A auto-executoriedade representa a face positiva da exigibilidade do ato administrativo; já a revogação ou reforma e a nulidade ou anulabilidade, *ex officio*, representam a face negativa dela.

Consiste a revogação do ato administrativo em manifestação unilateral de vontade da Administração Pública em que declara não querer continuar a conservar precedente manifestação de vontade, consubstanciada em anterior ato administrativo, por não mais convir, na oportunidade, ao interesse público, apesar de legítimo. Constitui negócio jurídico administrativo, pois cria nova ordem jurídica por ato de sua vontade.

A alteração de ato administrativo anterior, por razão de conveniência ou oportunidade, equivale à sua revogação e se denomina *reforma*. A retirada total diz-se *ab-rogação*; e a parcial, *derrogação*.

Como observa Alessi (*Sistema Istituzionali del Diritto Amministrativo Italiano*, 3ª ed., p. 385, n. 229), não há propriamente revogação do ato administrativo anterior por parte da Administração Pública, porém da relação jurídica por ele formada, da situação jurídica que dele resultou com referência a terceiro, com objetivo de eliminação ou alteração dos seus efeitos de direito. Na doutrina italiana há quem distinga entre *ab-rogação* e *revogação*. *Ab-rogação* seria a revogação em virtude de alteração das condições de fato que motivaram o ato (cf. Virga, ob. cit., 2ª ed., pp. 497-503). Uma vez os efeitos jurídicos são os mesmos, não se verifica fundamento jurídico plausível na distinção. Pouco importa, ainda, em certos casos de alteração da situação de fato, deva a Administração Pública, antes de revogar o ato jurídico, ouvir o interessado – como no caso da concessão de serviço público em que se prevê a substituição da extensão da iluminação a gás pela elétrica, tendo em vista o direito de preferência do concessionário, assegurado pela concessão.

54.2 Distinção de outros institutos jurídicos

A revogação não se confunde com a *interpretação*, em novos termos, do ato administrativo pela Administração Pública, que pode modificar o entendimento emprestado à norma jurídica ou ao ato concreto.

Outrossim, tal não ocorre com a *retificação*, por ela feita, de ato administrativo divulgado com incorreção ou emitido com erro. Divulgado com incorreção, faz-se outra publicação; se fruto de erro, pode ser corrigido. Assim, um lançamento de imposto notificado com incorreção ou feito, mesmo, com erro pode ser objeto de novo, corrigindo o equívoco.

Também não se confunde com a revogação a *suspensão da eficácia* do ato administrativo por órgão hierárquico superior ou de controle da Administração Pública – por exemplo, em conseqüência de recurso contra ele, e enquanto pendente a sua solução.

Menos ainda isso ocorre com a *cessação da eficácia* de ato administrativo pela perda, por terceiro, de direito decorrente de relação jurídica anterior, em razão da verificação de fato ou de prática de ato que acarreta esse efeito e permite, ou, mesmo obriga, à Administração Pública declarar ou decretar sua caducidade. Se a isenção de imposto é dada com encargo de conceder certo número de bolsas-de-estudo e o estabelecimento de ensino se recusa a satisfazer essa obrigação, pode ser decretada a caducidade da isenção.

Não diz respeito, também, à revogação a possível *retratação ou reconsideração*, por órgãos da Administração Pública, de atos administrativos *incompletos*, em formação; ou *ineficazes*, por ainda pendentes seus efeitos jurídicos de fato ou ato a realizar-se; ou *internos*, porquanto não afetam de modo direto, nos seus efeitos, os administrados. São os dois primeiros, na verdade, atos jurídicos *nati mortus*.

Assim, distingue-se da revogação a *retratação* de manifestação de vontade, elemento da formação de ato administrativo complexo, antes da manifestação de outra, de cuja conjugação depende para sua perfeição – como seja a de iniciativa de órgãos da Administração Pública para a prática de ato que só se completa com a de outro, que não chegou a se exteriorizar.

Ainda dela se diversifica a *reconsideração*, por parte de órgão da Administração Pública, de ato administrativo sujeito a aprovação ou homologação de outro órgão, ou mesmo de outra pessoa jurídica, ou da aquiescência da pessoa natural interessada, quando ainda não manifestadas essas vontades complementares para sua eficácia; bem como a reconsideração de ato administrativo por órgão da Administração Pública antes de ser objeto de conhecimento de outro órgão, como *parecer* solicitado e proferido e não encaminhado ao conhecimento de terceiro, a quem interessa, e, assim, não produziu qualquer efeito de direito; ainda o que necessita de outro ato administrativo, qual seja, do *visto* da autoridade imediatamente superior, para ser encaminhado. São atos que dependem de certo fato como requisito para sua obrigatoriedade, ou de dado ato jurídico para seu processamento.

Afinal, ela se diferencia da *retirada* de ato administrativo *interno*, a que os particulares são estranhos, por referentes ao ordenamento dos órgãos da Administração Pública.

Cinge-se o instituto da revogação à retirada unilateral, pela própria Administração Pública, do ato administrativo perfeito, eficaz, e relativo a terceiros, por ela praticado, tendo em vista a oportunidade ou conveniência públicas. Portanto, por motivos atuais de interesse coletivo, não só por alteração das circunstâncias que induziram sua prática, e, mesmo, por simples mudança ou diferença de opinião.

54.3 Inexiste coisa julgada com referência ao ato administrativo. É, em princípio, revogável[39]

O ato jurisdicional passado definitivamente em julgado, para segurança da ordem jurídica, deve ser intangível e, em conseqüência, gerar a situação da *coisa julgada* a favor do titular do direito reconhecido por sentença, pois o objetivo da função jurisdicional é garantir a ordem jurídica ameaçada ou perturbada e, destarte, afirmar a certeza jurídica, a verdade legal, o direito das partes em controvérsia.

O ato administrativo, porém, em princípio, deve ser revogável pela própria Administração Pública, porquanto o objetivo da função administrativa é criar a utilidade pública e melhorá-la constantemente, a fim de atender às novas exigências da vida em comunidade, pois os interesses públicos variam com o evolver dos tempos, com o surgimento de outras condições sociais, a suscitar a alteração das normas jurídicas e a sugerir a modificação de relações jurídicas anteriormente formadas.

Em que pese ao ponto de vista em contrário de certos administrativistas de formação jurídica germânica, entre os quais Merkel (*Teoría General del Derecho Administrativo*, pp. 263-278), a coisa julgada ocorre tão-somente em virtude de ato jurisdicional. Consiste em instituto do Direito Judiciário Processual. Corresponde a direito adquirido por sentença judicial; ou, melhor, a situação jurídica definitivamente constituída em conseqüência dela.

Aliás, diga-se de passagem, o repúdio à extensão da força jurídica da coisa julgada aos atos administrativos, dados o valor formal distinto das suas manifestações e a natureza diversa dos seus objetivos, não impede a estabilidade das situações jurídicas definitivamente constituídas e a garantia dos direitos legitimamente adquiridos em virtude deles. A oposição está apenas na adoção da técnica jurídica estranha ao Direito Administrativo e peculiar da sentença judicial.

Tanto isso parece exato, que Juan Francisco Linares, não obstante sustente a tese da coisa julgada administrativa, adianta, nas primeiras páginas da sua monografia, esta observação: "Quiçá a expres-

---

39. Cf. Themístocles Brandão Cavalcanti, "A teoria da *res judicata* no Direito Administrativo", *RF* 131/299; Alfredo R. Zuanich, *La Cosa Juzgada en el Derecho Administrativo*, 1952.

são *coisa julgada* empregada para o ato administrativo seja imprópria e defeituosa" (*Cosa Juzgada Administrativa*, p. 13).

Os atos administrativos podem se tornar definitivos com referência a terceiros, no sentido de lhes não caber mais, de direito, qualquer recurso contra eles perante a Administração Pública. A instância fica, então, preclusa para os particulares, que não podem mais impugnar a matéria decidida. Mas a ela cabe sempre conhecê-la, querendo, e, em virtude de petição dos interessados, revogar ou reformar o ato administrativo anterior.

Jamais se poderá opor a exceção de coisa julgada contra essa atitude assumida por órgão da Administração Pública. Isso porque a revogação ou reforma dos atos administrativos é inerente à atividade da Administração Pública, para alcançar e ampliar a utilidade pública, o interesse coletivo, segundo a oportunidade e conveniência do momento. Por isso, rejeitada, por exemplo, uma autorização de porte de arma, poderá, tempos depois, a mesma pessoa pleiteá-la.

Já o ato jurisdicional, transitado em julgado, não pode ser revogado ou reformado, quanto ao conteúdo da sentença, pelo juiz que a proferiu, mesmo convencido do erro da decisão, ou por outro órgão do Poder Judiciário, sem a provocação das partes interessadas na demanda, e nos estritos limites legais de sua competência revisional. E, se definitivamente transitado em julgado, sequer as partes podem pretender nova apreciação judicial da controvérsia.

Criada a situação jurídica da coisa julgada, torna-se inatacável a decisão sob o mesmo fundamento jurídico, relativo ao mesmo objeto jurídico e entre as mesmas partes jurídicas. Fica absolutamente imutável a situação jurídica afirmada com referência às próprias partes e seus sucessores jurídicos e às autoridades judiciais, tanto a que proferiu a decisão como qualquer outra. Só pode ser objeto de reexame nas hipóteses, especialíssimas, de ação rescisória ou de revisão criminal.

54.4 Poder de revogar e seus limites

Não obstante acolhido o princípio da revogabilidade dos atos administrativos, o problema apresenta dúvidas, visto que essa prerrogativa da Administração Pública não pode ser exercida sem limites, sob pena de afrontar a ordem jurídica.

Indiscutível é a possibilidade de revogação dos atos administrativos quando há texto legal expresso prevendo-a ou isso deflua, implicitamente, de dispositivo expresso; bem como de ato administrativo efetivado com reserva de revogação ou praticado em caráter precário, ou gracioso, a título de liberalidade. A dificuldade começa com referência aos atos administrativos em que tanto a lei como o ato a ser revogado deixaram de admitir a possibilidade da sua revogação.

A faculdade de revogar está fundada no poder genérico de agir de dado órgão da Administração Pública. Mas só se encontra onde existe a prerrogativa de modificar ulteriormente a relação jurídica oriunda de ato anterior, a situação jurídica dele decorrente. O poder positivo de praticar o ato não traz como conseqüência o poder negativo de revogá-lo, por corresponderem a poderes distintos. Este só se verifica quando tiver o poder de alterar o ato precedente, isto é, de prover ulteriormente na matéria.

Contudo, salvo preceito legal em contrário, expresso ou implícito no expresso, a Administração Pública tem o poder discricionário de agir. Portanto, de prover livremente na matéria por ela disposta, ante a própria natureza da sua função, como salientado.

Por conseguinte, a primeira restrição ao poder de revogar está no *texto legal* que acaso isso vedar diretamente.

A segunda verifica-se na própria *natureza da função administrativa*, qual seja, a de criar e melhorar a utilidade pública. Assim, o poder de revogar só pode ser exercido condicionado pelo interesse público. Destarte, não se tolera seu exercício abusivo, em que se configura o abuso de direito, revogando ou reformando o ato administrativo com má-fé ou desnaturamento do instituto jurídico a que se refere. Por isso, o fundamento da revogação deve ser da mesma natureza do ato revogado, ou de ordem superior, quanto ao valor, em face do interesse público.

No *caráter peculiar da revogação* encontra-se a terceira restrição, uma vez deve operar *ex nunc*, da sua data em diante, pois as razões que a provocam verificam-se depois da emanação do ato administrativo, e muitas vezes são contemporâneas dela e se fundam na conveniência e oportunidade públicas. Não se trata de cancelamento de ato anterior por parte da Administração Pública, para se penitenciar da sua prática.

Conseqüentemente, não é lícito ter alcance retroativo e procurar abranger os efeitos já produzidos, com referência a terceiros, se integralmente realizados no passado. Não pode, destarte, suprimir nem perturbar as situações jurídicas definitivamente constituídas por atos administrativos regularmente praticados.

Falta fundamento à distinção que procuram fazer certos autores de revogação com efeito *ex nunc*, se o desajuste do ato administrativo revogado com o interesse coletivo é posterior à sua prática, e com efeito *ex tunc*, se existia desde sua emanação, acolhida por Landi e Potenza (*Manuale di Diritto Amministrativo*, 2ª ed., p. 287), pois a apreciação de inconveniência ou inoportunidade, com a finalidade de revogação, se faz sempre após a efetivação do ato.

Mesmo se pretenda originário à sua emanação, só se verifica depois da sua emissão. Trata-se de apreciação subjetiva em face de elementos objetivos que podem resultar em seguida à sua prática, jamais no mesmo momento em que é feito. Ademais, a afirmação de ser contrário ao interesse público se dá ulteriormente com a revogação. Por fim, em qualquer das hipóteses cogita a revogação de ato legítimo, válido até o momento em que a Administração Pública declara não mais convir continue a produzir efeitos.

A última restrição encontra-se no *princípio do primado do direito*, e consiste no dever de resguardar os efeitos futuros dos direitos legitimamente adquiridos em conseqüência do ato administrativo anterior, e de não lesar o patrimônio de terceiros, ao revogar qualquer ato administrativo.

54.5 Hipóteses em que a revogação padece de vício de ilegitimidade

Havendo proibição legal de revogação de ato anterior, acaso ocorrendo, deve ser considerada como juridicamente inexistente.

Outrossim, comprovado o exercício abusivo de direito na revogação de ato administrativo, com má-fé ou desnaturamento do instituto jurídico, não terá validade jurídica. Os atos administrativos que restringem direitos de terceiros, como a ordem ou sanção, são sempre revogáveis; igualmente os levados a efeito no exercício de poderes discricionários, se não geram direitos a favor de terceiros, tal como a autorização para o exercício de certa atividade ou a permissão para o desempenho de serviço de utilidade pública ou uso de bem público.

Entretanto, se praticada com má-fé, com intuito de filhotismo ou para prejudicar terceiros, e, mesmo sem tal objetivo, se desnatura o instituto jurídico a que se refere, fundamentando-o em interesses ou natureza diversos, falta legitimidade a essa revogação. Tal se verifica se revoga penalidade legitimamente aplicada a certo funcionário, com objetivo de impedir a promoção de outro a que de direito cabia, tendo em vista sua folha de serviço e a antigüidade no cargo; ou, então, revoga permissão de uso de bem público, com finalidade de ordem fiscal, por motivo diverso do da sua natureza.

Por outro lado, inadmissível, juridicamente, a revogação com caráter retroativo. Constituída definitivamente uma situação jurídica, impõe-se seu respeito.

Assim, não podem ser revogadas as pronúncias ou puros atos jurídicos, cujos efeitos decorrem diretamente da lei e, uma vez praticados, constituem situações jurídicas definitivas, cuja revogação alcançaria o passado – como sejam a certidão já entregue ao interessado, ou o voto proferido em colégio depois de apurado e proclamado o resultado.

Pela mesma razão, são insuscetíveis de revogação os atos administrativos de caráter autônomo, integrantes de procedimento administrativo, que provocam outro ato administrativo, quando este último já tiver sido emanado, como a proposta para sua prática; também os atos administrativos que se não praticam espontaneamente, mas provocados, como sejam os dos órgãos consultivos, desde que utilizados seus pronunciamentos pelos órgãos ativos, a quem foram encaminhados. Demais, exauriram suas competências, exercitando-as.

Ainda, não se admite a revogação de atos administrativos dos órgãos de controle, sejam de caráter meramente formal – como o visto –, ou de natureza material, de legalidade – como a homologação –, ou de mérito – como a aprovação –, cuja competência termina com sua manifestação completando o ato principal, que deles dependia para ser eficaz, e, assim, constituem atos inteiramente realizados no passado.

Igualmente, outros negócios jurídicos constitutivos de *status* jurídicos – decorram do exercício de poder vinculado, como a admissão, ou de poder discricionário, como a naturalização – não podem ser revogados enquanto tais, sob pena de retroação do ato que os desconhecer. Isso porque definitivamente constituídas no passado essas situações de direito. É o caso da admissão de aluno em colégio oficial após a habilitação em exame vestibular, ou da naturalização de estrangeiro depois de processo regular.

Estando definitivamente constituída essa situação jurídica, há de prevalecer, e o Poder Judiciário amparará a pretensão do interessado, impedindo o efeito retroativo da revogação. Se não se admite norma jurídica retroativa, com maior razão não se pode tolerar atos jurídicos concretos e individuais com esse alcance.

Não se confunde, todavia, dita condição jurídica, de aluno ou de naturalizado, com seu regime jurídico, com seus direitos, de natureza estatutária, quanto à situação de estudante ou de nacional, que se sujeitará ao disposto pela lei, na época da sua constituição, e sofrerá as alterações decorrentes das leis posteriores.

Não obstante, se a situação definitivamente constituída padecer de vício, poderá ser declarada sua nulidade ou decretada sua anulabilidade, por constituída de forma ilegítima e, por conseguinte, não ter validade. Também poderão cessar seus efeitos jurídicos mediante a declaração ou decretação de caducidade de tal situação em virtude da ocorrência de fato ou prática de ato que acarrete essa conseqüência – como seja a de aluno ou de naturalizado que perde essa qualidade, pela prática de ato de indisciplina na escola, a permitir sua expulsão, ou de espionagem contra o país que o acolheu como nacional, a obrigar a essa medida e, ainda, sua expulsão do país.

54.6 Conciliação de direito adquirido do administrado e do patrimônio de terceiros com a revogação

Como salientado, a revogação ainda deve resguardar os efeitos futuros de direitos legitimamente adquiridos e não pode lesar o patrimônio de terceiros.

Como conciliar essa limitação com o poder – se não, mesmo, dever – reconhecido à Administração Pública de revogação e reforma dos atos administrativos anteriores, para adaptar, como preocupação constante, suas atividades às contingências sociais e, assim, alcançar e ampliar a utilidade pública, conforme a oportunidade e conveniência das circunstâncias, e responder satisfatoriamente aos apelos do interesse coletivo, ante a alteração dos fatos e as modificações dos textos legais?

Mudando a situação de fato que originou o direito adquirido ou o regime jurídico que o rege, em virtude de lei ou mesmo de ato administrativo, sob pena de desmentir a função administrativa os seus objetivos de criar e melhorar a utilidade pública, torna-se imprescindível a revogação ou reforma, por vezes, de atos administrativos anteriores, que geraram direitos adquiridos a favor de terceiros, nos seus efeitos futuros. Como esse direito, entretanto, é suscetível de conversão em expressão monetária, não deixará de ficar resguardado às completas, mesmo sendo revogado o ato administrativo que originou essa relação jurídica, indenizado, de modo pleno, seu titular.

O direito dos particulares está sempre condicionado ao interesse coletivo e deve ser sacrificado em face do direito da supremacia do Estado ou de quem faça as suas vezes, desde que amparado economicamente o interesse patrimonial que ele representa. Tal revogação traz em seu bojo a expropriação ou encampação desse direito adquirido, que dessa forma é resguardado. Embora subsista no seu conteúdo, não constituiu empecilho ao poder da Administração Pública de revogação dos atos administrativos anteriores, uma vez essa providência se imponha, por motivos de conveniência e oportunidade, no desempenho da sua função de alcançar e ampliar a utilidade pública.

Apresentada pelo particular planta para construção, em terreno de sua propriedade, de loja comercial, e verificado pelos órgãos competentes da Administração Pública que satisfaz as exigências legais e lhe assiste a faculdade de levá-la a efeito, defere o pedido de licença, e fica reconhecido seu direito de executá-la.

Posteriormente, mal-iniciados os preparativos para a obra, resolve a Administração Pública apresentar projeto de lei transformando o caráter misto da rua em simplesmente residencial, e vê convertido em lei esse plano urbanístico. Pode, mesmo, ser-lhe facultado, nos termos legais, classificar as ruas, tendo em vista circunstâncias de fato, em industriais, comerciais ou residenciais. Então, valendo-se dessa prerrogativa, tira o caráter misto da rua em questão e lhe dá o de estritamente residencial.

A fim de evitar no local mais uma loja, poderá revogar a licença conferida, cassando os efeitos do alvará de construção, para que prevaleça o interesse coletivo sobre o individual. No entanto, deverá indenizar o particular pelo dano sofrido, ante seu direito adquirido à construção, em virtude do deferimento da licença.

A remodelação urbanística ainda pode ter maior extensão e pretender a Administração Pública proibir a permanência, no local, de casas comerciais cujas plantas de construção foram regularmente licenciadas. Deverá, nesse caso, indenizar o proprietário do imóvel e o comerciante aí estabelecido.

Igualmente, suponha-se que a lei ou ato administrativo regulamentar, nos termos de direito, através da alteração do regime de prestação de serviço público, resolva substituir, por exemplo, o de fornecimento de iluminação a gás pelo de energia elétrica. Se entender a Administração Pública de obrigar o concessionário a essa mudança ou dar concessão a terceiro do novo serviço, cumpre indenizar o primitivo concessionário no seu direito de exploração do serviço e mais nos danos sofridos.

Sem dúvida, essas providências envolvem a revogação dos efeitos jurídicos dos atos administrativos anteriores, de licença de construção e de concessão de serviço público. Elas se justificam se tomadas na conformidade do interesse coletivo. Contudo, como há direitos adquiridos dos seus titulares, e estes precisam ser resguardados, impõe-se sua indenização, bem como dos danos emergentes e dos lucros cessantes; ou, melhor, a expropriação ou encampação desses direitos. Tal obrigação só desaparece se o titular do direito adquirido consentir, pura simplesmente, na revogação do ato administrativo.

Às vezes inexiste direito adquirido que deva ser resguardado com a revogação de precedente ato administrativo. Apesar disso, pode acarretar prejuízo a terceiro, e a este assiste direito à sua reparação.

A revogação de declaração de utilidade pública de um bem, para efeito de sua expropriação, e mesmo a desistência conseqüente do processo expropriatório, antes da decretação judicial definitiva da adjudicação do imóvel ao expropriante, são perfeitamente possíveis, pois, tanto a declaração de utilidade pública como o processo de expropriação não conferem direitos ao expropriado. Ao contrário, envolvem restrição ao direito de propriedade sobre o bem, que se converte, julgada a ação, numa expressão patrimonial correspondente ao justo valor.

Contudo, se desses atos resultar lesão ao patrimônio do expropriado, devidamente comprovada, deverá ser reparada. Isso se verificará se, em virtude da declaração de utilidade pública ou do processo expropriatório, tiver desfeito negócio, muito vantajoso, por dele se desinteressar o pretendente, ante a impossibilidade de dar o destino que tinha em mira ao cogitar da aquisição do bem.

Na hipótese de revogação de ato administrativo sem resguardo de direito adquirido, indenizando-o, ou mesmo de lesão ao patrimônio de terceiro, assiste ao titular daquele direito e ao particular prejudicado economicamente o direito subjetivo de ação, perante o Poder Judiciário, para obter a salvaguarda do direito adquirido desrespeitado e a composição dos danos sofridos. Se essa violação importar aparente dano irreparável, o Poder Judiciário poderá, mesmo, sustar os efeitos da revogação do ato administrativo.

54.7 Doutrina italiana sobre a revogação

Os autores italianos costumam distinguir os atos administrativos praticados no exercício de poderes discricionários dos levados a efeito no exercício de poderes vinculados, com o objeto de qualificar os suscetíveis ou não de revogação.

Quanto aos *vinculados*, pretendem ser irrevogáveis. Isso por se tratar de atos obrigatórios para a Administração Pública, cujo conteúdo se acha legalmente previsto, e sua manifestação de vontade se restringe à verificação se foram satisfeitas, pelos interessados, as exigências legais, e, então, remove os obstáculos para o exercício de atividades havidas como lícitas e lhes reconhece o conseqüente direito de exercê-las.

Como há atos vinculados quanto à emanação mas discricionários relativamente ao seu conteúdo, e vice-versa, portanto, no dizer de Vitta (*Diritto Amministrativo*, 2ª ed., vol. I, p. 394), são em parte vinculados e em parte discricionários, admitem a reforma do ato administrativo obrigatório, mas de conteúdo discricionário, com a emissão de outro em substituição do respectivo conteúdo, e a revogação, pura e simples, do ato facultativo de conteúdo vinculado, pois não pode alterar este último.

Já os *atos administrativos discricionários*, por praticados tendo em vista a valoração do interesse público, segundo sua conveniência ou oportunidade, entendem ser, em princípio, revogáveis. Contudo, se preliminares ou complementares de dado procedimento administrativo, uma vez praticados, por exauridos os poderes dos referidos órgãos relativamente ao ato principal, facultando a prática de atos jurídicos, são irrevogáveis. Outrossim, consideram irrevogáveis os que constituem verdadeiros direitos a favor de terceiros.

Assim, exemplifica Vitta (*Diritto Amministrativo*, 2ª ed., vol. I, pp. 396-401), os que atribuem *status* jurídico, como o de cidadania, de família, de título e nome; D'Alessio (*Istituzioni di Diritto Amministrativo Italiano*, vol. II, 1934, pp. 203-205), os que conferem capacidade jurídica, como sejam a criação ou reconhecimento de pessoa jurídica. Admitem, entretanto, a possibilidade de outros direitos adquiridos serem convertidos em expressão econômica, isto é, revogados mediante indenização.

Zanobini (*Corso di Diritto Amministrativo*, vol. I, 1936, pp. 360-361) biparte-os em absolutos ou perfeitos e relativos ou imperfeitos. Os últimos se constituem condicionados ao interesse público, e, portanto, são suscetíveis de revogação, desde que indenizados. Assim, são revogáveis os direitos do concessionário de bens ou de serviços públicos.

Como salientou Alessi (*Sistema Istituzionale del Diritto Amministrativo Italiano*, 3ª ed., pp. 392-395), contrapondo-se à orientação tradicional, é despicienda, como limite ao poder da Administração Pública de revogar os atos administrativos anteriores, a indagação se se trata de ato praticado no exercício de poderes vinculados ou discricionários, pois o que importa é saber se ela tem poder discricionário para revogá-lo ou reformá-lo.

Realmente, encontram-se atos vinculados que são suscetíveis de revogação – como as licenças para construção, não obstante legitimamente deferidas, por satisfeitas pelo interessado as condições legais –, alterados os elementos de fato ou os textos legais que os regiam, desde que indenizados os prejuízos advindos das obras, e até de terceiros acaso lesados.

Por igual, é procedente a crítica desse jurista quando declara irrelevante a indagação da existência de direito adquirido para constituir limite à revogação de precedente ato administrativo.

Tanto isso é verdade, que os próprios adeptos da tese admitem a revogação dele, se passível de conversão econômica, desde que indenizado, numa tentativa de conciliá-lo com o interesse público. Certo, o direito adquirido não impede a revogação do ato jurídico que o constitui, apenas cumpre ser respeitado, na sua expressão monetária. Por isso, podem ser revogadas as concessões de bens ou serviços públicos, desde que indenizados os titulares dos seus direitos.

Já se salientou que nesses casos a revogação traz em seu bojo a desapropriação ou a encampação desses direitos, feitas direta ou indiretamente, conforme indenizado o interessado através de acordo ou processo regular ou, posteriormente, em ação de indenização, proposta contra o concedente pelo concessionário.

Tal revogação mediante indenização deve ser levada a efeito segundo processos e formas previstos em lei, em não havendo acordo a respeito com o terceiro interessado. Portanto, através de expropriação ou encampação desses direitos. Entretanto, se a revogação se fizer sem a obediência a essas formalidades, ainda ela prevalece, tendo em vista o interesse público que a fundamenta, ressalvadas ao terceiro interessado a reparação dos prejuízos e a indenização do direito, pelos órgãos judiciários.

A revogação jamais se anula, apenas se compõem os prejuízos. Ela só será sustada se insuscetível de conversão patrimonial o direito, e, assim, se irreparável o dano. O direito de supremacia do Estado prevalece sobre o dos particulares. O direito destes últimos deflui da autolimitação estatal, que é imposta pelos imperativos do direito natural e da consciência popular.

Os atos administrativos exemplificados como irrevogáveis, e que efetivamente o são, não desfrutam dessa prerrogativa porque emanados no exercício de poderes vinculados, e nem por terem gerado direitos adquiridos absolutos, como pretendem os autores italianos supracitados. Eles são irrevogáveis por corresponderem a situações jurídicas definitivamente constituídas no passado, por oriundas de fatos jurídicos integralmente realizados no passado; e, portanto, sua revogação envolveria dar alcance retroativo ao novo ato que isso objetivasse, perturbando fato jurídico já consumado. Mas tal situação jurídica se não confunde com o direito adquirido de efeitos futuros. A revogação acha-se sujeita ao princípio que domina todos os atos administrativos, ou, melhor, todos os atos jurídicos, inclusive as leis – qual seja, da não-retroatividade.

Por isso, não podem ser revogados os atos jurídicos que atribuem *status* jurídico ou conferem capacidade. Já o regime jurídico desses *status* ou dessas capacidades se sujeita às normas estatutárias que vierem a ser promulgadas e sofre as alterações por elas dispostas. Pela mesma razão, os atos preliminares ou complementares de dado procedimento administrativo, uma vez praticados, relativamente ao ato principal, não podem ser revogados. Se se exauriram no passado os poderes dos respectivos órgãos, admitida a revogação deles, estaria assumindo caráter retroativo, atingindo atos jurídicos inteiramente consumados no passado, definitivamente realizados.

Não obstante completa a crítica de Alessi a essa orientação dominante no direito italiano e procedente a tese de que o poder de revogação dos atos administrativos anteriores, ou, melhor, das situações ou relações jurídicas por eles formadas, só pode ocorrer quando a Administração Pública seja titular atual de poder discricionário a respeito, falho se apresenta seu pensamento ao estabelecer o critério para verificação de quando isso ocorre.

Pretende necessário haja atribuição legal desse poder. Ora, o contrário deve ser sustentado, tendo em vista que a função administrativa objetiva a criação e melhora da utilidade pública, isto é, que, na falta de texto legal em desfavor, tem ela poder discricionário na prática de atos administrativos.

Por conseguinte, a Administração só não poderá revogar as situações jurídicas ou relações jurídicas que a lei expressa ou implicitamente, ante seus termos expressos, declarar irrevogáveis, bem como, em lhe facultada a revogação, se exercer esse direito de forma abusiva, com má-fé ou desnaturando o instituto jurídico a que se refere. Outrossim, a revogação não poderá ter caráter retroativo, abranger situações jurídicas ou relações jurídicas inteiramente consumadas no passado, completamente realizadas. Já, os efeitos futuros de direitos adquiridos não constituem empecilhos à revogação, desde que indenizados, bem como os danos patrimoniais conseqüentes.

54.8 Doutrina alemã sobre a revogação

Alguns autores alemães ou de formação jurídica germânica, como observado, estendem a força jurídica da coisa julgada aos atos administrativos.

A respeito, Merkel (*Teoría General del Derecho Administrativo*, pp. 253-258) assume posição extremada. Para ele todos os atos administrativos têm essa força jurídica, como ocorre com os atos jurisdicionais, salvo se texto legal dispuser o contrário. Essa posição adota como decorrência da Teoria Pura do Direito de Kelsen, de quem é o mais destacado discípulo, no Direito Administrativo.

Segundo essa concepção, o Estado-poder corresponde a um sistema de normas válidas, dispostas em graus, em que as inferiores são execução das superiores. O ato jurisdicional e o administrativo são execuções da lei, que, por sua vez, é execução da norma constitucional. A ordem jurídica é hermética, através de normas dispostas pelos órgãos estatais ou em sua execução. Vale enquanto não revogada por outra lei. Daí o princípio da estabilidade dos atos jurídicos, que permanecem enquanto não cessam seus efeitos em virtude de norma superior.

Assim, o ato jurisdicional e o administrativo, como atos sublegais, são válidos indefinidamente, enquanto a norma legal não dispuser em contrário. Essa força jurídica corresponde à situação de coisa julgada, que se deve reconhecer a ambos. Portanto, inexistindo texto legal facultando à Administração Pública a revogação dos atos administrativos, eles devem ser havidos como irrevogáveis.

Os outros autores são mais moderados na sua pretensão de estender a força da coisa julgada aos atos administrativos. Para eles tais atos se distinguem em conformadores com o interesse coletivo, e os denominam *disposições constitutivas*; ou aplicadores da legislação, em face de fatos circunscritos, mediante simples verificação de atendimento das exigências legais, e os denominam *resoluções* ou *decisões*.

Resoluções ou *decisões*, para eles, equivalem aos atos jurisdicionais, pois são declaratórias de direito. Portanto, são irrevogáveis, pois, como estes, uma vez afirmado o direito dos interessados, constitui-se situação jurídica de coisa julgada a seu favor. Já os atos administrativos classificados entre as chamadas *disposições constitutivas*, desde que praticados em atenção à utilidade pública, são revogáveis.

Essa orientação, todavia, não prevalece. É combatida por Otto Mayer (*Le Droit Administratif Allemand*, vol. I, 1903, pp. 253-272), Fritz Fleiner (*Les Principes Généraux du Droit Administratif Allemand*, pp. 124-126) e Forsthoff (*Tratado de Derecho Administrativo*, pp. 346-356), apesar de admitirem a irrevogabilidade de certos atos administrativos e a necessidade de indenização dos direitos adquiridos, no caso de serem revogados os atos administrativos que os constituíram, e, ainda, de danos no patrimônio dos seus titulares, que acaso a Administração Pública acarretar com a revogação.

Como já ponderado, o instituto da coisa julgada é próprio da função jurisdicional, cujos atos colimam dizer o direito, de maneira a estabelecer sua certeza e, assim, garantir a ordem jurídica. A função administrativa tem objetivo diverso, seus atos se preocupam em criar e melhorar a utilidade pública, em realizar as condições de bem-estar social, em que o Direito é mero instrumento, estabelece apenas a forma da sua ação. Então, não tem em mira afirmar sua verdade, assegurar a situação jurídica de cada qual. Destarte, é-lhe estranho o instituto da coisa julgada.

Não obstante, a estabilidade dos seus atos existe. Isso em decorrência de outros princípios que limitam o poder da Administração Pública de revogar as situações jurídicas ou relações jurídicas produzidas por atos administrativos anteriores.

Aliás, a coisa julgada — e isso se disse anteriormente — corresponde a direito adquirido em virtude da sentença, ou, melhor, a situação jurídica definitivamente constituída em conseqüência dela. Mesmo os atos administrativos declaratórios de direitos, embora tenham semelhança com os atos declaratórios jurisdicionais, são de natureza distinta, pelas respectivas finalidades, e não possuem, e nem podem possuir, a intangibilidade da coisa julgada. Por isso, são suscetíveis de revogação, indenizados os titulares desses direitos.

Intangível é só o ato que se realizou definitivamente no passado, ante a proibição da retroação dos novos. A coisa julgada corresponde a situação jurídica inteiramente consumada no passado. Por isso, é inatingível, como ocorre com todas as outras situações, iguais. Tem, entretanto, nome especial, por fruto de julgamento, por decorrer sua força jurídica dele.

54.9 Processo na revogação

Ante todo o exposto, salvo os casos assinalados de irrevogabilidade dos atos administrativos, estes são revogáveis, embora, em certas hipóteses, só o possam ser mediante indenização de direito preexistente ou adquirido e reparação do dano conseqüente. E podem ser revogados em qualquer tempo, exceto quando existir disposição legal em contrário, pois, em princípio, não há prazo para tanto.

A forma para a revogação deve ser a mesma utilizada para a prática do ato a ser revogado, ou a que tiver sido, em especial, legalmente determinada.

Assim, se esse foi formulado em instrumento escrito e solene, a revogação precisa obedecer à mesma solenidade, salvo texto legal que a dispense para a revogação. Contudo, se o ato a ser revogado foi praticado com solenidade maior que a lei exigia para sua emanação, a revogação pode ser feita obedecida, simplesmente, a forma legalmente prevista.

Excepcionalmente, poderá ser de forma tácita. Isso se verifica quando o novo ato administrativo é incompatível com a situação jurídica anterior, de caráter precário. Contudo, deve, como regra, ser motivada.

A revogação pode ser provocada pelos interessados ou resolvida espontaneamente pela Administração Pública. As petições dos particulares devem ser recebidas antes como denúncia que como recurso, salvo os casos, expressamente previstos em lei, em que se reconhece ao interessado o direito de recorrer dos atos dos órgãos da Administração Pública, por inconvenientes ou inoportunos.

A revogação pode ser levada a efeito pelos próprios órgãos que emanaram o ato, ou pelos órgãos hierárquicos superiores, ou pelos de controle para tanto existentes. A revogação pelos órgãos hierárquicos superiores, salvo caso de disposição legal em contrário, independe de competência reconhecida em lei; e, na hipótese de ser feita por órgãos de controle, fora da hierarquia administrativa, depende sempre de competência reconhecida em lei.

Isso porque a *hierarquia* é uma relação de subordinação de competências concorrentes, de modo que o superior pode, de regra, substituir o inferior nos seus cometimentos, exceto nas competências exclusivas; enquanto o *controle* é fiscalização exercida por órgãos paralelos, em razão de poderes próprios, que lhes são conferidos por texto expresso, sobre competências correlacionadas.

É de se indagar da forma de revogação do ato anterior, mantido por órgão hierárquico superior ou de controle, na hipótese de recurso de terceiro. Pode ser simplesmente revogado ao depois, pelo órgão que o emanou, e pelo superior hierárquico, e mesmo pelo de controle, apreciando novo recurso, e mesmo de ofício, se lhe for atribuída competência a respeito.

E os atos que necessitam de aprovação ou homologação para serem eficazes, podem ser revogados sem o prévio pronunciamento do órgão de controle?

Entende Michel Stassinopoulos (*Traité des Actes Administratifs*, pp. 289-62) que a revogação necessita de aprovação ou homologação desse órgão. A aprovação, porém, se exige para verificação de oportunidade ou conveniência do ato primitivo, e a homologação para a verificação da sua legitimidade. Constituem elementos para sua eficácia, apenas.

Portanto, afigura-se dispensável essa formalidade para a revogação se quem a praticou tem poderes para isso e inexiste preceito legal exigindo essa formalidade de controle, pois não envolve ela elemento de perfeição do ato. A similitude da forma para a revogação é princípio geral tão-somente quanto aos elementos da sua perfeição, próprios da essência do instituto.

55. Nulidade e anulabilidade do ato administrativo[40]

55.1 Vícios dos atos administrativos

Considera-se que padece de *vício* o ato administrativo cujo conteúdo não preenche os requisitos de que devia estar informado ou em

---

40. Cf. Léon Alcindor, *Essai d'une Théorie des Nullités en Droit Administratif*, 1912; De Soto, *Nullité des Actes Administratifs*, Paris, 1942; Giuseppe Codacci Pisanelli, *L'Annullamento degli Atti Amministrativi*, 1939; Vicenzo M. Romanelli, *L'Annullamento degli Atti Amministrativi*, 1939; Fernando Whitaker da Cunha, "Nulidade, anulação e inexistência no Direito Público", *RT* 325/28; Seabra Fagundes, "Revogação e anulação do ato administrativo", *RDA* 2/482 e 3/1; Hélio Helene, "Notas sobre

cuja formação não foram observados os requisitos prescritos para a sua validade. Daí se distinguir o vício em: *de mérito* ou *de legitimidade*.

Será *de mérito* se se verificar a inobservância de conveniência ou oportunidade; e *de legitimidade* se se verificar a inobservância de elementos legais para sua formulação. O *vício de mérito* resolve-se pela revogação do ato administrativo anterior; enquanto o *de legitimidade*, pela declaração ou decretação de sua invalidade.

Todo ato administrativo traz em si *presunção de validade* até prova em contrário, especialmente se praticado pela Administração Pública. A validade é a pressuposição de ter sido a manifestação de vontade, que o expressa, conforme ao direito e estar por este tutelada para alcançar seu fim. Se inquinado de vícios de validade, entretanto, feita sua prova, há de se ter como ilegítimo.

A ilegitimidade pode ser absoluta ou relativa, e gera, então, a nulidade ou anulabilidade.

Não obstante dissensões na doutrina e na legislação dos povos cultos na sistematização dos princípios atinentes à teoria da invalidade dos atos jurídicos, no direito privado prevalece a distinção entre *atos nulos* e *anuláveis*. A essa classificação acrescem alguns os *atos materialmente inexistentes*. O Código Civil pátrio adotou essa separação dicotômica e procurou fixar com precisão seus conceitos.

A *invalidade* decorre sempre da violação de uma norma jurídica, que faz acarretar essa conseqüência. Pressupõe a prática de ato administrativo contrário à lei, tendo em vista fatos contemporâneos à sua emanação; e, então, seus efeitos ficam perturbados, ante essa anormalidade. Não se confunde com a *ineficácia*, em que o ato administrativo válido tem seus efeitos pendentes de circunstância extrínseca ainda não verificada.

A *nulidade* pode ser *expressa ou textual* e *implícita ou virtual*. A *expressa ou textual* é a que a lei comina a pena de nulidade ao ato praticado de tal ou qual maneira, pois o tem como taxativamente nulo ou

a anulação do ato administrativo", *RDA* 30/408; Juan Alfonso Santamaría Pastor, *La Nulidad de Pleno Derecho de los Actos Administrativos*, 2ª ed., 1975; Ubaldo Baldi Papini, *L'Annullamento d'Ufficio degli Atti Amministrativi Invalidi*, 1939; Eugenio Cannada-Bartoli, *L'Inapplicabilità degli Atti Amministrativi*, 1950.

lhe nega efeito jurídico. Já a *nulidade implícita ou virtual* é a de que padece o ato em que se encontram os vícios especificados por lei como ocasionando essa conseqüência.

A nulidade ainda pode ser *direta* e *indireta ou derivada*. *Direta*, quando o vício é do próprio ato que se declara inválido; enquanto *derivada ou indireta* quando deflui como conseqüência de outro ato que padece de ilegitimidade, uma vez existente entre eles relação vinculatória nos efeitos de direito.

O *ato nulo* é aquele inquinado de defeito grave que o impede de atingir o efeito jurídico almejado. É o ato em que falta elemento essencial para sua razão de ser, na sua estrutura jurídica, pois viola disposição legal de ordem pública ou dos bons costumes, em geral, que a preceituam para qualquer ato jurídico. Já o *ato anulável* é aquele em que falta elemento acidental, pois se prende ao interesse das partes que participam do ato, e instituído para protegê-las, tendo em vista a manifestação das vontades.

Os atos nulos são considerados como jamais formados. São juridicamente inexistentes. A nulidade ocorre de pleno direito, e, portanto, ninguém é obrigado a obedecê-lo, ante seu caráter de invalidade absoluta. O pronunciamento do vício é meramente declaratório.

Os atos anuláveis são considerados plenamente constituídos enquanto não decretado o vício de que padecem, pois seu defeito é de menor gravidade, de simples irregularidade na sua feitura.

Portanto, não exclui a sua eficácia até essa decretação, e durante esse prazo produzem os resultados queridos. Têm, entretanto, validade apenas provisória, enquanto não repelidos. Mas o repúdio só pode ser por quem tenha interesse na decretação da anulabilidade, em virtude do seu caráter de validade relativa.

Por conseguinte, a nulidade pode ser provocada pelo Ministério Público, se lhe couber intervir, e declarada de ofício pelo juiz, em ação judicial perante ele processada; ao passo que a anulabilidade só será decretada pelo juiz a requerimento da parte, a favor de quem foi estabelecida.

Conseqüentemente, a nulidade é insuprível pelo juiz, mesmo a requerimento da parte por ela beneficiada, pois é insuscetível de convalidação. A única maneira de escoimar a falha será a prática de novo do ato jurídico, isto é, seu refazimento. Então, passa a ter legitimidade, mas dessa data em diante,. pois o anterior juridicamente inexistiu. O contrário verifica-se com a anulabilidade, que pode ser objeto de convalidação, e admite o suprimento judicial.

55.2 Do direito privado ao direito público

Discutem os autores sobre a possibilidade de adotar, com referência ao Direito Administrativo, a mesma posição acolhida pelo Direito Civil.

Tendo em vista que este preside a luta de interesses particulares entre patrimônios de pessoas de direito de igual valor, ao contrário daquele, que rege relações entre o Estado-poder e os particulares, cujos interesses. são de valores diferentes, pretendem certos juristas inadmissível similitude a respeito. É a orientação defendida no Brasil por Seabra Fagundes (*O Controle dos Atos Administrativos pelo Poder Judiciário*, 3ª ed., pp. 63-76). Propõe discriminação por critério diverso, embora adotando nomenclatura quase igual.

A corrente que acolhe a mesma correspondência de conceitos e de terminologia teve em Tito Prates da Fonseca seu paladino no Brasil (cf. *Direito* 13/45-69).

Os casos de nulidade do ato jurídico pelo Código Civil, nos termos do seu art. 145, são: (a) o praticado por pessoa absolutamente incapaz; (b) o em que o objeto seja ilícito ou impossível; (c) o que não revestir forma externa prescrita por lei; (d) o que preterir solenidade considerada por lei essencial à sua validade; (e) o que a lei taxativamente declarar nulo ou lhe negar efeito. E os casos de anulabilidade, na conformidade do art. 147, são: (a) o praticado por pessoa relativamente incapaz; (b) o em que houver vício de consentimento, resultante de erro, dolo, coação, simulação ou fraude contra credores.

Portanto, serão nulos ou anuláveis os atos jurídicos inquinados dos vícios aí enumerados e, outrossim, nulos os expressamente declarados como tais por lei ou os a que esta lhes negar efeito. A declaração taxativa da nulidade verifica-se quando a lei declara que tais ou quais atos "são nulos", ou "não têm validade", ou "são de nenhum efeito", ou "se têm como não-escritos", ou usa de outras formas semelhantes. Não terão efeito os atos jurídicos que deixarem de obedecer a preceitos imperativos da lei, como sejam: "não pode", "não é permitido", "é proibido".

Como se teve oportunidade de salientar, o ato administrativo é manifestação de vontade para produzir efeitos de direito, e existe em satisfeitos os requisitos necessários para sua perfeição, que correspondem às suas causas. Portanto, para ser válido se impõe que essa manifestação de vontade não padeça de vícios e todos os requisitos ou, melhor, todas as causas para ele ser tenham ocorrido e de modo regular.

Conseqüentemente, o ato administrativo que padecer de vício na manifestação da vontade se há de ter como ilegítimo. Igualmente o ato administrativo em que faltar requisito ou, melhor, causa para sua existência – qual seja, praticado por pessoa incapaz, ou tiver objeto ilícito ou impossível, ou deixar de respeitar forma externa prescrita em lei, ou houver preterido solenidade essencial – se há de ter como ilegítimo.

Será nulo, quanto à capacidade da pessoa, se praticado o ato por pessoa jurídica sem atribuição, por órgão absolutamente incompetente ou por agente usurpador da função pública (cf. item 48.4). Será nulo, quanto ao objeto, se ilícito ou impossível, por ofensa frontal à lei (cf. itens 48.6 e 48.7), ou nele se verifique o exercício de direito de modo abusivo (cf. itens 47.7, 48.9 e 52.1). Será nulo, ainda, se deixar de respeitar forma externa prescrita em lei (cf. item 48.5) ou preterir solenidade essencial para sua validade (cf. itens 48.5 e 48.6). Ao contrário, será simplesmente anulável, quanto à capacidade da pessoa, se praticado por agente incompetente, dentro do mesmo órgão especializado, uma vez que o ato cabia, na hierarquia, ao superior (cf. item 48.4). Outrossim, será tão-somente anulável o que padeça de vício de vontade decorrente de erro, dolo, coação moral ou simulação (cf. item 52.2).

A nulidade ou anulabilidade do ato jurídico não podem ficar exclusivamente a critério do juiz, a uma política jurisprudencial. A valoração concreta dos casos deve ser feita em função de determinados dados legais, em que se fixem as figuras de nulidade e anulabilidade. Em conseqüência, na falta de texto legal especial especificando as hipóteses de nulidade ou anulabilidade do ato administrativo, deve-se aplicar o texto do Código Civil, que regula, na sua Parte Geral, a matéria.

Ainda assim, restará ao juiz certa discrição ao apreciar, por exemplo, se a incompetência é absoluta ou relativa e se o vício de vontade, a que se junta violação de lei, deve acarretar nulidade ou anulabilidade do ato, ao reconhecer caráter cogente absoluto ou relativo ao texto legal violado. Não se relega, entretanto, o caso à sua apreciação pessoal, de caráter meramente circunstancial. Mas se sujeitará ao interesse público, razão do texto legal.

Por exemplo, a coação moral poderá ser, no Direito Administrativo, caso de nulidade ou de anulabilidade.

A respeito, é se de salientar: se, em virtude da coação moral, verifica-se não só o vício da vontade, como ofensa, outrossim; a texto legal de natureza cogente, então, o ato é nulo, porquanto está inquinado do vício de ilegalidade insanável, por objeto ilícito. Ao contrário, se o vício do ato restringe-se à coação moral, ou mesmo se ele ofende texto legal sujeito ao arbítrio da parte coagida, o ato é anulável, porquanto cumpre ser alegado por ela e é suscetível de convalidação.

Assim, se alguém consegue despacho ilegal por coação moral levada a efeito contra agente público, o ato é não só anulável por vício de vontade, como nulo, por ilegal, em razão da ilicitude do objeto. Mas se agente público, mediante coação moral, faz funcionário pedir aposentadoria e, posteriormente, ele verifica a vantagem que lhe advém desse pedido, em conseqüência de lei que atribui, desde a data daquele ato, acréscimo de 25% nos seus vencimentos, é admissível a convalidação desse ato de aposentadoria.

A distinção entre atos nulos e anuláveis, embora objeto de sistematização pelos civilistas, não envolve matéria jurídica de direito privado, mas da Teoria Geral do Direito, pertinente à ilegitimidade dos atos jurídicos, e, portanto, perfeitamente adaptável ao direito público, especialmente ao Direito Administrativo. Não se trata, por conseguinte, de transplantação imprópria de teoria do direito privado para o direito público, inconciliável com os princípios informadores do ato administrativo.

Os atos administrativos ora padecem de vícios que os tornam juridicamente insanáveis – e, destarte, não se admite sua convalidação –, ora de vícios sanáveis – e, então, suscetíveis de convalidação. Por outro lado, há atos administrativos cuja nulidade pode ser declarada de ofício pelo juiz em processo judicial submetido à sua apreciação pelas partes litigantes, e outros em que tal decretação só pode dar-se se argüida pelas partes.

Equivocam-se os autores que sustentam a tese contrária, como Hely Meirelles (*Direito Administrativo Brasileiro*, p. 215), ao pretender que o ato administrativo ou é juridicamente inexistente, portanto nulo, ou válido. Pode-se aceitar a inadequação entre as hipóteses de nulidade ou anulabilidade, previstas pelo Código Civil de dado país, e a configuração dos casos de atos nulos e anuláveis no Direito Administrativo. Mas isso é coisa completamente distinta.

Realmente, em alguns países a sistematização dos atos nulos e anuláveis, inserta na legislação civil, não condiz com a preferível para o Direito Administrativo, porque atribuem efeitos outros como delimitadores desses dois tipos de vícios dos atos jurídicos. Por exemplo, consideram os atos nulos têm sua invalidade *ex tunc*, por absoluto o vício de que padecem, enquanto os anuláveis *ex nunc*, por relativo seu vício.

Às vezes os casos qualificados como de nulidade ou anulabilidade na legislação civil não se harmonizam com os que se entende devem merecer essa classificação no Direto Administrativo, em virtude de conseqüências jurídicas diversas atribuídas a esses casos num e noutro ramo jurídico.

Por fim, em algumas legislações civis a incapacidade do agente gera sempre a nulidade do ato. Entretanto, no Direito Administrativo há hipóteses de incapacidade do agente ou, melhor, de incompetência que só justificam a anulabilidade do ato, como a por grau dentro de uma mesma repartição especializada, como seja despacho proferido por chefe de seção arrecadadora quando de competência do chefe de divisão.

Algumas vezes não devem envolver tais vícios sequer a anulabilidade do ato, se de natureza circunscricional, de agente da mesma pessoa jurídica e da mesma repartição e de igual competência quanto à matéria – como seja o lançamento feito pelo lançador da circunscrição "A", quando deveria ter sido feito pelo lançador da circunscrição "B", em virtude de equívoco quanto à linha demarcatória dos seus distritos.

Porém, esses inconvenientes não se encontram nos textos do Código Civil pátrio, que rege a espécie.

Os fundamentos de que se vale Seabra Fagundes para sustentar a inadaptabilidade da teoria das nulidades do Direito Civil ao Administrativo são os seguintes: (a) os atos administrativos são abonados por presunção de legalidade; portanto, só em casos excepcionais será admissível o pronunciamento *ex officio* da sua invalidade. Tal se lhe afigura possível apenas no curso da ação penal, em que o crime se prende a algum ato da Administração Pública. Entretanto, argumenta, os atos nulos no Direito Civil têm essa nota qualificadora; (b) os atos administrativos ilegítimos jamais podem ser convalidados. Ora, argumenta, os atos anuláveis no Direito Civil possuem justamente essa característica.

Todavia, essas conclusões, *data venia*, são sem maior consistência.

A declaração da nulidade *ex officio* pode ser feita pelo juiz quando conhecer do ato administrativo e dos seus efeitos e estiver provada sua nulidade, não lhe sendo permitido supri-la. Isso não se verifica só com referência aos atos da Administração Pública que envolvem crime. Tem ele a possibilidade para declarar de ofício a inconstitucionalidade ou ilegalidade de qualquer ato administrativo, desde que indiscutível e isso se faça necessário para resolver a controvérsia. Invoca-a, então, como alicerce da sua decisão, embora a parte se não tenha apercebido desse vício.

Certo, o juiz poucas vezes pronuncia de ofício a nulidade do ato administrativo. Tal só se pode dar quando se trata de inconstitucionalidade ou ilegalidade manifesta, evidente, que deflui diretamente do ato, por ofensa à norma jurídica, em que se prescinda de discussão e prova a respeito. Mas o fenômeno não é peculiar aos atos administrativos; ele se estende, outrossim, aos dos particulares, nas suas relações recíprocas. Aliás, circunstância reconhecida por Seabra Fagundes, que taxa de "raríssimas" ditas hipóteses no direito privado.

Realmente, o CP, no seu art. 18, envolve o agente público na responsabilidade criminal em ato praticado por ordem do superior, se manifestamente inconstitucional ou ilegal. Entretanto, o Estatuto dos Funcionários Públicos da União, Lei federal 1.711/1952, no art. 194, VII, amplia essa responsabilidade aos terrenos civil e administrativo. Desobriga os funcionários da obediência às ordens do superior quando do manifestamente ilegais, mesmo que não constituam crime.

Igualmente, os órgãos superiores da Administração Pública podem determinar o não-cumprimento, pelos inferiores, de leis ilegais ou inconstitucionais, mediante instruções de serviço. E assim deve ser, porquanto a lei inquinada de nulidade absoluta, por ilegal ou inconstitucional, equivale a um nada jurídico, inexiste.

Se manifestas a inconstitucionalidade ou ilegalidade do ato administrativo e isso decorrer de mera apreciação jurídica, sem necessidade de investigação de fato, apesar da presunção de legitimidade de que, em princípio, goza, essa presunção se desfaz ante a evidência da nulidade, que dispensa qualquer demonstração. Deixa, então, o ato de ter essa presunção e se não apresenta como exigível e auto-executável. Falta aptidão para produzir efeitos jurídicos, ante seu caráter de fato material, juridicamente irrelevante.

Certamente, tal só ocorrerá, como se disse, se manifestas a inconstitucionalidade ou ilegalidade. Então, poderão os tribunais decretá-las de ofício, negando-lhe aplicação, na espécie. Os particulares ou agentes públicos, por seu turno, poderão negar cumprimento ao ato administrativo que padeça de tais vícios. Certo, impõe-se sejam indiscutíveis, para não virem, ao depois, a sofrer as conseqüências jurídicas de sua desobediência, uma vez posteriormente declarado constitucional ou legal pelos tribunais.

A circunstância de ter a Administração Pública a prerrogativa, como se verá a seguir, de declarar *ex officio* inválidos seus atos não constitui razão impeditiva para que idêntica prerrogativa seja exercida pelo juiz quando submetido à sua apreciação ato administrativo, e mesmo os particulares deixem de obedecer a ele, se indiscutível sua ilegitimidade, ante a coima de nulidade.

E a circunstância de serem os atos administrativos quase que exclusivamente unilaterais, outrossim, não envolve empecilho a essa declaração judicial e, antes, explica a resistência passiva dos particulares em obedecer a eles, quando convencidos de sua nulidade.

Por outro lado, os atos administrativos em que o agente público é relativamente incompetente ou praticados com vício de vontade podem ser convalidados.

Impressionou-se o eminente Mestre com o fato de ser a incapacidade absoluta e relativa, cogitada pelo Código Civil, completamente diversa da que se verifica quanto às pessoas jurídicas de direito público e às pessoas naturais seus agentes.

Realmente, enquanto no Direito Civil a incapacidade das pessoas naturais para a prática do ato se prende à sua natureza intrínseca, a incapacidade das pessoas jurídicas de direito público consiste em questão de competência do órgão e dos seus agentes, quanto à sua qualificação pessoal. Aliás, essa diversidade verifica-se também em atenção aos atos das pessoas jurídicas de direito privado.

Mas a aplicação da teoria da nulidade e anulabilidade dos atos em um e outro ramo jurídico se adota pela semelhança de situação e identidade de razão. Jamais, pela identidade de situação. Consiste em aplicação analógica.

Nulo é o ato administrativo praticado pela pessoa jurídica sem competência e mesmo pelo seu órgão, embora outro da mesma pessoa a tenha. Anulável será o ato administrativo praticado por agente público não qualificado pessoalmente, apesar de próprio da pessoa jurídica e do órgão de que o agente público é titular, mas que seria da alçada de agente hierárquico superior. Os casos de incompetência relativa só geram a anulabilidade do ato.

Impressionou-se, ainda, com o fato de atos que padecem de vícios de vontade, com os praticados pelo agente público por coação, não poderem ser convalidados e, antes, sujeitarem o coator a punição criminal.

Acontece, os atos em que a manifestação de vontade padece de vício de consentimento podem ser nulos ou anuláveis. Naquele caso, não poderão ser convalidados; neste, sim.

Se o agente pratica o ato sob coação e, além da ilegitimidade por vício de vontade, há violação frontal de outro texto legal, configura-se ato nulo, por objeto ilícito, juridicamente impossível, se de ordem pública ou de caráter penal, posto, no interesse da Administração Pública, como princípio autoritário na formação do ato. Grande número de hipóteses de vícios da vontade no Direito Administrativo, ao contrário do que ocorre no Direito Civil, traz em seu bojo, outrossim, a violação de outro texto legal de tal natureza. Então, consideram-se como atos nulos. Destarte, no Direito Administrativo as hipóteses de nulidade são muito maiores que as de anulabilidade, bem mais raras.

Contudo, há casos de vício de vontade que não envolvem violação de outro texto legal ou seu preceito se colocou em favor do administrado, sujeito à autonomia de sua vontade, que, então, pode sanar essa falta. O ato será, nesse caso, simplesmente anulável.

Afinal, impressionou-se com a validade dos atos praticados por agentes públicos de fato. Os atos desses agentes, porém, não se catalogam entre os nulos ou anuláveis. São atos legítimos, porque praticados por agente investido, sob o aspecto formal, regularmente no cargo. Daí a validade dos atos por eles praticados. Não se trata de ato administrativo por órgão incompetente, nem por agente sem qualificação para praticá-lo. Por isso se têm como válidas as manifestações de vontade da Administração Pública em que participem.

Não se confunda a nulidade material do ato administrativo que investiu o agente de fato no cargo com a validade do ato por ele efetivado, tendo em vista a boa-fé de terceiros e sua competência formal para manifestar a vontade da Administração Pública.

Ante o exposto, há de se concluir que a adoção no Direito Administrativo da mesma posição do Direito Civil quanto aos atos nulos e anuláveis não acarreta qualquer dificuldade de aplicação, desde que se tomem em consideração as peculiaridades próprias desses dois ramos jurídicos. Inexistiria, então, a complicação vislumbrada pelos seus adversários, nem suscitaria confusões, como pretendem.

Impõe-se o acolhimento da mesma classificação pelas afinidades de situações dicotômicas de invalidade dos atos jurídicos tanto de uma como de outra especialização do direito, e dos efeitos iguais a se atribuir aos defeitos dos atos jurídicos quando nulos ou anuláveis.

A teoria da invalidade dos atos jurídicos, embora divulgada em primeira mão pelo Direito Civil, não é dele, porém da Teoria Geral do Direito. Por conseguinte, em se adotando não se vincula o Direito Administrativo ao direito privado. Mas se reivindica, outrossim, para o direito público, teoria própria do Direito em geral.

Aliás, a Lei 4.717, de 29.6.1965, que regula a ação popular, distinguiu os atos lesivos ao patrimônio público em *nulos* e *anuláveis*. Considerou nulos os que padecem dos vícios de incompetência, de forma, ilegalidade de objeto, inexistência de motivos e desvio de finalidade (art. 2º) e os declarados como tais no próprio texto legal (art. 4º). E considerou anuláveis os demais atos lesivos ao patrimônio público (art. 3º). Portanto, os eivados de vícios na manifestação de vontade. Adotou, destarte, em última análise, a sistemática do Código Civil a respeito. Na verdade, acolheu as mesmas figuras jurídicas de atos nulos, explicitamente, e de atos anuláveis, implicitamente, com a só ressalva de ter deixado de considerar a diferença entre atos nulos por incompetência absoluta e atos anuláveis por incompetência relativa. Perfilhou o legislador pátrio, assim, no direito público, ao apreciar os casos de ofensa ao patrimônio público, distinção igual à constante do Código Civil, entre atos jurídicos nulos e anuláveis,[XXII] e, praticamente, a mesma quanto à especificação das hipóteses de nulidade e anulabilidade.

55.3 Efeitos iguais dos atos nulos e anuláveis

Declarada a nulidade ou decretada a anulabilidade do ato administrativo, como ocorre com qualquer ato jurídico, ele se desfaz, com a restituição dos interessados ao estado anterior. Não sendo possível, por não existir mais a coisa ou por ser inviável a volta à situação anterior, o prejudicado será indenizado com o equivalente. A respeito é expresso o art. 158 do Código Civil.[XXIII] Tal se verifica porque têm efeito *ex tunc*, isto é, retroativo. Atingem a manifestação da vontade na oportunidade da sua exteriorização.

Nulo o processo expropriatório, mas já empregado o bem em obra pública, ao proprietário só cabe a indenização do valor correspondente ao bem. Funcionário demitido sem fundamento legal, ao depois reintegrado, por decisão judicial, no cargo, fica em disponibilidade se, nesse período, seu cargo tiver sido extinto.

Embora de efeito retroativo, a declaração de nulidade ou a decretação de anulabilidade não envolvem os terceiros que, sem serem partes diretamente atingidas pelo ato nulo ou anulável, indiretamente receberam suas conseqüências.

Assim, a declaração de nulidade de eleição faz com que deputado perca sua cadeira na Assembléia Legislativa. Mas não torna sem efeito as leis por ele aprovadas, mesmo que seu voto tenha sido deci-

---

XXII. *Nota dos Editores*: Hoje, arts. 166 e ss. e 171 e ss.
XXIII. *Nota dos Editores*: Hoje, art. 182.

sivo para sua aprovação. Igualmente, a declaração de nulidade de diploma de advogado não prejudica as defesas por ele feitas. Os atos realizados com relação a terceiros não sofrem qualquer conseqüência. Isso explica o que se disse atrás sobre o funcionário de fato.

Se parcialmente nulo ou anulável o ato e se encerrar partes separáveis, não ficará prejudicada a parte válida. A nulidade ou anulabilidade da obrigação principal implicam a das obrigações acessórias. Mas a destas não induz a da obrigação principal. Outrossim, nos procedimentos administrativos a nulidade ou anulabilidade do ato anterior geram a do posterior, como nulidade ou anulabilidade derivadas.

Portanto, a nulidade ou falta de homologação ou de aprovação posterior de ato administrativo não invalidam o ato principal, apenas adiam sua eficácia. Já a nulidade da falta de parecer ou de proposta, obrigatórios, anula o ato conseqüente. Se nas fases de procedimento do concurso são regulares os atos de sua abertura e de inscrição, a nulidade subseqüente da realização das provas não alcança aqueles.

Há o fenômeno jurídico da *redução*. Quando o vício de legitimidade do ato não compreende todas as suas partes, mas só algumas, e não têm caráter de proeminência com relação às outras, estas são conservadas, permanecem em vigor, e não ficam envolvidas na declaração de nulidade ou decretação de anulabilidade.

Às vezes o vício do ato está na colocação em certa categoria jurídica, ao passo que em outra é legítimo. Então, a invalidada existirá quanto àquele tipo de ato, mas se aproveita tendo em vista o outro. Faz-se a transformação do ato, e esse fenômeno jurídico se denomina *conversão*. Ela se verifica mediante emanação de novo ato dando interpretação ao anterior e transformando-o em legítimo.

A nomeação de alguém para cargo efetivo inicial de carreira sem concurso, que torna o ato nulo, por constituir esse procedimento exigência constitucional, é aproveitável considerada como nomeação em caráter interino. Igualmente, a nomeação efetiva para cargo de provimento em comissão prevalece tão-somente com este último efeito.

Recurso interposto fora do prazo legal ou sem obediência a formalidade substancial, nulo como tal, pode ser recebido pelo órgão da Administração Pública como denúncia referente a órgão inferior, na prática de seu ato, a que se sujeita em relação hierárquica. Outrossim, recurso interposto por particular contra ato com vício de nulidade, se não for titular de direito subjetivo, e, destarte, não tendo assento legal e, portanto, validade, pode conter, contudo, elemento para a Administração Pública considerar, de ofício, o ato nulo, e, assim, ser aproveitado.

A frustração dos efeitos jurídicos dos atos nulos e anuláveis diz respeito aos que normalmente lhe caberiam ou que se lhes pretendeu dar. Entretanto, podem produzir efeitos indiretos, ante seu aproveitamento para outro fim (cf. Piero Bodda, *La Conversione degli Atti Amministrativi Illegittimi*, 1935; Salvatore Masto-Pasqua, *La Conversione degli Atti Amministrativi*, 1967).

55.4 Efeitos diversos dos atos nulos e anuláveis

Ao lado dessa similitude de efeitos entre os atos nulos e anuláveis, por serem ambos atos ilegítimos, conseqüentemente inválidos, é de considerar a diversidade de outros, e que fundamenta essa divisão.

Há quem pretenda imprescritível a nulidade e prescritível a anulabilidade. Modernamente entende-se que ambas são suscetíveis de prescrição, embora a primeira só se verifique *longi temporis*. No direito pátrio positivo, conforme interpretação dominante do texto do Código Civil, esse prazo é de 20 anos. Já a outra fica prescrita a curto tempo. Relativamente aos vícios da vontade, pelo decurso do prazo de quatro anos, na conformidade de artigo expresso do Código Civil (hoje, art. 178, I a III). Isso na falta de texto especial.

Como salientado, o ato nulo, ao contrário do anulável, é insuscetível de *convalidação*. Pode ser repetido ou refeito, mas corresponde a ato novo, a viger dessa data. Já o ato anulável convalida-se mediante *confirmação* ou *ratificação* e, ainda, mediante *saneamento* ou *regularização*. Então, a nulidade inicial desaparece. Apesar de reconhecida sua anterior existência, ela deixa de prevalecer. E os efeitos já produzidos pelo ato são resguardados, pois a convalidação retroage à data da emissão do ato.

A *ratificação* e a *confirmação* correspondem a formas de convalidação do ato anulável, através de manifestação expressa de vontade em que, reconhecido o vício do ato, o corrige.

A *ratificação* consiste na declaração de vontade pela qual o órgão da Administração Pública que emanou o ato anulável corrige, nos termos legais, o vício de que ele padece. A *confirmação* consiste na declaração de vontade de outro órgão da Administração Pública, ou de administrado a que ele se refere, em virtude da qual se corrige, nos termos legais, o vício de que ele padece. Completam-se, destarte, os elementos omitidos e, assim, se eliminam os vícios que o invalidam e se tornam legítimos seus efeitos jurídicos. Supre falta de ato preparatório do procedimento administrativo, pressuposto ou ato instrumental do ato composto, quando admissível seja ele sanado, conforme hipóteses anteriormente consideradas.

No caso de ato praticado por órgão relativamente incompetente, pode ser confirmado por órgão competente. Isso ocorre quando, dentro do mesmo órgão, inferior hierárquico pratica ato de competência do superior. Na hipótese de o ato de aposentadoria de certo funcionário ser expedido por órgão competente da Administração Pública, porém sem requerimento do interessado e sob o fundamento de que se fazia a pedido, em virtude de erro no interpretar pedido de liquidação de tempo de serviço, se o atingido pelo ato, ao depois, apresenta a solicitação, confirma o ato que padecia de vício de nulidade.

A *ratificação* ou *confirmação* sujeita-se a determinados limites. Não cabe quando haja recurso hábil interposto contra o ato anulável por quem de direito. Outrossim, inadmissível depois da decretação de anulabilidade, por decisão regular. Não a impede a circunstância de o ato ser suscetível de recurso por parte dos administrados, se ainda não foi interposto.

De passagem, é de se observar que o Código Civil, sob a denominação de ratificação, engloba as duas figuras jurídicas, com aplauso de Caio Mário (*Instituições de Direito Civil*, 1ª ed., vol. I, 1961, pp. 447-448, n. 110, e 445-446, n. 109), que reserva a expressão "confirmação" para o ato de repetição ou refazimento dos atos nulos. Com a devida vênia do ilustre Professor, opta-se pela orientação tecnológica exposta.[xxiv]

Já o *saneamento* ou *regularização* do ato anulável dá-se de modo indireto, através de ação ou omissão que envolvem assentimento táci-

---

xxiv. *Nota dos Editores*: Os arts. 172 a 175 do atual CC, correspondentes aos arts. 148 a 151 do CC/1916, fala em "confirmação" e não mais em "ratificação".

to ao ato pelos que são por ele afetados. A eliminação do vício decorre de ato material ou jurídico com esse alcance.

Resulta de ato material quando o administrado deixa fluir o prazo legal em que seria possível impugná-lo e ocorre, por omissão, a decadência do seu direito para apresentar recurso administrativo a respeito ou propor ação anulatória; e, mesmo, pode se manter indiferente na defesa de seu direito e ele vir a prescrever.

Deflui de ato jurídico quando abdica do direito de impugnação, ante certo comportamento ativo, consistente no cumprimento da obrigação, apesar de ciente do vício do ato. Renuncia à impugnação do ato anulável de forma tácita, indireta, ao executar voluntariamente a obrigação, como seja o pagamento de imposto predial cujo lançamento se fez a mais, em razão de erro sobre o valor do aluguel, e sem qualquer protesto.

55.5 Atos inexistentes[41]

Como ponderado, cogita a doutrina dos *atos inexistentes*, ao lado dos nulos e anuláveis. A respeito divergem os doutores.

Uns encontram méritos na sistematização dessa categoria em apartado dos atos nulos. Outros, apesar de reconhecerem a possibilidade de distinção entre atos nulos – em que falta elemento para sua existência jurídica – e inexistentes – em que falta pressuposto material para sua constituição –, entendem corresponder a distinção sutil, sem qualquer interesse prático – e, portanto, desnecessária para os efeitos da ordem jurídica.

Assim, postos em confronto hipóteses e exemplos conseqüentes de nulidade e inexistência, verifica-se quando ocorre esta ou aquela.

A incapacidade absoluta do agente para manifestação da vontade acarreta a nulidade do ato jurídico, enquanto a nenhuma manifestação de vontade, por falta de agente que possa exteriorizá-la, sua inexistência. Quando o objeto da manifestação de vontade é ilícito verifica-se a nulidade do ato jurídico, ao passo que a falta dele, como pressuposto da declaração, sua inexistência. Outrossim, a inobservância de

---

41. Cf. Jean-Marie Auby, *L'Inexistence des Actes Administratifs*, 1951.

solenidade necessária à perfeição do ato jurídico o torna nulo; o deixar de haver qualquer formalidade admissível para a prática de manifestação de vontade com efeito jurídico, a sua inexistência.

Essa distinção se invoca principalmente no campo do Direito de Família. Isso porque se pretende serem mais que nulos os atos relativos a esse ramo jurídico em que falte pressuposto material, a exigir a proclamação de sua inexistência. Sirvam de exemplo: o casamento celebrado por um particular; o entre duas pessoas do mesmo sexo; ou o em forma de pantomima circense.

Mesmo aí existe, de certo modo, a operância de ato jurídico, e, não obstante materialmente inexistente, os efeitos são os mesmos do ato nulo, e muita vez se faz mister a prova dessa inexistência em juízo para a declaração da sua inexistência material. Tal se verifica se os nubentes ignoram que o casamento se realizou perante particular; ou um dos cônjuges suponha o outro ser de sexo diferente, ou mesmo os dois, no caso de hermafroditismo; e ambos acreditaram na farsa realizada, como se fosse solenidade essencial.

Aliás, em todos esses exemplos configuram-se hipóteses de nulidade absoluta. O casamento em que participa particular em vez de agente público é nulo por falta de órgão *absolutamente* competente; o entre pessoas do mesmo sexo é nulo por falta de objeto lícito, juridicamente possível, *segundo a natureza do casamento*; e o levado a efeito em pantomima circense, por falta de solenidade essencial da *substância do ato*.

É verdade, em face do direito positivo há, por vezes, dificuldade em harmonizar o texto legal do Código Civil, pertinente ao Direito de Família, com a classificação dos atos em nulos e anuláveis, simplesmente. Caberia, então, discutir se o socorro à tricotomia na consideração dos atos inválidos decorre de exigência doutrinária justificável em direito a constituir, ou para solver imprecisões tecnológicas do direito constituído.

Mas a matéria é estranha ao Direito Administrativo. Certo, há administrativistas que defendem a diferenciação entre atos inexistentes e inválidos, como Raggi (*Corso di Diritto Amministrativo*, vol. I, 1936, pp. 140-145). Ela, entretanto, não se afigura necessária, tendo em vista os efeitos de direito, nesse ramo jurídico, na sistemática do direito pátrio.

55.6 Declaração ou decretação de ofício de nulidade ou anulabilidade

A declaração de nulidade do ato administrativo nulo ou a decretação de anulabilidade de ato administrativo anulável podem ser levadas a efeito pelos órgãos da própria Administração Pública, tanto pelo que emanou o ato eivado de vício como por superior hierárquico, ou órgão especial de controle, espontaneamente ou mediante recurso de interessado.

Os órgãos de controle só podem anular o ato dos órgãos coordenados se por lei tiverem essa competência, e nos termos por ela especificados. Já o próprio órgão e o superior hierárquico têm sempre tal poder, com fundamento, respectivamente, no ato de autotutela de legitimidade das suas próprias provisões ou na competência concorrente, do órgão superior com a do órgão inferior, na matéria. O órgão superior hierárquico não poderá fazê-lo só quando a lei, expressamente, vedar-lhe tal prerrogativa em dado caso.

Os casos de nulidades pronunciáveis pela Administração Pública são os previstos em lei para os atos em geral, ou para os atos administrativos em especial, ou seja, aqueles em que se tenham praticado atos ilegítimos, portanto inválidos. Também seus efeitos são os mesmos. Declarada ou decretada a nulidade, ela opera *ex tunc*, pois de atos nulos ou anuláveis nenhum direito pode resultar, e com sua pronúncia há o retorno à situação anterior.

Ao declarar ou decretar a nulidade dos ates administrativos a Administração Pública mantém-se no seu campo próprio, sem entrar na esfera judicante. Na verdade, ela realiza uma auto-impugnação, *de jure proprio*, dos atos por ela mesma expedidos que padecem de vícios de nulidade absoluta ou relativa, corrigindo uma situação antijurídica.

Um ato administrativo ilegítimo não deve ter executoriedade; e, cassando-lhe tal efeito, a Administração Pública mantém-se no seu âmbito de cumprimento das leis, em atenção ao interesse coletivo. Se um ato administrativo está em contraposição à ordem jurídica, a Administração Pública deve retirar esse seu ato, reconhecendo a nulidade de que padece, em obediência às regras de direito em vigor, acaso desrespeitadas por incapacidade do agente, por vício de vontade, por ilícito ou impossível seu objeto, ante a violação frontal da lei ou o abuso no exercício do direito, por desobediência a solenidade essencial ou preterição de forma legalmente imposta.

Não teria sentido que para restabelecer a ordem jurídica, por ela mesma ferida, fosse a Administração Pública bater às portas dos tribunais, para pleitear que um outro Poder pronunciasse a nulidade do ato administrativo, a fim de que visse corrigida a irregularidade dos próprios atos que praticou.

A Administração Pública não pode ser equiparada, nesse setor, ao particular, sob pena de se borrarem as distinções entre o direito público e o privado, se confundirem os interesses da coletividade com os dos particulares, se aniquilarem os elementos de efetivação do bem comum.

Como manter um diploma científico depois de verificado o erro incorrido em expedi-lo ou registrá-lo? Não ficaria em risco a sociedade com o exercício ilegal da profissão, até a pronúncia judicial de sua nulidade? Como manter no cargo quem foi nomeado irregularmente, sem habilitação para tanto, constitucionalmente exigida? Não haveria grande prejuízo para a vida estatal aguardar-se a pronúncia judicial da sua nulidade?

Compreende-se que terceiros, que vejam seus direitos prejudicados por ato nulo ou anulável da Administração Pública, ingressem em juízo para pedir o pronunciamento judicial da nulidade. Já o órgão da Administração Pública, que praticou o ato nulo ou anulável, pode corrigi-lo, *sponte sua*, voltando atrás, uma vez verificada sua nulidade. Não é possível fique obrigado a respeitá-lo até a decisão do Judiciário, com grave prejuízo para o interesse geral, para o bem público.

Discutem os Mestres brasileiros, como salientado, sobre a possibilidade da distinção no Direito Administrativo entre *nulidade* e *anulabilidade*. Ela é possível e mesmo necessária, como se verificou, e sua aceitação não importa reduzir a auto-impugnação da Administração Pública aos atos nulos, pois nos casos de anulabilidade também está em jogo o interesse coletivo, e não simplesmente o das partes; está em foco o bem comum, e não simplesmente o bem individual dos atingidos pelo ato.

A distinção faz-se necessária, contudo, porque um é juridicamente inexistente, enquanto o outro tem validade provisória, até a pronúncia de nulidade, que precisa ser decretada dentro de prazo peremptório e pode ser objeto de ratificação. Os efeitos da nulidade, todavia, equivalem, pois, tanto a de um como a de outro fazem restituir as coisas ao estado ulterior.

Os atos nulos ou anuláveis são inválidos, e, por conseguinte, não podem legitimamente gerar direitos a favor de ninguém. Para que surja uma situação jurídica definitivamente constituída, impõe-se tenha sido originada de fato ou ato legítimo e concreto, de modo a se incorporar ao patrimônio do indivíduo.

Não obstante, se com referência ao ato nulo ou anulável da Administração Pública, e assim por ela declarado ou decretado, a outra parte vier a ter prejuízo – pela impossibilidade de se restituir as partes ao estado em que antes se achavam –, será indenizada com o equivalente à dita situação anterior.

Em conclusão, no direito privado as partes devem sempre solicitar ao Poder Judiciário a declaração ou decretação da nulidade ou anulabilidade dos atos por elas celebrados. No direito público, ao contrário, verificando a Administração Pública a invalidade deles, declara ou decreta sua nulidade ou anulabilidade, sem prejuízo, é claro, do recurso posterior ao Poder Judiciário, por terceiro interessado que se julgue lesado com tal medida.

56. Contrato de direito público ou administrativo[42]

56.1 Discussão sobre sua existência

Tema que tem dado margem a grande discussão entre os juristas, sem que se hajam ainda harmonizadas as posições, é o do *contrato de direito público*.

Essa discussão, entretanto, restringe-se aos contratos levados a efeito entre a Administração Pública e os administrados. Realmente, aceitam-se de modo pacífico no direito público os acordos de vontades entre os Estados, denominados *tratados*, para resolverem os problemas de ordem internacional e, mesmo, de interesses nacionais.

---

42. Cf. José Saldanha da Gama e Silva, "Dos contratos administrativos", *RDA* 1/717; André de Laubadère, "Do poder da Administração para impor unilateralmente alterações nas cláusulas dos contratos", *RDA* 37/45.

Outrossim, entre pessoas de direito público interno – por exemplo, entre União e Estado Federado, ou entre Municípios –, na consecução dos seus objetivos de interesse coletivo, chamados *convênios* e *consórcios*.

Portanto, em última análise, o debate limita-se aos pretendidos contratos da Administração Pública com os administrados. Enquanto na França domina orientação favorável, na doutrina e jurisprudência, a respeito desses contratos, lá denominados de *contratos administrativos*, na Alemanha e na Itália a matéria tem suscitado séria divergência.

Esta circunscreve-se a três questões fundamentais: (a) sobre a possibilidade de contrato entre pessoas de situação jurídica distinta, dada a posição de supremacia da Administração Pública diante dos administrados; (b) sobre o objeto do contrato, uma vez as obras e serviços públicos e os bens a que ele se refere estão fora do comércio; (c) sobre a natureza do contrato, que exige autonomia da vontade e vinculação entre as partes com referência às suas cláusulas, e, por isso, fazem lei entre elas, e a impossibilidade de a obra pública ou o serviço público e os bens públicos ficarem presos, por prazos predeterminados, a certo regime jurídico uma vez se venha a verificar a permanência nesse regime jurídico estaria contrária ao interesse público, a exigir sua alteração.

As duas primeiras objeções, formuladas na Alemanha e na Itália, foram bem respondidas pelos partidários da tese contratualista.

Dizem estes: se a Administração Pública e os administrados acordam, livremente, sobre determinado objeto e se vinculam, pacificamente, através de direitos e obrigações assumidas, a figura jurídica do contrato aparece. Pouco importa – ponderam –, em princípio, a Administração Pública esteja em posição de superioridade sobre os administrados. Nesse ato de acordo de vontades, que se vinculam, ela desce da sua posição proeminente e se coloca no mesmo plano que os administrados.

E – prosseguem –, justamente pela circunstância dessa disparidade de situação das partes na ordem jurídica do Estado-sociedade, em que uma é o Estado-poder, ou quem faça as suas vezes, e, outrossim, por o objeto do acordo versar sobre matéria estranha às relações jurídicas privadas e dizer respeito ao interesse público, o acordo de vontades entre a Administração Pública e o administrado deve ser considerado contrato de direito público.

Ainda – observam –, os bens fora do comércio não podem ser objeto de contrato regido pelo direito privado. Daí a razão de se considerar esses contratos de direito público.

Demais – concluem –, os bens são considerados fora do comércio, por insuscetíveis de apropriação ou por serem legalmente inalienáveis. Ora, muitos dos contratos não se referem a bens fora do comércio, inapropriáveis, como os de uso comum do povo, e nenhum deles cogita da alienação desses bens. Mesmo os contratos que têm por objeto bens de uso comum do povo não contrariam a respectiva destinação, o que torna perfeitamente possíveis tais relações jurídicas. Pelo seu objeto faculta-se ao administrado-contratante apenas o uso extraordinário deles, e para execução de obra ou prestação de serviço público.

Não padece dúvida, realmente, de que o administrado, no exercício da sua autonomia, pode contratar com a Administração Pública, se esta se despoja da sua autoridade e, em vez de impor sua vontade nos termos legais, acorda com a daquele relativamente à obra pública ou serviço público ou aos bens públicos. Mesmo que o administrado simplesmente adira às cláusulas dispostas pela Administração Pública, o contrato existe se aquiescem livremente sobre elas.

Mas a natureza do contrato não se esgota no livre acordo de vontades. Ele consiste em comunhão de vontades contrapostas, que gera relação jurídica entre partes, vinculando-as como lei, por elas sancionada e promulgada. Como conciliar a mobilidade do interesse público com a fixidez dessas cláusulas, pelo prazo contratual? Os adeptos do contrato de direito público ou administrativo apresentam mais de uma solução.

56.2 O problema na Alemanha e na Itália

Segundo autores alemães, que outrora o acolheram, o contrato de direito público rege-se por princípios diferentes do de direito privado. Trata-se de contrato de direito público porque seu objeto é pertinente à Administração Pública. E o contrato existe, porque sua formação se faz por acordo de vontades. Porém, seu regime sujeita-se aos ditames da lei ou do regulamento e é por eles suscetível de alteração, tendo em vista o interesse coletivo.

Constitui, na realidade, contrato de submissão, na palavra dos próprios adeptos, uma vez seu regime jurídico se efetiva nos termos legais ou regulamentares. Essa a tese defendida por Jellinek (*Sistema dei Diritti Pubblici Subbiettivi*, pp. 194-200 e 224-244) com referência à função pública; e por Laband (*Le Droit Public de l'Empire Allemand*, vol. II, 1901, pp. 119-121 e 530-535), outrossim, para a concessão de obra ou de serviço público.

Igual orientação foi acolhida por autores italianos. Atribuem a essa relação jurídica caráter formalmente contratual. É a posição de Forti (*Diritto Amministrativo*, 2ª ed., vol. II, 1932, pp. 83-97), de Arturo Lentini (*Istituzioni di Diritto Amministrativo*, vol. I, pp. 535-591), de Santi Romano, modificando opinião anterior (*Corso di Diritto Amministrativo*, 3ª ed., pp. 234-238), e de Mario Gallo (*Il Rapporto Contrattuale nel Diritto Amministrativo*, 1936), tanto para a função pública como para a concessão de serviço público; e de De Valles ("I servizi pubblici", in *Tratado*, de Orlando, vol. VI, Parte 1ª, pp. 417-420), quanto à concessão de obra e de serviço público, e de Giovanni Pacinotti (*L'Impiego nelle Pubbliche Amministrazioni*, pp. 90-101), quanto à função pública.

Foi seu paladino na França A. Kammerer (*La Fonction Publique en Allemagne*, pp. 90-104).

Consideram que o *contrato de função pública* corresponde ao acordo de vontades entre a Administração Pública e o administrado pelo qual aquela provê este em cargo público, que nisso aquiesce, para agir em nome e por conta do Estado-poder, enquadrado na sua organização e segundo as competências próprias do titular do cargo. Por outro lado, consideram que o *contrato de concessão pública* corresponde ao acordo de vontades entre a Administração Pública e o administrado pelo qual aquela delega a este poderes que lhe são peculiares, e este nisso aquiesce, para que execute obra ou preste serviço, considerado público e, assim, aja em nome e conta própria, mediante remuneração percebida, total ou parcialmente, dos beneficiados com a obra ou usuários do serviço.

Aliás, a teoria do contrato de direito público constitui evolução lógica da teoria do contrato misto, de direito público e privado, defendida por publicistas que procuraram distinguir a formação do vínculo contratual, de direito privado, e o regime jurídico desse contrato, de natureza legal – portanto, público.

Esta última teoria referida surgiu na Alemanha (cf. Mário Masagão, *Natureza Jurídica da Concessão de Serviço Público*, p. 45-48, nota 22). Depois foi transplantada para a Itália. Foram seus paladinos nesse país: Ragnisco (*Sulle Concessioni Municipali*, pp. 32 e ss.), ao estudar a natureza jurídica da concessão de obra ou de serviço público; Meucci (*Istituzioni di Diritto Amministrativo*, 5ª ed., pp. 178-192) e Orlando (*Principi di Diritto Amministrativo*, 5ª ed., pp. 94-99), ao dissertarem sobre a relação jurídica da função pública.

Na realidade, tanto na Alemanha como na Itália, e principalmente naquele país, predominou orientação contrária à classificação da função pública e da concessão de obra e de serviço público como atos jurídicos contratuais, classificados, pelos contratualistas, como contratos típicos de direito público.

Os autores que admitiram a existência de acordo de vontades para sua formação passaram a caracterizá-lo como ato bilateral, mas não contratual. Sirvam de exemplo Modestino Petrozziello, na Itália ("Il rapporto di pubblico impiego", in *Tratado*, de Orlando, vol. II, Parte 3ª), ao considerar o problema em face da função pública, e Walter Jellinek, na Alemanha, como informa Fleiner (*Les Principes Généraux du Droit Administratif Allemand*, p. 124), relativamente à concessão de obra pública ou de serviço público. Isso pela natureza jurídica emprestada a esses acordos de vontades pelos próprios adeptos do contrato do direito público, isto é, contratos de submissão, em que há liberdade só na formação, pois o regime jurídico é unilateralmente disposto pelo Estado-poder ou quem faça as suas vezes.

Aliás, o ato bilateral é de criação da doutrina alemã, pois, ao lado das duas figuras clássicas de ato jurídico unilateral e contrato, apresenta outras duas: *Gesammatakt*, ato jurídico coletivo, e *Vereinbarung*, ato bilateral, que se denominam também, respectivamente, de *ato unilateral plural* e *ato-união*.

Modernamente na Itália se adotam duas posições. Uns entendem possível o contrato de direito público com referência à função pública e à concessão de obra e de serviço público, se assim qualificadas pelo direito positivo, como Zanobini (*Corso di Diritto Amministrati-*

vo, vol. I, 1936, pp. 264-269) e Vitta (*Diritto Amministrativo*, 2ª ed., vol. I, 1937, pp. 343-353); e outros não admitem a relação contratual entre a Administração Pública e os administrados, embora como tal qualificada pelo direito positivo, como Alessi (*Sistema Istituzionale del Diritto Amministrativo Italiano*, 3ª ed., pp. 292-297, n. 177) e Landi e Potenza (*Manuale di Diritto Amministrativo*, 2ª ed., pp. 184-186), pois pretendem o nome não modifica a natureza das coisas.

Já, na Alemanha os autores que, atualmente, sustentam existe contrato de direito público afirmam que tem o mesmo efeito jurídico do contrato de direito privado. Então, uma vez firmado, as partes a ele se sujeitam por todo seu prazo, segundo o ajustado por elas, ante o princípio *pacta sunt servanda*. Trata-se de contrato de direito público – proclamam –, em virtude de seu objeto ser estranho aos próprios das relações entre particulares. Porém, sendo contrato, o regime jurídico é igual ao de direito privado, e se rege pelas cláusulas estipuladas, com eficácia vinculativa para o futuro.

Só se desobrigam as partes das suas determinações, de satisfazerem ao acordado, na hipótese de força maior ou caso fortuito, que impossibilita o cumprimento das obrigações assumidas; ou, então, no caso em que tenha havido, no momento da execução do contrato, alteração excepcional nas circunstâncias de fato da época de sua formação, de forma a arruinar a parte que se obrigou a respeito, a tal ponto, que, se pudesse prevê-la, não se teria obrigado como pessoa normal.

Nesta última circunstância admite-se a revisão das cláusulas contratuais ou a rescisão do próprio contrato, em virtude de cláusula implícita que o preside: *rebus sic stantibus* – hodiernamente objeto da chamada *teoria da imprevisão*.

Para esses autores, entretanto, na conformidade da doutrina alemã, a função pública e a concessão da obra ou de serviço público não constituem contratos de direito público. Para eles esses institutos jurídicos se perfazem mediante ato unilateral da Administração Pública e manifestação conseqüente de vontade do administrado, como simples condição da eficácia daquele, ou por ato bilateral, convenção-união, distinto do contrato, porquanto o acordo de vontades só existe para a formação do ato, uma vez o respectivo regime jurídico é disposto por regras normativas e atos concretos unilaterais do Estado-poder, ou de quem faça as suas vezes.

Os contratos de direito público – acrescentam – são contratos de igual regime jurídico dos de direito privado, porém feitos pela Administração Pública com os administrados, relativos a matérias de direito público. Portanto, neles se verificam a autonomia de vontade das partes, obrigando-se livremente, e a vinculação delas às cláusulas estipuladas, que fixam seu conteúdo.

Entre outros, nomeiam o acordo de vontades entre a Administração Pública e o administrado, firmado em livro de repartição pública, quanto à indenização a ser paga relativa a bem objeto de declaração de utilidade pública, ou em juízo, nos autos de processo expropriatório; bem como o firmado em livro de repartição pública sobre esquema de pagamento de impostos atrasados, ou em juízo, nos autos de processo de executivo fiscal.

Nessa corrente inscreve-se Forsthoff (*Tratado de Derecho Administrativo*, pp. 371-382).

56.3 O problema na França

De início, na França, os atos praticados pela Administração Pública com relação aos administrados – que não consistissem em decisão executória e dependessem da aquiescência destes – perfaziam-se em forma contratual. Então, procuraram os autores enquadrá-los entre os tipos clássicos de contratos de Direito Civil. Ante a dificuldade de achar exata correspondência com referência a alguns deles, passaram a denominá-los de "contratos *sui generis*". É o caso da concessão de obra ou de serviço público.

O Conselho de Estado da França sustentou, então, que haveria verdadeiro impasse para harmonizar o interesse público, que a Administração Pública persegue, e os contratos por ela anteriormente formados com os administrados se considerados como de direito privado, mesmo quando seu objeto correspondesse a contratos semelhantes aos de Direito Civil, entre os particulares, uma vez eram regulados por legislação especial, estranha ao Código Napoleônico.

Classificou esses contratos como administrativos, sujeitos a regime jurídico distinto dos de direito privado, e delimitou a competência judicial para julgamento de ditos contratos. Assim, o julgamento das demandas que eles suscitassem seria dos tribunais administrativos.

Criou a figura do contrato administrativo quando tinha por objeto a execução direta de obra pública ou a prestação de serviço público; ou a obtenção de bens que constituíssem *meios* imediatos e contínuos para consecução de suas atividades-*fins*; ou assim fosse legalmente classificado ou estabelecido no próprio ajuste, ante o regime jurídico adotado, exorbitante do direito comum.

Esse contrato, quanto à execução, faz-se nos termos de determinações da Administração Pública, na conformidade das exigências do interesse público, de que é árbitra, alteráveis livremente por ela suas cláusulas, mediante atos normativos ou decisões executórias, contanto que assegure à outra parte – isto é, ao particular, administrado – a equação econômico-financeira, razão do ajuste feito.

Esta concepção do contrato administrativo, originária da jurisprudência do Conselho de Estado da França, foi acolhida pela doutrina e inserta na legislação desse país. Estendeu-se pelos países de Língua Latina. Vemo-la sustentada na Espanha (cf. Recaredo Fernández de Velasco Calvo, *Los Contratos Administrativos*, 1927; Sabino Álvarez Gendín, *Contratos Administrativos*, 1934), em Portugal (cf. João de Mello Machado, *Teoria Jurídica do Contrato Administrativo*, s/d) e na América Latina, em seus diferentes países, pelos mais afamados juristas (cf. Miguel Angel Berçaitz, *Teoría General de los Contratos Administrativos*, 1952).

Sua sistematização doutrinária deve-se a Jèze, que o estudara amplamente em conhecida obra em quatro volumes (cf. *Les Contrats Administratifs de l'État des Départaments de Communes et des Établissements Publics*, 1936). Recentemente mereceu novo estudo de Laubadère (*Traité Théorique et Pratique des Contrats Administratifs*, 3 vols., 1956). A respeito, ainda, de se mencionar o trabalho de Pequignot sobre a teoria dos contratos administrativos (*Des Contrats Administratifs*, 1954).

Consideram-se como contratos administrativos típicos os de concessão de obra e de serviço público, os de oferta de concurso público, os de trabalho público ou, melhor, de obra pública, os de fornecimento público e os de empréstimo público.

O conceito de *contrato de concessão* é o mesmo retroexposto. O *contrato de oferta de concurso* é o que o administrado acorda com a

Administração Pública em participar, mediante financiamento em dinheiro ou entrega de bens *in natura*, em operação administrativa, obra ou serviço público, na conformidade do ajustado. O *contrato de fornecimento* é o que o administrado acorda com a Administração Pública na entrega de mercadorias, consistentes, por vezes, na fabricação de objeto móvel, mediante o co-respectivo pagamento do preço ajustado. O *contrato de empréstimo* é o em que o administrado acorda dar à Administração Pública importância em dinheiro, através de aquisição de títulos públicos por esta, emitidos para tal fim, que vencem determinados juros e são resgatados em prazo prefixado. O *contrato de trabalho público*, ou seja, *de obra pública*, é o que o administrado acorda com a Administração Pública na realização de construção em imóvel, reparação ou ampliação da existente, segundo condições estipuladas, relativas à natureza do trabalho e do seu custo.

A função pública, modernamente, na França se não considera como de natureza jurídica contratual. Prevalece a tese de que se trata de ato unilateral da Administração Pública. A manifestação de vontade do administrado constitui, destarte, mera condição para sua eficácia.

*56.4 A cláusula "rebus sic stantibus"
e a teoria do "fait du prince"*

A cláusula *rebus sic stantibus* ressurgiu, com novas roupagens, na época contemporânea, no direito público, antes de se ver acolhida no direito privado, e ressurgiu na França, por ação da jurisprudência do Conselho de Estado, ao apreciar a eficácia jurídica dos chamados *contratos de Direito Administrativo*. E como noção específica do Direito Administrativo.

Argumentava-se que a situação dos chamados *contratos administrativos*, como se disse, é diferente dos de *direito privado*, firmados tendo em vista, ao menos por parte do Estado-poder, o interesse público, que deve primar em toda sua execução; e, destarte, a superveniência de fatos imprevisíveis, a gerar álea extraordinária e a criar situação extracontratual, não pode liberar o outro co-contratante da satisfação das suas obrigações – quais sejam, de construir obra pública, de fornecer materiais de interesse público, de prestar serviços públicos.

Então, para que não parassem esses cometimentos, de obrigações contratuais sucessivas e futuras, em compensação, a Administração Pública deveria ir em auxílio do contratante, participando também do acréscimo dos encargos em conseqüência de fato superveniente e imprevisível que ele viesse a sofrer, durante certo lapso de tempo.

Como condição, entretanto, para poder o outro co-contratante pleitear da Administração Pública a compensação econômica, deveria estar executando integralmente suas obrigações. E essa indenização que lhe era acordada, compensação da imprevisão, era temporária e não cobria o total do *déficit* financeiro do co-contratante, apenas era repartido entre ele e a Administração Pública, pois objetivava restabelecer o equilíbrio econômico do contrato; e, se se tornasse impossível de todo, então, poderia qualquer das partes pedir sua rescisão ou a revisão.

O aresto de 24.3.1916 do Conselho de Estado na questão da Cia. de Gás de Bordeau, concessionária desse serviço público, é apontado como o início da aplicação da teoria da imprevisão nos chamados *contratos administrativos*, quando julgou procedente recurso interposto por aquela empresa da decisão que negara a revisão das tarifas do serviço, não obstante a alta do custo do carvão em conseqüência da Guerra. O comissário do Governo, Chardenet, manifestou-se favoravelmente à pretensão da companhia concessionária, e seu ponto de vista foi aceito pelo Conselho de Estado.

Em síntese, desenvolveu os princípios supra-expostos. E essa decisão do Conselho de Estado se tornou não só histórica, como clássica, constituindo a fonte da teoria de imprevisão no Direito Administrativo não só francês, como de todo o mundo civilizado. E outras surgiram, afirmando a mesma orientação; e, destarte, construiu-se a jurisprudência a respeito.

Acórdãos anteriores à dita decisão, do próprio Conselho de Estado, são invocados como adotando a tese da teoria da imprevisão. Parece que se podem considerar como seus antecedentes os relativos à concessão de obra pública da cidade de Paris, em 3.2.1905, e o denominado "Labeye", de 8.11.1911, bem como o referente à concessão de serviço público da companhia de estrada de ferro do Departamento de Aube, de 19.6.1914.

A respeito, entretanto, divergem os comentadores, pois alguns entendem que, apesar de nesses arestos aparecer a expressão "imprevisão" como justificando a compensação patrimonial por álea extraordinária do contrato, a composição econômica deu-se em conseqüência do chamado *fait du prince*, isto é, em virtude de medida legislativa ou regulamentar, emanada da autoridade pública concedente, que sobrecarregou o concessionário de encargos extraordinários e considerados extracontratuais.

O que se afigura certo, todavia, é que os arestos da metade do século passado do Conselho de Estado relativos às concessões de obras públicas em que se concedeu reparação patrimonial, tendo em vista dificuldades imprevisíveis supervenientes, não se enquadram na teoria da imprevisão, mas na do *fait du prince*, que consiste em qualquer medida governamental que torna mais onerosa a situação do co-contratante com a Administração Pública.

Não se confundem no Direito Administrativo francês a álea extraordinária decorrente de fatos supervenientes e imprevisíveis, estranhos às partes contratantes, que justificam a aplicação da teoria da imprevisão, com a álea extraordinária decorrente de leis e regulamentos, ou mesmo de atos executivos emanados da própria Administração Pública, denominados *fait du prince*, ou seja, fato de autoridade pública, e sem que padeçam de vícios de dolo ou culpa. A doutrina distingue aquela álea desta, denominando-as, respectivamente, de *econômica* e *administrativa*, apesar de ambas refletirem na equação econômico-financeira do chamado *contrato administrativo*. A álea econômica é fruto de fato imprevisível, estranho às partes contratantes; enquanto a administrativa de fato proveniente de autoridade pública que integre a entidade política contratante.

As duas abrem a quem sofre suas conseqüências o direito a uma indenização, porém diferem nos seus efeitos. A teoria do *fait du prince* oferece margem a indenização integral, sem outra justificação que o ato da autoridade pública a perturbar de modo direto a execução do contrato, ante a revisão das obrigações do co-contratante. Já a da imprevisão tão-somente admite a compensação parcial em favor dos elementos que a configuram, retroexpostos.

Dentro desta última inserem-se os atos de outras entidades públicas que agravem o chamado *contrato administrativo* firmado com distintas pessoas de direito público. Igualmente tem cabida esta teoria quando o ato da autoridade pública contratante tem caráter geral, se afeta o equilíbrio econômico-financeiro do co-contratante, de modo a ocorrerem os elementos da imprevisão.

Já, considera-se como *fait du prince* o ato da Administração Pública contratante, no exercício do seu poder de gestão, que acarreta a modificação no modo de execução do serviço público ou no de execução de obra pública consistente em normas regulamentares ou decisões executórias, unilateralmente, no interesse coletivo, que afetam as cláusulas contratuais relativas ao regime jurídico pertinente à. execução do ajuste, que tornam mais onerosa a satisfação das obrigações pelo outro contratante. Tal fato de autoridade acarreta modificação na consecução do serviço público ou na execução de obra pública. E corresponde ao exercício do poder de gestão da Administração Pública. (cf. Alphonse Furtuna, *Le Fait du Prince*, 1924; Saroit Badaqui, *Le Fait du Prince dans les Contrats Administratifs*, 1955; Caio Tácito, "O equilíbrio financeiro na concessão de serviço público", *RDA* 63-1).

56.5 Diversidade entre o contrato de direito público e o administrativo

Em última análise, o contrato de direito público dos antigos juristas alemães, ainda hoje defendido, por alguns juristas italianos, como correspondendo à natureza jurídica, especialmente, da função pública e da concessão de obra ou de serviço público, bem como os modernos contratos de direito público dos atuais autores alemães, aliás acolhidos por juristas italianos como acordos sobre execução de atos administrativos unilaterais, todos têm por objeto matéria própria do direito público, estranha ao direito privado e peculiar à atividade da Administração Pública, a justificar a denominação se, realmente, configurarem o instituto do contrato.

Já quanto aos contratos administrativos do direito francês, salvo o de concessão, nenhum dos outros tem por objeto matéria própria do Direito Administrativo, pois não configuram institutos jurídicos peculiares à Administração Pública. Ao contrário, correspondem a contratos semelhantes aos de direito privado, insertos no Código Civil.

Realmente, o de obra pública corresponde ao de empreitada; o de fornecimento público ao de compra e venda e mesmo de empreitada, se houver ajuste sobre feitura de bem móvel; o de empréstimo público ao de mútuo; o de oferta de concurso público ao de financiamento ou doação, conforme a hipótese.

São havidos como contratos públicos não pelo objeto da relação, porém por deles participar a Administração Pública, para efetivar obra ou serviço público, ou dizerem respeito a bem que constitui meio para realização daquele fim. Outrossim, outros assim se denominam por especificados como tais por lei ou por se regerem, por mútuo acordo das partes, por regime jurídico exorbitante do próprio de contrato sujeito ao Direito Civil.

Por isso, escreveu, com razão, Santi Romano que não coincidia o contrato administrativo do Direito francês com o contrato de direito público do direito italiano e também do direito alemão (cf. *Principi di Diritto Amministrativo Italiano*, 2ª ed., 1906, nota à p. 54). Realmente, têm apenas alguns pontos de contato.

56.6 O conceito de "contrato"

Se se acolher a tese defendida pelos adeptos do contrato de direito público e do contrato administrativo – de que o contrato é um instituto da Teoria Geral do Direito, e, portanto, não é típico do direito privado, e se estende também ao direito público –, se há de concluir que seu conceito é próprio da Ciência Jurídica. Destarte, inexiste diferença de fundo entre contrato do Direito Civil e do Direito Administrativo, e em ambos encontram-se as mesmas notas que especificam essa categoria de atos jurídicos, e eles acarretam os mesmos efeitos, embora em ordens jurídicas diferentes, conforme forem de direito público, ou Administrativo, e de direito privado, ou Civil.

Mas em que consiste o *contrato*? Contrato é o acordo de vontades, perfazendo ato jurídico único, entre partes correlatas e contrapostas, sobre objeto jurídico diverso, relativo a direito e obrigações das que nele participam. Esses direitos e obrigações são livremente dispostos pelas partes, ou uma adere livremente ao prefixado pela outra. Estabelecem vínculos entre elas, como se fossem leis, a que se sujeitam suas vontades, por todo o prazo estabelecido para a respectiva vigência.

O essencial nele é a *liberdade* de cada um dos contratantes de firmar a relação jurídica e a *autoridade* do vínculo formado, insuscetível de alteração pelo prazo de sua vigência, seja em virtude de lei conseqüente ou manifestação unilateral de uma das partes, retratando-se. Essa a concepção do *contrato*, gizada no Direito Romano e afirmada em contornos teóricos precisos pelos juristas modernos.

Certo, a palavra "contrato" pode ser empregada em mais de uma acepção. Comporta sentidos lato e estrito. No primeiro envolve todo negócio jurídico que se forma por acordo de vontades. No último indica o acordo de vontades, produtivo de efeitos obrigacionais, por elas criados.

A questão, todavia, não é meramente terminológica. Tomada a expressão em significado amplo, abrange negócios jurídicos os mais díspares, de efeitos completamente diversos. Desnatura o instituto jurídico. A precisão técnica dos institutos do direito exige ofereçam conceitos específicos, que diferenciem os tipos de atos jurídicos (cf. itens 45.3 e 45.7).

Por conseguinte, o simples acordo de vontades, representando mera coincidência delas sobre determinado objeto, não define o contrato. Há atos plurilaterais, como seja o ato coletivo ou unilateral plural, em que se verifica a manifestação de várias vontades unilaterais coincidentes sobre o mesmo objeto e voltadas para o mesmo fim. Aí inexiste, no entanto, contrato. Recordem-se os votos proferidos por distintos eleitores de um colégio eleitoral, sem qualquer concordância prévia de vontade, os quais, somados, elegem certo candidato. Por conseguinte, essas vontades conjuntas produzem efeitos jurídicos. Contudo, não são frutos de acordo de vontades.

Mas mesmo acordo de vontades, correspondendo a concordância prévia sobre certo objeto, pode existir tão-somente para aplicar a lei a dadas pessoas, sem produzir efeitos jurídicos por elas criados, pois se sujeitam a regime disposto pelo lei, e suscetível de alteração com a modificação dos seus preceitos. Não configura contrato, porquanto falta a composição de interesses fixados pelas próprias partes, de forma a fazer lei entre elas, em regime jurídico próprio.

O simples acordo de vontades sobre certo objeto, nos termos legais, gera a convenção, jamais o contrato. Trata-se de ato bilateral, também denominado *união*. Aplica normas legais, apenas. As vontades são correlatas e contrapostas, mas sobre o mesmo objeto, e geram obrigações nos termos legais.

O concurso de vontades para criar regras normativas, como a convenção coletiva do trabalho entre sindicatos de empregados e empregadores de certa atividade profissional, distingue-se também do contrato. Constituem normas estatutárias.

Destarte delimita-se perfeitamente o contrato, conforme conceituação retro, em que se anotam suas duas características fundamentais: autonomia das vontades e autoridade do vínculo por elas formado, criador de relação jurídica entre as partes.

56.7 Inexiste o contrato administrativo ou de direito público

O pretendido *contrato de direito público*, arquitetado por autores alemães e acolhido por italianos, com referência à função pública e à concessão da obra ou de serviço público, compõe-se de dois elementos: (a) criação da relação jurídica de emprego público ou de delegação de atividade pública, mediante livre acordo de vontades entre o ente político e o candidato à função pública ou concessão de obra ou de serviço público; (b) regulamentação do funcionamento da repartição pública e da execução de obra pública ou de serviço público, por meio de ato unilateral do Estado-poder, no exercício das prerrogativas que lhe são próprias, a fim de estabelecer as normas relativas ao seu regime jurídico, e ao baixar os atos jurídicos concretos complementares julgados mais adequados para a consecução do seu fim e naqueles termos.

Ora, se essa relação jurídica se perfaz por acordo de vontades mas seu regime jurídico é disposto unilateralmente, por textos legais e atos concretos complementares da Administração Pública, não se pode admiti-la como de caráter contratual. Configura ato jurídico bilateral, da moderna sistemática dos atos jurídicos dos autores alemães, acolhida na Itália, e que recebeu, por iniciativa de Duguit, como anteriormente salientado (cf. *Traité de Droit Constitutionnel*, 2ª ed., vol. I, 1921, pp. 268-317), livre trânsito no direito público francês, e lhe atribuiu a denominação de *ato-união*, e se afirmou, ao depois, no Direito Administrativo dos povos cultos.

Não se confunde com o contrato, em virtude da diversidade dos efeitos jurídicos que decorrem de cada um desses tipos distintos de ato: união e contrato. Poderá haver contrato tão-somente quanto à equação econômico-financeira da concessão, como ato jurídico complementar e adjeto ao ato unilateral ou união de concessão (cf. itens 45.3 e 45.5).

Mesmo os acordos de vontades correlatas e contrapostas que encerram meios de execução de obrigações preexistentes se não confundem com os acordos de vontades correlatas e contrapostas que criam obrigações entre elas. Esses acordos de vontades acarretam a modificação simplesmente dos efeitos de obrigações unilateralmente já criadas; ou, melhor, consistem em ajustes sobre o processo de sua execução. Ou seja, são contratos que, na execução de uma relação jurídica unilateralmente criada por uma das partes, disciplinam efeitos patrimoniais dela.

Tais acordos, na realidade, consistem em ajustes regidos pelos mesmos princípios do direito privado sobre a execução de atos administrativos unilaterais. Por eles se não formam novos direitos e deveres entre as partes, tão-somente se dispõe sobre o modo de satisfazê-los ou a maneira de torná-los eficazes, evitando a atuação executória da Administração Pública. Não se trata de acordos sobre os atos administrativos de cobrar impostos ou de desapropriar bens, mas sobre a forma de pagamento de liquidação de obrigações anteriormente constituídas.

Por outro lado, o contrato administrativo, bosquejado pela jurisprudência do Conselho de Estado da França, aceito pela doutrina e legislação desse país, e que recebeu guarida na Espanha e Portugal e nos países latino-americanos, rege-se por dois princípios: (a) criação da relação jurídica mediante livre acordo de vontades, com fixação das suas cláusulas sobre a prestação de dada obra, serviço ou bem, e a contraprestação econômico-financeira a respeito; (b) possibilidade de alteração unilateral, no interesse coletivo, pela Administração Pública, das cláusulas contratuais relativas ao regime jurídico da prestação de obra, serviço ou bem, desde que assegurada a equação econômico-financeira ajustada, mediante atos normativos ou decisões executórias.

Essa possibilidade de alteração unilateral, no interesse coletivo, pela Administração Pública, das cláusulas relativas ao regime jurídico de prestação ajustada, uma vez assegurada a equação econômico-financeira, pode ter sido convencionada ou decorrer da própria natureza de certos contratos administrativos, em virtude do objeto específico da relação jurídica.

Se deflui de acordo de vontades constantes do contrato ou, então, da lei, do regulamento ou das cláusulas do edital de convocação dos interessados, que se considerou, outrossim, cláusulas contratuais, nada há que objetar. Porém, isso, por si só, não dá natureza diferente a esse contrato, pois nos contratos de direito privado, regidos pelo Código Civil, é possível estabelecer cláusulas de igual natureza, desde que não se contraponham à ordem pública e aos bons costumes.

Se o objeto da relação jurídica for público e não houver possibilidade de constituir objeto de relação jurídica entre particulares, esse contrato será, realmente, de Direito Administrativo.

Acontece – como ensinam os juristas franceses – esses contratos são análogos aos firmados por particulares e se consideram administrativos tão-somente porque se incluem cláusulas exorbitantes do regime comum de ditos contratos, embora por mútuo acordo de vontades. Então, tendo em vista sua natureza, serão, em pura teoria, contratos da Administração Pública com os administrados, jamais contratos administrativos. Recebem essa qualificação na França com objetivo exclusivo de sujeitar as demandas, que suscitam, aos tribunais administrativos. Por conseguinte, sem alcance essa diferenciação nos países em que inexiste esse contencioso especial.

Ao contrário, se o contrato silenciou a respeito da alteração unilateral das suas cláusulas pela Administração Pública, já a situação jurídica é outra. Então se terá, em face do exame da relação jurídica, que admitir essa alteração – se, na verdade, não constituir contrato, mas outro ato jurídico –, e que rejeitá-la, se configurando, efetivamente, um contrato.

Objetar-se-á, no entanto, que a doutrina entende legítima essa modificação, tanto na França como em outros países referidos, e ela se consagrou na prática pela jurisprudência do Conselho de Estado daquela Nação, porque, em que pese À contradita de alguns, o contrato não fica ferido na sua concepção teórica.

Isso sustentam tais contraditores porque o contrato administrativo consiste, em última análise, em acordo de vontades em que o administrado ajusta, por tempo aprazado, com a Administração Pública condições econômico-financeiras para prestação de obra ou de serviço e de bem, segundo suas determinações, tendo em vista o interesse público. Portanto, o contrato quanto à sua execução se faz na conformidade da regulamentação da Administração Pública, servindo de critério o interesse coletivo, pertinente à prestação a que a outra parte se obrigou em caráter genérico, assegurando-se-lhe integral equação econômico-financeira prefixada, fundamento para aquiescência da sua vontade.

Impõe-se, desde logo, para responder à argüição, fazer a distinção entre os pretensos contratos administrativos típicos e os contratos equivalentes aos de Direito Civil entre particulares. De um lado coloca-se o de concessão de obra ou de serviço e de bem público, e de outro os contratos de trabalho ou obra pública, de concurso público, de fornecimento e de empréstimo público. Os últimos contratos, como salientado, correspondem a contratos de direito privado firmados também entre particulares, e os primeiros se apresentam como típicos de direito público.

O contrato de obra pública corresponde à empreitada de bem imóvel, e o contrato de fornecimento se assimila à empreitada de bem móvel, ou de compra e venda simplesmente, conforme haja, ou não, a obrigação de feitura de obra.

Ora, o direito de o dono da obra modificar a construção da obra, ampliando-a ou diminuindo-a, e mesmo de rescindir o contrato já em execução, é próprio da natureza do contrato de empreitada, no Direito Civil, desde que indenize plenamente o empreiteiro, como dispõem os arts. 1.246 e 1.247 do Código Civil pátrio.

Por conseguinte, não se faz necessário criar o contrato administrativo de obra pública ou de fornecimento de bem, mediante execução ajustada, para estabelecer a possibilidade de alteração da relação contratual. Demais, na França há legislação especial prevendo essas modificações nos referidos contratos administrativos.

No caso de contrato de fornecimento equivalente a simples compra e venda, outrossim, há na França legislação especial prevendo a possibilidade de reduzir ou aumentar a quantidade dos objetos comprados antes da entrega, dentro do imite de 10%, para mais ou para menos, bem como de rescindir o contrato em vias de execução antes da entrega total da mercadoria. Aliás, a hipótese só se verifica nos casos de prestações múltiplas e contínuas. No fundo, há encomenda de fornecimento de bem em fabricação.

Entendeu a jurisprudência do Conselho de Estado, simplesmente, que essa prerrogativa legal da Administração Pública de alterar o regime de execução do contrato consiste em preceito de ordem pública, que não poderia ser derrogado pelos contratantes, e o silêncio, a respeito, nas suas cláusulas jamais induziria renúncia à aplicação do supracitado preceito legal.

O contrato de concurso público e o de empréstimo não suscitam o problema, porquanto o primeiro se refere à oferta do administrado de cooperação a obra pública, e o segundo diz respeito à prestação da Administração Pública, em vez de prestação do administrado.

É certo, tendo em consideração concessão de obra ou de serviço público, sustentou o Conselho de Estado a tese de que era dispensável texto legal, que realmente inexiste, para alteração do regime jurídico de sua execução ou prestação, porquanto se trata de princípio de ordem pública, inerente a todo contrato administrativo de concessão de obra ou serviço público, dado seu objetivo de interesse coletivo. Assim, o direito do administrado resolvia-se em indenização plena, correspondente à sua expropriação pela perda sofrida e pelo benefício frustrado, isto é, pelo dano emergente e pelo lucro cessante. Por conseguinte, afirma ser irrenunciável esse poder a respeito da alteração do regime jurídico pelo Estado-poder, mesmo através do contrato, explícita ou implicitamente.

Acontece, a concessão de obra ou de serviço público é considerada no direito francês como ato jurídico misto: unilateral, quanto ao regime da obra ou do serviço; e contratual, quanto à equação econômico-financeira relativa à obra ou serviço.

Destarte, o contrato reduz-se a esta parte, e com referência a ela se sujeita ao mesmo sistema jurídico dos contratos de direito privado. Será administrativo, porque adjeto ao ato unilateral administrativo da concessão. Quanto à equação econômico-financeira, se não reconhece à Administração Pública a prerrogativa de modificar suas cláusulas. Portanto, só aí se configura o instituto jurídico do contrato.

Se o contrato se reduz a acordo de vontades sobre a equação econômico-financeira para a execução de obra ou de serviço ou utilização de bem público, segundo as determinações da Administração Pública, tendo em vista o interesse público, se não pode dizer que o ato jurídico típico, que qualifica essa execução de obra pública, a prestação de serviço público ou a utilização de bem público seja de natureza contratual. E este é o ato jurídico por excelência.

Contratual, destarte, não é o ato jurídico-administrativo da concessão, pelo qual a Administração Pública delega ao administrado a execução de obra ou prestação de serviço público, sujeito à sua regulamentação. Contratual é tão-somente o acordo de vontades sobre a equação econômico-financeira desses atos jurídicos, porque inalterável pelas partes, que se obrigam a respeitar o ajustado a respeito. Mas aquele é o ato jurídico administrativo principal, este apenas envolve cláusula adjeta. Jamais especifica o ato administrativo, simplesmente o completa, na regência do seu aspecto patrimonial, como ato jurídico complementar. Só aí se configura a relação jurídica contratual.

Não se pode confundir o ato jurídico típico, que configura determinada forma de execução de obra pública, de prestação de serviço público ou de utilização de bem público, com o ato jurídico complementar que regula o aspecto simplesmente econômico-financeiro dessa relação jurídica. Seria o mesmo que confundir o ato jurídico do casamento com a cláusula que rege a situação econômico-financeira dos cônjuges.

O regime jurídico desse ato típico – casamento – rege-se pela legislação vigente na época em que foi convolado, e se modifica a situação jurídica dos cônjuges na medida em que essa legislação for alterada. Já o regime jurídico econômico-financeiro do casamento rege-se pelo contrato por ocasião do casamento. Aí também se impõe distinguir o ato jurídico do casamento, que se qualifica como acordo de vontades, nos termos legais – portanto, ato bilateral, ou, melhor, ato-união –, e o ato jurídico pertinente à equação econômico-financeira dos nubentes, que se qualifica de acordo de vontades, nos termos ajustados – portanto, ato contratual.

Daí a conclusão: inexiste contrato administrativo. Alguns atos administrativos são complementados por contratos sobre a equação econômico-financeira a eles pertencente. Aliás, tal se dá tão-somente com a concessão de obra ou de serviço público. Os outros pretensos contratos administrativos não passam de contratos de direito privado, com regime especial, porque a lei assim dispôs e os administrados, ao perfazerem o acordo de vontades, aderiram aos seus dispositivos, que se tornaram cláusulas contratuais, ou as próprias partes, no ajuste, aquiesceram em lhe dar regime especial.

56.8 O Direito pátrio[xxv]

Contudo, mesmo se aceite como certa a tese dos juristas franceses do contrato administrativo, nos termos expostos, ela se não coaduna com o direito pátrio.

O Código de Contabilidade Pública da União, Lei federal 4.356, de 28.1.1922, trata do contrato nos arts. 54 a 57. No art. 54 dispõe apenas sobre as formalidades a serem observadas para a validade dos contratos em que a União seja parte. No art. 55 prescreve que nos atos da prorrogação, suspensão ou rescisão dos contratos deverão ser respeitadas todas as formalidades exigidas para a legalidade dos mesmos. Como não esclarece quais sejam, além do registro no Tribunal de Contas, a que se refere expressamente, se há de entender que são as do direito comum. Nos arts. 56 e 57 trata da fiscalização de atos pertinentes aos contratos pelo Tribunal de Contas. Não se refere a contratos administrativos como constituindo espécie distinta dos contratos comuns.

Já o Regulamento, Decreto federal 15.783, de 8.11.1922, refere-se ao contrato administrativo, mas o sujeita ao direito comum. Real-

---

xxv. *Nota dos Editores*: Hoje, a disciplina dos contratos administrativos é profundamente diversa daquela que é exposta no texto. Os contratos administrativos estão regulados pela Lei 8.666 de 21.6.1993, entre os arts. 54 a 85. O art. 58 menciona os poderes da Administração: modificação unilateral, nos termos do art. 65, I; extinção unilateral, a teor do art. 78, incisos, I a XII e XVII; fiscalização, consoante arts. 67 e 68; aplicação de sanções, na conformidade dos arts. 86 a 88 e ocupação provisória, no caso de serviços essenciais. Os direitos do contratado relativos ao equilíbrio econômico financeiro são previstos nos §§ 1º e 2º do art. 58, no art. 65, II, "d" (abarcando as hipóteses compreendidas na teoria da imprevisão, do fato do príncipe, força maior e caso fortuito) e §§ 4º, 5º e 6º; os de obter sua rescisão no art. 78, incisos XIII, XVI e XVII e os de suspender a execução contratual ou obter sua rescisão, no art. 78, incisos XIV (se a Administração suspender sua execução por mais de 120 dias) e XV (atraso de pagamentos por mais de 90 dias).

mente, o art. 766 desse Regulamento dispõe: "Os contratos administrativos regulam-se pelos mesmos princípios gerais que regem os contratos de direito comum, no que concerne ao acordo de vontades e ao objeto, observadas, porém, quanto à sua estipulação, aprovação e execução, as normas previstas no presente Capítulo".

Destarte, rege-se o contrato administrativo, segundo o direito positivo nacional, estritamente, pelos mesmos princípios gerais do direito privado, dispostos no Código Civil, relativamente ao acordo de vontades, nas suas vinculações recíprocas, e ao objeto desse acordo, quanto às respectivas prestações.

Apenas quanto à estipulação, aprovação e execução do contrato deve observar as normas de direito público insertas no citado Regulamento. Porém, em nenhum dos seus preceitos a respeito, constantes dos arts. 773 a 778, sobre a estipulação dos contratos, dos arts. 784 a 794, sobre a aprovação dos contratos, e dos arts. 795 a 802, sobre a execução dos contratos, prevê a modificação unilateral pela Administração Pública das suas cláusulas na conformidade do interesse público. Ao contrário, declaram que as partes devem atender às condições avençadas.

Só se tolera sua alteração em proveito do particular tendo em vista a teoria da imprevisão. E isso mesmo em virtude de textos legais posteriores que prevêem o reajuste de preço, como o Decreto federal 309, de 6.12.1961, para os contratos de obras e serviços da União, ou por força de julgados, que vêm reconhecendo a cláusula *rebus sic stantibus* nos contratos, mas tanto nos firmados pela Administração Pública como parte como, outrossim, entre particulares.[xxvi]

Portanto, no direito brasileiro se não admite possa a Administração Pública, nos contratos ajustados com os administrados, de obra pública ou de fornecimento, de empréstimo público ou de oferta de concurso, alterar unilateralmente, no interesse coletivo, mediante *fait du prince*, suas cláusulas, senão nos termos dispostos expressamente no contrato ou em lei anterior, a cujos ditames o administrado aderiu ao manifestar sua vontade, firmando o contrato.

Aliás, esses contratos correspondem a contratos específicos regulados pelo Código Civil, como salientado.

xxvi. *Nota dos Editores.*

Por outro lado, na concessão admite-se, no direito pátrio, o poder regulamentar da Administração Pública quanto ao regime de execução de obra ou de prestação de serviço, porque esse ato jurídico administrativo não corresponde a ato jurídico contratual. Absolutamente não configura o instituto jurídico denominado *contrato*. *Contrato* é o ato jurídico a ela complementar, pertinente ao aspecto patrimonial da concessão, e insuscetível de modificação unilateral pela Administração Pública.

Portanto, impõe-se a conclusão: inexiste o contrato de direito público, ou o contrato administrativo, com regime jurídico diferente do contrato de direito privado, ou de Direito Civil, quanto aos elementos que especificam sua natureza.

Conseqüentemente, as cláusulas contratuais entre a Administração Pública e os particulares não podem ser alteradas livremente por uma das partes, salvo texto legal anterior que assim disponha como peculiar ao tipo do contrato, e nos seus estritos termos legais, ou acordo de vontade, previsto no próprio contrato ou em documento preliminar, e ao qual as partes aderiram.

Os contratos entre a Administração Pública e os particulares são equiparáveis aos contratos de direito privado. Correspondem aos contratos pertinentes à equação econômico-financeira das concessões de obras ou de serviços públicos, complementares a esses atos administrativos, ou aos considerados pelo Código Civil, embora possam reger-se, ademais, por regras jurídicas especiais, complementares, previstas por lei ou regulamento ou por cláusulas dispostas pela Administração Pública, no edital ou ofício de convocação dos interessados, em desenvolvimento aos textos legais e regulamentares, aos quais a outra parte adere, e passam a ser objeto do acordo de vontades.

A confirmação do afirmado encontra-se nas palavras dos próprios adeptos dos contratos administrativos. Hely Meirelles, ao estudar suas peculiaridades, conclui: "Em todo contrato administrativo coexistem duas ordens de cláusulas: as contratuais propriamente ditas e as regulamentares do serviço. Aquelas são imutáveis, porque fixam os direitos do contratante quanto à Administração e estabelecem as condições financeiras para a execução do contrato; estas – as cláusulas de serviço – são móveis e alteráveis unilateralmente pelo Poder

Público, segundo as exigências do interesse coletivo" (*Direito Administrativo Brasileiro*, pp. 230-231).

Se nesse pretendido contrato há duas ordens de cláusulas – contratuais propriamente ditas, inalteráveis pelas partes, e regulamentares, alteráveis livremente pela Administração Pública –, não será mais consentâneo com a realidade das coisas e com os princípios jurídicos reconhecer-se que contrato existe tão-somente sobre a equação econômico-financeira? E se só aí se encontra a relação contratual, e se nessa relação contratual o regime jurídico é exatamente igual ao dos contratos de direito privado, por que negar esse fato e inventar essa criação cerebrina de contrato administrativo com peculiaridades próprias que inexistem? Não será mais prático proclamar-se que quando a Administração Pública contrata, no que diz respeito ao contrato propriamente dito, ela se sujeita ao direito privado, e que esse instituto é estranho ao Direito Administrativo, ante o caráter autoritário desse ramo jurídico?

Certo, a esses contratos precedem, em cada um, atos administrativos unilaterais ou convencionais, mas que se não confundem com os contratos. Assim, a contrato sobre a equação econômico-financeira das concessões de obras ou de serviços públicos antecede o ato-união da concessão. Este é o ato jurídico principal, do qual o contrato sobre a equação econômico-financeira é simplesmente adjeto. Com referência aos outros contratos antecedem os atos unilaterais preliminares à sua feitura. Destarte, pode tocar ao Legislativo fixar os termos gerais dos contratos, ou autorizar o Executivo a efetivá-los. E a este compete processar a escolha dos candidatos mediante tomada de preços ou concorrência, conforme o caso, e verificar as condições de idoneidade dos proponentes e as melhores ofertas, nos termos legais e regulamentares. Aliás, o mesmo ocorre com o próprio ato-união de concessão. Tais atos são, no entanto, distintos dos contratos ou do ato-união da concessão.

BIBLIOGRAFIA

A

ABELLA, Joaquín. *Tratado de Derecho Administrativo*. vol. I. Madrid, Biblioteca Jurídico-Administrativa de el Consultor de los Ayuntamientos, 1886.

ABELLO, Luigi, e CHIRONI, G. P. *Trattato di Diritto Civile Italiano*. vol. I. Torino, Fratelli Bocca, 1904.

ABREU, João Leitão de. "A discrição administrativa". *RDA (Revista de Direito Administrativo)* 17/10.

ADAMS, John Clarke. "Breve exposição sobre o Direito Administrativo Norte-Americano". *RDA* 53/56.

——————. *Il Diritto Amministrativo Americano*. Ed. da Universidade de Bolonha, Curso de Especialização em Ciência Administrativa/Zanichelli Editore, em colaboração com a Universidade da Califórnia/EUA, 1957 (edição em Língua Espanhola publicada por Editorial Universitaria de Buenos Aires em 1954).

ALCINDOR, Léon. *Essai d'une Théorie des Nullités en Droit Administratif*. Paris, M. Giard et E. Brière, Libraires-Éditeurs, 1912.

ALECRIM, Octacílio. *Fundamentos do "Standard" Jurídico*. Rio de Janeiro, ed. Jornal do Comércio, 1941.

ALESSI, Renato. *Intorno ai Concetti di Causa Giuridica, Illegittimità, Eccesso di Potere*. Milano, Dott. A. Giuffrè Editore, 1934.

——————. *La Revoca degli Atti Amministrativi*. Milano, Dott. A. Giuffrè Editore, 1956.

——————. *Sistema Istituzionale del Diritto Amministrativo Italiano*. 3ª ed. Milano, Dott. A. Giuffrè Editore, 1960.

ALMEIDA, Fernando Henrique Mendes de. "Breve lucubração sobre o instituto administrativo da dispensa". *Revista dos Tribunais (RT)* 313/35. São Paulo, Ed. RT.

——————. *Noções de Direito Administrativo*. São Paulo, Saraiva, 1956.

——————. "Observações sobre o poder regulamentar e os seus abusos". *RDA* 57/479.

———. *Os Atos Administrativos*. São Paulo, Ed. RT, 1969.

———. "Recurso administrativo". *RDA* 20/367.

———. "Revogação dos atos administrativos". *RDA* 56/42.

ALTAMIRO, Pedro Guilherme. *Curso de Derecho Administrativo*. 1975.

ÁLVAREZ GENDÍN BLANCO, Sabino. *Contratos Administrativos*. Madrid, Editorial Reus, 1934.

———. *Tratado General de Derecho Administrativo*. 4 vols. Barcelona, Editorial Bosch 1958/1963/1973/1977.

AMORTH, Antonio. *Il Merito dell'Atto Amministrativo*. Milano, Dott. A. Giuffrè Editore, 1939.

ANDRADE, Darcy Bessone de Oliveira. *Aspectos da Evolução da Teoria do Contrato*. São Paulo, Saraiva, 1949.

ANDRADE, José Robin de. *A Revogação do Ato Administrativo*. Coimbra, Biblioteca Jurídica Atlántida, 1969.

ARAMBURO, Mariano. *Filosofía del Derecho*. 3 vols. Nueva York, Instituto de las Españas, 1924.

ARANTES, Tito. Artigo in *RT* 100. São Paulo, Ed. RT, 1936.

ARBELAEZ, Diego Tobom. *Principios Fundamentales del Derecho Administrativo*. 1945.

ARISTÓTELES. *Éthique de Nicomaque*. Trad. do Grego por Jean Voilquin. Paris, Classiques Garnier, 1950.

———. *La Politique*. Trad. do Grego por Thurot, revista por A. Bastien. Paris, Librairie Garnier Frères, s/d.

ARTUR, E. *Séparation des Pouvoirs et des Fonctions*. Paris, Librairie Générale de Droit et de Jurisprudence (LGDJ), 1905.

AUBRY, C., e RAU, C. *Cours de Droit Civil Français*. 5ª ed., vol. I. Paris, Marchal et Billard, 1897.

AUBY, Jean-Marie. *L'Inexistence des Actes Administratifs*. Paris, Éditions A. Pedone, 1951.

———, e DUCOS-ADER, Robert. *Droit Administratif*. Paris, Librairie Dalloz, 1967.

———. *Grands Services Publics et Entreprises Nationales*. 2 vols. Paris, Presses Universitaires de France (PUF), 1962/1973.

AUCOC, Léon. *Conférences sur l'Administration et le Droit Administratif*. 2ª ed., vol. I. Paris, Dunod, Éditeur, 1878.

AVILLA, Lobo de. *Estudos de Administração*. Portugal, 1874.

AYLWIN AZÓCAR, Patricio. *Manual de Derecho Administrativo*, 1952.

B

BADAQUI, Saroit. *Le Fait du Prince dans les Contrats Administratifs*. Paris, LGDJ, 1955.

BALDI PAPINI, Ubaldo. *L'Annullamento d'Ufficio degli Atti Amministrativi Invalidi*. Firenze, Carlo Cya, 1939.

BANDEIRA DE MELLO, Oswaldo Aranha. "A Executoriedade dos atos administrativos". *Direito* 15/43.

——————. "A personalidade do Estado". In: *Estudos Jurídicos em Honra de Soriano Neto*. Recife, 1959.

——————. *A Teoria das Constituições Rígidas*. São Paulo, Ed. RT, 1934.

——————. "Conceito de Política". Separata da *Revista Brasileira de Estudos Políticos*, 1963.

——————. *O Referendo Legislativo Popular*. São Paulo, Ed. RT, 1935.

BANZÁ, Rolando E. Pantoja. *Concepto de Acto Administrativo*. Santiago, Editorial Jurídica de Chile, 1960.

BARROS JÚNIOR, Carlos S. de. *Compêndio de Direito Administrativo*. vol. I. São Paulo, Max Limonad, s/d.

——————. "Considerações a propósito da revogação dos atos administrativos". *RDA* 61/9.

——————. "Fontes do Direito Administrativo". *RDA* 28/1.

——————. "Recursos administrativos". *RDA* 13/40.

BARTHOLINI, Salvatore. *La Promulgazione*. Milano, Dott. A. Giuffrè Editore, 1955.

BASAVILBASO, Benjamin Villegas. *Derecho Administrativo*. 6 vols. Buenos Aires, Tipográfica Editora Argentina, 1949/1956.

BATALHA, Wilson de Souza Campos. *Lei de Introdução ao Código Civil*. 2 vols., sendo o último em 2 ts. São Paulo, Max Limonad, 1957.

BATBIE, A. *Précis de Droit Public et Administratif*. 1861.

——————. *Traité Théorique et Pratique de Droit Public et Administratif*. Paris. Cotillon, Libraire du Conseil d'État, 1861.

BAUDRY-LACANTINERIE, G. *Précis de Droit Civil*. 5ª ed., vol. I. Paris, L. Larose, Éditeur, 1894.

BAUER, John. *Effective Regulation of Public Utilities*. New York, Macmillan Co., 1925.

BÉNOIT, Francis-Paul. *Le Droit Administratif Français*. Paris, Librairie Dalloz, 1968.

BENVENUTI, Feliciano. *Appunti di Diritto Amministrativo*. 4ª ed. Padova, Casa Editrice Dott. Antonio Milani (CEDAM), 1959.

BERÇAITZ, Miguel Angel. *Teoría General de los Contratos Administrativos.* Buenos Aires, Editorial Depalma, 1952.

BERTHÉLÉMY, Henry. *Traité Élémentaire de Droit Administratif.* 12ª ed. Paris, Librairie Arthur Rousseau, 1930.

BETTI, Emilio. *Interpretazione delle Leggi e degli Atti Giuridici.* Milano, Dott. A. Giuffrè Editore, 1949.

BEURDELEY, Marcel. *Le Détournement de Pouvoir dans l'Intérêt Financier ou Patrimonial de l'Administration.* Paris, Librairie du Recueil Sirey, 1928.

BEVILÁQUA, Clóvis. *Comentários ao Código Civil.* 3ª ed., vol. I. Rio de Janeiro, Livraria Francisco Alves, 1927.

——————. *História da Faculdade de Direito de Recife.* Rio de Janeiro, Livraria Francisco Alves, 1927.

BIANCHI, Francesco Saverio. *Corso di Codice Civile Italiano.* 2ª ed., vol. II ("Retroattività delle Leggi"). Torino, UTET, 1922.

BIELSA, Rafael. *Ciencia de la Administración.* 2ª ed. Buenos Aires, Editorial Depalma, 1955.

——————. *Derecho Administrativo.* 5ª ed., 5 vols. Buenos Aires, Roque Depalma Editor, 1955/1957.

——————. *Principios de Derecho Administrativo.* 3ª ed. Buenos Aires, Editorial Depalma, 1963.

BIGHAN, Truman, e JONES, Eliot. *Principles of Public Utilities.* New York, Macmillan Co., 1937.

BISCARETTI DI RUFFIA, Paolo. *La Proposta nel Diritto Pubblico.* Roma, 1936.

BITTENCOURT, C. A. Lúcio. *O Controle Jurisdicional da Constitucionalidade das Leis.* Rio de Janeiro, Revista Forense, 1949.

BLOCH. *Dictionnaire d'Administration.* Verbete "Droit Administratif".

BLOCK, Maurice. *Dictionnaire de l'Administration Française,* Paris, Librairie Administrative de Veuve Berger-Levrault & Fils, 1862.

BLONDEAU, Ange. *La Concession de Service Public.* Paris, Librairie Dalloz, 1930.

BOCARDO (Comendador). *Manuale di Diritto Amministrativo.* 1863.

BODDA, Piero. *La Conversione degli Atti Amministrativi Illegittimi.* Milano, Dott. A. Giuffrè Editore, 1935.

——————. *La Nozione di Causa Giuridica della Manifestazione di Volontà in Diritto Amministrativo.* Torino, 1933.

BONAUDI, Emilio. *Della Sospensione degli Atti Amministrativi.* Milano/Torino/Roma, Fratelli Bocca, 1908.

BONBRIGHT, James C. *Public Utilities and the National Power Policies.* New York, Columbia University Press, 1940.

BONNARD, Roger. *Contrôle Juridictionnel de l'Administration*. Paris, Librairie Delagrave, 1934.

—————. *Précis de Droit Administratif*. 2ª e 4ª eds. Paris, Librairie du Recueil Sirey, 1935 e 1944.

BONNECASE, Julien. *Supplément au "Traité Théorique et Pratique de Droit Civil" de Baudry-Lacantinerie*. Paris, Librarie du Recueil Sirey, 1925.

BONNIN. *Principes d'Administration Publique*. 1808.

BORJA, Nunes. *Lecciones de Ciencias de la Administración y Derecho Administrativo*. 2ª ed. 1959.

BORSI, Umberto. *L'Atto Amministrativo Complesso*. Napoli, 1903.

—————. *L'Esecutorietà degli Atti Amministrativi*. Torino, Fratelli Bocca, 1901.

BRACCI, Arnaldo. *L'Atto Complesso in Diritto Amministrativo*. Siena, 1927.

—————. *La Proposta nel Diritto Amministrativo*. Firenze, 1961.

BRAIBAT, G., LONG, M., e WEIL, P. *Les Grands Arrêts de la Jurisprudence Administrative*. Paris, Dalloz.

BRANDÃO, Antônio José. "Moralidade administrativa". *RDA* 25/454.

BRETHE DE LA GRESSAYE, Jean, e LABORDE-LACOSTE, Marcel. *Introduction Générale a l'Étude du Droit*. Paris, Librairie du Recueil Sirey, 1947.

BREWER-CARÍAS, Allan R. *Las Instituciones de Derecho Administrativo y la Jurisprudencia Venezolana*. Caracas, 1954.

BROCCOLLI, Geremia. *La Codificazione del Diritto Amministrativo*. Napoli, Casa Editrice Nicola Jovene, Editori, 1936.

BRUHL, Henry Levy. *Introduction a l'Étude du Droit – Les Sources. Les Méthodes. Les Instruments de Travail*. Paris, Édition Rousseau et Cie., 1951.

BRUNIATTI, Attilio. *Il Diritto Amministrativo Italiano e Comparato nelle Istituzioni*. 2 vols. Torino, Unione Tipografico-Editrice Torinese (UTET), 1912/1914.

BRUTAU, José Puig. *La Jurisprudencia como Fuente del Derecho, Interpretación Creadora y Arbitrio Judicial*. Barcelona, Bosch, s/d.

BUFFE, Francis Le. *Outlines of Pure Jurisprudence*. New York, Fordhan University Press, 1924.

BULLRICH, Rodolfo. *Curso de Derecho Administrativo*. 2 vols. Buenos Aires, Biblioteca Jurídica Argentina, 1929.

—————. *Principios Generales de Derecho Administrativo*. 2ª ed., 2 vols. Buenos Aires, Editorial Guillermo Kraft, 1942.

BUTTGENBACH, André. *Manuel de Droit Administratif*. 2ª ed. Bruxelles, Maison Ferdinand Larcier, 1959.

BUZAID, Alfredo. *Da Ação Direta de Declaração da Inconstitucionalidade no Direito Brasileiro*. São Paulo, Saraiva, 1958.

C

CABRAL, Prudêncio Giraldes Tavares da Veiga. *Direito Administrativo Brasileiro*. Rio de Janeiro, Tip. Universal de Laemmert, 1859.

CAETANO, Marcello. *Manual de Direito Administrativo*. 5ª e 7ª eds. Coimbra, Coimbra Editora, 1960 e 1965.

CAHEN, Georges. *La Loi et le Règlement*. Paris, Arthur Rousseau, Éditeur, 1903.

CAIO MÁRIO da Silva Pereira. *Lesão nos Contratos Bilaterais*. 2ª ed. Rio de Janeiro, Forense, 1959.

----------. *Instituições de Direito Civil*. 1ª ed., 3 vols. Rio de Janeiro/São Paulo, Forense, 1961/1963.

CÂMARA LEAL. *Da Prescrição e da Decadência*. 2ª ed. Rio de Janeiro, Forense, 1959.

CAMBIER, Cyr. *Droit Administratif*. Bruxelles, Maison Ferdinand Larcier, 1968.

CAMMEO, Federico. *Corso di Diritto Amministrativo* (com notas de atualização por Giovanni Miele). Padova, CEDAM, 1960.

CAMPION, L. *De l'Exercice Antisociale des Droits Subjectifs*. Paris, LGDJ, 1925.

CAMPOS, Francisco. *Direito Administrativo*. Rio de Janeiro/São Paulo, Livraria Freitas Bastos, 1958.

CAMPOS FILHO, Paulo Barbosa de. *O Problema da Causa no Código Civil Brasileiro*. São Paulo, Max Limonad, s/d. VI/

CANASI, José. *Derecho Administrativo*. 4 vols. Buenos Aires, Depalma, 1972/1976.

CANNADA-BARTOLI, Eugenio. *L'Inapplicabilità degli Atti Amministrativi*. Milano, Dott. A. Giuffrè Editore, 1950.

CAPANA, Renato Perrone. *La Retroattività degli Atti Amministrativi*. Napoli, Casa Editrice Dott. Eugenio Jovene, 1950.

CAPART, Maurice. *Droit Administratif Élémentaire*, 5ª ed. Bruxelles, Ferdinand Larcier S/A, 1950.II/

CAPITANT, Henri, e COLIN, Ambroise. *Traité de Droit Civil* (refondue par Julliot de la Morandière). Paris, Librairie Dalloz, 1953.

CARLASSARE, Lorenza. *Regolamenti e Principio di Legalità*. Padova, CEDAM, 1966.

CARPENTER, Luís Frederico Sauerbronn. "Da Prescrição". vol. IV do *Manual do Código Civil*, de Paulo Lacerda. Rio de Janeiro, Jacinto Ribeiro dos Santos, Editor, 1919.

CARR, Cecil T. *Concerning English Administrative Law*. New York, Columbia University Press, 1941.

CARRÉ DE MALBERG. *Confrontation de la Théorie de la Formation du Droit par Degrés avec les Idées et les Institutions Consacrées par le Droit Positif Français, Relativement à sa Formation*. Paris, Librairie du Recueil Sirey, 1933.

―――――. *La Loi, Expression de la Volonté Générale.* Paris, Librairie du Recueil Sirey, 1931.

―――――. *Théorie Générale de l'État.* 2 vols. Paris, Librairie du Recueil Sirey, 1920.

CARREIRO, Carlos Pôrto. *Lições de Direito Administrativo.* Rio de Janeiro, Oficinas Gráficas do Brasil, 1916/1918/1919.

CASASANTA, Mário. *O Poder de Veto.* Belo Horizonte, Os Amigos do Livro, s/d.

CASSAGNE, Juan Carlos. *El Acto Administrativo.* Buenos Aires, Abeledo-Perrot, 1974.

―――――. *La Ejecutoriedad del Acto Administrativo.* Buenos Aires, Abeledo-Perrot, 1971.

CASTRO NUNES, José de. "Delegação de poderes". *RDA* 25/1.

CATHREIN, Vitor. *Filosofia Morale.* 2 vols., trad. da 5ª ed. alemã por Enrico Tommasi. Firenze, Libraria Editrice Fiorentina, 1913.

CAVAGNARI, V. Wautrain. *Elementi di Scienza dell'Amministrazione.* Firenze, G. Barbera, Editore, 1809 e 1919.

CAVALCANTI, Themístocles Brandão. "A teoria da *res judicata* no Direito Administrativo". *RF* 131/299. Rio de Janeiro, Forense.

―――――. *Curso de Direito Administrativo.* 2ª ed. dos *Princípios Gerais de Direito Administrativo*, refundidos e atualizados. Rio de Janeiro, Livraria Freitas Bastos, 1945.

―――――. "Fontes do Direito Administrativo". *RDA* 1/17.

―――――. *Instituições de Direito Administrativo Brasileiro.* 2ª ed., 2 vols. Rio de Janeiro, Livraria Freitas Bastos, 1938.

―――――. "O Direito Administrativo no Brasil". *RF* 98/521. Rio de Janeiro, Forense.

―――――. *Teoria dos Atos Administrativos.* São Paulo, Ed. RT, 1973.

―――――. *Tratado de Direito Administrativo.* 4ª ed., vol. I. Rio de Janeiro/São Paulo, Livraria Freitas Bastos, 1960.

CHAPUS, R. *La Responsabilité Publique et la Responsabilité Privée.* 2ª ed. Paris, LGDJ, 1957.

CHATELAIN, J. *Contribution à l'Étude de la Notion d'Abus des Droits dans le Contentieux Administratif.* Paris, 1945.

CHINOT, R. *Le Privilège d'Exécution d'Office de l'Administration.* Paris, 1945.

CHIRONI, G. P. *Della Non-Retroattività della Legge in Materia Civile.* Siena, 1885.

―――――. *Istituzioni di Diritto Civile Italiano.* vol. I. Torino, Fratelli Bocca, 1888.

CHIRONI, G. P., e ABELLO, Luigi. *Trattato di Diritto Civile Italiano.* vol. I. Torino, Fratelli Bocca, 1904.

CHRÉTIEN, Maxime. *Les Règles de Droit d'Origine Juridictionnelle, leur Formation, leur Caractères*. Lille, Imp. L. Donel, 1936.

CIMMA, Enrique Silva. (v. SILVA CIMMA, Enrique)

CIMMINO, Salvatore, e MOSHER, Frederich. *Elementi di Scienza dell'Amministrazione*. Milano, Dott. A. Giuffrè Editore, 1959.

CIRNE LIMA, Ruy. *Introdução ao Estudo do Direito Administrativo*. 1942.

————. *Princípios de Direito Administrativo Brasileiro*. Porto Alegre, 1954.

————. *Sistema de Direito Administrativo Brasileiro* (só publicado o vol. I). Porto Alegre, Gráfica Editora Santa Maria, 1953.

CLAY, Cassius. *Regulation of Public Utilities*. New York, Henry Holt and Co., 1932.

COLIN, Ambroise, e CAPITANT, Henri. *Traité de Droit Civil* (refondue par Julliot De La Morandière). Paris, Librairie Dalloz, 1953.

COLMEIRO, Manoel. *Derecho Administrativo Español*. Madrid, Impr. de Hilario Martinez, 1858.

COMMERCI, N. *Corso di Diritto Amministrativo per il Regno delle Due Sicilie*. Napoli, Stabilimento dell'Ateneo, 1835/1841.

COMTE, Philippe. *Essai d'une Théorie d'Ensemble de la Concession de Service Public*. Paris, Librairie du Recueil Sirey, 1934.

CORAIL, Jean-Louis de. *La Crise de la Notion Juridique de Service Public en Droit Administratif Français*. Paris, LGDJ, 1954.

CORÇÃO, Gustavo. *As Fronteiras da Técnica*. Rio de Janeiro, Agir.

CORMENIN. (v. DE CORMENIN)

CORSO, Pompeo. *La Funzione Consultiva*. Padova, CEDAM, 1942.

COUTELAN, Jean. *Le Détournement de Pouvoir de Police dans l'Intérêt Financier*. Paris, tese, 1947.

COVIELLO, Nicola. *Manuale di Diritto Civile*. 3ª ed. Milano, Società Editrice Libraria, 1924.

CRAWFORD, Finla, e MOSHER, William. *Public Utility Regulation*. New York, Harper and Brother Publishers, 1933.

CRETELLA JR., José. *A Teoria do Desvio do Poder*. São Paulo, Ed. RT, 1965.

————. *Curso de Direito Administrativo*. São Paulo, Ed. RT, 1962, 1964 e 1967.

————. *Da Codificação no Direito Administrativo*. São Paulo, Empresa Gráfica da Revista dos Tribunais, 1951.

————. *Direito Administrativo do Brasil*. 5 vols. São Paulo, Ed. RT, 1956/1963.

————. *Do Ato Administrativo*. São Paulo, José Bushatsky Editor, 1972.

————. *Do Desvio de Poder*. São Paulo, Ed. RT, 1964.

————. *Lições de Direito Administrativo*. 1970.

──────────. *Tratado de Direito Administrativo*. 10 vols. 1966/1972.

CRUET, Jean. *La Vie du Droit*. Paris, Ernest Flammarion, Éditeur, 1920.

CRUZ, Alcides. *Direito Administrativo Brasileiro*. 2ª ed. Rio de Janeiro, Livraria Francisco Alves, 1910 e 1914.

CUETO RUA, Julio. *Fuentes del Derecho*. Buenos Aires, Abeledo-Perrot, 1951.

CUNHA, Fernando Whitaker da. "Nulidade, anulação e inexistência no Direito Público". *RT* 325/28. São Pulo, Ed. RT.

CUNHA GONÇALVES. *Tratado de Direito Civil*. vol. I, t. I, ed. brasileira. São Paulo, Max Limonad, 1955.

D

D'ALESSIO, Francesco. *Istituzioni di Diritto Amministrativo Italiano*. vols. I e II. Torino, UTET, 1932 e 1934; 4ª ed., 2 vols. 1949.

D'AVIS, Julio Alberto. *Curso de Derecho Administrativo*. La Paz (Bolívia), Letras, 1960.

D'AZEGLIO, Taparelli. *Essai Théorique de Droit Naturel*. 4 vols. Paris, H. Casterman, Éditeurs, 1857.

DABIN, Jean. *Théorie Générale du Droit*. Bruxelles, Établissements Émile Bruylant, 1953.

DAVIS, Kenneth Culp. *Administrative Law Treatise*. 4 vols. St. Paul, Minn., West Publishing Co., 1958/1960.

──────────. *Cases on Administrative Law*. Boston, Little, Brown and Co., 1951.

DAVISON, J. Forrester, e FRANKFURTER, Felix. *Cases and Other Materials on Administrative Law*. Chicago, Commerce Clearing House. 1932.

──────────, e GRUNDSTEIN, Nathan. *Cases and Readings on Administrative Law*. Indianapolis, The Bobbs-Merryl Co. 1951.

DE CORMENIN, Louis-Marie de Lahaye. *Droit Administratif*. 5ª ed. Paris, G. Thorel, Libraire/Pagnerre, Éditeur, 1840.

──────────. *Questions de Droit Administratif*. Paris, Ridler, 1822.

DE FOOZ, J. H. N. *Le Droit Administratif Belge*. Paris, H. Casterman, Éditeur, 1859.

DE FRANCESCO, G. M. *L'Ammissione nella Classificazione degli Atti Amministrativi*. Milano, Società Editrice Vita e Pensiero, 1926.

DE GÉRANDO. *Institutes de Droit Administratif Français*. 2ª ed., vol. I. Paris, Chez Nève, Libraire de la Cour de Cassation, 1829 e 1842.

──────────. *Programme du Cours de Droit Public Positif Administratif à la Faculté de Droit de Paris*. Chez Nève, Librarie de la Cour de Cassation, 1819.

DE LA SERNA, Pedro Gómez. *Instituciones de Derecho Administrativo Español*. 1843.

DE LA VALLINA VELARDE, Juan Luis. *La Motivación del Acto Administrativo*. Madrid, Edición Escuela Nacional de Administración Publica, 1967.

DE PAGE, Henri. *De l'Interprétation des Lois*. 2 vols. Bruxelles, Albert Vandeveld Éditeur, 1925.

DE SOTO, J. *Contribution à la Théorie des Nullités des Actes Administratifs*. Paris, Librairie Dalloz, 1942.

—————. *Grands Services Publics et Entreprises Nationales*. Paris, Éditions Montchrétien, 1971.

DE VALLES, Arnaldo. *Elementi di Diritto Amministrativo*. 1ª e 2ª eds. Firenze, Casa Editrice Poligrafica Universitaria, 1937 e 1951.

—————. "Servizi pubblici". *Trattato*, de Orlando. vol. VI, Parte 1ª. Milano, Società Editrice Librarie, 1930.

DEBBASCH, Charles. *Droit Administratif*. Paris, Éditions Cujas, 1968.

DEBEYRE, Guy, e DUEZ, Paul. *Traité de Droit Administratif*. 2ª ed. Paris, Librairie Dalloz, 1952.

DEGNI, Francesco. *L'Interpretazione della Legge*. 2ª ed. Napoli, Casa Editrice Nicola Jovene, Editori, 1909.

DEL VECCHIO, Giorgio. *Lezioni di Filosofia del Diritto*. 5ª ed. Milano, Dott. A. Giuffrè Editore, 1946.

DELGADO, Luiz. *Compêndio Elementar de Direito Administrativo*. Recife, Ed. Universitária, 1970.

DEMOLOMBE, C. *Cours de Code Napoléon*. vol. I. Paris, Auguste Durandet et L. Hachette et Cie., 1860.

DENDIAS, Michel. *La Fonction Gouvernementale et les Actes de son Exercice – Les Actes de Gouvernement*. Paris, E. Boccard Éditeur, 1936.

DERNBURG, Arrigo. *Pandette – Parte Generale*. vol. I, trad. do Alemão por Francesco Bernardino Cicala. Torino, Fratelli Bocca, 1906.

DEROSIERS, J. B. *Soyons Justes*. 2 vols. Montréal, Éditions de l'Institut Pie XI, 1945.

DEVAUX, Jean. *Le Régime des Décrets*. Paris, Rousseau et Cie., 1927.

DI MAYO, Carlo. *Contributo alla Teoria delle Fonti del Diritto*. Roma, Edizione Italiana, 1949.

DIAS, F. *Corso Completo di Diritto Amministrativo (ovvero esposizione delle leggi relative all'amministrazione civile ed al contenzioso amministrativo del Regno delle Due Sicilie)*. Napoli, Pellizzone, 1843.

DICEY, A. V. *Introduction to the Study of the Law of the Constitution*. 7ª ed. London, MacMillan and Co., 1908.

DIEZ, Manuel María. *Derecho Administrativo*. 6 vols. Buenos Aires, Bibliográfica Omeba, 1963/1972.

—————. *El Acto Administrativo.* Buenos Aires, Tipográfica Editora Argentina, 1961.

DIMOCK, Marshall Edward. *British Publics Utilities and National Development.* London, George Allen and Unwin, 1933.

—————, e DIMOCK, Gladys Ogden. *Public Administration in Democratic Society.* Holt Rimthart and Wilson Inc., 1950; 3ª ed. 1964.

DONATI, Donato. "Atto complesso, autorizzazione e approvazione". *Archivio Giuridico* 71. 1903.

—————. *Principi Generali di Diritto Amministrativo e Scienza dell'Amministrazione.* Padova, CEDAM, 1932.

DOUENCE, Jean Claude. *Recherche sur le Pouvoir Règlementaire de l'Administration.* Paris, LGDJ, 1969.

DROMI, José Roberto. *Instituciones de Derecho Administrativo.* Editorial Astrea, Buenos Aires, 1973.

DUBOIS, Louis. *La Théorie de l'Abus de Droit et la Jurisprudence Administrative.* Paris, LGDJ, 1962.

DUCOS-ADER, Robert, e AUBY, Jean-Marie. *Droit Administratif.* Paris, Dalloz, 1967.

—————. *Grands Services Publics et Entreprises Nationales.* 2 vols. Paris, Presses Universitaires de France (PUF), 1962/1973.

DUCROCQ, Théophile. *Cours de Droit Administratif.* 7ª ed. Paris, Librairie Thorin et Fils/A. Fontemoing, 1858 e 1897.

DUEZ, Paul. *Les Actes de Gouvernement.* Paris, Librairie du Recueil Sirey, 1935.

—————, e DEBEYRE, Guy. *Traité de Droit Administratif.* 2ª ed. Paris, Librairie Dalloz, 1952.

DUFOUR, Gabriel. *Traité Général de Droit Administratif Appliqué.* 3ª ed., vol. I. Paris, Delamette, Administrat. du Répertoire de l'Enregistrement, 1858; 3ª ed., vol. I. 1868.

DUGUIT, Léon. *Traité de Droit Constitutionnel.* 2ª ed., 5 vols. Paris, Ancienne Librairie Fontemoing et Cie., Éditeur, 1921/1925.

DUPEYROUX, Olivier. *La Règle de la Non-Retroactivité des Actes Administratifs.* Paris, LGDJ, 1950.

DUSSAULT, René. *Traité de Droit Administratif.* 2 vols. 1974.

E

ENTRENA CUESTA, Rafael. *Curso de Derecho Administrativo.* 3ª ed. Madrid, Tecnos, 1968.

ESCOLA, Héctor Jorge. *Tratado General de Procedimiento Administrativo.* Buenos Aires, Ediciones Depalma, 1975.

ESPÍNOLA, Eduardo. *Manual do Código Civil,* de Paulo Lacerda. vol. III, Parte 1ª. Rio de Janeiro, Livraria Jacintho, 1934.

—————, e ESPÍNOLA FILHO, Eduardo. *Tratado de Direito Civil.* vols. II, III e IV. Rio de Janeiro, Livraria Freitas Bastos, 1939/1940.

EUTSLER, Roland, HERRING, James, e WILSON, Lloyd. *Public Utilities Regulation.* New York, McGraw-Hill Book Co., 1938.

EYCKEN, Paul Vander. *Méthode Positive de l'Interprétation Juridique.* Paris, Librairie Falh Fils, Féliz Alcon, Éditeur, 1907.

F

FAGGELLA, Donato. In: BIANCHI, Francesco Saverio. *Corso di Codice Civile Italiano.* 2ª ed., vol. II ("Retroattività delle Leggi"). Torino, UTET, 1922.

FAIDHERBE, A. J. *La Justice Distributive.* Paris, Librairie du Recueil Sirey, 1934.

FALCO, Giacomo. *Decadenza e Prevenzione nei Procedimenti Amministrativi.* Napoli, N. Jovene & Cia., 1921.

FERRARA, Francesco. *Interpretação e Aplicação das Leis.* Trad. do italiano por Manuel de Andrade. São Paulo, Saraiva, 1937.

FERRARI, Giuseppe. *Formula e Natura dell'Attuale Decretazione con Valore Legislativo.* Milano, Dott. A. Giuffrè Editore, 1948.

FERRARIS, Carlo Francesco. *Diritto Amministrativo.* 2 vols. Padova, "La Linotipo"/Ed. Universitaria, 1922.

—————. *Saggi di Economia Politica, Statistica e Scienza dell'Amministrazione.* 1880.

FERREIRA, Sérgio de Andréa. *Lições de Direito Administrativo.* Rio de Janeiro, Editora Rio, 1972.

FIORINI, Bartolomé A. *La Discrecionalidad en la Administración Pública.* Buenos Aires, Editorial Alfa, 1948 e 1952.

—————. *Manual de Derecho Administrativo.* 2 vols. Buenos Aires, La Ley, 1971.

—————. *Teoría Jurídica del Acto Administrativo.* Buenos Aires, Abeledo-Perrot, 1969.

FLAMME, M. A. *Droit Administratif.* Bruxelles, Bruylant, 1960-1970.

FLEINER, Fritz. *Instituciones de Derecho Administrativo Alemán.* Trad. da 8ª edição alemã de 1928. Barcelona/Madrid/Buenos Aires, Editorial Labor, 1933.

—————. *Les Principes Généraux du Droit Administratif Allemand.* Trad. da 8ª ed. alemã de 1928. Paris, Librairie Delagrave, 1933.

FODERARO, Salvatore. *Il Concetto di Legge*. Milano, Fratelli Bocca, 1948.

FONSECA, Arnoldo Medeiros da. *Caso Fortuito e Teoria da Imprevisão*. 3ª ed. Rio de Janeiro, Revista Forense, 1958.

FONSECA, Tito Prates da. "A causa em Direito Administrativo". *Direito* 14/31.

—————. "A evolução do Direito Administrativo Brasileiro nos últimos 25 anos". *Direito* 17/23.

—————. *Direito Administrativo*. Rio de Janeiro, Livraria Freitas Bastos, 1939.

—————. In *Direito* 13/45-69.

—————. *Lições de Direito Administrativo*. Rio de Janeiro, Livraria Freitas Bastos, 1943.

FORKOSCH, Morris D. *A Treatise on Administrative Law*. Indianapolis, The Bobbs-Mirril Co., Inc., 1956.

FORSTHOFF, Ernest. *Tratado de Derecho Administrativo*. Trad. da 5ª ed. alemã. Madrid, Instituto de Estudios Políticos, 1958 (em Francês: *Traité de Droit Administratif Allemand*, 1969).

FORTES, Bonifácio. "Delegação legislativa". *RDA* 62/353.

—————. "O poder regulamentar". *RF* 199/371. Rio de Janeiro, Forense.

FORTI, Ugo. *Diritto Amministrativo*. 2ª ed., 2 vols. Napoli, Casa Editrice Dott. Eugenio Jovene, 1931/1932.

FOUCART, E. V. *Éléments du Droit Public et Administratif*. 4ª ed., 3 vols. Paris, A. Marescq et E. Dujardin, 1832.

FRAGA, Gabino. *Derecho Administrativo*. 10ª ed. México, Editorial Porrúa, 1963.

FRAGOLA, Umberto. *Gli Atti Amministrativi*. 2ª ed. Napoli, Casa Editrice Dott. Eugenio Jovene, 1964.

—————. *La Dichiarazione Tacita di Volontà della Pubblica Amministrazione*. Napoli, Casa Editrice Dott. Eugenio Jovene, 1938.

—————. *Manuale di Diritto Amministrativo*. Napoli, Editrice Numus, 1949.

FRANÇA, Rubens Limongi. (V. LIMONGI FRANÇA, Rubens)

FRANCHINI, Flaminio. *Il Parere nel Diritto Amministrativo*. Milano, Dott. A. Giuffrè Editore, 1944.

—————. *Le Autorizzazioni Amministrative Costitutive di Rapporti Giuridici fra l'Amministrazione e i Privati*. Milano, Dott. A. Giuffrè Editore, 1957.

FRANKFURTER, Felix, e DAVISON, J. Forrester. *Cases and other Materials on Administrative Law*. Chicago, Commerce Clearing House. 1932.

FREITAS, Justino Antônio de. *Instituições de Direito Administrativo Português*. Coimbra, 1857.

FREUND, Ernst. *Administrative Powers over Persons and Property*. 2ª impr. Chicago/Illinois, The University of Chicago Press, 1939.

———————. *Cases on Administrative Law.* American Case Books Series, St. Paul, West Publishing Co., 1911.

———————. "Evolução do Direito Administrativo Americano". *RF* 110/335. Rio de Janeiro, Forense.

FURTADO DE MENDONÇA, Francisco Maria de Souza. *Excerto de Direito Administrativo Pátrio.* São Paulo, Tipografia Alemã de Henrique Schroeder, 1865.

FURTUNA, Alphonse. *Le Fait du Prince.* Paris, Jouve et Cie., Éditeurs, 1924.

G

GABBA, C. F. *Teoria della Retroattività delle Leggi.* 3ª ed., 4 vols. Torino, UTET, 1891.

GALATERIA, Luigi. *Teoria Giuridica degli Ordini Amministrativi.* Milano, Dott. A. Giuffrè Editore, 1950.

GALLO, Mario. *Il Rapporto Contrattuale nel Diritto Amministrativo.* Padova, CEDAM, 1936.

GALLONI, Giovanni. *La Interpretazione della Legge.* Milano, Dott. A. Giuffrè Editore, 1955.

GARCÍA, Doris Piccinnini. *Teoría del Decaimiento de los Actos Administrativos.* Santiago, Editorial Jurídica de Chile, 1968.

GARCÍA OVIEDO, Carlos. *Derecho Administrativo.* 8ª ed., 2 vols. Madrid, EISA, 1962.

GARCÍA-TREVIJANO FOZ, José Antonio. *Tratado de Derecho Administrativo.* 3 vols. Madrid, Editorial Revista de Derecho Privado, 1964/1970.

GARELLI DELLA MOREA, G. E. *Il Diritto Amministrativo Italiano.* Torino, 1860.

GARNER, J. F. *Administrative Law.* London, Butterworths, 1963.

GARRIDO FALLA, Fernando. *Tratado de Derecho Administrativo.* 2ª ed., 2 vols. Madrid, Instituto de Estudios Políticos, 1960/1963.

GASCON Y MARÍN, José. *Tratado de Derecho Administrativo.* 13ª ed., 2 vols. Madrid, C. Bermejo, Impressor, 1956; 5ª ed., vol. I. 1933.

GASPARRI, Pietro. *Corso di Diritto Amministrativo.* 4 vols. Padova, CEDAM, 1953/1960.

———————. *L'Amministrazione Consultiva.* Pisa, Pacini Mariotti, 1942.

———————. *La Causa degli Atti Amministrativi.* Pisa, Pacini Mariotti, 1942.

———————. *Studi degli Atti Giuridici Complessi.* Pisa, Pacini Mariotti, 1939.

GAUS, John M. *Reflections on Public Administration.* Chicago, The University of Chicago Press, 1947.

GELLHORN, Walter. *Administrative Law: Cases and Comments.* 1940.

GÉNY, François. *Méthode d'Interprétation et Sources en Droit Privé Positif.* 2ª ed., 2 vols. Paris, LGDJ, 1932.

GERBER, Carl Friedrich. *Diritti Pubblici.* Trad. do alemão. Milano, Dott. A. Giuffrè Editore, 1936.

GIANNINI, Massimo Severo. *Corso di Diritto Amministrativo.* 4 vols. Milano, Dott. A. Giuffrè Editore, 1965/1969.

―――――. *La interpretazione dell'Atto Amministrativo.* Milano, Dott. A. Giuffrè Editore, 1939.

―――――. *Lezioni di Diritto Amministrativo.* 2 vols. Milano, Dott. A Giuffrè Editore, 1950.

GIANQUINTO, De Gioannis. *Corso di Diritto Pubblico Amministrativo.* 3 vols. Firenze, Tipografia Editrice dell'Associazione, 1877.

GIORGI, Giorgio. *La Dottrina delle Persone Giuridiche o Corpi Morali.* Firenze, Fratelli Cammelli, 1891.

GIRON, A. *Dictionnaire de Droit Public et Administratif.* vol. III. 1895.

GLADDEN, E. N. *An Introduction to Public Administration.* London, Staples Press, 1961.

GNEIST, Rudolf. *L'Amministrazione e il Diritto Amministrativo Inglese.* 2 vols., 1ª Parte, trad. do Alemão. Torino, UTET, 1896.

GODOY, Isaac Rubio. *Proceso de Formación de un Acto Administrativo.* Santiago, Editorial Jurídica de Chile, 1960.

GOLDENBERG, Leo. *Le Conseil d'État – Juge du Fait.* Paris, Librairie Dalloz, 1932.

GONÇALVES, Cunha. (v. CUNHA GONÇALVES)

GOODNOW, Frank J. C. *Derecho Administrativo Comparado.* 2 vols., trad. do Inglês. Madrid, La España Moderna, s/d.

―――――. *Politics and Administration.* 1900.

―――――. *Principes de Droit Administratif des États Unis.* Trad. do Inglês. Paris, M. Giard et E. Brière, Libraires-Éditeurs, 1907.

―――――. *Selected Cases on American Administrative Law, with Particular Reference to the Law of Officers and Extraordinary Legal Remedies.* Chicago, Callaghan, 1906.

GORDILLO, Agustín A. *El Acto Administrativo.* Buenos Aires, Abeledo-Perrot, 1962.

―――――. *Introducción al Derecho Administrativo.* 2ª ed. Buenos Aires, Abeledo-Perrot, 1968.

―――――. *Procedimiento y Recursos Administrativos.* Buenos Aires, Ediciones Macchi, 1971.

——————. *Tratado de Derecho Administrativo*. 2 vols. Buenos Aires, Macchi, 1974/1976.

GRAY, John Chipman. *The Nature and Sources of the Law*. 2ª ed. Boston, Beacon Press, 1962.

GRESSAYE, Jean Brethe de la. (v. BRETHE DE LA GRESSAYE, Jean)

GRIFFITH, J. A. G., e STREET, H. *Principles of Administrative Law*. 2ª ed. London, Sir Isaac Pitman & Sons, 1959.

GRISEL, André. *Droit Administratif Suisse*. Neuchâtel, Ides et Calendes, 1970.

GROPPALLI, Alessandro. *Dottrina dello Stato*. 7ª ed. Milano, Dott. A. Giuffrè Editore, 1945.

——————. *Filosofia del Diritto*. Milano, Ambrosiana, 1944.

GRUNDSTEIN, Nathan, e DAVISON, Forrester. *Cases and Readings on Administrative Law*. Indianapolis, The Bobbs-Merryl Co. 1951.

GUAITA, Aurelio. *Derecho Administrativo Especial*. 4 vols. 1960/1966.

GUEDES, Armando Manuel de A. Marques. *A Concessão*. Coimbra, Coimbra Editora, 1954.

GUEIROS, Nehemias. *A Justiça Comutativa no Direito das Obrigações*. Recife, 1940.

GUILLOUARD, Jean. *Notion Juridique des Autorisations des Concessions Administratives et des Actes d'Exécution*. Paris, Éditions A. Pedone, 1903.

GUIMARÃES MENEGALE, José. *Direito Administrativo e Ciência da Administração*. 3ª ed. Rio de Janeiro, Borsói, 1957.

H

HART, James. *An Introduction to Administrative Law*. 2ª ed. New York, Appleton-Century-Crofts, Inc., 1950.

HAURIOU, André. "O poder discricionário e a sua justificação". *RDA* 19/27.

HAURIOU, Maurice. *La Jurisprudence Administrative*. 3 vols. Paris, Librairie du Recueil Sirey, 1929.

——————. *Précis Élémentaire de Droit Administratif*. 4ª ed. Paris, Librairie du Recueil Sirey, 1938.

HECK, Phillipp. *Interpretação da Lei e a Jurisprudência dos Interesses*. Trad. de José Osório. São Paulo, Saraiva, 1947.

HELENE, Hélio. "Notas sobre a anulação do ato administrativo". *RDA* 30/408.

HERNÁNDEZ, J. M. Ron. *Tratado Elemental de Derecho Administrativo*. 2ª ed. Caracas, Las Novedades, 1943.

HERRERAS, José Posada de. *Lecciones de Administración*. Madrid, 1843.

HERRING, James, EUTSLER, Roland, e WILSON, Lloyd. *Public Utilities Regulation*. New York, McGraw-Hill Book Co., 1938.

HESKETH, Tito de Oliveira. "Da cláusula *rebus sic stantibus* – Seu desempenho na esfera das obrigações civis". Separata da *RT*. São Paulo, Ed. RT, 1960.

I

IHERING, Rudolf von. *El Espíritu del Derecho Romano*. vol. IV, versão do alemão por Enrique Principe y Satorres. Madrid, Librería Editorial de Bailly-Bailliere e Hijos, 1895.

——————. *L'Évolution du Droit*. Trad. da 3ª ed. alemã por Meulenaere. Paris, Chevalier-Marescq et Cie., Éditeurs, 1901.

IRIBARREN, Juan Antonio. *Lecciones de Derecho Administrativo*. Santiago, Chile, Editorial Nascimento, 1936.

J

JAFFE, Louis. *Administrative Law Cases and Materials*. New York, Prentice-Hall, Inc., 1953.

JARA CRISTI, Manuel. *Manual de Derecho Administrativo*. 2ª ed. Santiago, Editorial Jurídica de Chile, 1948.

JEANNEAU, Benoit. *Les Principes Généraux du Droit dans la Jurisprudence Administrative*. Paris, Édictions du Recueil Sirey, 1954.

JELLINEK, Georg. *L'État Moderne et son Droit*. 2 vols., trad. do Alemão. Paris, M. Giard et E. Brière, Libraires-Éditeurs, 1913.

——————. *Sistema dei Diritti Pubblici Subbiettivi*. Trad. do Alemão por Caetano Vitagliano. Milano, Società Editrice Libreria, 1912.

JÈZE, Gaston. *Les Contrats Administratifs de l'État des Départements de Communes et des Établissements Publics*. Paris, Marcel Giard, Librairie Éditeur, 1936.

——————. *Principios Generales del Derecho Administrativo*. 3ª ed., 6 vols., trad. espanhola. Buenos Aires, Editorial Depalma, 1948.

JONES, Eliot, e BIGHAN, Truman. *Principles of Public Utilities*. New York, Macmillan, 1937.

JOSSERAND, Louis. *De l'Esprit des Droits et de leur Relativité*. 2ª ed. Paris, Librairie Dalloz, 1939.

JUAREZ, Hugo Olguín. *Extinción de los Actos Administrativos*. Santiago, Editorial Jurídica de Chile, 1961.

JUSO, Raffaele. *Motivi e Motivazione nel Provvedimento Amministrativo*. Milano, Dott. A. Giuffrè Editore, 1963.

K

KAMMERER, A. *La Fonction Publique en Allemagne.* Paris, Arthur Rousseau, Éditeur, 1899.

KANTOROWICZ, Hermann. *La Lotta per la Scienza del Diritto.* Trad. do Alemão. Milano/Palermo/Napoli, Remo Sandron, Editore, 1908.

KEIR, D. L., e LAWSON, F. H. *Cases in Constitutional Law.* 4ª ed. Oxford, The Clarendon Press, 1962.

KELSEN, Hans. *Teoría General del Derecho e del Estado.* Ed. mexicana, trad. do original em inglês. México, Imprenta Universitaria, 1950.

L

LABAND, Paul. *Le Droit Public de l'Empire Allemand.* 5 vols., ed. Francesa. Paris, M. Giard et E. Brière, Libraires-Éditeurs, 1901.

LABORDE-LACOSTE, Marcel, e BRETHE DE LA GRESSAYE, Jean. *Introduction Générale a l'Étude du Droit.* Paris, Librairie du Recueil Sirey, 1947.

LACERDA, Paulo de. *Manual do Código Civil Brasileiro.* vol. I. Rio de Janeiro, Jacintho Ribeiro dos Santos Editor, 1918.

LACHANCE, Louis. *Le Concept du Droit selon Aristote et Saint Thomas.* Montreal, Éditions Albert Levesque, 1933.

LAFERRIÈRE, E. *Traité de la Juridiction Administrative.* Paris/Nancy, Berger Livrault et Cie., Libraires-Éditeurs, 1896.

LAFERRIÈRE, F. *Cours de Droit Public et Administratif.* 5ª ed. Paris, Cotillon, Éditeur/Lib. du Conseil d'État, 1860.

LANCÍS Y SANCHEZ, Antonio. *Derecho Administrativo.* 3ª ed. Habana, Cultural, 1952.

LANDAU, George D. "Da delegação legislativa". *RF* 167/475. Rio de Janeiro, Forense.

LANDI, Guido, e POTENZA, Giuseppe. *Manuale di Diritto Amministrativo.* 2ª ed. Milano, Dott. A. Giuffrè Editore, 1963.

LAREZ MARTINEZ, Eloy. *Manual de Derecho Administrativo.* 3ª ed. Caracas, 1975.

LASSALE, Ferdinand. *Théorie Systématique des Droits Acquis.* 2 vols., trad. da 2ª ed. Alemã. Paris, M. Giard e E. Brière, Libraires-Éditeurs, 1904.

LAUBADÈRE, André de. "Do poder da Administração para impor unilateralmente alterações nas cláusulas dos contratos". *RDA* 37/45.

—————. *Traité Élémentaire de Droit Administratif.* 2ª ed. Paris, R. Pichou et R. Durand-Auzias, 1957; 3ª ed., 3 vols. Paris, LGDJ, 1963/1966.

———————. *Traité Théorique et Pratique des Contrats Administratifs*. 3 vols. Paris, LGDJ, 1956.

LAWSON, F. H., e KEIR, D. L. *Cases in Constitutional Law*. 4ª ed. Oxford, The Clarendon Press, 1962.

LEAL, Câmara. (v. CÂMARA LEAL)

LEAL, Víctor Nunes. "Classificação das normas jurídicas". *RDA* 2/931.

———————. "Delegações legislativas". *RDA* 5/378.

———————. "Lei e regulamento". *RDA* 1/371.

———————. *Problemas de Direito Público*. Rio de Janeiro, Revista Forense, 1960.

LECLERQ, Jacques. *Leçons de Droit Naturel*. 5 vols. Namur, Maison d'Édition Ad. Wesmael-Charlien, 1927.

LEFÈBURE, Marcus. *Le Pouvoir d'Action Unilatérale de l'Administration en Droit Anglais et Français*. Paris, LGDJ, 1961.

LENTINI, Arturo. *Istituzioni di Diritto Amministrativo*. 2 vols. Milano, Società Editrice Libraria, 1939.

LEONE. *Elementi di Diritto Amministrativo*. Piemonte, 1850.

———————. *Istituzioni di Diritto Amministrativo*. Nápoles, 1850.

LESPÈS, Jules. "A codificação dos princípios gerais do Direito Administrativo". *RDA* 22/24.

LEVEL, Patrice. *Essai sur les Conflits des Lois dans le Temps*. Paris, LGDJ, 1959.

LIMA, Mário Franzen de. *Da Interpretação Jurídica*. 2ª ed. Rio de Janeiro, Revista Forense, 1955.

LIMA, Ruy Cirne. (V. CIRNE LIMA, Ruy)

LIMONGI FRANÇA, Rubens. "Das formas de expressão do Direito". Separata da *RT*. São Paulo, Ed. RT, 1960.

———————. *Teoria e Prática dos Princípios Gerais do Direito*. São Paulo, Ed. RT, 1963.

LINARES, Juan Francisco. *Cosa Juzgada Administrativa*. Buenos Aires, Editorial Guillermo Kraft Ltda., 1945.

———————. *Fundamentos de Derecho Administrativo*. Buenos Aires, Astrea, 1975.

LOMBARDI, Gabio. *Sul Concetto di "Jus Gentium"*. Roma, Istituto di Diritto Romano, 1947.

LONG, M., BRAIBAT, G., e WEIL, P. *Les Grands Arrêts de la Jurisprudence Administrative*. Paris, Dalloz.

LOPES, Tomás de Vilanova Monteiro. "A execução forçada do ato administrativo unilateral". *RDA* 45/605.

LOPEZ-NIETO Y MALLO, Francisco. *El Procedimiento Administrativo*. Barcelona, Ican M. Fash, Editor, 1960.

LOTTIN, Dom Odon. *Le Droit Naturel chez Saint Thomas d'Aquin et ses Prédécesseurs*. 2ª ed. Bruges, Firme Charles Beyaert, Éditeurs Pontificaux, 1931.

LUCIFREDI, Roberto. *L'Atto Amministrativo nei suoi Elementi Accidentali*. Milano, Dott. A. Giuffrè Editore, 1941.

LUNA, Everardo da Cunha. *Abuso do Direito*. Rio de Janeiro, Forense, 1959.

M

MACAREL, L. A. *Cours d'Administration et de Droit Administratif*. Paris, Librairie de Jurisprudence de Plon Frères, 1844.

—————. *Éléments de Jurisprudence Administrative*. Paris, Dondey-Dupré, 1818.

MACHADO, João de Mello. *Teoria Jurídica do Contrato Administrativo*. Coimbra, Coimbra Editora, s/d.

MAIA, Paulo Carneiro. *Da Cláusula "Rebus Sic Stantibus"*. São Paulo, Saraiva, 1959.

MALESIEUX, Raymond. *Manuel de Droit Administratif*. Paris, Editions Cujas, 1954.

MANNA, Giovanni. *Il Diritto Amministrativo del regno delle due Sicilie*. Napoli, 1840.

—————. *Principi di Diritto Amministrativo*. Novene Libraio Ed., Napoli, 1839.

MARIENHOFF, Miguel S. *Tratado de Derecho Administrativo*. 4 vols. Buenos Aires, Abeledo-Perrot, 1965/1972.

MARQUES, José Frederico. "A revogação dos atos administrativos". RDA 39/16.

MARTINS, Pedro Batista. *O Abuso do Direito e o Ato Ilícito*. 2ª ed. Rio de Janeiro, Livraria Freitas Bastos, 1941.

MARTYNIACH, Charles. *Le Fondement Objectif du Droit d'Après Saint Thomas d'Aquin*. Paris, Pierre Bossuet, Éditeur, 1931.

MARX, Fritz Morstein. *Elements of Public Administration*. Washington Prentice Hall Inc., 1946 e 1959.

MARZANO, Gabriele. *L'Interpretazione della Legge*. Milano, Dott. A. Giuffrè Editore, 1955.

MASAGÃO, Mário. *Conceito do Direito Administrativo*. São Paulo, Escolas Profissionais do Liceu Coração de Jesus, 1926.

—————. *Curso de Direito Administrativo*. 2 vols. São Paulo, Max Limonad, 1959/1960; 3ª ed., 1 vol. 1964.

—————. *Natureza Jurídica da Concessão de Serviço Publico*. São Paulo, Saraiva, 1933.

MASSENA, Nestor. "Veto parcial". RDA 26/44.

MAST, André. *Précis de Droit Administratif Belge*. Bruxelles, Éditions Scientifiques, 1966.

MASTO-PASQUA, Salvatore. *La Conversione degli Atti Amministrativi.* Roma, 1967.

MATHIOT, André. *Cours de Grands Services Publics et Entreprises Nationales.* Paris, Les Cours de Droit, Éditeur, 1966/1967.

MAXIMILIANO, Carlos. *Comentários à Constituição Brasileira.* 4ª ed., vol. III. Rio de Janeiro, Livraria Freitas Bastos, 1948.

──────────. *Hermenêutica e Aplicação do Direito.* 2ª ed. Rio de Janeiro, Livraria do Globo, 1933.

MAYER, Otto. *Derecho Administrativo Alemán.* 4 vols., trad. da ed. francesa. Buenos Aires, Editorial Depalma, 1949.

──────────. *Direito Administrativo Francês.* 1886.

──────────. *Le Droit Administratif Allemand.* 4 vols., ed. Francesa. Paris, M. Giard et E. Brière, Libraires-Éditeurs, 1903/1906.

McFARLAND, Carl, e VANDERBILT, Arthur T. *Cases and Materials on Administrative Law.* Albany, M. Bender, 1947.

MEIRELLES, Hely Lopes. *Direito Administrativo Brasileiro.* São Paulo, Ed. RT, 1964 (32ª ed., Malheiros Editores, 2006).

MEJÍA, Francisco Eladio Gomes. *Fundamentos de Derecho Administrativo Colombiano.* Bogotá, Kelly, 1969.

MENDES, Aparicio. *Notas para un Estudio sobre los Caracteres de la Revocación.* Montevideo, El Siglo Ilustrado, 1949.

MENDES JÚNIOR, Onofre. *Manual de Direito Administrativo.* vol. I. Belo Horizonte, Bernardo Álvares, 1961.

MENDIZABAL Y MARTÍN, Luiz. *Tratado de Derecho Natural.* 7ª ed., 4 vols., com a colaboração de Mendizabal-Villabalba. Madrid, Impresora Española, 1928.

MENDONÇA LIMA, Naili Russomano, e RUSSOMANO, Rosah. *Lições de Direito Administrativo.* Rio de Janeiro, Konfino, 1972.

MENEGALE, José Guimarães. (v. GUIMARÃES MENEGALE, José)

MENEZES, Djacir. *Direito Administrativo Moderno.* Rio de Janeiro, A. Coelho Branco, 1943.

MERKEL, Adolfo. *Teoría General del Derecho Administrativo.* Trad. da ed. alemã de 1927. Madrid, Editorial Revista de Derecho Privado, 1935.

MEUCCI, Lorenzo. *Istituzioni di Diritto Amministrativo.* 5ª ed. Torino, Fratelli Bocca, 1905.

MICELI, Vincenzo. *Le Fonti del Diritto.* Palermo, Alberto Rober, 1905.

MICHOUD, Léon. *La Théorie de la Personnalité Morale.* 3ª ed., vol. I. Paris, LGDJ, 1932.

MIELE, Giovanni. *Principi di Diritto Amministrativo.* 2ª ed., vol. I. Padova, CEDAM, 1960.

MOHL, Roberto von. *Direito Político do Reino de Wüttemberg*. 1829.

MONTEIRO, João. *Aplicações do Direito*. São Paulo, Duprat & Cia., 1904.

MONTESQUIEU, Charles Louis de Secondat (Barão de). *De l'Esprit des Lois*. Paris, Garnier Frères, Librairies-Éditeurs, 1869.

MOREAU, Félix. *Le Règlement Administratif*. Paris, Albert Fortemoing, Éditeur, 1902.

MOREIRA NETTO, Diogo de Figueiredo. *Curso de Direito Administrativo*. 2 vols. Rio de Janeiro, Forense, 1970/1971.

MORIN, Gaston. *La Révolte des Faits contre le Code*. Paris, Bernard Grasset, Éditeur, 1920.

MORTATI, C. *La Volontà e la Causa nell'Atto Amministrativo e nella Legge*. Roma, 1935.

MOSHER, Frederich, e CIMMINO, Salvatore. *Elementi di Scienza dell'Amministrazione*. Milano, Dott. A. Giuffrè Editore, 1959.

MOSHER, William, e CRAWFORD, Finla G. *Public Utility Regulation*. New York, Harper and Brother Publishers, 1933.

N

NAPOLITANO, Mario. *L'Acquiescenza al Provvedimento Amministrativo*. Milano, Dott. A. Giuffrè Editore, 1955.

NAZO, Nicolau. *A Decadência no Direito Civil Brasileiro*. São Paulo, Max Limonad, São Paulo, 1959.

NIGRO, Felix A. *Modern Public Administration*. London, Harper & Row, Publishers, 1965.

NIGRO, Mario. *Le Decisioni Amministrative*. 2ª ed. Napoli, Casa Editrice Dott. Eugenio Jovene, 1953.

NOGUEIRA, Carlos Rodrigues. "Certidões para defesa de direitos". *RDA* 60/27.

NOVELLI, Flávio Bauer. "A eficácia no ato administrativo". *RDA* 60/16 e 61/15.

NUNES, José de Castro. (v. CASTRO NUNES, José de)

NUNES BORJA, Humberto. *Lecciones de Ciencia de la Administración del Perú*. 2ª ed. Lima, Condor, 1959.

O

ODA, Yorodzu. *Principes de Droit Administratif du Japon*. Ed. Francesa. Paris, Librairie du Recueil Sirey, 1928.

OLIVEIRA, Abgar Soriano de. *Da Cláusula "Rebus Sic Stantibus"*. Recife, Oficinas Gráficas da Empresa "Diário da Manhã S/A", 1940.

OLIVEIRA, José Rubino de. *Epítome do Direito Administrativo Brasileiro*. São Paulo, Leroy King Book Walter, 1884.

OLIVEIRA, Oscar de. *Sinopse de Direito Administrativo*. São Paulo, Planalto, 1971.

ORLANDO, Vittorio Emanuele. *Primo Trattato Completo di Diritto Amministrativo Italiano*. 10 vols. (vol. I, "Le Fonti di Diritto Amministrativo"). Milano, Società Editrice Libreria, 1897.

―――――. *Principi di Diritto Amministrativo*. Firenze, G. Barbera Editore, 1890; 5ª ed. 1921; 9ª ed., revista por Silvio Lessona. 1952.

ORTIZ DE ZÚÑIGA, Manuel. *Elementos de Derecho Administrativo*. Granada, 1842.

OTTAVIANO, Vittorio. *La Comunicazione degli Atti Amministrativi*. Milano, Dott. A. Giuffrè Editore, 1953.

P

PACE, G. "Il Diritto Transitorio, con Particolare Riguardo al Diritto Privato", in *Studi di Diritto Privato Italiano e Straniero* (diretti da M. Rotondi), vol. II. Milano, Dott. A. Giuffrè Editore, 1944.

PACINOTTI, Giovanni. *L'Impiego nelle Pubbliche Amministrazioni*. Torino, UTET, 1907.

PALASI, José Luis Villar. *Derecho Administrativo*. vol. 1º. Madrid, Universidad de Madrid, 1968.

PAREJA, Carlos. *Curso de Derecho Administrativo*. 2 vols. Bogotá, 1939.

PARKER, Reginald. *Administrative Law*. Indianapolis, Bobbs-Merrill, 1952.

PAZ, B. Castejón, e ROMAN, E. Rodríguez. *Derecho Administrativo y Ciencia de la Administración*. 2ª ed., 2 vols. Madrid, I.C.C. Ediciones, 1969/1970.

PEDROSA, A. L. Guimarães. *Curso de Ciência da Administração e Direito Administrativo*. Coimbra, Imprensa da Universidade, 1904.

PEPY, Daniel. "Justiça Inglesa e Justiça Administrativa Francesa". *RDA* 58/28.

PEQUIGNOT, G. *Des Contrats Administratifs*. Paris, Librairie Technique, 1954.

PERDOMO, Jaime Vidal. (v. VIDAL PERDOMO, Jaime)

PEREIRA, José Higino Duarte. *Lições de Direito Administrativo*. Recife.

PEREZ, Jesus Gonzalez. *El Procedimiento Administrativo*. Madrid, Publicaciones Abella, 1964.

PÉREZ, Héctor Barbe. *Derecho Administrativo*. 2 vols. Montevideo, 1971.

PERGOLESI, Ferruccio. *Sistema delle Fonti Normative*. 3ª ed. Bologna, Dott. Cesare Zuffi, Editore, 1949.

PERINI, Michele M. G. *Osservazioni sull'Accertamento Costitutivo nel Diritto Amministrativo*. Padova, CEDAM, 1953.

PERSICO, Federico. *Principi di Diritto Amministrativo*. 4ª ed., 2 vols. Napoli, Riccardo Marghieri di Gius, 1890.

PETROZZIELLO, Modestino. "Il rapporto di pubblico impiego". *Tratado*, de Orlando. 3º vol., Parte I. Milano, Società Editrice Librerie, 1935.

PFEIFFNER, John N. *Public Administration*. New York, The Ronald Press Co., 1936.

PHILIBERT, J. *Le But et le Motif dans l'Acte Administratif*. Bordeaux, Faculté de Droit de l'Université de Bordeaux, 1931.

PHILLIPS, O. Hood. *Leading Cases in Constitutional Law*. 2ª ed. London, Sweet & Maxwell, 1957.

PISA, Salvatore Aristide. *Le Fonti del Diritto, in Speciale Rapporto al Diritto Pubblico Italiano*. Milano, Società Editrice Libraria, 1920.

PISANELLI, Giuseppe Codacci. *L'Annullamento degli Atti Amministrativi*. Milano, Dott. A. Giuffrè Editore, 1939.

PLANIOL, Marcel, e RIPERT, Georges. *Traité Élémentaire de Droit Civil*. 4ª ed., vol. I (avec le concours de Jean Boulanger). Paris, LGDJ, 1948; 3ª ed., vol. II. 1949.

POLONCO, Tomás. *Derecho Administrativo Especial*. 1959.

PONDÉ, Lafayette. "A vontade privada na formação ou na eficácia do ato administrativo". *RDA* 63/16.

――――――. "O ato administrativo, sua perfeição e eficácia". *RDA* 29/16.

――――――. "Princípios gerais do recurso administrativo". *RDA* 23/17.

PONTES, Valmir. *Programa de Direito Administrativo*. São Paulo, Sugestões Literárias, 1968.

PONTES DE MIRANDA, F. C. *Comentários à Constituição de 1946*. 2ª ed., vol. IV. São Paulo, Max Limonad, 1953.

PORT, F. T. *Administrative Law*. London, Longmans Green and Co., 1923.

POSADA, Adolfo. *Tratado de Derecho Administrativo*. 2 vols. Madrid, Librería de Vitoriano Suárez, 1897 (reeditado e revisto em 1923).

POTENZA, Giuseppe, e LANDI, Guido. *Manuale di Diritto Amministrativo*. 2ª ed. Milano, Dott. A. Giuffrè Editore, 1963.

POUND, Roscoe. *Administrative Law*. Pittsburgh, University of Pittsburgh Press. 1942.

PRAT, Julio A. *Derecho Administrativo*. 4 vols. Montevideo, Acali, 1977/1978.

PRESUTTI, Errico. *Istituzioni di Diritto Amministrativo Italiano*. 2 vols. Messina, Casa Editrice Giuseppe Principato, 1904-1905; 3ª ed., 3 vols. 1931.

———. *Principi Fondamentali di Scienza dell'Amministrazione*. 2ª ed. Milano, Società Editrice Libraria, 1910.

PROMSY, François. *Essai d'une Théorie Générale des Autorisations Administratives*. Paris, Jouve et Cie., Éditeurs, 1923.

PUERTO, Miguel Montoro. *Teoría de la Forma de los Actos Jurídicos en Derecho Público*. Alcoy, Editorial Marfil, 1976.

Q

QUEIRÓ, Afonso Rodrigues. "A teoria do desvio do poder no Direito Administrativo". *RDA* 6/41 e 7/52.

———. *O Poder Discricionário da Administração*. 2ª ed. Coimbra, Coimbra Editora, 1948.

———. *Reflexões sobre a Teoria do Desvio de Poder em Direito Administrativo*. Coimbra, Coimbra Editora, 1940.

QUINTERO, Cesar A. *Los Decretos con Valor de Ley*. Madrid, Instituto de Estudios Políticos, 1958.

R

RAGGI, Luigi. *Contributo alla Dottrina delle Rinunzie nel Diritto Pubblico*. Roma, Athenaeum, 1914.

———. *Diritto Amministrativo, Corso di* (1928/1932). 4 vols., reimpr. 1936. Padova, CEDAM.

RAGNISCO, L. *Sulle Concessioni Municipali*. Roma, 1901.

RAMIREZ, Carlos Fernando Urzúa. *Requisitos del Acto Administrativo*. Santiago, Editorial Jurídica de Chile, 1971.

RANELLETTI, Oreste. *Principi di Diritto Amministrativo*. 2 vols. Napoli, Luigi Piero, Editore, 1912/1915.

———. *Teoria degli Atti Amministrativi Speciali*. Milano, Dott. A. Giuffrè Editore, 1945.

———. "Teoria delle autorizzazioni e concessioni amministrative nella giurisprudenza italiana". *Giurisprudenza Italiana* IV. 1893.

RÁO, Vicente. *O Direito e a Vida dos Direitos*. 2 vols., 2 ts. São Paulo, Max Limonad, 1960.

RAU, C., e AUBRY, C. *Cours de Droit Civil François*. 5ª ed. Paris, Marchal et Billard, 1897.

RAYNAUD, P. *Le Détournement de Procédure*. Paris, tese, 1950.

REALE, Miguel. *Revogação e Anulação do Ato Administrativo*. Rio de Janeiro, Forense, 1960.

RÊGO, Vicente Pereira do. *Compêndio ou Repetições Escritas sobre os Elementos de Direito Administrativo*. 3ª ed. Recife, Casa do Editor, 1877.

——————. *Elementos de Direito Administrativo Brasileiro*. Recife, 1857.

REICHEL, Hans. *La Ley y la Sentencia*. Trad. do Alemão por Emilio Minana Villograsa. Madrid, Editorial Reus, 1821.

REIS, Aarão. *Direito Administrativo Brasileiro*. Rio de Janeiro, Graphica Villas-Boas, 1923.

RENARD, George. *Le Valeur de la Loi*. Paris, Librairie du Recueil Sirey, 1928.

RESTA, Raffaele. *La Revoca degli Atti Amministrativi*. Milano, Dott. A. Giuffrè Editore, 1935.

REVILLA QUESADA, Alfredo. *Curso de Derecho Administrativo Boliviano*. 1945.

REYMONDE, Jean. *Des Lois d'Interprétation et leur Rétroactivité*. 1925.

RIBAS, Antônio Joaquim (Conselheiro). *Direito Administrativo Brasileiro*. Rio de Janeiro, F. L. Pinto & Cia., Livreiros Editores, 1866.

RIBEIRO, Manoel. *Direito Administrativo*. 2 vols. Salvador, Editora Itapoã, 1964.

RICHABY, Joseph. *Moral Philosophy*. 4ª ed. London, Longmans. Grien Co., 1929.

RIPERT, Georges, e PLANIOL, Marcel. *Traité Élémentaire de Droit Civil*. 4ª ed., vol. I (avec le concours de Jean Boulanger). Paris, LGDJ, 1948; 3ª ed., vol. II. 1949.

RISPOLI, Arturo. *Istituzioni di Diritto Amministrativo*. 3ª ed. Torino, G. Giappichelli, Editore, 1929.

RIVALTA, Maria. *La Diffida in Diritto Amministrativo*. Milano, Dott. A. Giuffrè Editore, 1961.

——————. *La Motivazione degli Atti Amministrativi*. Milano, Dott. A. Giuffrè Editore, 1960.

RIVERO, Jean. *Droit Administratif*. 3ª ed. Paris, Librairie Dalloz, 1962.

——————. *Les Mesures d'Ordre Intérieur Administratives*. Paris, Librairie du Recueil Sirey, 1934.

ROBSON, W. A. *Justice and Administrative Law*. London, Stevens and Sons, 1947.

ROCHA, Arthur. *Da Intervenção dos Estados nos Contratos Concluídos*. Rio de Janeiro, Irmãos Pongetti, 1932.

RODÓ, L. Lopes. "Poder discricionário da Administração. Evolução doutrinária e jurisprudencial". *RDA* 35/40.

RODRIGUES, Leda Boechat. "Direito Administrativo na Inglaterra e nos Estados Unidos". *RF* 95/279. Rio de Janeiro, Forense.

RODRIGUES DE CEPEDA, Rafael. *Elementos de Derecho Natural*. 7ª ed. Valencia, Establecimiento Tipográfico Domenach, 1918.

RODRIGUES MORO, Nemesio. *La Ejecutividad del Acto Administrativo*. Madrid, Gráficas Martinez, 1949.

ROLLAND, Louis. *Précis de Droit Administratif*. 9ª ed. Paris, Librairie Dalloz, 1947.

ROMAGNOSI, Giandomenico. *Principi Fondamentali di Diritto Amministrativo*. Milano, 1814.

ROMAN, E. Rodríguez, e PAZ, B. Castejón. *Derecho Administrativo y Ciencia de la Administración*. 2ª ed., 2 vols. Madrid, I.C.C. Ediciones, 1969/1970.

ROMANELLI, Vicenzo M. *L'Annullamento degli Atti Amministrativi*. Milano, Dott. A. Giuffrè Editore, 1939.

ROMMEN, Henri. *Le Droit Naturel*. Paris, Egloff, Librairie de l'Université, 1945.

ROSSI, B. *La Nozione di Causa Giuridica negli Atti Amministrativi*. Lucca, 1942.

ROUBIER, Paul. *Le Droit Transitoire*, 2ª ed. Paris, Édition Dalloz et Sirey, 1960.

——————. *Les Conflits des Lois dans le Temps*. 2 vols. Paris, Librairie du Recueil Sirey, 1929.

ROYO-VILLANOVA, Antonio. *Elementos de Derecho Administrativo*. 25ª ed., 2 vols. Valladolid, Editorial Santarem, 1960/1961.

RUIZ GOMES, Julian Modesto. *Principios Generales del Derecho Administrativo*. Habana, Cultural, 1935.

RUSSOMANO, Rosah, e MENDONÇA LIMA, Naili Russomano. *Lições de Direito Administrativo*. Rio de Janeiro, Konfino, 1972.

S

SALAZAR, Alcino de Paula. "Conceito do ato administrativo". *RDA* 1/401.

SALEILLES, Raymond. *Introduction a l'Étude du Droit Civil Allemand*. F. Pichon, Successeur, Éditeur, 1904.

SALEMI, Giovanni. *Le Circolari Amministrative*. Palermo, Libraria Internazionale A. Reber, 1913.

SAMPAIO, Nélson de Souza. "Delegação legislativa e reforma constitucional". *RF* 186/11. Rio de Janeiro, Forense.

SANDULLI, Aldo Mario. *Il Procedimento Amministrativo*. Milano, Dott. A. Giuffrè Editore, 1959.

——————. *Manuale di Diritto Amministrativo*. 6ª ed. Napoli, Casa Editrice Dott. Eugenio Jovene, 1960.

SANTA MARÍA DE PAREDES, Vicente. *Curso de Derecho Administrativo*. 5ª ed. Madrid, Establecimiento Tipográfico de Ricardo Fé, 1898; 2ª ed. 1885.

SANTAMARÍA PASTOR, Juan Alfonso. *La Nulidad de Pleno Derecho de los Actos Administrativos*. 2ª ed. Madrid, Instituto de Estudios Administrativos, 1975.

SANTANIELLO, Giuseppe. *Gli Atti Amministrativi Generali a Contenuto Non-Normativo*. Milano, Dott. A. Giuffrè Editore, 1963.

SANTI ROMANO. *Corso di Diritto Amministrativo*. 3ª ed. Padova, CEDAM, 1937.

—————. *Principi di Diritto Amministrativo Italiano*. Milano, Società Editrice Libraria, 1901; 2ª ed. 1906; 3ª ed. 1912.

SANTO TOMÁS DE AQUINO. *Summa Theologica – Da Justiça e do Direito*. Trad. do texto latino por Alexandre Corrêa. São Paulo, Indústria Gráfica Siqueira, 1956.

—————. *Summa Theologica – Da Lei*. Trad. do texto latino por Alexandre Corrêa. São Paulo, Indústria Gráfica Siqueira, 1954.

SANTOS, Manoel Porfírio de Oliveira. *Direito Administrativo e Ciência da Administração*. Rio de Janeiro, Jacintho Ribeiro dos Santos Editor, 1919.

SARRÍA, Eustorgio. *Derecho Administrativo*. 3ª ed. Bogotá, Editorial Temis, 1957.

SARRÍA, Félix. *Derecho Administrativo*. 4ª ed., 2 vols. Córdoba, Cervantes, 1950.

SAVIGNY, Fréderic-Charles de. *Traité de Droit Romain*. vol. I, trad. do Alemão por Ch. Guenoux. Firmin Didot Frères, Libraires, 1840; 8ª ed., 8 vols. 1851.

SAYAGUÉS LASO, Enrique. *Tratado de Derecho Administrativo*. 2 vols. Montevideo, Ed. Martins Bianchi Altuna, 1953/1959.

SCANTIMBURGO, Júlio. *Elementos de Direito Administrativo*. São Paulo, Max Limonad, 1971.

SCHWARTZ, Bernard. *An Introduction to American Administrative Law*. New York, Dobbs Terry, Oceano Publications, Inc., 1958 e 1962.

—————. *Law and the Executive Britain*. London, Sir Isaac Pitman and Sons, 1949.

—————. *Le Droit Administratif American*. Paris, Librairie du Recueil Sirey, 1952.

SCOLARI, Severio. *Diritto Amministrativo*. 1864.

SEABRA FAGUNDES, Miguel. "Conceito de mérito no Direito Administrativo". *RDA* 23/1.

—————. *O Controle dos Atos Administrativos pelo Poder Judiciário*. 3ª ed. Rio de Janeiro, Revista Forense, 1957.

—————. "Revogação e anulação do ato administrativo". *RDA* 2/482 e 3/1.

SEARS, Kenneth C. *Cases and Materials on Administrative Law*. St. Paul, Minn., West Publishing Co., 1938.

SEGUR, Louis. *Des Permissions des Voiries*. Bordeaux y Cadoret, Imprimeur de l'Université, 1912.

SENN, Felix. *De la Justice et du Droit*. Paris, Librairie du Recueil Sirey, 1926.

SERPA LOPES. *Comentário Teórico e Prático da Lei de Introdução do Código Civil*. 2ª ed., vol. I. Rio de Janeiro, Livraria Freitas Bastos, 1959.

SERRA ROJAS, André. *Derecho Administrativo*. 2ª ed. México, Librería de Manuel Porrúa, 1961.

SERRIGNY, D. *Droit Public et Administratif Romain*. Paris, Auguste Durand, 1842.

SERTILLANGES, R. P. *La Philosophie des Lois*. Paris, Éditions Alsatia, 1946.

SIDOU, J. M. Othon. *A Cláusula "Rebus sic Stantibus" no Direito Brasileiro*. Rio de Janeiro, Freitas Bastos, 1962.

SILVA, Carlos Medeiros. "O poder regulamentar e sua extensão". *RDA* 20/1.

——————. "O poder regulamentar no Direito Comparado". *RDA* 30/28.

SILVA, José Saldanha da Gama e. "Dos contratos administrativos". *RDA* 1/717.

——————. "O conceito da moderna Administração Pública". *RDA* 30/1.

SILVA CIMMA, Enrique. *Derecho Administrativo*. 2 vols. Santiago (Chile), Ed. Jurídicas de Chile, 1954.

——————. *Derecho Administrativo Chileno y Comparado*. 2 vols. Santiago, Editorial Jurídica de Chile, 1961/1962.

SILVA PEREIRA, Caio Mário da. (v. CAIO MÁRIO da Silva Pereira).

SILVESTRI, Enzo. *L'Attività Interna della Pubblica Amministrazione*. Milano, Dott. A. Giuffrè Editore, 1950.

SIMON, Herbert R., SMITHBURG, Donald W., e THOMPSON, Victor R. *Public Administration*. New York, Alfred A. Knopf, 1955 e 1961.

SMITHBURG, Donald W., SIMON, Herbert R., e THOMPSON, Victor R. *Public Administration*. New York, Alfred A. Knopf, 1955 e 1961.

SOUZA, J. P. Galvão de. *O Positivismo Jurídico e o Direito Natural*. São Paulo, 1940.

STASSINOPOULOS, Michel. *Traité des Actes Administratifs*. Athènes/Paris, Librairie du Recueil Sirey, 1954.

STATI, Marcel O. *Le Standard Juridique*. Paris, Librairie de Jurisprudence Ancienne et Moderne, 1927.

STEIN, Lorenz von. *La Scienza della Pubblica Amministrazione*. Trad. do Alemão e adaptado para a edição italiana. Torino, UTET, 1897.

STREET, H., e GRIFFITH, J. A. G. *Principles of Administrative Law*. 2ª ed. London, Sir Isaac Pitman & Sons, 1959.

SUARÉZ, Francisco. *Tratado de las Leyes y de Dios Legislador*. vol. II, vertido ao Castelhano por D. Jaime Torrubiano Ripoli. Madrid, Hijos de Reus, Editores, Impresores, Libreros, 1918.

T

TÁCITO, Caio. "O ensino do Direito Administrativo no Brasil". *RDA* 46/503.

——————. "O equilíbrio financeiro na concessão de serviço público". *RDA* 63/1.

———. "O primeiro livro sobre o Direito Administrativo na América Latina". *RDA* 27/428.

TEIXEIRA, José Horácio Meirelles. *Estudos de Direito Administrativo*. São Paulo, Prefeitura do Município de São Paulo, 1949.

THOMPSON, Victor R., SIMON, Herbert R., e SMITHBURG, Donald W. *Public Administration*. New York, Alfred A. Knopf, 1955 e 1961.

TIVARONI, Carlo. *Teoria degli Atti Amministrativi*. Torino, G. Giappichelli Editore, 1939.

TOMÁS DE AQUINO (Santo). (v. SANTO TOMÁS DE AQUINO)

TOSATO, Egidio. *Le Legge di Delegazione*. Padova, CEDAM, 1931.

TRENTIN, Silvio. *L'Atto Amministrativo*. Roma, Athenaeum, Società Editrice Romana, 1915.

TROLLEY, Alfred. *Cours de Droit Administratif*. Paris, G. Thorel (Plon frères), 1844.

U

URUGUAI (Visconde do). *Ensaios sobre o Direito Administrativo*. 2 vols. Rio de Janeiro, Tipografia Nacional, 1862.

V

VALLE, J. Rodrigues. *Curso de Direito Administrativo*. Rio de Janeiro, A. C. Branco Filho, 1941.

VALENSIN, Albert. *Traité de Droit Naturel*. 2 vols. Paris, Action Populaire, 1922.

VALLADÃO, Haroldo. "Anteprojeto de Reforma da Lei de Introdução ao Código Civil".

VAMPRÉ, Spencer. *Memórias para a História da Academia de São Paulo*. São Paulo, Saraiva, 1924.

VANDERBILT, Arthur T., e McFARLAND, Carl. *Cases and Materials on Administrative Law*. Albany, M. Bender, 1947.

VARAS CONTRERAS, Guillermo. *Principios de Derecho Administrativo*. 2ª ed. Santiago/Chile, Editorial Nascimento, 1948.

VAREILLES-SOMMIÈRES, Gabriel de Labroüe. "Une théorie nouvelle sur la rétroactivité des lois". *Revue Critique de Législation et de Jurisprudence* XXII. XLII Année. Nouvelle Série. 1893.

VASCONCELLOS, José Mattos de. *Direito Administrativo*. 2 vols. Rio de Janeiro, Imprensa Nacional, 1932 e 1936/1937.

VAUTHIER, Maurice. *Précis de Droit Administratif de la Belgique*. 3ª ed., 2 vols. Bruxelles, Maison Ferdinando Larcier, 1950.

VEDEL, Georges. *Droit Administratif.* 1ª ed., 2 vols. Paris, PUF, 1958/1959; 3ª ed., 2 vols., 1964.

――――――. *Essai sur la Notion de Cause dans le Droit Administratif Français.* Paris, Librairie du Recueil Sirey, 1934.

VELASCO CALVO, Recaredo Fernández de. *El Acto Administrativo.* Madrid, Editorial Revista de Derecho Privado, 1929.

――――――. *Los Contratos Administrativos.* Madrid, Librería General de Victoriano Suárez, 1927.

――――――. *Resumen de Derecho Administrativo y de Ciencia de la Administración.* 2ª ed., 2 vols. Barcelona, Bosch, 1930.

VENEZIA, Jean-Claude. *Le Pouvoir Discrétionnaire.* Paris, LGDJ, 1959.

VERGARA, Ariel González. *La Concesión, Acto Administrativo Creador de Derechos.* Santiago, Editorial Jurídica de Chile, 1965.

VIDAL, Roger. "A evolução do desvio do poder na jurisprudência administrativa". *RDA* 30/45.

――――――. *Étude Générale de l'Enregistrement des Actes Administratifs.* Paris, Librairie Dalloz, 1942.

VIDAL PERDOMO, Jaime. *Derecho Administrativo General.* Bogotá, Temis, 1966.

VIGNOCCHI, Gustavo. *Gli Accertamenti Costitutivi nel Diritto Amministrativo.* Milano, Dott. A. Giuffrè Editore, 1950.

――――――. *La Natura Giuridica dell'Autorizzazione Amministrativa.* Padova, CEDAM, 1944.

VIRGA, Pietro. *Il Provvedimento Amministrativo.* 2ª ed. Palermo, Edizioni Universitarie, 1964.

――――――. *L'Acquiescenza al Provvedimento Amministrativo.* Palermo, Edizioni Universitarie, 1948.

VITA, Tirso Borba. "Da participação do Executivo na formação da lei". *RDA* 40/498.

――――――. "Do regulamento". *RDA* 31/500.

VITTA, Cino. *Diritto Amministrativo.* 2ª ed., vol. I. Torino, UTET, 1937; 3ª ed., 2 vols. 1949.

VIVEIROS DE CASTRO, Augusto Olímpio. *Tratado da Ciência da Administração e do Direito Administrativo.* Rio de Janeiro, Jacintho Ribeiro dos Santos Editor, 1906; 2ª ed. 1912.

VIVIEN. *Études Administratives.* 3ª ed., 2 vols. Paris, Librairie de Guillaumin & Cie., 1859.

VON IHERING, Rudolf. (v. IHERING, Rudolph von)

VON MOHL, Roberto. (v. MOHL, Roberto von)

VON STEIN, Lorenz. (v. STEIN, Lorenz von)

W

WADE, H. W. R. *Administrative Law*. Oxford, The Clarendon Press, 1961.

──────. *Diritto Amministrativo Inglese (a Cura di Carmelo Geraci)*. Milano, Giuffrè, 1969.

WALDO, Dwight. *The Administrative State*. New York, The Ronald Press Co., 1947.

WALINE, Marcel. *Droit Administratif*. 9ª ed. Paris, Librairie du Recueil Sirey, 1963.

──────. *Manuel Élémentaire de Droit Administratif*. 4ª ed. Paris, Librairie du Recueil Sirey, 1946.

──────. *Traité Élémentaire de Droit Administratif*. 9ª ed. Paris, Librairie du Recueil Sirey, 1963.

WALKER, Harvey. *Public Administration in the USA*. New York, Farrar & Rinehart, Inc., 1937.

WEIL, P., BRAIBAT, G., e LONG, M. *Les Grands Arrêts de la Jurisprudence Administrative*. Paris, Dalloz.

WELTER, Henri. *Le Contrôle Juridictionnel de la Moralité Administrative*. Paris, Librairie du Recueil Sirey, 1929.

WHITE, Leonard D. *Introduction to the Study of Public Administration*. 4ª ed. New York, Macmillan Co., 1926 e 1961.

WIGNY, Pierre. *Droit Administratif – Principes Généraux*. 4ª ed. Bruxelles, Établissements Émile Bruylant, 1962.

WILLOUGHBY, William F. *Principles of Public Administration*. Washington, The Bookings Institution, 1927.

WILSON, Lloyd, EUTSLER, Roland, e HERRING, James. *Public Utilities Regulation*. New York, McGraw-Hill Book, Company, 1938.

WINDSCHEID, Bernardo. *Diritto delle Pandette*. vol. I, trad. do Alemão por Fadda e Bensa. Torino, UTET, 1902.

X

XAVIER, Alberto. *Do Procedimento. Administrativo*. São Paulo, José Bushatsky Editor, 1976.

Y

YARDLEY, D. C. M. *A Source Book of English Administrative Law*. London, Butterworths, 1963.

Z

ZANOBINI, Guido. *Corso di Diritto Amministrativo.* vol. I. Milano, Dott. A. Giuffrè Editore, 1936; 8ª ed., 5 vols. 1958.

——————. *Le Sanzioni Amministrative.* Torino, Fratelli Bocca, 1924.

ZUANICH, Alfredo R. *La Cosa Juzgada en el Derecho Administrativo.* Buenos Aires, Editorial Perrot, 1952.

* * *

ÍNDICE ONOMÁSTICO

(Os números enviam aos parágrafos.)

A

ABELLA, Joaquín – **19.3**
ABELLO, Luigi (e CHIRONI, G. P.) – **37.9**
ABREU, João Leitão de – **47.6**
ACÚRSIO – **44.8**
ADAMS, John Clarke – **15**; **15.2**; **53.3**
AGUIAR, João José Ferreira – **17.2**
ALCINDOR, Léon – **55**
ALECRIM, Octacílio – **44.10**
ALESSI, Renato – **16.2**; **22.10**; **39.2**; **40.2**; **45.2**; **48.2**; **54**; **54.1**; **54.7**; **56.2**
ALICIATO – **45.8**
ALMEIDA, Fernando Henrique Mendes de – **17.6**; **22.5**; **39**; **47**; **51.6**; **51.13**; **51.14**; **54**
ALTAMIRO, Pedro Guilherme – **16.2**
ÁLVARES GENDÍN, Sabino – **16.2**; **22.10**; **43.4**; **56.3**
AMORTH, Antonio – **47.6**; **54**
ANDRADE, Darcy Bessone de Oliveira – **45.8**
ANDRADE, José Robin de – **54**
AQUINO, Santo Tomás de – v. SANTO TOMÁS DE AQUINO
ARAMBURO, Mariano – **24**
ARANTES, Tito – **47.7**
ARBELAEZ, Diego Tobom – **16.2**

ARISTÓTELES – **5.2**; **12.7.1**; **12.7.2**; **29.3**
ARTUR, E. – **21.1**
ATHAYDE, Tristão – **12.7.3**
AUBRY, C. (e RAU, C.) – **37.4**
AUBY, Jean-Marie – **55.5**
AUBY, Jean-Marie (e DUCOS-ADER, Robert) – **16.2**
AUCOC, Léon – **10.2**; **19.3**
AVILLA, Lobo de – **10.3**
AYLWIN AZÓCAR, Patrício – **16.2**

B

BADAQUI, Saroit – **56.4**
BALDI PAPINI, Ubaldo – **55**
BANDEIRA DE MELLO, Oswaldo Aranha – **12.6**; **31.2**; **34.2**; **47.5**; **53**
BANZÁ, Rolando E. Pantoja – **47**
BARROS JR., Carlos S. de – **17.6**; **28**; **29.3**; **43**; **51.14**; **54**
BARTHOLINI, Salvatore – **31.4**
BARTOLO – **44.8**
BATALHA, Wilson de Souza Campos – Cap. V/nota de rodapé **1**
BATBIE, A. – **10.2**; **19.3**
BAUDRY-LACANTINERIE, G. – **37.4**; **37.8**
BAUER, John – **12.6**

BÉNOIT, Francis-Paul – 16.2
BENTHAM, Jèrèmie – 33.2
BENVENUTI, Feliciano – 16.2; 19.5; 22.10
BERÇAITZ, Miguel Angel – 56.3
BERTHÉLÉMY, Henry – 5.2; 12.2; 16.2; 17.5; 21.4; 22.1; 22.4; 22.5; 22.7; 47.5
BETTI, Emilio – 44
BEURDELEY, Marcel – 47.7
BEVILÁQUA, Clóvis – 17.2; 48.1; 52.2
BIANCHI, Francesco Saverio – 37.11
BIELSA, Rafael – 12.6; 16.2; 21.3; 21.7
BIGHAN, Truman (e JONES, Eliot) – 12.6
BISCARETI DI RUFFIA, Paolo – 51.19
BITTENCOURT, C. A. Lúcio – 34.2
BLOCK, Maurice – 19.3; 21.1
BLONDEAU, Ange – 51.2
BLUNTSCHLI – 12.7.4
BOBBIO, Norberto – 42.1
BOCARDO, Comendador – 11.2
BODDA, Piero – 48.2; 55.3
BONAUDI, Emilio – 52.6
BONBRIGHT, James – 12.6
BONNARD, Roger – 16.2; 21.1; 21.2; 21.6; 21.7; 21.8; 26.5; 39.2; 45.3; 45.5; 48.2
BONNECASE, Julien – 37.8
BONNIN, Pascal – 10.3
BORSI, Umberto – 49; 51.5; 53
BRACCI, Arnaldo – 49; 51.19
BRAIBAT, G. (e LONG, M. e WEIL, P.) – 16.2
BRANDÃO, Antônio José – 47.7
BREWER-CARÍAS, Allan R. – 16.2
BROCCOLLI, Geremia – 43.4
BRUHL, Henry Levy – 42.1
BRUNIATTI, Attilio – 12.3
BRUTAU, José Puig – 25.2
BUFFE, Francis Le – 24
BUGNET – 44.2

BULLRICH, Eduardo J. – 16.2; 21.3; 21.7
BURDEAU, Georges – 12.7.3
BUTTGENBACH, André – 16.2; 19.5; 39.2; 43.4
BUZAID, Alfredo – 34.2

C

CABEDO, Jorge de – 17.1
CABRAL, Prudêncio Giraldes Tavares da Veiga – 17.3; 19.3
CAETANO, Marcello – 16.2; 22.10; 43.4
CAHEN, Georges – 29; 39; 40
CAIO MÁRIO – 45.7; 55.4
CAMBIER, Cyr – 16.2
CAMMEO, Federico – 12.3; 16.2; 22.1; 22.4; 22.8; 44.6
CAMPION, L. – 47.7
CAMPOS, Francisco – 17.6
CAMPOS FILHO, Paulo Barbosa de – 48.1
CANASI, José – 16.2
CANNADA-BARTOLI, Eugenio – 55
CAPANA, Renato Perrone – 52.5
CAPART, Maurice – 16.2
CAPITANT, Henri (e COLIN, Ambroise) – 37.9
CARLASSARE, Lorenza – 39
CARNELUTTI, Francesco – 44.7
CARPENTER, Luís Frederico Sauerbronn – 46.2
CARR, Cecil T. – 15.2
CARREIRO, Carlos Pôrto – 17.5
CASASANTA, Mário – 31.3
CASSAGNE, Juan Carlos – Cap. VI/nota de rodapé 1; 53
CASTRO NUNES, José de – 36.3
CATHREIN, Vitor – 24
CAVAGNARI, Wautrain – 11.4; 12.6

ÍNDICE ONOMÁSTICO

CAVALCANTI, Themístocles Brandão – 17; 17.6; 21.3; 21.7; 28; 31.5; 47; 54.3
CHAPUS, R. – 47.7
CHATELAIN, J. – 47.7
CHINOT, R. – 53; 56
CHIRONI, G. P. – 37.9
CHIRONI, G. P. (e ABELLO, Luigi) – 37.9
CHRÉTIEN, Maxime – 25.2
CIMMINO, Salvatore (e MOSHER, Frederich) – 12.6
CLAY, Cassius – 12.6
COGLIOLO, Pietro – 45.8
COLIN, Ambroise (e CAPITANT, Henri) – 37.9
COLMEIRO, Manoel – 11.2; 19.3
COMMERCI, N. – 10.2
COMTE, Augusto - 12.7.4
COMTE, Philippe – 51.2
CORAIL, Jean-Louis de – 21.5
CORÇÃO, Gustavo – 12.7.4
CORMENIN – v. DE CORMENIN
CORSO, Pompeo – 51.18
COUTELAN – 47.7
COVIELLO, Nicola – 37.9
CRAWFORD, Finla (e MOSHER, William) – 12.6
CRETELLA JR., José – 17.6; 22.5; 43; 47; 47.7
CRUET, Jean – 25.3
CRUZ, Alcides – 17.5
CUETO RUA, Julio – 28
CUNHA, Fernando Whitaker da – 55
CUNHA GONÇALVES – 44.6

D

D'ALESSIO, Francesco – 16.2; 22.10; 40.2; 45.2; 51.2; 54.7
D'AVIS, Julio Alberto – 16.2
D'AZEGLIO, Taparelli – 24
DABIN, Jean – 12.7.3; 24; 45.8
DAVIS, Kenneth Culp – 15.2
DAVISON, J. Forrester (e FRANKFURTER, Felix) – 15.2
DAVISON, J. Forrester (e GRUNDSTEIN, Nathan) – 15.2
DE CORMENIN – 9.2; 10.2; 18.1
DE FOOZ, J. H. N. – 10.2
DE FRANCESCO, G. M. – 51.10
DE GÉRANDO – 9.2; 19.1; 19.3; 19.4
DE GIOANNIS, Gianquinto – 11.2; 19.1
DE PAGE, Henri – 44
DE SAVIGNY, Fréderic-Charles – 26.4; 37.6; 37.7; 37.8; 43.1
DE SOTO, J. – 16.2; 55
DE VALLES, Arnaldo – 16.2; 22.10; 56.2
DEBBASCH, Charles – 16.2
DEBEYRE, Guy (e DUEZ, Paul) – 16.2; 21.8; 22.10; 39.2; 45.3
DEGNY, Francesco – 44
DE LA VALLINA VELARDE, Juan Luis – 48.10
DEL VALLE – 12.7.3
DEL VECCHIO, Giorgio – 30.1
DELGADO, Luiz – 17.6
DEMELOMBE, C. – 37.4
DENDIAS, Michel – 47.4
DENIZART/GUIZOT – 47.1
DERNBURG, Arrigo – 37.9
DEROSIERS, J. B. – 24
DEVAUX, Jean – 36
DI MAYO, Carlo – 28
DIAS – 10.2
DICEY, A. V. – 15.1; 15.3
DIEZ, Manuel María – 16.2; Cap. VI/ nota de rodapé 1
DIMOCK, Marshall Edward – 12.6
DIMOCK, Gladys Ogden (e DIMOCK, Marshall Edward) – 12.6

DIMOCK, Marshall Edward (e DIMOCK, Gladys Ogden) – **12.6**
DONATI, Donato – **26.6; 49; 51.4; 51.5**
DOUENCE, Jean Claude – **39**
DROMI, José Roberto – **16.2**
DUBOIS, Louis – **47.7**
DUCOS-ADER, Robert (e AUBY, Jean-Marie) – **16.2**
DUCROCQ, Théophile – **10.2; 19.1**
DUEZ, Paul – **47.4**
DUEZ, Paul (e DEBEYRE, Guy) – **16.2; 21.8; 22.10; 39.2; 45.3**
DUFOUR, Gabriel – **10.2; 18.1**
DUGUIT, Léon – **6.3; 12.2; 18.1; 21.1; 21.2; 21.3; 21.4; 21.6; 21.7; 21.8; 26.1; 26.5; 29.5; 37.8; 45.3; 45.5; 48.2; 56.7**
DUPEYROUX, Olivier – **52.5**
DUSSALT, René – **16.2**

E

ENTRENA CUESTA, Rafael – **16.2**
ESCOLA, Héctor Jorge – **49**
ESPÍNOLA, Eduardo – **52.2**
ESPÍNOLA, Eduardo (e ESPÍNOLA FILHO, Eduardo) – **Cap. V/nota de rodapé 1**
ESPÍNOLA FILHO, Eduardo (e ESPÍNOLA, Eduardo) – **Cap. V/nota de rodapé 1**
EUTSLER, Roland (HERRING, James, e WILSON, Lloyd) – **12.6**
EYCKEN, Paul Vander – **44.2**

F

FAGGELLA, Donato – **37.11**
FAIDHERBE, A. J. – **24**
FALCO, Giacomo – **46.2**
FAREJA – **16.2**

FAYOL, Henri – **12.4**
FERRARA, Francesco – **44**
FERRARI, Giuseppe – **36**
FERRARIS, Carlo Francesco – **11.4; 12.6; 16.2**
FERREIRA, Sérgio de Andréa – **17.6**
FIORINI, Bartolomé A. – **16.2; Cap. VI/nota de rodapé 1; 47.6**
FLAMME, M. A. – **16.2**
FLEINER, Fritz – **16.2; 22.1; 22.4; 22.6; 22.7; 54.8; 56.2**
FODERARO, Salvatore – **29**
FONSECA, Arnoldo Medeiros da – **45.8**
FONSECA, Tito Prates da – **17.4; 17.6; 22.5; 48.1; 55.2**
FORKOSCH, Morris D. – **15.2; 39.3**
FORSTHOFF, Ernest – **16.2; 22.10; 39.2; 54.8; 56.2**
FORTES, Bonifácio – **36.3; 39**
FORTI, Ugo – **16.2; 19.5; 22.10; 43.4; 51.10; 56.2**
FOUCART, E. V. – **10.2**
FRAGA, Gabino – **16.2**
FRAGOLA, Umberto – **16.2; Cap. VI/nota de rodapé 1; 48.5**
FRANÇA, Rubens Limongi – **23; 44.7**
FRANCHINI, Flaminio – **51.5; 51.18**
FRANKFURTER, Felix (e DAVISON, J. Forrester) – **15.2**
FRANZEN DE LIMA, Mário – **44**
FREIRE, Paschoal José de Mello – **17.1**
FREITAS, Justino Antônio de – **10.2**
FREUND, Ernst – **15; 15.2; 53.3**
FURTUNA, Alphonse – **56.4**

G

GABBA, C. F. – **37.7; 37.8**
GAIUS – **44.8**
GALATERIA, Luigi – **51.7**
GALLO, Mario – **56.2**

ÍNDICE ONOMÁSTICO 733

GALLONI, Giovanni – 44
GAMMA, Antonio da – 17.1
GARCÍA, Doris Piccinnini – 52.6
GARCÍA OVIEDO, Carlos – 16.2; 22.10; 43.4
GARCÍA-TREVIJANO FOZ, José Antonio – 16.2
GARELLI DELLA MOREA, G. E. – 11.2
GARNER, J. F. – 15.2; 15.3; 39.3
GARRIDO FALLA, Fernando – 16.2; 19.5; 43.4
GASCON Y MARÍN, José – 16.2; 22.10; 43.4
GASPARRI, Pietro – 13.1; 16.2; 20.1; 20.6; 20.7; 48.2; 49; 51.18
GAUS, John M. – 12.6
GELLHORN, Walter – 15.2
GÉNY, François – 44.2
GERBER, Carl Friedrich – 12.1
GIANNINI, Massimo Severo – 13.1; 16.2; 52.3
GIORGI, Giorgio – 47.5
GIOVENE – 45.8
GIRON, A. – 39.2
GLADDEN, E. N. – 12.6
GNEIST, Rudolf – 15.1
GODOY, Isaac Rubio – 48; 49
GOLDENBERG, Leo – 47.7
GÓMEZ DE LA SERNA – 10.2
GOODNOW, Frank J. – 12.6; 15.1
GORDILLO, Agustín A. – 16.2; Cap. VI/nota de rodapé 1; 49
GRAY, John Chipman – 28
GRESSAYE, Jean Brethe de la (e LABORDE-LACOSTE, Marcel) – 21.8; 24
GRIFFITH, J. A. G. (e STREET, H.) – 15.2; 39.3
GRISEL, André – 16.2

GROPPALLI, Alessandro – 42.1
GRUNDSTEIN, Nathan (e FORRESTER, Davison) – 15.2
GUAITA, Aurelio – 16.2
GUEDES, Armando Manoel de A. Marques – 51.2
GUEIROS, Nehemias – 45.8
GUILLOUARD, Jean – 51.2; 51.4
GUIMARÃES MENEGALE, José – 17.6
GUIZOT/DENIZART – 47.1
GUIZOT/MERLIN – 47.1

H

HART, James – 15.2; 39.3
HAURIOU, André – 16.2; 44.8; 47.6
HAURIOU, Maurice – 12.2; 16.2; 19.5; 21.4; 44.8; 47.7; 53.1
HECK, Phillipp – 44.2
HELENE, Hélio – 55
HERNÁNDEZ, J. M. Ron – 16.2
HERRING, James (EUTSLER, Roland, e WILSON, Lloyd) – 12.6
HESKETH, Tito de Oliveira – 45.8
HOLTZENDORFF – 12.7.4

I

IHERING, Rudolf von – 26.4; 26.5; 47.7
IRIBARREN, Juan Antonio – 16.2

J

JAFFE, Louis – 15.2
JARA CRISTI, Manuel – 16.2
JEANNEAU, Benoit – 44.7
JELLINEK, Georg – 12.7.4; 22.1; 22.4; 22.7; 26.4; 26.5; 56.2
JELLINEK, Walter – 56.2
JÈZE, Gaston – 12.2; 16.2; 21.1; 21.2; 21.6; 21.7; 45.3; 45.5; 47.7; 56.3

JONES, Eliot (e BIGHAN, Truman) – 12.6
JOSSERAND, Louis – 47.7
JUAREZ, Hugo Olguín – 52.6
JUSO, Raffaele – 48.10
JUSTINIANO – 3.2

K

KAMMERER, A. – 56.2
KANTOROWICZ, Hermann – 25.3; 44.2
KEIR, D. L. (e LAWSON, F. H.) – 15.2
KELSEN, Hans – 5.2; 13.1; 20.4; 26.1; 26.5; 27.2; 29.2; 29.6; 40.2; 54.8

L

LABAND, Paul – 22.1; 22.2; 29.3; 56.2
LABORDE-LACOSTE, Marcel (e GRESSAYE, Jean Brethe de la) – 21.8; 24
LACERDA, Paulo de – Cap. V/nota de rodapé 1; 46.2; 52.2
LACHANCE, Louis – 24; 24.2
LAFERRIÈRE, E. – 12.2
LAFERRIÈRE, F. – 10.2; 19.3; 21.1
LANCÍS Y SANCHEZ, Antonio – 16.2
LANDAU, George D. – 36.3
LANDI, Guido (e POTENZA, Giuseppe) – 16.2; 39.2; 51.18; 54.4; 56.2
LAREZ MARTINEZ, Eloy – 16.2
LASSALE, Ferdinand – 37.6
LAUBADÈRE, André de – 16.2; 21.3; 21.8; 43.4; 56; 56.3
LAWSON, F. H. (e KEIR, D. L.) – 15.2
LEAL, Câmara – 46.2
LEAL, Víctor Nunes – 17.6; 29; 30; 36.3; 39
LECLERCQ, Jacques – 12.7.3; 24
LEFÈBURE, Marcus – 53.3

LENTINI, Arturo – 16.2; 56.2
LEONE – 10.2
LESPÈS, Jules – 43
LESSONA, Silvio – 16.2; 18.2
LEVEL, Patrice – 37
LIMA, Ruy Cirne – 17.1; 17.6; 19.5
LINARES, Juan Francisco – 16.2; 54.3
LOENING – 11.4; 12.1; 22.4; 22.5
LOMBARDI, Gabio – 3.2
LONG, M. (e BRAIBAT, G. e WEIL, P.) – 16.2
LOPES, Tomás de Vilanova Monteiro – 53
LOPEZ-NIETO Y MALLO, Francisco – 49
LOTTIN, Dom Odon – 24
LUCIFREDI, Roberto – 48.7; 48.8
LUNA, Everardo da Cunha – 47.7

M

MACAREL, M. – 9.2; 10.2
MACHADO, João de Mello – 56.3
MAGGIORE – 12.7.3
MAGNOUD (Juiz) – 44.2
MAIA, Paulo Carneiro – 45.8
MALBERG, Carré de – 5.1; 20.2; 26.1; 29; 29.2; 29.5; 29.6
MALESIEUX, Raymond – 16.2
MANNA, Giovanni – 10.2; 11.1
MARIENHOFF, Miguel S. – 16.2
MARQUES, José Frederico – 54
MARTINS, Pedro Batista – 47.7
MARTYNIACH, Charles – 24
MARX, Fritz Morstein – 12.6
MARZANO, Gabriele – 44
MASAGÃO, Mário – 6.3; 17.6; 22.5; 22.7; 51.1; 51.2; 56.2
MASSENA, Nestor – 31.3
MAST, André – 16.2

MASTO-PASQUA, Salvatore – **55.3**
MATHIOT, André – **16.2**
MAXIMILIANO, Carlos – **44**; **45.7**
MAYER, Otto – **12.1**; **16.2**; **22.1**; **22.4**; **22.8**; **42.5**; **54.8**
McFARLAND (e VANDERBILT) – **15.2**
MEIRELLES, Hely Lopes – **17.6**; **22.10**; **51.5**; **55.2**; **56.8**
MEIRELLES TEIXEIRA, José Horácio – **17.6**
MEJÍA, Francisco Eladio Gomes – **16.2**
MENDES, Aparicio – **54**
MENDES, Onofre – **17.6**
MENDIZABAL Y MARTÍN, Luiz – **24**
MENDIZABAL Y MARTÍN (e MENDIZABAL-VILLABALBA) – **24**
MENDIZABAL-VILLABALBA (e MENDIZABAL Y MARTÍN) – **24**
MENDONÇA, Francisco Maria de Sousa Furtado de – **17.2**; **17.3**; **19.3**
MENDONÇA LIMA, Naili Russomano (e RUSSOMANO, Rosah) – **17.6**
MENEZES, Djacir – **17.6**
MERKEL, Adolfo – **5.2**; **13.1**; **16.2**; **20.1**; **20.4**; **20.5**; **54.3**; **54.8**
MERLIN/GUIZOT – **47.1**
MEUCCI, Lorenzo – **11.2**; **19.1**; **56.2**
MEYER, G. – **12.1**
MICELI, Vincenzo – **28**
MICHOUD, Léon – **26.4**
MIELE, Giovanni – **16.2**; **19.5**; **22.10**
MODESTINUS – **44.8**
MOHL, Roberto von – **11.1**; **12.7.4**; **22.1**; **22.2**
MONTEIRO, João – **34.4**
MONTESQUIEU, Charles-Louis de Secondat (Barão de) – **5.2**
MOREAU, Felix – **39**; **40**
MOREIRA NETTO, Diogo de Figueiredo – **17.6**

MORIN, Gaston – **25.3**
MORTATI, C. – **48.2**
MOSHER, Frederich (e CIMMINO, Salvatore) – **12.6**
MOSHER, William (e CRAWFORD, Finla) – **12.6**
MOTTA, José Ignácio Silveira da – **17.2**

N

NAPOLITANO, Mario – **51.14**
NAQUET, E. – **45.8**
NAZO, Nicolau – **46.2**
NIGRO, Felix A. – **12.6**
NIGRO, Mario – **51.15**
NOGUEIRA, Carlos Rodrigues – **51.21**
NOVELLI, Flávio Bauer – **52**
NUNES BORJA, Humberto – **16.2**

O

ODA, Yorodzu – **16.2**; **22.1**; **22.4**; **22.6**; **22.7**
OERTMANN – **45.8**
OLIVEIRA, Abgar Soriano de – **45.8**
OLIVEIRA, José Rubino de – **17.2**; **17.3**
OLIVEIRA, Oscar de – **17.6**
ORLANDO, Vittorio Emanuele – **11.4**; **12.3**; **12.6**; **16.2**; **17.5**; **18.1**; **18.2**; **22.1**; **22.4**; **22.5**; **22.6**; **22.7**; **22.11**; **42.5**; **56.2**
ORTIZ DE ZUNIGA – **10.2**
OSTI, Giuseppe – **45.8**
OTTAVIANO, Vittorio – **51.22**

P

PACE, G. – **37.9**
PACINOTTI, Giovanni – **56.2**
PALASI, José Luis Villar – **16.2**
PAPINIANUS – **44.8**

PAREJA, Carlos – **16.2**
PARKER, Reginald – **15.2**
PAULUS – **44.8**
PAZ, B. Castejón (e ROMAN, E. Rodríguez) – **16.2**
PEDROSA, Guimarães – **11.2**
PÉREZ, Héctor Barbe – **16.2**
PEREZ, Jesus Gonzalez – **49**
PEPY, Daniel – **15**
PÉQUIGNOT, G. – **56.3**
PEREIRA, José Higino Duarte – **17.2; 17.3**
PEREIRA DO RÊGO, Vicente – **17.2; 17.3; 19.3**
PERGOLESI, Ferruccio – **28**
PERINI, Michele M. G. – **45.2; 51.10**
PERSICO, Federico – **11.2**
PETROZZIELLO, Modestino – **56.2**
PFEIFFNER, John N. – **12.6**
PHILIBERT – **48.2**
PHILLIPS, O. Hood – **15.2**
PISA, Salvatore Aristide – **28**
PISANELLI, Giuseppe Codacci – **55**
PLANIOL, Marcel (e RIPERT, Georges) – **37.9; 47.7**
POLONCO, Tomás – **16.2**
PONDÉ, Lafayette – **45.5; 51.14; 52**
PONTES, Valmir – **17.6**
PONTES DE MIRANDA, F. C. – **45.7**
PORT, F. T. – **15.2**
PORTO ALEGRE (Visconde de) – **17.2**
PORTUGAL, Domingos Antunes – **17.1**
POSADA, Adolfo – **12.3; 12.7.3; 16.2; 22.1; 22.11**
POSADA DE HERRERAS, José – **10.3**
POTENZA, Giuseppe (e LANDI, Guido) – **16.2; 39.2; 51.18; 54.4; 56.2**
POUND, Roscoe – **15.2**
PRAT, Julio A. – **16.2**
PRESUTTI, Errico – **12.3; 12.6; 16.2; 22.1; 22.4; 22.8; 44.6; 51.5; 51.10**
PROMSY, François – **51.4; 51.5**
PUERTO, Miguel Montoro – **48.5**

Q

QUEIRÓ, Afonso Rodrigues – **47.6; 47.7**
QUINTERO, Cesar A. – **36**

R

RAGGI, Luigi – **16.2; 19.5; 22.10; 40.2; 51.2; 51.9; 55.5**
RAGNISCO, L. – **56.2**
RANELLETTI, Oreste – **12.3; 22.4; 40.2; Cap. VI/nota de rodapé 1; 47.5; 51.2**
RÁO, Vicente – **Cap. V/nota de rodapé 1**
RAU, C. (e AUBRY, C.) – **37.4**
RAYNAUD, P. – **47.7**
REALE, Miguel – **54**
REICHEL, Hans – **25.2**
REIS, Aarão – **17.5**
RENARD, George – **24**
RESTA, Raffaele – **54**
REVILLA QUESADA, A. – **16.2**
REYMONDE, Jean – **44.4**
RIBAS, Antônio Joaquim (Conselheiro) – **17.2; 17.3; 19.3**
RIBEIRO, Manoel – **17.6; 19.5; 39.6**
RICHABY, Joseph – **24**
RIPERT, Georges (e PLANIOL, Marcel) – **37.9; 47.7**
RISPOLI, Arturo – **16.2**
RIVALTA, Maria – **48.10; 51.23**
RIVERO, Jean – **16.2; 50.7; 51.7**
ROBSON, W. A. – **15.2**
ROCCO – **10.2**
ROCHA, Arthur – **45.8**

RODÓ, L. Lopes – **47.6**
RODRIGUES, Leda Boechat – **15**
RODRIGUES DE CEPEDA, Rafael – **24**
RODRIGUES MORO, Nemesio – **53**
ROLLAND, Louis – **12.2**; **16.2**
ROMAGNOSI, Giandomenico – **9.2**; **11.1**
ROMAN, E. Rodríguez (e PAZ, B. Castejón) – **16.2**
ROMANELLI, Vicenzo M. – **55**
ROMMEN, Henri – **24**
ROSSI, B. – **17.4**; **48.2**
ROUBIER, Paul – **37.2**; **37.9**; **37.10**
ROYO-VILLANOVA, Antonio – **12.3**; **16.2**; **22.10**
RUIZ GOMES, Julian Modesto – **16.2**
RUSSOMANO, Rosah (e MENDONÇA LIMA, Naili Russomano) – **17.6**

S

SALAZAR, Alcino de Paula – **47**
SALEILLES, Raymond – **44.2**
SALEMI, Giovanni – **50.7**
SAMPAIO, Nélson de Souza – **36.3**
SANDULLI, Aldo Mario – **16.2**; **19.5**; **22.10**; **39.2**; **49**; **51.10**
SANTAMARÍA PASTOR, Juan Alfonso – **55**
SANTA MARÍA DE PAREDES, Vicente – **11.2**; **19.1**
SANTANIELLO, Giuseppe – **50.13**
SANTI ROMANO – **12.3**; **16.2**; **22.1**; **22.4**; **22.8**; **22.10**; **40.2**; **41.2**; **42.5**; **43.4**; **51.2**; **51.7**; **51.11**; **56.2**; **56.5**
SANTO TOMÁS DE AQUINO – **12.7.4**; **24.5**; **45.8**; **47.7**
SANTOS, Manoel Porfírio de Oliveira – **17.5**
SARRÍA, Eustorgio – **16.2**

SARRÍA, Felix – **16.2**; **19.5**
SARWEY – **12.1**
SAVIGNY – v. DE SAVIGNY, Fréderic-Charles
SAYAGUÉS LASO, Enrique – **16.2**; **21.3**; **21.8**
SCANTIMBURGO, Júlio – **17.6**
SCHARFFLE – **12.7.4**
SCHWARTZ, Bernard – **15.2**; **39.3**
SCOLARI, Severio – **11.2**
SEABRA FAGUNDES, Miguel – **29.6**; **47.6**; **48.2**; **54**; **55**; **55.2**
SEARS, Kenneth C. – **15.2**
SEGUR, Louis – **51.3**
SENN, Felix – **24**
SERPA LOPES – Cap. V/nota de rodapé 1
SERRA ROJAS, André – **16.2**
SERRIGNY, D. – **9.1**
SERTILLANGES, R. P. – **24**
SIDOU, J. M. Othon – **45.8**
SILVA, Carlos Medeiros – **39**
SILVA, João Thomé da – **17.2**
SILVA, José Saldanha da Gama e – **56**; **56.1**
SILVA CIMMA, Enrique – **16.2**
SILVESTRI, Enzo – **47.3**
SIMON, Herbert R. (SMITHBURG, Donald W., e THOMPSON, Victor R.) – **12.6**
SMITHBURG, Donald. W. (SIMON, Herbert R., e THOMPSON, Victor R.) – **12.6**
SONBRIGHT, James – **12.6**
SOUZA, J. P. Galvão de – **24**
STASSINOPOULOS, Michel – Cap. VI/nota de rodapé 1; **54.9**
STATI, Marcel O. – **44.10**
STEIN, Lorenz von – **7.1**; **11.4**; **12.1**; **12.6**; **22.1**; **22.2**

STREET, H. (e GRIFFITH, J. A. G.) – 15.2; 39.3
SUARÉZ, Francisco – 24

T

TÁCITO, Caio – 17.2; 17.3; 56.4
TAYLOR, Frederick Winslow – 12.4
THIBAUT – 43.1
THOMPSON, Victor R. (SIMON, Herbert R., e SMITHBURG, Donald W.) – 12.6
TIVARONI, Carlo – Cap. VI/nota de rodapé 1
TORRES, Alberto – 12.7.4
TOSATO, Egidio – 36.3
TRENTIN, Silvio – Cap. VI/nota de rodapé 1
TROLLEY, Alfred – 10.2

U

ULPIANO – 3.2; 44.8; 45.8
ULPIANUS – v. ULPIANO
URUGUAI (Visconde do) – 17.3; 19.3

V

VALE, J. Rodrigues – 17.6
VALENSIN, Albert – 24
VALLADÃO, Haroldo – 33.5
VAMPRÉ, Spencer – 17.2
VANDERBILT (e McFARLAND) – 15.2
VARAS CONTRERAS, Guillermo – 16.2
VAREILLES-SOMMIÈRES, Gabriel de Labroüe – 37.9
VASCONCELOS, José Matos de – 17.6; 22.5
VASCONCELOS, Zacarias de Góis de – 17.2

VAUTHIER, Maurice – 16.2; 22.10; 39.2
VEDEL, Georges – 16.2; 19.5; 43.4; 47.7; 48.2; 53.3
VELASCO CALVO, Recaredo Fernández de – 16.2; 22.10; Cap. VI/nota de rodapé 1; 56.3
VENEZIA, Jean-Claude – 47.6
VERGARA, Ariel González – 51.2
VERGUEIRO, Nicolau Pereira de Campos (Senador) – 17.2
VIANNA, Oliveira – 12.7.4
VIDAL, Roger – 47.7; 51.20
VIDAL PERDOMO, Jaime – 16.2
VIGNOCCHI, Gustavo – 45.2; 51.4; 51.5; 51.10
VILLEGAS BASAVILBASO, Benjamin – 16.2; 22.10
VIRGA, Pietro – Cap. VI/nota de rodapé 1; 51.12; 51.14; 54.1
VITA, Tirso Borba – 31; 39
VITTA, Cino – 16.2; 19.5; 29.3; 51.17; 51.18; 54.7; 56.2
VIVEIROS DE CASTRO, Augusto Olímpio – 17.5; 22.5
VIVIEN – 10.3
VOIRIN, P. – 45.8
von MOHL, Roberto – v. MOHL, Roberto von
von STEIN, Lorenz – v. STEIN, Lorenz von

X

XAVIER, Alberto – 49

W

WADE, H. W. R. – 15.2; 16.2; 39.3
WALDO, Dwight – 12.6
WALINE, Marcel – 16.2; 20.1; 20.2; 20.3; 43.4

WALKER, Harvey – **12.6**
WEIL, P. (e BRAIBAT, G. e LONG, M.) – **16.2**
WELTER, Henri – **47.7**
WHITE, Leonard, D. – **12.6**
WIGNY, Pierre – **16.2; 21.3; 39.2**
WILLOUGHBY, William F. – **12.6**
WILSON, Lloyd (HERRING, James, e EUTSLER, Roland) – **12.6**
WINDSCHEID, Bernardo – **26.4; 37.9**

Y

YARDLEY, D. C. M. – **15.2**

Z

ZANOBINI, Guido – **16.2; 19.5; 22.10; 40.2; 43.4; 45.1; 49.4; 51.7; 51.8; 51.10; 54.7; 56.2**
ZUANICH, Alfredo R. – **54.3**

* * *

ÍNDICE ALFABÉTICO-REMISSIVO

(Os números enviam aos parágrafos.)

A

ABUSO DO DIREITO
- conceito: **47.7**

AÇÃO DE EXECUTAR E AÇÃO LEGISLAR
- correspondem à mesma função: **5.2**

AÇÃO DE JULGAR
- conceito: **5.2**

AÇÃO DE LEGISLAR
- a que ramo pertence: Direito Administrativo ou Direito Legislativo?: **31.1**
- distinção da matéria legislada: **6.3**; **7.1**
- não pertence ao Direito Constitucional: **6.4**
- ordem legislativa: **33.1**
- órgãos: **31.2**
- pertence ao Direito Administrativo: **6.4**
- precursores de sua inclusão como de Direito Administrativo: **6.3**
- processos: **31.2**

AÇÃO DE LEGISLAR E AÇÃO DE EXECUTAR
- correspondem à mesma função: **5.2**

AÇÃO DO ESTADO-PODER
- caráter autoritário: **7.2**
- limitada pelo Direito: **7.2**
- responsabilidade conseqüente: **7.2**

AÇÃO EXECUTIVA DO ESTADO-PODER
- atos estritamente jurídicos; função pública: **2.2**
- atos materiais informados por ato jurídico; serviços públicos: **2.2**
- atos materiais pressupostos ou complementares dos atos jurídicos: **2.2**
- compreensão; função e serviço público referente aos diferentes ramos jurídicos: • Direito Assistencial: **2.2**; • Direito Civil: **2.2**; • Direito Comercial: **2.2**; • Direito Contravencional: **2.2**; • Direito da Segurança Pública: **2.2**; • Direito do Trabalho: **2.2**; • Direito Financeiro: **2.2**; • Direito Econômico: **2.2**; • Direito Educacional: **2.2**; • Direito Industrial: **2.2**; • Direito Internacional: **2.2**; • Direito Penal: **2.2**; • Direito Previdencial: **2.2**; • Direito Sanitário: **2.2**; • Direito Tributário: **2.2**
- conceito: **2.2**
- processo: **2.2**

AÇÃO JUDICIAL DO ESTADO-PODER
- conceito: **2.3**

AÇÃO NORMATIVA DO ESTADO-PODER
- conceito: **2.1**
- Direito Assistencial: **2.1**
- Direito Civil: **2.1**
- Direito Comercial: **2.1**
- Direito Contravencional: **2.1**

- Direito da Segurança Pública: **2.1**
- Direito do Trabalho: **2.1**
- Direito Econômico: **2.1**
- Direito Educacional: **2.1**
- Direito Financeiro: **2.1**
- Direito Industrial: **2.1**
- Direito Internacional: **2.1**
- Direito Penal: **2.1**
- Direito Previdencial: **2.1**
- Direito Sanitário: **2.1**
- Direito Tributário: **2.1**
- instrutória: **2.1**
- legislativa: **2.1**
- regulamentar: **2.1**

ACEITAÇÃO
- conceito: **48.7; 49.6; 51.14**

ACERTAMENTO
- conceito: **49.6**

ACERTAMENTOS CONSTITUTIVOS DE DIREITO
- conceito: **45.2**

ADMINISTRAR
- sentido da expressão: **6.1**

ADMISSÃO
- caducidade: **54.5**
- conceito: **51.10**
- distinção: • da naturalização: **51.10**; • do provimento: **51.10**; • entre o direito a essa situação e o seu regime jurídico: **54.5**
- nulidade: **54.5**

ADVERTÊNCIA
- distinção da ordem: **51.7**
- forma; intimação: **51.23**

AGENTE PÚBLICO
- competência para a prática do ato administrativo: **48.4**
- conceito: **48.4**
- impedimentos para a prática do ato administrativo: **48.4**
- qualificação para a prática do ato administrativo: **48.4**

ÁGUAS NACIONAIS: **38.2**
ALÍNEA DO ARTIGO: **33.3**

ALISTAMENTO
- conceito: **51.20**

ALVARÁ
- conceito: **51.20**

ANALOGIA
- aplicação de normas de Direito Privado no Direito Público: **44.6**
- aplicação no Direito Administrativo: **44.6**
- classificação: **44.6**: • jurídica: **44.6**; • legal: **44.6**
- conceito: **44.6**
- distinção: • da indução: **44.6**; • da interpretação extensiva: **44.6**

ANALOGIA JURÍDICA
- conceito: **44.7**
- distinção dos princípios gerais do Direito: **44.7**

ANULABILIDADE E NULIDADE DO ATO ADMINISTRATIVO
- conceito: **55.1**

APLICAÇÃO DA LEI
- no espaço: **38**
- no tempo: **37**: • insuficiência das teorias do direito adquirido e do fato adquirido para solver o problema; conciliação: **37.11**; • o problema no Direito Administrativo: **37.12**

APLICAÇÃO DO DIREITO
- conceito: **44.1**
- distinção da interpretação: **44.1**

APOSTILA
- conceito: **51.20**

APROVAÇÃO
- conceito: **48.7; 49.6; 51.5**
- distinção: • da homologação: **51.5**; • do ato complexo: **51.5**
- não se confunde com a proposta: **51.19**

APROVAÇÃO PRÉVIA
- não se confunde com o parecer: **51.18**

ARQUIVAMENTO
- conceito: **51.20**

ARROLAMENTO
— conceito: 51.20
ARTIGO DA LEI: 33.3
ASSENTAMENTO OU DOCUMENTAÇÃO
— conceito e classificação: 51.20
— efeito: 51.20
— processo: 51.20
— repartição: 51.20
— valor: 51.20
ASSENTO
— conceito: 51.20
ATA
— conceito: 50.12
ATESTADO OU CERTIFICADO
— conceito: 51.21
ATIVIDADE REGULAMENTAR
— natureza jurídica: 40.2
ATO ADMINISTRATIVO
— auto-executoriedade: 53.1; 51.8: • própria e imprópria: 52.2
— autotutela: 53.1
— causa agente ou eficiente: • instrumental: 48.5; • principal: 48.4
— causa final: • objetiva; distinção de causa formal: 48.9; • subjetiva; distinção da causa ocasional: 48.9
— causa formal acidental: 48.8
— causa formal ou forma interna: • acidental ou acessória: 48.7; • conteúdo: 48.7; • essencial: 48.7
— causa material: 48.6
— causa ocasional: • motivo legal: 48.10; • motivo de mérito: 48.10; • ou motivo: 48.10
— causas e não-causa como seus elementos: 48.4
— cessação dos efeitos: 52.6
— citação: 48.5
— classificação: • quanto à causa eficiente instrumental: 50.1 • quanto à causa eficiente principal: 49.1
— coisa julgada: 54.3
— compreensão: 47.2

— comunicação: 48.5
— conceito: 47.1: • conceito objetivo material: 47.1; 47.2; • conceito orgânico-formal: 47.1; 47.2
— corpo: 48.5
— distinção: • de ato de administração: 47.1; • entre perfeição e eficácia: 48.7
— efeito imediato retroativo: 52.5
— eficácia: 52.4
— elementos formais fundamentais no ato expresso e escrito: 48.5
— estado de pendência: 48.7
— exigibilidade: 53.1
— extensão: 47.2
— fecho: 48.5
— fórmula ou forma exterior: 48.5
— histórico da expressão: 47.1
— ilegitimidade: • direta e indireta ou derivada: 55.1; • textual e implícita ou virtual: 55.1
— interpretação: 52.3
— invalidade: 55.1
— motivação: 48.10
— normativo: 47.1
— nulo e anulável: 55.1
— objeto; lícito e possível: 52.1
— obrigatoriedade: 52.4
— perfeição: 52.4
— poder de revogá-lo: 54.4
— preâmbulo: 48.5
— pressupostos: 48.5
— presunção de verdade: 53.1
— principal: 49.4
— publicação: 48.5
— quanto à sua eficácia; atribui situações jurídicas ou cria direitos subjetivos particulares: 53.1
— registro: 48.5
— revogação: 54.1
— sentido lato e restrito: 47.1
— solenidades essenciais: 52.1
— suspensão dos efeitos: 52.6
— vício de ilegalidade: 48.4

- vício de usurpação de poderes alheios: 48.4
ATO ADMINISTRATIVO COLEGIAL OU COLEGIADO
- não se inclui entre os atos simples: 49.4
ATO ADMINISTRATIVO COMPLEXO
- complexidade igual e desigual: 49.2
- complexidade interna e externa; inexistência da última; é instrumento de ato composto: 49.4
- conceito: 49.3
- distinção: • do ato simultâneo: 49.4; • do ato unilateral plural: 49.3
- falta de uma das operações administrativas para a sua formação; conseqüência: 49.4
ATO ADMINISTRATIVO COMPOSTO
- conceito: 49.4
- distinção do ato complexo: 49.4
- falta do ato instrumental; conseqüência: 49.4
- hipóteses: 49.4
ATO ADMINISTRATIVO DE CONTROLE
- preventivo: 68.7
- repressivo: 43.7
ATO ADMINISTRATIVO DEFINITIVO
- conceito: 54.3
ATO ADMINISTRATIVO DISCRICIONÁRIO
- facultativo: 47.6
- livre: 47.6
ATO ADMINISTRATIVO EXECUTIVO: 47.1
ATO ADMINISTRATIVO EXTERNO
- conceito: 47.3
ATO ADMINISTRATIVO FORMAL
- contingente: 47.6
- necessário: 47.6
ATO ADMINISTRATIVO INSTRUMENTAL
- função autenticadora: 49.4

- função constitutiva: 49.4
ATO ADMINISTRATIVO INTERNO
- conceito: 47.3
ATO ADMINISTRATIVO SIMPLES
- conceito: 49.2
- colegiada ou coletivo: 49.2
- individual: 49.2
ATO ADMINISTRATIVO SIMULTÂNEO
- conceito: 49.5
- distinção do ato complexo: 49.5
ATO ADMINISTRATIVO VINCULADO
- obrigatório: 47.6
- regrado: 47.6
ATO COMPLEXO
- conceito: 49.6
- não se confunde com os atas de controle: 51.5
- parecer não constitui elemento constitutivo dele: 51.18
ATO DE ADMINISTRAÇÃO
- distinção de ato administrativo: 47.1
ATO DE GESTÃO
- conceito: 47.5
ATO DE GOVERNO OU POLÍTICO
- conceito: 47.4
ATO DE IMPÉRIO
- conceito: 47.5
ATO EXECUTIVO
- conceito: 47.2
- conota o ato administrativo concreto: 47.2
ATO JURÍDICO
- classificação: • quanto ao modo de manifestação de vontade: 45.5; • quanto aos efeitos: 45.2
- conceito: 45.1; 45.2
- concreto ou subjetivo: 45.3
- condição de eficácia de outros: 45.5
- formalidade indispensável de outro: 45.5
- objetivo ou normativo: 45.3
- pressuposto de outro: 45.5

- publicidade: 51.22
- subjetivo ou concreto: 45.3
ATO JURÍDICO ADMINISTRATIVO
- elementos: 48.1
ATO JURÍDICO CONVENCIONAL
- contrato: 45.5
- no Direito Privado: 45.5
- no Direito Público: 45.5
ATO JURÍDICO UNILATERAL
- absoluto: 45.5
- causa de situação jurídica individual: 45.5
- condição de situação jurídica estatutária: 45.5
- no Direito Privado: 45.5
- no Direito Público: 45.5
- plural: 45.5
- relativo: 45.5
- singular: 45.5
- simples colegiado: 49.6
ATO JURÍDICO-CONDIÇÃO OU INSTRUMENTAL: 45.3
ATO JURÍDICO-CONTRATO
- causa de situação jurídica individual: 45.5
ATO JURÍDICO-UNIÃO
- condição de situação jurídica estatutária: 45.5
ATOS ADMINISTRATIVOS
- classificação quanto à causa formal: 51.1
- concretos que se expressam em fórmulas gerais: 50.12
- efeitos: 52
- instrumentos ou fórmulas: 50.11
- quanto à sua eficácia; estabelecem deveres e limitações à atividade dos particulares: 53.1
ATOS DE GOVERNO
- são pertencentes ao Direito Administrativo: 6.2
ATOS EXECUTIVOS
- extensão: • condicionar o exercício da liberdade e propriedade dos particulares: 2.2; • dar publicidade e ensejar atos probatórios dos atos particulares: 2.2; • fomentar as atividades dos particulares: 2.2; • prestar serviços públicos: 2.2
ATOS JURÍDICOS
- alcance; envolve atos concretos mas, outrossim, normativos: 26.1
- classificação de Duguit segundo o seu objeto: 21.2: • complemento à classificação de Duguit segundo o seu objeto: 21.3
- como forma de expressão; classificação: 26.2
- convencionais: 26.2
- de aquisição, modificação e extinção de direitos: 45.2
- de asseguramento ou reconhecimento de direitos: 45.2
- de conhecimento ou juízo e sentimento ou desejo: 45.2
- de reconhecimento ou asseguramento de direitos: 45.2
- dos órgãos fundamentais do Estado-poder: • conceito material: 4.1; • quanto ao valor formal e à eficácia jurídica: 4.2
- materialmente inexistentes: 55.5
- quanto ao objeto; classificação de Duguit: 26.2
- unilaterais: 26.2
ATRIBUIÇÃO REGULAMENTAR
- órgãos a que compete: 40.5
AUTENTICAÇÃO OU RECONHECIMENTO
- conceito: 51.21
AUTO
- conceito: 50.12
AUTO-EXECUTORIEDADE
- casos de aplicação e de não-aplicação: 53.3
- na Inglaterra e Estados Unidos da América: 53.3

- no Direito do Continente Europeu e na América Latina: 53.3
AUTO-EXECUTORIEDADE DO ATO ADMINISTRATIVO
- casos de aplicação e de não-aplicação: 53.2
- classificação; própria e imprópria: 53.2
- conceito: 53.1
- direito dos particulares: 53.4
- em face dos tipos de obrigação de dar, fazer, não fazer ou suportar: 53.4
- emprego da força pública: 53.4
- forma de realização: 53.4
- na Inglaterra e Estados Unidos da América: 53.2
- no Direito do Continente Europeu e na América Latina: 53.2
AUTORIZAÇÃO
- conceito: 48.7; 51.4
- distinção: • da aprovação prévia: 51.4; • da dispensa: 51.6; • da licença: 51.11; • da ordem: 51.7
- não se confunde com o parecer: 51.18
AUTOTUTELA DO ATO ADMINISTRATIVO: 53.1
AVERBAÇÃO
- conceito: 51.20
AVISO
- conceito: 50.5; 50.11
- substituição pelo ofício: 50.5

B
BEM
- conceito e classificação: 48.6
- deleitável: 48.6
- honesto ou moral: 48.6
- útil: 48.6
BEM JURÍDICO NÃO-PATRIMONIAL
- personalíssimo: 48.6
BEM JURÍDICO PATRIMONIAL
- coisas: 48.6
"BILL OF INDEMNITY": 36.2

BONS COSTUMES
- normas: 30.4
"BYELAWS": 39.3

C
CADUCIDADE
- conceito: 51.8
CAPACIDADE
- conceito: 48.4
CAPÍTULO DA LEI: 33.3
CASO JULGADO/DEFINITIVAMENTE JULGADO
- conceito: 44.3
CAUSA
- causa agente instrumental do ato administrativo: 48.5
- causa agente principal do ato administrativo: 48.4
- causa eficiente instrumental do ato administrativo: 48.5
- causa eficiente principal do ato administrativo: 48.4
- causa formal acidental como elemento do ato administrativo: 48.7
- causa formal ou forma externa; elemento essencial do ato jurídico: 48.7
- causa material como elemento do ato administrativo: 48.6
- causa ocasional como elemento do ato administrativo: 48.10
- elemento do ato jurídico: 48.1
- substituição por outra figura jurídica: 48.2
CAUSA FINAL OBJETIVA
- como elemento do ato administrativo: 48.9
- distinção da forma externa ou causa formal: 48.9
CAUSA FINAL SUBJETIVA
- como elemento do ato administrativo: 48.9
- distinção do motivo ou causa ocasional: 48.9

CAUSAS
– conceito e classificação: **48.3**
CAUSAS E NÃO-CAUSAS COMO ELEMENTOS DO ATO JURÍDICO: **48.6**
CERTIDÃO
– conceito e classificação: **49.6; 51.21**
– direito a ela: **51.21**
– processo: **51.21**
– valor: **51.21**
– propriamente dita ou pública-forma; conceito: **51.21**
CERTIFICADO OU ATESTADO
– conceito: **51.21**
CIÊNCIA DA ADMINISTRAÇÃO
– assimilação do Direito Administrativo pela escola histórico-política no estudo do Direito Administrativo: **11.3**
– como política da Administração: **12.6**
– distinção do Direito Administrativo:
 • pela escola legalista: **10.3**; • pela escola técnico-jurídica: **12.4**
– nova concepção em face do Direito Administrativo: **11.4**
CIRCULAR
– conceito: **50.7**
CITAÇÃO
– conceito: **48.7; 51.23**
– do particular: **48.5**
– não se confunde com ordem: **51.23**
CLÁUSULA "REBUS SIC STANTIBUS" NO DIREITO ADMINISTRATIVO: **56.4**
COAÇÃO MORAL
– conceito: **52.2**
CODIFICAÇÃO DO DIREITO
– conceito: **43.1**
– conveniência: **43.1**
– possibilidade: **43.1**
CODIFICAÇÃO DO DIREITO ADMINISTRATIVO
– argumentos contra: **43.2**

– debate: **43.1**
– discussão do problema: **43.2**
– possibilidade e conveniência: **43.2**
– resposta às objeções: **43.2**
COISA
– bem econômico: **48.6**
– corpórea: **48.6**
– incorpórea ou direito patrimonial: **48.6**
COISA JULGADA
– conceito: **44.3**
– inexiste com referência ao ato administrativo: **54.3**
"COMMON LAW": **42.3**
COMPETÊNCIA
– conceito: **48.4**
COMUNICAÇÃO
– conceito: **48.7; 51.22**
– do ato administrativo: **48.5**
CONCEITO DE DIREITO ADMINISTRATIVO
– classificação das teorias – Proposta: **18.2**
– classificação tradicional das teorias: **18.1**
– crítica à classificação tradicional das teorias: **18.2**
– crítica à teoria da relação jurídica entre a Administração Pública e os administrados: **19.4**
– crítica à teoria do Poder Executivo na concepção tradicional: **19.2**
– crítica às teorias do Poder Executivo ressurgidas nos tempos atuais: **19.6**
– ressurgimento modernamente das teorias do Poder Executivo: **19.5**
– teoria da Administração Pública: **19.3**
– teoria da relação jurídica entre a Administração Pública e os administrados: **19.3**
– teoria do Poder Executivo na concepção tradicional: **19.1**
– teoria do Poder Executivo segundo nova colocação: **19.3**

- teoria do serviço público: 21.6; • crítica: 21.6; • modernos adeptos: 21.3; 21.6; • real falha: 21.7
- teoria orgânico-formal de Gasparri: 20.6; • crítica: 20.7
- teoria orgânico-formal de Merkel: 20.4: • crítica: 20.5
- teoria orgânico-formal de Waline: 20.2: • crítica: 20.3
- teorias da finalidade do Estado ou teleológicas; concepções negativa e positiva: 22.4
- teorias orgânico-formais: 20.1
- teorias teleológicas ou da finalidade do Estado: 22; 22.1: • crítica das doutrinas psicológicas: 22.3; • doutrinas psicológicas: 22.2

CONCEITO DO DIREITO ADMINISTRATIVO EM TERMOS NEGATIVOS
- teorias teleológicas ou da finalidade do Estado; doutrinas da atividade do Estado: 22.5: • doutrinas de relação jurídica: 22.6; 22.8; • crítica: 22.7

CONCEITO DO DIREITO ADMINISTRATIVO EM TERMOS POSITIVOS
- teorias teleológicas ou da finalidade do Estado; doutrinas da relação jurídica; crítica: 22.9

CONCESSÃO
- classificação translativa e constitutiva: 51.5
- conceito lato e conceito estrito: 51.2
- natureza jurídica: 51.2

CONCESSÃO PÚBLICA
- natureza jurídica: 56.7

CONDIÇÃO
- contraditória: 48.8
- legal, elemento essencial do ato administrativo; não se confunde com a condição, elemento acessório do ato administrativo: 48.7
- potestativa: 48.8

- resolutiva: 42.8
- suspensiva: 48.8

CONFISCO DE BEM
- conceito: 51.8

CONSOLIDAÇÃO DE LEIS
- alcance: 43.1
- conceito: 43.1
- tipos: 43.1

CONSTITUIÇÃO
- sentido formal-orgânico: 1.3
- sentido material: conteúdo: 1.3
- rígida: 36.3

CONTRATO
- conceito; acordos de vontades que dele se distinguem: 56.6

CONTRATO ADMINISTRATIVO
- diferença do contrato de Direito Público: 56.5
- discussão sobre a sua existência: 56.1
- inexiste no Direito Administrativo: 56.7
- no Direito Pátrio: 56.8
- o problema na França: 56.3

CONTRATO DE CONCESSÃO PÚBLICA: 56.2
- conceito: 56.3

CONTRATO DE DIREITO MISTO
- público e privado no seu aspecto patrimonial: 56.2

CONTRATO DE DIREITO PÚBLICO
- diferença do contrato administrativo: 56.5
- discussão sobre sua existência: 56.1
- inexiste no Direito Administrativo: 56.7
- no Direito Pátrio: 56.8
- o problema na Alemanha: 56.2
- o problema na Itália: 56.2

CONTRATO DE EMPRÉSTIMO PÚBLICO
- conceito: 56.3
- equivale ao contrato de mútuo do Direito Civil: 56.7

CONTRATO DE FORNECIMENTO

- conceito: 56.3
- equivale ao contrato de compra e venda ou de empreitada do Direito Civil: 56.7
CONTRATO DE FUNÇÃO PÚBLICA: 56.2
CONTRATO DE OFERTA PÚBLICA
- conceito: 56.3
- equivale ao contrato de financiamento ou de doação do Direito Civil: 56.7
CONTRATO DE TRABALHO PÚBLICO OU OBRA PÚBLICA
- conceito: 56.3
- equivale à empreitada do Direito Civil: 56.7
CONTRATO PARA EXECUÇÃO DE ATO UNILATERAL: 56.2
CONVERSÃO
- teoria relativa ao vício de ilegitimidade ou invalidade da categoria do ato jurídico: 55.3
CONVOCAÇÃO
- distinção da ordem: 51.7
- forma; citação: 51.23
CORPO DO ATO ADMINISTRATIVO: 48.5
COSTUME: 29.5
- adeptos no Direito Administrativo: 42.5
- adversários no Direito Administrativo: 42.5
afirmação pela jurisprudência: 42.1
- aplicação: 42.3: • no Direito Administrativo: 42.5
- classificação: 42.2: • contra legem: 42.2; • praeter legem: 42.2; • secundum legem: 42.2
- conceito: 42.1
- distinção da lei: 42.4
- obrigatoriedade: 42.4
- presunção juris tantum: 42.4
- prevalece sobre o regulamento: 42.7
- requisitos essenciais: 42.1
- tolerância pela lei: 42.1

D

DECADÊNCIA OU EXTINÇÃO DO DIREITO
- conceito: 46.7
- distinção: • da prescrição: 46.7; • da prescrição extintiva: 46.2
DECISÃO
- conceito e classificação: 50.8; 51.15
DECRETO
- conceito e classificação: 50.2
DECRETO-LEI
- conceito e classificação: 36.1
- no Direito Pátrio: 36.5
DECRETO-LEI DE URGÊNCIA
- conceito: 36.2
- possibilidade: 36.2
DECRETO-LEI DELEGADO
- conceito: 36.3
- distinção do regulamento delegado ou autorizado: 36.3
- possibilidade: 36.3
DESPACHO
- conceito: 50.8
DESTRUIÇÃO DE BEM
- conceito: 51.8
DESVIO DO PODER
- conceito: 47.7
DIREITO
- concepção neotomista: 24.5
- formação por graus: 27.2: • caráter dedutivo: 27.2; • caráter indutivo: 27.2
- hierarquia das regras jurídicas: 27.2
- sentido análogo: • objetivo: 24.1; • objeto da justiça: 24.1; • qualidade de conformidade com a justiça: 24.1; • subjetivo: 24.1
DIREITO ADMINISTRATIVO
- assimilação da Ciência de Administração pela escola histórico-política no estudo do Direito Administrativo: 11.3
- autores filiados à escola legalista: 10.2

- conceito: **6.1**: • classificação das teorias sobre o seu conceito: **18.2**; • crítica à classificação tradicional das teorias sobre o seu conceito: **18.2**
- Direito adjetivo: **7.1**
- distinção: • do Direito Civil: **7.2**; • do Direito Comercial: **7.2**; • do Direito Contravencional: **7.2**; • do Direito de Assistência e Previdência Social: **7.2**; • do Direito da Segurança Pública: **7.2**; • do Direito Econômico: **7.2**; • do Direito Educacional: **7.2**; • do Direito Industrial: **7.2**; • do Direito Internacional: **7.2**; • do Direito Penal: **7.2**; • do Direito Penitenciário: **7.2**; • do Direito Sanitário: **7.2**; • do Direito Trabalhista: **7.2**; • do Direito Tributário: **7.2**
- distinção da Ciência da Administração: • pela escola legalista: **10.3**; • pela escola técnico-jurídica: **12.4**
- em face do Direito Civil: **12.5**
- escola legalista como método no seu estudo: **10.1**
- evolução científica: **9**
- inclusão da ação de legislar: **6.3**
- matérias excluídas do seu conceito: **6.2**
- matérias incluídas no seu conceito: **6.2**
- métodos no seu estudo: • exegético: **10**; • histórico-político: **11**; • técnico-jurídico: **12**
- na América do Norte: **15**: • apreciação: **15.3**; • obras jurídicas: **15.2**; • precursores: **15.1**
- na Inglaterra: **15**; • apreciação: **15.3**; • obras jurídicas: **15.2**; • precursores: **15.1**
- no Brasil: • compêndios na Monarquia: **17.3**; • disciplina escolar: **17.2**; • fases na República: **17.4**; • obras na 1ª República: **17.5**; • obras na 2ª República: **17.6**; • período colonial: **17.1**
- nova concepção em face da Ciência da Administração: **11.4**
- objeto: **6.1**; **8**
- primeiras obras jurídicas: **9.2**
- principais obras sistemáticas do século XX: **16.1**
- problema da aplicação da lei no tempo: **37.12**
- regime autoritário: **6.1**
- sistematização no Direito Moderno: **9.1**
- teorias sobre seu conceito: **18.1**
- textos no Direito Antigo: **9.1**

DIREITO ADQUIRIDO
- conciliação com a revogação de seus efeitos futuros: **54.6**

DIREITO CIENTÍFICO
- conceito: **44.5**
- não é fonte formal: **44.5**

DIREITO CIVIL EM FACE DO DIREITO ADMINISTRATIVO: **12.5**

DIREITO CONSTITUCIONAL
- conceito: **1.1**; **1.2**
- objeto: **1**

DIREITO DE AÇÃO: **26.6**

DIREITO IMPERFEITO: **26.6**

DIREITO JUDICIÁRIO
- conceito: **6.1**
- Direito adjetivo: **7.1**
- objeto: **6.1**; **8**
- regime autoritário: **6.1**

DIREITO NATURAL
- conceito e classificação: **24.4**
- imediato: **24.4**
- mediato: **24.4**

DIREITO OBJETIVO
- classificação de formas de sua expressão: **24.3**
- conceito: **24.3**; **26.2**
- costume: **24.3**
- jurisprudência: **24.3**
- regulamento: **24.3**

DIREITO POLÍTICO: **26.6**

DIREITO POSITIVO
- conceito: 24.4
- relação com o Direito Natural: 24.4
DIREITO PRIVADO
- caráter voluntário do seu regime jurídico: 3.1
- distinção do Direito Público: 3.1
DIREITO PÚBLICO
- caráter autoritário do seu regime jurídico: 3.1
- distinção: • das normas de ordem pública: 3.2; • do Direito Privado: 3.1
- normas cogentes: 30.4
- normas facultativas: 30.4
DIREITO SUBJETIVO
- conceito e classificação: 24.3; 26.2; 26.6
- conceito do interesse legítimo: 26.6
- elementos: 26.3
- teorias que o afirmam: 26.4
- teorias que o negam: 26.5
DIREITO-FUNÇÃO
- conceito: 45.3
DIREITOS CÍVICOS: 26.6
DIREITOS DE PROPRIEDADE E LIBERDADE: 26.6
DIREITOS IMPRESCRITÍVEIS
- enumeração: 46.4
DISPENSA
- conceito: 51.6
- distinção: • da autorização: 51.6; • da isenção: 51.6
DISPOSIÇÕES PRELIMINARES OU DE INTRODUÇÃO: 33.5
DISPOSIÇÕES TRANSITÓRIAS: 33.3; 33.5
DIVISÃO DO DIREITO EM PÚBLICO E PRIVADO
- filiação ao Direito Romano: 3.2
- justificação: 3.2
- não quebra a unidade do Direito: 3.2
- não tem objetivo autocrático: 3.2
DOCUMENTAÇÃO
- conceito: 49.6

DOCUMENTAÇÃO OU ASSENTAMENTO
- conceito e classificação: 51.20
- efeito: 51.20
- instrumento: 51.20
- processo: 51.20
- repartição: 51.20
- valor: 51.20
DOLO
- conceito: 52.2
- distinção: • da fraude: 52.2; • do erro: 52.2
- positivo e negativo: 52.2
DOUTRINA
- conceito: 44.8
- na Idade Média: 44.8
- no Direito Administrativo: 44.8
- no Direito Romano: 44.8
DOUTRINAS PSICOLÓGICAS SOBRE O CONCEITO DO DIREITO ADMINISTRATIVO: 22.2

E

EDITAL
- conceito: 50.10
EFICÁCIA DO ATO ADMINISTRATIVO: 52.4
- distinção de exigibilidade: 53.1
- suspensão: 48.7
EMENTA OU RUBRICA: 33.2
ENCAMPAÇÃO
- distinção da ordem: 51.7
ENCARGO
- conceito: 48.8
EPÍGRAFE OU TÍTULO: 33.2
EQÜIDADE
- aplicação: 44.9
- conceito: 44.9
- tipos: 44.10: • indeterminada: 44.10; • institutos próprios: 44.10; • legislada: 44.10
"EQUITY": 42.3

ERRO
- conceito: 52.2
- de fato e de direito: 52.2
- distinção do dolo: 52.2
- essencial e acidental: 52.2
- sobre a natureza do ato jurídico: 52.2
- sobre a pessoa: 52.2
- sobre o motivo determinante do ato jurídico: 52.2
- sobre o objeto da relação jurídica: 52.2

ESCOLA HISTÓRICO-POLÍTICA COMO MÉTODO NO ESTUDO DO DIREITO ADMINISTRATIVO: 11.2
ESCOLA LEGALISTA
- autores a ela filiados: 10.2
- como método no estudo do Direito Administrativo: 10.1
ESCOLA LÓGICO-FORMAL NO ESTUDO DO DIREITO ADMINISTRATIVO: 13.1
- crítica: 13.2
ESCOLA TÉCNICO-JURÍDICA EM OUTROS PAÍSES: 12.3
- na Alemanha: 12.1
- na França: 12.2
ESCRITURA
- conceito: 50.12
ESPAÇO
- fato jurídico: 46.8
ESPAÇO AÉREO NACIONAL: 38.2
ESTADO
-- conceito: 1.1
- sujeição, em princípio, às normas de Direito Público: 3.1
- sujeição, excepcional, às normas de Direito Privado: 3.1
ESTADO DE PENDÊNCIA DE ATO JURÍDICO: 48.7
ESTADO JURÍDICO: 35.3
ESTADO-PODER
- ação: 2
- ação normativa: 2.1

- atribuições: • matéria constitucional: 1.2; • matéria extraconstitucional: 1.2
- ordenação jurídica: 1.1
- organização: • matéria constitucional: 1.2; • matéria extraconstitucional: 1.2

ESTADO-SOCIEDADE
- ordenação jurídica: 1.1
ESTATUTOS: 35.3
ESTRANGEIRO
- situação no Direito Pátrio: 38.4
EVOLUÇÃO CIENTÍFICA DO DIREITO ADMINISTRATIVO: 9
EXECUTORIEDADE DO ATO ADMINISTRATIVO: 53.1
EXIGIBILIDADE DO ATO ADMINISTRATIVO
- distinção de eficácia propriamente dita: 53.1
EXPROPRIAÇÃO
- distinção da ordem: 51.7
EXTINÇÃO OU DECADÊNCIA DE DIREITO
- distinção de prescrição extintiva: 46.2

F

FACULDADES FUNDAMENTAIS DO ESTADO-PODER
- faculdade jurídica: 5.1
- faculdade política: 5.1
FATO CONCLUDENTE: 49.6
FATO IRRELEVANTE PARA O DIREITO: 45.1
FATO JURÍDICO
- conceito e classificação: 45.1
- instrumental ou condição: 45.3
- objetivo; conceito e enumeração: 45.1
- subjetivo; conceito e classificação: 45.1
FATO RELEVANTE PARA O DIREITO: 45.1
FECHO DO ATO ADMINISTRATIVO: 48.5

FONTE DO DIREITO
- classificação: • formal ou de Direito Positivo: 23.1; • real ou filosófica: 23.1
- formal objetiva: • complementar: 28; • primária: 28; • subsidiária: 28
- sentido etimológico: 23.1
- sentido jurídico: 23.1
- sentido vulgar: 23.1
FONTES FILOSÓFICAS DO DIREITO
- discussões que suscitam: 23.2
FONTES FORMAIS DO DIREITO
- em que consistem: 23.3
- hierarquia: 27
- importância maior para o Direito Administrativo e Judiciário: 23.3
FONTES FORMAIS OBJETIVAS DO DIREITO
- enunciação: 28
FONTES OBJETIVAS OU NORMATIVAS DO DIREITO POSITIVO
- Constituição; conceito: 25.1
- costumes; conceito: 25.1
- jurisprudência; conceito: 25.1
- lei; conceito: 25.1
- regulamento; conceito: 25.1
FONTES SUBJETIVAS FORMAIS DO DIREITO POSITIVO
- justificação: 26.1
FORMA EXTERIOR OU FÓRMULA EXPRESSA DO ATO ADMINISTRATIVO
- conceito: 48.5
FORMA EXTERIOR OU FÓRMULA TÁCITA DO ATO ADMINISTRATIVO
- conceito: 48.5
FORMALIDADE: 48.5
FRAUDE
- distinção do dolo: 52.2
FUNÇÃO ADMINISTRATIVA
- atos jurídicos pelos quais se exterioriza: 5.2

- conceito: 5.2: • em atenção aos diferentes tipos de atos jurídicos: 21.2
FUNÇÃO CONSTITUINTE: 1.1
FUNÇÃO JURISDICIONAL
- atos jurídicos pelos quais se exterioriza: 5.2
- conceito: 5.2
FUNÇÃO PÚBLICA
- natureza jurídica: 56.3
FUNÇÕES FUNDAMENTAIS DO ESTADO-PODER
- classificação proposta: • função administrativa: 5.1; • função jurisdicional: 5.1
- crítica das concepções tradicionais: 5.2
- defesa da concepção proposta: 5.2

G

GOVERNO DE FATO: 36.4

H

"HABEAS CORPUS": 53.4
HABILITAÇÃO
- conceito: 51.16
HERMENÊUTICA
- conceito: 44.1
- escolas: 44.2: • escola do Direito livre: 44.2; • escola jurídico-sociológica: 44.2
HOMOLOGAÇÃO
- conceito: 51.12
- distinção: • da aprovação: 51.5; • do visto: 51.17

I

ILEGALIDADE DA LEI: 34.2
ILEGITIMIDADE DO ATO ADMINISTRATIVO: 55.1
INAÇÃO

- conceito: 51.9
- não se confunde com renúncia: 51.9
INCONSTITUCIONALIDADE DA LEI: 34.2
INDICAÇÃO
- conceito: 51.19
INDIVIDUALISMO
- conceito: 2.1
INDUÇÃO
- distinção da analogia: 44.6
INICIATIVA
- conceito: 49.6
- elemento do ato complexo: 51.19
- não se confunde com proposta: 51.19
INSCRIÇÃO
- conceito: 51.20
INSTITUTO JURÍDICO
- conceito: 35.2
INSTRUÇÃO
- distinção da ordem: 51.7
INSTRUÇÕES
- atribuição orgânica: 41.1
- conceito: 41.1
- distinção dos regulamentos: 41.3
- natureza jurídica: 41.2
INSTRUMENTOS DOS ATOS ADMINISTRATIVOS DE ASSENTAMENTO OU DOCUMENTAÇÃO: 50.12
INSTRUMENTOS OU FÓRMULAS DOS ATOS ADMINISTRATIVOS: 50.11
INTERDIÇÃO DE DIREITO
- conceito: 51.8
INTERESSE LEGÍTIMO
- conceito: 26.6
- distinção do direito subjetivo: 26.6
INTERESSE OCASIONALMENTE PROTEGIDO
- conceito: 26.6
INTERPRETAÇÃO
- autêntica: 44.3
- conceito: 44.1

- distinção da aplicação do Direito: 44.1
- do ato administrativo: 52.3
- efeito: • ampliativo: 44.3; • declaratório: 44.3; • restritivo: 44.3
- extensiva; distinção da analogia: 44.6
- métodos: 44.3: • literal: 44.3; • lógico: 44.3
- relação com as escolas de hermenêutica: 44.3
INTÉRPRETES DA LEI
- órgãos estatais: 44.3
- particulares: 44.3
- proeminência do Judiciário: 44.3
INTIMAÇÃO
- conceito: 48.7; 51.22; 51.23
- distinção da ordem: 51.7; 51.23
INVALIDADE DO ATO ADMINISTRATIVO: 55.1
IRRETROATIVIDADE DA LEI NOVA: 37.2
- conceito: 37.1
- proibição: • por texto constitucional: 37.2; • por texto ordinário: 37.2
- teorias: 37.3: • teoria do direito adquirido: 37.3; • teoria do fato realizado: 37.3
ISENÇÃO
- conceito: 51.13
- distinção: • da dispensa: 51.6; • da renúncia: 51.13
ITEM DO ARTIGO: 32.3

J

JURISPRUDÊNCIA
- afirma o costume: 42.1
- fonte do Direito Positivo; discussão sobre se é: 25.2
- fonte do Direito Administrativo: 44.5
- fonte jurídica por excelência: 44.5
- supremacia sobre todas as outras fontes do Direito Positivo: 25.3

JUSTIÇA
- classificação: • geral: 24.2; • particular: 24.2
- conceito: 24.2
- neotomista: 24.5
JUSTIÇA ADMINISTRATIVA
- sistemas: • alemão: 14.4; • belga: 14.3; • em outros países: 14.2; • francês: 14.1; • italiano: 14.3
JUSTIÇA PARTICULAR
- comutativa: 24.2
- distributiva: 24.2
JUSTO OBJETIVO
- conceito: 24.2

L

LACUNA JURÍDICA
- conceito: 44.5
LANÇAMENTO
- distinção da ordem: 51.7
LEI
- ação de legislar: 33.1
- acordo de vontades: 29.1
- alcance irrecusável: 40.2
- alínea: 33.3
- aplicação: • no espaço: 38; • no tempo: 37
- artigo: 33.3
- ato unilateral: 29.1
- autógrafo: 31.5
- capítulo: 33.3
- cláusulas de revogação: 33.3
- conceito: 29
- conciliação possível entre a teoria da generalidade e a da novidade: 29.6
- contexto: 33.3
- data: 33.4
- declarações programáticas: 33.2
- denominações especiais: 35.1
- disposições transitórias: 33.3
- distinção: • do ato jurídico individual geral: 29.4; • do costume: 42.4; • do privilégio: 29.3; • do regulamento: 29.6; 40.1
- elaboração: 31: • no Direito Pátrio: 31.6
- elementos: • ação de legislar e matéria legislada: 31.1; • justificação: 33.2
- entrada em vigor: 32.1
- erro no conhecimento não escusa deixar de cumpri-la: 32.2
- fecho: 33.4
- fundamento do poder de autoridade: 33.2
- ignorância não escusa deixar de cumpri-la: 32.2
- irretroatividade; hipóteses e teorias: 37.1
- item: 33.3
- lacunas e modo de supri-las: 44.5
- letra: 33.2
- livro: 33.3
- matéria legislada: 33.1
- matéria reservada: 40.3
- nulidade: 34.1; 34.2
- obrigatoriedade: 31.5
- ordem de cumprimento: 33.2
- parágrafo: 33.3
- partes: 33: • em que se desdobra formalmente seu contexto: 33.3
- presunção de conhecimento: 32.2
- proeminência: 40.3
- promulgação: 31.4; 33.4
- publicação: 31.5; 33.4
- relação com o regulamento: 40
- revogação: 34.1; 34.3
- sanção: 31.3
- seção: 33.3
- sentido: • filosófico: 29.1; • jurídico: 29.1; jurídico-material ou do conteúdo formal: 29.3; • material: 29.1; orgânico-formal; crítica: 29.1; 29.2
- sobrevivência da lei antiga sobre a nova: 37.1
- suspensão: 34.1

- teoria da generalidade: • característica: 29.3; • exposição e crítica: 29.4
- teoria da novidade: • característica: 29.3; • exposição e crítica: 29.5
- termo análogo: 29.1
- título: 33.3
- tolera o costume: 42.1
- *vacatio legis*: 32.2
- valor formal e força jurídica: 29.6
- veto: 31.3
- vigência: 31.5; 32; 33.4
LEI ESTADUAL
- presunção *juris tantum*: 42.4
LEI INDIVIDUAL
- inconstitucional: 29.5
LEI MUNICIPAL
- presunção *juris tantum*: 42.4
LEI NACIONAL
- espaço em que impera: 38.1
- presunção *juris et de jure*: 42.4
LEIS
- ab-rogatórias: 30.1
- adjetivas: 30.6
- auto-executáveis: 30.10
- autônomas: 35.4
- classificação: 30
- coercitivas: 30.1
- cogentes ou imperativas: • absolutas: 30.4: • distinção das obrigatórias: 30.4; • relativas: 30.4
- complementares: 35.2
- comuns: 30.9
- constitucionais: 30.2
- de ordem pública: • absolutas: 30.4; • políticas: 30.4; • relativas: 30.4; • sociais: 30.4
- de privilégio: 30.5
- delegadas: • distinção dos regulamentos delegados ou autorizados: 39.3; • países que as acolhem: 39.3
- derrogatórias: 30.1
- dispositivas ou supletivas: 30.4: • distinção das facultativas: 30.4
- especiais: 30.5
- estaduais: 30.11
- estatutárias: 35.3
- explicativas: 30 1
- facultativas: 30.1; 30.3: • distinção das dispositivas ou supletivas: 30.4
- federais: 30.11
- flexíveis: 30.8
- formais: 30.8
- fundamentais: 35.2
- gerais: 30.5
- imperativas ou cogentes: • absolutas: 30.4; • distinção das obrigatórias: 30.4; • relativas: 30.4
- imperfeitas: 30.7
- leis sobre leis: 20.9
- locais: 30.11
- materiais: 30.6
- menos que perfeitas: 30.7
- municipais: 30.11
- nacionais: 30.11
- negativas ou proibitivas: 30.3
- obrigatórias: • distinção das cogentes ou imperativas: 30.4; • preceptivas ou positivas: 30.3; • proibitivas ou negativas: 30.3
- ordinárias: 30.2
- orgânicas: 35.2
- perfeitas: 30.7
- positivas ou preceptivas: 30.3
- potestativas: 30.4
- preceptivas ou positivas: 30.3
- preliminares ou de introdução: 33.5
- primárias: 30.1
- programáticas: 30.1
- proibitivas ou negativas: 30.3
- que dependem de regulamento: 30.10; 40.4
- rígidas: 30.7
- secundárias: 30.1
- singulares: 30.5
- sobre incidência e aplicação das leis: 30.9
- substantivas: 30.6

ÍNDICE ALFABÉTICO-REMISSIVO 757

– supletivas ou dispositivas: 30.4:
• distinção das facultativas: 30.4
– transitórias: 33.5
LETRA DO ARTIGO: 33.3
LICENÇA
– conceito: 51.11
– distinção da autorização: 51.11
LÍCITO JURÍDICO: 30.4
LIVRO DE LEI: 33.3

M

MANDADO DE SEGURANÇA: 53.4
MANIFESTAÇÃO DE VONTADE
– como expressão do ato administrativo: 52.1
– declarada e real: • prevalência desta sobre aquela: 52.1; • vícios: 52.2
– expressa: • forma escrita acidental: 48.5; • forma escrita essencial: 48.5; • mímica: 48.5; • oral: 48.5; • solene: 48.5
– tácita: • pelo silêncio: 48.5; • por comportamento: 48.5
MANIFESTOS
– conceito: 50.3
MATÉRIA CONSTITUCIONAL
– quanto à organização do Estado-poder: 1.2
– quanto aos poderes negativos e positivos do Estado-poder: 1.2
MATÉRIA EXECUTADA
– distinção da ação de executar: 7.1
MATÉRIA EXTRACONSTITUCIONAL
– quanto à organização do Estado-poder: 1.2
– quanto aos poderes negativos e positivos do Estado-poder: 1.2
MATÉRIA LEGISLADA
– contexto legal: 33.1
– relativa aos diferentes ramos jurídicos das suas especializações: 31.1

MEDIDA
– fato jurídico: 46.8
MENSAGENS
– conceito: 50.3
MÉTODO EXEGÉTICO NO ESTUDO DO DIREITO ADMINISTRATIVO: 10
MÉTODO HISTÓRICO-POLÍTICO NO ESTUDO DO DIREITO ADMINISTRATIVO: 11
– precursores: 11.1
MÉTODO LÓGICO-FORMAL NO ESTUDO DO DIREITO ADMINISTRATIVO: 13
MÉTODO TÉCNICO-JURÍDICO NO ESTUDO DO DIREITO ADMINISTRATIVO: 12
– precursores: 11.1
MODALIDADE ACIDENTAL DO ATO ADMINISTRATIVO
– condição: 48.7
– encargo: 48.7
– reserva de revogação: 48.7
– termo: 48.7
MODALIDADE DO ATO ADMINISTRATIVO: 48.7
– acidental ou acessória; individual de dado negócio jurídico: 48.7
– essencial: • específica da sua categoria jurídica: 48.7; • implícita: 48.7; • natural: 48.7
MOTIVAÇÃO DO ATO ADMINISTRATIVO
– facultativa: 48.10
– falta de motivo invocado: 48.10
– inexistência de motivo invocado: 48.10
– obrigatoriedade de enunciação: • no ato discricionário: 48.10; • no ato vinculado: 48.10
– obrigatoriedade de motivação legal: 48.10

MOTIVO DE MÉRITO DO ATO ADMINISTRATIVO
– ato administrativo qualificado: 48.10
– ato administrativo simples: 4810
– desrespeito, conseqüência; vício de abuso de direito: 48.10
MOTIVO LEGAL DO ATO ADMINISTRATIVO
– ato administrativo qualificado: 48.10
– ato administrativo simples: 4810
– desrespeito, conseqüência; vício de ilegalidade: 48.10
MOTIVOS DETERMINANTES DO ATO ADMINISTRATIVO: 47.7
MULTA ADMINISTRATIVA
– conceito: 51.8

N

NACIONAL
– situação no Direito Pátrio: 38.4
NATURALIZAÇÃO
– caducidade: 54.5
– conceito: 51.10
– distinção entre o direito a essa situação e o seu regime jurídico: 54.5
– nulidade: 54.5
NEGÓCIOS JURÍDICOS
– conceito e classificação: 45.2
– constitutivos de direito: 45.2
– declaratórios de direito: 45.2
NORMAS DE ORDEM PÚBLICA
– distinção das de Direito Público: 3.2
NORMAS JURÍDICAS
– conduta do Estado-poder: 2.1
– conduta dos indivíduos no Estado-sociedade: 2.1
– conversão no Direito nacional: 38.3
– incorporação no Direito nacional: 38.3
– remissão ao Direito estrangeiro: 38.3
NORMAS JURÍDICAS DE DIREITO ASSISTENCIAL: 2.1
– de Direito Civil: 2.1

– de Direito Comercial: 2.1
– de Direito Contravencional: 2.1
– de Direito da Segurança Pública: 2.1
– de Direito Econômico: 2.1
– de Direito Educacional: 2.1
– de Direito Financeiro: 2.1
– de Direito Industrial: 2.1
– de Direito Penal: 2.1
– de Direito Sanitário: 2.1
– de Direito Trabalhista: 2.1
– de Direito Tributário: 2.1
NOTIFICAÇÃO: 48.7
– conceito: 51.23
– distinção da ordem: 51.7; 51.23
NULIDADE DA LEI
– conceito: 34.1
– declaração: 34.2
NULIDADE DO REGULAMENTO: 40.8
NULIDADE E ANULABILIDADE
– confirmação: 55.4
– convalidação: 55.4
– declaração ou decretação de ofício: 55.6
– efeitos diversos: 55.4
– fenômeno jurídico da conversão: 55.3
– prescritibilidade: 55.4
– ratificação: 55.4
– saneamento ou regularização: 55.4
NULIDADE E ANULABILIDADE DOS ATOS ADMINISTRATIVOS: 55.1
NULIDADE E ANULABILIDADE DOS ATOS JURÍDICOS
– discussão sobre aplicação dessa divisão: 55.2
– efeitos iguais: 55.3
– tanto no Direito Privado como no Direito Público: 55.2
NULIDADE E ANULABILIDADE TOTAL E PARCIAL
– fenômeno jurídico de redução do vício: 55.3

O

OBJETO DE RELAÇÃO JURÍDICA: 26.3
– bem não-patrimonial: 48.6
– coisa corpórea ou incorpórea: 48.6
– o homem não pode ser, mas são possíveis as prestações humanas: 48.6
OBRIGATORIEDADE DO ATO ADMINISTRATIVO: 52.4
OCUPAÇÃO
– distinção da ordem: 51.7
OFÍCIO
– conceito: 50.6; 50.11
OPERAÇÕES ADMINISTRATIVAS
– conceito: 49.6
ORDEM
– conceito e classificação: 51.7
– distinção: • da advertência: 51.7; • da convocação: 51.7; • da encampação: 51.7; • da expropriação: 51.7; • da instrução: 51.7; • da intimação: 51.7; • da notificação: 51.7; • da ocupação: 51.7; • da recusa de autorização: 51.7; • da requisição: 51.7; • da sanção: 51.8; • do lançamento: 51.7; • do regulamento: 51.7
– não se confunde: • com a citação: 51.23; • com a intimação: 51.23; • com a notificação: 51.23
ORDEM INTERNA: 50.7
ORDEM PÚBLICA
– normas: 50.4
ORDENAÇÃO DELEGADA
– distinção do regulamento delegado ou autorizado: 36.3
ORDENAÇÕES
– conceito e classificação: 36.1
ORDENAMENTO JURÍDICO
– pluralidade: 27.1
ORDENANÇAS
– conceito e classificação: 36.1
ORDENANÇAS DE URGÊNCIA
– conceito: 36.2

– possibilidade: 36.2
ORDENANÇAS DELEGADAS
– conceito: 36.3
– distinção dos regulamentos delegados ou autorizados: 39.3
– países que as acolhem: 39.3
– possibilidade: 36.3
ORDENANÇAS DO GOVERNO DE FATO
– conceito: 36.4
"ORDERS IN COUNCIL": 39.3
ÓRGÃO
– competência: 48.4
– conceito: 48.4
ÓRGÃOS FUNDAMENTAIS DO ESTADO-PODER
– atos jurídicos que os especificam: 4.1
– classificação: 4.1
– outros atos jurídicos que, outrossim, praticam: 4.1

P

PARÁGRAFO DO ARTIGO: 33.3
PARECER
– conceito e classificação: 49.6; 51.18
– distinção: • da aprovação prévia: 51.18; • da autorização: 51.18; • do ato complexo: 51.18
– não se confunde com a proposta: 51.19
PARTICIPAÇÃO
– conceito: 48.7; 51.22
PERFEIÇÃO DO ATO ADMINISTRATIVO: 52.4
PERMISSÃO
– conceito: 51.3
– distinção da concessão: 51.3
PESSOA – SUJEITO DA RELAÇÃO JURÍDICA: 26.3
PESSOAS JURÍDICAS OU MORAIS
– conceito: 45.3
PESSOAS NATURAIS OU FÍSICAS
– conceito: 45.3

760 PRINCÍPIOS GERAIS DE DIREITO ADMINISTRATIVO

PODER DISCRICIONÁRIO
- conceito: 47.6
- limite; abuso de direito: 47.6
- simples: 47.6
- técnico ou qualificado: 47.6

PODER EXECUTIVO
- limitações: 7.2

PODER JUDICIÁRIO
- guarda do Direito: 7.2

PODER LEGISLATIVO
- limitações: 7.2

PODER REGULAMENTAR
- limites; de Direito Positivo e técnicos: 40.3

PODER VINCULADO
- conceito: 47.6

PORTARIA
- conceito: 50.4

POSSÍVEL JURÍDICO: 30.4

POSTURAS
- conceito: 35.5

PRAXE ADMINISTRATIVA
- conceito: 42.6

PRAZO: 48.8

PREÂMBULO
- conceito: 33.2
- do ato administrativo: 48.5
- elementos: • ementa ou rubrica: 33.2; • fundamento do poder de autoridade: 33.2; • justificação: 33.2; • ordem de cumprimento: 33.2; • programação: 33.2; • título ou epígrafe: 33.2

PRECEDENTE ADMINISTRATIVO
- conceito: 42.6

PREGÃO
- conceito: 50.10

PRESCRIÇÃO
- curso: 46.6
- declaração: 46.6
- distinção entre a extintiva e a aquisitiva: 46.7
- impedimento do curso: 46.6
- interrupção do curso: 46.6
- positiva e negativa: 46.6
- suspensão do curso: 46.6

PRESCRIÇÃO AQUISITIVA OU USUCAPIÃO
- distinção da prescrição extintiva: 46.2

PRESCRIÇÃO DE DIREITOS DA ADMINISTRAÇÃO PÚBLICA PARA COM TERCEIROS: 46.5

PRESCRIÇÃO DE DIREITOS DE TERCEIROS PARA COM A ADMINISTRAÇÃO PÚBLICA: 46.5

PRESCRIÇÃO EXTINTIVA
- conceito: 46.2; 46.3
- distinção: • da decadência ou extinção de direito: 46.2; • da prescrição aquisitiva ou usucapião: 46.2

PRESUNÇÃO DE VERDADE DO ATO ADMINISTRATIVO: 53.1

PRINCÍPIOS GERAIS DO DIREITO
- conceito: 44.7
- distinção da analogia jurídica: 44.7
- evolução: 44.7
- exemplos: 44.7

"PRIVILÈGE D'ACTION D'OFFICE": 53.1

"PRIVILÈGE DU PRÉALABLE": 53.1

PRIVILÉGIO
- distinção da lei: 29.3

PROCEDIMENTO ADMINISTRATIVO
- conceito: 49.6
- distinção das operações administrativas: 49.6
- fases preparatória, complementar e conclusiva: 49.6

PROCLAMAÇÕES
- conceito: 50.3

PROMULGAÇÃO
- conceito: 31.2
- da lei: 31.4; 33.4; • distinção da publicidade: 31.5

PRONÚNCIAS JURÍDICAS OU PUROS ATOS JURÍDICOS
- conceito e classificação: 45.2

PROPOSTA
- conceito e classificação: **49.6**; **51.19**
- não se confunde: • com a aprovação: **51.19**; • com a indicação: **51.19**; • com a iniciativa: **51.19**; • com o parecer: **51.19**; • com o requerimento: **51.19**

PROVIMENTO EM CARGO PÚBLICO
- conceito: **51.10**

"PROVISONAL ORDERS": **39.3**

PÚBLICA-FORMA OU CERTIDÃO PROPRIAMENTE DITA
- conceito: **51.21**

PUBLICAÇÃO
- conceito: **31.2**; **51.22**
- distinção da promulgação: **31.5**
- errada: **31.5**
- incompleta: **31.5**
- local em que deve ser feita: **31.5**

PUBLICAÇÃO DA LEI: **31.5**; **33.4**
- da lei: **31.5**; **33.4**; • distinção da obrigatoriedade ou vigência: **31.5**
- do ato administrativo: **48.5**
- nova, por ter saído com incorreção: **31.5**

PUBLICIDADE
- conceito: **51.22**

PUROS ATOS JURÍDICOS OU PRONÚNCIAS JURÍDICAS
- conceito e classificação: **45.2**

R

RECONHECIMENTO OU AUTENTICAÇÃO
- conceito: **51.21**

RECURSOS
- conceito: **49.6**; **51.14**

RECUSA
- conceito: **51.14**

RECUSA DE AUTORIZAÇÃO
- distinção da ordem: **51.7**

REDUÇÃO
- teoria relativa ao vício de ilegitimidade ou invalidade parcial: **55.3**

REGIMENTO: **41.2**
- conceito: **39.2**
- do Executivo: **39.6**
- do Judiciário: **39.6**
- do Legislativo: **39.6**

REGISTRO
- conceito: **50.12**
- do ato administrativo: **48.5**

REGULAMENTOS
- âmbito: **39.5**
- aplicação: • no espaço: **40.10**; • no tempo: **40.10**
- atividade legislativa ou executiva: **40.2**
- autônomos ou independentes: **39.5**; • conceito: **39.2**; • espécies: **39.2**; • países que os acolhem: **39.2**
- autorizados ou delegados: **39.3**; **39.5**: • distinção •• das ordenanças, das leis delegadas ou dos decretos-leis delegados: **36.3**; **39.3**; ••• dos atos jurídicos individuais gerais: **33.3**
- conceito: **29.5**; **39.1**
- classificação: **39.1**
- contingentes: **39.3**
- *contra legem*: **39.2**; **39.5**
- de administração: **39.2**; **41.2**
- delegados ou autorizados: **39.3**; **39.5**; • distinção •• das ordenanças, das leis delegadas ou dos decretos-leis delegados: **36.3**; **39.3**; ••• dos atos jurídicos individuais gerais: **33.3**
- desobediência; conseqüência: **40.9**
- distinção: • da instrução: **41.3**; • da lei: **29.6**; **40.1**; • da ordem: **51.7**
- executivos: **39.4**; **39.5**; **40.2**: • autônomos ou independentes: **40.2**; • autorizados ou delegados: **40.2**; • *contra legem*: **40.2**; • delegados ou autorizados: **40.2**; • independentes ou autônomos: **40.2**; • *praeter legem*: **40.2**

- externos: **39.2; 39.5**
- força obrigatória: **40.9**
- forma: **40.6**
- independentes ou autônomos: **39.5;** • conceito: **39.2;** • espécies: **39.2;** • países que os acolhem: **39.2**
- internos: **39.2; 39.5**
- *intra legem*: **39.5**
- leis que dependem deles: **40.4**
- limites de Direito Positivo e teóricos: **40.3**
- livres: **39.5**
- natureza jurídica: **40.2**
- no Direito Pátrio: **39.6;** • externos autônomos ou independentes: **39.6;** • externos autorizados ou delegados: **39.6;** • externos executivos: **39.6;** • internos ou de administração: **39.6;** • *intra legem*: **39.6;** • *praeter legem*: **39.6;** • *secundum legem*: **39.6**
- nulidade: **40.8**
- *praeter legem*: **39.2; 39.5**
- prevalecem sobre o costume?: **42.7**
- relação com a lei: **40**
- revogação: **40.8**
- *secundum legem*: **39.5**
- suplementares: **39.3**
- suspensão: **40.8**
- vigência: **40.5; 40.7**

"REGULATIONS": **39.3**

RELAÇÃO JURÍDICA
- com pessoas determinadas: **26.3**
- com pessoas indeterminadas: **26.3**
- conceito e classificação: **26.2; 26.3**
- objeto determinado quanto às pessoas obrigadas: **48.6**
- objeto indeterminado quanto às pessoas obrigadas: **48.6**

RELATÓRIO
- conceito: **45.2**

RENÚNCIA
- conceito e classificação: **51.9**
- distinção da isenção: **51.13**

- não se confunde: • com a inovação: **51.9;** • com o não-exercício do direito: **51.9**

REQUERIMENTO
- conceito: **49.6**
- não se confunde com a proposta: **51.19**

REQUISIÇÃO
- distinção da ordem: **51.7**

RESERVA DE REVOGAÇÃO
- conceito: **48.8**

RESOLUÇÃO
- conceito: **50.8**

REVOGAÇÃO
- da lei: • cláusula: **33.3;** • conceito: **34.1;** • modos: **34.3;** • regras: **34.4**
- do ato administrativo: • conceito: **54.1;** • conciliação com o direito adquirido: **54.6;** • distinção •• da caducidade do direito: **54.5;** •• da cessação de eficácia: **54.2;** •• da declaração ou decretação de nulidade: **54.5;** •• da nulidade: **54.1;** •• da retificação: **54.2;** •• da retratação ou reconsideração: **54.2;** •• da suspensão de eficácia: **54.2;** • doutrinas a respeito: • alemã: **54.8;** • italiana: **54.7;** • fundamento: **54.1;** • hipótese em. que padece de vício: **54.5;** • prejuízo a terceiros; indenização: **54.6;** • processo: **54.9**
- do regulamento: **40.8**

RIO INTERNACIONAL: **38.2**
RUBRICA OU EMENTA: **33.2**

S

SANÇÃO DA LEI: **31.3**
- conceito: **31.2**

SANÇÃO ADMINISTRATIVA
- conceito e classificação: **51.8**
- não se confunde com a ordem: **51.8**
- tipos: **51.8**

SEÇÃO DA LEI: 33.3
SERVIÇO PÚBLICO
– crise da sua noção: 21.5
SILÊNCIO
– forma exterior ou fórmula de manifestação de vontade: 48.5
SIMULAÇÃO
– conceito: 52.2
SITUAÇÃO JURÍDICA
– abstrata e concreta: 37.8
– complexa: 45.4
– conceito e classificação: 45.3
– definitivamente constituída: 37.8
– estatutária; conceito e características: 45.3; 45.4
– geral, abstrata e impessoal: 45.4
– individual; conceito e características: 45.3; 45.4
– objetiva e subjetiva: 37.8
– particular, concreta e pessoal: 45.4
SOBREVIVÊNCIA DA LEI ANTIGA
– conceito: 37.1
SOCIALISMO
– conceito: 2.1
SOLENIDADE ESSENCIAL
– conceito: 48.5
"STANDARD" JURÍDICO
– conceito: 44.10
"STATUTE LAW": 42.3
SUJEITO DE DIREITO: 26.2
SUJEITO DA RELAÇÃO JURÍDICA: 26.3
"SUMMARY POWER"
– expressão na literatura inglesa de auto-executoriedade: 53.3
SUSPENSÃO DE DIREITO
– conceito: 51.8
SUSPENSÃO DE EFICÁCIA DA LEI
– conceito: 34.1
– hipóteses: 34.5
SUSPENSÃO DO REGULAMENTO: 40.8

T

TEMPO
– fato jurídico: 46.1
– regras para contagem: 46.1
TEORIA CLÁSSICA DO DIREITO ADQUIRIDO
– crítica: 37.5
– exposição: 37.4
TEORIA DA ADMINISTRAÇÃO PÚBLICA SOBRE O CONCEITO DO DIREITO ADMINISTRATIVO: 19.3
TEORIA DA IMPREVISÃO NO DIREITO ADMINISTRATIVO: 56.4
TEORIA DA RELAÇÃO JURÍDICA ENTRE A ADMINISTRAÇÃO PÚBLICA E OS ADMINISTRADOS: 19.3
– crítica: 19.4
TEORIA DA SITUAÇÃO JURÍDICA SOBRE A APLICAÇÃO DA LEI NO TEMPO: 37.8
TEORIA DO ABUSO DE DIREITO
– objetiva ou realista: 47.7
– subjetiva ou psicológica: 47.7
TEORIA DO DESVIO DO PODER: 47.7
TEORIA DO DIREITO ADQUIRIDO: 37.3
– de Gabba; exposição e crítica: 37.7
– de Lassale; crítica: 37.6
– de Savigny; exposição e crítica: 37.6
– insuficiência para solver o problema do Direito transitório: 37.11
TEORIA DO "FAIT DU PRINCE" NO DIREITO ADMINISTRATIVO: 56.4
TEORIA DO FATO REALIZADO: 37.3
– de Roubier: 37.10
– insuficiência para solver o problema do Direito transitório: 37.11
– sobre aplicação da lei no tempo:
  • crítica: 37.10; • exposição: 37.9
TEORIA DO SERVIÇO PÚBLICO
– oposição a ela na França: 21.4

- sobre o conceito do Direito Administrativo: • crítica: 21.6; • evolução histórica: 21.1; • modernos adeptos: 21.6
TEORIA DOS MOTIVOS DETERMINANTES: 47.7
TEORIAS DA FINALIDADE DO ESTADO OU TELEOLÓGICAS SOBRE O CONCEITO DO DIREITO ADMINISTRATIVO: 22
- adeptos: 22.1
- apreciação das doutrinas em termos positivos: 22.9
- concepção negativa e positiva: 22.4
- conclusão: 22.12
- crítica às doutrinas em termos negativos: 22.7
- doutrinas da atividade do Estado: 22.5
- doutrinas da relação jurídica: 22.6; 22.8; 22.9
- doutrinas psicológicas: 22.2: • crítica: 22.3
- modernos adeptos em termos positivos; doutrinas da atividade do Estado: 22.10
- pensamento original de Posada: 22.11
TEORIAS DO PODER EXECUTIVO SOBRE O CONCEITO DO DIREITO ADMINISTRATIVO
- concepção tradicional: 19.1: • crítica: 19.2
- críticas a essas teorias ressurgidas nos termos atuais: 19.6
- outra colocação da mesma teoria: 19.3
- ressurgimento tanto numa como noutra expressão nominal: 19.5
TEORIAS DO SERVIÇO PÚBLICO SOBRE O CONCEITO DO DIREITO ADMINISTRATIVO
- modernos adeptos: 21.3
- real falha: 21.7
TEORIAS ORGÂNICO-FORMAIS SOBRE O CONCEITO DO DIREITO ADMINISTRATIVO

- de Gasparri: 20.6: • crítica: 20.7
- de Merkel: 20.4: • crítica: 20.5
- de Waline: 20.2: • crítica: 20.3
- diferentes orientações: 20.1
TEORIAS SOBRE A IRRETROATIVIDADE DAS LEIS, O DIREITO ADQUIRIDO E O FATO REALIZADO
- insuficiência de ambas para solver o problema do Direito transitivo; conciliação: 37.11
TEORIAS TELEOLÓGICAS OU DA FINALIDADE DO ESTADO SOBRE O CONCEITO DO DIREITO ADMINISTRATIVO: v. Teorias da Finalidade do Estado ou Teleológicas sobre o Conceito do Direito Administrativo
TERMO
- final ou resolutivo: 48.8
- inicial ou suspensivo: 48.8
TERMO LEGAL
- elemento essencial do ato administrativo; não se confunde com o termo elemento acessório do ato administrativos: 48.7
TÍTULO DA LEI: 33.3
TÍTULO OU EPÍGRAFE: 33.2
TRANSCRIÇÃO
- conceito: 51.20
TRATADO
- fonte do Direito: 38.3
TRIBUNAIS ADMINISTRATIVOS
- são estranhos ao Direito Administrativo: 6.2

U

USUCAPIÃO (PRESCRIÇÃO AQUISITIVA)
- distinção da prescrição extintiva: 46.2
USURPAÇÃO DE PODERES ALHEIOS
- de atribuição: 48.4
- de competência: 48.4

V

"VACATIO LEGIS": **32.2**
VETO
– conceito: **31.2**
VETO DA LEI: **31.3**
– absoluto: **31.3**
– relativo: **31.3**
VIGÊNCIA
– da lei: **33.4**
– do regulamento: **40.7**
VISTO
– conceito: **49.6; 51.17**
– distinção da homologação: **51.17**
VONTADE
– manifestação: **48.5**
VOTO
– conceito: **51.24**

W

"WRIT OF INJUNCTION"
– ordem judicial do Direito Anglo-Americano: **53.3**

* * *

GRÁFICA PAYM
Tel. (011) 4392-3344
paym@terra.com.br

01080